다운 걸: 여성혐오의 논리
Down Girl: The Logic of Misogyny

DOWN GIRL: THE LOGIC OF MISOGYNY

다운 걸: 여성혐오의 논리

케이트 맨 Kate Manne
서정아 옮김

글항아리

일러두기

· 이 책은 Kate Manne, *Down Girl: The Logic of Misogyny*(New York: Oxford University Press, 2018)를 완역한 것이다.

· 본문 중 숫자로 단 각주와 ( ) [ ]는 지은이, *로 단 각주와 〔 〕는 옮긴이의 것이다.

· 원서에서 저자가 이탤릭체로 강조한 곳은 고딕체로(단, 각주에서는 이탤릭체로) 표시했다.

· 영어의 인칭대명사 she, he는 각각 '그녀' '그남'으로, 젠더가 특정되지 않는 단수 및 복수 they 등은 '그' '그들'로 적었다.

모세는 여자를 다음과 같이 묘사한다.

"태초에 여자는 남자의 조력자로 만들어졌다."

그리고 이는 사실이다. 그들은 남자들이 고통스럽게 얻은 것을
소비하고 소모하기 때문이다. 또한 모세의 말에 따르면,
여자들은 한 남자의 갈빗대로써 만들어졌으며,
이는 여자들의 까탈스러운 본성이 어디서 왔는지를 보여준다.
갈빗대가 별다른 이유도 없이 뒤틀려 있듯, 여자들의 본성도 뒤틀려 있어
사소한 일에도 화를 낸다는 것이다.

조지프 스웨트넘, 『음탕하고, 게으르고, 까탈스럽고, 변덕스러운 여자들을 규탄하며
The Arraignment of Lewde, Idle, Froward, and Unconstant Women』(1615)

유죄, 유죄, 유죄. 여성을 중상모략하고 명예훼손한 자 유죄.

작자 미상, 『여성증오자 스웨트넘 Swetnam the Woman-Hater』(1618)

매닝엄: 대단하군, 벨라! 정말 대단해!
언젠가 당신은 위대한 논리학자의 반열에 오르게 될 거요!
소크라테스처럼, 존 스튜어트 밀처럼!
당신은 이 시대의 빛나는 정신으로 역사에 기록될 거요.
그러니까 그게, 현재의 역사가 당신을 완전히 묻어버리지 않는다면,
동시대 사람들의 관심에서 당신을 떼어놓지만 않는다면 말이오.
물론, 여러모로 위험은 존재하지. [벽난로에 우유를 올리며]
흐음, 당신이 그 계산서를 찾아내지 못하면 내가 어떻게 한댔더라?
매닝엄 부인: [목멘 소리로] 날 가두겠다고요.

패트릭 해밀턴, 「천사의 거리 Angel Street」(혹은 「가스등 Gaslight」)(1938)

차례

잘못된 길로 가다

Going Wrong

풀밭 위에 내려놓자 나의 이 생각은 한없이 작고 보잘것없이 보였습니다.
속 깊은 어부가 훗날 요리해 먹어도 좋을 만큼 통통하게 자라라고
다시 물속에 놓아주었을 법한 물고기처럼 말입니다. (…) 그러나 아무리
작았다 할지언정 그 생각은 나름의 신비로운 속성을 지니고 있었습니다.
다시 머릿속에 집어넣자마자 흥미진진하고 의미심장한 생각으로 변했지요.
치솟는가 싶으면 가라앉고, 여기저기서 번뜩이며 관념의 격랑을
일으키는 통에 더 이상 잠자코 앉아 있을 수가 없었습니다.
그러다 문득 정신을 차려보니 잔디밭을 날쌘 걸음으로 가로지르고 있더군요.
곧 웬 남자의 형체가 불쑥 나타나 나를 가로막았습니다.
처음에는 이브닝셔츠에 모닝코트를 입은 그 기묘한 물체의 손끝이
나를 가리키고 있다는 것을 알아차리지 못했지요. 그남의 얼굴빛은 경악과
분노를 띠고 있었습니다. 그때 나를 도운 건 이성보다는 본능이었지요.
그이는 교구관리였고, 나는 여자였습니다. 이곳은 잔디밭이었고,
길은 저쪽에 있었지요. 이곳은 오직 연구원이나 학자들에게만 허락된
장소였고, 나에게 걸맞은 장소는 바로 저 자갈길이었습니다. 그러한 생각들이
떠오른 건 그야말로 한순간이었죠.

　　　　버지니아 울프, 『자기만의 방*A Room of One's Own*』

"여성은 언제쯤 인간이 될까? 도대체 언제쯤이면?" 페미니스트 법률 이론가 캐서린 A. 매키넌은 1999년에 발표한 에세이에서 물었다.[1] 유사한 질문들이 여성의 성적대상화에 관해서는 철학자 마사 누스바움(Nussbaum 1995; 2001)과 레이 랭턴(Langton 2009)에 의해, 여성혐오자의 협박과 폭력에 관해서는 인기 작가 아서 추(Chu 2014)와 린디 웨스트(West 2015) 등에 의해 제기되었다. 저 질문은 성폭행과 스토킹, 친밀한 파트너의 폭력intimate partner violence, IPV 및 특정 형태의 살인과 관련해 울림을 준다. 이 모든 범죄의 피해자는 (절대적으로는 아니더라도) 일반적으로 여성이며, 가해자는 일반적으로, 때로는 거의 전적으로 남성이다.[2]

왜 이러한 패턴이 계속 이어지는 것일까? 현대 미국이나 영

---

1   MacKinnon 2006에 재수록된 같은 제목의 에세이로, 여기서는 책의 마지막 문장을 인용했다(43).

2   전반적으로 아이들은 논바이너리nonbinary, 즉 양성으로 규정되지 않는 어른들과 더불어 고려 대상에서 제외했다. 그들에 대한 처우(혹은 학대)와 관련해 중대한 쟁점이 없어서가 아니라, 지금 이 책을 쓰는 목적과는 별개인 복잡한 문제들이 부각되기 때문이다. 이 책 도입부에서 다룰 질문을 제기하려면 위와 같은 전제가 필요하다.

국, 오스트레일리아처럼 가부장제가 종식되었다고 여겨지는 사회에서조차 말이다.[3] 이 책에서 살펴볼 다양한 유형—교묘한가 하면 노골적이고, 급격하고 폭발적인가 하면 만성적이고 점증적이며, 개인 행위자의 행동으로 유발되는가 하면 집단(혹은 '패거리')적 행동이나 순전히 구조적인 메커니즘으로 유발되기도 하는—의 여성혐오에 대해서도 같은 질문이 제기될 수 있다. 희극인 존 올리버의 표현을 빌리자면, 요즘 같은 세상에 왜 여성혐오가 판을 치는 것일까?

물론 이러한 환경 속에서 페미니스트운동과 문화적 변화, 법률 개정(성차별을 금하는 법률들이 이에 해당된다), 제도적 정책의 변화(차별 철폐 조치가 이에 해당되며, 미국에서 그 조치의 최대 수혜자는 대체로 백인 여성이었다) 등을 거치며 젠더 평등에 있어 다방면으로 진보가 이뤄졌다는 데는 의심의 여지가 없다. 교육 분야에서 여성이 이뤄낸 성취는 특히 인상적이다. 하지만 그럼에도 여전히 여성혐오는 우리 주위에 도사리고 있다. 이 책이 그 사실을 확인시켜줄 것이다.

이러한 문제들은 끈질기게 이어지는 데다 일부는—이론의 여지는 있지만—날로 심해지는 추세다. 이같은 사실은 통렬하고 곤혹스럽고 긴급한 질문을 제기한다. 그리고 나는 이 문제를 푸는 데 도덕철학이 중요한 역할을 한다고 믿는다. 비록 현상을 완전히 이해하려면 수많은 이론가를 거론해야 하겠지만 말이다. 아무쪼록

---

3 이는 이 책에서 내가 일차적으로, 그리고 중심적으로 다룰 주제다. 이러한 상황으로 인해 위에 언급한 현상들이 종종 부정되거나 당황스러운 현상으로 인식되기 때문이다. 또한 이러한 환경에 속한 내부자로서 나는 적절한 관련 지식을 토대로 이 시대에 만연한 문화적 서사와 패턴을 알아보는 데 관심을 기울일 생각이다. 이에 관해서는 「서론」에서 더 자세히 다룰 것이다.

이 책이 여성혐오의 **본질**을, 일반적 논리뿐 아니라 실질적이고 중심적인 역학을 (한 가지라도) 이해하는 데 있어 디딤돌이 되기를 바란다. 귀띔하자면, 이는 남성이 여성보다 더 우월한 위치를 점유하고 여성에게 **비대칭적인 도덕적 지원자 역할**asymmetrical moral support role을 부여하는 문제와 관련이 있다. (단, 이는 앞서 언급한 문화적 맥락에 한한 얘기다. 그리고 말해두건대, 이 한도를 뛰어넘어 일반적 이론을 제시하거나 내 이론을 수정하고 조정하려는 시도는 언제든지 환영이다.)

그렇다면 과연 이 도덕적 지원 관계란 무엇일까? 우선 최고의 특권을 누리는 남성들, 그러니까 백인이고, 이성애자이며, 트랜스젠더가 아닌 시스젠더에, 중산층이고, 장애가 없는 남성들을 떠올려보자. 그들은 다름 아닌 그런 남성이란 이유로, 특권에서 비교적 소외된 상대자들에 비해 사회적으로나 도덕적으로나 법적으로나 제약에서 비교적 자유롭다. 자, 이번에는 바로 그 남성들을 양육하고 위안하고 돌보면서 그들에게 성·감정·재생산 노동을 제공해야 마땅하다고 암묵적으로 여겨지는 이런저런 처지의 여성들을 떠올려보자. 아니면 그러한 목적의 일에 종사했거나 종사하게 될 법한 여성의 대표적 '유형'을 떠올려봐도 좋겠다.

물론 어떤 남성이 이와 같거나 비슷한 방식으로 여성에게 의지하는 게 사회적으로 암암리에 용인된다고 해서 그남이 실제로도 그렇게 하기를 원한다거나 그렇게 하는(그렇게 주어진 기회를 통해 이익을 취하는) 데 성공하리라고 단정할 수는 없다. 설령 그러고 있다 해도 말이다. 행동에 대한 외부적 제약과 관련해서도 마찬가지다. 설령 그런 제약이 특권을 덜 누리는 상대자들에 비해 그남에게 더 느슨하게 가해진다 해도, 그남은 이와 같거나 비슷한 규범을 준수하면서, 와중에 스스로가 도덕적 원칙이나 양심으로 인해 제약을 받고 있다고 여길지도 모른다. 하지만 그 밖의 상황이라면 권리는 권리대로 누리면서 제약에서는 비교적 자유로운 그남의 형편은 그남이 사회라는 궤도 안에서 특정 여성들을 바라보고 대우하는 방식에 영향을 미칠 것이다. 구체적으로 말하자면, 여성의 남달리 인간적인 서비스와 능력이 마치 자신을 비롯한 남성들에게 갚아야 할 빚이라도 된다는 듯이 여기면서, 와중에 자기들 쪽에서 여성에게 갚아야 할 빚은 상대적으로 훨씬 더 적다고 생각하게 된다는 얘기다.

이처럼 비대칭적인 도덕적 지원 관계의 구체적인 사례는 다양한 방식으로 나타날 수 있다. 어머니나 여자친구, 아내, 딸처럼 친밀하면서도 비교적 안정적인 사회적 역할을 수행하는 가운데 나타날 수도 있고, 사회생활에서 남성에게 소비자의 위치를 부여함으로써 나타날 수도 있다. 뿐만 아니라 우연한 만남에서도 남자들은 캣콜링catcalling부터 소셜미디어상의 트롤링trolling, 맨스플레이닝mansplaining에 이르기까지 다양한 방식으로 여자의 주의를 끌어보려 안간힘을 쓴다.

내 관점에서 볼 때 내가 속한 사회적 환경에서 여성혐오의 (전부라 하기에는 무리가 있지만) 상당 부분은, 위와 같은 사회적 역할들을 단속하고 강요하며 여성에게서 도덕적 재화와 자원을 뽑아내는 동시에, 여성의 부재나 추정상의 태만 혹은 배신에 불만을 표시하는 도구로 사용된다. 또한 아직 남아 있는 여성혐오의 (이번에도 전부는 아니지만) 일부 유형은 이러한 여혐의 한 갈래일 가능성이 높다. 가령 여성 유명 인사들을 겨냥한 여성혐오를 보자. 이런 유형의 여성혐오는, 여성을 권력에 굶주린 무정하고 지배적인 존재가 아니라 한없이 베풀고 보살피고 사랑하고 배려하는 존재로 간주하는 심리에서 오는 일종의 박탈감을 반영한다. 또한 그것은, 역사적으로 비대칭적인 도덕적 지원 관계의 수혜자였던 남성들이 추정상 자기들 몫으로 주어진 자리, 즉 집단이 도덕적으로 인정하고 우러러보는 특정 지위들을 지켜내려는 경계심의 표현일 수 있다. 이런 유형의 사회적 지위를 차지하려고 드는 여성은 대체로, 적어도 다음 세 가지 측면에서 도덕성이 의심스러운 사람으로 인식될 공산이 크다. 즉, 주변 약자들을 잘 보살피거나 배려하지 않는 사람, 자기 몫이 아닌 권력을 부당하게 탐하는 사람, 그리고 이 두 가지 역할 위반으로 미루어 도덕적 진실성이 떨어지는 사람으로 치부되는 것이다.

물론 이런 식의 인식은 그릇되고 유해하다. 하지만 여러모로 고개가 끄덕여지는 것도 사실이다. 그도 그럴 것이, 역사의 흐름과 더불어 젠더화된 나쁜 합의의 관점에서는 그야말로 정확한 인식이기 때문이다. 그녀는 잘못된 도덕적 기준, 그러니까 역사적으로 특혜와 권력을 누려온 남성들을 도덕적 몰락으로부터 보호하기 위해 작동하는 남성의 도덕적 기준에 근거해 도덕적으로 과실이 **있는** 존재처럼 평가된다. 또한 그런 식의 인식은 남성을 굴욕적인 수치심과 정신을 좀먹는 죄책감으로부터, 그리고 도덕적 비난이라는 사회적·법적 비용으로부터 보호할 뿐 아니라, 남성이 그 기본 가정을 근거로 자기가 선량하고 정의롭고 올바르다고 생각하고 주장할 수 있게 해준다. 한편 남성에게 도덕적 지원 관계로 묶여 있는 여성들은 그남에게 반대 의견을 제시하지 못할 가능성이 있다.

결과적으로 그러한 여성들은 스스로 그 남자에게 진 것보다 더 많은 빚을 졌을 수 있으며 더 많은 신뢰를 보내야 마땅한 (대개는 특혜에서 상대적으로 소외된) 많은 사람에게 도덕적으로 미심쩍은 존재로 간주될 수 있다. 그리고 그 상당수는 특혜에서 상대적으로 소외된 다른 여성들이다.

전통적인 페미니스트 분석철학 연구자가 온전히 여성혐오를 주제로 책 한 권 분량의 글을 (적어도 위의 시각에 근거하여) 쓴 사례는, 내가 아는 한 이 책이 처음이다. 하지만 힘주어 말하건대, 성적대상화나 성폭행, 젠더화된 비방, 성차별, 학대 등의 관련 개념과 현상을 비롯해 여성혐오의 여러 핵심 징후를 알기 쉽게 설명한 철학자는 이미 나 말고도 많다. 그중에는 페미니스트도 있고 페미니스트가 아닌 사람도 있다.[4] 그러므로 내가 그리는 여성혐오는 대체로 다른 이론가들이 잘 찍어놓은 점들을 연결한 결과물에 가까울 것이다. 아니면 배경을 꾸미고 나만의 (바라건대 너무 발칙하지는 않은) 목적에 맞게 각색한 것이거나. 또한 일부 본문에서는 메타윤리학metaethics이라는 철학의 한 분야에서 도덕적 사고의 본질과 도

---

4 이러한 주제를 다룬 다채로운 페미니즘 문헌부터 조금만 예를 들어보겠다. 여러분을 지치게 할 의도는 전혀 없으니 일단 보라. 앤 E. 커드(Cudd 1990)와 수전 J. 브라이슨(Brison 2002; 2006; 2008; 2014)은 성폭행을 주제로 다루었고, 킴벌레 W. 크렌쇼(Crenshaw 1991; 1993; 1997; 2012)는 유색인종 여성에 대한 폭력과 교차성intersectionality이라는 개념을 주제로 다루었다. 레이 랭턴(Langton 2009), 이샤니 마이트라(Maitra 2009), 마이트라와 메리 케이트 맥가윈(Maitra and McGowan 2010), 낸시 바워(Bauer 2015)는 성적대상화와 포르노그래피, 침묵과 종속을 유도하는 담론을 주제로 다루었고, 크리스티 도트슨(Dotson 2011; 2012; 2014)과 미란다 프리커(Fricker 2007)는 인식론적 억압과 부정의를 주제로 다루었다. 린 티럴(Tirrell 2012)과 리베카 쿠클러(Kukla 2014)는 폭력과 억압을 가능케 하는 논증적 관행을 주제로 다루었으며, 로렌 애시웰(Ashwell 2016)은 젠더화된 비방을, 그리고 매릴린 프라이(Frye 1983)와 페기 매킨토시(McIntosh 1998), 퍼트리샤 힐 콜린스(Collins [1990] 2000)는 억압과 성차별, 특권 및 힐 콜린스가 언급한 "통제적 이미지controlling image"라는 개념을 주제로 최고의 글을 남겼다. 다시 한번 강조하지만, 이 책은 여성혐오와 연결된 개념과 현상의 일부를 면밀하게—그리고 가장 명확하게—들여다본 연구들을 가볍게 훑는 수준에 불과하다. 물론 그 밖의 이런저런 연결성이 눈에 들어오면 더 많은 자료를 참조해야 할 것이다. 「참고문헌」에도 이 책의 집필에 정보와 영감을 제공한 페미니스트 학자들과 중요한 인종 이론가들의 여러 연구 중 일부가 소개돼 있으니 참고하길 바란다.

덕성의 사회적 근거에 관해 일찍이 내가 연구한 내용들을 다시 들여다볼 것이다.

이 책에서 나는, 내가 속한 세계와 비슷한 환경에서 이를테면 나처럼 비교적 특혜를 누리는 여성들은 인간성을 대체로 완벽하게 인정받는다고 주장할 것이다. 아마도 꽤 오랫동안 그래왔으리라고 생각한다.[5] 여성혐오가 P. F. 스트로슨이 말한 "반응적 태도 reactive attitude", 즉 분개, 책망, 분노, 비난, (유사한 상황에서 일인칭으로, 즉 스스로에게 느끼는) 죄책감, 수치심, 책임감과 더불어, 벌이 내려질 때 이를 기꺼이 받아들이는 마음 따위와 흔히 관련이 있다는 사실은 이를 뒷받침해준다(Strawson [1962] 2008). 스트로슨의 추정에 따르면, 이인칭 삼인칭 대상에 대한 반응은 적어도 처음엔 이른바 "동류 인간들fellow human beings"로 인식되는 타인을 대하는 자세로 한정된다.[6] 게다가 우리는 위와 같이 엄격한 도덕률 및 일반적 규

서론: 절뚝이던 길로 가다

5　각기 다른 사회적 위치에 놓인 여자아이들과 성인 여성들이 가령 빈곤이나 홈리스 상태와 같은 물질적 처지를 비롯해 여러 경로로 교차하며 상황을 악화시키는 억압 체제와 관련해, 비인간화dehumanization라는 표현으로 가장 잘 이해되는 부정의를 맞닥뜨리게 될 가능성을 열어두고 싶다. 이는 여성혐오와 관련지어 내가 직접 거론할 만큼의 역량을 갖추지 못했다고 느끼는 문제들 중 하나다. 그러나 나는 여성혐오를 이론화하기 위해 얼기설기 마련한 (그리고 그것의 실제적 본질이 아니라 '논리'라고 일컬은) 이 뼈대가, 충분한 역량을 갖춘 다른 학자들과 여러 사람의 목소리에 자리를 내어주게 되기를 희망한다. 물론 개인적으로는 이러한 문제들이, 내가 미력하게나마 설명하려 하는—주로 정반대의—문제들보다 덜 시급하다고는 생각지 않는다. 물론 그 문제들 또한 복잡하게 얽혀 있다고 생각하지만 말이다. 이 견해에 대해서는 「서론」에서 다시 논의할 것이다.

6　반응 대상이 반드시 동류 인간에 한정되어야 하는지, 의인화는 허용되지 않는지 여부는 별개의 문제이지만, 일단 나는 그런 제한이 타당하다고 생각한다. 물론 (예를 들어) 사랑스런 코기 견이 다람쥐를 쫓아 달리느라 불러도 돌아오려 하지 않아 녀석의 안전이 걱정될 때 우리가 느끼는 감정이 정확히 무엇인지를 생각해보는 일은 흥미로울 테지만, 살짝 어색한 감은 있겠으나, ("도덕적 실망"이라는 표현이) 이런 종

범 내지 규율에 근거한 반응을, 우리가 적극적으로 이의를 제기해도 괜찮을 만큼 합리적이면서도 어지간히 성숙해 보이는 타인들에게만 드러내는 경향이 있다. 반대로 어린아이나 만취한 사람, 정신착란 증세가 있거나 '평소답지 않은' 모습을 보이는 사람에게는 일시적으로나마 **객관적인** 입장을 취한다고, 스트로슨은 이야기한다. 반응을 나타내기보다는 그 객관적 입장의 대상을 관리하거나 치료하거나 교육하려 들 수도, 아니면 단순히 피하려 들 수도 있다는 것이다. 또한 그 객관적 입장은 우리가 대인관계를 맺을 수 있었음에도 맺지 않기로 한 이들과의 "갖가지 인연"에서 벗어날 "피난처"로 작용할 수도 있다(Strawson [1962] 2008, 10, 13, 18). 어쩌면 그런 인연들과 엮이기에 우리는 시기적으로 너무 지쳐 있는지도—혹은 높은 가능성으로 너무 게으르거나, 너무 압도돼버렸는지도—모른다.

반응적 태도에 관한 스트로슨의 논의는 훌륭하고도 참신했으며, 이후 도덕철학 분야에서 대단한 결실을 거두었다. 그러나 그 논의는 스트로슨의 관심사가 좁은 범위에 국한돼 있다는 사실을 전형적으로 드러낸다. 20세기 중엽 옥스퍼드 교수들의 전형적 특징이 자연스레 녹아 있다고 할까. 스트로슨은 오로지 분개하고 책망하고 반감이나 경악스러움을 표현하는 행위, 그리고 (이에 대응되는 긍정적 정서와 관련해서는) 용서하고 찬양하고 호감 내지 감사를 표현하는 행위의 유익한 측면에만 관심을 기울인다.

또한 스트로슨은 한쪽 이야기에만 관심을 기울인다. 그러니까 기본적으로 극적인 이야기의 주인공에게만 초점을 맞춘다는

류의 당혹감을—그러니까 처벌과는 전적으로 무관하지만 규범적인 끌림 혹은 반발 심리를 유발하는 종류의 당혹감을—문헌에서 이론화한 대로 묘사하기에는 가장 마침맞다고 본다(Fricker 2007, chap. 4, sect. 2).

뜻이다. 그런 인물은 분노를 표출하고 **싶어한다**. 그리고 해명이나 사과를 기대한다. 스트로슨의 책에 처음으로 등장하는 사례가 대표적이다. 한 여성이 한 남성의 손을 밟는다. 그녀는 본래 그럴 뜻이 없었고, 그남에 대한 선의를 품고 있으며, 그 일이 그저 사고였다는 것을 그남에게 납득시켜야 한다. 그러지 않으면 그남은 그녀에게 분개할 것이다. 우연찮게도 이 사례는 책의 맥락상 의미심장한 사실을 만천하에 드러낸다.

만약 당신이 두 부류 중 다른 한쪽에 속한 행위자라면? 그러니까, 당신이 다른 누군가의 손이나 발가락을 밟았다면? 혹은 「서문」 첫머리에 인용한 버지니아 울프의 『자기만의 방』 속 한 장면에서처럼 금지된 영역, 그러니까 남자의 잔디밭에 무단 침입했다고 간주된다면? 그남이 당신은 그 부드러운 풀밭에 발을 들여서는 안 되며, 대신 볼품없고 울퉁불퉁한 자갈길로만 다녀야 한다는 잘못된 **생각**을 품고 있다면? **자신의 독점적 소유**라든가 타인의 재산 보호에 대한 그남의 인식이 부당한 역사의 잔재이고 과장된 것이라면?

그리고 만약 당신의 무단 침입(이 아닌 것)에 대한 그남의 반응이 그리 합리적이지 않다면? 그남이 무단 침입자가 발각될 시 고소하거나 총을 쏘겠다는—요즘에도 심심찮게 눈에 띄는—글귀가 적힌 엄포성 표지판을 세워두기라도 한다면?

스트로슨이 나눈 두 부류에서 반대쪽에 속한 사람, 즉 당신의 실족에 분개한 사람은 당신이 규범을 위반했거나 역할을 거부해서 진정 충격을 받고 고뇌에 휩싸일지도 모른다. 당신과 같은 위치에 있는 누군가에게 순종하기를 혹은 수고해주기를 기대하는 관행에 오래전부터 익숙해져 있었는지도. 한편 당신은 당신대로 과거에는 그남의 크나큰 기대에 충실히 부응했을 수 있다. 그러므로 당신이 더 이상 그 기대에 부응하지 않으면, 그남은 틀림없이 분개할 것이다. 그것이 마치 당신의 잘못이라는 듯 반응할 것이다. 그남의 관점에서는 당신이 **정말로** 잘못했으니까. 당신은 엉뚱한 공간에 발을 들였다. 선을 넘고 정도를 벗어나 그남을 모욕하고 있었다.

모종의 부당하고 과분한 특권을 누리는 여성도 전부는 아닐지언정 대부분이 이런 유의 실수를 범할 가능성이 있다. 특권은 누군가 독점적으로 소유한 잔디밭에 대해 인식적으로나 도덕적으로나 부적절한 의식을 심어주기 쉽다. 가령 백인 여성이 흑인 여성에 비해 서사적으로 더 비중 있어야 한다거나 도덕적으로 더 이목을 끌어야 한다는 암묵적 인식은 (화이트) 페미니즘 내에서 여전히 심각한 문제로 남아 있다.

버지니아 울프가 옥스브리지의 풀밭 위로 방향을 틀었을 때 교구관리는 화가 난 듯 손을 내저으며 그녀를 몰아냈다. 그녀는 도서관으로 들어갔지만, 그곳에도 머무를 수 없었다. 그러려면 대학 연구원(일부러 말장난한 것이다*)의 소개장을 소지하거나 에스코트를 받아야 했다. 이제 그런 규칙은 폐지되었고, 오늘날 도서관은 모든 젠더에 열려 있다. 그러나 여전히 어떤 사람들은 지금껏 남성이 독점해온 잔디밭에 여성이 발을 들이는 행위, 달리 말해 지금은 사라졌거나 불공평하게 강요되고 있는 남성 중심적 규칙들을 위반하는 행위에 분개하거나 분노하는 반응을 보인다. 이러한 반응은 그 우발적 기폭제가 여성이라는 점, 즉 여성으로서 경로를 벗어나 역사적으로 금지된 길을 가려는 모습이 분개의 원인이라는 점을 드러내지 않을 수 있으며, 보통은 드러내지 않는다. 이로써

---

* 연구원이나 동료를 뜻하는 영단어 fellow는 남성을 친밀하게, 혹은 경멸적으로 낮잡아 부르는 단어이기도 하다.

사후합리화post hoc realization**에 알맞은 환경이 무르익는다. 그녀는 뭔가 꿍꿍이가 있는 사람으로 여겨진다. 뭔지 모르게 위협적인 사람으로 비친다. 차갑고 냉담하고 오만하여, 앞길을 막아서는 사람은 누가 됐든 가차없이 때려눕히는 막무가내인 인물로 여겨진다.

그러므로 어쩌면 그 교구관리는 정도를 벗어난 여성을 향한 의심의 눈초리를 여태 거두지 않았는지도 모른다. 길을 잃고 헤매던 한 여성의 모습이 여전히 마음에 응어리져 있는지도. 그남은 그녀를 향한 자신의 분개를 정당화하기 위해 겉만 번지르르한 근거를 들먹이거나, 웬만한 사람은 다 하는 실수를 물고 늘어진다. 하지만 정작 문제의 적개심을 유발한 진짜 원인이 무엇인지는 거의 파악하지 못했을 수 있다. 더불어 교구관리의 아내는 그남의 도덕적 판단에 전적으로 공감할지도 모른다. 어쩌면 그녀에게는—곧 알게 되겠지만—더 나은 선택지가 거의, 아니 전혀 없을 수도 있다.

그래서 당신은 교구관리 부부를 직접 설복해보기로 한다. 그들의 반응이 도덕적으로 완전히 잘못됐으며, 거기에는 그들 스스로도 이제 거부한다고 주장하는 깊숙이 내제화된 낡은 사회적 관행이 반영돼 있다는 점을 납득시키려고 시도하는 것이다. 그러나 당신이 주장을 전개하는 동안 교구관리 부부의 얼굴은 점차 (남편은) 분개심으로, (아내는) 반감과 분노도 모자라 혐오감으로까지 물들어간다. 그제야 비로소 당신은 끔찍한 덫을 알아차린다. (나를 비롯해) 당신과 같은 여성들은 그러한 도덕적 권위를 (이 사례에서처럼 미약하게나마) 확보한 남성들에게, 스트로슨의 표현에 따르면 한 사람이 동류 인간에게 받기에는 너무도 중요한 종류의 **선의**를 얼마간 빚졌다고 간주된다는 것을. 그러나 "동류 인간", 그리고 "한 사람"

___
** 전후관계를 인과관계로 혼동하여 이론적 설명을 제시하는 오류.

이라는 표현의 행간에는, 바랐던 선의와 선의를 바라는 마음이 우세와 열세를 결정하는 다른 여러 체계 가운데서도 특히 젠더에 적잖이 좌우된다는 현실이 감추어져 있다.

한 가지 예를 들자면, 역사적으로 남성과 비대칭적인 도덕적 지원 관계에 놓인 여성들은 남성에게 도덕적 관심과 동정, 염려뿐 아니라, 존경과 인정, 경애, 존중, 사의를 표할 것을 요구받아왔다. 그렇게 주어진 성격을 내던지고 그남을 도덕적으로 비판하거나 비난하려고 들면, 그녀는 그남이 받아가는 데 익숙해졌을 선의를 그남에게 내어주지 않고 있는 게 된다. 어쩌면 그남은 일견 그녀의 선의에 의존하여 자신의 희미한 자아의식이나 자존감을 유지하는지도 모르는데 말이다. 이때 여자의 분개나 비난은 배신으로, 여남 사이의 적절한 정신적 관계의 역전으로 받아들여질 수 있다. 또한 이를 계기로 남자는 보복이나 복수, 앙갚음을 꾀할 수도 있다. 또한 그남과 같은 편에 있는 사람들에게—비단 교구관리의 아내뿐 아니라 훨씬 더 넓은 범주에 속한 사람들에게까지—교구관리를 향한 도덕적 비난은 선 넘기 혹은 뻔뻔한 거짓말로 보이기 십상이다. 그남을 비판하는 사람은 도덕적 관점에서 믿지 못할 사람이 된다는 얘기다.

그렇다면 여성혐오는 자기의 본모습을 가면으로 엄폐하는 현상일 것이다. 고로 여성혐오에 대한 관심을 촉구하려는 시도는 자칫 그 현상을 악화시킬 수 있다. 이러지도 저러지도 못하는 상황으로 치닫고 마는 것이다. 그러나 이를 피할 방법이란 없다. 내가 할 수 있는 이야기는 그것뿐이다.

더불어 알게 될 사실은, 여성을 인간적 존재로 인식하지 않는 현상이 반드시 여성혐오의 근간을 이룬다고는 할 수 없으며, 오히려 그렇지 않을 때가 많다는 점이다. 여성을 동류 인간으로 인식하는 상태에서도 그녀를 겨냥해 여성혐오를 일삼을 수 있기 때문이다. 자연스레 대조의 기준점은 '인간적 존재'에서 존재 쪽으로 옮겨 간다. 여성의 사회적 위치는 단순히 인간적 **존재**가 아니라, 인간적으로 **베푸는 존재**인지도 모른다. 적어도 여성에게 다양한 정신적 지원과 경애, 관심 등을 기대하는 지배적 남성에게는 그럴 것이다. 그녀에겐 그놈과 같은 길 위에 **존재하는 게** 허락되지 않는다. 충분히 베풀지 않거나, 적절한 사람들에게 적절한 방식, 적절한 의도로 베풀지 않는 여성은 툭하면 곤란에 처하게 된다. 또한 이와 관련해 실수를 범하거나, 남성과 같은 수준의 지원 내지 관심을 받으려 하는 여성은 자칫 여성혐오적 분개와 징벌, 분노를 맞닥뜨릴 수 있다.

그러므로 한 여성에게 인정된 인간성이란 도덕적 자유의 측면에서 여러모로 아쉬운 면이 있다. 또한 이때 그녀의 의무감은 한편으로 과도한 동시에, 다른 많은 부분에서 부족할 가능성이 있다.

돌이켜보니 내게 이 책을 집필하는 일은 다양한 비논리적 의무감으로부터 스스로 자유로워지기 위한 장기적 시도에 가까웠다. 그러다 보면 다른 진정한 의무들을 차근차근 찾아내 더 잘 이행하게 될지도 모를 일이었다. 또한 나는 내가 정서적으로 (물론 때로는 날조에 속아) 도덕적 권위자라고 여기는 이들과 뜻을 달리할 때 느끼기 쉬운 일부 비논리적인 죄책감과 수치심을 극복하고 싶었다. 특히 권위 있는 듯 보이지만 돌이켜보면 부당하게―그리고 어쩌면 치명적으로―보이는 주장들에 맞서야 할 때, 나는 스탠리 밀그램의 실험* 참가자들이 느꼈을 법한 기분을 희미하게 상기시

---

*   복종 실험이라고도 한다. 평범한 인간도 권위에 복종하기 위해서라면 타인에게 얼마든 심각한 위해를 가할 수 있음을 보여준 실험으로, 학습에 대한 처벌의 효과를 알아보기 위한 것이라는 거짓 설명하에 학생 역할의 피험자가 오답을 선택할 때마다 선생 역의 피험자가 그에게 전기충격을 가하는 방식으로 진행되었다.

키는 특정 형태의 도덕적 당혹감을 느끼곤 했다(Milgram 1974).

책의 포문을 여는 아일라비스타 살인 사건을 들여다보며, 나는 사건의 표적이 되어 살해당한 여성들의 관점에서 도덕적 당혹감을 느꼈다. 또한 사건을 전반적으로 곱씹는 과정에서도 비슷한 당혹감을 느꼈다. 그 사건의 여성 피해자들을 비롯해 미국에서 매일 비슷한 명분으로 살해당하는 여성 모두가 실제로 내게 불러일으킨 비애감과 도덕적 공포를 억누른 채 초연하고 냉정하게 대응해야 할 것 같다는 기분이 들었다. 그것은 일종의 압박감이었다. 격한 감정에 휩싸일 게 아니라, 전적으로 사회구조와 관련된 여성혐오 혹은 미묘하고 만성적이고 점증적인 유형의 여성혐오 사례들로 눈길을 돌려야 한다는 압박감.

물론 이 모두는 연구할 가치가 있는 중요한 현상이다. 또한 본문에서도 이에 대한 논의를 이어갈 예정이다. 하지만 나는 처음에 내가 반사적으로 보인 본능, 그러니까 다양한 렌즈를 적용해 초점을 넓히는 대신 **고개를 돌리려** 했던 그 본능에 대해 의문을 품게 되었다. 또한 그 같은 본능이 나의 사고에 나쁘게 작용했거나 일종의 지적 비겁함을 투영하지 않았을까 하는 우려를 품게 되었다. 페미니즘 철학은 남성 지배와 가부장제, 유해한 남성성으로 초점을 국한해서는 안 된다. 물론 여성혐오로 초점을 국한해서도 안 될 것이다. 그렇지만 내가 이 연구 프로젝트를 시작한 2014년 5월 무렵을 기준으로 여성혐오를 다룬 단 한 권의 책도, 심지어 소논문 분량의 논의조차 없었다는 사실은 페미니즘 철학계가 그런 주제들을 배제한다는 인상을 주었으며, 아닌 게 아니라 일부 엄정하고 충실한 학자들은 이에 대한 연구를 명백한 구습이라고까지 표현할 정도였다. 그러나 다소 구식인 데다 케케묵은 이 본성에 대한 연구는 나름의 가치가 있다고, 논쟁의 여지는 있겠으나 이런 주제를 가감 없이 다룬 저작물이 더 많아져야 한다고 나는 생각한다. 이런 생각은 2016년 미국 대통령 선거운동 기간에 얼마간 지지를 얻었고, 도널드 트럼프의 대통령 당선이 확정되자 더욱 힘을 받았다. 유해한 남성성과 여성혐오는 오늘날 결코 특이한 현상이 아니다 (차라리 그랬더라면). 그러니 이 책에서 명확한 설명을 구축할수록 더욱 바람직하리라고 생각한다. 페미니즘의 물결이라고들 하지만, 그것을 논의하는 방식은 다른 영역에서의 정치 담론과 확연히 구분된다. 적어도 나는 그렇게 느낀다. 왜 그럴까? 뿐만 아니라 페미니스트의 사고는 수정과 추가를 요하는 새로운 논의의 새로운 중심이 아니라, 진부함이 깔린 해묵은 발상으로 치부된다.

나는 그 지점을 집요하게 파헤칠 것이다. 왜냐하면 나는 우리가 생각하고 행동하는 과정에서 우리의 의식적 자각이나 회복력의 한계를 훌쩍 넘어서는, 때로 우리의 명백한 도덕적 믿음과 정치적 신념에 뚜렷하게 반하는 위력이 전파되고 활성화되는 사례가 적지 않다고 믿기 때문이다. 자칫 우리는 사후합리화에 입각해 우리 문화에 남아 있는 가부장제의 힘을 간과할 수 있다. 그러는 동안 가부장제를 옹호하는 세력은 밀실에 모여 우리가 부재하는 가운데 우리의 희생을 비웃으며 힘을 키워나갈 것이다. 모자를 맞춰 쓰고 야유하는 사람들의 이미지가 우울한 내 머릿속을 스쳐간다.

그런가 하면 개인 행위자들의 여성혐오적 행동에 대해 비난하거나 책임을 묻지 않고 지나갈 위험성도 존재한다. 「서론」에서 확인하겠지만, 여성혐오와 관련해 누군가를 비난하는 데는 한계가 있다고 생각한다. 그러나 만약 우리가 개인 행위자의 행동을 너무 적나라하게 파헤쳐서는 **안 된다**는 생각으로 분석에 임한다면, 짐작건대 이들 행위자와 관련하여 신중하다 못해 정중하기까지 한 결과가 도출될 것이다. 어떤 면에선 불안을 조장하지 않는 더 간편한 결과가 만들어지는 셈이다. 나로서는 이것이 난감한 문제였다. 내가 이 책에서 사회제도라는 배경에 힘입어 여성혐오자의 위력을 전파하고 조달하는 행위자들을 분석하는 데 제법 많은 시간을 할애한 이유다.

　　이 책을 집필하는 데 있어 나는 대체로 내 딴에 면밀하고 냉철하면서도 생경한 시선을 유지한 채, 때로는 불편한 각도에서, 잦은 고통을 감수하며, 오히려 잘못된 장소로 느껴지는 곳에서, 잘못된 방식으로, 잘못된 시점時點에, 잘못된 순서로 사안을 바라보기 위해 노력했다. 그런 생각은 빤히 보이는 곳에 감춰졌거나 평소 우리에게 익숙한 도덕과 감정의 중심원리에 가려졌지만 고려할 가치가 충분한 무언가를 놓치고 있을지 모른다는 우려에서 비롯되었다. 나는 이따금 그 무언가가 없다고—혹은 있었더라도 내가 그것을 찾아 모으는 데 실패했다고—생각했고, 그것들은 여기에 결코 담아내지 못한 책의 일부가 되었다. 때로는 하나의 사례로부터 배울 점이 처음 예상했던 것보다 더 많다는 사실을 깨닫기도 했다. 여러 동기와 주제와 패턴이 드러날 때마다 그것들의 일관성에 놀라기도 했다. 참신하고 유익한 질문들이 꼬리를 물고 이어졌다. 결국 나는 본능을 신뢰하지 않기로 한 내 판단을 신뢰했다는 사실에 만족하기에 이르렀다. 여성혐오에 관한 한, 나는 본능을 신뢰하는 대신 일탈을 시도했다.

　　수많은 사람의 지적·도덕적 지원이 없었다면 이 (굽은) 길에서 버텨낼 수도, 이 프로젝트를 지속할 수도 없었을 것이다. 우선 누구보다 나의 아버지 로버트와 어머니 앤, 여동생 루시의 도움이 컸다. 매일 보고 싶지만, 모두 나와 지구 반 바퀴만큼 떨어진 곳에 살고 있다. 우리 가족은 도덕적 주제로 심각한 대화를 나누

다가도 끝에 가서는 사회정치적 부조리를 신나게 비웃곤 했다. 그런 환경에서 자랐다는 사실에 감사하다. 또 예전 지도교수들과 현재의 멘토들, 그 밖의 많은 친구와 동료에게도 사의를 표한다. 특별히 (그리고 언급하는 순서와 그다지 상관없이) 샐리 해슬랭어, 레이 랭턴, 리처드 홀턴, 줄리아 마코비츠, 매슈 데스먼드, 모라 스미스, 제이슨 스탠리, 아마티아 센, 수재나 시겔, 낸시 바워, 수전 브라이슨, 미셸 코시, 해나 티어니, 윌 스타, 세라 머리, 태드 브레넌, 더크 페러봄, 조슈아 코언에게 고마움을 전하고 싶다. 모두 앞으로 본문에서 개진할 생각들을 충분히 숙고하고 개선할 수 있도록 나를 도와주었다. 캐스린 포긴과 데이비드 슈로브에게는 (각각 2016년 예일 관념론 학회와 2017년 2월 캘리포니아대학 버클리캠퍼스에서) 훌륭한 지적을 해준 데 감사드린다. 또한 (2016년 6월)『보스턴 리뷰*The Boston Review*』의 한 공개 토론회에서 주요 논문으로 채택된 나의 글「여성혐오의 논리The Logic of Misogyny」(Manne 2016d)와 너그럽게 씨름해준 논평자 이마니 페리와 앰버 에일리 프로스트, 수전 J. 브라이슨, 크리스티나 호프 소머스, 더그 헨우드, 테일리 멘델버그, 비비언 고닉에게도 사의를 표한다.

나의 학생들, 그중에서도 특히 이 소재를 꼼꼼히 조사해 2017년 봄 대학원 세미나에서 내게 근사한 통찰력을 과시해준 비앙카 타카오카, 엔팅 리, 아드난 무탈립, 에이미 라미레스, 벤저민 세일즈, 에린 거버, 엘리자베스 사우스게이트, 쿼터리 구노, 알렉산더 보글린, 에마 로저벌에게 귀중한 도움을 준 데 대한 깊은 감사를 표하고 싶다. 또한 이 소재와 관련해 내가 각지—하버드대학, 프린스턴대학, 캘리포니아대학 버클리캠퍼스, 위스콘신매디슨대학, 피츠버그대학, 코넬대학, 노스캐롤라이나대학 채플힐캠퍼스, 듀크대학, 퀸스대학, 킹스칼리지 런던, 코네티컷대학(철학과 부정의 연맹Injustice League이 주관한 '지배하는 연설Dominating Speech' 관련 학회),
킴 멀론 스콧이 실리콘밸리에서 주최한 『보스턴 리뷰』 행사—에서
마련한 회담에 참석해준 청중들에게도 감사드린다. 이처럼 뜻 깊
은 만남들을 통해 여러 사람의 날카로운 질문과 흥미로운 사례를
접한 경험은 내 생각을 바꾸고 개선해주었다. 또한 (잘 답변하려다
제때 답장하지 못하곤 하는 내 끔찍한 습관에도 불구하고) 나와의 이메일
소통에 응해준 관대한 이들에게도 같은 마음이다. 더불어 2014년
10월, 더 폭넓은 독자를 만나기 위해 집필을 시작한 이래 나를 도
와 관련 소재와 씨름해준 편집자들의 도움도 **빼놓을 수 없다.**[7] 이
분들의 이름을 일일이 나열하다 보니 이내 당황스러울 정도로 긴
목록이 완성되었다. 그랬는데도 내 변변찮은 기억력 탓에 그 모든
이의 이름을 적어 넣는 데 실패했을 위험성은 여전히 존재한다. 한
편 나의 사랑스런 페이스북 친구들도 있다. 덕분에 운 좋게도 나는
전 세계의 현명하면서 친절하기까지 한 사람들과 커뮤니티를 형
성할 수 있었다. 이 랜선 친구들의 도움이 없었다면 겨우 밑그림 수
준이던 초기 발상들을 나만의 이론으로 구축해낼 수 없었을 것이
다. 그들의 통찰력을 만족스럽게 풀어내지 못했음에도 불구하고 내
이 새로운 시도를 지지하고 도와준 분들께 모든 면에서 감사할 따
름이다. 또한 정확하고 빈틈없는 교열로 나를 감동케 한 지니 페
이버와 줄리아 터너에게도 고마움을 전한다. 이 연구 프로젝트를

다른 곳: 여성혐오의 논리

---

7 이 소재들 중 일부는 『뉴욕 타임스』(5장 일부)와 『보스턴 리뷰』(3장 일부), 『허핑턴 포
스트』(4장 6장 8장 일부), 학술지 『사회적 이론과 실천Social Theory and Practice』(5장
내용은 「휴머니즘 비평Humanism: A Critique」(2016)이라는 글을 개고한 것이다)에
처음으로 소개되었다. 나머지 소재와 관련된 부분은 이 책을 통해 처음 발표하는 내
용들이다. 다만, 이 책의 1장과 2장으로 재탄생한 논문의 일부 판본은 내 웹사이트
〔www.katemanne.net〕와 www.academia.edu 페이지에 몇 년 전에 등록한 것이다.

책으로 만드는 과정에서 터너가 보여준 아름다운 일처리 능력은 특히 인상적이었다.

마지막으로, 특별히 고마운 두 사람이 있다. 그들이 없었다면 본디 이 책은 그 모든 결함과 단점을 극복하고 이 모습 이대로 세상에 나올 수 없었을 것이다. 두 사람은 장황한 초고의 모든 부분을 꼼꼼하게—때로는 여러 번에 걸쳐—읽어주었다. 이 책에 실리지 못한 그 모든 찌꺼기는 말할 것도 없다. 둘 중 한 명인 이 책의 편집자 피터 올린은 책을 만드는 단계 단계마다 나를 독려해주었다. 편집 아이디어를 제안함에 있어 그남처럼 맨스플레이닝의 기미라고는 눈곱만큼도 없이 저자에게 힘을 주고 강한 인내심을 보여주면서 실력마저 출중한 편집자가 세상에 또 있을까 싶다. 그남의 꼼꼼한 감독과 탁월한 판단 덕분에 이 책을 훨씬 더 근사한 모습으로 세상에 선보일 수 있었다.

그 누구보다 10년 동안 배우자로, 그리고 반려동물 세 마리—코기 팽코, 고양이 남매 어밀리아와 프레디(무지개다리 너머에서 편안하기를)—의 공동 양육자로 나와 함께해준 남편 대니얼 맨에게 고맙다고 말하고 싶다. 가정생활이 제공하는 빛과 웃음과 사랑이 없었더라면, 또한 대니얼이 실용적 정서적 지적 측면에서 꾸준히 제공해준 도덕적 지원이 없었더라면 나는 이토록 어둡고 암울한 소재를 철저히 파헤치는 작업을 계속할 수 없었을 것이다. 이 책에서 내가 풀어내는(이번에도 역시 한계는 있지만—물론 이는 전적으로 내 책임이다) 생각의 상당 부분은 우리가 두고두고 그것에 관해 나눈 대화가 없었더라면 어디로도 나아가지 못했을 것이다. 뿐만 아니라 대니얼은 본문에 소개된 몇몇 사례 연구를 주의 깊게 살피는 것을 도와주었고, 변호사로서 가정폭력 피해자들을 무료로 변호하고 하버드 로스쿨에서 대니얼 L. 로즌펠드 교수와 친밀한

30

파트너의 폭력을 연구하는 모범적 모습으로 영감을 불어넣어주었다. 마지막으로, 특유의 총명함을 십분 발휘해 '힘퍼시himpathy'라는 용어를 고안해낸 이도 다름 아닌 대니얼이다.

이 책을 깊은 사랑과 고마움을 담아, 특히 적절한 단어들을 찾아주고 그것들을 사용하도록 나를 독려해준 데 감사하며, 대니얼에게 바친다.

말을 삼키다

Eating
Her words

[페미니즘에 대한] 사회적 반발이 한동안 계속돼왔다는 사실을 절감했습니다. 왜 우리는 충격을 받을까요? 저는 충격받지 않았습니다. 가부장제는 어지간히 심각한 도전에 직면하지도, 바뀌지도 않았으니까요. 가부장주의자의 목소리는 공공연하게 허용되었고 페미니스트의 목소리는 침묵을 강요당했습니다. 마치 전쟁이라도 치르는 것 같았죠. 그때 가부장주의자들은 이렇게 느꼈을지도 모릅니다. "우리가 이 전쟁의 승리자다."

벨 훅스, 2016년 11월 미국 대선 관련 인터뷰에서[1]

---

1 Lux Alptraum, "Bell Hooks on the State of Feminism and How to Move Forward under Trump(벨 훅스, 페미니즘의 현주소와 트럼프가 통치하는 세상에서 전진하는 법을 논하다)," *Bust*, February 21, 2017, https://bust.com/feminism/19119-the-road-ahead-bell-hooks.html.

은폐

목조르기strangulation를 당한 여성이 경찰에 협조하는 일은 흔
치 않다(Resnick 2015). 종종 '숨막기choking'라고도 하는데, 이는 부정
확한 표현이다. 손으로 목을 조르는 행위는 본질적으로 위험하다.
목을 졸렸을 당시에는 생명에 지장이 없었다 해도 몇 시간 내지 며
칠이 지나면, 심지어 몇 주가 지난 뒤에도, 산소 부족으로 인한 뇌
합병증으로 목숨을 잃을 가능성이 있다.[2] 또한 목조르기는 목구멍

---

2 숨막기는 내적 요인에 의한 기도폐색과 관련이 있다. 음식물 쪼가리와 같은 이물질에
도 숨통은 막힐 수 있으니까. 하지만 목조르기는 목구멍이나 목에 가해진 외적 압력
으로 유발되며 그 결과 "목동맥을 차단하여 뇌의 산소 부족을 야기하거나, 목정맥을
차단하여 산소가 부족한 혈액이 뇌를 빠져나가지 못하도록 막거나, 기도를 폐쇄하거
나, 호흡 곤란을 유발한다. 때로는 이 모든 증상이 한꺼번에 나타날 수도 있다"(Turkel
2008). 목동맥 차단은 미미한 압력(약 5킬로그램)으로도 충분히 가능하며, 수 초 내
에 의식불명으로, 수 분 내에 뇌사로 이어질 수 있다. 비교를 위해 예를 들자면, 탄산
음료 캔을 따기 위해 필요한 압력은 그 두 배 정도 되는 9킬로그램이다. "Strangula-
tion: The Hidden Risk of Lethality(목조르기: 죽음을 부르는 숨겨진 위험)," The
International Association of Chiefs of Police, http://www.theiacp.org/Por-
tals/0/documents/pdfs/VAW_IACPStrangulation.pdf.

의 부상을 유발하고도 이렇다 할 흔적을 남기지 않을 가능성이 있다(Snyder 2015). 즉, 피해 여성의 목구멍은 어떻게 검사해야 하고 눈에서는 무슨 증상('점상출혈'이라고 부르는 붉은 반점들)을 살펴야 하며, 어떤 질문을 던져야 적절한지 모르는 사람 눈에는 그저 멀쩡하게만 보일 가능성이 있단 얘기다(Turkel 2008). 대개는 여기서 한 발짝도 더 나아가지 못한다. 피해 여성이 의학적 치료를 거부할 가능성도 있다. 사건은 "침묵 속에 가려진다"(Dotson 2011, 244). 피해 여성이 이튿날 아침이나 며칠 더 지난 날의 아침까지 깨어나지 못할 때도 있다. 더욱이 알려진 대로라면, 이런 식의 이른바 치명적이지 않은 공격의 피해자들은 동일한 가해자에게 살해당할 확률이 일곱 배가량 높다(Strack, McClane, and Hawley 2001). 아직도 미국의 많은 주에서는 목조르기를 범죄로 규정하는 구체적 법령을 마련해두지 않았다(그저 단순 폭행처럼 경범죄로 치부하는 예가 다반사다)(Turkel 2008).

목조르기 사건의 가해자는 주로 친밀한 파트너이지만 그 밖의 가족 구성원일 때도 이따금 눈에 띈다. 지역에 따른 발생률 차이는 없는 듯하다. 자료 수집이 가능한 곳이면 대체로 어디서나 확인되었으니까. 그러나 관련 자료를 집계하지 않은 나라도 적지 않았다. 특히 가난한 나라일수록 그런 업무를 더욱 등한시했다(Sorenson, Joshi, and Sivitz 2014).

목조르기는 맨손으로도, 로프나 벨트, 전깃줄 같은 끈을 이용해서도 자행될 수 있다(Sorenson, Joshi, and Sivitz 2014). 플로리다 지역 언론 매체가 보도한 최근 사건을 보면, 가해자는 금속 끈을 사용해, 개를 데리고 산책 중이던 75세 여성의 목을 졸랐다. 여기서 이례적인 부분은, 가해 남성이 피해 여성과 일면식도 없었다는

점이다.[3]

　목조르기 사건의 피해자는 대개 친밀한 파트너가 있는 여성들이다. 물론 아동 피해자의 비율 또한 편향적으로 높다. 반면 가해자는 대다수가 남성이라는 사실이 메타분석을 통해서 드러났다(Archer 2002, 327). 물론 이 사실이 곧장 상당히 혹은 굉장히 높은 비율의 남성이 목조르기 사건의 가해자라는 결론으로 이어지지는 않는다.[4] '(거의) 유일하게'와 '(거의) 모두'는 뜻이 엄연히 다르지만, '남성은 목조르기 사건의 가해자다'처럼 포괄적인 주장은 자칫 그 차이를 모호하게 만들 수 있다.[5]

　또 한 가지 짚고 넘어갈 부분은, 목조르기가 고문이라는 점이다. 연구자들은 목조르기를 물고문에 비유한다. 둘 다 고통과 공

3　"Deputies: Palm Harbor Man Used Metal Leash to Choke Elderly Woman Walking Her Dog(대리자들: 팜하버의 한 남성, 개와 산책 중이던 여성 노인을 금속 끈으로 질식시켜)," WFLA News Channel, April 14, 2017, http://wlfa.com/2017/04/14/deputies-palm-harbor-man-chokes-elderly-waman-walking-her-dog-with-metal-leash/.

4　때로는 소년들도 목조르기 사건에 연루된다. 비록 그 빈도를 보여주는 자료는 (절대적 수치로 보나 상대적 수치로 보나) 부족해 보이지만 말이다. 최근 HBO 채널의 드라마 「빅 리틀 라이즈Big Little Lies」(2017)에서는 이와 관련된 허구적 사례가 비중 있게 다뤄졌다. 드라마에서 한 소년은 학급에서 한 소녀의 목을 졸라 멍이 들게 한 범인으로 지목당한다. 소년은 부인한다. 그리고 이 사건은 소년이 그랬든 안 그랬든 작중 미스터리의 한 축을 이룬다. 소년은 정말 소녀의 목을 졸랐을까? 만약 그랬다면 이유는 무엇일까? 또한 그러지 않았다면 진범은 누구이며 왜 소녀는 가해자를 지목하라는 요구에 진범 대신 소년을 가리켰을까?
내가 속한 모임에서는 이를 두고 약간의 논쟁이 벌어졌다. 고작 1학년짜리 어린아이가 같은 학년 아이에게 정말로 그런 짓을 할 수 있겠냐는 것이었다. 장담하건대, 충분히 가능하다. 나도 다섯 살 때 비슷한 일을 겪었으니까. 아, 중요한 차이는 있다. 우리 반 친구는 도구로 실을, 정확하게는 봉합사를 사용했다. 내가 의식을 되찾은 뒤 들은 이야기에 따르면, 그 남자애는 철자법 대회에서 나 때문에 2등에 그쳤다는 사실에 불만을 품었을 거란다.

포를 느끼게 하는 데다, 사회적 의미가 뒤따른다는 점에서. 목을 조르는 행위는 권위와 지배력을 과시하는 수단으로 여겨진다(Sorenson, Joshi, and Sivitz 2014). 목조르기는 앞으로 내가 전개할 설명을 기준으로 볼 때, 젠더화된 본성의 발현이자 여성혐오적 행동의 전형적인 유형이다. 또 하나 눈여겨볼 부분은 그런 행위에 대한 사람들의 무관심 혹은 무지다. 뿐만 아니라 목조르기 피해자의 대부분은 사건을 축소하려 든다. 아니면 가스라이팅gaslighting을 당하거나. 이에 대해서는 조금 뒤에 다시 논의할 것이다(Abramson 2014; McKinnon 2017).

목조르기 피해자들이 가해자에게 불리한 증언을 하는 걸 이처럼 주저하는 까닭에, 일부 연구자들은 이제 증거가 확보된 사건이면 가해자를 기소하기 위해 물밑작업까지 벌이는 실정이다(Resnick 2015). 정작 해당 범죄를 증언할 목격자는 사전에 협박을 받았거나 이른바 은폐를 강요당한 상황인데도 말이다. 여기서 은폐는 크리스티 도트슨이 소개한 "증언적 은폐testimonial smothering", 그러니까 화자에 의한 일종의 자기침묵을 상기시킨다(Dotson 2011). 이러한 자기침묵은, 특정한 주장을 펼치는 행위가 불안전하고 위험하다는, 결국 소용없을 가능성이 크다는 인식에 기인한다. 그리고 그 원인은 "치명적 무지pernicious ignorance"로 인한 (것처럼 보이는) 청자의 "증언적 이해testimonial competence" 부족에 있다.[6] 이러한 특징들을 기준으

---

5 이른바 #NotAllMen 일당, 즉 모든 남자가 그런 건 아니라고 목소리를 높이는 이들에게 철저히 공정을 기하는 차원에서 말해두자면, 이렇듯 '포괄적'인 주장은 양쪽 뜻 모두로 읽힐 소지가 있다는 점에서 자칫 혼동을 유발할 수 있다. 따라서 나는 맥락상 그러한 주장의 의도된 의미가 투명하게 밝혀지지 않는 한, 그처럼 포괄적인 주장들을 되도록 멀리할 것이다.

6 더 상세하게 설명하자면, 도트슨은 "증언적 은폐"를 "화자가 자기 증언의 내용 일부를, 청자의 증언적 이해를 확실히 도모할 만한 내용만을 포함시킬 목적으로, 스스로

로 판단하건대, 목조르기의 가해자가 남성 파트너일 때, 도트슨의 정의에 입각한 증언적 은폐가 유발될 가능성은 확실히 높아 보인다. 여성이 피해 사실을 공개하기라도 하는 날엔 우위를 되찾기 위해 무엇이든 하겠다는 가해 남성의 의지 표명은 상황을 위태롭게 만든다. 또한 곧 확인하겠지만, 전반적으로 우리 사회는 목조르기라는 개념을 제대로 이해하지 못하고 있다. 이 책에서 그 같은 몰이해가 여성혐오를 먹이고 살찌우는 유의 치명적 무지에서 비롯된 결과라는 사실을 확인하게 될 것이다.

침묵

일찍이 도트슨이 인식적 억압epistemic oppression에 관한 연구에서 보여준바, 인간은 셀 수 없이 다양한 방식으로 침묵하거나 침묵당할 수 있다(Dotson 2011, 2012, 2014).[7] 도트슨의 다각적이고 정확한 분석을 토대로 한 여러 가능성을 은유적으로 이렇게 바꿔 말

생략하는 것"이라고 정의한다. "증언을 주고받는 과정에서 증언적 은폐가 감지되는 세 가지 상황은 다음과 같다. 첫째, 증언의 내용이 불안전하고 위험해야 한다. 둘째, 증언하는 내용과 관련해 청자의 증언적 몰이해testimonial incompetence가 화자의 눈에 드러나야 한다. 셋째, 증언적 몰이해는 치명적 무지의 결과이거나 치명적 무지의 결과로 보여야 한다"(Dotson 2011, 249).

7   미란다 프리커의 『인식론적 부정의Epistemic Injustice』(2007)를 보라. 프리커는 이 책에서 스스로 "증언적 부정의testimonial injustice"라고 이름 붙인, 인식론적 부정의의 형태를 살펴본다(Fricker 2007). 또한 인식론적 부정의에 관한 문학을 전반적이고 개괄적으로 다룬 유용한 논의로 레이철 V. 매키넌의 글(McKinnon 2016)도 참조하라. 이후 6장에서는 호세 메디나(Medina 2011, 2012), 게일 폴러스 주니어(Pohlhaus 2012), 이와 관련한 마리타 길버트와 도트슨의 공동 연구(Dotson and Gilbert 2014)도 참고할 것이다.

할 수도 있다. 당신은 그녀의 입에 말을 욱여넣을 수 있다. 그녀의 입을 공손하고도 진부한 의견들로 볼이 빵빵해지도록 가득 채울 수 있다. 그녀를 비롯한 여성들이 겪고 있는 일에 대해 증언은커녕 인식조차 못 하도록 단속하는 차원에서 그녀가 할 법한 특정 발언들을 다시 삼키도록 엄포를 놓을 수 있다. 그녀를 방해하고, 그녀의 발언을 공허한 울림만도 못한 헛소리로 만들어버릴 수 있다.

"목이 졸렸다" 대신 "숨이 막혔다"라고 말하도록, 아니면 더 나은 대안으로는 "붙잡혔다"라고 말하도록 그녀를 훈련시킬 수도 있다. 물론 최고의 대안은 아무것도 말하지 않는 것이다. 그 일은 아무것도 아니었다. 아무 일도 일어나지 않은 것이다. 트럼프가 여성의 생식기를 움켜잡은 경험을 자랑스레 떠벌릴 때, 그것은 이른바 "라커룸 토크"가 된다. 사람들의 비판을 잠재우는 데는 그 정도 해명이면 충분하다는 듯이.[8] 결과적으로 이런 수법은 많은 사람에게 실제적인 효과를 발휘했다. 한때 그남의 전처는 그남에게 강간을 당했다고 증언했다. 이에 트럼프의 대변인은 "오래된 이야깁니다. 애초에 그런 일도 없었고요"라고 말했다. 그런가 하면 그남의 변호사 마이클 코언은, "당신이 끼워 맞추려 하는 그 단어와는 무관한 일"이라고 말했다. 이바나 트럼프는 "정서적으로 강간을 당했다고 느낀" 사안으로, "그 일을 형사 범죄 사안이라고 언급하지도 않았고, 그 단어의 문자적 의미가 다양하다고는 하나, 문자 그대로의

8 David A. Fahrenthold, "Trump Recorded Having Extremely Lewd Conversation about Women in 2005(트럼프, 2005년 녹취 파일에서 여성을 소재로 지극히 외설적인 대화)," *Washington Post*, October 8, 2016, https://www.washingtonpost.com/politics/trump-recorded-having-extremely-lewd-conversation-about-women-in-2005/2016/10/07/3b9ce776-8cb4-11e6-bf8a-3d26847eeed4_story.html.

다른 곁: 여성혐오의 눈리

의미로 한 말도 아니"라고 했다. 그 전에 코언은 (2015년『데일리 비스트*Daily Beast*』기자에게) 확립된 판례에 따르면 남편이 자기 아내를 강간할 수는 없으니까, 그 일도 강간**이었을 리 없다**고 강력히 항변한 바 있었다. 하지만 오래지 않아 지적당한 것처럼, 사실 뉴욕주에서는 그 사건이 발생하기 몇 년 전부터 부부 사이의 강간을 불법으로 규정하고 있었다―수치스러울 정도로 뒤늦은 조치였지만, 도널드 트럼프를 자동적으로 면벌할 만큼 늦은 건 아니었다(Darcy 2015). 그런고로 다른 식의 의미론적 회피가 필요해졌고, 그들은 상황을 역전시킬 열쇠를 "정서적"이라는 표현에서 찾아냈다. 본질적인 문제는 모두 이바나의 머릿속에 있었다. 그 사건은 "법적 또는 범죄적 의미"의 성폭행이 아니었다. 같은 사건을 이바나의 증언을 토대로 서술한 해리 허트 3세의 『길 잃은 거물*The Lost Tycoon*』(1993)이 출간됐을 때 그녀가 (이번에도 역시 트럼프 변호인단의) 압력에 못이겨 그남의 책임을 부인하는 의미로 덧붙인 문구대로라면 말이다. 트럼프는 혐의를 대체로 부인했지만, 그녀의 발언에서 딱 한 가지 내용만은 부인하지 않았다. 이에 대해서는 나중에 다시 살펴볼 것이다.

　　부인하는 형식은 여러 가지다. J. M. 쿳시의 소설 『추락*Disgrace*』(1999)에 등장하는 52세 교수 데이비드 루리는 제자 멜러니에게 강제적 성관계를 시도하면서도 그것이 "강간은 아니"라고, 강간과는 "조금 다르다"고 인식한다(Coetzee 1999, 23). "다만 원하지 않는, 마음 깊이 원하지는 않는" 성관계라는 것이다. "그녀는 마치 여우에게 목을 물린 토끼처럼, 체념한 듯 내내 맥없이 늘어져 있었다." 이런 상황을 일컫는 표현은 무엇일까? 강간과는 조금 다르다면, 대체 무엇이라고 일컬어야 옳을까?**9**

　　트럼프의 변호사 마이클 코언은 위 사건에 대해 인터뷰를 시도한 『데일리 비스트』 기자에게 그 이야기는 꺼내지도 말라며, 다음과 같이 으름장을 놨다.

> 장담하는데, 당신 언젠가 나랑 법정에서 만날 날이 있을 거요. 그쪽한테 있는 돈에 없는 돈까지 모조리 긁어낼 작정이거든. 그리고 당신네 『데일리 비스트』랑 당신 주변 인물 모두의 뒤를 캐야겠지. (…) 그러니까 이건 경고야. 씨× 몸조심하라고. 왜냐, 앞으로 내가 당신한테 ×나 역겨운 짓을 할 생각이거든. 내 말 알아듣겠소?

코언은 말을 이어나갔다.

> 이건 뭐, 말이 돼야 상대를 하지. 어떤 사람이 '강간'이란 단어를 사용한 걸 가지고 기사를 쓰겠다니. 정작 그 여자는 자기가 정서적으로 만족하지 못했다, 그런 얘기를 하고 있는데 말이야.

그러더니 그놈은 앞서 한 말을 되풀이했다.

> 물론 그 단어에는 여러 문자적 의미가 존재하겠지. 하지만 만약 당신이 그 의미를 왜곡하고 거기에 트럼프 씨의 이름을 써 넣으

---

9   여기서 그녀는 옷을 더 쉽게 벗길 수 있도록 엉덩이를 들어주기까지 한다. 저항이 거의 없는 상태에서 "그녀에게 행해진 모든 일은 그렇게, 어쩌면 아득히 먼 곳에서 진행되었다"(1999, 23). 이를 두고 나는 몇 가지 견해를 제시한 바 있다(Manne 2017). 문득 궁금해진다. 과연 그러한 거리 두기는 공간이나 시간, 아니면 둘 모두를 확보하려는 노력이었을까? 그녀는 포식자에게 할퀴어지고 먹잇감이 되는 미래를 향해 스스로 뛰어들어 돌진하는 듯했다. 그녀는 차라리 그놈이 그러게끔 내버려두었다. 그녀는 동의했다.

면, 내 장담하는데, 아주 괴로운 결말을 각오해야 할 거요. 그러니 맘대로 해요. 스무 살에 인생을 망치고 싶으면 그러시든가. 내 기꺼이 도와드리지.(Darcy 2015)

트럼프의 대선 캠프는 이 같은 협박에 트럼프를 연루시키지 않는 방향으로 움직였다. "트럼프 후보는 [코언의] 발언에 대해 알지 못했고, 그 발언에 동의하지도 않습니다. (…) 후보 자신을 제외하고는 누구도 후보의 입장을 대신할 수 없습니다." 트럼프의 대변인은 이렇게 말했다(Santucci 2015).

그러자 이번에는 이바나 쪽에서 자신의 과거 발언 전부를 (이혼소송 과정에서의 선서증언까지) 최선을 다해—적어도 겉보기에는—강력하게 부인하기 시작했다. 그녀는 과거 자신의 발언이 "완전히 쓸데없는" 이야기라는 입장을 고수하는가 하면, 예의 그 『데일리 비스트』 기사에 관해서는 다음과 같은 보도자료를 배포했다.

최근 저는 약 30년 전, 그러니까 도널드와 이혼소송으로 갈등이 고조되던 시기에 제가 한 몇 가지 발언을 글로 접했습니다. 완전히 쓸데없는 이야기입니다. 현재 도널드와 저는 서로에게 더할 나위 없이 좋은 친구이며, 우리는 우리가 사랑하고 매우 자랑스럽게 여기는 세 자녀를 함께 길렀습니다.(Santucci 2015)

언젠가 이바나가 서술한 내용에 따르면, 도널드 트럼프는 그녀가 추천한 외과의사가 어설픈 솜씨로 수술하다 자기 두피를 망쳐놓았다는 이유로, 아프게만 하고 제대로 시술한 것 같지는 않다며 그녀의 머리카락을 한 움큼 쥐어뜯은 남편이었다. 그런 뒤에는—역시나 이바나의 글에 따르면—예고도 없이 (그리고 방금 언급한 이유로 합의를 거치지 않은 채) 그녀의 몸 안에 자신의 "성기를 쑤셔 넣었다". 그리고 이튿날 아침에는 "위협적인 무심함"으로 무장한 채 능글맞게 웃으며 그녀에게 이렇게 말했다고 한다. "아파?" 이 질문 으로 그남은 그녀가 아팠으면 하는 바람을 은근히 드러내고 있었 다. 자신의 머리를 아프게 한 일에 대한 앙갚음이었던 셈이다. 트 럼프는 이 이야기에서 오직 한 가지만을, 그러니까 부분 탈모에 관 련된 내용만을 부인한다. 탈모 자체가 없었으므로 관련 문제의 해 결 과정도 없었다는 것이다(Zadrozny and Mak 2015).

이바나의 보도자료는 다음과 같은 내용으로 끝을 맺는다.

저는 다만 도널드를 좋아하는 사람으로서 그이에게 대선에서 최 고의 행운이 함께하기를 바랍니다. 그리고 저는 트럼프가 놀랍도 록 훌륭한 대통령이 될 것이라고 생각합니다.

아닌 게 아니라 놀랍기는 하다. (내가 이 글을 쓴 2017년 5월을 기준으로) 어느새 트럼프가 대통령에 취임한 지도 100일이나 되었 다니.

달라진 목소리

때에 따라서는, 한때 남성의 가해 사실을 공개석상에서 직 접적으로 밝히던 여성들이 돌연 목소리를 바꾸기도 한다. 리사 헤 닝 건이 바로 그런 사례였다. 그녀는 남편의 가학적 태도를 바꾸 기보다 스스로에게 집중하기로 결심했다며, 다른 여성들에게도 그 러기를 권유했다. 혼자 힘으로는 남편을 변화시킬 수 없다는 사실을 깨달았고, 그래서 남편을 떠났으며, 그 과정에서 모든 것을 잃었다는 것이다.

> 나에게 집중해야 해요. 저뿐 아니라 거의 모든 여성이 그래야 한다고 생각합니다. 더 이상 남성에게 집중하지 말아야죠. 그들이 하는 일은 무엇이고 그들을 바꿀 방법은 무엇인지에 초점을 맞춰서는 안 됩니다. 이젠 우리 자신에게 집중해야죠. 우리가 남성을 통제할 순 없어요. 우리 자신에게 돌아가야 합니다.

1990년 리사 헤닝은 '앤Ann'이라는 가명으로, 커다란 안경과 가발을 쓴 채 「오프라 윈프리 쇼The Oprah Winfrey Show」에 출연해 이렇게 이야기했다. 이 에피소드의 제목은 '매 맞는 상류층 여성'이었다. 헤닝이 유려한 말솜씨로 털어놓은 이야기에 따르면, 그녀는 자신이 법적 도움이나 보호를 기대할 수 없는 처지에 놓여 있었고, 그 원인이 가부장적 세력에 있다는 사실을 깨달았다. 그녀는 여성의 편에 서지 않는 사회에 문제를 제기했다. 특히 자기 남편처럼 부유하고 성공한 변호사가 연루돼 있을 땐 문제가 더욱 심각하다고 했다. 그리고 이는 명백한 사실이었다.

> 특히 사법제도와 싸울 때가 그래요. (…) 사법제도는 지독히도 가부장적이니까요. 상대는 전형적인 백인 남성들이에요. 그런 사람들이 똘똘 뭉쳐 버티는 상황에서 우리는 중대하고도 중대한 문제를 마주하게 되죠.

그 중대한 문제는 부분적으로 그녀의 남편이 법적인 처벌을 받지 않을 것이고, 그 사실을 그남 스스로가 너무 잘 알고 있었다는 점이다. 그남은 법적 결과에 대한 두려움 없이 자신의 바람대로 행동할 수 있었다. 더욱이 그 바람은—리사 헤닝의 표현을 빌리자면—잔인했다. 1986년 부부의 이혼소송 중 이뤄진 선서증언에서 헤닝은 남편이 자신을 심하게 폭행했고, 특히 목을 졸랐다고 증언했다.

> 그이는 저를 공격했어요. 목을 조르고 바닥에 내던졌죠. 제 머리를 때리고 무릎으로 제 가슴을 들이받더니 제 팔을 비틀어 바닥에 질질 끌고 다녔죠. 저를 벽에 내던졌고, 911에 전화하지 못하게 방해했어요. 등을 발로 차기도 했고요.

또한 헤닝은 남편이 차 안에서 자신에게 주먹을 휘둘렀고, 신고를 받은 경찰이 집에 출동한 적도 두 차례 있었다고 증언했다. 「오프라 윈프리 쇼」에서는 이런 이야기도 들려주었다.

> 가장 무서운 건 떠나는 것이었어요. 제가 그 사람과 관계를 끝내고 그 사실을 공개하면 어떤 일이 벌어질지 생각하면 겁이 났죠. 아시다시피 전남편은 유명 인사였으니까요. 그이가 누구고 무슨 일을 하는지 모든 사람이 알고 있었잖아요. 어쨌든 저는 그 사실을 공개했고, 그러자 그 사람은 복수를 맹세했죠. 저더러 그러더군요. "당신이 시궁창에 빠지는 꼴을 보고 말겠어. 이 일은 절대로 안 끝나. 대가를 치르게 해줄 테니까."

그녀는 대가를 치렀을까?

리사 헤닝은 이후 재혼해 이름을 바꿨다. 전남편 앤드류 퍼즈더가 도널드 트럼프 정부의 노동부 장관으로 선임되었다는 뉴스를 접한 2016년 당시 그녀의 이름은 리사 피어스타인이 되어 있었다. 모든 사람이 퍼즈더의 혐의를 알고 있었다. 그러나 문제의 그 「오프라 윈프리 쇼」 장면이 상원의원들 앞에서 비공개로 상영된 뒤 각종 매체를 통해 공개되고 나서야 상황은 비로소 종료되었다. 퍼즈더의 이름이 장관 후보에서 제외된 것이다.

그런데 어째서일까? 리사 헤닝은 이미 자신의 발언을 철회한 상태였다. 리사 피어스타인의 주장에 따르면, 그 모든 이야기는 그녀가, 더 정확하게는 그녀의 예전 자아인 리사 헤닝이 꾸며낸 것이었다. 소송 당시 헤닝의 변론을 맡았던 변호인은 그때의 그녀는 믿지만 지금의 그녀는 믿지 않는다며, 과거 그녀와 주고받은 대화 내용과 그녀의 의료 기록 일부를 근거로 제시했다. 변호인은 현재의 그녀가 과거에 있었던 학대를 (마치 없던 일처럼) 꾸며내고 있다고 생각했다. 혹은, 어쩌면 더 바람직하게는, 과거의 리사가 한 증언을 여전히 신뢰하고 있었다. "그녀의 이야기가 단지 믿을 만한 정도가 아니라 진실하다고 생각"했다는 게 그 변호인의 진술이었다 (Fenske 2016).

퍼즈더는 전처 리사 헤닝의 혐의 제기가 "사실 무근"이라며 학대를 부인했다. 이혼소송 당시의 선서증언에서도, 『리버프론트 타임스Riverfront Times』 기사에서도.

"어떤 시점에도 신체적 학대는 없었다"고 퍼즈더는 단언했다.

그리고 리사 피어스타인은 어느새 전남편의 주장에 전적으로 동조하고 있었다.

2016년 11월 30일 자 이메일에 그녀는 예의 그 분명하고 단호한 어조로 이렇게 적었다. "당신은 가학적인 남편이 아니었어요." 그리고 이렇게도 적었다.

당신도 알 거예요. 그 시절 경솔하게 내린 수많은 결정을 내가 얼마나 깊이 후회하는지. 그때의 그 어떤 결정도 지금의 당신에게 문제를 일으키지 않기를 진심으로 바랍니다. 저는 당신 몰래 충동적으로 이혼소송을 제기했고, 그때 학대 혐의를 제기하라는 조언을 들었어요. 그 결정을 후회했고 지금도 후회합니다. 30년도 더 전에 그 혐의 제기를 철회했고요. 당신은 가학적인 남편이 아니었어요.

누구라도 학대가 전혀 없었느냐고 묻는다면 가장 분명하고 확실하게 말하겠어요. 우리는 열띤 언쟁을 벌였다고. 우리 둘 다 지금은 후회하는 말들을 서로에게 내뱉었다고. 우리는 서로에게 상처를 입혔지만 그런 서로를 용서할 수 있었다는 사실에 개인적으로 항상 고마움을 느껴왔다고.

편지에는 "후회regret"라는 단어가 굉장히 자주—(어원이 같은 말까지 포함하면) 두 단락 안에 네 번이나—등장한다. 이메일이 이어질수록 그녀의 확신은 커져간다.

당신과 나는 이 문제를 오래전에 해결했습니다. 그 일을 뒤로한 채 이제는 기꺼이 서로를 사랑하고 존중하는 관계가 되었다고 생각해요. 이것이야말로 당신이 고결하고 기품 있다는 증거 아닐까요? 만약 당신이 폭력적이거나 가학적인 남편이었다면, 이런 일은 불가능했을 테니까요. 당신은 그런 남편이 아니었습니다. 당신이 하는 모든 모험에 언제나 최고의 행운이 함께하기를. 당신은 분명 트럼프 팀의 훌륭한 새 얼굴이 될 거예요.(Fenske 2016)

이제 보이는가? 문제의 「오프라 윈프리 쇼」를 보고 편지를 읽은 상원의원들이 개입을 꺼려했던 이유가.[10] 전남편을 향한 그녀의 태세 전환이 그 정도로 놀라웠던 것이다. 굳이 설명하지 않아도 이런 사례에서는 가능성이 곧 논리적 증거다. 앞서 인용한 발언을 하기 위해 분장을 하고 '앤'이라는 가명까지 써가며 「오프라 윈프리 쇼」에 출연한 여성이 위와 같은 이메일을 쓰게 될 확률은 얼마나 될까? 더욱이 리사 헤닝은 ('앤'으로서) 공들여 설명했었다. "그 사람과 같은 위치에 있는 남성은 대부분 흔적을 남기지 않아요. 제가 입은 상처를 여러분은 볼 수가 없죠. 영구적인, 영구적인 상처지만 흔적은 남기지 않는 거예요. 과거에도 남긴 적이 없고요."

그리고 지금도 흔적은 남아 있지 않다. 그 말을 한 여성은, 적어도 표면상으로는 이제 사라졌다. 앞서 나온 구절들을 다시 살펴보자. 그녀는 달라진 초점과 관점을 유지하기 위해, 전남편이 아닌 자신에게 집중하기 위해 있는 힘껏 노력했다. 그 말을 찾아낸 사람도, 입 밖에 낸 사람도 그녀였다. 그런데 어째서인지, 어디선가 그녀는 자신이 한 그 말을 잃어버렸다. 아니면 다시 삼키기를 강요당했거나.

이런 식의 주장과 철회는 어떻게 이해해야 할까? 무엇이건 하나의 사실에 대해서는 여러 해석이 가능하다. 최초의 증언이 사실은 거짓이었다는 해석도 그중 하나다. 그러나 비슷한 몇몇 사례를 모아보면, 하나의 패턴이 의심되기 시작한다. 특히 막강한 특혜와 권력이 보장된 분야를 지배하는 남성 중 일부가 서사를 좌지우지할 권한을 틀어쥔 채 여성을 통제하고 동의를 강요하는 듯 보인

---

10 혹시나 리사 피어스타인의 이메일이 그저 상투적 문장의 나열로 해석될까 싶어 한 가지 더 말해두자면, 그녀는 문제의 영상이 다시 수면으로 떠오르자 겉보기에는 진심으로 당황한 기색이 역력한 상원의원들에게 개인적으로, 몇 차례나 대화를 제안했다.

다는 얘기다. 이는 존경심에서 우러나온 행동과는 살짝 거리가 있다. 오히려 케이트 에이브럼슨이 설명한 이른바 가스라이팅의 도덕적 목표와 매우 흡사하다(Abramson 2014).[11] 피해 여성은 독립적 관점을 가질 능력을 파괴당했다. 적어도 특정한 주제들에 있어서는 말이다. 그녀는 가해 남성에게 동의할 의무가 있다. 그남의 이야기를 단지 믿는 정도가 아니라 받아들이고 들려주어야 하는 것이다.

여러 면에서 이는 그남처럼 강력하고 지배적인 행위자들이 일을 처리하는 일반적 방식의 연장이다. **향후**에 무엇이 진실로 간주되고 장차 사건의 공식 버전으로 다뤄질지를 간단히 명시하여 공표하는 것이다. 그남이 세상을 향해 전개하는 (겉보기에는 신념이지만, 안을 들여다보면 명령인) 주장들은 **정신**을 겨냥한다. 정신 상태를 바꾸라고, 그래서 우리가 자진해서 받아들일 수 있으리라고는 여간해서 생각되지 않는, 세계가 유도하는 사고방식을 (그러니까, 적어도 표면상으로는 신념을) 따르라고 이야기하는 것이다. 믿음을 구축하기 위해서는 통상 논거나 증거, 혹은 그 비슷한 무언가가 필요하다. 믿음으로 기대되는 실질적 이익뿐 아니라 믿어야 하는 대상의 진실과 관련된 무언가가 필요하다는 얘기다. 이런 식의 요구에 우리가 실제로 정신 상태를 바꿀 수 있는지 없는지는 중요치 않다 (추측건대, 슬프고 당혹스럽게도 이는 가능할 것이다). 어느 쪽이건 그남의 의지는 법이요, 그남의 말은 복음일 테니까.

---

11 McKnnon 2017도 참고하자. 정치적 "동맹"이라는 개념이 어떻게 가스라이팅과 증언적 부정의의 연막이 될 수 있는지를 심도 있게 논한다.

목표

어쩌면 진부한 얘기처럼 들리겠지만, 도덕적으로 중요한 의미가 함축된 낱말들은 정치적으로도 중요하다. 이를테면 '강간'이나 '목조르기'처럼. 하지만 각각의 문제에 적합한 이름을 붙였다고 해서 안심하기엔 이르다(Friedan 1963 참조). 단어들이 도덕적으로나 법적으로 심각한 의미를 지닐 때 이는 특정 단어들의 적용을 거부하는 이들에게 동기나 변명이 될 수 있다. 그것은 **그런 의미**일 수 없다. 그남은 **그런** 사람이 아니다. 각 용어에는 관련된 혐의가 부과되기 전 남성들이 상상하던 것 이상의 다양한 의미가 부여된다. 따라서 우리는 도덕적으로 심각한 문제를 가리킬 때 그 용어들을 사용할 권리를 주장할 필요가 있다. 그러지 않으면 이 권리는 우리가 제대로 누려보기도 전에 손가락 사이로 빠져나가버릴지도 모른다.

'여성혐오'라는 용어야말로 그 최적의 예라고 나는 믿는다. 특히 페미니스트에게 필요한 이 단어를 우리는 자칫하다 잃어버릴 위험에 처해 있다. 그러므로 나는 이 책이 이 치열한 세상에서 가스라이팅에 맞서는 방어벽이 돼주기를, 여성혐오라는 문제를 개인적 삶과 공적 담론 양쪽에서 파헤치고 그것에 수반되는 부정주의denialism*를 있는 그대로 드러내주기를 희망한다.

누군가는 묻는다. 대관절 어떠한 목표와 포부를 가졌기에 여성혐오처럼 중대하고도 난감한 주제를 다룬 책을 집필하게 되었느냐고. 특히 「서문」에서도 말했다시피 나와 같은 교육을 받은 사람이 이 주제로 이렇듯 긴 글을 책으로 펴낸 사례는 이번이 처

---

*   불편한 진실을 직면하지 않으려 일부러 현실을 회피하는 태도나 행위.

음이니 말이다. 이 책의 저자로서 내 권위를 제한하는 요소는 내가 속한 (고도의 특권을 누리는) 사회적 위치와 그것에 관련된 인식론적 관점 혹은 입장이다. 또한 나는, 이를테면 심리학이나 사회학, 젠더 연구, 인류학, 역사학이 아닌 도덕철학과 페미니즘철학을 연구한 사람으로서, 주제를 살펴보는 데 적용할 수 있는 렌즈의 종류에 제약을 받는다.[12] 종종 나는 논란의 여지가 있는 특정 사례들을 과연 여성혐오로 간주해야 옳은가 하는 문제에 대해, 내 관념을 토대로 나만의 견해를 펼칠 것이다. 그러나 말해두건대, 합리적인 이견이 들어설 여지도 책 곳곳에 마련돼 있다. 또한 내가 일차적 목표를 달성하기 위해 내린 이런저런 판결에 독자가 반드시 동의할 필요도 없다. 내 목표는 여성혐오를 둘러싼 이슈에 대해 질문하고 답변하고 논쟁하는 데 유용한 여러 도구를 제공하는 것, 그리고 여성혐오가 다양한 개별 집단에 속한 여성들에게 영향을 미치는 만큼, 이에 관한 상세하고 실질적인 해석 또한 다양하게 제시하는 것이니까 말이다.

책의 첫 부분에서 내 목표는 독자의 머릿속에 일종의 관념적 뼈대를, 여성혐오가 여성의 삶에 어떤 **작용**을 하는지 이해하기 위해 필요한 생각의 큰 틀을 세우는 것이다. 다시 말해 우리는 여성혐오가 그것과 유사한 여러 지배 구조(인종차별, 제노포비아, 계급차별, 연령차별, 장애인차별, 호모포비아, 트랜스포비아 등)의 한 갈래로 간주되는 가부장제 질서를 유지하는 데 기여한다는 점을 우선 고려해야 한다. 여성혐오는 특정한(다소 제한된) 계급의 여성들에게 적대적이거나 부정적인 사회적 결과를 초래한다. 이론적으로(즉, 내용

---

12   따라서 실망을 방지하는 차원에서 미리 경고하자면, 여성혐오가 처음 발생한 이유라든지, 그토록 오래, 여러 장소와 문화에서 끈질기게 지속된 이유를 묻는, 인류학적으로 흥미로운 질문에 대해서는 속 시원하게 대답해줄 수 없을 것이다.

면에서)나 실질적으로(즉, 규범을 강요하는 메커니즘에서) 젠더화된 사회적 규범을 강요하고 단속하는 것이다.

이 주장이 무엇을 말하고 무엇을 말하지 않는지에 주목하라. 규범의 자체적 내용과 강요의 메커니즘은 서로 다른 처지에 놓인 여성들의 전반적인 사회적 위치에 따라 현격히 달라질 수 있다. 또한 각종 불이익이나 취약성이 복잡하게 얽혀 있는 사회구조를 고려할 때, 이 같은 다양성은 여성혐오의 경험이나 파급력 면에서 중요한 영향을 미친다. 나는 이것이, 킴벌레 W. 크렌쇼가 처음으로 제시한 이른바 교차성intersectionality이라는 정치학적 개념에 접근하는 핵심적 방법이라고 생각한다(Crenshaw 1991; 1993; 1997; 2012). 이러한 통찰을 바탕으로 개선된 분석 결과를 명쾌히 구축해나가는 과정에 대해서는 2장에서 더 자세히 다룰 것이다.

그러니 이 글을 여성혐오와 관련해 인식론적으로나 도덕적으로나 막강한 권위를 갖춘 이론가들의 견해들을 그러모아 기본적인 윤곽을 그리는 작업으로 생각해도 좋겠다. 이 과정에서 우리는 특정 계층의 여성들에게 적용되는 일련의 사회적 규범에 대해 논하게 될 것이다. 또한 그러한 규범들의 내용과 그것들이 (어쩌면 과도하게) 강요되는 방식뿐 아니라 그에 의해 야기되는 구체적 효과, 그리고 이것이 그 밖의 특권층과 취약층을 구분 짓는 사회적 체계와 맞물려 유발하는 상호작용까지 고려할 것이다.

여성혐오의 논리에서 그 구체적인 실체 혹은 본질로 시선을 옮기면서 나는 내가 속한 특수한 사회적 위치에서 내게 친숙한 여혐에 대한 (전적으로는 아니더라도) 각별한 관심을 내비칠 것이다. 물론 처음에는 나도, 이성애자에 시스젠더이며 비장애인인 데다 현대의 영국계 미국인 사회(원출신지를 따지자면 오스트레일리아도 포함된다)에 속해 고도의 특권을 누리며 살아가는 백인 중산층으로서 이런 문제에 집중하는 것이 결코 유망하다고는 느끼지 않았다. 실제로 일부 독자들은 내가 한 이 작업을 터무니없고 부도덕한 것으로 여길지도 모른다. (특히) 중산층에 이성애자인 백인 여성들은 페미니즘 운동을 하면서 우리만의 경험을 근거로 지나친 일반화 내지 보편화의 오류를 범한다는 당연한 비판을 받아왔다. (오드리 로드의 「장인의 연장은 결코 장인의 집을 부수지 않는다The Master's Tools Will Never Dismantle the Master's House」[1979, 2007에 재수록]는 이 문제와 관련해 행동을 촉구하는 내용을 담고 있기로 유명하다.) 그러나 이러한 한계로 인해 캔버스 전체가 아니라 내 팔이 닿는 한구석만을 칠해 그림을 (망칠 가능성이 있는 정도가 아니라) 망칠 수밖에 없다 해도, 화필이 닿지 않는 그 영역 때문에라도 계속해서 손을 뻗을 생각이다.

　　나는 특히 사회의 지배적 행위자들이 다양한 사회적 위치(이에 대해서는 곧 논의할 것이다)를 부여받은 전부는 아니더라도 대부분의 여성—비록 그들을 아우르는 방식은 근원적으로 제각각일 수 있지만—에게 가하는 여성혐오에 관심이 있다. 하지만 어떤 면에서 내 **진정한** 바람은 백인 여성들이 백인 남성들로 인해 맞닥뜨리는 현실을 이해하는 것이다. 이는 그런 현실이 그 자체로 도덕적 문제이기 때문만은 아니다. 물론 그런 이유도 부분적으로 있지만, 백인 여성들이 맞닥뜨리는 그 현실이 도덕적으로 한층 더 심각한 문제, 즉 유색인종이나 트랜스젠더를 비롯해 상대적으로 특권과는 거리가 먼 취약 계층에 속한 여성들이 맞닥뜨리는 여성혐오의 직접적인 발생 요인이라고 생각하기 때문이기도 하다. 먼저 단순하고 투박하게 운을 띄우자면, 최고위 권력층에 속한 백인 남성들—이들은 도덕적으로나 법적으로나 제재 대상이 될 확률이 가장 낮고, 실제로 해를 끼치고도 처벌을 면할 가능성이 있다—의 여성혐오는 최하위 취약층에 속한 여성들에게 확실히 편향적으로 해로운 영향을 끼친다. 하지만 그러한 해악을 끼칠 수 있게 만드는 조력자는 대개 여성, 그것도 백인 여성이며, 이러한 현상은 일면 자기 보호와 다소 관련이 있을지 모른다. 백인 여성이 당하는 여성혐오의 피해는 십중팔구 한 유형, 즉 **도덕적** 피해에 편중돼 있다(Tessman 2005 참조). 그러므로 나는 우리가 이러한 유형의 여성혐오를 명확히 정리해둘 필요가 있다고 믿는다. 우리가 어떤 식의 오류를 범하는지, 그리고 상황을 개선하려면 어떻게 행동해야 하는지 알아내기 위해서라도 말이다.

미국이라는 환경에서 문제의 심각성은 총선이 끝난 후 명확히 드러났다. 투표에 참여한 백인 여성의 절반 이상이 도널드 트럼프의 오랜 여성혐오와 성폭행, 성희롱 전력에도 불구하고 힐러리 클린턴이 아닌 트럼프에게 표를 던졌으니까. 이 문제에 대해서는 나중에 더 자세히 다룰 것이다. 일단 지금은 백인 여성에 대해 이런 질문을 던져야 한다. 그들은 무슨 생각을 하고 있었는가? 왜 그토록 많은 백인 여성이 트럼프 같은 사람의 여성혐오를 기꺼이 용서하고 망각했는가? 사전에 가스라이팅을 당한 것일까? 스스로를 가스라이팅하고 있기라도 한 걸까?[13]

불출석

트럼프의 백악관이 점찍은 인물 가운데 여성에게 폭력을 행사한 전력이 있는 인물이 비단 앤드류 퍼즈더만은 아니었다. 트

---

[13] Crenshaw et al. 2016에서 발췌한 내용을 참고하라. 선거 이후 열여섯 명의 사회정의 지도자와 함께한 그 대담에서 크렌쇼는 이 문제에 관해 흥미로운 관점을 다양하게 제시했다.

럼프 자신을 비롯해 스티브 배넌도 1996년, 그러니까 퍼즈더보다 10년 더 늦은 시기에 가정폭력 혐의로 기소된 적이 있었다. 그런데도 배넌은 도널드 트럼프의 수석전략가로 선임되었다. 2016년 11월 대통령 선거가 끝나고 며칠 뒤의 일이었다. 대선운동 기간에 배넌은 선거 사무장으로서, 클린턴의 우세를 뒤집고 트럼프의 승리를 이끈 주역이었다. 이 글을 쓰는 현재(2017년 5월)도 그남은 여전히 그 직책을 역임 중이다.

문제의 사건은 배넌이 아내 메리 루이스 피카르에게 너무 시끄럽다는 이유로 화를 낸 게 발단이었다. 사건이 터지기 전 피카르는 먼저 일어나 7개월 된 쌍둥이 딸에게 음식을 먹이려던 참이었다. 그러다 약간의 소음을 냈고, 소파에 잠들어 있던 배넌이 깨어난 것이다. 1996년 정월 초하루의 일이었다(Gold and Bresnahan 2016). 두 사람은 사건 발생 7개월 전, 그러니까 쌍둥이가 태어나기 3일 전에 결혼했다. 부연하자면, 양수천자 검사에서 쌍둥이가 둘 다 '정상'이라는 확진을 받은 뒤였다(배넌은 이를 확인해야만 결혼을 감행하겠다는 조건을 걸어두었다)(Irwin 2016).

다시 사건 당일로 돌아가서, 그 후 피카르는 식료품을 사야한다며 배넌에게 신용카드를 요구했다. 이에 배넌은 수표책을 쓰라고 말하며 그것이 **자기** 돈임을 강조했다. 그런 다음 집을 나섰다. 피카르도 배넌을 따라 나갔고, 두 사람은 운전석 창문을 사이에 두고 말다툼을 벌였다. 그녀는 이혼하겠다고 으름장을 놨다. 그남은 비웃으며, 자기는 절대 그 집에서 나가지 않을 거라 했다. 그녀는 그남에게 침을 뱉었다(침이 그남의 몸에 닿았는지 여부는 경찰 조서에 명기돼 있지 않다). 그러자 그남은 운전석에서 팔을 위로 뻗어 그녀의 한쪽 손목을, 그다음엔 그녀의 목을 움켜잡았다. 그러고는 그녀를 차 안으로, 자기 쪽으로 끄집어당겼다. 그녀는 저항했고, 그남의 얼

굴을 향해 때릴 듯 손을 휘두르며 빠져나가기 위해 안간힘을 썼
다. 잠시 후 그남의 손에서 벗어난 그녀는 911에 신고하기 위해
집 안으로 도망쳤고, 그남은 쫓아갔다.[14]

　　그녀는 휴대전화가 있는 거실로 달려갔다. 그녀가 911을 눌
렀을 때 그남은 쌍둥이들을 뛰어 넘어 그녀에게 다가가 손에서 전
화기를 낚아채고는 방 저편으로 던지며 "야, 이 씨발, 미친 년아!"
라고 소리쳤다는 게 그녀의 증언이다. 그남이 차를 타고 집을 떠난
뒤 그녀는, 충격으로 부서져 쓸 수 없게 돼버린 전화기를 발견했다.

　　어쨌건 경찰은 출동했다. 신고 전화가 걸려 왔다 끊기면 일
단 출동하라는 표준 지침에 따른 조치였다. 경찰관은 피카르의 손
목과 목에서 붉은 자국을 발견했고, 경찰 사진사는 조서와 함께 제
출할 용도로 사진을 촬영했다. 후에 피카르는 배넌이 자신의 "숨통
을 조였다"고 진술했다. 2016년 『폴리티코*Politico*』에 관련 보도가 나
간 후 미디어가 발표한 내용에서도 마찬가지였다(Gold and Bresna-
han 2016; Irwin 2016). 원래의 경찰 조서에는 "숨통을 조였다"는 표
현이 등장하지 않는다. 어쩌면 출동한 경찰들은 그 같은 상황에 필
요한 질문이 무엇인지 몰랐을 수도 있다. 그리고 지금도 많은 경찰
이 그런 상태다.

　　그러나 친밀한 파트너에 의해 발생하는 목조르기를 조금이

14　이 경찰 조서 사본은 해더스 골드와 존 브레스너핸의 2016년 8월 25일 자 『폴리티
코』 기사(「트럼프 선거운동본부장 가정폭력 사건으로 기소되다Trump Campaign CEO
Charged in Domestic Violence Case」)에서 따온 것으로, 다음 URL에서 확인할 수 있
다. 별도의 언급이 없을 시, 위 세부 사항들은 해당 조서에 적힌 내용을 그대로 가져
온 것이다(즉, 당사자의 발언을 그대로 실었다 해도 과언이 아닐 정도로, 경찰관이 손
으로 기술한 원문을 통사론과 가독성을 감안해 내가 극히 일부만 수정해 옮겼다는
얘기다). https://www.politico.com/story/2016/08/steve-bannon-domestic-
violence-case-police-report-227432(2017년 5월 22일 접속).

라도 연구해본 사람이라면, 피카르가 목의 통증을 호소했다는 사실, 배년이 그녀의 손목을, 그다음에는 목을 잡아 그녀를 차 쪽으로 끄집어당겼다는 사실, 그래서 그녀가 몸을 움직여 저항하다 (추측건대, 잡히지 않은 손으로) 그남의 얼굴에 생채기를 냈다는 사실에서, 이 모든 정황이 목을 졸린 성인이 의식을 잃기 전 보통 본능적으로 격하게 싸우는 10초에서 15초 동안 벌어질 수 있는 일이라는 단서를 포착해낼 것이다.

경찰관이 그녀의 목에서 붉은 자국을 그토록 빨리 알아차렸고, 그 자국이 조서 제출용 사진에서 확인될 정도로 선명했다는 사실 또한 의미심장하다 —다시 말하지만, 문제의 목조르기가 실제로 행해졌다면 말이다. 목조르기는 대체로 내부손상만을 남긴다. 경찰 조서 제출용 사진에서 확인될 정도로 선명한 자국을 남기는 사례는 15퍼센트에 불과하다(Snyder 2015). 공격이 강력할수록 여러 신체 증상 중에 그런 자국들이 특히 뚜렷해지는 양상을 보인다는 연구 결과도 있다(Plattner, Bolliger, and Zollinger 2005). 또 다른 징후로는 양쪽 눈 흰자위의 점상출혈, 그러니까 홍반을 들 수 있다. 문제의 경찰 조서 도입부에는 피카르의 양쪽 눈이 "붉고 눈물이 어린" 상태였다고, 그녀는 "화가 몹시 나서 울고 있던 사람처럼 보였다"고 적혀 있다. 현관에서 경찰관을 맞이하며 그녀는 이렇게 말했다. "오, 감사합니다, 와주셨군요. 그런데 어떻게 알고 오셨죠?" 경찰관은 911 신고 전화가 걸려 왔다가 끊겼는데, 주소를 확인해보니 발신지가 이 집이어서 출동했다고 설명했다. 3분에서 4분 동안 피카르는 사건 경위를—경찰 조서에 따르면, 울음 때문에—말로 설명하지 못했다.

레이철 루이스 스나이더라는 기자가 목조르기 예방 교육원 Traning Institute on Strangulation Prevention 대표 게일 스트랙과 나눈 대화를 바탕으로 목조르기 사례에 대해 설명한 다음 글을 살펴보자.

> 경찰관들은 흔히 목조르기 사건을 대수롭지 않게 취급하며 "목의 붉은 기, 베인 상처, 할퀴었거나 긁힌 상처" 따위의 부상 목록을 작성했다. 또한 응급실은 CT나 MRI 촬영도 하지 않은 채 피해자를 퇴원시키는 사례가 부지기수였다. 스트랙과 가정폭력 커뮤니티의 최근 분석에 따르면, 목조르기로 인한 부상의 대부분은 내부손상이며, 목조르기라는 행위는 가해자가 살인을 하기 직전에 가하는 폭력으로 밝혀졌다. "통계적으로 볼 때, 누군가의 목을 조른 경험이 있는 사람이 다음 단계로 저지르는 일은 바로 살인입니다. 현재 우리가 아는 바로는 말이죠." 샌디에이고 경찰서 가정폭력부서 수사관이자 임상의인 실비아 벨라는 이렇게 말했다. "공격 양상이 갈수록 심해지는 겁니다."(Snyder 2015)

이쯤에서 궁금해진다. 스티브 배넌이 백악관 수석전략가라는 직책을 맡는 데 이의를 제기하고 싶어하던 사람들이 왜 위 사건은 더 심각하게 받아들이지 않은 걸까? 스나이더의 기사처럼 훌륭한 글들이 (『뉴요커』와 같은) 주요 매체에 최근까지 실렸음에도 불구하고 목조르기의 심각성을 외면하는 분위기가 이토록 만연한 이유는 무엇일까? 심지어 의학 전문가들 사이에서도 목조르기의 심각성을 외면하는 행태는 여전하다. 때로는 순전한 적개심마저 드러낼 정도도. "남편에게 소리를 그만 지르시는 게 어떨지," 샌디에이고의 한 응급실 의사는 그리 오래지 않은 과거에 목을 졸린 어느 여성에게 이렇게 권고했다(Jetter, Braunschweiger, Lunn, and Fullerton-Batten 2014).

메리 루이스 피카르의 진술은 여느 피해자 진술에 비해 심각하게 받아들여졌다. 스티브 배넌이 외상성 손상과 구타를 동반한 가정폭력과 경범죄인 증인 협박 혐의로 기소되었으니까. 하지만 배넌은 '무죄'를 주장했고, 메리 루이스 피카르가 배넌에 불리한 증언을 하기 위해 법정에 출두하는 걸 포기하면서 사건은 결국 기각되었다. 훗날 피카르가 한 설명에 따르면, 그녀의 불출석은 배넌의 협박 때문이었다. 배넌의 변호사는 그녀에게 사건이 마무리될 때까지 그 도시를 떠나 다른 지역에서 지낼 것을 권유했다. 배넌은 자신의 말을 듣지 않으려거든, 살 집이고 쌍둥이 딸을 키울 돈이고 꿈도 꾸지 말라며 그녀를 협박했다. "그이가 그러더군요. 만일 제가 법정에 출두하면 자기 변호사랑 합세해 반드시 절 유죄로 만들어버리겠다고요." 피카르는 덧붙였다. 결국 그녀는 출두하지 않았고, 그남은 협박을 실행에 옮기지 않았다. 배넌의 대변인에 따르면, 현재 그남은 "요컨대 쌍둥이와는 좋은 관계를, 전처와는 아주 좋은 관계"를 유지하면서 "여전히 그들 모녀를 부양 중"이다.

여성이 말하지 못하도록 입을 틀어막고 위협하는 남성들, 그들의 어조를 변화시켜 현재의 평온을 유지하려는 남성들에게 침묵은 금이다. 침묵은 피해자를 고립시킨다. 침묵은 여성혐오를 가능케 한다. 그러니 우리가 침묵을 깨뜨리자.

개요

일반적 상식과 사전적 정의를 바탕으로 여성혐오의 개념을 이해하고 검토하는 작업이 이 책의 시작이다. 나는 이것을 '순진한 개념 naïve conception'이라 이르는데, 이에 따르면 일차적으로 여성혐오란 모든 여성, 아니면 적어도 거의 모든 여성을 여성이라는 이유로,

즉 젠더를 이유로 증오하는 경향을 보이는 여성혐오자 개개인의 속성이다. 또한 이러한 관점에서 심리학적으로 '깊이 있는' 근본적 설명을 하자면, 진정한 여성혐오자는 그런 유의 증오를 심중에 품은 행위자라 할 수 있다. 즉 여성혐오는 여성혐오자가 지닌 본성이며, 여성혐오자는 특정한 심리학적 프로파일을 지닌 행위자인 셈이다.

1장의 나머지 부분에서는 여성혐오의 순진한 개념이 그 피해자들이나 목표 대상, 혹은 여성혐오자로 의심받고 있으나 실제로는 여혐과 무관한 이들에게 무익하다는 주장을 펼칠 예정이다. 순진한 개념은 여성혐오를 불가해할뿐더러 사실상 존재하지 않는, 정치적으로 그리 중요치 않은 현상으로 만들어버린다. 피해자 입장에서 여성혐오에 순진한 개념을 적용하면 특정 관행이나 행동이 여성혐오적이라는 주장의 정당성을 입증하기가 매우 어려워진다. 그런가 하면 행위자 입장에서는 여성혐오자라는 혐의를 벗기위해 굳이 애쓸 이유가 사라진다. 순진한 개념은 우리로 하여금—전적으로는 아닐지라도—구체적으로 여성을 표적으로 삼는 듯 보이는 행위자들과 수상쩍은 공조를 이루게 만든다. 그러나 본문에서 내가 펼칠 주장을 미리 귀띔하자면, 순진한 개념만이 여성혐오를 정의하는 유일한 개념이라는 **추정**의 근거는 전혀 명확하지 않다. 오히려 여성혐오는 다양한 형태의 편견이 한꺼번에 얽혀 표출되는 예가 다반사다.

2장에서 나는 여성혐오를 순진한 개념보다는, 우선 여성에게 가부장제의 규범과 기대를 강요하는 사회적 환경의 속성으로 이해해야 한다는 견해를 분명하게 제시할 것이다. 그런 사회에서 여성들은, 물론 항상 그렇지는 않겠지만 적어도 가부장제의 법률과 질서를 위반할 시에 이를 강요하는 사회적 분위기에서 비롯된 적개심을 맞닥뜨리기 쉽다. 그러므로 여성혐오는, 여성의 종속성을 강요하고 단속하는 한편, 남성의 지배성을 유지하는 기능을 한다. 또한 이러한 현상의 배경에는 두 젠더가 각각 보유한 물질적 자원의 이질성과 더불어 그 밖의 교차적 구조, 즉 억압하는 쪽과 취약한 쪽, 지배적 입장과 불리한 입장이 복잡하게 얽혀 사회의 지배 체제와 제도, 관료주의적 메커니즘 등을 허용하고 강제하는 구조적 현실이 도사리고 있다.

그러므로 여성혐오라는 경험을 내 관점에서 관념적·보편적으로 가정할 생각은 없다. 오히려 여성혐오는, 여성을 남성 상대자(젠더가 다르다는 것을 제외하면 모든 면에서 그녀와 대등한 남성)와 구별하는 식으로 그녀의 행동에 부분적 배경을 조성하는 모종의 적대적 힘이 미치는 영역을 지칭한다고 보아야 옳을 것이다. 그녀가 직면할 가능성이 있는 이 적대적 결과를 실제로도 **직면**할지 여부는 그녀의 행동 방식에 달려 있다. 사회적 통제는 대개 이런 식으로 이루어진다. 사기 진작과 사기 저하, 긍정적 강화와 부정적 강화의 메커니즘이 동시에 작용하는 것이다. 그녀는 현실이 허락하는 범위 내에서 적절한 이상과 기준에 따라 '착하게' 처신함으로써 혐오성 결과를 모면할 수 있다. 하지만 때로는 그러한 여지조차 존재하지 않을 것이다. 현실에 묶여 이러지도 저러지도 못하고 더한 곤경에 빠져 허덕이는 일이 부지기수라는 얘기다.

그래서 나는 여성혐오의 본질을 그것의 심리학적 특성이 아닌 사회적 기능을 토대로 분석할 것을 제안한다. 여성혐오 행위자들에게는 그것이 내면의 독특한 '느낌'이나 현상학과는 무관할 수도 있다. 만약 무엇이든 느껴진다면, 그들 기준에서는 그게 **정당**한 느낌일 공산이 크다. 이를테면 자기 자신이나 도덕률일 수도 있고, 이 둘을 조합해 '보통 남자little guy'의 편에 서고 싶다는 느낌일 수도 있는 것이다. 흔히 여성혐오에 빠진 이들에게 여혐은 마녀사냥이라기보다 도덕성 회복운동moral crusade처럼 느껴진다. 그러니 여성혐오를 지탱하는 원동력은 여성을 증오하는 마음이 아니라, 오히려 정의를 사랑하는 마음인지도 모른다. 뿐만 아니라 여성혐오는 순수하게 **구조적인** 현상, 즉 규범이나 관행, 제도를 비롯한 여러 사회적 구조에 관련된 현상일 수 있다.

　내 생각을 토대로 종합하자면, 여성혐오는 그 잠재적 표적이자 피해자인 여성의 관점에서 이해되어야 한다. 이때 여성혐오의 **진정한** 의미는, 여성혐오자가 그런 이들에게—대개는 타인의 행동을 미연에 방지하거나 통제할 목적으로—취하는 **행위**로 귀결된다. 여성혐오는 특정 사회계층에 속한 여성들을 (가령 인종이나 계급, 나이, 체형, 장애, 성적 지향, 시스젠더인지 트랜스젠더인지 여부처럼 다소 구체적이고 완벽한 설명이 가능한 특징에 입각해) 겨냥한다. 그리고 그 여자가 이 젠더화된 인간 계층의 구성원으로서 적절한 규범이나 기대를 저버리거나 그에 도전할 때 맞게 될 적대적인 결과를 무기로 그녀를 위협한다. 이러한 규범에는 그남이 누려야 할 (추정상의) 권리와 그녀가 지켜야 할 의무가 포함된다. 또한 그녀는 특정 **유형**의 여성, 즉 주어진 역할을 등한시하거나 남성의 영역을 침범하는 여성들을 대표하게 될 수도 있다.

　3장에서 나는 '성차별주의sexism'와 '여성혐오misogyny'라는 용어를 살펴보면 중요한 차이점이 눈에 띄며, 그러므로 둘을 확실히 구분 지어야 한다고 주장할 것이다. 내 생각에 성차별주의가 가부장제 사회질서를 **정당화**하고 **합리화**하는 가부장제 이데올로기의 한 갈래라면, 여성혐오는 가부장적 사회질서에 근거한 규범과 기대를 **단속**하고 **강요**하는 하나의 체제다. 고로 성차별주의가 과학적이라면, 여성혐오는 도덕적이다. 그리고 가부장제 질서에는 패권주의적 성질이 있다.

　이 세 장에 걸쳐 나는 여성혐오의 '논리'를 이론적으로 설명하는 한편, 내 분석이 이론적으로나 실질적으로나 중차대한 강점을 지닌다고 주장할 것이다. 이 분석에서 파생되는 주요 이점 몇 가지를 내가 내세우고픈 순서대로 소개하자면 다음과 같다.

• 내 분석은 여성혐오를 제법 분명하고 인식론적 접근이 가능한 현상으로 이해하게 한다. 이에 비해 순진한 개념은─인식론적으로나 심리학적으로나 형이상학적으로나─여성혐오를 자칫 신비화할 위험성이 크다.

• 내 분석은 여성혐오를 정치적인 본질과 동떨어진 다분히 주변적인 현상이 아니라, 가부장제 이데올로기의 당연하고도 중심적인 징후로 이해하게 한다.

• 내 분석은 여성들의 교차적 정체성을 고려하여, 여성혐오가 여성들에게 작동하는 방식을 다방면에서 들여다볼 여지를 제공한다. 적개심을 전달하는 행위자들과 사회적 메커니즘뿐 아니라 그 같은 적개심의 성질과 분량, 강도, 경험, 영향까지 두루 살펴보는 것이다. 또한 만약 한 여성이 (이번에도 역시, 서로 교차하는 갖가지 사회적 요소에 따라) 다른 듯 닮은 여러 남성 지배적 체제의 영향권 아래 놓이거나, 한꺼번에 주어진 다양한 사회적 위치로 인해 양립할 수 없는 다양한 역할을 동시에 수행하도록 요구받는다면, 여기에 수반되는 여성혐오는 유형 면에서 **다양**하고 복합적일 수 있다.

• 내 분석은, 사회라는 바다를 항해하며 여성들이 맞닥뜨리는 적대적 반응을 결정적으로 설명할 심리학적 근거를 찾기보다는 적대적 반응 자체에 초점을 맞춤으로써, 여성

혐오를 사회체제적 현상으로 이해하게 한다. 그러한 적개심은 개인 행위자들의 심리 상태에 직접적으로 근거할 필요가 없다. 각종 제도를 비롯한 사회적 환경 또한 여성들에게 유독 험악하거나 '냉담하거나' 적대적일 수 있다.

• 내 분석은 '여성혐오'라는 용어의 의미를 폭넓게 확장시켜, 일찍이 여성혐오라는 용어 사용을 독려한 바 있는 최근의 '풀뿌리' 의미론적 활동주의grass-roots semantic activism와 보조를 맞추는 한편, 어느 정도는 여성혐오의 사전적 의미와도 더 유망한 방향으로 조화를 이룬다. 또한 내 분석은 겉보기에 이질적인 사례들 사이의 공통적 특징을 파악하고 설명하는 데 유용하다.

• 내 분석은 몇몇 관련 사례로 인해 최근 논란을 빚었던 여성혐오에 관한 여러 질문에 합당한 답변을 제시한다.

• 내 분석은 여성혐오와 성차별주의의 명확한 대조를 가능케 한다.

4장에서는 내가 집중하는 사회 환경 내 백인 이성애자 중심의 가부장제 질서 아래서 여성혐오가 작동하는 주요하고도 실질적인 역학에 대해 자세히 살펴볼 것이다. 이른바 도덕적 재화의 경제에서 여성은 남성에게 **제공할** 의무와 의문을 제기하지 않을 의무, 그리고 권리를 주장하기보다 빚진 마음으로 감사하는 자세를 요구받는다. 특히 관심, 돌봄, 동정, 존경, 경애, 양육처럼 두드러지게 **도덕적인** 재화에 대해서는 더욱 그러하다. 반면 남성은 이와 같은 도덕적 재화를 취득할 권리를 부여받는다. 또한 어쩐지 그 재화들에는 남자가 원하는 도덕적 지원을 더 이상 제공할 수 없는 이들의 목숨까지도 포함돼 있는 듯하다. 남성은 여성을 본질적으로, 오직 그녀를 위하는 마음에서 사랑하고 존중할 수 있지만, 이는 다분히 조건적이다. 정체성을 가진 한 인간(그것이 무엇을 뜻하건 간에)으로서가 아니라, 자신에게 호의적 태도를 보이는 이인칭 대상으로서 그녀를 사랑하고 존중한다는 뜻이다.

5장에서는 잠시 숨을 돌린다. 그리고 여성혐오를 이해하려 할 때 많은 사람이 적용하는 맞수 격 접근법인 "인간의 인간에 대한—여기서 더 적합하게는, 여성에 대한—비인간성"을 뜯어보는 한편, 이에 대한 반대론을 펼친다. 내가 '휴머니즘'이라고 일컫는 이 관점에서는 여성혐오가 여성의 완전한 인간성을 인정하지 않는 심리에서 출발한다고 본다. 이에 대체로 나는 여성의 인간성이 이미 충분히 인식되고 있다는 주장으로 맞설 것이다. 엄밀히 말해 여자의 인간성이 문제시되는 때는, 남자의 시각에서 그것이 잘못된 사람이나 잘못된 방향, 잘못된 시대정신을 향할 때다. 따라서 인간적 존재로 인식되느냐, 인간 이하의 생명체로 인식되느냐, 지성이 없는 대상물로 인식되느냐에 집중하기보다, '인간적 존재'라는 관용구에서 '존재'로 시선을 옮겨 그 핵심적 차이를 탐색해야 한다. 4장에 등장하는 이른바 제공자 대 취득자 역학에 휘말린 여성들은 인간적 존재일 뿐 아니라 인간적으로 **베푸는** 존재다. 이런 이유로 여성의 인간성은 다른 인간적 존재에게 갚아야 할 빚으로 간주되고, 여성의 가치는 가령 목숨이나 사랑, 쾌락, 돌봄, 음식, 위안처럼 남성에게 베풀 도덕적 재화를 갖추었는지 여부에 따라 달라질 수 있다. 이는 여자가 고유의 정신을 소유한 인격체임을 대체로 완벽하게 이해받으면서도, 그 정신이 잘못된 것, 잘못된 길, (그녀를 비롯한 여성들을 포함해) 잘못된 사람을 향한다고 인식될 때 잔인하고 비인도적인 처벌을 받는 이유를 설명하는 실마리가 된다.

책의 나머지 부분은 주로 여성혐오와 관련해 비교적 가볍게 다뤄지는 부수적 편견들, 여성혐오를 완성하는 재료와 방법, 여성혐오에 힘을 부여하고 가면을 씌우는 메커니즘에 대해 살펴보는 작업에 할애했다. 나는 이것들이 지배적 문화가 생산하는 도덕적 서사나 사회적 대본, 예술작품, 단체 활동 패턴 등에 반영돼 있으며, 막후에서는 제공자 대 취득자 역학의 영향을 받는다고 믿는다.

6장에서는 고도의 특권을 누리는 남성들이 주된 수혜자가 되는 면벌의 서사를 살펴본다. 또한 여성 피해자를 외면하고 남성 가해자를 향하는 동정심의 흐름에 관해 논의한다. 나는 이 현상을 '힘퍼시himpathy'라고 명명한다. 또한 숱한 논쟁을 빚은 아일라비스타 살인 사건과 대조적으로, 흑인 여성을 희생양으로 삼았고 비교적 훨씬 덜 알려진 최근의 오클라호마 연쇄 강간 사건을 자세히 파헤친다. 문제의 강간범은 피해자들이 신고하지 않을 거라고, 설령 신고하더라도 자신을 법정에 세우지는 못할 거라고 확신했다. 그남의 신분은 경찰관이었다. 결과적으로 그남의 확신은 오판으로 확인되었다. 하지만 어쨌건 그남은 영리했다. 처벌을 피하기 위해 세운 계략만 놓고 보면 말이다. 그남의 발언은 흑인 여성을 겨냥한 여성혐오, 즉 여혐누아르misogynoir를 연상시킨다. 모야 베일리가 제안한 이 용어는, 여성혐오와 반反흑인 인종주의anti-black racism의 특징적 교차점을 나타내기에 마침맞은 표현이다(Bailey 2014).

7장에서는 도덕적 지원의 '제공자'라는 사회적 위치로 인해 특권층 여성들이 직면할 법한 또 다른 결과, 즉 여성혐오 피해자를 향한 적개심과 의심, 그리고 가해자가 그녀에게 필적하는 특권층 남성일 때 남성들이 드러내는 공격성에 대해 살펴본다. 반면 여성혐오 가해 남성이 백인우월주의를 위협할 때, 다시 말해 가해자가 지역 내에서 권세를 떨치는 비백인 행위자일 때는 정반대의 동정심이 두드러진다. 왜냐하면 그러한 서사는 여성혐오의 표적을

피해자 역할로 섭외함으로써 그녀를 돌봄과 우려와 동정과 관심이 집중되는 도덕적 스포트라이트 안에 위치시키는 과정을 수반하기 때문이다. 하지만 이러한 서사는 여성, 특히 유색인종 여성은 그 같은 관심을 타인에게 줄지언정 요구해선 안 된다는 규범을 떠받치는 두 메커니즘, 즉 여성혐오와 인종주의에 의해 각각 금기시되고 조정된다.

마지막으로 8장에서는 내 이론을 적용해 2016년 대선에서 힐러리 클린턴이 패배한 이유를 분석한다. 클린턴의 사례는 공격 대상인 여성들을, 정확히는 남성의 잔디밭에 침입하여 **그남이 소유한 것을 취해가겠노라고** 위협하는 여성들을, 도덕적 지원의 '제공자'로서 그녀가 보유한 능력을 겨냥해 공격하는 여성혐오의 일반적 수법을 만천하에 드러낸다. 이 과정에서 그녀가 속한 집단의 문제는 **그녀만의** 특수한 문제로 둔갑한다. 또한 개인사를 들추는 데서 나아가, 모든 면에서 그녀의 경쟁자인 동시에 공급이 한정된 전리품을 전부 누릴 자격이 있는 인물의 관점에서 사태를 바라보기 위해 그녀의 의도나 행동은 새롭게 기술될 것이다. 그러니까 소유는 욕심이 되고, 열망은 탐욕이 된다. 승리는 도둑질이 되고, 누락은 고의적 삭제가 된다.

이런 식의 개념 변형은 흔하게 나타난다. 그러나 그것이 올바른 추론은 아닐 수 있다. 실은 전제와 동떨어진 논리의 비약으로 보인다. 누락은 태만과 모욕을 암시할 **가능성**이 있다. 하지만 동시에, 자신이 도덕적 행위자나 심문자로 구성된 공동체의 일원에 불과하다는, 도덕적으로나 인식론적으로나 건강한 겸손의 결과물일 가능성도 있다. 한 사람의 힘만으로 오류를 바로잡을 수 있는 범위에는 한계가 있다. 심지어 작금의 암울한 철학계처럼 단조한 공동체에서도 말이다. 하지만 그럼에도 불구하고 한 사람이 가치 있는 무언가를 제시할 가능성은 여전히 존재한다.

　그 점을 마음에 새기고 이제부터 나는 이 책이 다루지 않거나 다루더라도 오직 제한적으로만 언급할 예정인 일부 중요한 주제와 그 바탕이 되는 생각에 대해 설명하고자 한다.

유감

　이 책에 담지 못한 (수많은) 주제 중 특히 아쉬운 부분은 아마도 트랜스여성혐오transmisogyny에 관한 논의일 것이다. 오늘날 트랜스젠더 여성―특히 유색인종 트랜스젠더 여성―이 세계 여러 나라 중에서도 특히 미국에서 극단적으로 취약한 계층이라는 점을 감안할 때 트랜스여성혐오는 대단히 중요하고 엄청나게 시급한 논의 주제다. 다행히 점점 더 많은 사람의 이목을 끌고는 있지만, 이러한 관심은 슬프게도, 하지만 너무나 예측 가능하게도, 반발을 불러일으켰다. 또한 트랜스젠더 남성 역시 대단히 취약한 계층이다.[15] 트랜스포비아 및 트랜스여성혐오에서 비롯된 폭력과 희롱, 개인적 차별과 구조적 차별이 만연한 현실을 감안할 때, 이 책에서 트랜스여성혐오의 본질을 논하지 못했다는 점은 실로 유감이다. 하지만 본문을 집필하던 당시만 해도 나는 확실히 트랜스여성혐오를

15　트랜스젠더 남성을 겨냥한 트랜스포비아를 트랜스여성혐오로 취급할지 여부는 연구자가 트랜스여성혐오에 대한 정의를 어디서 참고하느냐에 따라 달라진다. 관련 내용을 더 살펴보고 싶다면 트랜스여성혐오라는 용어를 최초로 고안해 소개한 이론가 줄리아 세러노(Serano [2007], 2016)를 참조하라. 더불어, 대상이 트랜스젠더 남성인가 트랜스젠더 여성인가에 따라 트랜스포비아의 방식이 일부 달라지는 양상을 파헤친 탈리아 메이 베처의 논의(Bettcher 2007)도 세러노의 연구와 비교해볼 만하다.

논할 정도의 권위를 아직 갖추지 못한 상태였다. 이 글을 쓰는 지금, 그러니까 2017년 5월을 기준으로 철학계에 불거진 최근의 논쟁들로 이러한 문제들을 설명해줄 생생한 경험담의 필요성이 대두됐다.[16] 트랜스페미니즘transfeminism을 더 깊이 공부하고 싶은 독자는 그 문제와 관련해 내가 찾아낸 가장 유용하고 이해하기 쉬운 몇몇 자료를 참고문헌에 소개해두었으니 살펴보기 바란다. 여기에는 탈리아 메이 베처(Bettcher 2007; 2012; 2013; 2014), 레이철 V. 매키넌(McKinnon 2014; 2015; 2017), 에미 코야마(Koyama 2003; 2006), 줄리아 세러노(Serano [2007], 2016)도 포함돼 있다.

또한 나는 (위에서 언급했듯이) 여혐누아르에 관한 내 설명의 틀을 잡기 위해, 인식론적 측면에서 평상시보다 훨씬 더 세심하고 겸손한 자세로 공을 들였다. 백인 여성으로서 나는 비하와 폭력의 대상이 된 흑인 여성들의 신체를 그림 그리듯 생생하게 묘사하는 일에 도덕적 가책을 느낀다. 이는 자칫 외설적으로 비쳐, 역사적으로 흑인 여성이 백인 여성의 지속적인 무관심과 착취로 받아온 상처에 모욕을 더하는 꼴이 될 소지가 다분하다. 그럼에도 나는 대니얼 홀츠클로 사건(349쪽 이하 참조)을 살펴보는 데 얼마간 시간을 할애했다. 권력을 가진 인물이 극도로 취약한 계층, 즉 가난하거나 법적으로 위태로운(가령 구속영장 발부를 앞두고 있는) 사람, 성노동자 혹은 약물에 중독된 흑인 여성들을 먹잇감으로 삼는 방식을 조명하기 위해서다. 가해자가 흑인 여성들을 대상으로 지독한 성범죄를

16 Jennifer Schuessler, "A Defense of 'Transracial' Identity Roils Philosophy World('트랜스인종transracial(생물학적 인종과 다른 인종으로 자기를 정체화하는 사람)' 정체성 지지에 술렁이는 철학계)," *New York Times*, May 19, 2017, https://www.nytimes.com/2017/05/19/arts/a-defense-of-transracial-identity-roils-philosophy-world.html.

저질렀다는 부분은 인정하면서도 바로 그 가해자의 입장을 동정하며 눈물을 흘리는 백인 여성 배심원단의 모습에 나는 놀라움을 금치 못했다. 주류 페미니스트 매체에서도 대부분의 백인 여성이 서로 약속이나 한 듯 이에 침묵했다. 이 두 사실은 백인 여성들이 너무나 자주 범하는 일종의 공모와 무지에 의한 여혐누아르를 백일하에 드러낸다. 그 계층의 일원으로서 나는 우리의 행동이 나아질 수 있고, 나아져야 한다고 믿는다.

　　이 밖에도 수많은 결정이 도덕적으로 불완전한 과정을 거쳐 내려질 수밖에 없었다는 게 내 결론이다. 린다 마틴 앨코프가 지적한바, 심지어 (논쟁에서 목소리를 내지 않고) '넘어가는 일'조차 특권적 위치에서나 가능한 행동이다. 또한 앨코프가 부연했듯, 그럼에도 가끔은 그런 자세가 필요하다(Alcoff 1991-1992, 24-25). 하지만 그렇다고 누군가 번번이 침묵하는 것을 유감스럽게 여길 이유가 사라지지는 않는다.

　　여덟 장에 달하는 본문과 결론을 집필하는 과정에서 나는 (같은 책이라도 독자마다 독서를 시작하고 끝내는 방식이 다를 것임을 알기에) 각 장을 독립적인 글로 꾸려 여엿한 하나의 소논문처럼 읽히도록 만드는 일과, 각 장을 통해 주제에 포괄적으로는 아니더라도 체계적으로 접근했다는 인상을 주는 데 공을 들이는 일 사이에서 균형을 유지하려고 노력했다. 또한 후자보다는 전자에 더 공을 들였는데, 이는 여성혐오의 전반적 이해를 돕기 위해 내가 짜놓은 틀에, 여러 이론가의 다양한 견해를 채워 넣어야 했기 때문이다. 또한 이 책 후반부의 세부적 연구 내용은, 내가 정치적 참여자로 지내온 현대 미국과 오스트레일리아의 문화에 의도적으로 초점을 맞추었다. (생각하고 바라건대) 이는 당찮은 자민족중심주의ethnocentrism

때문이 아니다. 그보다는 나의 방법론에 문화 비평과 이데올로기 비판, 철학적 분석의 요소들이 섞여 있기 때문이다. 나에게는 내부자적인 지식이 필요했다. 그리고 때로는 인종주의나 제노포비아식으로 타문화 혹은 타자화된 문화를 손가락질하는 대신, 여성혐오가 부정당하곤 하는 환경에서 그것의 원인을 규명하는 일 또한 중요했다. 그렇다고 내가 전형적인 내부자는 아니다. 국외에 거주하는 오스트레일리아 출신 백인으로서 나는 내가 세운 이론을 개선하고 일반화하기 위해 다른 이들의 의견에 언제든 귀 기울일 마음의 준비가 되어 있다.

처음부터 분명히 밝히고 싶은 또 한 가지는, 내가 젠더 이분법gender binary system—사람을 오직 남성과 여성이라는 철저하게 배타적인 두 카테고리로만 분류하는 것—을 부정확하고 치명적인 분류 체계로 여긴다는 사실이다. 이는 내가 이 책에 여성혐오의 논리라는 부제를 붙인 또 다른 이유이기도 하다. 어떤 사람들은 인터섹스intersex이고, 어떤 사람들은 에이젠더agender다. 또 어떤 사람들은 젠더퀴어genderqueer로, 서로 다른 젠더 정체성 사이를 옮겨 다닌다. 이 모두는 이분법으로 나눌 수 없는 젠더의 대표적 유형이다. 그러므로 확실히 말해두건대, 나는 젠더 이분법을 공개적으로 지지할 뜻이 없으며, 실제로 그것을 단호히 거부한다. 하지만 이 책에선 때로 젠더 이분법을 거짓이 아닌 진실인 것처럼 상정하고 논의를 전개해가는데, 이는 그에 수반되는 결과를 살펴보기 위함이다. 고로 가부장제의 논리에 비춰볼 때 여성혐오는 젠더 이분법(Digby 2014를 보라)과 반트랜스젠더 형이상학anti-trans metaphysics of gender(Bettcher 2007; 2012를 보라)에 몰두하고, 인간의 성적 지향에 대한 이성애규범적heteronormative 관점을 지향하는 동시에(동성애와 이성애와 양성애에 대한 통상적인 구분법을 대체할 개념적 틀에 대해서는 Dembroff 2016를 보라), 일부일처제를 이상적 사랑으로 강요하는 성격이 짙다(폴리아모리를 변호하는 페미니스트의 글을 읽고 싶다면 Jenkins 2017을 보라).

　여성혐오의 논리를 연구하는 작업은 종종, 문제가 있거나 실로 명백히 잘못된 가설 중에서도 특히 많은 사람을 배제하고, 인간의 모습으로 태어나 살고 사랑하는 정당하고 건전한 방식을— 그리고 심지어 특정한 사람들의 인간성이나 존재 자체를—경시하는 가설들의 필연적 유발 요인을 탐구하는 과정을 수반한다. 이는 현재의 상황을 떠받치는 사회체제의 내부 작용을, 복잡한가 하면 때로는 도덕적으로 끔찍하기도 한 부분까지 세세하게 이해함으로써, 여성혐오에 맞서 싸울 최선의 방법을 알아보는 데 혹시 모를 도움을 얻기 위해서다. 이런 의도로 나는 이따금 불쾌한 가설을 어쩔 수 없이 받아들인다. 논쟁을 이어가기 위해서, 그리고 궁극적으로는 여성혐오의 작동 방식을 폭로하고 막아내기 위해서(Haslanger 2012).

　그러니 이쯤에서 이 책에 여성혐오의 '논리'라는 부제를 붙인 마지막 이유를 털어놓아야겠다. 나는 여성혐오를 철저히 내부자의 시선에서 이해하려고 했다. 주로 심리학적인 문제로서가 아니라, 오히려 심리학적이고 구조적이고 제도적인 특성을 수반하는 사회적이고 정치적인 현상으로서 말이다. 가부장제의 질서를 단속하고 강요하는 방향으로 작동한다는 점에서 여성혐오는 가부장제 이데올로기의 관점으로 보아야 대체로 **이치에 맞는** 적대적 힘의 체계라고 생각한다. 또한 나는 가부장제 질서가 억압적이고 불합리하며, 그리하여 역사에 기나긴 그림자를 드리웠으므로, 우리가 여성혐오에 맞서야 하며 개인 행위자들에게는 여성혐오에 저항하기 위해 애써야 할 이유와 얼마간의 책임이 있다고도 믿는다(이에 대한 논의는 가령 Hay 2013 및 Silvermint 2013을 보라).

그러나 비판적 인종이론가 찰스 로런스 3세의 선례(Lawrence 1987; 2008)를 본받아 이 책은 그남이 제시한 이른바 '역학적 epide-miological' 방식으로 사회정의 문제에 접근할 것이다. 여성혐오를 정치적 토대를 지닌 도덕적이고 사회적인 현상으로 해석하는 가운데, 도덕적 관점에서 **진단**하거나 **본질**을 명확히 규명하는 작업에 주력한다는 뜻이다. 이는 명쾌한 도덕적 처방전을 작성하고 기질을 판단하여 사실상 사람들을 심리하는—그래서 방어적인 자세를 취하게 만드는—접근법과는 대립되는 방식이다. 내 생각에 그러한 접근법은 여성혐오 연구에 도움이 되지도 않을뿐더러, 무엇보다 도덕적 나르시시즘을 조장한다. 개개인의 유무죄를 가리는 데 강박적으로 집중하게 만든다는 얘기다. 더욱이 앞으로 책장을 넘기는 동안 반복적으로 확인하겠지만, 여성혐오는 대체로 여성들의 (사실 혹은 추정에 근거한) 도덕적 결함을 이유로 그들에게 훈계하듯 굴욕을 안기거나 가차 없이 망신을 주는 행태와 결부돼 있다. 뿐만 아니라 여성혐오는 여성들을 내가 일종의 '취약성의 횡포'라고 결론지은 것의 대상으로 삼는다. 여자와 가까운 사람이나 생명체 중에 (추정상) 더 취약하거나 (역시나 추정상) 더 큰 친절을 베풀어야 할 것 같은 존재를 모조리 가리키며 그들을 돌보라고, 안 그럴 거면 냉정하고 극악무도하기까지 한 인간으로 간주될 위험을 감수하라고 그녀를 닦아세우는 것이다. 그러는 동안 그녀의 남성 상대자는 비교적 처벌로부터 자유로운 환경에서, 영국의 도덕철학자 버나드 윌리엄스가 "개인적 프로젝트"라고 일컬은 그남만의 발전 과정을 차근차근 밟아나갈 것이다(Williams 1981). 이를 고려할 때 그녀에게 부과된 도덕적 짐의 무게는 과도하다.

고로 사법적이고 도덕적인 규범을 주무기로 여성혐오와 싸우려 드는 것은, 산소통을 들고 화재를 진압하려 드는 것과 다소 비슷하다. 불의 규모가 작을 때, 그러니까 성냥불이나 촛불처럼 불면 꺼지는 작은 불일 때는 이런 방법이 통할 수도 있다. 하지만 더 큰 불을 끌 계획을 세울 때는 역화_{逆火}의 가능성을 고려해야 한다. 혹여 우리가 스스로 불길을 키우면서 불을 끄겠다고 덤비는 것은 아닌지 자문해봐야 한다는 얘기다.

대안은 무엇일까? 윌리엄스처럼 나도 도덕적이고 정치적인 주장들을 이른바 '평가적evaluative' 주장과 '처방적prescriptive' 주장으로 구분하기를 선호한다. 평가적 주장은 세상에서 벌어지는 특수한 상황들의 **옳고 그름**을 논하는(달리 말하면, 그 상황들에 더 정교하거나 '심층적인' 도덕적·정치적 특징들을 부여하는) 주장이다. 따라서 평가적 주장은, 반드시 **그래야 마땅한**(혹은 그러지 말아야 마땅한) 것과 관련이 있다. 또한 윌리엄스의 관점을 빌리자면, 사회정의에 관한 질문에는 평가적 주장 형태의 답변을 해야 할 때가 많다. 반면 **처방**을 제시하는(부정적인 표현으로 바꿔 말하자면, 금지령을 공표하는) 주장들은 개인 행위자에게 **그녀가 마땅히 해야 하는**(혹은 마땅히 하지 말아야 하는) 것을 명령하거나 지시할 근거가 된다. 또한 윌리엄스가 친절하게 달아놓은 주석에 의하면, 이 관념적 처방전들은 "내가 너라면……" 같은 식의 충고를 이인칭 상대에게 제시하는 근거이기도 하다.

나는 윌리엄스가 취한 "내재주의자의" 시각*에 공감한다. 특정 행위자를 겨냥한 처방적 주장은 그 행위자의 "개인적 프로젝트"와 가치관에 따라 사실상 다른 의미를 띤다(Manne 2014a). 하지만 이렇듯 논란의 소지가 다분한 처방적 주장을 거부하는 사람이 있더라도, 앞서 언급한 평가적 주장이 존재하는 상황에서 우리가 굳

---

* 내재주의internalism는 개인의 내적인 것들이 사고의 내용과 의미에 영향을 미친다고 보는 입장으로, 당사자가 속한 환경에 주목하는 외재주의externalism에 대비된다.

이 두 가지 입장—그러니까 누군가의 도덕성을 문제 삼기 때문에 처방적일 수밖에 없는, 그리하여 「서문」에서 논한 이유들로 인해 분노를 살 가능성이 다분한 입장, 그리고 비겁하며 때에 따라 불쾌함을 유발할 수도 있는 도덕적 중립성을 견지하는 입장—가운데 한쪽을 선택할 필요는 없어 보인다. 고로 이 책에서 나는 부당하고 억압적이어서 필히 개선이 필요해 보이는 도덕적으로 잘못된 상황들을 묘사하는 작업에 주력할 것이다. 이 글을 읽는 독자들도 나와 같은 결론에 도달하기를—아니면 이를 토대로 유익한 결실을 맺을 만한 반대 의견의 기반을 마련하기를—기대한다. 여기에 도덕적 중립이 들어설 자리는 없다. 그럼에도 나는 비난의 화살을 누구에게 어떻게 (얼마나) 돌릴 것이며, 상황을 개선하려면 어떻게 해야 할 것인가 하는 문제에 있어 실로 다양한 가능성을 활짝 열어두었다. 여성혐오에 맞서는 방법을 묻는 질문의 답은 때로 너무도 자명할 것이다. 가령 여성혐오에 관여하거나 그것을 부추기지 말라고 답할 수도 있겠고, 여성혐오를 멈추기 위해 노력하라고 답할 수도 있을 것이다. 때로는 가능한 답이 다양해 그 위험과 비용을 잠재적 보상이나 혜택과 비교 검토하게 될 것이다. 그리고 때로는 무엇을 해야 할지 조금도 갈피를 잡을 수 없어 전략을 짜고 실험을 해가며 더듬더듬 앞으로 나아가게 될 것이다. 어떤 경우든 여성혐오에 맞선 전투는 도덕적 쟁점이나 사회적 쟁점을 점검하는 장기적 연구 프로젝트가 대개 그렇듯 문제 전반을 아우르는 답변보다는 단편적인 답변이 어지러이 난무하는 지난한 싸움이 될 공산이 크다.

여성혐오에 맞선 전투가 특히 단편적인 과정일 거라고 생각하는 또 다른 이유는, 그 메커니즘과 방식이 대단히 우발적—보는 관점에 따라서는 모험적—이고 다양하다는 사실에 있다. 여성은 대부분의 사람이 가치 있게 여기는 제법 많은 것—물질적 재화, 사회적 지위, 도덕적 평판, 지적 권위의 인정을 비롯해 인간의 성취와 존경, 자부심 등이 결부된 여러 영역—과 관련하여 저평가되거나 군색한 처지에 놓일 수 있다. 이러한 현상은 생색내기, 맨스플레이닝, 훈계하기, 비난하기, 처벌하기, 침묵시키기, 풍자하기, 빈정거리기, 성애화하기, 깎아내리기, 희화화하기, 착취하기, 삭제하기, 노골적 무관심 피력하기 등 다양한 경로를 통해 발생한다.

　　　이는 내가 책 제목을 『다운 걸*Down Girl*』로 정한 또 다른 이유다. 더불어 이 말 자체가 자세를 낮추라는 명령임에도 권위적으로 들리진 않는다는 사실 또한 이 제목을 고른 이유가 되었다. 명령이지만 상냥하게 말할 수 있고, 명령을 받는 입장에서도 기쁜 마음으로 목적의식을 갖고 복종할 수 있기 때문이다. 우리 개 팽코가 이를 증명한다. 그러나 팽코에게는 조지프 래즈가 소개한 이른바 "해방적 의무liberating duty"(Raz 1989)로 여겨지는 것을 나는 조금도 그렇게 여길 수 없다. 인간으로서 우리의 자유는 다른 종류의 규칙준수에, 또한 수정과 창조, 파괴와 개혁 속에 존재한다.

1장

1장

여성을 위협하다

Threatening Women

어둠이 내려앉는 와중에도 누군가는 낌새를,
무슨 종류의 주제가 논의되고 있는지에 대한
기미를 알아차리게 마련이다.

P. F. 스트로슨, 「자유와 분개^{Freedom and Resentment}」

'여성혐오^{misogyny}'는 함축적인 단어다. 그리고 요즘 들어 뉴스 헤드라인에 하루가 멀다 하고 등장하는 단어이기도 하다.[1] "여성혐오에 관해 혼란스러워하는 남성이 비단 나 혼자만은 아닐 것이다." 톰 포디는 2014년 7월 2일 자 (런던) 『텔레그래프^{The Telegraph}』지 기사 첫머리에 이렇게 썼다.[2] 확실히 맞는 말이다. 그러나 비단 남자들만 여성혐오라는 개념과 씨름 중인 것은 아니다. 여자들도 마찬가지다. 관건은 얼마나 많은 여성이 다양한 경로로 이 실제적 현상과 씨름하고 있느냐다. "모든 남성의 내면에는 여성혐오자가 존재하는가?" 포디는 암울하게 의문을 제기했다. 그런가 하면 트

---

1 2012년 이후로, 특히 미국과 캐나다, 오스트레일리아에서 여성혐오가 뉴스 헤드라인을 장식하는 빈도가 늘고 있다는 사실을 확인하고 싶다면, 구글 트렌드의 다음 그래프를 참고하라. https://www.google.com/trends/explore#q=misogyny (2015년 3월 31일과 2017년 5월 11일에 각각 접속한 결과, 이러한 경향이 2012년 이래 꾸준히 이어지는 추세임을 확인할 수 있었다).

2 Tom Fordy, "Is There a Misogynist Inside Every Man?(모든 남성의 내면에는 여성혐오자가 존재하는가?)," *The Telegraph*, July 2, 2014, http://www.telegraph.co.uk/men/thinking-man/10924854/Is-there-a-misogynist-inside-every-man.html.

위터 해시태그운동 #YesAllWomen에는 모든 여성이 모종의 여성혐오에 시달리고 있다는 전제가 깔려 있는 듯했다. 정말 모든 여성이 여성혐오의 대상일까?

이 장에서는 여성혐오라는 개념의 의미와 쓰임새, 요점을 집중적으로 설명할 것이다. 지금까지 분석철학자들은 페미니스트인지 여부를 떠나 이런 쟁점들을 거의 다루지 않았다.[3] 그러나 이제는 여성혐오가 철학적으로 의미심장하고 심리학적으로 복잡하며 정치학적으로 중요한 이슈라는 점이 드러났다. 이를 비롯한 이유들 때문에 나는 지금이 바로 여성혐오에 더 많은 관심을 기울이기에 가장 적합한 시기라고 믿는다. 2장이 끝날 때쯤이면 여성혐오에 대해 내가 제시하는 구성적 설명의 윤곽이 드러나 있을 것이다.

하지만 이쯤에서 누군가는 물을 것이다. 대관절 그런 설명이 왜 필요한 것이냐고. 그도 그럴 것이 '여성혐오란 무엇인가?'라

다운 걸: 여성혐오의 뿌리

---

3 어느 정도인지 간략하게나마 짚고 넘어가자면, 내가 이 글을 쓴 2017년 5월 11일을 기준으로 misogyny(여성혐오)와 misogynist(여성혐오자)라는 용어를 철학 논문 사이트 philpapers.org 검색창에 입력했을 때 나온 결과는 각각 67개와 31개였다. 그러나 이들 논문의 대부분은 주요 문헌에 등장하는 특정 인물을 여성혐오자로 간주할지 말지를 논하는 내용이었다. (아니나 다를까 이 질문은 니체에 관한 것이었지만, 아이리스 머독과 쥘리아 크리스테바 등에 관한 것도 있었다.) 그렇다고 여성혐오 관련 개념들이 페미니스트 분석철학 분야의 최신 문헌에서 원칙적으로 대단히 중요한 위치를 차지하고 있는 것도 아니다. 여성혐오에 대한 내 분석 내용을 설명하며 중점적으로 참고하게 될 페미니스트 분석철학계의 주도적 철학자 세 명의 저작을 예로 들자면, 우선 샐리 해슬랭어의 『현실에 저항하기*Resisting Reality*』(2012)에는 '여성혐오'와 그것에서 파생된 용어들이 오로지 여성혐오적 노래 가사들과 관련된 특정 사례를 논하는 대목(387-389)에만 등장한다. 레이 랭턴의 『성적 유아론 *Sexual Solipsism*』(2009)에는 세어보니 여성혐오 관련 표현이 여섯 차례 등장하지만 대개는 그저 지나가는 말에 불과하다. 어쨌건 여성혐오의 원인론을 언급한 랭턴의 유일하고도 실질적인 연구에 관해서는 이후 3장에서 자세히 다룰 예정이다.

는 질문에 대한 답은 일견 간단해 보이기 때문이다. 내가 **순진한 개념**naïve conception이라고 일컫는 일반적인 사전적 정의에 의하면, 여성혐오는 주로 모든 여성 혹은 적어도 대부분의 여성에 대해 단지 그들이 여성이라는 이유만으로 증오나 적개심을 비롯해 이와 유사한 감정을 느끼기 쉬운 (반드시 그런 것은 아니지만 전형적으로 남성인) 개인 행위자들이 지닌 속성이다. 또한 그 개념대로라면, 한 남성의 여성혐오자스러운 태도는 그남이 사람들을 (개인적으로든 집단적으로든) 여성으로 표상한다는 것 외에 대상을 공격하는 구체적 근거라고는 없이 유발되거나 야기된다. 여성이라는 표상은 암암리에 여성을 혐오스럽거나 역겹거나 끔찍하거나 생각 없는 성적 대상으로 취급하는 행위자의 태도와 더불어 거의 모든 사안에 있어 남자의 적개심을 야기하기에 충분한 조건으로 간주된다(물론 예외는 있지만 그 예외도 남성의 적개심을 떨쳐내는 데 어떻게든 성공한 극히 일부의 여성에게만 적용된다). 그렇다면 누군가의 태도가 여성혐오자스러운지 여부를 판가름하는 기준은 결국 그 태도의 심리학적인 본질과 근본일 것이다. 달리 말해 누군가를 여성혐오자라고 단정하려면 태도에 관한 '깊이 있고' 완성도 높은 심리학적 설명이 필요하다는 얘기다. 또한 여성혐오적 문화란, 여성혐오자를 품고 길러내는 문화이자 여성혐오자가 지배하는 문화일 것이다.

여성혐오의 순진한 개념은 일면 지나치게 편협해서 다른 중요한 부분들을 간과하는 경향이 있다는 게 내 생각이다. 물론 일련의 적대적인 태도에 시선을 집중해야 마땅하다는 의견에는 나도 동의한다. 하지만 주장하건대, 적개심의 대상에 대해서는 유연성을 발휘해야 한다. 특정한 여성들 내지 특정 **부류의** 여성에 표적이 국한되었을 때 역시 여성혐오에 포함시켜야 한다는 뜻이다. 그러지 않으면, 적개심과 증오에 관한 도덕심리학적 관점에서 나온 일부 진부한 발언들을 감안할 때, 여성혐오가 마치 가부장제 환경에서, 그러니까 내가 여성혐오의 발생지라고 여기는 환경에서 오히려 드문 현상인 것처럼 규정될 가능성이 사실상 높아지기 때문이다. 또한 순진한 개념으로는 내가 이 책에서 응당 집중적으로 살펴봐야 한다고 보는 **가부장제 이데올로기**로부터 자연스럽게 파생된 이런저런 반응을 유형에 따라 세분하는 과정을 곧바로 진행할 수 없다. 왜냐하면 여성혐오는—개인적인 언사일 때가 많기는 해도—**정치적** 현상으로 이해하는 것이 가장 생산적이기 때문이다. 구체적으로 설명하자면, 여성혐오는 가부장제 사회질서 내에서 여성의 순종을 단속하고 강요하는 한편, 남성의 지배성을 지탱하기 위해 작동하는 체제로 이해해야 한다. 그것이 내가 하려는 주장이다.

그런고로 이 책의 첫 부분에서 내가 달성하고자 하는 목표는, 샐리 해슬랭어(Haslanger 2012)가 "분석적analytical" 혹은 "개량적amecliorative" 프로젝트라고 일컬었고(223-225, 366-368), 알렉시스 버지스와 데이비드 플렁킷은 "개념적 윤리학conceptual ethics"이라고 일컬었으며(Burgess and Plunkett 2013), 루치아노 플로리디는 "개념적 공학conceptual engineering"이라고 일컬은(Floridi 2011) 작업을 수행하는 것이다. 내가 이 장의 주제로 삼았고 다음 장에서 본격적으로 설명할 여성혐오의 개량적이면서도 페미니즘적인 개념에 의하면, 일차적으로 여성혐오는 여성들, 그중에서도 가부장제의 기준(그들이 속한 환경에서 상당 부분 받아들여지는 가부장제 이데올로기의 원칙)에 부합하는 삶을 살아내지 못했다고 여겨지는 여성들이, **남성의 세계**(이를테면 가부장제 사회)**에 존재하는 여성이라는 이유만으로**, 다양한 유형의 적개심을 맞닥뜨리기 쉬운 사회체제 혹은 환경 전반의 속성이다. 이런 이유로 여성혐오에 의한 적개심은 여성 전반이 아닌 엄선된 여성만을 겨냥하곤 한다. 개인 행위자들이 적개심을 품는 이유 역

시 다양하다. 그들의 태도와 행동에 대한 심리학적 해석 또한 각양
각색으로 상세하게 전개될 수 있다. 아니면 범위를 넓혀 사회단체
들의 활동과 관행, 정책에서 적개심의 원천을 찾을 수도 있다. 어
느 쪽이든 우리에게는 그런 적개심에 대한 사회적이고 구조적인
해석이 필요하다. 개괄적으로 그러한 적개심은 가부장제의 적 또는
위협으로 인식되는 여성들을 단속하고 처벌하고 지배하고 책망
하는 체제의 일환임이 분명하다.

　　이런 이유로 나는 여성혐오를 페미니스트의 시각에서 분석
할 것을 제안한다. 페미니즘적 분석의 목적은 여성혐오의 정치학
적 차원을 강조하고, 심리학적 해석의 근거를 강화하는 한편, 여성
혐오와 **성차별주의**를 명확히 구분함으로써 여성혐오의 개념을 개
량하는 데 있다. 또한 그렇게 분석하면 '여성혐오'라는 용어의 적
용 범위를 페미니스트들의 사용 패턴에 들어맞는 수준으로까지 확
장할 수 있다. 이는 내 개량적 제안이 수정될 여지를 제한하는 동
시에, 이 용어의 사용 패턴에 대해 즉흥적인 발상이 아닌 하나의
통일된 이론을 갖게 한다. 혹은 3장에서 이러한 분석의 강점을 논
하며 내가 그렇게 주장할 것이다.

　　각설하고 이제 실제 사례로 눈길을 돌려보자. 우선 앞서 언
급한 포디의 기사를 이끌어내고 2014년 5월 #YesAllWomen 캠페
인에 불을 지핀 사건들과 뒤이어 펼쳐진 미디어상에서의 논쟁에
대해 살펴보자. 지금부터 들여다볼 사례는 최근 '여성혐오'라는 용
어를 단숨에 수많은 사전과 구글의 인기 검색어에 등극시킨 세 가
지 사건 중 하나다. 나머지 두 사건에 대해서는 이어지는 세 장에
서 차례로 논의할 것이다.

아일라비스타 살인 사건

"안녕, 엘리엇 로저입니다. 그리고 이건 제 마지막 동영상이죠. 결국 올 것이 왔거든요. 내일은 응징의 날이니까요." 스물두 살의 로저가 자신의 BMW 승용차 운전석에 앉아서 말했다. 이어서 그남은 자신이 "외롭고, 거부당했고, 욕망이 충족되지 않는 상황을 견디도록 강요"받아왔으며 "그건 다 젊은 여자들이 나한테 매력을 느낀 적이 단 한 번도 없었기 때문"이라고 말하는가 하면, "여자들이 다른 남자들한테는 애정을 쏟고 섹스를 해주고 사랑을 주면서도 나한테만은 결코 그런 적이 없고, (…) 그래서 너무 괴로웠다"며 불만을 토로했다.[4] 로저는 이 "젊은 여자들"이 자기 같은 "최고의 신사"보다 "역겨운 짐승들"을 더 좋아해서 그들에게 "육탄공세를 펼친다"고 묘사했다. 그러고는 하소연하듯 물었다. "그 여자들 눈엔 내가 도대체 뭐가 부족한 걸까요?"

이어서 로저는 돌연 삼인칭 시점에서 벗어나 이 여성들을 **상대로** 직접, 그러니까 이인칭 청자를 향해 "너희 모두"라는 표현을 써가며 이야기하기 시작했다. 구체적으로는 "그래서 이제 너희 모두를 응징하려" 한다는 일종의 선언이었다. 그남이 밝힌 복수 계획은 "응징의 날에 캘리포니아대학 샌타바버라캠퍼스UCSB에서 제일

---

4 문제의 동영상은 이후 유튜브에서 삭제되었지만, 웹사이트 democraticunderground. com의 다음 페이지에서 사본을 찾아볼 수 있다. http://www.democraticunderground. com/10024994525(2015년 4월 4일 접속). 이전에도 로저는 유튜브에 그와 비슷한 동영상들을 녹화해 올린 적이 있었다. 사고 이후 대중에 공개된 이른바 로저의 선언문 「나의 뒤틀린 세계My Twisted World」를 읽고 많은 논객이 짚어낸 그남의 생각과 의도에 관해서는 5장에서 더 자세히 다룰 예정이다. 선언문 사본은 다음 주소에서 확인할 수 있다. http://www.documentcloud.org/documents/1173808-elliot-rodger-manifesto(2015년 4월 5일 접속).

잘나가는 여학생회 회관에 들어가, 그 버릇없고 건방지고 금발에 행실도 못된 여자들을 발견하는 족족 도살하는 것"이었다. 여기까지 말하고 그남은 또다시 이인칭으로 돌아가 "너희 모두를 도살하며 희열"을 만끽하겠노라고, "마침내 너희는 내가 진정으로 우월한 인간, 진정한 우두머리 수컷이라는 사실을 알게 될 것"이며, "여학생회 회관에 있는 여자들을 한 명도 빠짐없이 몰살한 뒤에는 아일라비스타 거리로 나가, 눈에 보이는 사람이란 사람은 다 살해"하겠노라고 천명했다.

로저가 오래도록 고대하던 "응징의 날"은 그남의 집에서 시작되었다. 그남은 살던 아파트에서 젊은 남자 세 명(룸메이트 두 명과 그들의 손님)을 칼로 찔러 죽인 뒤 유튜브에 동영상을 올렸다. 그러고는 차를 몰아 캘리포니아대학 샌타바버라캠퍼스의 알파파이 Alpha Phi 여학생회관으로 향했다. 하지만 로저가 가장 공을 들인 계획은 수포로 돌아갔다. 당시 여학생회관에 있던 한 여성의 증언에 따르면, 그남이 대놓고 보통 때와 달리 시끄럽고 공격적인 문소리를 내는 바람에 안에 있던 여학생들이 그남의 도착을 미리 알아차렸다는 것이다.[5] 입장을 저지당하자 그남은 치솟는 울분과 좌절감을 이기지 못하고, 하필 그때 근처에 모여 있던 젊은 여자 셋을 향해 총을 발사했다.[6] 그들은 캠퍼스 내 트라이델타 Tri Delta 여학생회 회원이었다. 로저가 마구잡이로 쏜 총탄에 그중 두 명은 사망

5 "Timeline of Murder Spree in Isla Vista(아일라비스타 연속 살인 타임라인)," *CBS News*, May 26, 2014, http://www.cbsnews.com/news/timeline-of-murder-spree-in-isla-vista/.

6 "Thwarted in His Plan, California Gunman Improvised(캘리포니아 총기 소지자, 계획이 좌절되자 즉흥적 행동에 나선 것)," *CBS News*, May 25, 2014, http://www.cbsnews.com/news/thwarted-in-his-plan-california-gunman-improvised/.

했고 나머지 한 명은 부상을 입었다. 이후 로저는 차를 몰고 현장을 떠났고, 그 와중에도 아무렇게나, 또한 보아하니 아무에게나 총알을 쏘아댔다. 젊은 남자 한 명이 더 사망했고 열세 명의 성인 여남이 부상을 당했다. 경관이 다가가자 로저는 자신에게 총구를 겨눈 채 주차된 차량을 들이받았고, 불타는 BMW 안에서 핸들을 잡은 채 사망한 상태로 발견되었다.

아일라비스타 살인 사건은 다양하게 해석될 수 있지만, 페미니스트 논객들은 대체로 이를 여성혐오가 행동으로 나타난 명백한 사례라고 평가했다. 이 사건을 더 광범위한 문화적 패턴의 극적인 징후로 보는 이도 많았다. 그러니까 후기 가부장제 사회라고 거론되곤 하는 세계 곳곳 가운데서도 특히 오늘날 미국 사회 내부에서 곪을 대로 곪은 여성혐오 문제가 결국 표출되면서 벌어진 사건으로 평가한 것이다.

로저의 동영상을 본 많은 여성이 그남이 내뿜은 폭력성에 비슷한 반응을 보였다. 트위터에서는 곧바로 #YesAllWomen 해시태그운동이 시작되었다. 모든 여성이 그렇다는 뜻의 이 문구의 취지는 앞서 소셜미디어상에 출현한 "모든 남성이 그런 것은 아니다 not all men are like that"라는 사뭇 방어적인 반응에 대항하는 것이었다. 해시태그운동은 극적인 반향을 일으켰다. 시작된 지 나흘 만에 100만 회 이상의 트윗이 올라왔고, 그 대다수는 남성의 공격과 적개심, 폭력, 성희롱을 경험한 여성들의 증언이었다. 나머지 트윗에 기록된 경험은 표면상 공격성은 덜했지만 내용 면에서는 결국 다 일맥상통했다. 이를테면 맨스플레이닝은 더 교묘하게 상대를 폄하하고 상대 위에 군림하려 드는 행위였다. 확실히 로저의 행동은 폭력의 최극단으로 치달았다. 하지만 여자들의 민감한 상처를 건드린 부분은 따로 있었다. 그남의 수사적 언변에서 아른거리는 무언가, 여자라면 평소 꽤나 자주 들었을 법한 이야기 하나가 그들의 심기를 자극한 것이다.

여성혐오에 대한 이런 페미니스트적 진단은 우파 주류 논객 대다수의 즉각적 저항에 직면했고, 덩달아 #YesAllWomen 해시태그운동도 다수에게 외면당했다. 결론 없는 논쟁이 긍정과 부정 사이를 오가며 주거니 받거니 이어졌다. "여성혐오가 죽였다." [페미니스트 작가] 제시카 밸런티가 총격이 벌어진 바로 이튿날 (런던) 『가디언The Guardian』 기고문에 쓴 문장이다(Valenti 2014). 반면 같은 해에 [심리학 교수] 크리스 퍼거슨은 『타임Time』 지를 통해 "엘리엇 로저를 살인자로 만든 범인은 여성혐오가 아니"라고 반박했다(Ferguson 2014). 로저의 여성혐오는 "사회가 그남에게 '가르친' 것이 아니라" 정신질환과 사회적 고립, 성적 욕구불만, 단순 욕구불만의 결과라는 것이다. "자신의 성적 무능에 그토록 집착하지 않았더라면, 그남의 시선은 여학생회 회원들이 아니라 [쇼핑몰을 배회하며 시간을 보내는] 이른바 몰고어moll-goer들을 향했을지도" 모른다고 퍼거슨은 주장했다.[7] 같은 날 로리 페니는 『뉴 스테이츠먼New Statesman』 지면에서 다음과 같이 반박했다. "여성혐오자의 극단주의는 꽤 오랜 시간 용인되어왔다. 백인 남성이 자행한 온갖 테러리즘이 하나의 일탈이라는, 진정한 남자가 아닌 한낱 미치광이의 소행이라는 구실로 용서받아온 것처럼. 왜 우리는 하나의 패턴이 존재한다는 사실을 부정하는가?"

곧이어 스티븐 핑커는 일견 페니의 이 질문에 대한 논박으

---

7 이런 식의 추리는, 만약 로저가 게이였다면 남학생회 회관 문을 두드렸을지도 모른다는 가정을 가능케 한다. 한데 만약 로저가 여성이었다면 어땠을까? 그남이 다른 젠더였다면, 사건의 내용도 어떤 식으로든 달라졌을까? 퍼거슨의 분석이 이런 점까지 명확히 설명하진 않는다.

로 보이는 심드렁한 글을 트위터에 올렸다. "캘리포니아대학 샌타바버라캠퍼스 살인 사건이 여성 증오의 한 패턴이라는 발상은 통계학적으로 우둔하다." 그러고는 그 트윗에 헤더 맥 도널드의『내셔널 리뷰*National Review*』기사를 링크했다. 핑커의 트윗은 좀 의뭉스럽다. 그남이 애써 써넣지 **않은** 모든 단어에 주목하자. 그남의 트윗에는 '페미니스트' '비이성적' '히스테리성' '어리석은' 따위의 단어가 등장하지 않는다. '여성혐오'라는 단어조차 쓰지 않았다는 사실은 특히 인상적이다. 대신에 그남은 맥 도널드의 기사를 링크시키는 선에서 그쳤다. 그남이 말하지 않은—그리고 누군가는 더 말해주길 원했을—모든 것을 그 기사가 말해주고 있었다.

　　맥 도널드는「캘리포니아대학 샌타바버라의 유아론자들*The UCSB Solipsists*」이란 오묘한 제목을 붙인 해당 기사 말미에 자신의 요지를 깔끔하게 정리해놓았다. "한 소시오패스가 미치광이처럼 날뛰다가 여성보다 남성을 더 많이 살해한 사건을 두고 페미니스트들이 저마다의 해석을 늘어놓는다." 맥 도널드는 로저의 행동에 큰 의미를 부여하지 않았다. "한낱 미치광이의 행동이 틀림없다"는 것이다. "그남의 모든 말과 몸짓은 혼자만의 광폭한 나르시시즘이 내면에서 증폭된 편집광적이고 자기연민적인 망상으로 보아야" 마땅했다. 더욱이 미국이라는 "이 나라에서 젠더에 기반한 광기를 표출하는 현상이 일종의 패턴처럼 반복되고 있다는 말은 사실이 아니"었다. "물론, 치료받지 않은 정신질환자들이 광기를 표출하는 현상이 최근 들어 반복되기는 했다. 그러나 로저의 학살에 대한 페미니스트들의 분석, 즉 미국 사회가 '여성혐오적'이라는 분석의 근본 전제는 명백히 불합리"했다(그리고 우리는 여기서 "그러나"에 주목하자). 실제로는 '그 반대'라는 얘기다. 이어지는 맥 도널드의 주장을 그대로 옮기자면 이렇다.

우리 문화에는 여성의 성공을 장려하고 축하해야 한다는 강박이 깊숙이 자리한다. 이 나라의 모든 과학 학부나 실험실은 경쟁력 있는 후보가 부족하고 실력 기준을 하향 조정해야 하는 현실에 는 아랑곳하지 않고, 여성 교수와 연구원을 고용하라고 촉구하는 대학 행정 관계자들과 연방정부의 끈질긴 압박에 시달린다. 부유 한 재단과 독지가들이 수많은 소녀의 자존감 확립과 학문적 성 공을 위해 동분서주하는 동안, 소년들은 그들의 보살핌에서 멀 찌감치 떨어진 차점자로 남는다. 현재 학문적으로나 사회적으로 나 점점 더 뒤처지는 이들은 소녀들이 아니라 소년들인데도 말 이다. (⋯) 소녀들은 '강한 여성은 무슨 일이든 할 수 있다'라는 메시지에 지속적으로 노출된다. 여기에는 혼자서 아이를 기르는 일도 포함된다. 조금이라도 공적인 영역에 종사하는 여성 중에 자신이 학회 패널, 대중매체의 편집장, 논평 기고자 자리에 여성 을 앉히라는 압력의 '수혜자'였다는 사실을 깊이 의식하지 않는 여성이 있다면 그녀는 자신을 기만하는 것이다. 기업 이사회와 경영진은 여성 인재를 찾아내는 일에 필사적이다. 이렇게 특혜적 인 대우가 설혹 내일로 마지막이라 해도 여성들 앞에는, 그중에 서도 특히 페미니스트 집단의 구성원인 고등교육을 받은 특권층 여성들 앞에는 여전히 유례없이 무한한 기회의 바다가 드넓게 펼쳐져 있을 것이다.(Mac Donald 2014)

맥 도널드는 옳았을까? 그렇다면 남자들의 (성적인 공격을 비 롯한) 공격으로 앞길이 막혔다는 여자들의 불만은 어떻게 받아들 여야 할까? 헤더 맥 도널드는 자신이 "유아론자"라고 간주하는 모 든 페미니스트와 마찬가지로 "이러한 여성들도 분명" 자기와는 "다 른 세계에 살고 있는 듯하다"고 이야기했다.

아일라비스타 충격 사건을 페미니스트의 시각에서 분석하기를 거부한 사람은 비단 맥 도널드만이 아니었다. 각계각층의 수많은 사람이 그녀와 뜻을 같이했다. 이 특수한 사건의 원인을 밝혀내는 데 여성혐오가 중요한 역할을 한다는 해석을 부인하며 논객들이 제시한 여러 이유 중 일부를 여기 소개한다.

- 로저가 여성을 마음 깊이 **증오한** 건 아니다. 그남은 (자신을 역겨워하며 밀어낸, 혹은 이와 유사한 반응을 보인) 그 여성들을 외면하기는커녕 **지나칠** 정도로 갈망했다. 한 유명 남권운동가에 따르면, 그남은 "여성의 생식기를 맹목적으로 숭배한" "최초의 페미니스트 대량 살상범"이었다(Valizadeh 2014).[8]

- 로저가 **여성을** 마음속 깊이 증오한 건 아니다. 심지어 여성에게 **관심조차** 없었다는 분석 결과도 존재했다. 사실상 그남은 남성들을, 여성을 유혹하는 능력이 자신보다 더 탁월했던 남성들을 싫어했다. 어느 문화 연구자가 주장한 것처럼, 그남에게 여성들은 **실재적** 존재가 아니었다.[9]

- 로저에게 여성들은 **지나치게** 실재적이었다. 그남은 여성들을 성적으로는 물론 어떤 식으로도 대상화하지 않았다. 여

---

8   또한 로저는 인터넷상의 남권 토론회에서 적극적으로 활동했다. 가령 이른바 '픽업아티스트 증오Pick-Up Artist Hate' 사이트들에서도 활동했다. 이러한 커뮤니티들은 루지 발리자데가 운영하는 블로그 '왕의 귀환Return of Kings(http://www.returnofkings.com)'과는 성격이 판이한데도 말이다. 발리자데의 블로그에서 로저는 위의 생각들을 옹호한 적이 있다. 픽업아티스트 증오 사이트는 발리자데의 블로그에서 옹호하는 '픽업의 기교pick-up artistry'(그러니까 여성을 '낚는' 고도의 기술을 사용하는 남자 '선수'에 의해 실행되는 '게임')에 강한 반감을 느끼는 사람들이 주로 방문하는 커뮤니티들이다.

성혐오자로 간주하기에는 여성에게 너무 많은 행위주체성
과 주관성, 성적 자기결정권을 부여했다. 또한 그남은 스스
로 여성에게 성적으로 접근하기에 충분한 **권리가 있다**고 느
끼지도 않았다. 그들을 유혹하는 데 실패하자 그남은 원했
던 바를 취하지 않았다.[10]

- 로저가 여성들을 **마음 깊이** 증오한 건 아니다. 근본적인
  심리를 해석하자면 그렇다는 뜻이다. 그남이 여성을 증오한

요성들 위함한다

9　덱스터 토머스 주니어는 이렇게 적었다.

최근 엘리엇 로저의 추정적 여성혐오가 사람들 입에 숱하게 오르내린다. 어떤
이들은 그 살인 사건이 증오 범죄라고 말한다. 다른 이들은 대화의 방향을 여성
이라는 주제와는 다른 방향으로 틀고 싶어한다. 이는 정당하다. 왜냐하면 정말
이지 엘리엇은 여성에 대해서는 한마디도 하지 않았기 때문이다. 그남은 남성
에 대해 이야기하고 있었다. (…) 대체로 여성은 엘리엇과 무관했다. 직계가족을
제외하면, 엘리엇의 글에서 여성들은 시시하고 특징 없는 캐릭터로 묘사돼 있
다. 그들은 대개 이름이 없고, 개성도 전혀 없다. 사실 엘리엇이 여성들을 묘사
하는 데 할애한 시간은, 그남이 자신의 신형 BMW 3 시리즈를 묘사하는 데 할
애한 시간과 비슷하다.(Thomas 2014)

끝에 가서 토머스는 로저의 글에 여성혐오적 요소가 뚜렷이 드러나 있다는 사실을
인정하는 듯 보인다. 하지만 그런 와중에도 그남은 자신이 초반에 펼친 주장, 즉 총
격 사건 이후의 토론에서 여성이 주요 주제는 아니었어야 한다는 주장을 결코 철회
하지 않는다. 일면 여성들에 *관한* 토론이라고 보기는 어렵다는 이유에서. 이러한
사고방식에 대해서는 2장에서 다시 논의할 것이다.

10　사안이 여성혐오라는 페미니스트의 진단을 지나친 단순화라며 비판하는 한 기사에
서 메건 다움은 이렇게 썼다(Daum 2014). "로저는 단순한 강간범이 아니다. 여성에게
받는 사랑에 대한 필사적인 집착은 그남이 여성들을 대상화하지도 않았을뿐더러,
사실상 못 견디게 고통스러울 정도로 그들을 이상화했음을 암시한다." 더욱이 "그남
의 문제는 거부보다는 분리에 있었다. [그남은] 어떤 집단에도 속하지 않았다. 온갖
특권이 주어졌음에도 불구하고 그남은 권리와는 동떨어진 삶을 살았다. 그남은 잃을
것이 없는 사람이었다." 앞으로 내가 계속해서 주장할 테지만, 로저는—마이클 키멀
의 표현을 빌리자면—일종의 권리를 *침해당한* 상황을 피력하고 있었다(Kimmel
2013).

이유는 오로지 그남이 자기도취적이고 망상적이며 정신적으로 불안정하다는 데 있었다. 앞서 인용한 맥 도널드의 글에 따르면 그남은 "미치광이"였으니까.

- 로저가 **딱히** 여성들을 증오한 건 아니다. 아니면 적어도 그것은 **배타적인** 증오가 아니었다. 그남은 (어머니로부터 중국인의 혈통을 이어받았음에도 불구하고) 아시아계 남성과 흑인에 대한 인종적 증오심을 숨기지 않았다. 이는 그남의 (사실상 회고록에 가까운) '선언문'에 분명히 드러나 있다. 대신에 그남은 모든 사람을 증오한, 말하자면 인간혐오주의자였다.[11]

- 로저가 **모든** 여성을 증오한 건 아니다. 심지어 대부분의 여성을 증오하지도 않았다. 그남의 독설은 유독 '잘나가는' 여성, 그러니까 그남이 성적 매력을 느꼈지만 자신을 무시하고 좌절시켰다고 스스로 인식하는 젊은 여성들을 향했다. 하지만 로저는 모친을 사랑했고, 사건을 저지르기 전까지 정

---

[11]   케이시 영은 『리즌Reason』에 쓴 글에서 이렇게 주장했다.

'여성혐오'는 로저의 마음 상태에 관한 다분히 불완전한 해석이다. 그보다는 어쩌면 사이코패스적 요소를 동반한 악성 나르시시즘이 가장 잘 들어맞는 해석일 것이다. 로저의 "선언문은 여성에 대한 그남의 증오심이 (…) 인간에 대한 전반적 증오심의 일환일 뿐이었음을, 그리고 연애나 성관계에 있어서 자기보다 더한 성공을 거둔 남성들에 대한 그남의 증오심과 관련이 있음을 분명하게 드러낸다. (…) 혹자는 자신은 성관계를 맺지 못한 여성들과 성관계를 맺었다는 이유로 다른 남성들을 증오하는 것도 여전히 여성혐오의 한 형태라고 주장했다. 그러나 이는 여성혐오의 개념을 무리하게 확장해 의미를 없애버리거나, 반증이 불가능한 유사 종교적 교의로 바꿔버리는 꼴이다.(Young 2014)

영이 고려하지 않은 한 가지 사항은 그 두 악덕이 분석적으로는 별개이지만 종종 한몸처럼 움직인다는 점이다.

서적으로 그녀에게 의지했다.[12]

• 비율이 기준에서 벗어났다. 그남은 여성보다 남성을 더 많이 살해한 뒤 결국 자살했다. 그런 그남이 어떻게 여성혐오자일 수 있겠는가?(Mac Donald 2014)

위 주장들에 조목조목 대응하자고 들면 할 수는 있을 것이다. 하지만 명쾌하게 설명하기에는 아직 한계가 있다. 어떤 이들은 변증법적으로 어딘가 잘못됐다고 생각하고 싶을 것이다. 어쩌면 그들은 (다소 받아들이기 어려운) 부정주의가 그토록 만연했던 이유를 더 다양한 각도에서 포괄적으로 진단해보길 바라는지도 모른다. 또한 어떤 이들은 여성혐오의 **재개념화**를 통해 이런 (내 관점에서 볼 때) 실수를 대체로 한꺼번에 예방하고 싶을 것이다. 그러려면 어떻게 해야 할까? 가이드라인은 무엇이고 기본 원칙은 무엇일까?

12 소셜미디어에서 아일라비스타 사건에 관한 페미니스트의 해석을 공개적으로 비난하는 주장의 가장 흔한 사례를 일부 간략하게 훑어보고 싶다면, 이 사건이 실제로 여성혐오라고 주장한 잭 숀펠드의 『뉴스위크*Newsweek*』 기사 댓글 일부를 아래 옮겨 놓았으니 참고하기 바란다.

PT: 아니. 그남이 자길 무시한다는 이유로 예쁜 여자들을 증오한 건 사실이지만 평균 이하의 여성을 무시했지, 모든 여성을 증오한 건 아니다. 가령 모친이나 여교사들은 증오하지 않았다. 중국인 룸메이트들을 증오하기도 했지만 모든 아시아인을 증오했던가? 분노를 하려면 정확히 알고 분노하라.

SA: 그남은 모든 사람을 증오했다.

GB: 살해당한 여섯 명 중 네 명은 남성이었다.

AJ: 만약 그남이 여성을 그토록 증오했다면, 왜 정작 찌르고 쏜 사람은 대부분 남성일까?

"Misogyny and Mass Murder, Paired Yet Again(여성혐오와 대량 살상, 다시금 짝을 이루다)," Newsweek.com 페이스북 페이지, May 28, 2014, https://www.facebook.com/Newsweek/posts/10152443727756101. (댓글 작성자들의 이름은 이니셜로 대체했다.)

'여성혐오란 무엇인가'란
어떤 질문인가?

'여성혐오' 같은 용어를 두고 논쟁할 때 그것의 의미와 쓰임새, 지시 내용을 묻는 질문에 우리는 어떻게 답할 수 있을까? 고맙게도 사회철학자 샐리 해슬랭어는 "X란 무엇인가" 유형의 질문에 접근하는 일반적 방법을 다음과 같이 세 가지로 구분해두었다 (Haslanger 2012).

(1) '개념적conceptual' 프로젝트는 우리가 (아니면 '우리'라는 사람들, 즉 어쩌면 그들이) 일상적으로 생각하는 X의 **개념**concept에 대해, 가령 반성적 평형reflective equilibrium*이나 개념적 분석처럼 전통적인 연역법을 주로 사용해 조사하는 과정을 일컫는다.

(2) '기술적記述的, descriptive' 프로젝트는 해당 용어의 **외연**extension에 대해, 그러니까 'X'라는 용어의 익숙한 지시 대상이나 적용 대상이 과연 무엇인지에 대해 조사하는 과정을 일컫는다. 이 과정에서 우리는 다음과 같은 물음들을 제기할 것이다. X의 속성을 보여주는 전형적 사례 혹은 논란의 여지가 비교적 적은 사례들의 눈에 띄는 공통적 특징이 있다면, 그것은 무엇인가? 그 용어와 밀접한, 가장 당연하고 중요한 속성이 있다면, 그것은 무엇인가? 그러니까 사실상 이렇게 묻는 셈이다. 문제의 용어를 사용할 때 사람들이 **가리킨다고**

---

* 미국 철학자 넬슨 굿맨이 제안했고 존 롤스가 『정의론』에서 이를 다루며 널리 알려진 용어로, 의견 불일치가 생겼을 때 논의를 통해 심사숙고하고 상호 수정하여 의견 일치를 끌어내는 방법 또는 그렇게 일치된 의견을 이미 끌어낸 상태를 말한다.

추정되는 것은 무엇인가? 무엇보다 이런 이유 때문에 기술적 프로젝트는 실증적 연구, 다시 말해 귀납적 연구를 필연적으로 수반한다.

(3) '분석적analytical' 또는 '개량적ameliorative' 프로젝트는 그러한 용어의 근원적 **취지**와 가장 잘 어울리는 개념을 형성해나가는 과정을 일컫는다.[13] 이 과정에서 우리는 다음과 같은 물음들을 제기하게 될 것이다. X에 관해 논의하는 목적은 과연 무엇인가? 이러한 목적들은 정당하거나 타당한가? 만약 그 목적이 하나 이상이라면, 그중 가장 중요한 목적은 무엇인가? 같은 맥락에서 우리는 존재하는 여러 용어 중에서 한 용어만을 중시해야 하는가, 아니면 각 용어를 똑같이 중시해야 하는가? 해방적 정치운동의 목표들을 비롯한 여러 가치 있는 프로젝트를 가장 잘 뒷받침하는 종합적 개념을 설계하기 위해 우리는 어떤 노력을 기울일 수 있는가?(Haslanger 2012, 222-225)

그러므로 개량적(내지 '분석적') 프로젝트는 각종 용어의 의미를 적극적으로 결정하는 과정을 요한다. 만약 세상을 바꾸고 싶다면, 세상의 개념을 바꿀 필요가 있을 것이다. 그것이 인지상정이다. 사회적 활동과 실천에 관해서는 특히 그러하다. 우리는 사회적이고 자의식적인 생물이다. 이러한 특성상 우리는 기본적 개념과 범주, 도식을 바탕으로 우리 마음속에 새겨진 이런저런 규범에 순응하는 경향이 있다. 그러면서도 타인들에게 스스로 가치판

---

13 '분석적' 프로젝트와 '개량적' 프로젝트는 결국 같은 의미이지만, 혼동을 피하기 위해 이 책에서는 개량적 프로젝트라는 용어만을 사용했다.

단을 내리지도 않은 규범과 기대 사항을 강요하는 경향이 있다. 이 모두를 비롯한 여러 이유로 인해 개량적 프로젝트는 사회 진보에 있어 중요한 역할을 담당할 수 있다.

　　이러한 맥락에서 나는 해슬랭어가 제시한 것처럼 세 가지 프로젝트로 구분하여 접근하는 방식이 유용하다고—정말이지 꼭 필요하다고—생각한다. 세 가지 방식 가운데 적어도 하나를 의식적으로 추구하는 것 외에 달리 어떤 방식으로 방법론적인 발판을 구축할 수 있을지, 생각만 해도 막막하다. 그러나 (해슬랭어 자신도 끊임없이 인정하는바) 이러한 프로젝트들이, 적어도 특정 사례에 있어서는 서로를 보완할 가능성이 있음을 인정하는 것도 연구에 도움이 된다(Haslanger 2012, 351–354, 특히 353n23 및 376). 가령 처음에 일련의 개념적 연구를 추진하는 동기는 전통적 연역법에 충실하기 위해서가 아니라, 용어의 자연스러운 목적, 그러니까 가장 적합한 쓰임새(은유적으로는 직무 기술서)를 조명하기 위해서일 수 있다. 그리고 이러한 목적들을 묻고 또 묻다 보면 이를 근거로 용어의 의미를 조정할 수도 있을 것이다.

　　비슷하게 기술적 프로젝트는 의미론적인 선택의 필요성을 부각시킬 수 있다. 우선 서로 다른 여러 집단이 문제의 용어를 서로 다른 방식으로 사용할 가능성을 생각해보자. 가령 집단에 따라 같은 용어를 다른 유형의 사례에 적용할 수도 있고, 적용 범위가 제각기 더 좁거나 더 넓을 수도 있을 것이다. 이를 감안할 때 우리는 다양한 언어 공동체와 사회 공동체 중 어느 집단의 권위를 인정할 것인지 판가름해야 한다. 이 과정에서 종종 우리의 가치관에 대해서도 고찰하게 될 것이다. 여기에는 정치적 가치관도 포함된다. 적어도 처음부터 그것을 배제할 명백한 근거는 없어 보이니까.

　　그러므로 우리는 첫 번째, 두 번째 프로젝트가 세 번째 프로젝트로 자연스럽게 이어지는 과정을 확인할 수 있을 것이다. 적어도 각각의 프로젝트를 일정한 자세로 추진한다면 말이다. 이런 맥락에서 나는 처음에는 개념적 프로젝트로, 다음에는 기술적 프로젝트로 연구를 추진할 것이다. 그리고 바라건대 마지막에는 여성혐오를 **온당하게** 이해하는 법에 대한 개량적 제안을 내놓게 될 것이다.

　　아일라비스타 사건의 성격을 여성혐오라고 진단한 페미니스트의 관점에 반박하는 앞의 견해들을 보면 알 수 있듯이, 어떤 사람들은 얼핏 여성혐오를 순진한 개념으로 이해하는 듯 보인다. 기억하겠지만, 순진한 개념의 관점에서 여성혐오는 주로 여성 모두를, 아니면 적어도 거의 모든 여성을 여성이라서, 즉 대상이 여성이기 때문에 증오하는 경향을 보이는 개별적 여성혐오자들의 속성이다. 더욱이 행위자들이 심리학적으로 깊이 있는, 혹은 근본적인 해석을 통해 진정한 여성혐오자로 간주되기 위해서는, 이러한 증오를 마음속에 품고 있어야 할 것이다.

　　그러나 여성혐오의 순진한 개념에는 심각한 한계가 있다. 또한 이것은 부분적으로 인식론적 우려에 기인한다. 왜냐하면 개인 행위자가 보이는 태도의 이면에 무엇이 자리하고 있는지를 헤아리기란─그러니까 심리학적으로 깊이 있게, 혹은 근본적으로 해석하기란─대체로 쉽지 않기 때문이다. 따라서 순진한 개념만으로는 그 행위자의 치료사가 되지 않는 한(그리고 때로는 그 이상의 조치를 취하지 않는 한) 여간해서는 여성혐오라고 진단하기 어려워질 위험이 있다. 특히 여성이 여성혐오에 인식론적으로 접근하는 것을 가로막을 위험성이 있는데, 풀어서 말하자면 여성이 자기가 맞닥뜨릴 수 있는 여성혐오의 징후에 관련된 지식과 적합한 소신을 스스로 갖추고 이를 근거로 정당한 주장을 지속할 수단을 빼앗기게 될 위험이 있다는 얘기다. 따라서 사실상 이 순진한 개념은 여성혐오의 피해자를 **침묵으로** 이끌 가능성이 농후하다.

여성혐오라는 개념이 젠더에 기반한 억압의 가장 적대적이고 유해한 측면들을 짚어내는 특수한 역할을 맡고 있다는 견해를 감안할 때, 이 순진한 개념은 여성들이 맞닥뜨릴 가능성이 있는 심각한 문제를 지칭할 최적의 용어를 여성에게서 박탈할 위험이 있다. 적절한 대안이 부족한 작금의 현실은 사태를 더욱더 악화시킨다. 특히 젠더 이슈와 관련해 misoginy〔여성혐오〕와 유사하며 도덕적 무게 역시 대등한 개념을 나타낼 영어 단어는, 적어도 내가 아는 한 존재하지 않는다. 언뜻 sexism〔성차별주의〕이라는 용어를 떠올릴 수도 있겠으나, 그 단어는 '여성혐오'라고 할 때보다 덜 적대적이게 들린다. (성차별주의와 여성혐오의 차이에 대해서는 3장에서 길고 자세하게 다룰 것이다.) 그러므로 이제는 위험을 무릅쓰고 '여성혐오'를 순진한 개념의 울타리 밖으로 내보내야 한다.[14]

여성혐오라는 혐의로 누군가를 기소하기가 매우 어려워지면, 또 다른 중대하고 눈에 잘 띄지 않는 손실이 발생할 것이다. 여성혐오 혐의로 기소됐지만 실제로는 결백한 이들을 제대로 가려내기가 어려워진다는 얘기다. 가령 엘리엇 로저마저 혐의 대상에서 제외된다면, 설령 '무죄' 평결을 받는다 한들 그게 무슨 큰 의미

---

14   사회적 경험을 이해하고 분명하게 설명할 개념적 자원이 부족하다는 생각과 관련해서는 미란다 프리커(Fricker 2007)가 제시한 *해석적 부정의*/hermeneutical injustice라는 개념을 참고하라(chap. 7). 곧 확인하겠지만, 여기서 이 문제는 여성들이 상당히 성공적으로 사용해온 용어를 그들에게서 *앗아가려는* 적극적 시도만큼 중대한 결함은 아니다(이 책 「서론」을 상기하라).

가 있겠는가. 피고 측의 방어는 거의 언제나 성공할 것이다. 관련 혐의의 개념이 난해하고 묘한 상태이니 말이다.

더욱이 여성혐오의 순진한 개념이 지닌 문제는 거기서 그치지 않는다. 그로 인한 문제는 인식론적 고려 사항들을 뛰어넘어 다른 영역에까지 영향을 미친다. 또한 이 순진한 개념이 아우르는 범위는 심리학적으로도 형이상학적으로도 애매모호한 현상에서 조금도 벗어나지 못한다.

왜 그럴까? 전형적인 가부장제 환경에서 여성혐오가 만연할 가능성이 있다는 생각은 누구라도 해봤을 것이다. 하지만 여성혐오가 만연하게 된 경로나 이유를 떠올리기란 쉽지 않다. 그러니까 순진한 개념을 적용할 시에 말이다. 이에 대한 답을 찾으려면 우선 내가 생각하는 가부장제 사회질서와 관계, 역할의 본질에 대해 어느 정도 설명해두는 편이 좋겠다. (당연하게도 이는 가부장제를 둘러싼 복잡한 사회학에 대한 본격적 논의라기보다, 몇 가지 유용하면서도 논란의 여지가 적은 기본 사실들에 대한 상세한 검토에 가깝다.) 설명을 끝내고 나는, 여성혐오의 순진한 개념을 적용할 시 여성혐오가 (가장) 자연스럽게 발생하는 환경이라고 생각되는 가부장제 질서 속에서 오히려 드물게 확인되는 현상이 나타난다고 주장할 것이다.

내가 생각할 때 가부장제라는 사회적 환경에서는 언제나 특정한 종류의 제도나 사회구조가 번성하며 폭넓은 지지를 받는다. 여기서 사회적 환경이란 그 사회가 처한 상태일 수도 있고, 문화적으로 더 광범위하게는 그 사회가 가진 물질적 자원이나 공동적 가치관, 문화적 서사, 매체, 예술적 표현 방식 같은 것일 수도 있다. 가부장제는 물질적으로나 구조적으로나 사회적으로나 형태가 매우 다양하다. 그러나 형태와 상관없이 가부장제 안에서는 모든, 혹은 거의 모든 여성이 한 명 이상의 남성에 대해 관계 면에서 종속적 위치에 놓인다. 또한 그로 인해 남성은 (상호 교차하는 갖가지 관련 요인 중에서도 특히) 젠더를 근거로 여성을 지배하는 위치에 자리한다.

논의를 이어가기에 앞서 조금은 더 미묘한 세 가지 사항을 언급해두는 편이 좋겠다. 첫째, 이런 맥락에서 나는 종속이라는 용어를 성공과 결부시키지 않는다. 나는 종속이란 개념이 일종의 사회적 압력으로, 여성들을 종속적인 지위로 강등시키는 **경향**이 있지만, 그렇게 하는 데 늘 "성공"하는 것은 아닐 터이며 때에 따라 좌초되거나 무산될 수도 있는 사회적 압력으로 이해되기를 바란다. (또한 그와 대립하는 사회적 압력에 부딪힐 수도 있는데, 여기에는 젠더 요인과 상호 교차하는 여러 체제 중에서도 특히 계급에 근거한 압력이 주로 작용한다.) 둘째, 일부 가부장제 사회구조는 남성에게 주어진 특권을 지키는 요새인 동시에, 남성이 배타적으로, 혹은 강력하게 지배하는 사회일 것이다. 그러나 이러한 사회구조를 지탱하기 위해서는 일반적으로 다른 가부장제 사회구조, 즉 여성에게 맡겨진 용역의 특징적인 형태를 감안할 때 여성이 **실제로** 종속적 위치에 놓이는 또 다른 가부장제 사회구조가 반드시 뒷받침돼야 할 것이다(이에 대해서는 곧 더 자세히 다룰 것이다). 셋째, 이러한 지배와 종속의 관계는 대개 특정한 가부장제 사회구조와 그 사회에 속한 개개인 차원에 **국한**된다. 권력관계의 교차성을, 그러니까 인종, 민족성, 계급, 성적 지향, 장애 등의 요인이 교차적으로 영향을 미치는 권력관계의 속성을 다시금 감안할 때, 이러한 국한성을 인지하는 것은 중요하다. 남성 개개인은 자기 구역에서 주인일 수 있지만, 다른 환경에서는 종속되거나 착취당하거나 소외당할 수 있다. 그러므로 한 남성이 완벽하게 구실하는 가부장으로 간주되기 위해 반드시 모든 여성 혹은 대부분의 여성에게 지배적일 필요는 없을뿐더러,

그러지 않는 상황이 일반적이다. 그저 **일부** 여성에게만 지배적이어도 충분하다. 한편 이들의 관계는 대개 가족이나 부부, 연인이다. 또한—이와 같은 사회적 관계와 구조 및 지금부터 내가 다룰 실질적 역할들을 좌우하는—가부장제 이데올로기는 남성 전체 혹은 다수가 이러한 의미의 가부장, 즉 일부 여성에게 지배적인 가부장이 되어 가부장제 이데올로기가 전반적으로 추구하는 규범에 걸맞게 처신하기를 요구할 수도 있다.

그러나 가부장제 문화 내에서 젠더를 기준으로 성립된 사회적 관계들의 위계적 본성은, 그 안에서 여성의 종속이 갖는 실질적 내용과 일종의 갈등을 빚을 수 있다. 가령 여성의 관습적 업무인 각종 돌봄노동을 눈여겨보라. 여성의 역할은 특정 형태의 감정, 사회, 가사, 성, 재생산 노동을 수행하는 정도에 그치지 않는다. **동시에** 여성은 암묵적으로 그러한 노동에 사랑과 배려, 혹은 열과 성을 다해 임해야 한다고 여겨진다. 그리고 이때 가부장제 규범과 기대는 은밀하게 작용해야 한다. 강압적 성질을 수면 위로 드러내서는 안 된다. 이러한 목표를 충족시키기 위해 가부장제 이데올로기는 상당히 많은 메커니즘을 필요로 한다. 이를테면 여성은 이에 관한 사회적 규범들, 여자들의 두드러진 성향이나 기호라고 이야기되는 것들을, 일련의 돌봄노동에 (수행 주체가 여성일 때에 한해) 인위적 가치—개인적으로 보람되다거나 사회적으로 필요하다거나 도덕적으로 가치 있다거나 '멋지다거나' '자연스럽다거나' 건강하다거나 하는 식으로—를 부여하는 표현들을 내재화해야 한다. 관련된 사회적 역할—가장 전형적인 예를 극히 일부만 나열하자면, 다정한 아내, 헌신적인 엄마, '멋진' 여자친구, 충직한 비서, 친절한 여종업원 등이 있다—에 충실한 여성의 모습은 되도록 자연스럽고 자유로운 선택으로 보여야 마땅하다. 여성이 관습적으로

맡아온 비공식적 역할들—가령 공적인 환경에서뿐 아니라 가정이나 직장 안에서 하급 감정노동자로서 흔히 수행하는 일들—에 대해서도 마찬가지다. 그러나 이 매끄러운 겉모습은 대체로 기만적일 수밖에 없다. 그런 '부드러운' 형태의 사회적 권력만으로는 현 상태를 지탱하기 어렵다는 판단이 내려지면, 다소 교묘하게 적대적이고 위협적이고 가혹한 방식으로 규범을 강요하는 갖가지 메커니즘이 마치 기다렸다는 듯 배후에서 작동할 테니까. 이들 메커니즘이 여성에게 초래하는 결과는 실로 광범위할 것이다. 폭력으로 목숨을 위협할 수도 있고, 교묘한 사회적 신호로 (가령 남성 못지않게 직설적이거나 당당한 태도로 사람을 대하는 여성을 보면 부지불식간에 살짝 '움찔'하는 식으로) 반감을 드러낼 수도 있을 것이다. 이렇듯 가부장제 규범과 기대 및 그에 따른 사회적 역할들을 위압적으로 강요하는 메커니즘이야말로 여성혐오의 기능적 본질이다. 적어도 나는 이 책에서 그렇게 주장할 것이다.

그런데 여성혐오 및 여성혐오자의 순진한 개념을 인정할 때 여성혐오가 가부장제 환경 내에서 드물게 나타날 수밖에 없는 이유를 알아보기 위해 가장 먼저 고려할 사항이 있다. 전형적인 가부장적 환경에 놓인 보통의 남성이 도대체 뭐가 아쉬워서 여성 전체 혹은 대부분의 여성에게 관계와 상관없이 악감정을 갖겠는가? 오히려 그 반대일 것이다. 심지어 가장 깨어 있다는 남성조차 특정한 여성, 그러니까 자신의 이익을 위해 우호적으로 봉사하는 여성들에겐 상당한 호감을 느낄 공산이 크다. 이러한 여성들에게 적개심을 품는 것은 두 가지 측면에서 문제가 있다. 즉, 사람 사이의 도리에 어긋나고, 도덕적 예의에도 어긋난다. 하지만 그게 다가 아니다. 이는 기본적인 도덕심리학의 관점에서도 굉장히 **기이하다**. 투박하게 풀어 말하자면, 남성의 욕구에 충실하고도 다정하게 부응하는 여성들을 정확히 무엇 때문에 증오한다는 말인가?

　물론, 전형적인 가부장제 환경에서도 일부 남성은 **실생활에서** 접촉하는 여성 대부분을, 혹은 심지어 전체를, 결국 자신을 실망시켰을 때에 한해 적대시할 수 있다. 그러나 이 명제에서처럼 '일부'나 '대부분' '전체'로 수적 한도를 명시한다고 해서 그 주장이 보편적 진실로 귀결되지는 않는다. 심지어 설득력이 다소 떨어지는 일반적 진실로 보기도 난감하다. 여기서 '전체' 혹은 '대부분'이라는 수량 표현이 아우르는 범위는, 문제의 행위자가 (제각기) 마주칠 가능성이 있는 **전체** 혹은 **대부분**의 여성일 것이다. 적어도 그런 시나리오가 심리학적으로나 사회학적으로나 현실적이다. 그런데 이마저도 개연성은 여전히 낮다. 가령 이런 상황과 흡사하다. 살면서 가본 모든 혹은 대부분의 식당에 실망한 남자가 있다고 하자. 그렇다고 그 남자가 모든 식당을, 아니면 한 발 양보해 거의 모든 식당을 증오하지는 않는다. 어쩌면 그남은 그저 불운했을 수도, 선택에 제약이 있었거나 잘못된 선택을 했을 수도 있다. 만약 그남이 좋아하게끔, 그러니까 그남의 독특한 사심과 식욕을 충족시키도록 각별히 고안된 식당이 있다면, 그남이 그 식당마저 증오할 가능성은 상식적으로 높지 않다.

　그렇다면 엘리엇 로저는 어떨까? 그남은 자신이 갈구하던 관심과 애정을 보여주지 않은 여성들을 적대시하지 **않았을** 수도 있다. 충분히 사실적이고 이해하기 쉬운 시나리오다. 실제로 그처럼 보통의 사회적 위치에 놓인 남성이 그런 여성들을 **가치절상하**고 "맹목적으로 떠받드는" 현상은 일면 지극히 자연스럽다. 그러므로 로저 같은 남성은 이 문제와 관련하여 수적 한도를 명시한 보편적 주장은 물론 설득력이 다소 떨어지는 일반화에도 부합하지 않을 것이다. 그남이 적대시하는 여성이 몇 명인가에 관한 예측은 우연한 사회적 요인에 따라 광범위하게 달라지기 때문이다. 그남이 운명에 만족해 비교적 적은 여성을 적대시할 가능성만 놓고 보면, 그남을 여성혐오자로 간주하기 어려울 것이다. 그러니까 순진한 개념을 적용하면 말이다. 하지만 이렇게 하면 여성혐오자로 간주할 **만한** 남성이(여성은 차치하고서라도) 몇이나 되겠는가? 자기를 섬기고 보듬어주는 이들의 손을 (무자비하고 심술궂게) 물고 늘어지는 행위자만을 여성혐오자로 인정한다면, 이런 속성에 부합하는 인물을 찾기란 불가능에 가깝지 않겠는가? 그러므로 여성혐오의 순진한 개념은 논리적 오류의 고전인 '진정한 스코틀랜드인은 절대 ……하지 않는다'와 같은 문제에(더 정확하게는 이론 제기에) 봉착하게 된다.* '모름지기 **진정한** 여성혐오자는 절대 ……하지 않는다'라는 식으로 거의 모든 상황을 방어할 수 있다는 뜻이다.

이 모든 논의는 여성혐오의 순진한 개념이 터무니없이 부적절하다는 생각을 갖게 한다. 곧 알게 되겠지만, 이는 특정 문제를 지칭하기 위해 여성들이 필요로 하며 사용 빈도도 점차 높아지는 영어권의 유일무이한 단어를 낭비하는 꼴이다. 또한 여성혐오라는 용어가 본디 바로 이 목적을 위해, 그러니까 17세기 영국 페미니스트들이 르네상스 시대 남성인 조지프 스웨트넘이 여성에게 가한 도덕적 '비방'에 맞서는 과정에서 만들어졌다는 사실은, 이 단어가 부지불식간에 안티페미니스트들에 의해 전용되고 정치성이 퇴색돼버린 아이러니를 오히려 더 부각시킬 뿐이다.[15] 순진한 개념의

다른 길: 여성혐오의 논리

---

* 'No true Scotsman' 오류. 반증에 제시된 사실을 배제함으로써 비합리적인 주장을 고수하려고 드는 논리적 오류로, 가령 "스코틀랜드인은 포리지에 설탕을 넣지 않는다"라는 주장에 대해 "나는 스코틀랜드인이고, 포리지에 설탕을 넣는다"라고 반증하면, "모름지기 진정한 스코틀랜드인은 절대 포리지에 설탕을 넣지 않는다"라고 반증하는 식이다.

시각에서 보면 본질적으로 여성혐오는 공포증이나 뿌리 깊은 반감의 사례처럼 지나치게 심리학적인 개념이 되고 만다. 각종 사회적 권력관계의 조직적인 단면과 그 관계들을 좌우하는 가부장제 이데올로기의 예측 가능한 징후가 아니라, 건강하지 않은 심리에서 비롯된 비합리성의 문제로 읽히는 것이다.

아마도 여성혐오란

이런 내용을 염두에 두고 이제부터는 여성혐오 하면 자연스럽게 **연상되는** 개념에 대해 새롭게 논의해보자. 즉 여성을 향해, 반드시 전적으로는 아닐지라도 최소한 부분적으로는 젠더 때문에 적개심과 공격성을 갖게 되는 그럴싸한 이유는 무엇일까? 그리고 여성혐오를 가부장제 이데올로기의 단면 혹은 징후로 의식하게 만드는 요인은 무엇일까? 가부장제 문화에서 일부 여성들이 남성을 살뜰히 섬기는 종속계급의 역할을 맡고 있는 현실을 고려할 때, 누구라도 머릿속에 떠올릴 법한 한 가지 답안은 이것이다. 한 여성이 이처럼 종속적인 사회적 역할을 관장하는 규범과 기대에 저항하거나 이에 위배되는 행동을 한다고 여겨질 때, 남성들은 그녀에게 정확히 위와 같은 반응, 그러니까 적대적이고 공격적인 반응을 보이는 경향이 있다. 세심하고 다정한 종속계급의 역할을 저버리

---

15 '여성혐오misogyny'라는 용어는 스웨트넘이 집필해 인기를 끈 반여성적 소논문에 대응하여 익명의 페미니스트들이 만든 신조어로 보는 편이 아마도 가장 타당할 것이다(아니면 다소 무리수를 두어, 고대 그리스의 몇몇 단편적 문헌에 나오던 표현이 영어권에 새롭게 소개되었다고 추측할 수도 있다). 스웨트넘의 책 도입부와 마지막 장의 제사題辭를 읽어보라.

는 것보다 적개심과 공격성의 대상이 되기에 더 자연스러운 이유가 또 있을까? 예상컨대 여성의 이러한 역할 거부는 특정 젠더 수혜자들(즉, 남성들)의 박탈감과 소외감으로 이어질 수 있다. 그리고 정서적으로 이 두 감정의 조합은 비참한 결과를 불러일으킬 수 있다.

　　　이해를 돕기 위해 간단한 예를 하나 들어보려 한다. 한 남자가 식당에 있다고 하자. 그 남자는 공손하게 대접받기를 기대한다. 고객은 언제나 옳으니까. 뿐만 아니라 그남은 주문한 음식을 조심스럽게, 웃는 얼굴로 내어주기를 기대한다. 그리고 나아가 자신이 돌봄을 받고 있다고 여기며 특별하다고 느끼게 되기를 기대한다. (강자의 위치와 약자의 위치를 동시에 원하는 셈이다.) 그런데 실망스러운 사태가 벌어진다. 여종업원이 다른 테이블의 시중은 다 들면서 그남의 시중만은 들지 않는 것이다. 한가하게 돌아다니거나 자기 할 일을 하면서도 왠지 그남만은 무시하는 듯 보인다. 심지어 그남이 시중을 들어**주기를**, 그러니까 황당한 역할 바꾸기를 기대하는 듯 보이기까지 한다. 어느 쪽이든 그녀의 행동은 비슷한 환경에서 그남이 익숙해져 있었던 방식에 어긋난다. 손님의 반응을 상상하기란 어렵지 않다. 그남은 당황스러워하며 분개할 것이다. 숟가락으로 테이블을 내리칠 것이다. 불만을 터뜨릴 것이다.

　　　보다시피 이는 하나의 도식적 예시일 뿐이다. 그러나 이를 발판으로 더 정교하고 폭넓은 해석이 가능해지리라고 나는 생각한다. 이를 시작으로 우리는, 부분적으로 여성이라는 젠더로 인해, 또한 이 맥락에선 아마도 여성이 가부장제의 규범과 기대를 저버렸다는 남성의 지각으로 인해 야기되었을 증오와 적개심에 가까운 태도를 조금은 이해하게 되었다. 또한 위 예시의 타당성이 인정되면, 이로써 우리는 여성혐오의 필요조건이 **아닌** 것이 무엇인지 어느 정도 파악할 수 있게 된다. 우선 첫째로, 여성혐오는 여성 전반을 겨냥할 필요가 없다. 오히려 여성을 선택적으로, 이를테면 반항적이거나 부주의하거나 제멋대로라고 인식되는 여성들을 중점적으로 겨냥할 수 있다. 둘째로, 위 예시는 여성혐오와 성적 욕망이 양립할 수 없다는 알쏭달쏭한(그리고 앞서 확인한 것처럼, 이상하지만 동조자가 없지 않은) 발상에 찬물을 끼얹는다. 알파파이 클럽 소속 여학생들을 향한 로저의 성적 욕망과 그들도 결국 자기를 욕망해야 한다는 욕망은 그남의 분노를 초래하는 데 결정적인 역할을 했다. 말하자면 로저는 그들을 상대로 무력감을 느꼈다. 그남의 관점에선 그들이 자기에 대한 '지배력'을 보유하고 있었던 것이다. 눈앞에 닥친 굴욕에 로저는 깊이 분개했다. 배고픈 식당 손님이라는 취약한 처지가 기대를 저버린 여종업원에 대한 격노를 부채질한 것처럼.

　　또한 위 예시를 통해 우리는 여성혐오의 일부 전형적인 표적 내지 피해자를 어느 정도 예측해볼 수 있다. 여성혐오의 전형적 표적에는 이른바 **튀는**—젠더 역할에 충실하지 않은—여성과 나쁜 여성, '다루기 어려운' 여성으로 인식되는 이들이 포함될 것이다.[16] 그렇다면 여성혐오의 피해자에는 남성보다 더 높은 권력과 권위가 보장된 위치에 진입하는 여성, 남성을 위해 봉사하는 역할

16　가부장제의 억압에 저항하면 '튀는unbecoming' 여성이라는 발상은 해슬랭어의 저서(Haslanger 2012, chap. 7)를 비롯해 소위 여자*다운* 삶에 대해 분석한 여러 문헌을 통해 문자적 의미에 어느 정도 가깝게 이해될 수 있다. 젠더에 관한 해슬랭어의 분석적 혹은 개량적 해석에 따르면, 여자다운 삶이란, 지각적이거나 실제적인 생물학적 성별에 근거하여 남성에게 사회적으로 종속된 삶, *바로 그것*이다. 하지만 해슬랭어 스스로도 나중에 인정했듯 그녀의 해석에는 얼마간 수정이 필요하다. 트랜스젠더 여성의 경험까지 제대로 판단하려면 말이다. 캐스린 젱킨스(Jenkins 2016)와 탈리아 메이 베처(Bettcher 2013)의 글도 각각 논의와 대안적 접근을 위해 참고할 만하다.

여성을 위협하다

을 회피하거나 그만두는 여성이 포함되기 쉬울 것이다. 그중에서도 자연스러운 표적은 단연 페미니스트일 것이다.

흐름을 이어 페미니스트 작가 린디 웨스트의 경험을 살펴보자. 나중에 사과를 받아내기는 했지만, 그녀는 어느 인터넷 트롤*에게 시달림을 당했다.[17] 몇 년 후 그녀가 문제의 남성과 가진 인터뷰 발췌본을 여기 소개한다. 당시에 무슨 생각으로 그런 행동을 벌였는지 설명하는 과정에서 그 남성은 남다른 솔직함과 통찰력을 드러냈다.

> **남자**: 언젠가 이런 말 하신 적 있죠? 당신이 누구고 어디에 있고 어디로 가고 있는지 생각하면 자부심이 느껴진다고. 그 말이 뭐랄까, 제 화를 부추겼어요.
>
> **린디 웨스트**: 그래요, 그러니까 제 글을 찾아봤다는 얘기군요. 제 글을 읽었는데, 맘에 들지 않은 거예요.
>
> **남자**: 특정한 측면들이요. 대문자로만 적은 문장이 굉장히 많거든요. 정말이지 너무, 글을 쓸 때 두려움이라고는 못 느끼는 사람 같았어요. 뭐랄까, 마치 책상에 올라서서 이렇게 말하는 것 같았죠. "나 린디 웨스트야. 그리고 이게 내 신념이거든. 내 말이 틀렸

---

* 인터넷에서 일부러 파괴적 행동을 일삼는 해커, 악플러, 키보드 워리어 등을 통칭하는 말.

17 특히 이 남성은 얼마 전 고인이 된, 린디 웨스트의 부친을 트위터에서 사칭했다. 그의 약력 소개란에는 "어느 멍청이와 다른 멀쩡한 두 아이의 난처한 아버지"라고 비꼬듯 적혀 있고, 여기서 "멍청이"란 다름 아닌 린디다. 2015년 1월 23일에 방송된 라디오 프로그램 「디스 아메리칸 라이프This American Life」 545화 '좋은 이야깃거리가 없다면, 글자를 온통 대문자로 표기하라If You Don't Have Anything Nice to Say, Say It in All Caps' 중에서, https://www.thisamericanlife.org/radio-archives/episode/545/transcrip.

다는 소리 따윈 집어치워." 정확히 그런 단어와 문장으로 말하진 않았지만, 어감이 그랬어요. '뭐지, 이 재수 없는 여자는? 자기가 모든 걸 안다고 생각하잖아?' 이런 느낌?

린디 웨스트: 혹시 제가 여성이기 때문에 그렇게 느낀 건 아닐까요?

남자: 아, 그럼요. 당연히 그랬죠. 여자들이 글을 쓸 때 갈수록 더 거침없는 모습을 보이잖아요. 글이나 말에서 수줍음 같은 건 느껴지지 않죠. 큰소리 치거든요. 아마 그래서 저도 처음엔 그 글에서 일종의 위협감을 느꼈던 것 같아요.

린디 웨스트: 그렇군요. 하지만 아셔야 될 게 있어요. 그게 바로 제가 그러는 이유라는 거. 사람들은 여성에게 그런 소릴 듣게 되리라곤 생각을 안 하거든요. 그리고 저는요, 제가 그러는 걸 다른 여성들이 봤으면 합니다. 여성들의 목소리가 더 커지길 바라죠.

남자: 이해해요. 이해합니다. 자, 보세요. 전 하루 종일 여자들과 일해요. 관계도 나쁘지 않죠. 그런데 누가 저한테 "당신 여성혐오자야. 여자를 증오하잖아" 그러는 거예요. 옛날 같았으면 저도 맞받아쳤을지 모르죠. "웃기지 마. 나 우리 엄마 사랑하거든. 누이들도 사랑하고. 어디 그뿐인 줄 알아? 살면서 만난 여자친구들도 전부 사랑했다고." 하지만 그건 여자들과 잘 지내는 게 아니죠. 말은 그렇게 해놓고 온라인에서 여자들을 모욕했잖아요. 여자들을 일일이 찾아다니며 감정을 상하게 하고요.

나는 이 남자의 생각에 동의한다. 여성혐오자도 어머니를 사랑할 순 있다. 그리고 당연히 누이나 딸, 아내, 여자친구, 여비서를 사랑할 수도 있다. 여성혐오자라고 해서 모든 여성을 증오할 필요는 없단 얘기다. 심지어 거의 모든 여성을 증오할 필요도 없다. 그들이 특히 증오하는 대상은 거침없이 말하는 여성이다.

장담하건대, 지금 이 의견에 반대하는 이들도 있을 것이다. 여성혐오는 별다른 이유 없이 단지 여성이라서 여성을 증오하는 행위를 수반해야 하므로 공격 대상이 **일부** 여성으로 한정될 수 없다는 주장도 나올 법하다는 이야기다. 하지만 나는 묻고 싶다. 그렇게까지 보편성을 고집하는 이유가 도대체 무엇이냐고. 추정컨대 그와 같은 주장의 힘은 여성혐오가 반유대주의와 비슷하다는 가설, 그것도 역사적 사실과는 별개로 반유대주의 하면 우리가 흔히 떠올리는 모습, 즉 모든 유대인을 마구잡이로 공격하는 모습과 비슷하다는 사실무근의 가설에서 나오는 듯하다.[18] 하지만 도대체 왜

---

[18] 한나 아렌트가 그 유명한 『예루살렘의 아이히만Eichmann in Jerusalem』에서 아돌프 아이히만에 대해 언급한 다음 내용을 참고하라. "그남의 가족 중 유대인들이 있다는 사실은 그남이 유대인을 증오하지 않는 '여러 개인적 이유' 중 하나였다. (…) '나 자신은 유대인을 증오하지 않았다. 부모님에게 엄격한 기독교적 교육을 철저히 받았기 때문이다. 또한 어머니는 외가의 유대인 친척들 때문에 SS 친위대의 당시 경향과는 다른 견해를 갖고 계셨다.' 그남은 자신이 결코 피해자들에게 악감정을 품은 적이 없음을 증명하는 데 상당한 시간을 할애했다." 그뿐만이 아니다.

> 만일 아이히만이 조금 덜 고지식했더라면, 혹은 경찰 조사가 덜 조심스러웠더라면(그 조사는 반대심문으로까지 이어지지 않았는데, 추정컨대 여기에는 그남의 협조를 보증하려 한 조사관의 의도가 작용한 듯하다), 그남의 '편견 없음'은 다른 측면에서도 드러났을지 모른다. 보아하니 빈에, 그러니까 그남이 유대인을 나라 밖으로 쫓아내는 일을 하는 데 있어 특히 큰 실적을 올린 그 도시에 그남은 유대인 정부를, 그러니까 린츠 출신의 '옛 애인'을 두었던 듯하다. 라센샨데Rassenschande—문자 그대로는 '인종 오염(모욕)'을 뜻하지만 나치 용어로는 유대인과의 성교를 뜻했던 단어—는 아마도 SS 친위대 구성원이 저지를 수 있는 가장 큰 범죄였을 것이다. 비록 전쟁을 치르는 동안 최전방에서는 유대인 소녀에 대한 강간이 다들 하는 취미처럼 돼버리긴 했지만, SS 친위대의 고위급 장교가 유대인 여성을 정부로 둔다는 것은 결코 흔한 일이 아니었다.(Arendt 1963, 30)

유대인은 다른 여러 유럽 국가에서 그들이 점한 불안정하고도 소외된 지위와 비교할 때 1933년 독일 사회에서 특히 성공한 계층으로 사회에 특히 잘 동화된 상태였다는 사실도 고려하라. 아모스 일론이나 괴츠 앨리와 같은 역사학자들이 최근 (각자) 주장한 바에 따르면, 그로 인해 독일에는 유대인이 "분수를 알지" 못한다는 인식이

이런 유형의 억압만을 여성혐오의 이론적 틀로 간주해야 하는가? 왜 그런, 이를테면 '틀을 위한 틀'을 정론으로 받아들여야 하는가? 젠더에 근거한 억압은 부분적으로 독자적인 문제일 수 있다. 아니면, 다른 형태의 억압을 설명하는 이론적 틀로써 유용할 수도 있다. 그 가능성에 대해서는 5장에서 간략하게 부연할 것이다.

어느 쪽이건, 여성들을 세상에서 제거하려는, 그러니까 게토로 추방하려는 행위는, 가부장제 이데올로기의 목표를 고려할 때 선뜻 이해가 되지 않는다. 여성들은 전통적인 가부장제 가정에 철저히 융화된 존재로, 그 안에서 가정적으로나 사회적으로나 감정적으로나 성적으로나(이성애자로서) 광범위하고도 중대한 서비스를 담당하고 있다. 이러한 여성들은 지배자 입장에서 굉장히 유용하다. 즉, 모든 여성을 불필요한 존재로 치부할 수는 없다는 뜻이다. 심지어는 공간을 분리하기도 어려울 것이다. 그랬다가는 지배자의 주된 욕구와 이익을 충족시킬 수 없을 테니까.

하지만 이처럼 여성혐오의 표적이 전체 여성은 아닐 공산이 크다고 해서 #YesAllWomen 캠페인이 부당하다고 말할 수는 없다. 여성혐오자의 위협과 형벌에 취약할 가능성은 사실상 모든 여성에게 잠재하기 때문이다. 가부장제의 규범과 기대를 저버렸다고 **인식되**거나 **실제**로 저버릴 때뿐 아니라, 그러한 위반 행위를 순전히 **상징**하거나 **대표**하게 될 때도 여성은 다른 여성들이 저질렀다고 추정되는 죄의 대가를 도맡아 치르게 될 가능성이 있다는 얘기다.

더 개괄하자면, 여성혐오의 영향력은 사람들이 생각하는 한계를 초월할 수도 있다는 게 내 판단이다. 왜냐하면 여성혐오는

퍼져 나갔고 이는 반유대주의적 백래시를 불러일으키는 데 중요한 역할을 했다. 5장 주40을 참조하라.

일부 여성을 다른 여성들의 대역이나 대리인으로 취급하고 이른바 '펀칭다운punching down'*을 시도함으로써 가부장제 질서를 회복하려는 시도와 연결돼 있기 때문이다. 달리 말해 어떤 여성이 (친밀한 파트너의 폭력처럼) 마침 가까이 있고 마땅히 의지할 곳도 없어 보인다는 이유로 그녀와 무관한 불만을 그녀에게 쏟아내는 상황도 생길 수 있다는 얘기다.

또한 이어질 논의 주제를 감안할 때 가장 중요하게는, 사소한 일탈 행위들이 부풀려지거나 한 여성의 **성격**을 매도하는 데 동원될 수도 있다. 가령 그녀는 약속을 저버리고 거짓말을 하고 **스스로** 합의한 내용을 어기는 사람으로 묘사될 수 있다. 그래서 대단히 의심쩍고 무책임한 사람으로 묘사될 수도 있다. 한 여성을 표적으로 삼아 현미경을 들이대면 그녀의 행동에서 위에 나열한 불만의 (다소) 유명무실한 근거를 어렵잖게 찾아낼 수 있을 것이다. 하지만 그녀가 저버렸다는 약속과 어겼다는 합의는 애초에 가부장제 사회가 그녀를 대리하여 부당하게 체결한 것들이다.

이는 아일라비스타 총격 사건을 여성혐오에 결부시킨 페미니스트적 진단의 여파로 제기된 여러 반론 중 하나를 더 쉽게 이해할 단초를 제공한다. 즉, 엘리엇 로저의 (개별적) 표적과 피해자는 가부장제의 규범과 기대를 **실제로**, 그러니까 로저와 관련해서 저버리지는 않았다. 단지 그들은 로저에게 모멸감과 굴욕감을 안긴 특정 부류의 여성을 대표할 뿐이었다. 그남이 표적으로 삼은 캘리포니아대학 샌타바버라캠퍼스 알파파이 여학생회 학생들은 사실 그남에게 일말의 관심이라도 보일 기회 자체가 없었다. 그들을 스토

---

*　아래 방향으로 주먹을 휘두른다는 뜻으로, 자신보다 지위나 계층이 약한 사람을 공격하고 조롱하는 행위를 일컫는다.

킹하는 와중에도 로저는 단 한 번도 자신을 소개하지 않았으니까.

하지만 로저가 망상증 환자였다고 해서 아일라비스타 사건에 대한 페미니스트의 진단을 틀렸다고 단정할 수 있을까? 아니, 그렇지 않다. 다음 장에서 확인하겠지만, 여성혐오는 흔히 이런 종류의 망상증을 수반한다. 심지어 도덕적 비판에 대한 감수성이 누구보다 예민해서 자신이 하는 행동의 의미를 정확히 알고 있는 행위자들도 사정은 다르지 않다.

이해를 위해 이제부터 러시 림보의 사례를 살펴보자.

2장

여성혐오의 개량

Amliorating
Misogyny

지금까지 철학자들은 세상을 다양한 방식으로
해석하는 작업에만 주력해왔다.
이제는 세상을 바꿀 때다.

카를 마르크스, 「포이어바흐 테제들Thesen über Feuerbach」

샌드라 플루크에 대한 러시 림보의 발언

유력한 우파 방송인이자 정치평론가 러시 림보는 애당초 페미니스트 친화적이라고 알려진 인물이 아니었다. 하지만 그런 그 남도 여성혐오 혐의로 한바탕 곤욕을 치렀다. 2012년 2월, 그러니까 매일 진행하던 라디오 방송에서 샌드라 플루크에 관해 다음과 같이 발언한 뒤의 일이었다.

여대생 샌드라 플루크 같은 사람을 뭐라고 할까요? 의회 위원회까지 나가서 이렇게 말했다죠. 성행위 비용을 받아내겠다고요. 그럼 그 학생은 뭐가 될까요? 잡년slut이죠? 창녀prostitute밖에 더 되겠습니까?[1]

---

[1] 이 인용문과 바로 다음 인용문의 출처는 둘 다 「러시 림보 쇼Ruch Limbaugh Show」 웹사이트에 게재된 2012년 2월 29일 자 방송 원고다. "X-Butt Sisters Are Safe from Newt and Rick(버트 자매는 뉴트와 릭으로부터 안전하다)," https://www.rushlimbaugh.com/daily/2012/02/29/x_butt_sisters_are_safe_from_newt_and_rick/.

샌드라 플루크는 조지타운대학 로스쿨 재학 시절 의회 청문회에서 종교기관 관련 종사자의 피임에 대해서도 건강보험을 적용해야 한다고 주장한 적이 있었다. 림보가 천연덕스럽게 내린 결론에 따르면, 플루크는 그녀가 틀림없이 하고 있을 모든 성행위에 필요한 피임기구를 구비하는 비용을 스스로 감당할 여력이 없을 시 림보를 비롯한 미국의 납세자가 대신 **지불해줄** 것을 요구함으로써, 급기야 림보에게 "잡년"에다 "창녀"라고 불리는 상황을 자초했다. 훗날 림보는 당시 "모욕적인 단어를 선택"했다는 점은 인정하면서도, 그것이 "웃음"을 유발하기 위한 선택이었다는 핑계를 덧붙였다.[2] 그러나 그때 림보가 무엇보다 고심했던 사안은 적당한 은유를 고르는 일이었던 듯싶다.

> 그럼 우리는 뭐가 될까요? 우린 뚱쟁이죠. (중단) 잡놈[John]? 우리가 잡놈이라고요? 아니죠! 우린 잡놈이 아닙니다. (중단) 그래요, 맞습니다. 뚱쟁이는 적합한 단어가 아니군요. 맞아요, 그 여학생도 잡년은 아닙니다. '문란한' 여성이죠. 아까 한 말은 취숩니다.

하지만 림보가 취소를 번복하기까지는 그리 오랜 시간이 걸리지 않았다. 불과 하루 만에 그남은 자기 프로그램에서 플루크를 재차 "잡년"이라고 칭했고, 결국 그 발언을 철회하며 다음과 같이 사과했다. "상황을 비유하는 과정에서 제가 잘못된 단어들을 선택했습니다. 플루크 씨를 개인적으로 공격할 생각은 없었습니다."[3]

2   Rush Limbaugh, "A Statement from Rush(러시의 항변)," *Rush Limbaugh Show*, March 3, 2012, http://www.rushlimbaugh.com/daily/2012/03/03/a_statement_from_rush.

3   2012년 3월 3일 방송 중 림보가 한 발언(주2 참조).

이 사건은 여성혐오의 원인과 공격 대상에 관해 중요한 물음을 던진다. 여성혐오는 어째서, 어떻게 심각한 수준의 망상증을 동반하곤 하는가? 어떻게 사람들은 개인적인 면식이라곤 없는 여성들에게 심히 개인적으로 보이는 원한을 명백히 빈약한 근거에 기대어 스스로 품거나 타인에게 불어넣게 되는가? 분명 림보는 자신의 힐난을 청취자가 단순히 이해하는 정도가 아니라 마음 깊이 공감하리라고 확신하고 있었다.

플루크에 대한 림보의 발언은 이러한 물음들을 수면 위로 드러냈다.[4] 하지만 동시에 그 발언은 이 물음들을 해결할 열쇠이기도 했다. 림보가 선택적으로 제시한 이미지들은 림보와 청취자들의 의식세계를 비추는 거울이었다. 그남은 욕구를 분명히 표현하는 한 여성, 당연한 권리를 주장하는 한 여성을, 특권의식에 취해 툭하면 과도한 요구를 해대는 존재로 묘사하고 있었다. 또한 그남은 마치 플루크가 **자기들**한테, 구체적으로는 납세자들에게 무언가를 요구한다는 듯이, 정확히는 성교에 탐닉하는 비용의 **대납**을 요구한다는 듯이 묘사하고 있었다. 좋게 말해도 이는 확대 해석이었다. 하지만 이 확대 해석 덕분에 림보는 플루크가 자기네들한테 뭔가를 **빚진** 것처럼 묘사할 수 있었다. 흥미롭게도 그 뒤에 림보는 플루크에게 성적인 서비스를 제공받는 이른바 '잡놈' 이미지와 플루크를 아랫사람으로 둔 이른바 '뚜쟁이' 이미지 사이에서 오락가

여성혐오의 개념

---

4 여성 정치인들에 관해 발언할 때면(논조가 부정적일 때뿐 아니라 중립적이거나 긍정적일 때조차) 부적절하게 친근한 말투를 취하는 풍조에도 주목하라. 예를 들어 여성 정치인을 언급할 때는 성이 아닌 이름이 주로 사용된다. 힐러리 클린턴은 '힐러리'로, 줄리아 길러드는 '줄리아'로 불리는 식이다. 줄리아 길러드는 오스트레일리아 최초의 여성 총리로, 그녀의 정치적 흥망성쇠에 대해서는 다음 장에서 논의할 것이다. 한 가지 예를 더 들자면, 독일 총리 앙겔라 메르켈의 별명은 '무티Mutti', 그러니까 '엄마'다.

락하는 행보를 보였다. 한번은 플루크에게 소소한 협상안을 제시하기도 했다. 자기 돈을 갖고 싶거든 성관계 영상을 인터넷에 올리라고 제안한 것이다.

> 이러다간 우리가 개인적으로 만나지도 않는 여자한테 놀아날 판입니다! 플루크 양, 혹시 성관계 안 맺기에 대해 들어봤습니까? 자, 우리는 여기 앉아 있을 거예요. 그러면서 이 일에 관여할 거란 말이죠. 그럼 우리한테도 뭔가 보답이 있어야 하지 않겠어요? 플루크 양, 그 보답으로 우리는 동영상을 원합니다. 이 모든 성관계를 영상으로 찍어 인터넷에 올리는 거예요. 우리 돈을 써서 우리가 얻는 게 뭔지 우리가 볼 수 있도록 말이죠.[5]

이 발언이 인상적인 이유 중 하나는 엘리엇 로저의 고백이 담긴 동영상에서처럼 도중에 호칭, 혹은 비난하는 청자가 삼인칭에서 이인칭으로 바뀐다는 데 있다. 대관절 림보는 누구에게 말하는 것일까? 심지어 그남은 일면식도 없는 사람에게 그처럼 "놀아났다고" 느끼는 현상의 기이함을 인정하는 듯 보이기까지 한다.

이에 대한 해답의 실마리를 찾기 위해서는 먼저 여성의 종속성이 여성을 **기능적**functional이고 **상관적인**relational 용어의 틀 안에 가둔다는 사실을 인정해야 한다는 게 내 생각이다(Haslanger 2012, 57-63). 앞서 1장의 내용을 상기하라. 가부장제 이데올로기의 시각에서 여성은 흔히 남성의 세심하고 다정한 종속자로서 역할을 다할 것을, 은유적으로는 지배자를 향해 언제나 다정한 시선을 유지

---

5 Rush Limbaugh, "The Dumb Don't Know They're Dumb(바보는 자기가 바보인지 모른다)," *Rush Limbaugh Show*, March 1, 2012, https://www.rushlimbaugh.com/daily/ 2012/03/01/the_dumb_don_t_know_they_re_dumb.

할 것을 요구받는다. 그러므로 가부장적 젠더 관계의 본질을 살펴
면 해답이 보일지도 모른다. 가부장제 사회에서는 남성을 대하는
여성의 행동이 (남성에 의해, 그리고 남성을 위해) 지나치게 개인적으로
해석된다. 여성의 무관심은 질색으로, 무지는 무시로, 증언은 고
자질로, 요구는 강요로 해석되는 것이다.

위 질문에 대한 해답의 또 다른 실마리를 찾고 싶다면, 여
성 개개인을 특정 **유형**의 여성을 대표하는 호환 가능한 존재로 취
급하는 세태에 주목하라. 이 때문에 여성들은 대표적 표적으로 지
목되고 취급되다가 누군가의 머릿속에서 다른 수많은 여성의 유
형을 대신하게 될 수도 있다.[6] 엘리엇 로저가 이른바 선언문에서
스스로 밝힌 범행 의도는 "여성이라는 젠더와 관련해 [자기가] 혐오
하는 모든 것을 대표하는 젊은 여자들, 즉 캘리포니아대학 샌타바
버라에서 제일 잘나가는 여학생회를 공격하는 것"이었다. 이에 질
세라 림보는 플루크를 "대표적인 자유주의자"라고 일컬었다. 그러
나 소위 이 대표적인 여성들이 대표한다고 여겨지는 부류의 여성
들을 대표하는 특성을 그들이 반드시 대표하지는 않는다. 가령 이
기적이고 어린애 같고 군림하려 드는 데다 인류 역사상 최다 임신
중단 건수를 달성하고 싶어한다는 이른바 '페미나치Feminazis'를 그
들이 반드시 대표한다고 볼 수는 없다. 이는 사실 가볍게 보아 넘
길 사안이 아니다. 때로는 이런저런 부류의 여성이라는 계층 자체
가 존재하지 않을 수도 있으니까.

이 모든 사례에서 감지되는 태도의 큰 줄기는 단연 적개심

---

6   대상화와 대체가능성fungibility에 대해서는 누스바움(Nussbaum 1995, 257)과 랭턴
    (Langton 2009, 226)의 글을 참고하라. 두 사람의 관점은 3장에서 더 자세히 다룰
    것이다.

이다. 분노와 앙심, 악의를 비롯한 여러 위협적이고 징벌적인 성향이 여기서 감지된다. 이 사례들을 바탕으로 해슬랭어의 기술적 접근법에 의거해 추정해볼 때 여성혐오는 대체로 P. F. 스트로슨이 말한 "대인관계에 관련된" 반응적 태도를 수반하는 듯하다. 「서문」에서 논의한 바와 같이, 이러한 태도는 여타의 성숙하고 자족적이며 정신이 건강한 인간을 대할 때 우리가 취하는 자세와 다소 차이가 있을뿐더러, "지극히 **개인적인** 온갖 적대의식"을 망라한다고 여겨진다(Strawson [1962] 2008, 11). 그러므로 이 적개심의 표적은 이인칭일 가능성이 있다. 하지만 가끔은 이인칭 **복수**인 듯하다. 이를테면 "그래서 이제 너희 모두를 응징하려" 한다던 로저의 말을 떠올려보라. 이 말은 여성혐오의 특징적 정서를 다각도로 드러낸다. 징벌적이고 분개심으로 가득하며 개인적이지만 대상을 특정하지는 않는다는 얘기다. 그런가 하면 적개심의 심리적 표적과 실제적 피해자 사이에 별다른 유사성이 없을 수도 있다. 오히려 그 적개심은 실제 여성의 얼굴을 바탕으로 머릿속에서 조잡하게 가공된 미지의 여성을 겨냥할 때가 많다.

위와 같은 사실이 일부 낙관주의적 견해에 힘을 싣는 근거가 될지도 모른다고 내게 이야기하는 사람들도 있었다. 분석하기에 따라 피해 여성이 **사실은** 여성혐오의 피해자가 아니라는 결론이 나올 수도 있다는 얘기다(가령 Thomas 2014를 보라). 그러나 우선 이런 생각이 어디에서 비롯됐는지부터 짚어보자. 여성혐오와 달리 반유대주의를 비롯한 여러 형태의 인종적 증오와 민족적 증오는 깊이 있고 완성도 높은 심리학적 해석을 요하는 문제로 여겨지지 않는다. 가령 히틀러가 본질적으로는 반유대주의자가 아니었다고, 단지 자신의 예술적 재능을 믿지 못하고 아편제와 메스암페타민을 과다 복용한 불안정한 정신의 소유자였을 뿐이라고 주장하는 사람이 있다고 치자. 언뜻 그럴듯해 보이는 주장이다. 또한 이러한 심리적 요인이 모이고 모여 중요한 순간마다 의도치 않게 사태를 악화시켰다는 가정도 가능하긴 하다. 하지만 그 가정이 히틀러는 반유대주의자가 아니라는, 그야말로 일고의 가치도 없는 제안으로 귀결될 수는 없다. 여성혐오와 관련해서도 유사한 제안이 난무한다. 여성혐오의 위력을 전파하기 쉬운 사람들이 다양한 불안증을 비롯해 심리적이고 사회적인 적응장애를 앓고 있다는 사실은 그리 놀랍지 않다. 하지만 그 사실이 어떻게 **여성들**이 직면하는 문제를 완화시킨다는 것일까? 저주 인형을 태우는 행위에는 그것으로 상징되는 누군가를 태우려는 의도가 숨어 있는 법이다.

그러니 이제는 초점을 옮겨보자. 여성혐오를 피고의 관점에서 개념화할 것이 아니라, 다만 맹목적으로라도 그 **표적**이나 **피해자**의 관점에서 생각해보자는 얘기다. 이는 곧 여성혐오를 놓고 깊이 있는 심리학적 해석을 하건 뭘 하건 간에, 이제부터는 남자들이 특정한 여자들을 마주쳤을 때 (가장 먼저) **느낄** 가능성이 있을 수도 없을 수도 있는 적개심이 아니라, 여자들이 사회 곳곳에서 **직면하는** 적개심에 초점을 맞춰보자는 얘기이기도 하다. (남성이 적개심을 느끼거나 느끼지 않을 가능성에 대해서는 조금 후에 자세히 다룰 것이다.)

이러한 피해자 중심 접근법의 장점을 몇 가지 꼽자면 다음과 같다.

1. 심리주의psychologism*를 피하면서도, 여성혐오의 적대적 '기미'를 부정하지도, 여성혐오가 개인 행위자의 적대적인 태

---

* 철학을 포함하는 일반 정신과학의 여러 문제를 인간의 심리적·주관적 과정으로 환원하여 심리학적인 관점에서 생각하려는 경향. 따라서 가치, 논리, 규범 따위는 그 자체로서의 존립이 인정되지 않는다. 상대주의, 경험론, 생의 철학 따위가 여기 포함된다.

도를 수반할 **가능성**이 있지만 반드시 수반할 필요는 없다는 사실을 부정하지도 않을 수 있다. 또한 이러한 접근법은 여성혐오를 대표하는 다양한 사례를 해석하는 과정에서 (가령 지배욕으로 인한 여성혐오자와 실망감으로 인한 여성혐오자를 비교하거나, 개인 행위자의 문제와 순전히 구조적인 메커니즘의 문제를 따져보는 과정에서) 일관성을 유지하기에 유리하다.

2. 개인주의individualism를 피할 수 있다. 가령 여성에게 '적대적인 근무 환경'이나 여성에게만 유독 '냉담한' 사회적 풍토처럼 사회적 관행과 제도, 정책 등에 숨은 여성을 향한 적개심이 여성의 관점에서 분명하게 드러날 테니까.

3. '합리적인 여성'의 기준을 적용함으로써 여성혐오를 인식론적으로, 그러니까 이 책이 지향하는 방식으로 다루기가 더 용이해진다. 더 정확하고 (장애인차별의 성격이 덜하다는 점에서) 바람직하게는, 환경에 순응하게 돼 있는 한 여성이 어떤 만남이나 국면, 행위를 과연 합리적으로 적대적이라고 **해석**할 수 있을지 여부를 따져볼 수 있다.[7] 행위자의 의도를 조사해 심리를 분석하거나 행위자들의 말을 곧이곧대로 받아들일 필요가 없다는 뜻이다.

이러한 접근법을 사용하면, 개인 간의 여성혐오가 특징적으로 대인관계에서의 부정적인 반응적 태도를 수반한다는 예의 그

---

7 여기서 나는 특히 캐서린 A. 매키넌이 개발한 성희롱의 법률적 개념을 모델로 삼았다. 또한 젠더 평등 의식에 기반한 업무환경 개선에 있어 이 개념이 갖는 중요성을 살펴보고 싶은 이들에게는 미란다 프리커(Fricker 2007, chap. 7)를 추천한다. 매키넌의 법률적 개념이 정립되기 전에 존재하던 해석적 부정의의 사례를 확인할 수 있을 것이다.

발상을 감안할 때 이제부터 내가 전개할 설명에 자연스레 제기될 법한 반론을 미연에 차단할 수 있다. 지금까지 나는 여성혐오의 순진한 개념에 반대하는 부분적 이유로 심리주의와 그에 뒤따르는 인식론적 문제를 언급해왔다. 그리고 이제부터는 여성혐오에 대한 나만의 생각을 설명하려 한다. 과연 나는 이러한 걸림돌을 피해가며 목적을 달성할 수 있을까? 분개심과 악의에 북받쳐 행동하는 사람의 마음 깊은 곳을 채운 감정이 **정말로** 분개심인지, 아니면 오히려 (일례로) 극심한 불안감인지를 우리는 어떻게 확인할 수 있을까?

대답하자면, 관건은 숨겨진 마음속이 **아니라**, 드러난 현상이다. 앞서 제안했듯 관점을 여성혐오의 행위자에서 여성혐오의 대상자로 이동하는 것이다. 이렇게 하면, 여성혐오의 본질에 있어 분개와 반감 같은 반응이 중요하다는 점은 인정하면서도, 이른바 이 반응적 태도를 분석할 때 '태도'보다는 '반응'에 더 집중함으로써 **심리학적** 해석을 상대적으로 경계할 수 있다. 사회적 환경 곳곳에서 여성들은 합리적인 해석의 영역을 종종 벗어나는 각종 제약의 대상으로서 이러한 반응들을 **직면한다**(합리적 해석에 대해서는 위 3번에 더 명확하게 설명돼 있다). 그러므로 이렇듯 표현되었으나 의식적으로 경험되지 않은 적개심도, 관점을 행위자에서 대상자로 옮기면 실재하는 적개심으로 간주될 수 있다. 행위자에게는 자신이 한 행동의 사회적 의미를 독점할 권리가 없다. 당사자라는 점은 인정하지만, 행위자의 의도에 집중하면 문제를 바로잡을 수 없다.

고로 뒤이어 소개할 분석에 근거할 때 여성혐오적 사회 환경을 반드시 개인 행위자들의 편협한 신념의 산물로 규정할 수는 없다. 오히려 그것은 어느 정도 견고하게 확립된 사회적 규범의 체계가 **어느 하나라도** 무너져갈 때 일부 사람들이 느끼는 설익은 불만과 적개심의 결과일 수 있다. 젠더화된 규범과 기대에 부응하지 않거나 저항하는 여성들은 그로 인해 누군가에게 의심이나 실망을 살 수 있는데, 이와 같은 반응은 그들이 젠더화된 규범에 맞섰다는 사실이 아니라, 단지 기존의 견고한 규범에 맞섰다는 사실에 기인했을 가능성이 더 높다. 또한 어떤 이들에게 페미니즘은 그들의 사회질서 의식에 유독 극심한 혼란을 일으킨 주범으로 인식된다. 그런 사람들은 젠더화된 위계 구조를 교란하고 위협하는 여성에게 적개심을 내비치면서도, 관념적으로는 평등주의자일 수 있다. 그런가 하면 그들은 권력을 가진 여성이 자신의 권력을 남성의 이익을 위해 행사하지 않을 시 그 여성을 거슬리는 존재, 위협적인 존재로 지각할 수도 있다. 무엇보다 특히 그런 이유로 여성혐오적 사회 환경은 어느 정도 선의가 있는 사람들이 스스로 부정하는 감정에 따라 행동하거나 스스로 의식하지 못한 공격성을 순간순간 내보이는 현상에서 비롯되었을 가능성이 얼마간 있다. 또한 그렇듯 행동으로 표출되는 공격성은 사실상 마음속으로 느끼는 공격성을 일부 **대변하는** 것일 수 있다. "행동으로 **표출되다**"라는 표현은 이런 맥락에서 시사하는 바가 크다.

아니면 여성혐오는 집단적(혹은 '패거리') 활동의 산물일 수도 있다.[8] 그러한 적개심은 더 다양한 여성혐오 반응을 촉진시킨다. 하지만 그러한 활동은 산만해지고 흐트러지기 쉬운 데다 충분

---

8   그러나 짚고 넘어갈 것이 있다. 그러한 여성혐오자의 '패거리' 정신을 장착한 사람이 모두 여성혐오자의 위력을 *직접적으로* 전파하지는 않는다. 오히려 개중에는 다른 사람들의 (도덕적) 혐오 반응을 감지하고 이를 모방하는, 그러니까 타인의 반응을 *대리하거나* 간접적으로 전파하는 이들도 있을 것이다. 이러한 메커니즘이 여성을 공적인 삶의 무대에서 넘어뜨리는 데 작용하는 방식에 관해서는 8장에서 더 자세히 다룰 것이다.

히 조직화되지도 않아서, 그럴듯한 집단 행위자의 행동으로 여겨지기는 어렵다. 또한 여성혐오는 제도와 사회적 관행의 산물일 수 있다. 공동의 가치관을 과시하고, 주어진 역할을 다하지 못하거나 거부하는 여성에게 **바른말 하기** 좋아하는 사회 특유의 습성일 수 있다는 얘기다. 현시점에서 이러한 제도와 사회적 관행(법률과 공공정책을 포함하여)에 내재하는 여성혐오적 요소의 대부분은 때로 흔적으로만 남아 있을 것이다. 하지만 때로는 진보적 사회운동의 약진으로 인해 중간 권력층이 빠지기 쉬운 불안감과 박탈감을 이용하려는 세력, 그러니까 고위 권력층의 주도로 확산되거나 되살아날 것이다. 이들 권력층이 단순히 착취적이고 냉소적이기만 한 것인지(그러니까 오직 표를 얻거나 순위를 끌어올리는 데만 혈안이 되어 있는 것인지), 아니면 자신들이 퍼뜨리는 해악에 실제로 동조하는 것인지는 앞으로 내가 여성혐오를 분석하며 취할 관점에서 볼 때 크게 중요하지 않다. 중요한 것은, 여성혐오적 사회 환경에 그들이 어떤 기여를 하는가, 대체로 어느 정도까지 여성들을 가부장적 법률과 질서에 맞춰 단속하고 처벌하려 드는가 하는 부분이다. 이런 관점에서 엘리엇 로저와 러시 림보는 기대 이상의 성과를 거두었고, 바로 이런 이유로, 이어지는 분석에서 여성혐오자로 분류될 것이다.

개량적이고 교차적인 제안

개량적 프로젝트는 본질상 어느 정도 약정적stipulative이다. 하지만 그렇다고 (적어도 당위적으로는) 자의적이지는 않다. 해슬랭어의 말을 빌리면, 개량적 프로젝트의 특징적이고도 역동적인 사고 방식은 이것이다. "우리는 지금 **바로 이** 현상에 대해 생각해야 한다(Haslanger 2012, 224)." 따라서 지금까지는 일련의 개념적이고 기술적인 연구를 다소 수동적인 관찰자 입장에서 해왔다면, 지금 이 시점부터는 여성혐오를 **온당하게** 이해하는 법에 관한 하나의 개량적인 제안을, 미력하나마 다양한 목적을 위해 내놓고자 한다.

고로 제안하건대, 가장 일반적인 눈높이에서 서술하자면, 여성혐오는 가부장제 질서에 따른 '법 집행'의 일환으로, 그것의 개괄적인 기능은 가부장제 특유의 통치적 이데올로기를 **단속하고 강요**하는 것으로 이해되어야 한다. 더 정확히 설명하자면 다음과 같다.

구성적인 측면에서 볼 때 사회적 환경에서 여성혐오는 적대적인 위력으로 구성된다. 그 적대적 위력은,

(a) 주로 (범위가 더 넓건 더 좁건) 특정 계층에 속한 여성들이, 바로 그 (다소 구체적인) 사회적 위치에 자리한다는 이유로, 직면하게 될 것이다. 또한 그 적대적 위력은

(b) (가령 다양한 형태의 인종차별과 제노포비아, 계급차별, 연령차별, 트랜스포비아, 호모포비아, 장애인차별 등) 해당 계층의 여성에게 가해지는 각종 통제와 불이익이 서로 복잡하게 얽혀 영향을 주고받는 상호 교차적 체제와 관련해 구체적 사례를 통해 드러난 가부장제 질서를 단속하고 강요하는 역할을 할 것이다.

또한 **실질적인 측면에서 볼 때**, 여성혐오자의 이러한 위력은,

(이번에도 동시대의 상호 교차적 압력들과 함께 작용하는) 당대의 가부장제 규범과 기대에 실제적으로든, 지각적으로든, 대표적으로든 맞서거나 어긋나게 행동했다는 이유로 십중팔구 (관련 계층에 속한) 여성들을 표적으로 삼을 것이다.

가부장제의 규범 및 기대와 관련해서는 다음을 예로 들 수 있을 것이다.

(a) 뚜렷하게 젠더화되어 가부장제 질서를 반영하고 가부장제 질서의 규정과 복원을 돕는 콘텐츠

(b) (관련 계층에 속한) 여성과 (같은 계층에 속한) 남성(즉, 남성 상대자)의 처지를 비교할 때 여성에게 유난히 가혹한 집행 메커니즘[9]

(c) (관련 계층에 속한) 여성과 남성 상대자의 처지를 비교할 때 여성에게 유독 강력한 **혹은** 침해적인 단속 행태(감시, 감독, 의심 등)

그러므로 내 해석에 따른 여성혐오를 순진한 개념의 정의와 비교해 정리하자면,

여성혐오의 표적이 주로 여성인 이유는 그들이 **남성의 세계**(특히, 역사적으로 가부장적인 세계)에 속한 여성이기 때문이지, 그들이 여성혐오자인 **남성의 정신세계**에 속한 여성이기

여성혐오의 개념

---

9 이 문제와 관련해 논바이너리, 즉 이분법적 젠더에서 벗어난 사람들이 유사 계층에 속한 여성 혹은 남성보다 더 나쁜 상황에 처하게 될 가능성에 대해서는, 일단 이 책에서는 대답을 유보하려 한다.

때문은 아니다.

또한 내 분석을 내가 의도한 대로 이해하려면, 여성혐오와 관련된 적개심이 개인 행위자뿐 아니라, 집단적(혹은 '패거리') 활동이나 순수하게 구조적인 메커니즘을 통해서도 표출될 수 있다는 점 역시 유념해야 한다. 다음으로 논의를 이어가기에 앞서 알아둘 사항 몇 가지를 더 소개하겠다.

위와 같이 개념을 정의하면, 여성혐오자의 위력은 사회적 공간에서 서로 다른 위치에 놓인 여성들에게 차별적으로 가해질 수도 있고, 불특정한 여성들에게 더 보편적으로 작용할 수도 있다.

이를테면 '여혐누아르'를 보자. 미국 내 흑인 여성들이 자신들의 특수한 사회적 위치와, 이성애규범적이고 가부장적인 세력에 영합한 흑인에 대한 인종차별로 인해 맞닥뜨리는 여성혐오를 가리킬 목적으로 2014년 모야 베일리가 소개한 그 용어에는, 이론의 여지는 있지만, 해당 여성들을 대단히 차별적이고 확실히 풍토적인 방식으로 삭제하고 투명인간 취급하는 현상을 고발하는 의미가 담겨 있다. 혹은 6장 말미에서 크리스티 도트슨과 마리타 길버트의 연구를 논하며 내가 그렇게 제안할 것이다.

그렇다 해도 여성들이 여성혐오를 경험하는 방식이나 그로 인해 받는 **충격**이 **보편적**일 수 있다는 말을 **일률적**이라는 의미로 해석해서는 안 된다. 의미상으로도 실증적으로도 두 단어 사이에는 인과관계가 성립하지 않는다. 그런 식의 해석은 취약성이 서로 다른 취약성들로 인해 심화되기도 하고 반대로 (이를테면) 특권으로 인해 완화되기도 하는 현상의 핵심 원리를 다소 모호하게 만들어버릴 것이다(Crenshaw 1991; 2012).

일례로 최근 발생한 로제타 왓슨 사건을 살펴보자. 그녀는 미주리주 메이플우드에 거주하는 흑인 장애여성으로, 단기간에 네 번이나 경찰을 불렀다. 사유는 가정폭력이었고, 내용에는 '숨막기chocking', 더 정확한 용어로는 (서론에서 논의한 바와 같이) 손을 사용한 비치명적 목조르기가 포함돼 있었다. 당국은 한 아파트의 세입자였던 그녀를 180일 동안 2회 이상 신고 전화를 걸었다는 이유로 '소란 행위' 인물로 분류했다. 미국의 여러 소도시와 대도시에 흔히 적용되는 지방 조례에 따른 조치였다. 그 결과 왓슨은 메이플우드시에 거주할 자격을 상실했고, 요컨대 6개월 동안 추방당했다. 단지 목숨을 위협하는 폭력에 공포를 느껴 보호를 요청했다는 이유로.[10]

　　퇴거명령은 흑인 여성들이 너 나 할 것 없이 직면하는 문제로, 사회학자 매슈 데스먼드에 따르면, 흑인 남성의 대량 수감률에 비해 주목은 덜 받지만, 근본적인 원인이 사회체제의 불공정과 불이익에 있다는 점에서 그와 유사성을 지닌 문제다. "가난한 흑인 남성들이 안에 갇히는 동안 가난한 흑인 여성들은 밖으로 내쫓긴다"고 데스먼드는 주장한다(Desmond 2016). 여기에는 여험누아르가 다른 여러 부정적 결과 중에서도 특히 주거 불안과 홈리스 상태, 법적 분쟁, 수감 등과 관련이 깊고, 가난한 흑인 여성이야말로 특별히 취약한 피해자라는 암시가 깔려 있다.[11] 가난한 흑인 여

10　Melissa Jeltsen, "A Missouri Town Exiled a Woman for Calling the Police on Her Abusive Ex(미주리주 소도시 여성, 폭력 전 남자친구 경찰에 신고했다는 이유로 추방당해)," *Huffington Post*, April 11, 2017, http://www.huffingtonpost.com/entry/rosetta-watson-maplewood-missouri-abuse_us_58ebece5e4b-0ca64d91864f0.

11　킴벌레 W. 크렌쇼가 입증한 것처럼, 최근까지도 흑인 여성이 백인 여성보다 더 높은 수감률을 보이는 원인은 흑인 남성이 백인 남성보다 더 높은 수감률을 보이는 원인과 비슷하다(Crenshaw 2012, 1437). 비록 그 뒤로 흑인 여성과 백인 여성의 수감률 차이는 통계적으로 유의미하게 감소한 듯하지만, 그 차이가 흑인 남성과 백인 남성의 수감률 차이만큼 관심을 끌지 못했다는 사실은 여전히 쟁점으로 남아 있다. 공적 담

성들은 이와 같은 요인들의 복합적인 작용으로 가정폭력과 성폭행에 (이미 취약할 대로 취약한 상황에서) 더더욱 취약해질 수 있다. 여혐누아르는 여혐누아르를 낳고, 악순환의 고리는 언제까지고 이어질지 모른다.

여성혐오를 일차적으로 사회적 환경의 한 속성이라고 정의하면, 이제 다음과 같은 주장이 가능해진다.

이 정의를 바탕으로 우리는 한 개인 행위자의 태도 혹은 행동이 사회 안에서 여성혐오를 반영하거나 영속화할 경우, 사회적 맥락에서 이를 여성혐오자의 태도 혹은 행동으로 간주할 수 있다.

유사하게는, 여성혐오를 관행과 제도, 미술작품을 비롯한 각종 공예품 등에 내재하는 하나의 속성으로 정의할 수도 있다.

그러나 한 **행위자**를 모든 면에서 여성혐오자라고 평가하는 데 있어서는 신중을 기해야 한다. 왜냐하면 여기에는 자칫 지나친 확신으로 일을 그르치거나, 여성혐오를 다루는 과정에서 우리가 마땅히 경계해야 할 도덕주의에 발을 담그게 될 위험이 뒤따르기 때문이다. 또한 당연히 공정성 문제도 적절히 고려해야 한다. 거의 보편적인 유형의 성격이나 태도, 행동 기질을 근거로 누군가에게 수치스러운 꼬리표를 붙이고 싶어하는 사람은 거의 없을 테니까.

그러므로 제안하건대, '여성혐오적'이라는 용어는 **역치**의 개념이자 **상대적인** 개념으로 다뤄지는 게 가장 바람직하다. 일종의 '경고성 표지'로서, 무수한 사회적 맥락을 두루 고려하여 태도와

론에서 흑인 여성들이 삭제되는 현상은 이러한 세태를 단적으로 드러낸다.

행동이 **유별나게**, 그리고 **지속적으로** 여성혐오자스러운 사람들에게 드물게 적용되어야 한다. 이러한 관점에서 볼 때,

> 개인 행위자를 여성혐오자로 간주하기 위해서는 반드시 그 남이 보인 여성혐오자의 태도/행동이 적절한 비교 계층에 속한(가령 젠더나 인종, 계급, 나이 등이 같고, 유사한 사회 환경에 속한) 대부분의 타인에 비해 훨씬 (a) 더 극단적이고 (b) 더 지속적이어야 한다.

"훨씬"이나 "적절한"이란 표현에는 일면 모호한 구석이 있다. 하지만 나는 다분히 의도적으로 이 표현들을 사용했다. 그도 그럴 것이, 지금까지 밝혀온 목적상 나는 여성혐오의 정의를 완성하는 법에 관하여 하나의 입장을 고집할 필요가 없기 때문이다. 달리 말해 사람들이 저마다의 규범이론과 도덕이론을 근거로 저마다의 정의를 완성해갈 수 있도록 여지를 남겨두는 것이 이 책이 추구하는 최선이다.

자, 여기까지가 여성혐오에 대한 내 개량적 분석이다. 이제 잠시 숨을 돌리고, 이 개량적 분석의 핵심적 특징과 내가 생각하는 매력 혹은 이점에 대해 살펴보자. 여기에는 지금까지의 해석에 함축된 여성혐오의 의미를 개념적으로, 그리고 실질적으로 더 깊이 들여다보는 과정이 수반된다. 달리 말해 여성혐오가 대체로 언제 유발되는지, 그러니까 어떻게, 누구를 대상으로, 어떤 행위자에 의해, 어떤 사회적 관행이나 제도, 미술품, 공예품 등을 **경로로** 작동하는지 살펴본다는 얘기다. 또한 나는 여성혐오를 **인식론적** 관점에서도 설명할 것이다. 달리 말해 여성혐오와 여성혐오자를 인식할 방법은 도대체 무엇이고, 여성혐오 혹은 여성혐오자의 존재를

부정하는 쪽에서 내세우는 증거는 과연 무엇인지 살펴본다는 얘기다.

형이상학적으로 여성혐오는
가부장제에 의존한다

　내 분석에 따르면 여성혐오는 태생적으로 **정치적인** 현상이다. 구체적으로 말하자면, 사회적 환경에서 여성혐오는 가부장제의 본질적인 규범과 기대에 형이상학적으로 의존한다. 그렇다고 온전히 기능하는 가부장제 사회 안에만 여성혐오가 존재한다는 이야기는 아니다. 가부장제와 어느 정도 역사적 연결 고리가 있으면 존재한다는 이야기다. 여기서 '연결 고리'는 자유롭게 해석될 수 있다. 가부장제의 유산을 직접적으로 물려받았을 때뿐 아니라 다른 가부장제 문화에서 **초기적** 규범과 기대를 '차용했을' 때도 상관없다는 뜻이다.[12] 이러한 핵심적 주의사항들을 감안하여 나는 다분히 의도적으로 다음과 같은 결론을 내렸다. 즉, 가부장제의 억압 체제라는 배경이 없다면, 여성들을 향한 적개심은 그저 개인의 기벽이나 일종의 공포증에 불과할 것이다.[13] 그렇다고 내가 (이를테면)

12　부수적인 추론을 해보아도 좋을 듯하다. 만약 *남성혐오misandry*가 여성혐오의 유사체로 이해된다면(얼핏 그래야 할 것 같기도 하다), *가모장제* 이데올로기에서 유래한 가모장제 규범과 기대가 작용하지 않을 시 진정한 남성혐오의 사례, 그러니까 가모장제 규범과 기대를 남성이 저버린다고 해서 사람들이 불편하게 느끼는 사례는 존재하지 않을 것이다. 나는 전적으로 이래야 당연하다고 믿는다. 그러한 규범들이 역사적으로 얼마나 만연했는가 하는 질문에는 철학자로서 내가 가진 역량으로는 대답하기가 곤란하다. 그러한 질문은 「서론」에서 이미 언급했듯이 역사학자나 인류학자에게 묻는 게 적절할 것이다. 다만 가부장제가 역사적으로 만연한 정도와 그것의 헤게모니적 본질에 관한 대표적 글로는 Lerner 1986을 보라.

13　나는 여성혐오가 '함축적' 단어라는 발언을 소개하는 것으로 1장을 시작했다. 그러나 알아두기 바란다. 내 분석에 따르면 여성혐오는 엄밀히 말해 도덕적 의미가 실린 개념

'여성공포증gynophobia' 같은 문제의 심각성을 부정하는 것은 아니다—가령 이와 관련해 사람들이 이따금 언급하곤 하는 온갖 병리적인 '어머니 이슈'에 관해서는 다음 장에서 살펴볼 예정이다.[14] 다만 현재의 정치적 상황에서 관심을 기울일 만한 문제는 아니라는 얘기다. 즉, 현재 여성들이 직면하는 수많은 문제는 본질적으로 사회 체제와 더 깊은 관련이 있다.

여성혐오적 적개심의 다양성

내 해석에 따르면, 여성혐오적 적개심은 징벌하거나 억제하거나 경고하는 기능을 수행하기에 적합한 모든 것이다. 그러니까 (징벌에 대한 각자의 지론에 따라 달라지겠지만) 전반적으로 인간에게, 아니면 특히 여성을 대상으로 삼아 드러내는 혐오감은 무엇이든 여성혐오적 적개심일 수 있다. 여성혐오적 적개심은 여성을 주저앉기기 위한 온갖 행태를 아우른다—종류가 너무 많아 목록을 만들자면 끝도 없이 길어질 것이다. 그럼에도 일반화하자면, 성인을 모욕적으로 아이에 비유하기, 사람을 동물이나 사물에 비유하기를 예로 들 수 있다. 또한 어린애 취급이나 얕보기 외에도, 놀리기,

---

이 아니다. 하지만 가부장적 억압체계가 도덕적 거부감을 불러일으킬 수 있다는 주장을 고려하면, 그리고 표준적인 관점에서 볼 때 앞서 기술적으로 주장된 사실들로 인해 그처럼 도덕적으로 주장된 사실들이 형이상학적으로 필요해졌다는 점을 고려하면, 여성혐오와 관련된 주장들이 설령 개념적으로는 아니더라도 형이상학적으로 의미심장한 도덕적 의미를 함축할 필요성이 있다는 말은, 어찌됐건 부정하기 어려운 사실이다.

14 여기서 다음 장에서 논의할 내용이란, 사전 편찬자 수 버틀러의 발언이다. "Misogyny Definition to Change after Gillard's Speech〔길러드의 연설 이후 바꿔야 할 여성혐오에 대한 정의〕," *Sydney Morning Herald*, October 17, 2012, http://www.smh.com.au/national/misogyny-definition-to-change-after-gillard-speech-20121016-27q22.html.

창피 주기, 조롱하기, 비방하기, 모략하기, 악마화하기, 성애화하거나 **반대로 탈성애화하기**, 침묵시키기, 따돌리기, 망신 주기, 비난하기, 가르치려 들기, 거들먹거리기 등 특수한 사회적 맥락에서 상대를 경멸하고 폄하하는 온갖 행태가 목록에 포함될 것이다. 그런가 하면 폭력과 위협적 행동도 있는데, 이른바 '펀칭다운', 즉 공연한 시기에 공연한 대상을 공격하는 행위도 여기 포함된다. 또한 내 해석에 따르면, 여성혐오적 상상 속에서는 흔히 여성 한 사람이 수많은 타인의 대역이나 대표 역할을 수행할 수 있으므로, 여성은 거의 누구나 이런저런 원인에서 비롯된 각종 여성혐오적 적개심에 취약할 것이다.

이제부터 나는 일상적 사회규범의 집행 메커니즘과 도덕주의, 다른 부정적인 특성 위주의 일반화, 사회의 위계적인 움직임 등을 통해 여성혐오가 작동하는 방식들을 각별히 주의 깊게 살펴볼 것이다. 내 관점에서 볼 때 여성혐오를 유발하는 원인이 반드시 특수한 심리적 태도일 필요는 없거니와, 그렇지 않을 때가 다반사다. 더욱이 여성혐오를 유발한다고 추정되는 심리적 태도라는 것도 내 시각에서는 상당히 아리송하다. 여성들을 성적 대상으로 간주하거나, 인간 이하의 증오스럽고 지긋지긋한 '본성'을 지닌 존재로 여긴다는 게 정확히 어떤 의미란 말인가. 오히려 여성혐오는 가부장제 질서를 집행하고, 복원하고, 저항에 맞서려는 움직임과 전반적으로 관련이 깊다. 혐오의 감정은 이러한 사회적 과정 속에서 생겨나 켜켜이 쌓이는 법이다. 5장과 8장에서 나는 그렇게 결론지을 것이다.

달리 말해 이렇듯 여성을 주저앉히기 위한 다양한 움직임은 여성이 대부분의 상황에서 말 그대로 어떻게 **비치는지**에 대해 희망적 관측과 의도적 부인의 결과를 제외하고는 반영하지 않을

지도 모른다. 그러한 움직임은 역동적이고 활동적이고 강력한 **전술**로, '분수에 맞지 않는 생각'을 품었다고 여겨지는 여성들을 제자리에 데려다놓는다. 그러므로 개인 행위자의 여성혐오는 신념이기보다는 욕구의 문제라는 게 내 생각이다. 어쨌건 일단은 가부장제질서를 지키거나 유지하라고 세상에 요구하는 욕구 내지 그와 유사한 마음 상태인 것이다.[15] 이 부분에 관해서는 3장에서 여성혐오와 성차별주의의 차이를 논하며 다시 살펴볼 것이다.

여성혐오 인식론

여성혐오에 대한 인식론과 관련해서 특히 눈여겨볼 대조점은 두 가지다. (다만 이들 대조점의 간접적 증거는 차후에 다양한 방법으로 찾아볼 것이다.) 첫째, 특정 여성이 여성혐오의 대상이라는 주장은, 젠더를 제외하고 (가령 인종이나 계급, 성적 지향, 시스젠더인지 트랜스젠더인지 여부, 장애, 나이 등과 같이 고정적인 요소를 기준으로) 그녀와 비슷한 사회적 위치에 속한 남성 상대자는 적개심의 강도와 발생률, 성질, 분량, 기간 면에서 그녀가 맞닥뜨린 종류의 적개심을 맞닥뜨릴 가능성이 희박하다는 사실을 통해 타당성이 입증될 수 있다. 이는 여성혐오를 판단하는 이른바 '세간'의 기준을 무너뜨릴 회심의 카드다. 적어도 나는 그렇다고 본다.

눈여겨볼 부분은, 여성혐오의 징후나 표시로 간주되기 위

15 　반면 신념은 세상을 *대변한다*고 주장하며 세상을 특정한 상태로 미리 규정해놓는 마음 상태다. (그런가 하면 예측은 세상이 미래에 어떠할 것이라고 여기는 마음 상태다.) 따라서 신념은 '세상이 유도하는' 혹은 '세상이 지시하는' 정신 상태를 가리킨다. 그리고 욕구는, 본문에 (대강) 묘사된 '방향 적합성'에 따르면, '세상에 지시하는' 마음 상태다. 이런 식의 대조와 관련하여 가장 빈번히 인용되는 표준 문구에 대해서는 Anscombe 1957을 참조하라.

해 그 적개심이 반드시 여성을(그러니까 남성 상대자에 비해) **편향적으로** 겨냥할 필요는 없다는 점이다. 문제의 적대적 행위에서 젠더화의 기미가 **뚜렷이** 감지될 정도면 충분하다. 그러므로 일부 남성은 비슷한 위치의 여성에 비해 더 많지는 않더라도 **비슷한 정도로 많은** 적개심에 시달릴 수도 있을 것이다. 하지만 그럼에도 한 여성을 향한 적개심이 **근거나 성질** 면에서 뚜렷하게 젠더화돼 있다면, 내 분석에 따라 그 적개심은 여성혐오적이라고 간주될 여지가 충분하다.

둘째, 특정 여성이 여성혐오의 대상이 된다는 진단은, 가부장제의 본성을 지닌 규범과 기대가 없는 세상이라면 비슷한 신체적 조건을 가진 사람이라도 문제의 여성이 맞딱드린 종류의 적개심을 맞딱드릴 가능성이 희박하리라는 사실로써 옳음이 입증될 수 있다고 생각한다. 이를테면 임신한 여성들을 보라. 그들은(일부 트랜스젠더 남성과 논바이너리뿐 아니라 전형적인 시스젠더 여성까지도) 의학적으로 필요하고 재정적으로 실현 가능한 편의 제공을 고용자로부터 밥먹듯이 거부당하는 것도 모자라 오히려 해고의 대상이 된다. 내 분석법은 이 같은 임신 관련 사례에 있어 여성혐오를 적절한 방식으로 논의하게 해준다는 점에서 특히 유용하다. 가령 시스젠더 남성이 임신을 했다고 상상해보자. 그 남성도 비슷한 수준의 고용 불이익을 겪게 될까? 아니면 그저 재생산 능력을 갖춘 하급 노동자 대열에 합류하게 될까? 정말이지 어려운 질문이다. 생산적인 질문으로 보이지도 않는다. 확실한 대답 자체가 없어 보이기도 한다. 이렇듯 존재 가능성이 (과학적으로는 아니더라도) 사회적으로 요원한 세계는 임신이나 수유, 완경기 등에 관련된 사례들을 비교할 근거로 삼기에 부적합하다. 그런 문제로 고민하느니 임신한 사람들이 '남성의 세계', 즉 이성애 중심에 가부장적이고 트랜스포비아적인 현실세계가 아니라 이상세계, 즉 모든 사람의 동등한 도덕적 가치가 인정되는 세계에서 살아갈 때 겪게 될 **법한** 일들에 관해 생각하는 편이 낫다. 적어도 이런 세계에서는 인류의 다음 세대를 낳을 임무를 부여받은 이들에게 편안한 환경을 마련해주려는 노력을 훨씬 더 많이 기울일 것 아닌가.

(잠재적) 기질로서의 여성혐오

이쯤에서 한 가지 더 말해두자면, 여성혐오를 설명할 때 나는 **기질** 혹은 경향을 의도적으로 언급한다. 하나의 사회적 환경을 여성혐오적이라고 확정하는 시기와 그 사회가 **누구에게라도** 부정적인 태도나 행동 양상을 활발히 드러내는 시기가 반드시 일치할 필요는 없기 때문이다. 한 사회가 여성혐오적인지 여부는 이런저런 사후 가정만으로도 충분히 가려낼 수 있다. 나는 이것이야말로 올바른 방향이라고 생각한다. 이런 관점에서 보면, 잠재성 혹은 잠복성 여성혐오도 존재할 수 있다.

이 내용과 앞선 내용을 고려하면 자연스레 다음과 같은 궁금증이 생겨난다. 관련된 사회적 메커니즘이 과도하게 원활히 작동할 때도 그 사회의 환경이 여성혐오적인지를 확인할 방법이 과연 있을까? 달리 말해, 당장은 여성들이 여성혐오적 적개심이나 공격에 거의 노출되지 않지만, 그것이 단지 그들의 사회적 역할이 특정한 종속계급으로 너무도 순조롭게 강등되었기 때문이라면, 그 사회가 여성혐오적이라는 것을 어떻게 알아낼 수 있을까?

이 질문은 이 장 전체를 관통하는 중요한 논지를 암시하는 동시에 앞으로 이어질 논의에 생기를 불어넣을 것이다.

여성혐오는 하나의 체제이자
(훨씬) 더 큰 체제의 일부다

비록 내가 우선은 여성을 향한 적대적 태도와 그 특징적 징후에 집중하는 것이 (그것의 중요성과 그것이 입힐 수 있는 불가역적 손상을 감안할 때) 합리적이라 믿는다고는 해도, 동전의 뒷면을 기억하는 것 또한 중요하다. 사실 내 분석법은 두 종류의 동전을, 그러니까 부정성의 동전과 젠더의 동전을 뒤집는 과정을 필연적으로 수반할 수밖에 없다.

여성혐오의 주된 징후들은 나쁜 여성을 벌하고 여성의 행동을 단속하는 과정에서 나타날지 모르지만, 징벌과 보상—그리고 유죄 선고와 면벌—의 체계는 거의 항상 전체론적으로 작동하기 때문이다. 그러므로 내 해석에 비추어 여성혐오의 구조적 특징을 자세히 살핌으로써 우리는 내 정의에 따른 여성혐오가 젠더에 걸맞은 순응을 강요하는 수많은 방식과 대체로 관련이 있음을 짐작하게 될 것이다. 또한 우리를 둘러싼 사회적 세계를 피상적으로 훑어봄으로써 우리는 여성을 향한 적개심이 알고 보면 크고 골치아픈 문제의 극히 작은 단면에 불과하다는 사실을 일찌감치 확인할 수 있을 것이다. 더불어 우리는 젠더화된 규범과 기대에 **순응하는 여성**, (가령) 다정한 어머니라든가 세심한 아내, 충실한 여비서, '멋진' 여자친구, 친절한 여종업원을 향한 보상과 가치절상에 대해서도 관심을 가져야 할 것이다. 그리고 또 한 가지 살펴야 할 부분은 남성성이란 규범을 어긴 남성에게 가해지는 처벌과 단속으로, 상당히 널리 인지되는 내용인 데다 근거도 제법 확실하다. (비록 이 책에서 주제로 다루지는 않지만, 그렇다고 중요성까지 부인할 수는 없다. 더 알아보고 싶다면 Digby 2014를 참조하라.) 반면 여성에게 지배적인 남성에 대체로 유리하게 작용하는 여성혐오의 **긍정적**이고 **면**

별적인 태도와 징후에 대한 인식은 상대적으로 부족한 듯하다. 다만 살짝 귀띔하자면, 그러한 가능성에 대해서는 6장에서 얼마간 다룰 예정이다.

내 분석법은 여성혐오의 근간을 이루는
도덕적 특징을 드러낸다

내 해석에 따른 여성혐오의 또 다른 특징은, 얼핏 전혀 다른 문제로 보일 수도 있는 여성혐오의 합리적 의심 사례들까지 수용할 여지가 있다는 점이다. 그것은 진보 사회운동에 뒤이어 나타나는 여성혐오라든가 억압적인 사회 조건 아래서 나타나는 여성혐오까지 아우른다. 또한 각 사례의 공통적 근간을 이루는 **도덕적** 특성을 노출시킨다. 가령 방글라데시에서 주로 자행되는 산 테러 혹은 '황산 테러'를 보자. 표적의 거의 80퍼센트가 여성이며, 거기에는 미성년자도 포함된다. 이러한 공격은 피해자의 안면과 흉부, 생식기에 심각하고 때로는 치명적인 상처와 흉터 및 조직손상, 골손상을 유발한다. 최근 자료에 따르면, "산 테러의 가장 흔한 이유는 결혼 거절, 성관계 거부, 연애 거절이다(Pawan and Dhattarwal 2014)". 더욱이 학자들의 설명에 따르면, 그러한 범죄는 "질투나 복수심 때문에 고의로 여성을 다치게 하고 외양을 망가뜨린다는 특징"이 있으며(Swanson 2002), 브리둘라 반드요파드아이와 M. R. 칸은 나아가 이처럼 "거절을 빌미로 자행되는 공격은 여성의 거절을 이유로 그녀를 벌하는 동시에 그녀의 사회적·성적 자본을 박탈"한다고 설명한다(Bandyopadhyay and Khan 2013, 72). 또한 방글라데시 여성에 대한 억압적 사회규범과 폭력 사이의 관계에 대해서도 그들은 다음과 같은 개괄적 결론을 내렸다.

폭력의 조건과 형태, 위험도는 지역 특유의 젠더와 젠더 이데올로기에 의해 결정된다. 젠더에 따른 업무 구분은 '젠더 위계'를 구축한다. 여성들을 사적인 영역으로 몰아내는가 하면, 생존을 위해 남성에게 지속적으로 의존하게 만들고, 취약한 위치에 배치하는 것이다. 그러므로 폭력은 젠더에 따라 경제적 능력과 분배가 달라지는 현상과 관련이 있으며, 그러한 차이를 나타내는 지표다. 산 테러는 남성에게 극단적으로 의존하는 여성의 현실을 부각시키는 동시에 남성의 권위에 저항할 가능성이 있는 여성 다수에게 경고를 보내는 역할을 한다(Bandypadhyay and Khan 2013, 73).

이 같은 특징을 고려할 때 방글라데시에서 상습적으로 발생하는 산 테러는 내 분석에 따르면, 명백하고도 철저하게 여성혐오적이다. 또한 엘리엇 로저가 한 행동과의 유사점도 발견되는데, 이에 대한 고찰은 시사하는 바가 크다. (아일라비스타 살인 사건을 한낱 미치광이의 일탈로 취급한) 헤더 맥 도널드와 달리(Mac Donald 2014), 여성혐오가 주로 인종주의자인 타인들에 의해 자행된다고 여기는 인종주의적 고정관념은 관련 분야에 정통한 연구자라면 응당 면밀히 살펴야 할 두 사례 간의 짙은 구조적 유사점들을 가려버린다.[16]

---

16 설령 두 사례가 형태적으로도 매우 다르고, 서로 판이한 해결책을, 그러니까 문화적 차이와 다양한 사회적 의미, 식민주의적 도덕주의가 반영된 실리적이고 인식론적인 자세를 취하는 것의 위험성에 대한—무비판적인 존중과는 다른—적절한 감수성을 보여주는 각자만의 해결책을 요구한다 해도 말이다.

여성혐오는 여성혐오자의 존재 여부와
상관없이 존재할 수 있다

몇 가지 예시를 통해 이미 살펴본 것처럼 여성혐오적 사회의 메커니즘은 편협한 개인 행위자들의 헌신적인 노력이 없어도 다양한 경로로 작동할 수 있다. 그러나 개인 행위자를 둘러싼 부수적 상황들을 감안할 때 여성혐오자라고밖에는 달리 표현할 길이 없는 개인 행위자들이 존재할 가능성은 분명히 존재한다는 게 내 해석이다. 또한 깊이 생각해보면, 내게는 이러한 가능성을 유념하는 것이 중요하다. 여성혐오가 이른바 '인간 쓰레기'들의 문제라는 묘사는 명백히 거짓이고 무익하다. 이러한 생각을 바탕으로 나는 그와 같은 묘사가 갖는 한계를 벗어나기 위해 노력해왔다. 하지만 그렇다고 모든 사람에게 부랴부랴 면벌부를 주어서도 안 될 것이다. 또한 내 해석에 비추어 거칠게 말하자면, 여성혐오자는 여성혐오가 존재하는 한 존재한다. 그러니까 여성혐오자는 단지 여성혐오적 사회 환경이 조성되는 데 꾸준히 기대 이상으로 기여해온 사람들인지도 모른다. (그 사회의 체제가 모든 상황을 고려할 때 여성혐오적이라고 간주되는지 여부에 상관없이 중요한 것은 그들의 노력이 유난히 그런 방향으로 작용했다는 점이다.) 그게 아니라면 여성혐오자는 신념, 욕구, 행동, 가치관, 충성심, 기대, 수사적 표현 등과 관련해 여성혐오적 사회 분위기의 막대한 **영향**을 받은 사람들인지도 모른다. 고로 내 해석에 따르면, 로저와 림보는 행동 면에서 둘 다 여성혐오자라고 불리기에 부족함이 전혀 없다. 두 사람 외에 그런 별칭을 얻기에 손색이 없는 몇몇 행위자에 대해서는 이어지는 장에서 살펴볼 것이다.

이런 이유로 나는 여성혐오를 분석함에 있어 여성혐오에 대한 오해라고 생각되는 두 가지 극단적 사고를 피하려고 노력했다. 그 하나는 여성혐오를 개별적 '인간 쓰레기들'이 퍼뜨리는 병충해라고 생각하는 것이고, 다른 하나는 그것을 **오로지** 구조적이고 사회적인 측면에서만 생각하고 뚜렷한 행위주체성이나 대인관계에서의 측면은 배제하는 것이다. 해슬랭어(Haslanger 2012)가 주장했듯이 우리는 이론을 정립하는 과정에서 행위자와 사회구조는 물론 이 두 요소가 물질적 현실에서 서로 밀접하게 연결되는 복잡한 방식까지 공평하게 다루기 위해 노력해야 한다(11, 411-418, 특히 414n8). 또한 이 책에서 내가 애써 강조하는 부분은, 특정 사람들에게 유독 깐깐한 분위기나 '풍토'를 지닌 사회체제나 환경이 존재할 가능성이다. 한 사회의 구성원들이 경험하는 것들을 제대로 판단하기 위해서는 이런 가능성을 대체로 태도의 측면에서 묘사할 필요가 있다. 그러니까 특정 여성들에게 유독 적대적이거나 험악하거나 '냉혹하다'고 묘사해도 될 만한 풍토가 존재할지도 모른다는 얘기다.

이로써 여성혐오의 논리에 대한 간략한 개요가 완성되었다. 여성혐오의 **구성적** 본질을 순진한 개념과 비교한 뒤 내 분석에 의거해 간략하고도 종합적인 설명을 완료했다는 뜻이다. 그러나 여성혐오의 **실체** 문제로 넘어오면 아직 풀어야 할 숙제가 태산인데다 일부는 지역적 특수성을 각별히 고려해야 할 것이다. 이에 대해서는 다음 장을 전개하는 동안 현대 미국 정치에서 여성혐오와 성차별주의가 보통 어떻게 함께 작용하고, 또 어떻게 서로 대조를 이루는지 살펴보는 가운데 자연스레 논의하게 될 것이다. 또한 나는 몇몇 다른 유형의 여성혐오자에 대해 알아보는 한편, 여성혐오가 오로지 구조적 메커니즘과 정치운동, 사회적 관행의 작용을 통해 구체적 사례로 나타나는 방식에 대해서도 살펴볼 것이다.

하지만 먼저 아일라비스타 살인 사건으로 돌아가자. 그리고 도입부에서 매듭짓지 못한 부분들을 꼼꼼히 되짚어보자.

남자만의 섬이 아니다

자, 여성혐오의 페미니즘적 진단에 대한 반론으로 1장에 소개된 내용 중 아직 살아남은 것들은 무엇일까? 내 분석에 따르면 그 대부분은 고려할 가치가 없는 내용으로, 다음과 같은 일련의 거짓 대비에 근거한다.

- 나르시시스트이거나 망상증에 걸린 남성도 충분히 여성혐오자로서 여성혐오의 위력을 강력하고도 끈질기게 전파할 수 있다. 여성혐오 **자체가 본질적으로** 자아도취적이고 망상적이기 때문이다. 여성혐오는 특정 개인과 무관한 실망감을 원통해하는 분개심으로—사회학자 마이클 키멀의 용어를 빌리자면, "권리를 침해당했다는" 인식으로—바뀌어버린다(Kimmel 2013, 18-25; chap. 1). 또한 여성혐오는 한 남성과 그남이 전혀 알지 못하는 여성들의 관계를 상상 속에서 친밀한 관계로 둔갑시킨다.
- 취약하고 불안정한 남성도 충분히 여성혐오자일 수 있다. 실제로 내 분석에서 이러한 취약성은 여성혐오의 흔한 유발 요인으로 관측될 것이다. 마찬가지로 (예컨대) 인종차별주의자도 당연히 여성혐오자일 수 있다. 둘은 조금도 상충되지 않는다. 반대로 말하자면 한 남성이 사회의 다양한 핵심 계층 안에서 복합적 위치를 점할 수 있다는 관측은 이치에 합당하다는 얘기다.

- 다른 남성에게 공격적 태도를 취하는 남성도 당연히 여성혐오자일 수 있다. 자기보다 더 높은 계층의 남성들과 그 남성들에게 매력을 느낀 여성들에게 동시에 지배력을 행사하고 싶어하는 엘리엇 로저의 욕구는 전적으로 자연스럽다. 실제로 그러한 지배는 로저 같은 사람이 자신의 분명한 욕구대로 이른바 '알파맨'이 되기 위해 쓸 수 있는 유일한 방법인지도 모른다. 적어도 그남이 사회의 위계 구조에서 자신이 속한 계층의 지위에 대해 정확히 인식했다면 말이다. 그남은 사회적 세계에서 다른 남성들보다 더 높이 날아오를 필요가 있었을 것이다. 또한 그러려면 소위 '잘나가는' 상류층 여성들이 보는 앞에서 날아오르는 편이 실리적이고, 어쩌면 필수적이었을 것이다. 또한 여성을 남성으로 바꾼 가정도 성립할 수 있다. 같은 젠더 사이에서나 다른 젠더 사이에서나 위계는 본질적으로 깊이 얽혀 있다.

- 스티븐 핑커의 견해와 달리, 여성혐오가 주로 폭력의 형태 혹은 폭력적인 경향을 띠고 나타난다고 생각해야 할 이유는 전혀 없다. 가부장적 사회관계의 강요라는 관점에서 보면 굳이 그럴 필요가 없을뿐더러 심지어 그러지 않는 편이 바람직하다. 가부장적 사회관계는 모든 것이 순조로운 동안만큼은 원만하고 매끄러워야 마땅하다. 폭력이란 보통 뭔가 일이 틀어졌을 때 표출되게 마련이다. 지배적인 남성을 지원하는 역할에 충실히 임하지 않는다고 인식되는 강한 여성들이 유발하는 심리적 위협을 완화시킬 비폭력적이고 경제적인 수단은 셀 수 없이 많다. 가령 여성을 반드시 물리적으로 쓰러뜨릴 필요는 없다. **심리적으로** 쓰러뜨릴 수도 있을 것이다. 이를테면 비난할 수도, 악마화할 수도, 업신여길

수도, 굴욕을 줄 수도, 조롱할 수도, 풍자할 수도, 외면할 수도, 수치심을 안길 수도 있다는 뜻이다.

• 크리스 퍼거슨의 견해와 달리(Furguson 2014) 여성혐오의 문화적 전파가 직접적인 가르침을 통해 이뤄질 거라고 생각해야 할 이유는 전혀 없다. 역시나 굳이 그럴 필요가 없기 때문이다. 여성혐오의 개인 행위자들이 가르침을 받는—혹은 **학습하거나** 내재화하는—내용은 여성혐오 자체보다는 개인의 강한 특권의식과 더불어 여성의 사회적 역할을 지배적 남성들의 이익을 위한 봉사로 한정하는 가부장제의 다양한 규범과 기대다. 그러므로 한 여성이 이러한 규범과 기대에 도전하거나 저항하거나 이를 위반하면 그녀를 비롯한 여성들은 다른 무엇보다 징계의 대상이 될 공산이 크다. 따라서 여성혐오는 주로 여성에 의해 위협받고, 궁지에 몰리고, 좌절당하고, 깔아뭉개지고, 낙심하고, 질책당하고, 상처 입고, 패배하고, 추월당하고, 지적당하고, 뒤처지고, 박탈당하고, 자리를 잃고, 실망하고, 굴욕당하고, 추방당하고, 견책당하고, 깎아내려지고, 쫓겨났다고 느끼는 개인 행위자가 보이는 흔하디흔한 반응과 관련이 있다.

• 헤더 맥 도널드의 견해와 달리(Mac Donald 2014), 사회적으로 앞서나가는 여성들도 충분히 여성혐오적 공격을 당할 수 있다. 진보와 분노는 완벽하게 양립이 가능하다. 실제로 여성들은 사회 각 분야에서 **빠르게** 앞서나간다는 바로 그 사실 **때문에** 분노를 사기도 한다. 지금까지 남성의 지배 아래 있던 일부 여성이 여성의 전통적 역할인 돌봄노동을 내팽개치는 것도 모자라 사회적 성공까지 이룬다면 그들은—내 분석을 근거로 예측하자면—여성혐오적 적개심

을 유발할 것이다. 여성혐오는 종종 여성들을 쓰러뜨리려는 욕구, 그들을 원래 자리로 되돌려놓으려는 욕구에서 비롯된다. 지위가 높아질수록 여성들은 높아진 지위로 인해 더 호된 추락을 맛볼 수도 있다는 얘기다. 유리천장이 깨질 수도 있겠지만, 거기에는 어마어마한 충격이 뒤따를지도 모른다. 그리고 여성들이 뛰어오를 때면 비처럼 쏟아지는 유리파편에 맞아 애먼 여성들이 다치는 일도 발생할 것이다.

마지막으로 톰 포디의 질문을 다시 떠올려보자. 모든 남성의 내면에는 여성혐오자가 존재하는가? 아니다. 여성혐오라는 용어를 내가 이 책에서 정의한 식으로, 그러니까 역치의 개념으로 이해하면 그렇지 않다. 또한 여성혐오자가 반드시 남자라는 법도 없다. 여성이라도 이 책이 서술하는 여성혐오자의 조건에 들어맞을 수 있다. 논바이너리도 예외는 아니다. (다만, 특히 여성에 대한 여성혐오적 태도와 행동에서 없어서는 안 될 일관성이 얼마나 자주 나타나는가 하는 문제는 답이 정해지지 않은 실증적 질문으로 남아 있으며, 이를 조사한 연구에 대해서는 마지막 장에서 논의할 것이다.) 그러나 이런 문제를 다 떠나서 현대라는 역사적 시점을 살아가는 우리 중—대다수는 아니더라도—다수에게는 평등주의적 신념에 충실한 사람이건 아니건, 페미니즘에 헌신하는 사람이건 아니건, 때에 따라서는 여성혐오적 위력을 전파할 가능성과 역량이 충분하다. 확신하건대 나도 예외는 아니다. 내 분석에 따르면 여성혐오자의 위력 전파는 비단 뚜렷하게 젠더화된 규범과 기대를 부지불식간에 단속하고 강요하는 형태만이 아니라 이른바 진정한 도덕적 책무처럼 젠더 중립적이고 잠재적으로 유효한 규범을 과도하게 단속하고 강요하는 형태로 이뤄질 수도 있다. 만약 그 단속과 강요의 결과가 일면 다루기 힘들다고 암묵적으로 (역시나 정당하게든 부당하게든) 간주되는 여성들에 대한 일련의 과도하거나 뚜렷한 적대 반응으로 명확히 밝혀진다면, 이 책에서는 그 단속과 강요를 그녀가 직면하는 여성혐오로 간주할 것이다. 적절한 예시는 넘쳐난다. 이제부터는 이런저런 이중잣대의 전형적 사례를 연이어 살펴볼 것이다.

3장

성차별주의와의
구별

Discriminating
Sexism

여자들이 없다면 남자들은 어떻게 될까요?

귀해지겠죠, 굉장히 귀해질 겁니다.

마크 트웨인

성차별주의 대 여성혐오

여성혐오에 대한 내 해석에 맞서 제기될 법한 주요 반대 의견 중 하나는, 여성혐오의 적대적 '기미' 혹은 성질을 지속적으로 확인하기에는 시야가 **여전히** 너무도 협소하다는 것이다. 한데 과연 여성혐오는 여성을 남성 상대자에 비해 선천적으로나 본질적으로 **하등한** 존재로 묘사하는 그 **어떤** 신념이나 주장이나 서사라도 아우르는 더 광범위한 시야에서 해석되어야 할까? (하다못해 관련 증거도 없고, 그런 게 설령 있다 해도 적절한 통제집단, 그러니까 젠더 평등이 지속돼온 환경에서 자란 사람들이 없다면 빈약하기 일쑤인 상황에서?)

내 생각에 이러한 움직임은 지금 이 단계에선 어울리지 않는다. 있는 그대로의 여성혐오에 대한 내 개량적 제안은 여성혐오와 **성차별주의**를 명확하고도 실용적인 방향으로 대조하도록 유도하는 장점이 있다.[1] 이전 장에서 처음으로 스치듯이 언급한 (이

---

[1] 개량적 프로젝트에 착수할 때는 비슷한 부류의 용어와 개념을 살펴보고 그것들이 가장 조화롭고 효율적인 방식으로 공존하면서 작동하도록 노력해야 바람직하다고 생각한다. 이 작업은 종종 의미의 분할 과정을—여기서는 '여성혐오'와 '성차별주의'

후로는 줄곧 적당한 때를 위해 아껴온) 여성혐오의 정의를 떠올려보자. 즉, 구성적인 측면에서 볼 때,

일차적으로 여성혐오는 가부장제 질서에 따른 '법 집행'의 일환으로, 그것의 개괄적인 기능은 가부장제 특유의 통치적 이데올로기를 **단속**하고 **강요**하는 것으로 이해되어야 한다.

비슷하게 성차별주의에 대해서도 이렇게 말할 수 있을 것이다. 구성적인 측면에서 볼 때,

일차적으로 성차별주의는 가부장제 질서에 대한 '정당화'의 일환으로, 그것을 구성하는 이데올로기의 개괄적인 기능은 가부장제 사회관계를 **합리화**하고 **정당화**하는 것으로 이해되어야 한다.

실질적으로 성차별주의는 성별의 차이를 **자연의 섭리로 포장**하는 과정을 통해 작동하곤 한다. 가부장제의 사회적 합의들을 불가피해 보이게 하거나 그에 대한 저항의 노력을 승산 없는 싸움인 듯이 묘사함으로써 가부장제를 정당화하는 방편으로 활용하는 것이다. 여기서 언급되지 않은 전제는 '해야 한다는 말에는 할 수 있다는 의미까지 함축돼 있다'는 일종의 원칙이다. 돌려 말하자면

라는 두 용어 사이에서―수반할 것이다. 내 귀에 성차별주의는 여성혐오에 비해 적대적 함의가 결여된 용어로 들린다. 실제로 성차별주의에는―논란의 여지는 있지만―그 어떤 정서적인 함의도 들어 있지 않다. 단, 예외는 있다. 특정 개체가 성차별주의적이라는 말에는, 차별적이라는 측면에서 그만큼 잘못되었다는 '희미한' 의식이 수반되거나 함축돼 있다.

'불가능하다는 말에는 굳이 애쓰지 말라는 의미까지 함축돼 있다' 정도가 될 것이다. 만약 남성과 여성 간의 특정한 사회적 차이들이 뒤바뀔 가능성이 거의 없다면, 굳이 왜 힘들게 그것들과 싸워야 한단 말인가? 그럴 바에는 더 조신하게, 그러니까 만약 남성과 여성이 대체로 완전히 다른 능력과 성향을 갖고 있다면, 가부장제인 업무 분담을 독려하거나 적어도 **방해하지는** 않는 쪽이 이치에 합당하지 않을까?(다시 말해 일반적으로 가장 안전한 투자 혹은 가장 효율적인 기본 가정이 아닐까?) 또 어쩌면 가장 중요하게는, 장벽이 존재한다거나 과학·기술·공학·수학 분야에 진출하는 여성의 비율이 상대적으로 현저히 떨어진다는 주장을 확증한다고는 단정할 수 없지 않을까?

그러므로 성차별주의 이데올로기는 흔히, 그러니까 실제로도 통념적으로도 참이거나 참일 가능성이 높을 때 합리적인 사람들이 가부장제의 사회적 합의들을 더 지지하고 동조하고 싶게 만들 만한 방식으로 남성과 여성을 판이한 존재로 묘사하는 온갖 추측과 신념, 이론, 고정관념, 광범위한 문화적 서사로 구성될 것이다. 또한 성차별주의 이데올로기는 가부장제의 사회적 합의들을 묘사함에 있어 그것들이 실제보다 더 바람직한 한편, 걱정이나 실망감, 좌절감은 덜 유발하는 것처럼 **가치를 절상**할 것이다. 반면 내 정의에 따른 여성혐오는 사람들의 추측과 신념, 이론, 가치관 등의 중재를 반드시 거치지 않고도 가부장제 사회질서를 **단속**하고 **강요**하는 기능을 한다. 여성혐오는 직접적이고 다소 고압적일 수 있는 방식으로 가부장적인 사회관계를 실현하거나 정립하는 데 기여한다는 얘기다.

이 그림대로라면 전형적으로 성차별주의 이데올로기는 서로 다른 성별 간에 우리가 익히 알거나 알 수도 있는 차이를 넘어서는 차이가, 때로는 최신 과학의 증거를 거스르는 차이가 존재한다고 주장함으로써 남성과 여성 **사이에** 차별을 두려는 경향이 있을 것이다. 그런가 하면 여성혐오는 전형적으로 좋은 여성과 **나쁜** 여성을 구별한 다음 후자를 벌하려는 경향이 있을 것이다. 종합하자면 성차별주의와 여성혐오는 하나의 같은 목표를 공유한다. 바로 가부장제 사회질서를 유지하거나 복원하는 것이다. 그러나 성차별주의가 오직 이성에 호소한다면, 여성혐오는 포악성을 띤 채 어떤 사안을 강압적으로 몰아붙인다. 성차별주의가 어설픈 과학과 맥을 같이 한다면, 여성혐오는 도덕주의와 맥을 같이한다. 성차별주의가 실험복을 걸친다면, 여성혐오는 마녀사냥을 벌인다.

성차별주의와 여성혐오는 서로 어떤 관계일까? 성차별주의적 이데올로기는(그리고 그것의 전달책, 즉 성차별주의적 태도와 행동, 관행, 제도, 예술작품 및 가공물처럼 성차별주의적 이데올로기를 반영하거나 영속시키는 것들은)[2] 실제로 여성혐오의 목적에 동원될 **가능성**이 있다. 그러나 성차별주의가 정말 그러한가, 그래서 여성혐오로 간주되는가 하는 물음에 대한 답은 성차별주의적 표상이 실제로 **기능하는** 방식에 따라 달라질 것이다. 과연 성차별주의적 표상들은 그 환경에 속한 여성들이 쉽게 맞닥뜨리고, 와중에 그 의미를 자연스레 이해할 법한 **장벽** 내지 **적개심**을 형성할까? (뭐든 지나치게 이상화할 의도는 없지만 앞 장의 논의를 따르는 차원에서 문제의 여

---

2   하지만 '여성혐오자misogynist'라는 용어를 개인 행위자에게 적용할 때와 마찬가지로, 유사 용어인 '성차별주의자sexist'에 대해서도 일단은 비교급을 가질 수 있는 형용사보다는 역치의 개념으로 이해해야 하는 용어로 정해두는 편이 좋을 듯하다. '성차별주의자'에 관해 논할 일은 사실상 그리 흔하지 않은 데다, 반드시 이 책에서 논해야 할 이유도 없어 보인다. 따라서 이 용어론적인 질문의 대답을 정하는 숙제는 다른 이론가들의 몫으로 남겨둔다.

성들을 합리적이라고 가정하자.) 아니면 (예컨대 글이나 이미지로 표현된) 모종의 성차별주의적 가공물도 보통의 현대 여성들 눈에 비친 1930년대 광고들처럼 그저 터무니없이 의사과학적이거나 키치적인 넌센스로 비칠까? 대답은 전후 사정과 그러한 표현물을 맞닥뜨리는 주체에 따라 달라질 것이다. 앞으로 알게 되겠지만, 개인 행위자가 신봉하거나 품고 있는 성차별주의적 태도도 마찬가지다.

　　그러나 우선은 1장의 내용을 상기하자. 1장에서 나는 여성혐오의 정의에 대한 내 (그때 막 정립되기 시작한) 개량적 제안이 기존의 순진한 개념에 비해—적어도 일련의 중요한 사례들에 관한한—여성들이 맞닥뜨리는 이런저런 적대 반응을 심리학적 측면에서 더 적절하게 해석한다고 주장했다. 왜냐하면 순진한 개념은 여성혐오에 어떤 형태로든 적개심이 관여할 가능성을 간과하기 때문이다. 이제는 더 나아가 이 개량적 분석과 더불어 지금껏 성차별주의와 여성혐오를 견주는 과정에서 밝혀낸 차이점들이, 일찍이 여성혐오라는 용어의 사용을 독려한 바 있는 최근의 이른바 '풀뿌리' 의미론적 활동주의는 물론 여성혐오의 사전적 정의와도 어느 정도는 더 바람직한 방향으로 폭넓게 조화를 이룬다고 제안하려 한다. 내 제안이 타당하다면, 그것은 두 가지 의미에서 중요성을 갖는다. 첫째, 내 계량적 제안은 여성혐오라는 용어의 통상적 사용 패턴, 그러니까 이른바 '페미니스트적' 용법과 흐름을 같이한다. 그런가 하면 순진한 개념은 이와 같은 언어 사용자 집단에 **속한 사람들**이 '여성혐오'라는 용어를 사용할 때 전달하고자 하는 의미와 흐름을 달리한다. 이 사실은 우리가 순진한 개념에만 매달릴 근거를 더욱 약화시킨다. 단, 이 제안은 오로지 일부 언어 사용자들만을 대상으로 한 개정 작업이 될 것이다.

둘째, 내 개량적 제안은 여성혐오라는 용어의 페미니즘적 사용이 이론적 통일성과 논리적 근거를 갖추었음을 암시한다. 현재 여성혐오라는 용어는 사용 방식이 확립돼 있지 않다. 하지만 잡다한 현상을 일컫는 용어는 아니다. 페미니즘적 용법은 여성혐오의 중요하고도 한결같은 속성 하나를 가리킨다. 또한 이는 순진한 개념과 비교할 때 주의 깊게 살펴야 하는 속성이기도 하다. 따라서 이 기술적 연구와 개량적 연구를 이어가다 보면 결국 하나의 멋진 결론에 도달하게 됨은 물론이거니와 이 두 연구가 서로를 보완한다는 사실까지 밝혀질 것이다.

확인을 위해 지금은 워낙 유명해진 '여성혐오 연설' 하나를 살펴보자. 오스트레일리아 총리 줄리아 길러드가 2012년 10월에 야당 대표 토니 애벗의 성차별주의적이고 여성혐오적인 행동을 비난하며 한 연설이다. 정치계의 성차별주의와 여성혐오를 거론하며 길러드는 애벗에게 다소 진부한 표현이지만, 거울을 보라고 말했다. 또한 애벗의 일부 행동에 대해서는 오로지 성차별주의적이라고만 묘사했다. 앞서 애벗은 오스트레일리아 권력층에 여성이 눈에 띄게 적은 현상을 논하는 자리에서 골똘한 표정으로 이렇게 물은 적이 있었다. "만일 남성이 생리학적 특징이나 기질 면에서 권력을 휘두르거나 명령을 내리기에 더 적합하다면요?" 그런 다음 그남은 "그래요, 일반적으로 남성이 여성보다 더 많은 권력을 갖는다고 칩시다. 그게 과연 **나쁜** 현상일까요?"라는, 어느 정도 답이 정해져 있는 질문을 던졌다. 길러드는 애벗이 가정주부들에게 탄소가격제를 설명하며 그들의 눈높이에 맞춘답시고 한 발언("오스트레일리아 여성들이 다림질하듯 이해해야 하는 게 뭐냐면……")에 대해서도 성차별주의적이라고 묘사했다. 그리고 마지막으로 그녀는 애벗이 보건부 장관일 때 임신중단을 "쉽게 도망치는 방법"이라고 일컬은 일에 대해 성차별주의적이라고 묘사했다.

그러니까 길러드가 오로지 성차별주의적이라고만 묘사한 애벗의 모든 발언에 따르자면, 여성은 남성의 관습적 영역에서 남성보다 하등하며 여성의 관습적 업무를 담당하는 것이 자연스러웠다. 고로 애벗의 그 발언들은 여남의 이런 역할 분배를 하나같이 자연스럽거나 바람직한 것처럼 그리고 있었다. 그런가 하면 여성의 임신중단 결정에 대해서는 **결코** 바람직하지 않은 '책임 회피'라며 의문을 제기했다. 길러드가 마침내 다른 무엇도 아닌 여성혐오에 관해 비로소 발언하기 시작한 것은, 애벗이 직접 그녀에게 했거나 공공연하게 지지 의사를 표시한 어느 불쾌한 발언으로 화제를 옮기면서였다.

> 또한 저는 불쾌했습니다. 야당 대표의 성차별주의, 여성혐오가. 총리로서 이 자리에 앉은 저한테 야당 대표가 무슨 캣콜링이라도 하듯 테이블 저편에서 이렇게 말했습니다. "만약 총리께서 스스로, 정치적인 의미에서, 정실부인이 되길 원하신다면……" 이 자리의 주인이 남자였어도 그런 말을 던졌을까요? 천만에요, 절대 그럴 리가 없죠. 저는 불쾌했습니다, 야당 대표가 의회 앞으로 나가 '마녀 타도Ditch the witch'라고 적힌 표지판 옆에 섰을 때. 불쾌했습니다, 야당 대표가 저를 두고 '불여우a man's bitch'라고 묘사한 표지판 옆에 섰을 때. 그런 것들이 불쾌했습니다. 야당 대표가 매일같이 드러내는 성차별주의, 여성혐오가.[3]

3 "Transcript of Julia Gillard's Speech〔줄리어 길러드의 연설 기록〕," *Sydney*

길러드의 연설은 오스트레일리아를 비롯한 세계 각지에서 많은 사람에게—특히 여성들에게—울림을 주었다. 그러나 동시에 일각에서는 길러드의 언어 이해력을 두고 비아냥거리는 반응도 나왔다. 애벗의 몇몇 동료의 불평에 따르자면, 모든 사람이 아는 바와 같이 '여성혐오'라는 단어는 '여성에 대한 증오'를 의미했고, 길러드가 애벗을 비난한 이유가 정확히 여성 증오에 있다고 생각하는 사람은 거의 없었으니까. 그러나 길러드가 '여성혐오'라는 단어를 사용한 방식은 많은 사람의 공감을 불러일으켰다—일부 사전 편찬자들은 이러한 공감을 바탕으로 사전을 개정하기 시작했다. 수 버틀러도 그들 중 한 명이었다. 오스트레일리아 학교에서 표준 교재로 쓰이는 『매쿼리 사전Macquarie Dictionary』 편집자인 그녀는 위와 같은 문제의식을 토대로 사전을 개정한 최초의 인물이다. 버틀러가 어느 인터뷰에서 설명한 바에 따르면, misogyny〔여성혐오〕가 '여성 증오hatred of women'라는 식의 정의는 그 단어가 지난 20~30년 동안 사용돼온 방식과 현실적으로 보조를 맞추지 못했을뿐더러, 특히 페미니즘적 영역에서 문제가 심각했다.[4] 또한 버틀러가 덧

Morning Herald, October 10, 2012, http://www.smh.com.au/federal-politics/political-news/transcript-of-julia-gillards-speech-20121009-27c36.html.

4 『시드니 모닝 헤럴드Sydney Morning Herald』의 당시 기사를 일부 인용하자면, "편집자 수 버틀러는 이제 [misogyny의 정의를] 바꿀 때라고, 지난주 의회에서 길러드 총리가 야당 대표 토니 애벗을 성차별주의적이고 여성혐오적이라며 비난했을 때의 참뜻을 반영해야 한다고 말했다. 그녀는 애벗이 정신과 상담을 받아야 한다는 뜻으로 그렇게 말한 게 아니다. 단지 그남이 가진 '여성에 대한 고질적 편견'을 꼬집은 것이다. 이 표현은 『매쿼리 사전』의 다음 개정판에 표제어 misogyny에 대한 두 번째 뜻풀이로 등록될 예정이다. '저희 결정은 이렇습니다. 우선 여성 증오라는 기본 정의가 있죠. 하지만 그건 지난 20-30년간 misogyny가 사용돼온 방면과는 차이가 있어요. 특히 페미니즘적 언어라는 차원에서 그렇습니다. sexist〔성차별주의자〕라는 단어는 겉으로 드러난 모습을 묘사하는 경향이 있다면, misogynist〔여성혐오자〕라는

붙이기를, 길러드는 애벗이 시간을 내어 "정신과에 방문해" 병적인 여성 증오를 치료받아야 한다는 뜻으로 그 단어를 입에 올리지는 않았을 거라고 했다. 『매쿼리 사전』은 misogyny 뜻풀이를 여성에 대한 증오뿐 아니라 "여성에 대한 고질적 편견"까지 아우르는 정의로 개정했다. 그리고 다른 사전들 또한 불신과 경멸, 단순한 반감 등을 포함해 더 넓은 의미를 아우르는 뜻풀이를 다는 쪽으

단어는 기저에 깔린 태도를 가리킨다고 봐야 합니다. 그렇게 기저에 깔린 편견이 이런저런 성차별주의 사례로 표출되는 거죠.' 버틀러는 수요일 ABC 라디오와 가진 인터뷰에서 이렇게 말했다. 여성혐오는 얼핏 성차별주의와 비슷하지만, 그 안에 '더 서슬 퍼런 칼날을 감추고' 있다는 것이다."

"Misogyny Definition to Change after Gillard Speech(길러드의 연설, 여성혐오의 정의를 바꾸다)," *Sydney Morning Herald*, October 17, 2012, http://www.smh.com.au/national/misogyny-definition-to-change-after-gillard-speech-20121016-27q22.html.

『매쿼리 사전』의 이러한 개정 방침을 다룬 또 하나의 대표적인 글은 이것이다. "『매쿼리 사전』 편집자이자 오스트레일리아에서 사용되는 단어들의 의미를 좌지우지하는 공신력 있는 권위자 수 버틀러가 수요일에 한 발언에 따르면, 문제의 정치적 소동으로 그녀의 동료 편집자들은 그들의 사전에 수록된 정의가 수십 년이나 시대에 뒤처져 있다는 사실을 깨달았다. (…) 『옥스퍼드 영어사전Oxford English Dictionary』이 10년 전에 이미 해당 표제어의 정의 범위를 심리학적 용어에서 동시대적 의미로 확장한 반면, 『매쿼리 사전』은 길러드의 연설을 둘러싼 논란이 있은 후에야 이에 대한 정의를 재고하기 시작했다는 것이다. '어쩌면 사전 편집자로서 우리도 이 문제를 더 일찍, 그러니까 우리가 간과하는 사이 문제가 이토록 느닷없이 튀어나오기 전에 알아차렸어야 했는지 모릅니다.' AP 통신과의 인터뷰에서 버틀러는 말했다. 또한 그녀는 『매쿼리 사전』의 이러한 결정이 불만을 유발했다고도 했다." 일례로 토니 애벗과 같은 당의 상원의원 피오나 내시는 "모 정치인이 영어라는 언어를 난도질할 때마다 『매쿼리 사전』이 뜻풀이를 일일이 바꿔나가는 쪽보다는 총리가 어휘 사용에 신중을 기하는 쪽이 더 합리적으로 보일 것"이라고 말했다. Rod McGuirk, "Misogyny Fight in Australia Sparks a Change in Dictionary Definition(오스트레일리아의 여성혐오 논란, 사전 뜻풀이 개정의 불을 댕기다)," *The Star*, October 17, 2012, http://www.thestar.com/news/world/2012/10/17/misogyny_fight_in_australia_sparks_a_change_in_dictionary_definition.html.

로 움직였다.

하지만 "고질적 편견"이라는 의미를 추가하는 것만으로 길러드의 용법을 온전히 담아낼 수 있을까? 길러드가 이 용어를 적용한 사례들을 들여다보면 어김없이 심술궂은 조롱의 말들이 그녀를 개인적으로 겨누고 있었다. 하나같이 그녀를 깎아내리고 멸시하고 망신시키고 비하하기 위해—은유적으로든 어떻게든 그녀를 제자리에 데려다 앉히기 위해—고안된 말처럼 들렸다. 그러한 **자리** 인식 또는 역할 인식은 고질적 편견에서 유래한다(주4 참조). 여성혐오는 여성을 다시 원래 자리에 욱여넣거나 일탈을 벌하려고 든다. 아니면 남성의 자리를 차지했거나 차지하려 했다는 이유로 여성을 벌할 수도 있다. 이러한 과정은 집단 혹은 단체 활동이나 순전히 구조적인 메커니즘뿐 아니라 개인 행위자가 주도하는 적대적 처우를 통해서도 진행된다. 기미를 드러내는 방식도 여러 가지다. 순전한 심술과 공격부터 노골적인 무관심과 차가운 침묵까지 다양한 방식이 가능하다. 그러한 적개심에 직면할지도 모른다는 생각은 우리의 사회성을 고려할 때 인간에게 강한 혐오감을 일으킬 만한 행동을 효과적으로 억제하는 수단이 될 수 있다. 일반적으로 사람들은—그리고 논란의 여지는 있지만 특히 여성들은 (종종 사회화 과정을 거치며 특히 상냥해진다는 점에 있어)—타인의 존경 또는 호감을 상실하고 싶어하지도, 외면당하거나 망신당하거나 배제당하고 싶어하지도 않는다. 또한 장차 우리는 다른 사람들의 도움과 협조, 보호가 필요하게 될지도 모른다. 그러므로 광범위한 적개심을 직면하게 될지도 모른다는 관측은, 그런 관측이 없을 시 젠더화를 거스르는 (이른바 '못된') 행동에 몰두할 수도 있는 여성 혹은 여성의 관습적 재화와 서비스를 제공하지 않을 가능성이 있는 여성을 특히 효과적으로 억제하는 수단이 될 수 있다.

여성혐오와 성적대상화

레이 랭턴은 〔『성적 유아론』에서〕 성차별주의와 여성혐오라는 서로 다른 두 형태의 성적대상화 사이에 존재할 수 있는 차이를 이해하는 데 유용한 구별법을 제시한 바 있다. 또한 그 논의를 통해 그녀는 여성혐오가 이렇듯 중요한 형태의 가부장적 사고와 어떠한 관련이 있고 어떻게 동조하는지에 대해서도 분명한 해석을 제시했다. 이는 페미니스트의 중점적 관심 주제이기도 하다. 랭턴의 견해에 따르면 인간성의 핵심적 특징인 '자기결정성'은 성적대상화 사례에서 다음 두 방식 중 하나를 통해 부정될 수 있다.

　① 대상의 자기결정성을 **인정하지 않기**
　② 대상의 자기결정성을 **침해**하기(Langton 2009, 233)

유형 ①의 성적대상화는, 객체인 여성이 마음을 지닌 완전히 자율적인 존재라는 본질에 행위자가 **무지**하거나, 그 여성이 실제로 무엇(더 정확하게는, 누구)인지에 행위자가 무관심한 데서 비롯되었을 공산이 크다. 이때 여성들은 아마도 맹하고 순진한 존재, 어설프고 미욱한 존재로 그려질 것이다. 고통스럽고 모욕적인 방식으로 학대와 착취를 당하는 것은 물론, 자애로운 손길이 필요한 어린아이처럼 다뤄질 것이다. 이와 달리 유형 ②의 성적 대상화는 주로 객체인 여성의 심적 평온을 방해하거나 "그녀의 머릿속을 훤히 들여다보고" 싶어하는 행위자가 여성의 의지를 짓밟거나 고통을 유발하거나 신체적 온전함을 훼손하는 데서 비롯된다(Langton 2009, 234-235). 그러므로 후자와 같은 성적대상화의 근간에는 (예컨대) 한 사람을 합법적으로 사고팔고 수집하고 소모하고 깨뜨리고 합체하고 망가뜨려도 되는 대상물처럼 다루는 가운데 행위자가 의도적으로 흠집 내는 바로 그런 종류의 능력들이 **실재한다는 전제**가 깔려 있다고 보아야 자연스럽다(Nussbaum 1995, 257; Langton 2009, 225-229).

유형 ②의 성적대상화 사례는 십중팔구 여성혐오자의 행위로 간주해도 무방할 것이다. 반면 유형 ①의 사례는 오로지 극단적 성차별주의만을 나타낼 가능성이 있다. 단, 이때 성적 대상화는 특정한 사회적 타협들을 정당화하는 기능을 해야 하며, 그러한 타협에는 유사 성관계나 각종 포르노그래피가 포함된다.

랭턴의 이 구별법을 토대로 최근 누스바움(성적대상화에 대한 그녀의 참신한 연구는 거꾸로 랭턴의 후속 연구의 토대가 되었다)은 이 두 번째 유형, 그러니까 "자기결정권을 침해하는" 형태의 성적 대상화가 언제나 징벌적 성격을 띠므로 인터넷상에서 여성혐오의 표출에 지대한 역할을 한다고 주장했다(Nussbaum 2011, 68-71). 또한 이런 이유로 누스바움은 유형 ②의 성적대상화가 니체의 **르상티망**ressentiment, 즉 사회라는 세계에서 자신이 비천하거나 쇠락해가는 계층에 속해 있다고 의식하는 사람이 바로 그 의식으로 인해 자기보다 더 힘 있다고 인식되는 타인들을 맹렬히 비난하게 되는 현상에서 비롯된다고 제안했다. (사족을 붙이자면, 이러한 인식이 반드시 정확할 필요는 없다. 물론 정확할 수도 있지만.)

누스바움의 이런 주장은 내 목적에 명백히 부합한다.[5] 또한 그 주장은 굉장히 그럴듯하다. 비록 몇 가지 추가사항을 덧붙이고 싶기는 하지만. 얼핏 그런 식의 대상화는 비단 징벌의 수단만이 아니라 특정한 여성들이 가하는 심리적 위협을 완화하는 방법으로도 작용할 가능성이 있어 보인다. 또한 **르상티망**과 더불어, 의도적 부인과 자기강화self-aggrandizement의 가능성, 즉 행위자가 자신이

여성에 비해 보잘것없는 사회적 위치로 내려가고 있다는 사실뿐
아니라 그럴 위험이 있다는 사실조차 인정하기를 거부할 가능성
도 제법 존재한다.

이러한 생각은 은근슬쩍 내 시선을 내가 태어난 나라〔오스
트레일리아〕의 전임 지도자에서 나를 받아준 나라의 현직 대통령,
즉 도널드 트럼프에게로 옮겨놓는다. 다음 절에서는 내 분석법이
트럼프의 행동 패턴을 정확하게 집어낸다는 사실을 증명할 것이

---

5 또한 랜턴은 이와 유사하면서도 도발적인 다음 발언을 했다. "주목할 만한 부분은,
분노가 누군가를 성적대상화하는 태도와 양립 가능해 보인다는 점이다. (…) 여성의
의미를 축소시켜 존재의 목적이 남성의 성욕을 만족시키는 데 있는 육욕적 생명체
로 여기는 사람이 여성을 향해 분노를 표출할 수도 있다는 얘기다. 때로 여성혐오는
단지 이 조합만으로도 나타날 수도 있다. 또한 어쩌면 여성에 대한 분노와 여성을
성적으로 대상화하는 태도 사이의 그 연결성은 우연이 아닐지도 모른다. 어쩌면 그
것은 누군가의 욕구가 그토록 경멸스러운 생명체의 지배하에 놓인 이에게 심어놓
은 공포심에 유발되었는지도 모른다".(Langton 2009, 332) 이것이 바로 앞서 1장
주3에서 언급한, 여성혐오에 관한 랜턴의 명백하고도 실질적인 발언이다. 랜턴이
지적한 가능성, 그러니까 여성들이 "육욕적인 생명체"로 여겨짐에도 불구하고 분노
의 대상이 될 수 있다는 견해에 대해 나는 회의적이다. 그 이유에 대해서는 5장에서
밝힐 기회가 있을 것이다. 아쉬운 대로 우선은 내가 생각하는 또 다른 가능성을 간
략하게 소개하려 한다. 나는 분노와 공포심의 조합이, 그토록 극단적인 성차별주의
에 여성혐오가 조합된 결과라기보다는 오로지 여성혐오로 인한 결과이거나 여성혐
오에 좀더 경미한 형태의 성차별주의가 조합된 결과일 수 있다고 생각한다. 내가
「서문」 첫머리에 인용해놓은 『자기만의 방』의 한 대목을 떠올려보자. 옥스브리지의
남성 전용 잔디밭에 발을 들였을 때 버지니아 울프가 교구관리에게 유발한 감정은
비단 분개만이 아니라 공포심이었다. 교구관리가 그녀의 태연함과 방자함에—더
알기 쉽게 말하자면, 그녀의 자유로움에—분개했다는 사실은 그 구절을 읽다 보면
자연스럽게 이해가 된다. 울프는 여성이라면 마땅히 걸어야 할 자갈길을 제멋대로
피해가고 있었다. 그 규칙이 잔디밭은 오로지 남성만의 구역으로 보존되는 것이 최
선이라는 성차별주의적 이론을 바탕으로 정해졌는지 여부는 차치하고라도 말이다.
여기서 드러난 공포심은 사회적 역할의 역전 혹은 위반에서 유래한 것이다. 아니면
내가 5장 끝부분에서 그렇게 제안할 것이다.

다. 미디어에서 대체로 사실로 인정된 여성혐오 사례라는 점에서 트럼프의 행동 패턴은 의도야 어찌 됐건 고무적인 반향을 일으켰다. 하지만, 그럼에도 트럼프가 당선됐다는 사실은, 그래서 더더욱 참담하게 느껴진다.

설전의 기술

앞 장에서는 매우 다른 유형의 여성혐오자 두 명이 짤막하게 등장했다. 가부장제의 법과 질서를 강요하는 데 있어 두 사람은 한결같이 과도한 성과를 거둔 인물로 여겨졌다. 첫 번째 유형은 실망한 식당 손님, 그러니까 엘리엇 로저와 같은 이들이다. 그들은 (가부장제의 규범과 가치를 기준으로) 서비스가 부실하면 숟가락으로 테이블을 내리친다. 두 번째 유형은 착취적인 이야기꾼, 그러니까 러시 림보와 같은 이들이다. 그들은 자신들이 평소에 괘씸하게 여기는 종류의 잘못을 저지른 여자들을 로저와 같은 남자들에게 먹잇감으로 던져준다. 이를테면 남성에게 이기적이고 부주의하고 무책임하고 배은망덕하고 부당하게 처신한 여자들을 손가락질하고 비난하도록 유도하는 것이다. 림보의 청취자들이 낸 세금이 샌드라 플루크에게 피임약을 제공하는 데 쓰일 판국인데 정작 그들은 이 (있지도 않은) 관계로부터 아무런 '혜택'도 받지 못한다는 인식을 주입시킴으로써, 림보는 플루크와 청취자들 사이가 대략적·간접적으로나마 개인적으로 연결돼 있다는 점을 상기시켰고, 그렇게 이 가상의 범죄에 꼭 들어맞는 범죄자를 만들어냈다. 졸지에 플루크는 주어진 책임을 다하지 않는 여성을 대표하게 된 셈이다.

물론 다른 유형의 여성혐오자도 있다. 극히 드문 유형이기

는 하지만, 서비스가 부실하면 자신의 **포악한 본성이 드러날** 가능
성이 높아진다는 점 때문에 실망하는 식당 손님도 있을 것이다.
다른 여러 권력이나 명망, 영향력, 특혜를 누리는 사람일수록 평
판이 실체를 앞서 나가게 마련이다. 설전의 기술을 터득한 남자에
게 연습은 겸손이요, 공격은 일상이다. 여자의 주변에는 항상 가려
진 위협이 도사리고 있다. 그리고 위협은 바로 그런 남자의 페르
소나 안에 존재한다.

　　이것이 바로 트럼프식 여성혐오다. 수많은 평론가가 지적
했듯이 다년간 가장 일관되게 드러난 그남의 기질 중 하나인 것
이다. 그남은 주로 일련의 성희롱과 성폭행, 자신을 방해하거나
위협하는 여성을 향한 수준 낮고 모욕적인 언사를 통해 설전에서
상대를 넘어뜨렸다. 로지 오도널은 (흥미진진하게도) 미성년자 음주
에 탐닉한 미스 유니버스를 용서할 도덕적 권위를 과연 트럼프가
가졌는가 하는 의문을 제기했고, 트럼프는 오도널을 다른 여러 멸
칭 중에서도 특히 "개" "돼지"라고 일컬었다. 칼리 피오리나는 공
화당 후보 지명을 놓고 트럼프와 경쟁했고, 트럼프는 피오리나의
얼굴이 대통령이 될 만큼 매력적이지 않다는 생각을 은연중에 드
러냈다. 당시 폭스 뉴스 앵커였던 메긴 켈리는 여성을 모욕한 전
력을 문제 삼아 트럼프를 압박했고, 그남은 씩씩대며 그녀가 두
눈과 "어딘가"에서 피를 흘리더라고 말했다. 적당한 어휘를 찾지
못해 어설픈 완곡어법을 구사한 것이다.

　　내 분석에 따르면 이러한 사례는 모두 명백한 여성혐오로
간주된다. 다시 말해 실망한 사람만큼이나 지배욕이 강한 사람도
여성혐오자일 수 있고, 힘 없는 사람만큼이나 힘 있는 사람도 여
성혐오자일 수 있으며, 여성의 관습적 업무들을 도외시하는 것에
반발하는 사람뿐 아니라 가부장제의 법과 질서에 대한 (실제적 혹은

지각적) 위협에 반발하는 사람들 또한 여성혐오자일 수 있다. 이러한 지점들은 내 분석에 유리하게 작용한다. 또한 트럼프를 묘사할 때 사람들이 주로 선택한 용어가 '성차별주의자'가 아닌 '여성혐오자'였다는 점을 감안하면, 트럼프의 행동 역시 내가 분석한 여성혐오의 증상에 딱 들어맞는다.

여성혐오가 가부장제 질서에 근거한 법 집행의 일환이라는 은유는 트럼프의 사례에서 특히 적절하다. 그도 그럴 것이 첫째, 트럼프는 자신을 마케팅하며 "법과 질서의 후보자"라는 이미지를 동원했다. 둘째, 트럼프는 유해한 남성성의 화신이다(이 주제에 관해서는 4장에서 수치심 및 굴욕감과 연계하여 더 폭넓게 다룰 예정이다).

다시 말하지만, 내 관점에서 여성혐오는 가부장제의 사회규범을 단속과 감시를 통해 지탱한다. 그런가 하면 성차별주의는 가부장적 사회규범을—대개는 재능과 관심사, 성향, 기호에 여남 간의 '자연스러운' 차이가 존재한다는 추정적 관념에 근거하여—정당화하는 역할을 한다. 이러한 관점에서 볼 때 여성혐오와 성차별주의 사이의 거리는 법 집행과 질서 유지 사이의 거리와 같다. 오로지 성차별주의만이 (지적인 시도나 스포츠, 비즈니스, 정치처럼) 관습상 남성의 영역으로 여겨지고 위세도 높은 분야에서 남성이 여성에 비해 우월하다는 믿음, 그리고 그 분야를 남성이 지배하는 것이 자연스럽다거나 심지어 불가피하다는 믿음과 관련이 있다. 오로지 여성혐오만이 불안과 두려움, 가부장제 질서를 지키려는 욕구, 가부장제 질서가 무너졌을 때 그것을 복원하려는 일념과 관련이 있다. 그러므로 성차별주의가 현실에 안주하려는 마음이라면, 여성혐오는 불안감의 표현일지 모른다. 성차별주의가 현학적이라면, 여성혐오는 전투적이다. 성차별주의가 이론을 제시한다면, 여성혐오는 곤봉을 휘두른다.

여기까지 이해했다면 이제 그 성차별주의와 여성혐오가 개
인 행위자의 차원에서도 서로 분리될 수 있다는 점에 주목하자.
(다만 분석적으로 뚜렷이 구별됨에도 불구하고 성차별주의와 여성혐오 모
두 가부장제에 인과적으로 필요한 요소라는 생각은 제법 그럴듯해 보인다
—이에 대해서는 나중에 힘퍼시와 면벌적 서사를 비롯한 여러 각본과 자
산을 다룰 때 자세히 논의할 것이다.) 트럼프는 성차별주의 없이도 여
성혐오가 실재할 가능성을 입증해준다(이것이 사실이건 아니건, 그
럴 가능성이 살아 있기만 해도 내 목적을 달성하는 데는 모자람이 없다).
왜냐하면 트럼프가 (그리 대단치 않은) 제 수준에 맞는 사업과 정치
영역에서 남성의 경쟁 상대로서 여성의 (무)능력에 대해 성차별주
의적 신념이 유달리 확고하다는 것이 적어도 겉보기에는 불분명
하기 때문이다. 일례로 트럼프는 자기 회사 고위직에 여성들을 고
용하는데, 이는 그남이 (모든) 여성을 저평가하지는 않는다는 점을
암시한다—오히려 그남에겐 그들이 자기보다 주목받을 위험성을
차단하기 위해 그들을 통제할 필요마저 있어 보인다. ("저는 많은
여성을 임원으로 두고 있습니다. 저를 위해 돈을 벌어오는 사람들이죠." 트
럼프는 자랑스럽게 이야기한 바 있다.) 또한 성차별주의는 트럼프와 같
은 위치에 있는 남성들이 인기 있는 상이나 자리를 두고 여성과
경쟁하다 체면을 구길 가능성에 초연해지게 만드는 경향이 있다.
그러나 2016년 대선운동 기간에 트럼프가 힐러리 클린턴과 맞붙
었을 때 그남이 그녀를 향해 내보인 적개심으로 인해 상황은 볼썽
사납게 급변했다. 특히 세 차례에 걸친 대선 토론에서 트럼프 특
유의 화법과 품행은 험악하고 악의적이고 독살스럽고 유치했다.
이는 트럼프가 (특유의 강한) 승리욕을 내보이긴 했을지언정 승리
를 확신하지는 않았을 가능성을 암시한다. 그러한 태도는 성차별
주의와는 다소 어긋난다. 또한 그남이 제 입으로 주장한 내용과도

어긋난다. 가령 트럼프는 클린턴이 이른바 "여성 카드"를 사용하
거나 "어디서든" 유권자들을 끌어모으지 않는다면 5퍼센트의 득
표율도 채 얻지 못할 거라고 공언한 바 있다. 그러나 확신하건대,
이는 트럼프의 희망적 관측에 불과했다. 단지 트럼프는 클린턴이
소위 정치적 정체성이 결여된 끔찍하기 짝이 없는 후보라고 믿고
싶은 욕구를 강하게 표현했을 뿐이다. 클린턴이 그토록 끔찍한 후
보라고 믿어버리면, 막상 승리했을 때 **정당하게** 승리한 게 아니라
는 기분에 시달릴 필요가 없을 것이고, 설령 패배해도 승부가 조
작됐다고, 그러니까 이른바 정치적 올바름political correctness을 거부한
결과로 패배했다고 생각하면 그만일 테니까. 고로 이 희망적 관측
의 역할 중에는 선제적으로 자존심을 보호하는 기능도 있었다.[6]

여성에 대한, 그처럼 저급하고도 욕구 주도적인 견해들은
때때로 한층 노골적인 방식으로 표출되기도 한다. 그리 멀지 않은
과거에 공화당 플로리다 지부 집행위원회 의장 밥 서튼은 트럼프
가 대선 토론에서 클린턴을 압도하리라고 확신한다며 이렇게 말
했다. "도널드 트럼프와 힐러리 클린턴이 논쟁하면 클린턴은 모니
카 르윈스키처럼 무너지고 말 겁니다."[7] (클린턴은 무너지지 않았다. 하

---

6 뿐만 아니라 이러한 주장들은 수치심도 모르고 특정 지지층에, 그러니까 이른바 피
해자 문화를 거북하게 느끼는 이들에 영합하는 행위로 여겨졌다. 이 주제에 대해서는
7장에서 다룰 것이다. 어쨌건 이런 이유로 그 카테고리에 들어맞는 사람들은 일반적
으로, (특히) 인종이나 성별을 무기로 한 이른바 '카드'라는 카드'를 거둬들이고 타
인들이 그들에게 제기하는 사회체제의 불공정성에 대한 그 어떤 불만도 무조건적으
로 거부하는─얄팍하게 역설적이고, 그럴듯하게 위선적인─움직임을 보인다. 이와
관련한 논의는 슈로브(Schraub 2016)를 참조하라.

7 Sara Jerde, "GOPer: Clinton Will 'Go Down Like Monica Lewinsky' Debating
Trump(공화당원, 클린턴은 트럼프와의 토론에서 "모니카 르윈스키처럼 무너지고
말 것")," Talking Points Memo, April 28, 2016, http://talkingpointsmemo.com/
livewire/florida-republican-clinton-down-like-lewinsky.

지만 그게 다 무슨 소용인가.)

그러나 설혹 여성혐오와 성차별주의가 개인 행위자와 관련해서, 또한 그 밖의 여러 단편적인 상황에서 서로 별개로 나타날 수 있고 가끔은 실제로 별개라 해도, 가부장제 질서를 지탱하는 문제에 있어서만큼은 누가 뭐래도 둘 다 거의 뼛속까지 한통속이다. 이런 현상은 재생산권의 영역에서 특히 분명하게 나타난다. 불현듯 현재 트럼프 정부 부통령인 마이크 펜스가 주지사로 있던 시절 인디애나주 낙태법이 머릿속을 스쳐간다. 이 영역을 다루며 우리는 여성혐오의 몇몇 중요한 요점에 대해서도 집중적으로 살펴볼 것이다. 일부는 이미 언급된 내용이지만, 자세한 예시를 통해 다시 유심히 들여다볼 가치가 충분하다.

1. 여성혐오는 비단 이인칭적 적개심 문제에 그치지 않는다(림보의 청취자들처럼 적절한 우회적 관계를 근거로 삼을 때뿐 아니라, 로저와 트럼프 같은 사례도 마찬가지다). 삼인칭적 **울분**과 격노, 원망 등의 감정과도 관계가 있다. 그러니까 사람들은, 방어와 보호와 정의를 필요로 한다고 여겨지는 가장 취약한 이들을 포함해 잘못된 **타자**로 인식되는 여성들을 향해 적개심을 드러낼 수 있다. (이제 곧 살펴볼 사례에서 사람들은 "아이들을, 그것도 아직 태어나지 않은 아이들의 인생을 고려하지 않는다며" 여성들에게 이 같은 감정을 드러낸다.)

2. 여성혐오는 여성을 향한 행위자의 행동과 태도뿐 아니라 사회적 관행과 제도를 포괄한다. 왜냐하면 사회의 구조는, ('냉담한' 환경이라는 개념에서 보듯) 적대적이고 비하적이며 징벌적인 처우 방식을 옹호하는 쪽으로 의미들을 지지하고 정치 단체들을 대변할 수 있기 때문이다.

3. 여성혐오와 인종주의는 불가분하게 연결돼 있다. 또한 백인 지상주의 사회에서 유색인 여성에 대한(그중에서도 특히 빈곤 여성에 대한) 처우는 유난히 다양한 유형의 **삭제**를 아우르는 경향이 있다. 이 점에 대해서는 아래서 간략하게, 그리고 5장에서 추가적으로 설명할 것이다.

사안에 따라 여성혐오는 샌드라 플루크 이슈의 납세자들 사례처럼 서로 관련이 다소 흐릿하거나 허울에 불과한 이인칭 당사자를 부당하게 취급했다는 이유로 여성들을 비난과 징벌의 대상으로 삼는다. 설정이 다른 사안도 있다. 예를 들어 재생산권(혹은 재생산권 결여)과 관련해서 여성들은, 새롭고 어떤 면에서는 임시적인 계층의 인물들—자기 생각을 말할 수 없을뿐더러 그 어떤 상황에도 할 말이 그리 많지 않아 보이는, 그러니까 이해득실이나 권리를 따지기보다 감각을 우선시하는 듯 보이는 제삼자들—을 부당하게 취급했다는 이유로 비난과 징벌의 대상이 된다. 또한 주목할 부분은, 최근까지만 해도 복음주의 교회에서는 태아가 인간으로 인정되지 않았다는 사실이다. (그러므로 설혹, 내가 동의하는 기본적이고 형이상학적인 가정에는 위배되지만 일단 그들의 입장이 실제로 타당하다고 밝혀졌다 하더라도, 정작 그들이 그 타당한 입장을 취하게 된 이유는 부당했을 것이고, 이데올로기의 차원에서는 기만적이었을 것이다.) 복음주의자들은 페미니즘 사회의 진보를 억누르고 물리치기 위해 고안되었음에 틀림없는 (풀뿌리 시민운동의 반대 개념인) 이른바 '인조잔디astroturf' 운동, 즉 조작된 시민운동을 계기로 입장을 손바닥 뒤집듯 바꾸었다. 문제의 시민운동은 바로 임신중단 반대운동이다. 그리고 이 운동은 여성혐오자의 백래시를 보여주는 전형적 사례 중 하나다.

어머니는 사랑하되,
다른 여성은 삭제하기

예비선거 기간이던 2016년 3월 MSNBC 방송 크리스 매슈스와 가진 인터뷰는 트럼프의 평판을 급락시켰다. 문제의 인터뷰에서 그남은 대부분의 공화당원이 이제껏 암시적으로만 인정하던 것을 (약간의 망설임 끝에) 공개적으로 인정하는 실수를 범했다. 재생산권(혹은 재생산권 결여)을 바라보는 그들만의 미심쩍은 관점을 증명이라도 하듯, 불법 임신중절수술을 시도하거나 감행한 "여성은 어떤 형태로든 처벌받아야 마땅하다"고 발언한 것이다.[8] 얼마 지나지 않아 한 정치인이 내게 인상적으로 들린 비범하고도 솔직한 발언을 했다.

어쩌면 트럼프는 공화당원 중에서 가장 괴이한 인물일 겁니다. 하지만 트럼프가 쏟아내는 말에는 공화당원 모두의 신념이 실려 있습니다. 그들은 임신중단이 불법이기를 바라죠. 그리고 그들은 여성들과 의사들을 처벌하고 싶어합니다. 트럼프의 죄라면 그저 공화당원들의 생각을 사람들에게 들려주었다는 것, 그뿐입니다.

문제의 정치인은 힐러리 클린턴으로, 위 인용은 뉴욕 브루클린 유세에서 그녀가 한 발언 일부를 발췌한 것이다.[9]

---

8   "Donald Trump Advocates Punishment for Abortion(도널드 트럼프 임신중단 처벌을 지지하다)," *Hardball with Chris Matthews*, MSNBC, March 30, 2016, http://www.msnbc.com/hardball/watch/trump-s-hazy-stance-on-abortion-punishment-655457859717.

9   Nick Gass, "Clinton: Trump Said What He Believes on Abortion(클린턴, 트

클린턴은 옳았다. 하지만 트럼프의 그 주장은 비록 정치적으로는 영리하지 않았을지 모르나, 의미상으로는 중요한 것이었다. 그남은 가식을 벗어던졌다. 즉 임신중단이 순전히 윤리적이고 종교적인 문제라는 식으로, 그러니까 토론을 위한답시고 종종 그런 가정을 일삼던 철학자들처럼, 우아하게 넘어가지 않은 것이다. 나는 예의 그 토론에 대한 전체적 프레임을 구성하는 문제에 있어 (구체적인 주장을 펼치는 문제로 들어가면 이야기가 또 달라지겠지만) 종전의 위선적 태도를 고집하는 것이야말로 시대의 흐름에 뒤떨어진 태도라고 생각한다. 언제부턴가 임신중단은 페미니즘과 깊숙이 연계된 쟁점으로 자리 잡았다. 여성들에게 필요한 의료 서비스 제공을 보류하는 관료주의적 사회 통제를 법제화하려는 계획과 시도는 유독 임신중단을 둘러싸고 강력하게 진행된다. 설령 그 결정이 여성을 죽음으로 몰아간다 해도 상황은 달라지지 않는다. 가령 H.R. 358 법안[생명보호법Protect Life Act]을 보자. 당시 공화당을 주축으로 한 하원은 의사들이 위급 상황에서 임신중절수술을 시행하지 않고 여성들을 죽게 내버려두도록 허용하는 해당 법안을 양심을 구실 삼아 통과시켰다. 대통령이나 상원이 법안을 거부할 것이 불 보듯 뻔한데도 말이다. 이런 이유로 하원의 결정은 욕구나 환상의 표현처럼 비쳤고, 이제와 돌이켜보건대 경고의 성격도 있었던 것 같다.

2011년의 일이었다. 그러나 임신중단 반대운동의 정치적 뿌리와 그것이 주류 기독교계와 맺은 은근한 관계의 시작은 더 오래전으로 거슬러 올라간다. 이 문제에 대해서는 예일대학 로스

럼프는 임신중단에 관한 자신의 신념을 말한 것),” *Politico*, April 5, 2016, politico. com/blogs/2016-dem-primary-live-updates-and-results/2016/04/don-ald-trump-hillary-clinton-abortion-221594.

쿨 교수 레바 B. 시겔과 『뉴욕 타임스』 기자로 퓰리처상을 수상한 린다 그린하우스가 일목요연하게 정리했다. 그린하우스와 시겔 (Greenhouse and Siegel 2010)은 이전까지만 해도 기독교에서만 엄격하게 고수하던 하나의 입장이 1972년 선거에서 (그러니까 로 대 웨이드 판결Roe v. Wade decision*이 내려지기 전에) 닉슨의 승리에 일조한 이른바 남부전략Southern Strategy**의 일환으로 의도적으로 전용되었음을 보여준다. 남부전략의 판을 짠 주요 인물 중 한 사람인 케빈 필립스는 『뉴욕New York』지에 기고한 「닉슨은 어떻게 승리를 거둘 것인가How Nixon Will Win」라는 글에서 임신중단에(그리고 일명 '애시드acid(산)'라고 불리는 환각제 LSD와 이른바 병역 기피자들에 대해) 반대하는 이론적 근거를 설명했다. 그리고 2014년 시겔은 필립스의 견해를 다음과 같이 요약했다. "임신중단권은 (…) 남성은 죽거나 죽일 각오로 전쟁에 대비하고 여성은 결혼과 (…) 모성을 위해 몸을 아껴야 한다는 전통적 역할 분담의 공식이 파괴되었음을 입증한다."(Siegel 2014)

정리하자면, 여성의 자유라는 강력한 물질적 수단과 문화적 상징에 맞서는 일에 백인 노동자 계층을 동원할 수 있으리라는 희망이, 흡사 기독교의 교리처럼 보이는 데다 형이상학적으로도 도덕적으로도 지극히 계산적이고 복잡한 주장을 의도적으로 설파하는 행위로 이어진 셈이다. 또한 시겔이 필립스의 추론을 재구성한 내용에 따르면, 이 전략의 목적은 오로지 자기들의 정치적

---

*   1973년 미 연방대법원이 임신중단을 범죄로 규정하고 금지하던 법률적 관행을 뒤집고 헌법에 기초한 사생활의 권리에 따라 여성이 임신 6개월까지 임신을 중단할 권리를 가진다고 인정한 역사적 판결.

**   아프리카계 미국인에 대한 인종주의적 정견을 내세움으로써 남부 백인 유권자들의 지지를 얻으려 했던 공화당의 선거 전략.

이득을 추구하는 데 있었다(Siegel 2014, 1371).

기독교 이데올로기의 전용은 그 정도에서 끝나지 않았다. 생명이 수태로부터 시작된다는 발상이 알려진 것은 겨우 최근의 일이다. 하지만 그 이래로 일부 주에서는 헌법에 규정된 인간성 개념에 대한 수정조항을 발의하는 등, 이 발상을 법조문에 모시기 위한 다각적 시도가 있어왔다. 이러한 노력들이 마침내 결실을 거둘지 여부는 확실하지 않지만, 어쨌건 재생산권은 공화당이 집권한 7년간 미국에서 체계적이고도 유례없는 공격을 받아왔고, 최근 들어 그 공격의 강도마저 심해지고 있다. 임신중절수술을 시행하는 병원은 규제의 여파로 미국 전역에서 문을 닫는 추세이고, 의료 서비스 공급자 측에서 항의했듯 그러한 규제에는 의학적 타당성을 갖춘 일말의 근거조차 없다. 임상의는 이른바 입원 특권admitting privileges*을 갖춰야 하고, 병원은 병원대로 수술 기관의 표준적 요건을 반드시 충족해야 한다. 예를 들어 복도는 환자수송침대 두 대가 옆으로 나란히 지나기에 충분할 정도로 넓어야 한다는 식이다. 그 결과 미국의 심장부에 자리한 다섯 개 주에는, 이 글을 쓰는 현재(2017년 2월)를 기준으로 임신중절수술 병원이 겨우 한 군데씩밖에 남아 있지 않다.[10] 또한 2016년 총선을 마치고 공화당이

---

*   의사가 한 병원의 의료진으로서 특정 병원이나 의료기관에, 그 병원의 다른 환자들이 제공받는 식의 특수한 진단이나 치료 서비스를 제공할 목적으로 환자들을 입원시킬 수 있는 권리로, 적용 기준이 까다롭고 정작 필요할 때 거부당하거나 분초를 다투는 응급상황에서 합법적 절차를 따지느라 시간이 낭비될 때가 많아 오히려 환자의 위험을 키운다는 논란이 있다.

10   Rebecca Harrington and Skye Gould, "The Number of Abortion Clinics in the US Has Plunged in the Last Decade—Here's How Many Are in Each State〔미국의 임신중절수술 시행 병원, 지난 10년간 급격히 감소, 현재 각 주에 남아 있는 병원 수〕," Business Insider, February 10, 2017, http://www.businessinsider.com/how-many-abortion-clinics-are-in-america-each-state-2017-2.

예고한 첫 번째 조치는 미국 가족계획연맹Planned Parenthood에 대한 재정 지원 철회였다.[11]

이 밖에도 여러 장벽이 임신중단을 가로막는 탓에 많은 여성이 불법적으로, 뒷골목에서, 혼자 힘으로 임신중단을 감행해왔다. 임신 20주가 지나면 임신중단을 까다롭게 규제하는 주가 많은 데다, 대기 기간을 두거나, 수술 전 진료 예약을 여러 번 잡을 것을 요구하거나, 적절한 시기에 진료 예약을 잡기 어렵게 만들어버리는 일도 부지기수이기 때문이다. 그 결과 임부의 치사율은 꾸준히 증가했다. 특히 텍사스주에서는 가족계획연맹에 대한 재정 지원이 철회된 2011년 이래 치사율이 두 배까지 치솟았다.[12] 많은 여성이, 심지어 건강이 위태롭지 않은 여성들까지 비참한 고통을 겪고 있다. 유산기가 있던 한 여성은, 심장은 여전히 뛰지만 심각한 선천성 기형 때문에 포궁 밖에서 생존할 가망이 없다고 판명된 태아를 분만해야 했지만, 병원에서 번번이 귀가 조치됐다. 태아의 발이 이미 나오고 있고, 사산이 불가피한데도 말이다. 나흘 동안, 그러니까 양수가 자연적으로 터질 때까지 같은 상황이 반복됐다. 그녀는 몇 차례나 비명을 지르며 의사에게 도움을 청했다. 하지만 그녀가 다니던 병원은 20주를 갓 넘긴 태아에 대해 응급 임신중

---

11   Tara Culp-Ressler, "Paul Ryan Pledges GOP's First Legislative Action Will Defund Planned Parenthood(공화당 폴 라이언 의원, 첫 입법 행위로 가족계획연맹 지원 철회 예고)," *Think Progress*, January 5, 2017, https://thinkprogress.org/republicans-health-care-3bbcb30f626a#.jrdu5sutu.

12   Katha Pollitt, "The Story Behind the Maternal Mortality Rate in Texas Is Even Sadder Than We Realize(알려진 것보다 더 비참한 텍사스주 임부 치사율의 숨은 진실)," *The Nation*, September 8, 2016, https://www.thenation.com/article/the-story-behind-the-maternal-mortality-rate-in-texas-is-even-sadder-than-we-realize/.

178

절수술을 시행할 법적 권한이 없었다. 임신 20주가 지난 시점부터는 이처럼 급박한 상황에서도 텍사스주의 이른바 '태아 고통fetal pain' 법에 의해 임신중절수술이 금지되었기 때문이다. 하지만 믿을 만한 근거에 따르면 태아는 임신 3기, 그러니까 27주까지는 고통을 느끼지 못한다.[13]

이러한 규제가 발동된 바로 그 시기에 일부 주에서는 태아 살해를 금지하는 법을 도입했다. 그중 대부분의 주에 태아 살해를 금하는 법률이 이미 버젓이 존재했음에도 불구하고 말이다. 인디애나주에서 최초로 태아 살해 혐의를 적용해 기소된 두 여성 베이 베이 쇼이와 퍼비 파텔은 아시아계 미국인 수가 전체 인구의 2퍼센트도 안 되는 주에 거주하는 아시아계 미국인이었다. 그들의 변호인에 따르면, 따라서 이 두 여성은 가족이 (쇼이의 경우 그녀 자신도) 태어난 나라에선 여성이—아이러니하게도—폄하되고 성별 선택적 임신중단이 관습적으로 자행된다는 고정관념에서 비롯된 부당한 의심에 취약할 가능성이 있었다.[14]

퍼비 파텔 사건은 헤드라인을 장식했다. 그녀는 온라인으로 구매한 알약을 복용해 스스로 임신중단을 유도하고 태아를 유기한 혐의로 체포되어 기소당한 뒤 재판에서 유죄판결을 받았다. 파

13 Brandy Zadrozny, "Texas Forced This Woman to Deliver a Stillborn Baby 〔텍사스주가 이 여성에게 사산을 강요했다〕," *Daily Beast*, March 31, 2016, http://www.thedailybeast.com/articles/2016/03/31/ texas-forced-this-woman-to-deliver-a-stillborn-baby.

14 "Asian American Women's Reproductive Rights Are Being Targeted, Says Advocate〔변호인, 아시아계 미국인 여성의 재생산권 위협받고 있다 발언〕," *NYT Live New York Times*, Novembar 11, 2015, http://nytlive.nytimes.com/women-intheworld/2015/11/05/asian-american-womens-reproductive-rights-are-being-targeted-says-advocate/.

텔의 증언에 따르면, 태아가 사산된 시기는 임신 23주에서 24주 사이로, 일부 주에서는 합법적 임신중단이 여전히 가능한 시기였다. 인디애나주 감정인은 그녀의 진술에 반박했다. 태아의 주수가 실제로는 1주에서 2주 더 많으며, 포궁에서 꺼낼 당시 숨이 멎지 않은 상태였다고 증언한 것이다. 그러나 인디애나주가 아시아계 미국인 여성에게 이 법을 적용해 기소하는 사례가 반복되었던 데다 다분히 고의성이 의심된다는 이유로 사건에 개입하게 된 활동가이자 학자인 디파 아이어에 따르면, "퍼비 파텔은 단지 유산을 하고 의료 서비스를 받고자 했다는 이유로 유죄판결을 받았다. 다시 말해 그 어떤 여성도 금고형을 우려하기에는 온당치 않은 이유로 처벌을 받게 된 것이다."[15]

파텔은 2015년 3월에 징역 20년 형을 선고받았고, 인디애나주 대법원에 제기한 상고심에서 승소할 때까지 감옥에서 1년 4개월을 살았다. 하지만 생각해보라. 이제 얼마나 많은 여성이, 파텔과 유사한 상황(과다 질출혈)에서, 심지어 유산이 발생한 뒤에도, 체포와 기소와 수감을 두려워한 나머지 응급실 방문을 포기해버리게 될지.[16] 게다가 위와 같은 법 적용에 있어서는 인종주의적 성

---

15 Jessica Valenti, "It Isn't Justice for Purvi Patel to Spend 20 Years in Prison for an Abortion[임신중단에 20년 형을 선고한 퍼비 파텔 판결은 부당하다]," *The Guardian*, April 2, 2015, https://www.theguardian.com/commentisfree/2015/apr/02/it-isnt-justice-for-purvi-patel-to-serve-20-years-in-prison-for-an-abortion.

16 마이크 펜스 부통령의 유해 화장(혹은 이른바 장례식) 의무화라든가, 유산한 여성을 대상으로 한 수사 증가 추세(Grant 2016), 성폭력을 저지른 남성의 친권이 (때로는 유죄판결을 받았을 때조차) 많은 주에서 대체로 온전히 인정된다는 사실 또한 참고할 만하다. 예컨대 Eric Berkowitz, "Parental Rights for Rapists? You'd Be Surprised How Cruel the Law Can Be[강간범에게 친권을? 당신을 놀라게 할 법의 잔인함에 대하여]," *Salon*, October 4, 2015, http://www.salon.com/2015/10/04/

격도 언뜻 엿보인다. 다른 여성들을 일벌백계하기 위해서라면 유색인종의 몸 따위는 되는대로 처분해도 상관없다는 듯 보이는 그 태도는, 성차별주의와 여성혐오, 인종주의가 그물처럼 얽히고설켜 있음을 생생하게 보여준다. 하지만 부끄럽게도 이는 수많은 동종 사례 중 하나일 뿐이다.[17]

그러니 보수적 전통의 미명 아래 여성들은 임신중단에 대한 벌을 **이미** 받고 있다. 물론 저들은 그렇게 말하지 않는다. "둘다 사랑하라"고 말한다. 만약 그 둘이 임신한 여성과 포궁 속의 배아 내지 태아라면, 이는 단지 틀에 박힌 문구에 불과할 것이다. 하지만 강간이나 근친상간 피해자에게조차 출산 예정일까지 임신상태를 견디라고 강요한다면, 이는 어딘가 이상한 사랑이다. 임신을 막무가내로 강요하는 사랑은 어딘가 이상하다는 페미니스트 철학자 앤 E. 커드의 주장처럼 말이다(Cudd 1990).

그리고 미국 여성의 3분의 1을 살인자, 집단적으로는 제노사이드의 유죄인으로 간주한다면, 이 또한 이상한 종류의 사랑일 것이다. 임신을 중단한 여성을 향해 이렇게 음침한 시선을 노골적으로 드러낸 인물은 다름 아닌 복음주의 교회 소속 극단적 임신중단 반대주의자로, 2016년 공화당 대선 후보 경선에 나섰던 테드 크루즈로부터 도덕적 리더십을 칭송받은 바 있는 트로이 뉴먼이다. 뉴먼은 『그들의 피가 외친다*Their Blood Cries Out*』(2000)에 이

---

parental_rights_for_rapists_youd_be_surprised_how_cruel_the_law_can_be/를 보라.

17 일례로 앤절라 데이비스(Davis 2003, chap. 4)는 이 이슈를 수감 실태와 연계해 설득력 있는 논의를 펼친다.

렇게 적었다.

> 임신중단을 모종의 계획적 청부살인 행위와 직접 비교해보면, 둘 사이에는 아무런 차이도 없다는 사실을 쉽게 알 수 있다. 그러나 우리 사회에서 아기를 중절한 어머니는 처벌할 수 없는 존재로 여겨지는 반면, 그게 누구였든 다른 가족 구성원을 살해한 어머니는 누구라도 있는 그대로 살인자라고 칭해진다.[18]

뉴먼은 「살인하는 엄마들Moms Who Murder」이라는 장에서 논의를 이어간다.

> 현재 우리 사회의 풍토에서 임신중단은 임신중절수술을 행하는 자들과 임신중단을 부추기는 사회자유주의자들, 임신중단을 허용하는 것도 모자라 그 비용까지 지불하는 입법자들의 잘못으로 인식된다. 그러나 정작 임신을 중단한 어머니에게만은 죄를 물을 수 없다. 아이러니하게도, 그녀야말로 자신이 무슨 짓을 저질렀는지 반드시 알아야 하는데 말이다. (…)
> 심지어 임신중단 합법화에 반대하는 진영에서조차 구조자들, 그러니까 한 생명을 구하기 위해 직접적 행동을 취하는 사람들은, 임신중단에 대해서는 살인이라고 부르고자 하면서도, 정작 임신

---

18 Miranda Blue. "Anti-Planned Parenthood Activist Troy Newman's Terrifying, Woman-Shaming, Apocalyptic Manifesto(가족계획연맹 반대 활동을 펼치는 트로이 뉴먼의 여성을 모욕하는 끔찍한 묵시록적 선언문)," *Right Wing Watch*, September 14, 2015, http://www.rightwingwatch.org/post/anti-planned-parenthood-activist-troy-newmans-terrifying-woman-shaming-apocalyptic-manifesto/에서 재인용.

을 중단한 어머니에 대해서는 혹여 그녀의 심기를, 그리고 소위 '정치적으로 올바른' 사람들의 심기를 거스를지 모른다는 두려움에, 면전에서 살인자라고 부르기를 머뭇거린다. 우리의 목적은, 임신을 중단한 여성으로 하여금 자기가 저지른 죄를 마주하고 그 행동이 빚어낸 폐해를 보게끔 하는 것이다. 이 참된 대면을 보류하는 것은, 그녀의 참회와 근본적인 회복을 방해하는 짓이다.

이러한 관점에 비춰볼 때 임신을 중단한 여성을 처벌해야 한다는 트럼프의 발언은 사실—클린턴에게는 유감스럽게도—문제를 바라보는 보수적 사고의 극단적 형태가 아니다. 적어도 트럼프는, 임신중단을 법으로 금지해도 시도할 여성은 어차피 시도한다는 지적에 선뜻 수긍했고, 실제로도 그런 생각을 갖고 있었다. 그리고 이는, 물질적으로나 사회적으로나 재정적으로나 이렇다 할 자산도 없이 임신한 몸으로 출산 예정일까지 견뎌내는 여성들에게 공화당원들이 칭송하듯 떠벌리는 세상의 모든 사랑과도, 그들이 여성들에게 제공하기를 거부한 물질적 지원과도 무관했다. 임신중단 반대운동에 몸담은 다른 이들은, 이러한 여성들을 벌하려면 그들을 담론에서 삭제해야 하리라는 점을 인정하라는 논리적 압박에 사실상 저항한다. 때로 그들은 자기들이 그리는 미국에서 이러한 여성들이 간단히 소멸되리라고 생각하는 듯 보인다. 인공임신중절수술을 시행하는 병원들이 문을 닫고, 임신중단 합법화를 찬성하는 몽상가들이 여성을 더는 잘못된 길로 이끌지 못하게 막으면, 여자들이 임신중단이 아니라 그 무엇이라도 더는 섣불리 시도하지 못할 거라고 생각하는 듯 보인다는 얘기다. 이러한 명분을 위해 여성들은 강간이건 근친상간이건 개의치 않고 **기꺼이** 포궁을 빌려주어야 마땅할 것이다. 하지만 역사는 이러한 예상과 반대되는 방향으로 흘러간다.

트로이 뉴먼은 책 말미에 이렇게 적었다. 임신중단을 저지르고도 죽을 때까지 "회개하지 않는" 그 "살인녀들murderesses"은,

> 짐작건대 사람을 죽인 자로서, 살해된 아이들의 무고한 피로 영혼이 더럽혀진 채, 무덤에 가게 될 것이다. 그들을 기다리는 것은 오직 시간뿐이다. 그 시간 동안 죽음의 문턱에서 그들은 무고한 아이들의 목소리를, 그들의 이름을 울부짖으며 그들에게 불리한 증언을 하고 복수를 요구하는 목소리를 듣게 될 것이다.

이러한 사상에 비추어볼 때 좋은 어머니는 모름지기 지상에서는 축하를, 하늘에서는 무한한 보상을 받아야 마땅하다. 하지만 임신중단을 선택하는 여성들에게는 지옥도 과분할 것이다. 그런 여성들은 단지 부도덕한 정도가 아니라, 근본적으로 자연의 섭리에 어긋나는, 참으로 추악한 존재들이다. 이것이 공화당원과 여성혐오, 성차별주의의 유해한 교차점이다. 과연 진정으로 울부짖는 사람은 누구이며, 그것은 누구를 위한 울부짖음일까.

여성에게는 허락되지 않는 것

그러니까 여성은 처벌을 당하는 것도 모자라 목숨을 구하기 위한 의료적 처치까지 거부당한다. 그런데 그들은 무슨 이유로 처벌을 받는 걸까? 그리고 그러한 억제의 목적은 무엇일까?

좌파는 흔히 우파가 혼외정사를 이유로 여성을 처벌할 방법을 모색한다고, 또한 이런 이유로 임신중단은 대체로 여성의 몸

을 단속하고 그들의 성생활을 통제하는 문제라고 생각한다. 물론 그런 행동의 동기는 다분히 음침하고 복합적이다. 하지만 만약 그 정도가 전부라면, 강간이나 근친상간의 피해 여성에게까지 임신 중단 시도를 금지할 이유가 있을까? 하지만 뜻밖에도 제법 많은 사람이 이런 식의 임신중단 금지에 동조한다. 갤럽의 최근 여론조사에 따르면 2016년 미국인은 다섯 명당 거의 한 명꼴로 그 어떤 상황에도, 이를테면 심지어 "임부의 목숨"이 위태로운 상황에도 임신중단을 불법화해야 한다고 응답했다.[19] 그러므로 이러한 경향이 생명을 살리기 위해서라는 발상 또한 납득하기 어렵다. 더욱이 임신중단 금지의 근거가 만약 그런 것이라면, 그러니까 태아 혹은 배아를 살해하느니 한두 사람쯤 죽게 내버려두는 편이 낫다는 생각이라면, 대안적으로 수정을 예방하는 효과가 입증된 다양하고도 대체로 저렴한 피임용구의 접근성을 높이는 일에 모든 권력과 수단을 동원하는 편이 낫지 않을까? 하지만 이런 기대가 현실화될 가능성은 현재로선 희박하다. 가령 **버웰 대 하비 로비**Burwell v. Hobby Lobby **사건**(2014)*의 대법원 판결은 이런 기대를 보란 듯이 무너뜨린다.

그리고 이는 다음과 같은 의문으로 이어진다. 여성은 대체 무엇을 했기에, 어떻게 처신했기에 죄인 취급을 받는 걸까?

내 생각에, 그들은 베풂이라는 책무를 거부하고 방기했다. 그들은 차갑고, 무감각하고, 비정하다. 그들은 취약한 존재를 적법한 집에서 쫓아내고 타고난 권리를 박탈함으로써 안전한 피난처

---

19 "Abortion(임신중단)," *Gallup*, http://www.gallup.com/poll/1576/abortion. aspx(2017년 5월 12일 마지막 접속).

* 고용주가 종교적 신념을 이유로 직장 건강보험 보장 항목에서 피임을 제외하는 것을 허용한 판결.

의 제공과 양육이라는 자연적 의무를 등한시했다. 그러니까 임신 중단을 감행하는 여성들은 마치 하얀 스크린과도 같다. 설령 임신 중단의 목적이 임부의 생명을 구하는 데 있을지라도 사람들은 결국 특권의식에서 비롯된 욕구가 충족되지 않았다는 느낌으로 인해 일련의 불만을 그 하얀 스크린 위에 투사한다. 이러한 생각에 대해서는 다음 장에서 자세히 논할 것이다.

림보는 샌드라 플루크를 "무책임한 인간"에 "전형적인 자유주의자"라고 거듭해서 일컬었다. 그남이 토한 열변 중 특히 인상적인 발언은 이것이다. "여기 한 여성이 있습니다. 자신이 부도덕하고 근본도 없으며 인생의 목적마저 없다는 사실을 기꺼이 드러내는 여성이죠." 누군가는 생각했으리라. 문제는 그녀가 인생의 목적과 목표를 너무 적게 가졌다는 데 있는 게 아니라, 너무 **많이** 가졌다는 데 있다고.

림보는 주로 보수적인 백인 남성과 그들의 상대자 격인 백인 여성으로 구성된 애청자들이 쉽게 공감하는 혼란과 상실, 슬픔의 감정을 그들에게 전파하고 그 감정을 공분으로 전환시키는 일에 도가 텄다. 이때 그남이 종종 이용하는 방법은 애청자들을 피해자 역할로 캐스팅하기에 적합한 도덕적 서사를 제공하는 것이다. 플루크는 일면 (림보와 청취자들의 "돈을 취해감"으로써) 사회적 계약을 위반한 인물처럼 그려졌다. 림보의 오락가락하던 발언에 따르면 플루크는 창녀였고, 그남과 청취자들은 그녀의 고객이거나 포주였다. 이 은유의 핵심은, 플루크가 그들에게 일말의 여자다움을 빚고 있다는 것이다. 자연스럽게 그남의 초점은 성관계에 맞춰졌지만, 반드시 그럴 필요는 없었다고 본다. 더욱이 림보의 이야기에서 플루크는 부당한 **권리**를 **주장**하는 인물처럼 그려졌다. 그녀는 림보와 청취자들에게 뭔가를 기대하면서도 개인적 관심이라는 답례는 제공하지 않았다. 또한 기본적으로 그녀는 **양육의 의무를 외면한 채 취약한 존재에게 생명을 주고 그를 돌보기를 거부하고 있었다.**

이야기를 다른 구조로 풀어갈 수도 있을 것이다. 가령 플루크 같은 여성의 그릇된 행실이 빚어낸 또 다른 희생양을 가리키며 그와의 일체감이나 도덕개혁운동에의 의지를 일깨움으로써 화를 부추길 수도 있을 것이다. 임신한 여성을 악독하기 짝이 없는 임신중단 옹호자들과 시술자들의 꾐에 빠져 무력한 태아를 그들의 정당한 안식처에서 몰아내는 용의자 혹은 무책임하지만 단연코 구제가 가능한 존재로 묘사하는 강력한 서사도 그런 과정을 거쳐 만들어졌다는 게 내 생각이다. 여기서 태아의 역할은 강력한 문화적 상징일 수도 있고, 여성에게 무시당하거나 무언가를 박탈당했다고 느끼는 특정 남성들의 대리인일 수도 있다. 또한 그 남성들은 자신이 취약한 처지라는 인식을 태아에게 투사할 수도 있다. 인간이라고 추정되는 또 다른 생명체를 대리해 자신에게 울분이라는 감정을 허용하는 것이다. 게다가 편리하게도 그 태아들은 자기만의 계획도 없고, 실제로 지각을 갖기도 전에 지각 있는 생명체로서 존재하게 되는 데 정작 자기들은 일말의 관심도 없다고 말할 목소리조차 없다. 게다가 일반적으로 도덕적 우위를 점하는 일은 거부당하고 상처받았다는 느낌을 인정하는 일보다 더 수월하다. 어느 작가의 글을 읽어보자.

> 태아는 아직 어머니의 포궁에 싸여 있기는 하지만, 엄연한 인간이다. 한데 그놈이 아직 제대로 누려보지도 못한 삶을 앗아가는 짓은 가장 잔인한 범죄다. 집을 가장 안전한 피난처라고 할 때, 장부를 들판이 아닌 집에서 죽이는 게 더 끔찍한 일이라고 본다

면, 포궁 속 태아를 세상에 나오기도 전에 파괴하는 행위 또한 분명 더 악랄한 것으로 간주되어야 마땅하다.(Calvin 1999)

이는 장 칼뱅이 16세기에 쓴 문구다. 어머니의 포궁을 지배적인 남성의 집이자 안식처—또는 안전한 공간—에 비유하는 것은 가부장제 이데올로기의 오래된 관습 중 하나이며, 지금까지 남아 있는 관습이기도 하다.

어쨌든 이것이 내 작업 가설이다. 이 가설의 장점은, 임신 중단을 바라보는 보수주의자들의 관점이, 설령 그들이 표면적으로 지향하는 목적을 달성한다 해도 그토록 모순되고 임시적이며 왠지 찜찜하게 느껴지는 이유를 설명한다는 데 있다.

백래시로서 여성혐오

사람들은 때로 여성혐오가 과거의 유물이라고, 원형은 이제 역사 속에 묻히고 이른바 "신여성혐오New Misogyny"로 대체돼야 한다고 인식한다(Brooks 2016; Manne 2016d 참조). 하지만 이는 과연 진실일까? 괜스레 설명만 복잡해지는 건 아닐까? 가부장제 질서가 여성혐오보다 더 폭넓은 범위를 아우르기는 하지만, 여성혐오는 도처에서 발생하는 데다, 가부장제의 규범과 기대를 강요하는 역할을 담당하는 한 거의 틀림없이 가부장제 질서와 인과적으로 떼려야 뗄 수 없는 관계다. 이러한 사실은 여성혐오가 억압적으로 보이는 체제 안에서 만연한 이유, 그리고 최근 미국에서 특히 빈번하게 발생하는 이유를 동시에 설명한다. 페미니즘의 진보는 빨랐고 여러 면에서 인상적이었다. 그러나 이는 분노와 불안, 여성혐오자의 반발을 불러일으켰다. 이러한 감정들은 도덕주의라는 망토를 휘감고, 인터넷 댓글 창에서처럼 익명성이라는 보호막을 둘러싼 상태로 표출된다.

설령 언젠가 사람들의 **성차별주의적** 성향이 옅어진다 해도, 그러니까 여성의 지적 통찰력이나 지도력을 회의적으로 바라보는 시선이 감소하고, 여성이 지나치게 감정적이거나 비합리적이라는 식의 유해하고 젠더화된 고정관념을 믿는 경향이 잦아든다 해도, 페미니즘이 역할을 다했다고는 단정할 수 없다. 오히려 여성혐오는 문화 속에 잠복하거나 잠들어 있다가 여성들의 능력이 더 두드러져 사람들의 사기를 꺾거나 위협할 때 모습을 드러낼지 모른다. 또한 이는 저주인형과 희생양을 골라 괴롭히는 형태의 저급한 분개뿐 아니라, 얼마간 교묘한 형태의 몰아세우기라든가 도덕주의, 희망적 관측, 의도적 부인으로 이어질 수도 있다.

여성들은 다른 모든 조건이 동일하다고 할 때 남성보다 두 배로 뛰어나야만 존경받고 성공하고 칭송받을 수 있다는 이야기를 듣고는 한다. 이 얘기가 사실인지 여부와 상관없이 성차별주의는 종류를 막론하고 작동할 수도, 작동하지 않을 수도 있음을 감안할 때 확실한 것은, 그 정도 뛰어남으로는 불충분하다는 점이다. 때로는 어느 정도여야 충분한지조차 불분명하다. 여성의 그런 뛰어남은 대상이 누구냐에 따라 역효과를 불러일으킬 소지가 있다. 사람에 따라 그 여성을 자칫 양극화의 상징처럼 받아들일 가능성도 있다는 얘기다. 달리 말해 여성들은 지나치게 우수해도, 지나치게 유능해도 벌칙을 받을 수 있다. 어쩌면 사람들은 '움찔'한 나머지, 마음속에 피어오르기 시작한 의혹이나 불안감을 이해해보려 자기도 모르게 사후합리화에 가담하게 될지도 모른다. 이 부분에 대해서는 8장에서 다시 논의할 것이다.

문제의 대선이 끝난 뒤, 나는 선거운동 기간 내가 적었던 글들을 들춰보았다. 다음은 그중 2016년 3월의 글이다.

트럼프의 선거운동이 여실히 보여주었듯, 현대 미국이라는 세계에서는 과거에 특권을 누리던 남성들이 휘청거리고 그들의 몰락에 여성들도 덩달아 방향감각을 상실한다. 그러므로 젠더화된 위계 구조에 반하며 관습상 남성이 도맡아온 사회적 역할을 갈망하는 여성들은 자칫 여성혐오를 촉발하기 쉽다. 한편 공직에 출마하는 것보다 더 확실한 기폭제는 찾아내기 힘들 것이다. 특히 그 공직이 경쟁 관계인 남성 정치인을 희생시켜야 주어지는 자리일 때는 더더욱.

이러한 생각이 대체로 옳다면, 여성 정치인들에 관해 우리가 품어야 할 의문의 성격도 그로써 명확해진다. 물론 클린턴이 속한 부류의 여성들 자체는 거짓된 믿음이나 젠더화된 구시대적 고정관념의 대상이 아닐 수 있다. 하지만 명백한 능력을 갖추었다는 바로 그 사실 때문에 그들은 적대적 방식으로 관찰되고 취급당할 수 있다. 클린턴의 정치적 능력이 보는 사람의 위치와 환경에 따라 위협적으로 느껴질 가능성도 있다는 얘기다.

이러한 이해에 근거할 때 여성혐오적 적개심은 다소 공공연할 수도, 다소 강렬하거나 저급할 수도 있다. 경미한 반감과 의심부터 노골적인 증오와 폭력까지 아우르는 것이다. 그리고 여성혐오를 전달하거나 표현하는 주체는 남성일 수도, 여성일 수도 있다. 사실 그럴 수밖에 없는 것이, 가부장제 사회구조의 붕괴는 여남을 막론하고 누구나 직면할 수 있는 현실이기 때문이다. 하지만 그럼에도 글렌 그린월드는 이른바 버니 브로Bernie Bro*에게 부과된 혐의들에 과장이 섞여 있다고 주장했다. 그러면서 그들에게 쏟아졌고 지금도 쏟아지고 있는 비난의 일부 출처가 여성이라는 점을 그 근거로 제시했다. (…)

요즘 사람들은 자신이 맹목적 편견의 희생양이 될 수도 있다는 사실을 쉽게 수긍하는 분위기다. 인종이나 젠더에 근거를 둔 미묘한 편견들은 부지불식간에 사람들의 사고와 행동에 영향을 미칠 수 있다. 이는 도널드 트럼프 특유의 뻔뻔스런 편협함과는 다르다. 평등주의적 가치에 헌신하는 사람도 이러한 편견을 가질 수 있다. 그러나 젠더에 관한 한, 맹목적 편견이라는 개념은 설익은 성차별주의와 설익은 여성혐오 사이 어디쯤에 모호하게 자리한다. 여성혐오는 사후합리화를 거칠 가능성이 높다. 이는 각종 심리학 문헌을 통해 충분히 입증된 현상이다. 가령 우리는 정확한 이유도 모른 채 누군가에게 적개심을 느낀다. 그럴 때면 우리의 정신은 우리의 나쁜 감정을 정당화할 이론적 근거를 찾아 나선다. 그 여자는 목소리가 앙칼져. 그 여자는 소리를 질러. 그 여자는 왜 웃지를 않지?

나만 해도 최소 한 가지 이유는 떠올릴 수 있다. 클린턴이 꼭 대통령이 돼야 하는지 여부와 무관하게 이는 실로 불공평하다. 그리고 나는 이런 현상이 11월 선거의 투표율에도 영향을 미칠 것만 같아 두렵다.

사람들이 힐러리 클린턴을 페미니스트 후보라고 생각하든 말든, 한 여성이 미국의 차기 대통령이 될지도 모른다는 사실은 페미니즘이 이룬 괄목할 만한 성취다. 최근 들어 눈에 띄는 여성혐오자들의 반발이 부쩍 늘어난 것은, 이러한 사실에도 불구하고 벌어지는 현상이 아니라, 바로 이러한 사실 때문에 벌어지는 현상

---

*   2016년 미 대선 후보 버니 샌더스의 지지자로 추정되는 사람들을 경멸적으로 일컫는 말.

일 테다. 아이러니하게도 우리가 진즉 여성 대통령을 한 명쯤은 배출했어야 한다는 사실이, 현재 여성 대통령의 선출을 막는 걸림돌인지도 모른다. 또한 클린턴의 승리는 그녀를 비롯한 많은 여성을 트럼프의 핵심 지지층인 백인 남성들의 분개에 노출시킬 것이다.[20]

나는 이 글로 작금의 사태가 예상을 전적으로 빗나갔다고 말하려는 것이 아니다. 오히려 이 모든 사태가 너무도 예측 가능했다고 말하려는 것이다. 여성 정치인은 여성혐오자들이 일제히 공격성을 분출하기에 알맞은 대상이다. 매우 공적인 인물인 동시에 집단적 관심의 대상이라는 뜻이다. 심리학적 관점만이 아니라 도덕적 관점에서도 그러하다. 확실히 그들은 어떤 면에서 타협적으로 살아왔고, 진심 어린 도덕적 비판을 받기도 한다. 하지만 그들을 판단할 때 실제로 성차별주의나 명백히 젠더화된 기준이 작용하는지 여부는 여기서 중요하지 않다. 남성 상대자들에 비해 얼마나 많은 도덕적 비판에 직면해 있으며, 도덕적 평판에는 또 얼마나 많은 손상이 가해지는지가 중요하다.

다수의 좌파 인사가 자기들은 힐러리 클린턴에 대한 편견이 털끝만큼도 없다고 주장하면서도 한편으로는 그녀가 부패했고 간교하고 탐욕스럽고 특권적이고 무감각하다고 확신했다. 자신을 버니 샌더스의 지지자이자 가수 엘리 굴딩을 좋아하는 소박한 블

---

20 Kate Manne, "What Misogyny Means (Or, Rather, Meant) for Hillary Clinton(힐러리 클린턴에게 여성혐오는 무엇을 의미하는가(혹은 의미했는가))," 원고는 다음 페이지에서 읽을 수 있다. https://www.academia.edu/29785241/What_Misogyny_Means_or_Rather_Meant_for_Hillary_Clinton_--_Draft_of_March_21_2016.

로거라고 소개한(조심스레 평가하자면, 그런 식으로 은근히 자신의 힙함을 과시한) 『허핑턴 포스트』의 한 기고자는 이번 대선 기간에 여자인 친구 한 명과 척을 지게 된 사연을 털어놓았다. 문제의 친구는 힐러리에 대한 편견을 이유로 그남을 비난했다. 그남은 이렇게 반박했다. "그 친구는 그렇게 느낀 정확한 이유를 분명히 밝히지 않았다. (…) 특정 후보를 지지하지 않기로 선택할 때 나는 그 결정에 대해 매우 합당한 근거를 갖추려고 노력하는 사람이다." 그러면서 그남은, 클린턴의 "도무지 채워지지 않을 것 같은 욕심"과 실증은 없지만 심증은 충분해서 **어느 정도** 사실로 보이는 부패를 판단의 근거로 제시했다(한데 보아하니 그남의 이 심증은 실체 없음으로 판명된 듯하다. 가령 Abramson 2016을 보라). 또한 그남이 볼 때 그녀는 위선적이었다. "말로는 아이들을 사랑한다면서도 정작 그 아이들을 죽일 수도 있다는 생각을 납득시키는 데 혈안이 돼 있었다."[21]

달리 말해 클린턴은 샌드라 플루크보다 더한 특권층인 동시에, 뉴먼의 이른바 살인하는 어머니들보다 더 잔인하고 무감각한 존재로 간주되었다. 경제와 사회구조를 전반적으로 개혁하자는 건강한 외침은 예비선거 기간이 흘러갈수록 점점 이원론적이고 개인주의적이고 비방적인 구호들로 변질돼갔다. 가령 미국에서 샌더스의 일부 지지자들은 "bern the witch〔마녀 화형〕", 그러니까 버니라는 불길로 힐러리라는 마녀를 태워버리라는 슬로건을 내걸었다. 그렇게 그들은 자기도 모르는 사이 최근 오스트레일리아 곳곳에서 들리던 구호를, 그러니까 (이 장 앞부분에서도 등장한) 줄리아 길

---

21 Jason Fuller, "Hillary Clinton May Have Experience but She Lacks Judgment〔힐러리 클린턴은 경험은 있을지 모르나 판단력이 부족하다〕," *Huffington Post*, April 14, 2016, http://www.huffingtonpost.com/jason-fuller2/it-is-not-sexist-to-say-h_b_9699060.html.

러드의 길지 않은 총리 임기 동안 그녀를 부단히도 괴롭히던 그 소리들을 반복하고 있었다. 이처럼 두 여성은 놀랍도록 유사한 갖가지 여성혐오자의 독설과 도덕주의자의 의심에 직면해왔다. 특히 후자와 관련해서는 마지막 장에서 방대한 분량으로 다룰 예정이다. 한편, 이 이야기의 후일담은 최근의 역사를 확인하면 될 것이다. 클린턴은 불구덩이로 떨어졌고, 트럼프는 백악관으로 승천했다.

4장

남자의 것을 취하다

Taking His (Out)

민망하여라, 여인들의 단순함이여

평화를 위해 무릎을 꿇어야 하는 장소에서 전쟁을 제안하다니,

섬기고 사랑하고 복종해야 할 때

통치와 패권, 장악을 좇다니

윌리엄 셰익스피어, 『말괄량이 길들이기*The Taming of the Shrew*』

5막 2장 중 케이트의 대사

여성혐오와 권리

엘리엇 로저는 자신의 심경을 토로하는 동영상에서 모든 것이 **부당**하게 느껴진다고 역설했다. 이른바 "잘나가는 여성"들은 그남에게 애정과 관심, 경애, 섹스, 사랑을 제공하고, 집단 내 더 높은 사회적 위치를 부여하는 일에 관심이 없다는 것이다. 물론 그남의 특권의식은 도덕적 관점에서 부당하다. 그러나 이는 현대 미국에서(비단 미국만의 문제는 아닐 테지만, 다른 지역에 대한 연구는 다른 이들의 몫으로 남겨둔다) 로저처럼 젊은 남성들을 포함해 거의 모든 남성이 품고 있는 의식이기도 하다. 로저의 발언(1장 참고)이 다수의 여성을 겨냥하는 이유도 바로 여기에 있다. 사실 그남의 발언은 내용 자체만 놓고 보면 그리 충격적이지 않았다. 오히려 정반대였다. 매우 익숙한 발언처럼 들렸고, 이후에 로저가 취한 행동에 비춰 볼 때 이는 실로 암울한 자각이었다.

일부 남성, 특히 대단한 특권을 누리는 남성들은 여성에게 받아낼 **빚**이 있다고, 그 빚의 상환 수단은 1장에서 논의한 바와 같이, 적합한 인적 재화와 서비스라고 인식하는 듯하다. 이러한 인식이 만연한 정도에 대해서는 굳이 입장을 밝히지 않겠지만, 예외적으로 다음 두 가지만은 (이 장과 이어지는 장들에서 논의하고 결론에서 요약할 내용을 바탕으로) 주장하려 한다. 첫째, 이러한 인식은 상당수의 이른바 후기가부장제 사회에서 여전히 심각한 문제로 남아 있다. 둘째, 이러한 인식은, 다른 모든 조건이 동일하다면, 남성쪽에서 여성을 향해 갖는 사례가 반대의 사례보다 더 일반적이다. 그러나 이어지는 논의에서 내 주된 목표는 우선 이러한 관계들의 윤곽을 더듬는 것이다. 만약 가부장제가 지금 여기, 그러니까 미국이나 영국, 오스트레일리아와 같은 문화권을 움직이는 무엇이라면, 그 내용은 (결코 전적으로는 아니지만) 주로 이 불공정하고도 젠더화된 경제, 즉 도덕적이고도 사회적인 재화와 서비스를 여남이 서로 불균형하게 **주고받는** 현상으로 구성돼 있으리라고 믿기 때문이다.[1]

일반적으로 권리의 이면에는 의무가 자리한다. 이때 의무는 누군가가 그남에게 **빚진** 것이다. 그러니까 만약 실제로 어떤 남성이 여성들에 대해 이 부당한 특권의식을 갖고 있다면, 그남은 거짓된 혹은 위조된 의무를 여성에게 부과할 공산이 크다. 뿐만 아니라 그남은 여성이 **자신에게** 제공하도록 돼 있는 종류의 재화를 오히려 자신에게 **요구**할 때 이를 인륜에 어긋나는 치욕으로 받아들이기 쉽다. 이는 (1장에서) 손님의 주문을 제대로 받지 않은 여종업원이 그 손님에게 서비스를 요구하는 상황과 흡사하다. 역할 역전의 문제를 넘어, '저 여자 자기가 누구라고 **생각**하는 거야?'라는 식의 감정을 불러일으킬 수 있다는 얘기다. 만약 그녀가 제때 잘못을 뉘우치고 '똑바로 처신'함으로써 사태를 수습하지 않는다면,

---

1   Pateman 1988, 특히. chap. 6 참조.

손님의 분노는 이내 건잡을 수 없이 커져버릴 것이다. 부끄러움을 모르는 자, 직무를 등한시하는 것도 모자라 일단 형세가 역전됐다 싶으면 아무 일도 없었다는 듯 쾌활하고 뻔뻔하게 구는 자에게는 유난히 심기를 거스르는 뭔가가 있다. 그들은 단지 주어진 일을 해내지 못하는 데 그치지 않고, 타인이 자기들의 불친절에 보답하기를, 혹은 자기들의 일을 대신 해주기를 요구한다. 그들은 무기력하고 부주의하고 무책임하다.

이런 생각이 러시 림보가 만들어낸 샌드라 플루크의 서사와 깔끔하게 맞아떨어진다는 점에 주목하라. 표면적으로 림보는 플루크의 피임약 처방 비용을 보험으로 보장한다면 그녀가 림보와 청취자들이 고생해서 번 돈(즉, 그들이 낸 세금)을 받아가는 셈이니 답례로 자기들에게 성적 서비스를 제공할 의무가 있다고 주장했다. 하지만 당연하게도, 림보는 자기가 한 발언이 액면 그대로 받아들여지기를 기대하진 않았다. 사실상 그남은 일종의 귀류법*을 시도하고 있었다. 추정상 플루크에겐 그들과 성관계를 맺어줄 의무가 없었다. 그러니 거꾸로 그들 또한 그녀에게 '자기들의' 돈을 내어줄 의무가 없었다.

정말이지 말도 안 되는 주장이다. 심지어 그 주장은 과도하게 뒤틀린 재산 및 조세 논리에 근거를 두고 있다. (무심결에 이중 잣대까지 들이댔음은 물론이다. 가령 비아그라가 보험으로 보장된다는 점은 이미 널리 알려진 사실이다. 뿐만 아니라 자유주의자 여성들 역시 세금을 납부한다.) 그러나 무엇보다 내 호기심을 자극한 것은 무심결에 드러난 그남의 정신 상태였다. 단, 심리학적 호기심(어쩌면 림보는 의외로 연기를, 그러니까 냉소적인 사람인 척 연기를 하고 있었는지도 모른다)

---

* 어떤 명제가 참임을 직접 증명하는 대신, 그 부정 명제가 참이라고 가정하여 그것의 불합리성을 증명함으로써 원래의 명제가 참임을 밝히는 간접 증명법.

은 아니었다. 그것은 사회적으로 **누가 무엇을 소유하고**, 누가 누구의 인격을—그 사람의 신체뿐 아니라 **정신**, 그러니까 선택하고 결단하고 주체적으로 행동하는 능력까지—소유할 권리가 있는가에 대한 림보의 인식을 엿볼 수 있다는 점에서 비롯된 호기심이었다. 그녀의 관심이라는 혜택을 첫 번째로 누려야 할 사람은 과연 누구일까? 그녀가 방향을 맞추고 **최우선적**으로 순종해야 마땅한 그남은 과연 누구일까? 「결론」 부분에서 명확히 밝혀지겠지만, 질문 속 대명사가 암시하듯 남성 중에서도 특히 비교적 높은 수준의 권력과 특혜를 누리는 일부 남성들은 상대가 남성일 때보다 여성일 때 다방면에서 이러한 소유 의식을 더 강하게 느끼는 듯하다. 또한 이 소유 의식이 저항이나 좌절, 훼손, 위협에 직면할 때, 이는 종종 그녀는 물론이거니와 때로는 그남의 소유로 추정되는 영역을 침범한 남성 경쟁자들까지 겨냥한 여성혐오를 촉발시킬 수 있다. 뿐만 아니라 그남은 그녀에게 받을 빚이 있다는 생각, 그러니까 여성이 그남에게 **주었어야** 마땅하고 그남이 마음만 먹으면 소유할 수 있어야 마땅한 것이 있다는 생각에 집착하게 될는지도 모른다.

로저와 림보가 만들어낸 이 모든 이야기의 압권은 그들의 서사에 **딱 들어맞는** 여성이 존재하지 않을 수도 있다는 점이다. 달리 말해 그들이 (이번 역시 여성혐오자의 왜곡된 논리를 근거로) 자신들의 정당한 권리라고 추정하는 것을 요구할 대상, 그 권리를 부당하게 가로챘다고 비난할 대상이 존재하지 않을 가능성이 있다는 얘기다. 대신에 그들은 각자가 빚어낸 서사를 통해 (로저는) 같은 처지인 사람들 사이에서, (림보는) 청취자들의 입장을 대신함으로써 모호하고도 우회적인 연결 고리를 끌어냈다. 이 연결 고리의 끝,

그러니까 이야기의 결말은 그 괘씸한 부재의 책임을 대표로 짊어
질 여성을 희생양으로 내세우는 것이다. (로저 사례에서 여성은 사실상
이중적 부재, 즉 범인을 특정할 수 없는 태만죄의 책임을 짊어져야 했다.)
따라서 로저는 자기 것을 잔인하게 박탈했다고 생각하는 부류의
여성을 찾아낼 필요가 있었다. 또한 그남의 불만에 찬 관점에서
보면, 그녀는 그남에게서 **그녀 자신**마저 앗아갔다. 그녀는 그남을
간과한 정도가 아니라, 의도적으로 무시하고 있었다. 또한 그녀는
그남에게 무관심한 정도가 아니라, 거만하기 이를 데 없이 그남
의 존재마저 알아차리지 못했다. 그녀로 인해 그남은 자신이 투
명인간 정도가 아니라, **아무것도 아닌 존재**, 인간 이하의 보잘것없
는 존재라고 느껴야 했다.

그래서 로저는 그녀에게 똑같이 대우해주기로, 더 정확하
게는 곱절로 갚아주기로 결심했다. 그남은 그녀와 그녀가 속한 여
학생회 학생들을 **몰살하기로** 마음먹었다. 사람이 북적이는 여학생
회관 하나쯤은 없어져도 좋을 것 같았다. 세상이 그남에게 얼마나
불공평했는지 증언하고, 그남을 좌절시키는 (그남의 표현을 빌리자
면) "죄악"을 저지른 회관 내 여학생들을 응징할 수만 있다면.[2]

물론 이처럼 위험한 상상이 현실이 될 가능성은 상당히 낮
다. 하지만 주목할 부분은, 많은 여성이 이런 폭력의 **잠재적** 대상
이라는 점이다. 로저의 감정 폭발은 비교적 흔한 불만이 이례적이
게 폭력적인 반응으로 분출된 사례다. 그러나 혐오성이 비교적 옅
은 사례들도 존재할 수 있다. 더욱이 당신과 처지가 대체로 비슷
한 누군가가 희생양이나 표적이 될 수 있다면, 당신 또한 모종의

---

2   로저가 스스로 "선언문"이라고 일컬은 「나의 뒤틀린 세계」에는 이런 식의 표현이
     자주 등장한다.

비전형적 범죄의 표적이 될 수 있다. 구체적으로 풀어 말하자면, (로저가 피해자들을 스토킹한 식으로) 당신의 뒤를 밟아온 낯선 사람이 당신을 상대로 보복 행위를 가할 가능성도 있다는 얘기다. 이러한 가능성에 대한 심리적 불안은 불합리한 반응이 아니다.[3]

3 아일라비스타 살인 사건 이후 스티븐 핑커가 젠체하며 내뱉은 발언을 다시 살펴보자. 1장에 소개한 그남의 트윗을 상기하라. "캘리포니아대학 샌타바버라캠퍼스 살인이 여성 증오의 한 패턴이라는 발상은 통계학적으로 우둔하다." 2014년 6월 1일에 올린 이 트윗에 그남은 헤더 맥 도널드의 『내셔널 리뷰』 기사(Mac Donald 2014)를 링크했다. 이튿날 핑커는 "재앙의 통제 불가능성은 객관적 위험과 상관없이 세상을 위험한 장소로 보이게 만든다"라는 트윗을 올리며 다음 기사를 링크했다. T. M. Luhr-mann, "Our Flinching State of Mind(우리의 위축된 마음 상태)," *New York Times*, May 31, 2014, https://www.nytimes.com/2014/06/01/opinion/sunday/luhr-mann-our-flinching-state-of-mind.html. 물론 통계학적으로 이는 사실일 수 있다. 그러니까 여성을 대상으로 한 엘리엇 로저식의 폭력 범죄는, 일면식도 없는 여성들을 스토킹하던 사람이 여성들을 대상으로 저지른 살인이라는 부분만 놓고 보면 발생 가능성이 낮을 것이다. 그러나 다른 부분을 놓고 보면 그러한 범죄는 여성들의 희생 빈도가 훨씬 더 높지만 대체로 미디어의 관심은 받지 못하는 폭력의 한 형태, 즉 성적 질투심에 근거한 폭력이자 남성의 요구를 거절했거나 거절하려 한 여성들을 통제하려는 시도로 간주된다. 예컨대 미국에서는 가까운 파트너에 의한 살인이 하루 평균 2회에서 3회 꼴로, 거의 위와 같은 이유로 발생한다.

핑커는 저서 『우리 본성의 선한 천사*Better Angels of Our Nature*』(2012)(한국어판 2014)에서 성적이고 젠더화된 폭력에 관한 페미니즘의 시각을 한층 노골적으로 무시한다. "지금 우리는 모두 페미니스트"라고 그남은 성급하게 주장한다. 핑커의 말을 가만히 보자 하면, 명목상 그남은 공명정대하다. 그남은 "페미니스트의 선동이 미국 내 강간을 감소시키는 수단으로서 평가할 가치가 있는 것은 사실이지만"이라고 인정하면서도, "페미니스트들은 권력을 쟁탈했고 정부 정책 기조를 자신들의 이익에 부합하는 방향으로 재조정"했으며 결국 그것은 대체로 "괜찮은 시도"로 판명됐다고 주장했다. "승리는 빠르게 왔고, 보이콧이나 순교자를 요하지도 않았으며, 활동가들이 경찰견이나 화난 군중을 맞닥뜨리지도 않았"으니까. 또한 특히 성폭행 관련 제도 개선에 있어 "이 나라는 확실히 준비가 되어 있었다"(403). 페미니스트들은 어차피 오게 돼 있었던 해피엔딩을 앞당겼을 뿐이었다. 또한 진보는 권력을 쥔 남성들이 여성의 섹슈얼리티를 점진적으로 간파해낸 덕분에 이뤄진 결실이었다. 가령 지금까지 여성들은 "청하지도 않았는데 낯선 사람과 갑작스럽게 맺게 되는 성관계의 가능성에

여자가 주어야 할 것

여성이 무엇을 빚졌거나 베풀어야 한다는 발상은 어째서
지속되는 것일까? 그리고 앞서 언급한 재화와 서비스를 제외하면
그 무엇에는 과연 어떤 것들이 있을까?

생각건대 그런 발상이 지속되는 이유는 부분적으로 그 재
화가 실제로 **귀하다**는 데 있다. 참으로 좋아서 없어지면 좋지 않은
것들이랄까. 자연히 사람들은 그 재화를 원하는데, 개중에는 필수
적인 것들도 있다. 이때 여성의 관습적 재화와 서비스에는 애정이
나 흠모, 아량 따위뿐 아니라 단순한 존경심이나 사랑, 수용, 양
육, 안전, 안정, 안전한 피난처까지 포함된다. 친절이나 연민, 도덕
적 관심, 돌봄, 배려, 위로도 있다. 이런 형태의 감정·사회 노동은
재생산노동이나 가사노동처럼 실체가 더 분명하면서도 일면 여성
에게 덜 요구되거나, 이성애 관계에서 (여성과 남성에게) 균등하게 분

설렘보다 차라리 불쾌함을 더 느끼는"(406) 다소 알 수 없는 성향을 보여왔다. 물론
"강간이 남성의 평범한 섹슈얼리티를 정확히 대변하지는 않지만", 그렇다고 전혀 대
변하지 않는다고 말하기도 어렵다. 핑커는 이렇게 적었다.

만약 내게 *여성에 대한 인신공격성ad feminam* 제안을 할 기회가 허락된다면,
강간이 섹스와 무관하다는 그 이론은 아마도 낯선 사람과 인간적 감정 없이 마
지못해 갖는 성관계에 대한 욕구를 괴상한 것으로 생각하는 젠더에 속한 이들
에게 더 그럴듯하게 받아들여질 것이다.

폭력의 감소를 이뤄냈다는 이유로 신성시된 관습에는 상식이 끼어들 여지가 없
다. 그런데도 오늘날 성폭력 센터들은 하나같이 이렇게 주장한다. "강간이나 성
폭행은 성관계나 성욕과는 무관한 행위로, 성관계를 무기로 삼은 공격성과 권
력, 모욕과 관련된 행위다. 강간범의 목표는 지배다."(406) (그남의 이런 생각에
저널리스트 헤더 맥 도널드는 이렇게 화답한다. "맥주 파티에서 여자에게 들이대
는 남자들의 목표는 딱 한 가지. 그리고 가부장제의 복권은 그들의 목표가 아
니다.")

맥 도널드가 다시금 핑커의 안티페미니즘 대변인으로 등판하는 순간이다.

배되는 노동과 미묘한 차이를 보인다. 물론 실체가 비교적 불분명한 일도 여전히 **일**이다. 그렇다고 소위 '잡일'은 아니다. 그러니까 (도덕철학자 J. L. 매키의 말을 빌리자면) 훌륭하고 의미 있는 인생의 본질을 오도하는 자본주의 이데올로기에 의해 "수행 당위성"이 부과된 시간 때우기용 허드렛일은 아니라는 얘기다. 어쨌든 여성의 관습적 업무는 실제로 끊임없는 수행을 요하고, 그래서 해도 해도 끝나지 않는 거라고 성차별주의자들은 훈계하듯 이야기한다. 이는 비단 집안뿐 아니라 직장에서도 마찬가지다. 사적인 영역뿐 아니라 공적인 영역에서도, 그리고 다양한 시민의 상호작용에 있어서도 마찬가지다. 모름지기 품위 있는 사회라면 말이다.

이러한 업무가 주로 도덕적 제재를 통해 엄호되고 반드시 여성이 "수행해야 하는" 일처럼 굳어졌다는 사실은, 그러므로 놀랍지 않다. 이런 의무들을 실천하지 않는 여성은 사회적 호의를 거둬들이겠다는 위협에 시달린다. 반면 그것들을 자의로 기꺼이 수행하는 여성은 사랑과 사의라는 보상을 얻게 된다.[4]

또한 만일 여성에게 단지 불공정하게 많은 임무를 부과하는 수준을 넘어, 주어진 의무를 등한시했다는 이유로 더 심각하고 부정적인 결과를 감수하라고 한다면, 문제는 당연히 더 복잡해질 것이다. 여성의 관습적 업무에 해당되는 돌봄노동에 관한 한, 여성은 사실상 베풀 것이고, 남성은 취할 것이며, 그러지 않는 여성은 벌을 받을 수도 있다("2교대 업무 문제"에 대해서는 Hochschild and

---

4   이해를 돕기 위해 세 가지 서로 다른 가능성을 소개한다. 첫째, 남성은 실제로 이 일을 동거하는 친밀한 여성 파트너보다 덜 수행하고 있을 수 있다. 둘째, 남성에게는 이와 관련하여 덜 엄격한 규범과 기대가 적용될 수 있다. 셋째, 특히 태만 혹은 무책임에 대한 사회적 벌칙은 상대적으로 남성에게 덜 무겁게 부과된다. 그리고 이는 전부 사실일 수도, 일부만 사실일 수도 있다.

Machung 1989를 참조하라).

　이러한 제재를 더 많이, 더 널리 홍보할수록, 이처럼 도덕적이고 사회적인 노동의 젠더화된 경제구조를 강요하기는 더욱 수월해진다. 달리 말해 공인인 특정 여성을 겨냥한 여성혐오는 다른 여성들을 향한 경고로, 그녀를 본받지도 공개적으로 지지하지도 말라는 경고로 작용할 수 있다. 또한 그녀를 향한 여성들의 지지는 남성의 이익을 위해 철저히 가려지고 감춰질 수 있다. 이는 충절을 중시하는 규범과 더불어, 자칫 여성혐오 피해자와의 연대 의사를 표명하는 여성을 위험에 빠트릴 수 있다. 이에 대해서는 마지막 장에서 더 자세히 다룰 것이다.

　그런데 만약 그녀가 뭔가를 취한다면? 그리고 뭔가를 요구한다면? 이 질문에 답하기 위해서는 일종의 분류 작업이 필요하다. 답은 그녀가 요구하거나 취하려 하는 것이 다음 세 가지 중 무엇인지에 따라 달라진다.

① **그남에게 주도록 돼 있는 그녀의 것**(즉, 그녀 쪽에서 "돌려주어야" 하는 것)
② 사회적 규범의 요구에 따라 그남에게 제공해야 하는 상보적 재화와 서비스를 그녀가 그남에게 주지 (않고 심지어 권하지도) 않는데 **그녀에게 주도록 돼 있는 그남의 것**
③ 역사적으로 (다른 남성들과 경쟁하는 가운데) 그남이 **마음대로 취할 수 있는 그남만의 것**

　자, ①과 관련하여 여성에게는 다음과 같은 규범이 적용된다. 여성은 자신이 남성에게든 사회에든 **주도록 돼 있는 것**과 같은 유형의 뭔가를 요구하거나 취하지 말아야 한다. 이 규범은 이미 그남에게 갚아야 할 빚이 있는 여성에게 특히 더 불리하게 작용한다. 설혹 그 남성이 다른 여성들에게 부당한 대우를 받았거나 전반적으로 불운한 삶을 살았다 해도 말이다.

그리고 ②와 관련하여 여성들은 다음과 같은 규범을 지켜야 한다. 여성들이 답례로 내놓은 재화가 비교적 찾는 사람이 적고 구하기도 쉬운 종류의 것이라면, 여성은 **남성이** 언젠가 제공했을 법한 유형의 재화나 서비스—금전이나 기사도, 혹은 기사도라고 알려졌으나 때로는 기본적인 배려 이상도 이하도 아닌 무언가—를 요구하지 말아야 한다. 이 규범의 숨은 뜻은 이것이다. "거래는 끝났어, 자기야." 사실상 림보도 샌드라 플루크를 비판할 때 이 규범을 내걸었다.**5**

5　'리턴 오브 킹즈Return of Kings'라는 블로그의 어느 커뮤니티 회원이 토론 게시판에 올린 게시물 「취득자인 동시에 제공자이기도 한 여자를 찾아내는 법How to Spot a Girl Who Is a Giver and Not Just a Taker」.

　　마침내 나는 미국 여성들에 대한 내 일차적 불만을 이해하게 되었다. 그들은 대부분 취득자다. 그들은 당신의 관심을 취해간다. 그들은 당신의 시간을 취해간다. 그들은 당신의 검증된 가치를 취해간다. 그들은 당신의 돈을 취해간다. 또한 그들은 당신의 물건을 취해간다. 그러면서 그들이 답례로 주는 것은? (어느 라틴계 여자가 들려준 이야기를 옮겨보자면) 그들과 함께하는 기쁨이란다.

　　최근에 여자가 당신에게 메시지를 보내거나 요리를 해준 적이 있다면, 그때는 언제인가? 최근에 여자가 당신을 위해, 그녀에게 아무런 이익도 보장되지 않는 뭔가를 해주었다면, 그때는 언제인가? 최근에 여자가, 당신이 그녀를 위해 아무것도 해주지 않았는데, 답례로 뭔가를 기대하지도 않으면서 당신을 위해 무언가를 해주었다면, 그때는 언제인가? 최근에 여자가, 당신이 먼저 그녀에게 뭔가를 주지도 않았는데 당신에게 뭔가를 실제로 주었다면, 그때는 또 언제인가? (…)

　　(…) 자, 테스트다. 여자를 위해 무언가를 하고 그녀에게 무언가를 줘보자. 간단히 음료나 저녁을 사줄 수도 있겠고, 논문 리뷰를 도와줄 수도 있을 것이다. 만일 그녀가 당신에게 진심으로 고마워하지 않는다면, 당신은 이 여자로부터 그리 많은 것을 얻어내지 못할 것이고, 이는 곧 그녀가 취득자일지언정 제공자는 아니라는 뜻이 된다. 참으로 쉽지 않은가! (…)

마지막으로 ③과 관련하여 여성들에게는 다음과 같은 규범이 적용된다. 여성은 남성의 관습적인 특전과 특혜를, 적어도 그남이 그 특전과 특혜를 원하는 한, 요구하거나 취하려고 들지 말아야한다. 설혹 **그남**이 그것들을 원하지 않는다 해도, 그남의 것을 강탈하려 드는 모습에 제삼자들이 그남을 대신해 분개할지 모른다.

남자가 마음대로 취할 수 있는 것

남성의 관습적인 특전과 특혜란 무엇일까? 여기에는 사회적 지위와 명망, 높은 계급 따위뿐 아니라, 사회 지도층이라는 위치와 권위, 영향력, 금전을 비롯한 갖가지 권력 형태가 포함된다. 실체가 비교적 모호한 것들도 있다. 여기에는 사회적 '체면'이나 자존심, 평판, 신분 및 특권적 **부재**─가령 수치나 공개적 굴욕의 면제는 거의 모든 사람이 원하지만 일부 사람만이 실감하고 누리는 권리다─가 포함된다.

남성이 관습적으로 점유해온 재화의 대부분은, 비록 제로섬 구조까지는 아니더라도 공급이 다소 부족하다. 이런 재화에는 권력과 명망, 금전, 계급, 경쟁우위 등이 해당되며, 남성적 자존심과 평판, 존경 등도 그에 못지않게 중요하다. 그러한 사회적 재화와 지

(…) 제공자는 바람직한 관계 면에서도 중요하지만, 잠자리에서 내가 가장 좋아하는 여자들이기도 하다. 잠자리에서 베푸는 여자는 상대의 쾌감을 더 세심하게 배려할 테니까. 취득자들은 오로지 자신의 쾌감에만 집중한다. 미국 여자 대부분이 잠자리에서 그러하다. 수많은 개인적 경험을 토대로 장담하건대, 베풀지 않는 여자와는 감정적으로 엮일 생각일랑 *접어야* 한다. 엮여봐야 결국은 후회할 테니까. 2014년 9월 27일 사용자 Nomad77이 *RooshVForum* 게시판에 올린 글, https://www.rooshvforum.com/thread-40795.html.

위는 **본질적으로** 공급이 제한돼 있을뿐더러, 이론적으로도 한정적이다. 그러나 이는 어쩌면 증언의 충돌과 의견 차이로 인해 진실하며 믿을 만하다고 여겨도 좋은 사람의 수를 한정하게 된 탓인지도 모른다.[6]

남성이 관습적으로 점유해왔고 차지하고 싶어하는 재화를 여성이 차지하려고 경쟁하거나 남성에게서 빼앗아선 안 된다는 규범을 위반하는 행위는 그남의 남성적 자존심 등을 상하게 할뿐더러 여성혐오자가 공격의 빌미로 잡기 딱 좋다. 그 재화 자체에 별다른 흥미가 없던 남성이라도 막상 여성에게 그것을 빼앗기면 수치심이나 굴욕감을 느낄 가능성이 있다. 이 주제에 대해서는 관습적으로 남성이 점유해온 권좌를 놓고 여남이 경쟁할 때 남성이 드러내는 갖가지 편견과 연계하여 8장에서 다시 논의할 예정이다. 또한 앞으로 확인하겠지만, 제삼자의 취향과 제재는 이인칭적 상대의 반응적 태도와 표현적 행동 이상의 막강한 사회적 영향력을 발휘한다.

지금까지 도덕적 노동의 젠더화된 경제를 훑어봄으로써 여성혐오의 실질적 작동에 관한 이론을 대략적으로, 또 부분적으로 스케치했다. 이제 이를 근거로 몇 가지 구체적인 (그리고 중요하게는, 반증이 가능한) 예측을 해보려 한다. 당연히 이 예측들은 훨씬 더 치밀하고 섬세해야 할 것이다. 그래야 서로 다른 사회적 환경과 하위문화, 특수한 사회적 관계 등이 서로 어떻게 다른지 조목조목 잡아

---

6 이에 대해서는 6장에서 길게 다룰 예정이다. 또한 증언적 부정의가 지배적 남성으로 하여금 남성의 관습적 '체면'을 (관련된 교차적 고려 사항들을 감안할 때) 모든 조건이 동일한 여성에게 빼앗기지 않도록 보호하는 방식에 대해서도 설명할 것이다.

낼 수 있을 테니까. 또한 그 무엇도 위 세 가지 규범을 넘어설 수 없다고 말하고 싶지는 않다. 틀림없이 예외는 있을 것이고, 이어지는 장들에서는 가부장제 사회구조의 몇 가지 다른 흔적들에 주목할 것이다. 그러나 일단 현재의 목표에 집중하기 위해 지금은 되도록 말을 아끼는 편이 좋겠다. 위의 규범 ①-③을 사용하여 더 정확한 예측을 내놓을수록, 조금 전 스케치한 예측과 설명에 힘이 실려 더 많은 사람을 더 쉽게 납득시킬 수 있을 테니까.

이러한 현상은 과연 어느 정도까지 만연해 있을까? 나로서는 그런 부분보다 형태에 더 관심이 있지만, 공식적 기록 차원에서 명확히 설명해두는 편이 좋을 듯하다. 전반적으로 나는 내가 주시하는 대부분의 환경에서 여성혐오가 여전히 만연해 있다고 생각한다. 물론 그간 괄목할 만한 사회적 진보가 이뤄진 것은 사실이다. 하지만 동시에 그 사회적 진보는 뒤죽박죽에 중구난방으로 이뤄졌다. 또한 **여성은 여성의 관습적 재화를 남성에게 주어야** 하며, **남성의 관습적 재화를 남성에게서 취하는 행위는 삼가야** 한다는 (역시나 돌발적으로 집행되지만 가끔은 바로 그런 이유로 엄격하게 집행되기도 하는) 규범은 꾸준히 심대한 영향력을 발휘한다. 생각이 그쪽으로 기우는 부분적 이유는, 이렇게 가설을 세우면 다음과 같은 예측과 설명이 가능하다는 데 있다.

우익 여성들(반대 예측): 위 모델을 적용하면, 여성이 자신의 권력을 가부장제의 이익에 부합되게, 예컨대 보수적이고 우파적인 '가족 지향적' 정치운동에 보탬이 되게 행사할 때 그 권력은 더 관대하게 받아들여질 것이라는 예측이 가능해진다. 최근 수십 년 동안 정치 지도자로서 비교적 성공을 거둔 우파 여성들은 이 예측이 사실임을 그럴듯하게 증명한다.

가령 필리스 슐래플리와 마거릿 대처, 그리고 적어도 현재로서는, 세라 페일린과 오스트레일리아의 폴린 핸슨*의 사례를 보라.[7]

캣콜링: 위 모델을 적용하면, 캣콜링이라는 관행은 (거짓된) 통념상 여성이 남성에게 빚진 관심을 남성이 여성에게 받아내려는 시도로 해석된다. 또한 캣콜링하는 남성은 여성의 매력에 공개적으로 등급을 매기고 사회적 지위와 가치를 부여함으로써 자신의 (역시나 부당한) 특권의식을 강하게 표출할 수도 있다. 뿐만 아니라 여성의 관심을 받아내려는 이 시도의 중심에는 여성에게 다음 세 가지가 허락되지 않는다는 인식이 자리한다. 첫째, 여성은 내향적이어서는 안 된다(가령 자기만의 생각에 빠져 있어서는 안 된다). 둘째, 여성은 감정의 '벽'을 높이 쌓아 남성의 접근을 막아서는 안 된다(내 경험에 비춰보건대, 그랬다간 자칫 '년'으로 끝나는 별명을 얻게 될 수도 있다). 셋째, 남성이 떠들썩하게, 때로는 공격적이거나 위협적인 방식으로 떠안기는 관심을 싫어해서는 안 된다. 일반적으로 캣콜링하는 남성들은 당하는 여성 쪽에서 진심으로 좋아해주는 것을 **당연시**한다. 뿐만 아니라 여성이 '열린' 마음으로, 혹은 '가식 없이' 받아주기를 원할 수도 있다.[8] "웃어, 자기야"는 표면상 그리 불쾌하지 않은 듯한 발언이지만, 사실상 여성에게 감정을 읽기 쉽게 얼굴에 드러내라고 은밀히 요구하는 행위나 마찬가지다. 이때 젠

---

* 페일린은 미국 공화당 정치인으로 알래스카 주지사를 지냈고 공화당 부통령 후보였으며, 핸슨은 오스트레일리아 정치인으로 군소 정당인 일국당One Nation을 창설했다.

7 Dworkin 1988을 보라.

더의 상황이 역전된 사회적 관습들이 상대적으로 희소하다는 사실은, 그 관습들이 가부장제의 본질이나 사회적 의미를 의심하는 이들에게 많은 점을 시사한다. 문제는 그러한 관습들이 실제로 (다방면에서) 해로울 뿐 아니라, 누가 누구에게 무엇을 빚졌고, 그 빚을 청구할 수 있는 사람은 누구인가에 대한 근본적 인식을 은연중에 끊임없이 드러낸다는 점이다.[9]

수치심과 성채: 수전 팔루디의 저서 『배척: 현대 남성의 배신 *Stiffed: The Betrayal of Modern Man*』(2000)에 따르면, 과거에 남성만의 성채였던 사우스캐롤라이나 육군사관학교의 남사관후보생들은 한 여사관후보생의 입학 소식에 극심한, 실로 격분에 가까운 반감을 드러냈다. 여생도의 입학은, 무엇보다 신입생 환영회의 짓궂은 의식이나 생도들 사이의 강도 높은 경쟁을 감안할 때, 남생도들의 프라이버시와 여성 앞에서 굴욕이나 수치를 당하지 않을 자유를 앗아갈 것이었다. 결국 그녀는 그들의 가혹한 대우를 견디지 못하고 일주일만에 학교를 그만두었다.

---

8 라디오 프로그램 「디스 아메리칸 라이프」의 최근 에피소드는 캣콜링과 관련하여 남성이 여성의 마음을, 여성이 분명하게 표명한 감정과 취향에 아랑곳하지 않고 멋대로 해석하는 현상의 증거를 제시한다. Eleanor Gordon-Smith, "Hollaback Girl(홀러백 걸, 캣콜링에 선뜻 응답하는 여자)," This American Life, Episode 603: "Once More with Feeling(감정을 실어서 한 번 더)," December 2, 2016, https://www.thisamericanlife.org/radio-archives/episode/603/once-more-with-feeling?act=1.

9 '잡년slut'이라는 멸칭을 떠올려보자. 대략적으로 그 단어는 엉뚱한 남성들에게 숱하게 관심을 보내느라 정작 관심을 받아 마땅한 남성은 부당하게 대우하는 여성을 의미한다. 어쩌면 이 단어는 사회적 현실을 다소 반영하는지도 모른다. 순간적이고 허술한 사회적 비약에 근거한 단어가 아닐 수도 있다는 얘기다. 아니면, 이런저런 비자발적 역할 분담을 떠올려보아도 좋을 것이다.

남생도들이 특히 심각하게 우려한 세 가지는 다음과 같다. 첫째, 여생도가 있는 자리에서 선임 생도들에게 질책당할 가능성이 있었다. 둘째, 여성의 관습적 업무인 가사노동을, 대신해줄 여생도가 근처에 있는 상황에서 해야 할 가능성이 있었다. 셋째, 여생도 앞에서 감정에 북받쳐 우는 모습뿐 아니라 서로를 위로하는 모습까지 보이게 될 가능성이 있었다. 이는 흔한 장면이었다. 남생도들은 서로를 잔혹하게 괴롭히다가도 이내 다정하게 위로하고는 했다.

고로 그녀의 입성은, 남생도들이 그들만의 특권이라고 느끼던 것을 박탈당했다는 의미, 든든한 벽이 갈라지면서 자칫 그녀 앞에서 **수치스런 모습**을 보이게 될 수도 있는 상황에 처하고 말았다는 의미였다.[10] "여성의 부재는 우리가 여성을 더 잘 이해하게 해줍니다. 여성이 여기 없으니 오히려 일종의 미학적 시각에서 여성을 인식하게 되는 것이죠." 상급 연대장 노먼 두세는 펄루디에게 이렇게 해명했다(Faludi 2000, 114).

그러므로 비록 명백한 가부장제 사회구조는 대체로 사라

---

[10] 참고로 『배척』의 같은 장에서 펄루디는 "LA 매춘 단속반LA Pussy posse"을 그 성채에 비유했다(Faludi 2000, chap. 3). 그곳에서 새로운 여자와의 성관계는 일종의 점수 내기 게임이었다. 성관계 상대가 바뀔 때마다 침대 기둥에 표식을 하나씩 새김으로써 궁극적으로 그들은 명성과 악명을 동시에 추구했다. 흥미롭게도 이 두 성채는 트럼프가 지닌 페르소나의 양면이자 여성혐오의 역사다. 한편 펄루디는 그 둘을 다른 유형의 남성성으로 묘사한다. 각기 다른 맥락에서 중요하게 작동하는, 어쩌면 방식만 다른 남성성일지도 모른다는 것이다. 하나는 폐쇄적이고 개인적인 훈련 과정과 유사하다면, 다른 하나는 이후 팬들과 관객 앞에서 공개적으로 치르는 경기와 유사하다고나 할까.

지는 추세라 해도 남성의 우월한 지위는 이런 식의 상호작용과 관행 속에서 지속될 가능성이 있다. 베풂과 관련된 차별적 규범들로 인해 여성은, 이상적으로는 특정 남성에게, 아니면 적어도 사회에, 관습적으로 여성성이 부여된 재화를 빚졌다고 여겨질 가능성이 있다. 더욱이 그 남성은 자신에게 마땅한 몫이 주어지지 않을 시 사회의 묵인 아래 그러한 재화를 스스로 **취해갈** 가능성, 그러니까—나중에 6장에서 확인하겠지만—그녀에게서 그 재화를 강탈했어도 처벌을 면제받을 가능성이 있다. 또한 비단 베풂만이 아니라 **취함**과 관련해서도 차별적 규범들이 존재하므로, 여성들은 관습상 남성이 점유해온 상급賞給을 놓고 남성과 경쟁하거나 그 상급을 남성에게서 앗아가는 행위를 사실상 금지당할 가능성이 있고, 남성은 여성이 그런 행위를 하지 못하도록 **저지할** 특권을 가졌다고 여겨질 가능성이 있다. 마지막으로, 여성이 (이를테면) '남자들만의 게임'에서 그들을 이기려고 들거나 용케 이긴다면 그녀는 상대 남성을 속였거나 그남에게서 무언가를 훔쳤다고 여겨질 가능성이 있다.

그리고 이는 어느 정도 사실이다. 다만 그녀가 '훔친' 것들은 남성의 정당한 소유가 아니라 역사적으로 부당하게 취득한 전리품일 테다. 그녀에게는 자신이 하고 있는 바로 그 행동을 할 어엿한 권리가 있다. 심지어 그런 행동은 그녀의 **의무**인지도 모른다. 아니면 적어도 일정 부분 가치 있는 행동일 것이다. 역사적으로 남성이 부당하게 독점해온 것들을 그녀가 취한 셈이니 말이다. 또한 이성적으로는 많은 이가 그녀의 이 행동에 동조할 것이다. 하지만 우리의 도덕적 감각과 주의력은 우리의 도덕적 원칙에 한참 못 미칠 때가 부지기수다. 충분히 그럴 수 있고, 대개는 그 자체로 용서될 수도 있다. 그러나 우리는 이 상황을 적절하게 조정할 수 있으며 그래야만 한다. 또한 우리는 합당한 인과적 근거들에 기대어 우리의 젠더화된 사회적 본능을 지나치게 신뢰하지 않을 수 있으며 그러지 말아야만 한다. 이 부분에 대해서는 8장에서 미국 사회의 수배 대상 1순위였던 한 여성, 그러니까 힐러리 클린턴이 실제로 저지른 악행과 그로 인해 치러야 했던 곤욕 간에 상관관계가 있는지 여부를 살펴본 연후에 다시 논의할 예정이다.

　　이는 자연스레 다음과 같은 질문으로 이어진다. 만약 여성이 여성으로서 관습적으로 제공해야 마땅한 재화와 서비스에 대해 소유권을 주장할 가능성이 있는 남성 파트너와 독점적 관계를 갖지 않는다면, 가령 그녀가 레즈비언 커플의 일원이거나 싱글이거나 자발적으로 아이를 갖지 않는 커플의 일원이거나 폴리아모리스트라면, (그녀의) 베풂과 (그남의) 취함에 관한 그 규범들은 과연 언제 작동하게 될까(Jenkins 2017)? 우선 눈여겨볼 부분은, 가변적으로 얽힌 강한 압력들이 이성애 규범적인 동시에 백인우월주의를 지탱하는 관계들을 주관하는 한편, 가부장제의 압력들과도 상호 교차함으로써, LGBTQ에 뚜렷하게 반대하는 형태의 여성혐오를 양산할 가능성이 있다는 점이다. 또한 그 압력들은 덕망과 품성을 주관하는 규범들과 교차함으로써, 여성에게 자신의 에너지와 관심을 내면에 쏟으며 버나드 윌리엄스가 제시한 이른바 "개인적 프로젝트"에 전념할 게 아니라 **외부로** 쏟으라고 부추기곤 할 가능성도 있다(Williams 1981). 이는 사회적 취향에 있어서도 마찬가지다. 그러니까 특정 여성이 여성보다는 남성에게, 여러 사람보다는 한 사람에게, 그녀의 호의에 대한 욕구를 내비치거나 품고 있는 남성 가운데 인종적 특혜를 누리는 이들에게 관심을 기울일 때 아마도 그녀에게는 보상이 주어질 것이다(여기서도 밝혀두건대, 이밖에도 다양한 견해가 가능하며, 여기서 내 의도는 어디까지나 가능성의 목

록을 나열하는 것이지, 내 학문적 역량을 넘어서는 실증적 주장을 내세우려
는 게 아니다). 그러지 않으면 그녀는 자칫 이기주의자나 나르시시
스트라는 비난에 직면하거나, 호모포비아 내지 안티폴리아모리적
편견에 시달릴 수 있다. 소위 '인종 배신자'로 낙인찍힐 수도 있다.
게다가 우리 사회는 여성에게 한편으로 진실함과 정직함에 대한,
다른 한편으론 충실함이나 헌신에 대한 신뢰를 가질 만한 온갖 이
유를 타인에게 제공할 것을 까다롭게 요구하는 경향이 있다. 여성
은 자신이 '열린 마음' 내지 파악하기 쉬운 마음을 지녔다는 사실
뿐 아니라, 자신의 의도가 불변적이며 스스로 맺은 약속을 지키
려는 결심이 굳건하다는 사실까지 증명해야 한다. 그러지 못하면
자칫 여성혐오의 희생양이 되기 십상이다. 이는 한 여성이 위대한
남성의 배경에서 "위대한 여성"으로 존재하는 한, 그녀의 권력과
힘과 주체적 행위가 억눌리기는커녕 오히려 높이 평가될 수도 있
음을 암시한다.[11]

　　진정성 그리고 충실함에 관한 규범들은 서로 밀접하게 관련
이 있는 이유들로 인해 여기서 중요하게 읽힐 수 있다. 우선 그 규
범들은 위의 일부 재화를 **실제로 그 규범에 따라 해석할 수 있게** 한다.
가령 친절은 그것이 주로 수혜자의 행복과 성공을 원하는 진심에
서 우러나지 않았다면 친절이 아니다. 사랑은 그것이 지나치게 변
덕스럽거나 가변적이라면—논란의 여지는 있지만—사랑이 아니

11　여성혐오의 이 같은 역학에 비춰볼 때, 이성애적 관계에서 다른 방향, 즉 남성에게서
　　여성에게로 향하는 동질한 상보적 의무는 그 자체만 보면 더 뒤죽박죽일 것이다. 확
　　실히 그 의무들은 특수한 관계에서 오는 집단적 기질의 일부로, 얼마간 지역적 관습
　　에 기반할 가능성이 있다. 그러나 가부장제 질서에서 남성이 여성에 대해 지는 일반
　　적 의무들은 그 내용은 제각각일지언정 거의 예외 없이 존재할 것이다. 가장 부합하
　　는 예로 가장과 주부의 관계를 들 수 있다.

다. 더욱이 그러한 규범들은 여성이 다른 상황, 즉 남성을 (더) 자유롭게 떠날 수 있는 상황에서 갖게 될 법한 권력과 대등한 수준의 권력을 갖지 못하게 막는다. 마지막으로, 그리고 연계적으로 이러한 규범들은 여성이 남성을 깎아내리거나 관습적 특권을 더 이상 추구하지 못하도록 남성을 방해하지만 않으면 남성과 가깝게 지내도 된다고 여성을 안심시킨다. 여성은 지지의 원천이지 경쟁자가 아니다. 남성에게 더 많이 주어진 모종의 차별적 권력은 이 같은 목적들을 충족시키기에 적당하다. 또한 그남이 반드시 직접 나설 필요도 없다. 법이 그러한 편견을 반영하는 방식으로 집행되기만 한다면.

여성이 지배적 남성에게서 남성의 관습적 재화를 빼앗지도, 심지어 빼앗겠다고 위협하지도 못하도록 막겠다는 목표를 감안하면, 지조와 충실함이라는 규범 또한 같은 맥락에서 중요할 것이다. 남성은 여성의 말이 진심임을 확인할 필요가 있다. 그리고 그녀가 아무런 경고도 없이 돌연 마음을 바꿔 새롭고 위협적인 계획, 이를테면 그남을 떠나거나 '서방질'로 망신시키겠다는 계획을 꾸미지 않을 것임을 확신할 필요가 있다.[12]

---

12 참고로 이른바 '게이머게이트Gamergate'를 촉발시킨 논쟁을 소개한다. 독립 게임 디자이너 조이 퀸은 부당한 비난에 직면했다. 그녀가 직접 개발한 게임 '디프레션 퀘스트Depression Quest'에 대해 긍정적인 리뷰를 받는 조건으로 어느 비디오게임 전문기자와 동침했다는 내용의 글을 그녀의 전 남자친구가 모 블로그에 게재한 것이다. 문제의 게시글 「조이 포스트the Zoë post」에 따르면, 사건은 (추정적) 이중 불충, 즉 신뢰할 수 없음과 "여성의 간교함"이 문제였다. 더욱이 퀸은 그 웹사이트에서 (앞서 잠시 언급한 인물과 다른 기자가 쓴) 디프레션 퀘스트에 관해 썩 긍정적인 리뷰를 받아 일찍이 많은 남성 게임 디자이너를 압도한 바 있었다. 이렇듯 "남자들만의 게임에서 남자들을 물리치고" 지극히 남성 지배적인 하위문화에 침투함으로써 그녀는 최악의 상황을 맞닥뜨렸다. 내 분석으로 보나 실제적 형국으로 보나 게임 영역에서 이례적으로 강렬하고 극심하고 장기적인 여성혐오자들의 반응을 이끌어낸 것

그러므로 이런 관점에 입각하면, 그녀 **자체**가 여성의 관습적 재화로 간주될 가능성도 다분하다.[13] 이러한 가능성은 친밀한 파트너의 폭력과 관련된 통계를 통해 사실로 입증되었다. 여성이 이별을 감행함으로써 그녀 자신을, 상황에 따라서는 그남의 아이들까지 그남에게서 앗아가겠다고 위협할 때 친밀한 파트너에 의

이다. 당시에나 이후에나 게이머게이트를 둘러싼 세부 내용은 복잡하기도 복잡하거니와 아직도 걸핏하면 논쟁을 유발하는 중이다. 그러므로 나는 맷 리스가 『가디언』에 기고하면서 논쟁의 중심에 놓인 바 있는 최근의 사건 요약을 인용하려 한다.

> 게이머게이트는 온라인 운동으로, 사실상 전 여자친구를 벌하고 싶어했던 한 남성으로 인해 시작되었다. 게이머게이트의 가장 주목할 만한 여파는 대개 여성으로 구성된 수많은 진보 인사를, 그들이 안전을 불안해하거나 업계에서 떠날 것을 고려할 정도로 희롱했다는 데 있다. 최초의 표적은 게임 개발자 조이 퀸이었다. 애니타 사키시언도 표적이었다. 비디오게임에 기초적 페미니스트 이론을 접목한 사키시언의 동영상들은 그녀를 일찌감치 표적으로 만들었다(문화비평과 검열을 좀처럼 구별하지 못하는 자들이 그렇게나 많았던 것이다). 하지만 이 증오가 엄청나게 증폭된 계기는 게이머게이트였다. 살해 위협과 강간 위협, 개인정보 유출 사건이 꼬리를 물고 이어졌다.

Matt Lees, "What Gamergate Should Have Taught Us about the 'Alt-Right' 〔게이머게이트가 '대안우파'에 대해 말해주는 것〕," *The Guardian*, December 1, 2016, https://www.theguardian.com/technology/2016/dec/01/gamergate-alt-right-hate-trump.

리스를 비롯한 사람들이 주장하는 바와 같이 게이머게이트는, 다름 아닌 스티브 배넌과 그남의 뉴스 웹사이트 '브라이트바트Breitbart'를 통해 대안우파운동이 발전하는 데 지대한 공을 세웠다. 리스의 글을 계속 읽어보자.

> 게이머게이트와 극우 온라인 운동 '대안우파'의 유사성은 굉장하고 놀라운 데다, 절대 우연이 아니다. 무엇보다, 게임에서 촉발된 그 문화전쟁은 이제 백악관에 고위급 대표를 앉히기에 이르렀다. '브라이트바트'의 창립 멤버이자 전임 의장으로서 스티브 배넌은 마일로 야노풀로스라는 미디어 괴물의 출현에 일조했다. 게이머게이트를 지지하고 응원함으로써 야노풀로스는 유명세를 얻고 트위터 팔로어 수를 늘려나갔다. 이 해시태그는 재난의 전주곡이었다. 그리고 우리는 그것을 무시했다.

이 사건은 증언적 부정의 및 남성 지배성과 연계하여 6장에서도 자세히 다룰 것이다.

한 살인의 위험성은 급증한다.[14]

또한 이 가능성은 가족학살범family annihilator이라는 현상과 그 현상이 상징하는 특권적 수치심에 의해 사실로 입증되었다. 이에 대해서는 곧이어 소개할 충격적 사례 연구를 통해 더 상세히 설명할 예정이다. 살짝 귀띔하자면, 아내와 자녀 앞에서 수치스런 모습을 내보이게 된 뒤로, 남은 대안이라고는 더 이상 자신을 우러러보지 않으며 살아가는 그들의 모습을 바라보는 것뿐일 때 '그남이 마음대로 취할 수 있는 것'에는 그남의 여성 배우자와 자녀의 목숨도 포함될 수 있다.

목숨을 거두다:
수치심과 가족학살범들

사람들은 종종 여성혐오가 수치심의 발현이라고, 특히 가해자가 남성 개개인일 때는 명백히 그러하다고 이야기한다. 그러나 어쩌면 그런 차원을 넘어서는 일일 수 있다. 또한 이러한 발상

---

13 또한 이런 관점은 (3장에서 논의한 것처럼) 임신중단abortion 및 인공임신중절pro-choice 찬성파로 인한 도덕적 공황, 그리고 태아를 정당한 집 혹은 안전한 피난처에서 쫓아내는 것도 모자라 (잘못된 길에 빠져) 재생산과 돌봄노동을 미루는 이기적이고 방종한 여성이라는 개념을 더 잘 이해하게 해준다. 한편 유색인종의 몸은 모든 여성에게 교훈을 준다는 미명 아래 착취당하게 될지도 모른다. 가령 인디애나주는 퍼비 파텔 사건에서처럼 자가유도 인공임신중절 및 태아 살해 금지법과 관련해 아시아계 미국 여성들을 대상으로 이러한 규범들을 강요해온 듯 보인다.

14 몇몇 추산에 따르면, 과거의 배우자나 연인에게 살해될 위험성은 여성이 관계를 청산한 지 2주 내에 다른 어떤 시기보다 70배가량 더 높게 나타났다. "Domestic Violence Statistics(가정폭력 통계)," http://domesticviolencehomicidehelp.com/statistics/ 참조(2017년 5월 12일 접속).

은 가해자와 피해자 사이의 감정이입 혹은 연대의 근거를 밝혀낼 이론적 실마리를 제공한다. 여성혐오자의 공격은 대개 피해자를 서서히 수치심으로 물들인다. 여기에는 얼마간 혐오감에 근거한 이른바 '더럽히기smearing' 메커니즘이 작용하는데, 이에 대해서는 8장에서 논의할 것이다. 더욱이 여성혐오의 이 반응적 태도가 반드시 논리와 동떨어진 것도 아니다. 타인을 수치스럽게 하는 행위에는 사회적 의미가 존재하기 때문이다. 수치심을 느끼는 이들은 자신과 타인 사이의 시선을 차단하고 싶어한다는 특징이 있다. 얼굴을 가리고 수치스러워하는 사람 특유의 외양, 그러니까 고개를 숙이고 눈을 내리깐 모습을 숨기려 드는 것이다. 그러나 시선을 차단하는 방법은 비단 그뿐만이 아니다. 스스로 숨는 대신, 구경꾼을 없앨 수도 있다. "수치심을 느끼는 인간he은 물리력을 행사해 세상이 자신을 보지 못하도록, 자신의 적나라한 실체를 알아채지 못하도록 만들고 싶어한다. 세상의 눈을 파괴하고 싶어한다." 심리학자 에릭 에릭슨의 유명한 문장이다(Erickson 1963, 227). 여기서 에릭슨이 〔인간을 지칭하는 낱말로 'he'라는〕 남성 삼인칭 대명사를 사용했다는 사실은, 의도치 않게 많은 것을 시사한다.

그도 그럴 것이 (다른 여러 억압 가운데서도) 여성혐오 피해자가 느끼는 수치심은, 내가 볼 때 적어도 최고위 특권층인 가해자가 느끼는 수치심과 정확히 이런 차원에서 차이가 있다. 전자는 평범한 수치심, 그러니까 자신이 수치심을 (적어도 이렇게 굴욕적인 방식으로는) 느끼지 않게 되어 있다는 확신이 없는 이들의 수치심이다. 이러한 수치심은 숨거나 노출을 회피하려는 기질을 통해 드러날 공산이 크다. 타인의 "눈을 파괴하고" 싶어하지는 않으리라는 얘기다. 후자가 바로 특권적 수치심, 그러니까 파괴적 성향으로 이어지는 수치심이다. 또한 그러한 수치심은 사회적 굴욕이 예상되거나 닥쳤을 때 유발될 가능성이 높다. 지금부터는 바로 이 특권적 수치심에 집중할 것이다. 그리고 그 과정에서 이러한 수치심의 가장 선명한 징후 중 하나인 가족학살범들에 관해 논의할 것이다. 곧 알게 되겠지만, 이 현상은 일부 가장들과 그들의 여성 배우자 및 자녀 사이에 나타나는 소유적 관계에 내포된 중요한 특징을 보여줄 것이다.

가족학살범들은 다른 유형의 대량학살범들과 다르게 여겨지다 겨우 최근에야 연구되기 시작했다. 크리스 포스터는 가족학살범이었다. 그 영국인 남성은 석유 굴착 장치에 드릴링할 때 사용하는 일종의 안전밸브를 발명했다. 밸브는 더 할 나위 없이 훌륭했고, 그남은 어마어마한 돈을 벌어들였다. 일군의 고급 승용차와 슈롭셔주의 대저택을 사들였고, 아내 질과 딸 커스티를 그 집에서 지내게 했다. 그남은 많은 여자—특히 금발을 좋아했다—와 바람을 피웠지만, 아내는 이를 참아주었다. 미남은 아니었지만 돈이 그남에게 자신감을 심어주었다고, 저술가 존 론슨은 포스터의 외자매가 한 이야기를 인용했다.[15]

포스터는 꽤 많은 총기를 보유 중이었고, 클레이 피전 사격 클럽의 회원이었다. 클럽의 남성 회원들은 그남을 다정한 남편이자 살가운 아버지로 기억했다. 어느 날 그남은 클럽에서 열린 바비큐 파티에 참석했다 사격을 하러 나섰다. 겉보기에는 평소와 다름없는 오후였다. 하지만 그날 밤 집에서 그남은 아내와 딸을 뒤통수에 총을 쏘아 살해했다. 그남은 자신의 모든 소유물과 저택에 기름을 부은 뒤 불을 붙였다. 그러고는 자살을 감행했다. 그남이

15 Jon Ronson, "I've Thought about Doing Myself in Loads of Times……(나는 끊임없이 자살을 생각했다……)," *The Gardian*, November 21, 2008, https://www.theguardian.com/uk/2008/nov/22/christopher-foster-news-crime.

일으킨 마지막 불길이 타오르고 있었다.

왜 그랬을까? 얼마나 놀라운 이유가 숨어 있기에 그런 짓을 저지른 걸까? 하지만 이유를 알고 나면 고개를 갸웃하게 된다. 그 남은 파산했다. 사업상의 잘못된 결정을 잇따라 내린 탓이었다. 모든 것을 잃을 판이었다. 그남이 불태운 소유물은 이튿날 법정 관리인에게 압류될 예정이었다.

론슨은 포스터가 저지른 범죄를 이해하려 애썼지만, 도무지 납득이 가지 않았다. 그러다가 어느 순간 수수께끼가 풀렸다. 논리가 맞아떨어진 것이다. 포스터의 친구 이언의 잘 꾸며놓은 주방에서였다. 메이스브룩이라는 아름답고 정갈한 소도시 외곽에 자리한 그곳은 한때 크리스와 자수성가한 백만장자들로 북적였던 곳이다. 그곳에 앉아 있던 론슨은 포스터가 그 범죄를 저지른 이유뿐 아니라, 하필 그런 방식으로 저지른 이유까지 불현듯 깨달았다. 론슨은 이렇게 적었다.

> 주방에 앉아 있자니, 크리스 포스터가 질과 커스티의 뒤통수를 쏘기로 한 그럴듯한 이유가 불현듯 떠올랐다. 그남은 너무 수치스러운 나머지 아내와 딸을 바라볼 수 없었던 게 아닐까? 혹시 그 살인은 일종의 명예살인이고, 포스터는 단지 아내와 딸, 친구들의 존경을 더 이상 받지 못하리라는 생각을 견딜 수 없었던 게 아닐까?(2008)

포스터의 친구들도 대개는 그남이 한 짓을, 그러니까 자신의 목숨뿐 아니라 가족 구성원의 목숨까지 거두어버린 그남의 행동을 전적으로 이해한다고 했다. 론슨의 기사를 좀더 읽어보자.

포스터의 친구들이 그남의 행동에 얼마나 공감하는지 이야기하는 소리를 듣고 있자면 놀라움을 금하기 어렵다. 슈롭셔라는 이 고립된 장소에서 사람들이 얼마나 날카로워질 수 있는지, 삶이 잘못되어가기 시작할 때, 그들의 남자다움과 그들의 부에 수반되는 과시적 요소가 위협받을 때, 모든 것은 또 얼마나 쉽게 무너지고 마는지, 나로서는 감히 짐작조차 할 수 없었다.(2008)

'무너지다'라는 표현에, 그리고 그 표현으로 이야기의 중심을 차지하게 되는 사람이 누구인지에 주목하라.

포스터의 범죄가 있은 지 채 한 달도 지나지 않아 사우샘프턴에서는 또 한 명의 가족학살범이 사람들을 충격에 빠뜨렸다. 그남은 별거 중인 아내에게 전화를 걸어 아이들이 "영원히 잠들었다"고 말했다. 아이들의 얼굴을 덮어 질식사시킨 그남은 스스로 목을 매 자살했다.[16]

론슨이 기사에 인용한 범죄학자 데이비드 윌슨의 발언에 따르면, 가족학살범이 살인자들 가운데서 단연 눈에 띄는 이유는, 형

---

16 론슨이 같은 기사에서 지적한 바에 따르면, 가족학살범은 미국에도 적지 않은 사례가 있다. 그남이 인용한 연구들은, 가족 살해 후 남편이 자살하는 사건이 미국에서 일주일에 평균 한 번꼴로 발생한다는 것을 보여준다. 이후 잭 러빈이 진행한 연구는 그러한 범죄의 발생률이 경기 불황 직후 수개월 동안 증가할 가능성이 있음을 암시한다. 미국 어느 지역에서도 실업과 살인 사건 발생률 사이에 이렇다 할 상관성이 발견되지 않는다는 점을 감안할 때 그남의 연구 결과는 충격적이다. Catharine Skipp, "Inside the Mind of Family Annihilators(가족학살범의 내면세계)," *Newsweek*, Fabruary 10, 2010, http://www.newsweek.com/inside-mind-family-annihilators-75225.

사사법제도는 물론이고 정신보건 분야에서도 과거에는 알려지지 않은 이례적 유형이라는 지점에 있다. 윌슨이 저널리스트 케이티 콜린스에게 설명한 내용을 옮겨보자면 다음과 같다.

> 의도와 목적이 무엇이건, 이들은 다정한 남편에 좋은 아버지였고, 대개 고위직에 종사했으며, 대중이 보기에 굉장히, 굉장히 성공한 인물이었다.[17]

윌슨을 비롯한 연구자들은 가족학살범의 주된 유형을 **독선형**self-righteous, **아노미형**anomic, **비관형**disappointed, **편집증형**paranoid 등 네 가지로 분류했다. 독선형은 자신의 몰락을 타인, 그중에서도 특히 아내나 별거 중인 아내의 탓으로 돌린다. 아노미형은 파산과 같이 외부적인 사건으로 인해 굴욕감을 느낀다. 비관형은 가족이 자신을 실망시킨다고, 사회질서가 무너지고 있다고 느낀다. 편집증형은 자신의 친족이 외부자들에게 위협받고 있다고 느낀다. 그러니까 위협을 피하기 위해 제 손으로 가족을 살해하는 것이다.

누군가는 이러한 특징들이 서로 동떨어진 내용은 아니라고 생각할 수도 있다. 또한 각 유형은 이른바 남성성의 다른 한 단면을, 위협이나 굴욕을 당하면 폭력을 마구 휘두른다는 점에서 유해하다는 표현이 알맞은 그 단면을 분명하게 드러낸다. 같은 기사에서 윌슨은 콜린스에게 이렇게 말했다.

> 분명한 사실은, 이런 유형의 폭력을 감행하는 이들이 대부분 남

---

17   Katie Collins, "Family Killers Are Usually Men and Fit One of Four Distinct Profiles(가족 살해범은 대부분 남성이며, 특징에 따라 네 가지 유형으로 분류된다)," *Wired*, August 16, 2013, http://www.wired.co.uk/article/family-killers.

성이라는 점, 그리고 이 네 가지 유형은 한 남성이 가족 안에서 자신의 위치와 젠더 역할에 대해 가진 관념과 밀접한 관련이 있다는 점입니다. 물론 세상에는 다양한 남성이 존재하지요. 하지만 가족학살 사건의 실상이 그렇단 얘깁니다. 이들은 대체로 남성이에요. 우리가 분류한 가족학살범의 특수한 카테고리에 속하는 다양한 요인과 관련해서 한계점에 도달할 사람들은 거의 남성이다 이겁니다. 이걸 단순하게, (현대사회에서) 여성이 더 중대한 역할을 맡고 있다는 사실에 수반되는 문제로 보는 것은, 여성에게 은근슬쩍 책임을 미루려는 계략일 수 있습니다. 실제로 문제는 언제나 남성에게 있는데 말입니다.

월슨의 경고는 타당하다. 다만 아쉬운 부분은, 이야기의 초점이 여성의 사회적 지위 상승을 **감당**하지 못하는 남성의 무능에만 집중돼 있다는 점이다. 또한 위 기사에 인용된 월슨의 발언 대부분이 암시하는 바와 같이, 가족학살범들은 거의 배타적으로 동성애적 관계가 아닌 (소위 '똑바른straight') 이성애적 관계에 놓여 있다. 또한 이는 남성 정체성에 대한 실존적 위협의 본질과 관련하여 시사하는 바가 크다.

『가족학살범의 본심Familicidal Hearts』(2010)의 저자 닐 웹스데일도 미국이라는 환경에서 가족학살범의 전형적 유형을 놓고 비슷한 결론에 도달했다. 저널리스트 캐서린 스킵은 예의 그 2010년 기사에서 웹스데일이 내린 결론을 다음과 같이 요약했다.

가족학살범은 남성의 비율이 압도적으로 높고(웹스데일은 95퍼센트로 추산했다), 대다수가 백인 중년이다. 그들은 남자로서 자신이 부족하다고 느끼며, 대개는 어린 시절에 학대를 경험했다. 어릴 때 느낀 무력감으로 인해 그들 대부분은 자신들의 가정에 엄격한 통제권을 행사하려 들고, 자신들이 결코 경험해보지 못한 이상적 가족을 만들어내기 위해 애쓴다. 경기가 침체되면 일자리가 거의 사라지고 긴장이 고조되면서 이러한 남성들이 예전만큼의 통제권을 행사하기가 어려워진다.

웹스데일에 따르면 그러한 남성들은 이른바 '성난 압제자형' 살인자와 '고상한 명망가형' 살인자 사이 어디께에 자리한다. 전자를 몰아가는 건 격분이다. 그들은 통제적이고, 때로 가학적이며, 가정에서 행사하는 권위로부터 스스로의 가치를 끌어낸다. 하지만 그런 행동은 결혼생활을 위기에 빠뜨리기 쉽다. 아내와 아이들의 가출을 부추기는 것이다. 그로 인한 통제권 상실은 굴욕감을 자극하고, 이런 아버지들은 결국 권력을 재천명하기 위해 최후의 발작적 폭력을 휘두르기에 이른다.(Skipp 2010)

한편 후자인 "고상한 명망가형" 가족학살범을 움직이는 건 "자아도취적 기사도" 정신이라고, 이 분야의 또 다른 선도적 연구자 리처드 젤스는 주장했다. 가족학살의 유발 요인과 동기 및 본질을 살피다 보면 명백히 알 수 있다는 것이다. 스킵의 위 기사에 실린 젤스의 인터뷰 내용에 따르면,

그런 아버지들은 모종의 재정적 위기에서 탈출할 유일한 방편으로 거의 언제나 자살을 고려한다. 이때 가족 구성원을 살해하는 그남의 행위는 파산과 자살이라는 역경과 수치로부터 가족을 구제할 수단이 된다.

이 자아도취적 기사도 정신은 이들 가해자의 다수가 피해자를 처형하는 방식에서 확인할 수 있다. 프로레슬러 크리스 브누아는

2007년 아내와 아들을 살해한 뒤 목매 자살했는데, 목을 조르기 전 아들에게 진정제를 먹인 것으로 추정된다.(2010)

또한 가족학살범의 대부분(80퍼센트 이상)은 살인을 저지른 뒤 자살을 기도한다(Collins 2013). 그러나 이들의 자살 경향성은 유형 면에서 통상적 수치심이라기보다는 만성적 수치심의 결과로 보인다. 타인의 눈길을 피해 숨는 것은 그들이 자살하는 근본적 동기일 수 없다는 얘기다. 타인의 눈은 이미 감겨 있으므로. 그것도 영원히.

가족학살범 중에는 자부심뿐 아니라 자의식마저 완전히 사라진 현실에 몰려 자살 충동을 느끼는 이들도 있을 것이다(리처드 젤스는 "그남의 정체성은 온전히 가족 안에 존재"한다고 표현했다; Skipp 2010). 수치심의 원인이 사라지면서 그남은 일순 안도하지만, 동시에 목적마저 상실한 고독한 상태로 남겨진다. 가족을 살해함으로써 참을 수 없는 압박에서 해방되지만, 동시에 존재의 이유마저 상실한다. 그남은 더 이상 굴욕적이지 않다. 하지만 그남은 자신을 존경하던 타인을, 그래서 스스로를 꼭 필요한 존재로 느끼게 하던 이들을 잃고 말았다. 자신이 존재할 **진정한** 이유를 상실한 것이다. 제 손으로 그렇게 만들었다.

이 모든 이야기는 현대 미국의 정치 상황과 어떤 관계가 있을까? 누군가는 이렇게 주장할 것이다. 가족학살범들은 도널드 트럼프나 스티브 배넌으로 대표되는 유해한 남성성이 가장 극단적으로 발현된 케이스이며, 궁극적으로 여기에는 유형이 아니라 정도의 차이가 있다고. 나는 이런 가능성에 대해서는 깊이 파고들지 않을 것이다(Hurt 1993; loc. 4236, 5631). 다만 나를 사로잡은 부분은, 이 같은 맥락의 논의가 특권적 수치심의 선명한 그림을 제시한다는 점이다. 가령 트럼프의 특권적 욕구가 폭력을 조장하는 과정을 살펴보자. 트럼프는 수치심을 느끼게 하는 타인의 눈길에서 벗어나고 싶었다. 이를테면 멕시코인과 이슬람교도가 트럼프에게는 그런 타인이었다. 그남이 그리는 미국에서 벽을 쳐서 차단하고 칸막이로 격리해야 할 사람들이었던 것이다. (우울한 백인에 대한 내 생각은 앞으로 나올 내 저작을 참조하라.) 사람들은 더 이상 어려움에 처한 이들을 외면했다는 수치심을 느낄 필요가 없었다. 다소 완곡하게 "동정심 피로"라고 알려진 감정으로 고통받는 이들에게는 나름대로 요긴한 방책이었던 셈이다. 엘리트에 자유주의를 추구하는 내부자라도 사정은 다르지 않다. 인종주의에 반대하고, 페미니즘을 지지하며, 그 밖의 정치적 올바름과 관련된 밉살스런 신조들을 지지하는 이들에게도 수치스러운 시선을 회피하려는 열망은 동일하게—더 많게는 아니더라도—존재한다. (그녀를 가둬라. 그녀를 견제하라. 시선을 차단하라. 그녀의 지배를 막아라.)

이른바 정치적 올바름에 대해 문득 말하고 싶어졌다. 어쩌면 트럼프 지지자들이, 일단 발동이 걸리면 걷잡을 수 없이 분노해온 이유가 바로 거기에 있는지도 모르니까. 우리는 정치적으로 **올바른** 행동을 지향한다. 그 행동들은 우리의 선호 여부와 상관없이 도덕적으로는 우위에 있지만 불편한 자리를 우리에게 약속한다. 흔히 죄는 미워할지라도 죄인은 사랑하라고 말한다. 말로는 가능한 일이다. 하지만 우리를 지독히도 미워하는 이들을 도대체 어떻게 사랑하란 말인가?

트럼프의 당선이 가시화되는 동안 나는 트럼프 지지자에게 할 말이 좀처럼 떠오르지 않았다. 클린턴이 어느 유세에서 측은하다고, 혹은 "구제가 안 되는" "개탄스러운 무리"라고 평한 바로 그 사람들 말이다. (클린턴의 이 발언은 물론 현명하지 못했고, 이후 그녀는 사과의 뜻을 밝혔다.) 그녀의 이 발언에는 그들에 대한 경멸의 의미가 깔려 있었다. 그러한 태도가 잘못됐다고 느낀 사람은 나를 포함해 한둘이 아니었다. 하지만 과연 어떤 태도를 보였어야 옳을까? 이 질문의 답은 「결론」에서 다시 논의할 것이다.

어쨌건 우리가 사명감을 갖고 인종주의와 여성혐오의 가해자라고 고발하는 이들이 거짓말처럼 도덕적 깨달음을 얻어 우리에게 고마움을 표시할 가능성은 제로에 가깝다. 그들은 대체로 스스로를 방어하고 분개하며 기존의 태도를 그 어느 때보다 확고히 하다가 결국 수치스러운 느낌과 침묵당하는 느낌 사이에서 옴짝달싹 못하게 될 것이다. 물론 앞서 보았듯이 일종의 압박 완화 장치는 존재하지만.

트럼프가 대통령에 출마하기로 결심한 순간을 두고, 듣자하니 많은 언론인이 동일한 시간을 지목했다. 2011년 백악관 출입 기자 만찬에서 버락 오바마 대통령에게 굴욕을 당한 그때 출마를 결심했을 것이라나. 당시 연설 중이던 오바마는 자신의 출생증명서에 관한 트럼프의 불쾌할 뿐만 아니라 우스울 정도로 속보이는 질문(그러니까 **진짜** 태어난 곳이 어디냐는 인종주의자 특유의 고전적 질문)에 온화한 표정을 짓더니 자기가 더 대단한 것을 보여주겠다고, 출생 장면이 담긴 **동영상**을 공개하겠다고 말했다. 이어서 화면에는 「라이온 킹Lion King」의 한 장면이 등장했다. 객석에서 웃음소리가 터져 나왔다.

당연하게도 한 참석자만은 예외였다. 트럼프는 턱을 내밀고 입술을 오므리더니 안색이 홍당무처럼 변했다. 청중은 그런 그 남자를 고소하다는 듯 바라보다가 고개를 돌리곤 했다. 『뉴요커』의 데이비드 렘닉에게 그 이야기를 들었을 때 나는 이런 의문이 들었다. 그것은 정말 수치심을 느끼는 사람의 표정이었을까? 예전에 심리학 교과서에서 본 폴 에크먼의 인상적인 흑백사진들이 머릿속에 떠올랐다. 인간의 보편적 감정이 담긴 표정들을 찍은 사진이었다. 나는 트럼프의 감정을 엘리엇 로저의 수치심과 비교해보고 싶었다.

하지만 이내 깨달았다. 트럼프의 표정에 담긴 것은 뒤집힌 수치심, 외벽을 두른 수치심이었다. 그남의 표정은 수치심을 거부하는 대신 울분을 드러내고 있었다. 그도 그럴 것이, 그남과 그남의 부류는 언제 어디서든 최고의 존대를 받는 데 익숙했다. 그남의 표정은 자기보다 낮은 지위에 있는 타인이 자기를 우러러보는 경애의 시선을 잔뜩 기대하며 스스로 그런 시선을 누릴 자격이 있다고 느끼는 사람이 짓는 표정이었다. 여기에 나르시시즘이 더해지면서 그들에게 이런 표정은 필수 아이템이 되었다. 트럼프의 표정은 엘리엇 로저가 사회적 운이 더 따랐더라면 지었을 법한 표정이었다. 스스로의 주장에 걸맞게 그남이 진정한 알파맨이 되는 데 성공했더라면 말이다. 하지만 그남은 알파맨이 아니었다. 그래서 다른 사람들을 없애는 행동에 돌입한 것이다.

미리 보기

2장에서 나는 여성혐오에 대한 전반적이고 구성적인 설명을 제시했다. 이를 통해 우리는 사회 환경의 한 속성으로서 여성혐오가 무엇을 **뜻하는지** 이해할 수 있었다. 다시 말해 특정한 사회 환경에 속한 특정한 여성 집단이 역사적으로, 그리고 어느 정도는 동시대적으로 가부장제 질서 안에서 젠더화된 규범과 기대를 단속하고 강요하는 데 기여하는 유형의 적개심을 맞닥뜨릴 때, 그 사회 환경은 여성혐오적이라고 간주된다. 마찬가지로, 특정한 행위가 특정한 사회 환경의 여성혐오에서 비롯됐거나 그러한 여성혐오를 전파할 때, 그 행위는 여성혐오적이라고 간주된다. 또한 나는 그 명백한 예로 아일라비스타 살인 사건을 소개했다. 다른 해석도 가능하겠으나 현재로서는 논외이고 새로운 해석이 추가된다 해도 아일라비스타 사건이 여성혐오적이라는 본질은 달라지지 않는다.

이로써 아일라비스타 살인 사건에 대한 페미니즘적 해석을 둘러싼 논란 중에 제기된 두 가지 질문 가운데 하나는 해결되었다. 그러나 남은 질문 하나는 여전히 해결되지 않았다. 과연 미국 **문화**는 유달리 여성혐오적일까? 만약 그렇다면 엘리엇 로저가 이와 관련된 위력을 전파하게 된 경로는 무엇일까? (그러니까 남성의 특수한 심리 상태나 살아온 이야기의 세부 사항에 관계없이 여성혐오의 영속화에 기여하는 메커니즘은 무엇일까?)

2016년 대선을 기점으로 미국 사회 내부에 깊숙이 잠재하던 여성혐오가 수면 위로 선명하게 떠오르면서, 이 나라에는 여성혐오가 존재하지 않는다고 부정하던 목소리는 확실히 전보다 가라앉은 듯하다. 그러나 공정을 기하는 차원에서 말해두자면, 심지어 11월의 선거운동과 개표 결과의 여파로 생각을 바꾼 이들에게도, 이런 현상은 여전히 수상쩍고 곤혹스럽게 느껴질 것이다. 여성들이 역사상 그 어느 때보다 많은 권력과 기회를 **실제로** 누리고 있는 오늘날 미국에 여성혐오가 만연하다는 사실을, 우리가 어떻게 순순히 받아들일 수 있겠는가?(Mac Donald 2014 참조) 이 장 첫머리에서 제안한 제공자 대 취득자 모델이 그럴듯한 해답을 제시했으면 하는 게 내 바람이다.

또한 그 모델은 페미니스트들이 '여성혐오'라는 용어를 써가며 언급하는 사례들이, 떠들썩하게 헤드라인을 장식하는 어수선하고 잡다한 사건들까지 망라한다는 우려를 해결할 실마리를 제공한다. 만약 그렇다면, 내 개량적 프로젝트는 그 어수선함을 공유하는 작업이 되거나, 페미니즘적 사용 패턴의 포착을 얼마간 포기함으로써 어수선함을 정리하는 작업이 될 것이다. 요컨대 여성혐오는 다음 세 가지를 아우르는 듯하다.

- (경범죄에서 살인까지, 광범위한 유형의 언어적 공격과 신체적 공격을 아우르는) 대단히 가변적인 피해.
- 일반적인 적개심에 해당되는 광범위한 기분과 상태. 이와 관련하여 지금까지 주로 논의되었고 앞으로도 주로 논의할 주제로는 복수심, 스트로슨이 말한 (비난이나 분노, 죄책감 같은) '반응적 태도' 및 징벌, 배신, 불신, 계급 다툼, 증오, 다양한 형태의 수치심 유발 행위와 혐오 행위, '축출' 행위 등이 있다.
- 온갖 영역에 내재하는 단속과 강요의 관행. 성관계와 모성의 영역에도, 이제껏 남성이 독점하던 공간과 지위를 비롯해 역사적으로 남성들만이 활동해온 각종 동호회의 영역에도 이러한 관습은 존재한다.

이처럼 잡다한 개념이 뒤죽박죽 혼재하는 상황에서도 예의 그 제공자 대 취득자 모델은 이 모든 현상을 하나로 통합하는 놀랍도록 단순한 방식을 제시할 뿐 아니라, 여성이 제공해야 한다고 간주되는 것과 남성이 마음대로 취할 수 있다고 간주되는 것 사이의 차이에 관해 앞서 말한 내용을 추가로 고려할 때 훌륭하고 견고한 (그리고 중요하게는, 반증이 가능한) 예측 이론을 만들어낸다.

- **그녀가 베풀어야 한다고 간주되는 것**(여성의 관습적 재화와 서비스)에는 관심과 애정, 경애, 연민, 섹스, 자녀 같은 사회노동·가사노동·재생산노동·감정노동의 산물뿐 아니라, 안전한 피난처 제공과 양육, 안전, 위로, 위안처럼 혼성적인 재화도 포함된다.

- **그남이 마음대로 취할 수 있다고 간주되는 것**(남성의 관습적 특전과 특혜)에는 권력과 명망, 대중의 인정, 계급, 평판, 명예, '체면', 존경, 금전을 비롯한 여러 형태의 부, 계층적 지위, 경제적 신분 상승, 고위급 여성의 충절과 사랑, 헌신 따위를 소유함으로써 얻게 되는 지위 등이 포함된다.

이를 감안할 때, 지금까지 검토했고 앞으로 검토할 여성혐오 사례의 대부분은 여성에 대한 다음 두 가지 상보적 사회규범 중 하나와 연결시킬 수 있다.

(1) 여성은 여성의 관습적 서비스를 **누군가** 혹은 타인에게, 이왕이면 (인종차별이나 계급차별, 이성애규범적 가치에 비춰볼 때 여러 맥락에서) 그녀와 동등하거나 더 나은 위치에 있는 남성에게, 적어도 그남이 그러한 재화와 서비스를 그녀에게서 받기를 원하는 한, 제공할 **의무**가 있다.

(2) 여성은 남성의 관습적 재화를 (최소한) 지배적 남성에게서(그리고 어쩌면 다른 남성에게서도), 그남이 그 재화나 서비스를 받거나 보유하기를 원하거나 열망하는 한, **취해가거나 소유할 수 없다.**

몇 가지 자연스러운 추론을 제시하자면 이렇다.

- 2장에서 언급한 바와 같이 여성혐오는 사회적 규범을 단속하고 강요하며, 그 규범을 위반할 시 이에 항의하는 방식의 일환이다.
- 적어도 여성의 유의미한 관습적 재화 중 상당수에 대해, 지배적 남성은 그 유의미한 개인적 서비스의 진정성을 확신하기 위해 '그녀의 마음을 읽을' 수 있어야 한다. 예컨대 친절의 일차적 동기가 타인에 대한 선의가 아니라면, 그것은 진정한 친절이 아니다.
- 또한 남성은 첫째로 여성의 정직함을, 둘째로 여성의 충실함을, 셋째로 여성의 한결같음을 확신해야 할 것이다. 그래야 그 재화가 든든하고 안정적이며, (예컨대) 지속적이고 안전한 피난처임을 확신할 수 있을 테니까. 만약 여성이 언제라도 떠날 준비가 되어 있다면, 혹은 남성을 오로지 조건적으로만, 즉 세속적 성공이나 좋은 평판 내지 명성 따위를 거느렸을 때만 그남을 사랑한다면, 그녀가 제공하는 피난처는 그남에게 안전한 공간이 아니다.
- 종종 남성은 다양한 권력을─권력 자체에 관심이 있어서건 다른 이유에서건─추구하는 과정에서, 그리고 다양한 목적을 이루기 위한 도구로써, 여성보다 더 높은 권력을 필요로 할 것이다. (역시나 권력 자체에 대한 관심 여부는 행위자에 따라 천차만별인 듯하다. 여성혐오자인 행위자 중에는 이른바 '소아적 남성'처럼 특정한 사회적 권력과 특혜에 수반되는 책임을 원치 않는 이들도 존재하니까.)[18]

그렇다면 이제, 이 장에서 드러난 여성혐오의 개념적 특징들을 토대로 제기될 법한 몇 가지 심층적 질문을 살펴보자.

- **남성에게 주도록 돼 있는 여성의 것을 남성**이 인정사정없이 강탈한다면? 내 답변은 이것이다. 우리는 이런 유형의 지배적 남성들이 저지르는 죄를 쉽게 용서하고 망각하고 면제하는 것도 모자라, 피해자인 여성보다 가해자인 남성을 오히려 동정하는 경향이 있다. (그런고로 6장 「남성을 면벌하다」에서는 강간문화와 더불어, 이른바 '힘퍼시'에 대해 철저히 파헤칠 예정이다.)

- **남성에게 주도록 돼 있는 여성의 것을 여성**이 요구하거나 취하려고 든다면? 내 답변은 이것이다. 여성이 가령 도덕적 관심과 같은 여성의 관습적 재화를 바라거나 그녀 자신의 정신적 상처에 이목을 집중시킬 때, 우리는 그녀가 부정직하고 자기현시적이라고—심지어 그러한 기만 행위의 증거가 전혀 없는 상황에서도—의심하는 경향이 있다. (7장 「피해자를 의심하다」에서는 이른바 피해자 문화 이데올로기에 대해 탐구할 예정이다.)

- **남성이 마음대로 취하도록 돼 있는 것을 여성**이 요구하거나 취하려고 든다면? 내 답변은 이것이다. 이런 식으로 남성의 관습적 재화를 추구하는 여성은 탐욕스럽고 부패했으며 부당한 특권을 지닌 무도한 위인으로 폄하되기 쉽다. (8장 「여성혐오자들(에게) 패배하다」에서는 2016년 힐러리 클린턴이 백악

---

18 더욱이 일부 관습은 그녀보다 더 우월하다는 인식(가령 맨스플레이닝은 인식론적 우월의식의 표현이다)이라든가 더 넓은 물리적 공간을 확보하려는 특권의식(대중교통의 이른바 '쩍벌남'을 떠올려보라)과 더 관련이 깊어 보인다.

관 입성에 실패하기까지 여성혐오가 그녀의 명성을 더럽혀온 과정을 살펴볼 예정이다.)

　하지만 그에 앞서, 여성혐오에 대해 지금까지 이 책에서 전개한 설명의 대안적 이론을 살펴보고 반박할 시간을 가지려 한다. 여성혐오적 적개심이 여성의 완전한 인간성을 인정하지 않는 데서 기인한다고 보는 대안적 이론은 대중적이지만, 허술한 구석도 없지 않다.

　이 장에서 소개한 제공자 대 취득자 역학을 적용할 때, 여성들은 특수한 사회적 위치를 점한 존재로 이해돼야 바람직할 것이다. 다시 말해 여성의 위치는 인간적인, 정말이지 너무나 인간적인 **제공자**다. 이런 이유로 남성은 특권을 누리는 인간적 존재로서, 그녀의 인간성을 이용하거나 착취하고도, 심지어 파괴하고도 처벌을 면제받을 권리가 자신에게 있다고 느낀다. 또한 슬프게도, 그리고 때로는 부끄럽게도 우리는 종종 그남을 그러도록 내버려둔다.

5장

인간화와 증오

Humanizing
Hatred

열 받는 게 뭔지 알아요, 베니? 이 씨×년들이 나를 무슨

빌어먹을 고깃덩이 보듯 한다는 거예요.

씨× 무슨 섹스토이 보듯 한다니까요. 하지만 난 인간이라고, 남자죠!

감정을 느끼고 감동하는 사람이다 이겁니다. (…)

내가 여기 앉아 있잖아요, 맞죠? 그래요. 나는 존재해요!

그 여자들은 내가 너무 크다고 생각해요.

내 감정 따윈 상할 일이 없을 거라고 생각한다니까.

조지 '폰스태시' 멘데스,

「오렌지 이즈 더 뉴 블랙 Orange Is the New Black」

시즌 1 에피소드 11 '큰 남자도 감정이 있다 Tall Men with Feelings』

나는 종종 남성에서 인간성을 포착해내려다 실패한다.

루트비히 비트겐슈타인, 『문화와 가치 Culture and Value』

현대의 도덕 담론에서 매우 흔하며, 철학적으로나 철학 외적으로나 눈에 띄는 반사적 사고방식이 있다. 비단 여성혐오의 위협과 폭력을 논할 때뿐 아니라 인종주의적 야만성을 도덕심리학적으로 논할 때에도 사람들은 이런 식의 사고방식을 숱하게 드러낸다. "종합적으로 이는 문화의 문제다. 문화적으로 남성들은 우리가 우리 자신만의 이야기 속 주인공이듯 여성도 여성 자신만의 이야기 속 주인공, 즉 사람이라고 여기기보다, 여성은 '얻어내거나' '따내는' 전리품 같은 존재라고 배운다." 아일라비스타 살인 사건이 있은 후 문화평론가 아서 추가 쓴 글이다(Chu 2014).[1] 페미니스트 린디 웨스트도 비슷한 의문을 표한 적이 있다(West 2015). 인터넷상에서 '잔인무도한 트롤'에게 당했던 경험을 털어놓으며 그녀는 공개적으로 이런 질문을 던졌다. "무엇이 여성을 공격하기 쉬운 대상으로 만들었을까? 여성에게 상처를 주는 행위가 왜 그런 만족감을 주었을까? 왜 그남은 무의식적으로 여성을 인간이 아니라고

---

[1] 앞 장에서 제시한바, 가부장제의 근간을 이루는 사회적 관계에서 여성의 임무는 남편의 '내조자'가 되는 것이라는 관념을 떠올려보라(첫머리의 인용문 참조).

여기게 됐을까?" 웨스트를 공격한 트롤은 그녀의 반격에 잘못을 뉘우쳤고, 자신의 여성혐오적 행동을 사과함으로써 그녀를 적잖이 놀라게 했다(1장에서 다룬, 웨스트와 이 남성 간의 인터뷰를 상기하라). 하지만 웨스트의 이야기에 따르면 그남은 고심에 고심을 거듭했음에도 문제의 질문에는 끝내 대답하지 못했다.

이 장에서 나는 그러한 질문들, 그러니까 "왜 그남은 무의식적으로 여성을 인간이 아니라고 여겼을까?" 유의 질문들이 흔한 실수, 즉 "인간에 대한 인간의 비인도적 행위"[2]의 원인이 인간을 비인간화dehumanization하는 심리적 태도에 있다고 여기는 반사적 사고방식에 기초한다고 주장할 것이다. 그리고 이 반사적 사고방식을 나는 '대인관계에서 도덕적 거부감을 유발한다는 면에서뿐 아니라 다소 잔인하거나 잔혹하거나 굴욕적이거나 비하적이라는 면에서 자연스럽게 **비인도적**inhumane이라고 묘사되는 행동들에 대한 '휴머니스트'의 설명이라고 일컬을 것이다.[3] 앞으로 내가 '휴머니즘'이라 부를 도덕심리학적 관점에서는, 비인간화가 위와 같은 비인도적 행위를 가장 훌륭하게 설명하는 용어라고 여겨지는 사례가 적지 않다(항상 그런 것은 아니더라도 말이다). 달리 말해 휴머니즘의 관점에서는 위와 같은 비인도적 행위가 주로 사람들이 일부 인간을 동류 인간fellow human beings**으로서** 인정하지 않는 데서 기인한다는 뜻이다. 전자는 후자를 인간이라기보다 인간 이하의 생명체라

2　시인 로버트 번스가 지은 유명한 구절이다. 번스는 한 편 이상의 계몽시를 쓴 인물로, 그 표현은 계몽사상의 선조 격인 자무엘 폰 푸펜도르프의 말에서 따온 것으로 짐작된다.

3　인정하건대, '휴머니스트humanist'를 비롯해 이와 어원이 같은 단어들은 사람에 따라 다른 의미로 받아들일 수 있다. 그렇지만 나로서는 앞으로 내가 펼칠 논의의 관점에 이보다 적절히 부합하는 단어를 생각해낼 수 없었다

든가 인간이 아닌 동물, 초자연적 존재(가령 악마나 마녀)라고 인식할 수도 있다. 아니면 심지어 한낱 사물(그러니까 지성이 없는 대상물)이라고 인식할 수도 있다. 사람들이 서로 간의 공통적 인간성을 인정할 수만 있다면, 인간으로서 같은 종에 속한 다른 구성원들을 학대하기는 아마 어려울 것이다. 적어도 휴머니즘적 관점에서는 말이다.

본래 의미대로 해석하자면, 휴머니즘은 대중적이고 친숙하며 여러 면에서 매혹적인 관점이다. 하지만 그럼에도—아니 어쩌면, 그렇기 때문에—휴머니즘은 더러 명료하게 묘사하기 어려운 데다, 현상을 설명할 모델로서 경쟁력이 독보적이지도 않다. 또한 몇몇 눈에 띄는 예외 사례(5장 주24 참조)를 제외하면 그리 많은 비평을 받아오지도 않았다.[4] 어쨌건 나는, 편견을 설명하는 일반적 이론으로서 휴머니즘이 방어력을 갖췄다고는 생각하지 않는다. 특히 그 편견이 여성혐오와 관련돼 있을 때는 더더욱. 여하튼 이 장 말미에 나는 실험적이고도 놀라운 결론을 제시할 것이다. 그 결론이란 바로 인간성을 말살시키는 프로파간다의 영향 아래 사람들이 집단 가혹 행위에 가담하는 등 휴머니스트가 개입해야 마땅해 보이는 여러 사례에서 이른바 휴머니즘적 추론이 실제로 적용되는지가 불분명하다는 것이다. 가해자들의 행동을 가만히 살

4　분석철학에서 휴머니즘과 같거나 유사한 사고에 관한 일련의 집중적이고 주요한 비평은, 그 같은 휴머니즘적 관점들이 불쾌하리만치 종種차별적이라고 주장하던 이들에게서 나왔다. 나는 그러한 비평들의 요지에 점차 동감하고 있다. 그것들을 다른 해방적 정치운동과 관련지어 이해하는 최선의 방법에 대해서는 여전히 의문이지만 말이다. 그러나 어쨌건 이런 식의 비평들은, 이 장에서 내가 전개하는 비평들과는 대체로 무관하다. 내가 특징화한 바에 따르면 휴머니즘은 다른 생명체들과 비교할 때 인간이 지닌 우월한 가치라든지 인간의 더 위대한 권리를 운운하는 수상쩍은 주장들에 (내가 볼 때) 그다지 기여하는 바가 없기 때문이다.

펴보면, 그들 눈에 피해자들이 인간적으로, 정말이지 너무도 인간
적으로 보였으리라는 사실이 은연중에 드러난다. 특히—제노사이
드 과정에서 흔히 잔혹한 집단 강간의 대상이 되는—**여성들**에게
인류가 범하는 비인도적 행위를 눈여겨보라. 이러한 현상을 어렵
지 않게 확인할 수 있을 것이다.

휴머니즘적 사고의 작동

　　여성의 성적 억압을 다룬 저서에서 레이 랭턴은 "성적 유아
론sexual solipsism"이라는 개념을 전면에 내세웠다(Langton 2009). 고전
적 의미에서 유아론의 핵심이 자기 이외의 **모든** 정신적 존재에 대
한 회의주의(혹은 순전한 부인)에 있다면, 성적 유아론의 핵심은 오
로지 남성의 정신만을 인간의 정신으로 간주한다는 데 있다. 반
면 여성은 "한낱 사물"이나 대상물로 여겨지고 다뤄진다. 또한 랭
턴은 이러한 현상이 포르노그래피라는 도덕적 병폐와 밀접한 관
련이 있다고 봤다. 랭턴은 시몬 드 보부아르와 캐서린 매키넌의
글을 적절히 인용하여 자신의 관점을 다음과 같이 소개했다.

　　'대상물로' 굳어진 생명체들 곁에 "남성은 외따로 남아 있다"고
　　[보부아르는] 말했다. 성적 억압은 현실화된 유아론이다. (…) [보
　　부아르는] 그것이 "인간과의 진정한 관계보다 더 매력적인 경험"
　　이라고 생각했다. 누군가를 "대상물로" 대하는 독특한 방식은 포
　　르노그래피에서 찾아볼 수 있다고, 최근의 페미니스트들은 부연
　　했다. 포르노그래피에서 "인간은 사물이 된다"는 것이다. [매키넌의]
　　충격적 문구의 모호함 속에는 인간—여성—이 사물처럼, 그리고

사물—포르노그래피적 인공물—은 인간처럼 다뤄지는 데 포르
노그래피가 매개체로 작용한다는 생각이 깔려 있다.(2009, 2)

이어서 랭턴은 (적어도 폭력적이고 비하적이며 이성애적인) 포
르노그래피가 여성을 이런 식으로 대상화함으로써 **침묵**시키고 **종
속**시킨다는 매키넌의 관점을 방어하기 시작한다. 대체로 이 주장은
인과적으로 (또한 그래서 실증적으로) 그럴듯하게 여겨진다. 하지만
랭턴은 한발 더 나아가 다소 **구성적인** 논제를 제시한다(1장 참조).[5]

인종주의는 보통 그 피해자나 공격 대상의 충만한 내적 삶
에 대한 망각이나 무감각과 관련돼 있다고, 레이먼드 게이타는 이
야기한다(Gaita 1998). 「인종주의: 공통적 인간성에 대한 부정Racism:
The Denial of a Common Humanity」이라는 장에서 게이타는 우리의 이해를
돕기 위해 짤막한 자전적 이야기를 소개하는데, 여기에는 최근 자
식과 사별하고 아직까지 깊은 슬픔에 빠져 있는 'M'이라는 어머
니가 등장한다. 게이타와 M은 텔레비전에서 방영하는 베트남 전
쟁 다큐멘터리를 시청 중이다. 얼마나 지났을까. 화면은 슬픔에 잠
긴 어느 베트남 여성의 인터뷰 장면으로 옮겨 갔다. M처럼 그녀도
얼마 전 전쟁에서 자식을 잃었다. 처음에 M은 앞으로 몸을 기울였
다. 자신과 같은 종류의 상실을 경험한 이의 말을 단 한 마디도 놓
치지 않겠다는 듯이. 그러나 이내 그녀는 다시 몸을 뒤로 기대며
담담하게 이야기했다. "저 사람들은 사정이 달라요. 쉽게 또 아이를

---

5 매키넌은 폭력적이고 비하적이고 이성애규범적인 소재를 중점적으로 다루는 포르
노그래피에 대한 약정적 정의를 (비록 그 정의가 아우르는 정확한 범위에 대해서는
논쟁의 여지가 있을지언정) 제시한 바 있는데(Mackinnon 2006), 이는 매키넌이 (앤
드리아 드워킨과 함께) 반포르노적 시민 평등권 조례antipornography civil rights or-
dinance의 초안 설계 과정에서 의도한 목적을 살리기에 유용했다.

가질 수 있잖아요(Gaita 1998, 57)." 게이타는 M이 단순히 사회학적인 맥락에서 그런 발언을 한 것이 아님을 분명히 한다. 그러니까 베트남 사람들이 상대적으로 대가족을 이루고 있다는 뜻에서 한 말이 아니란 얘기다. 그렇다고 베트남 사람들이 전쟁이라는 대사건을 겪는 동안 받은 충격이 너무 큰 나머지 슬픔을 느끼는 능력이 트라우마로 인해 평소에 비해 무뎌졌을지 모른다는 뜻에서 한 말도 아니었다. 오히려 M의 발언은 그녀의 인식에 베트남 사람들은 정서적 경험을 그녀만큼 "깊이 있게 겪어내지" 못하는, **특유한** 존재로 각인돼 있음을 보여준다.[6] 게이타는 이렇게 썼다.

> M의 눈에 비친 베트남 사람들은, 엄청난 역경을 겪는 이들이 종종 그러하듯 내적으로 더 깊이 있는 삶을 살아가기 위해 반드시 필요한 요건에 일시적으로 부합하지 않는 상태가 아니었다. 그녀가 보기에 그들은 **본질적으로** 그러한 존재였다.(1998, 59)

이런 이유로 M은 "결혼한다는 것이라든가 누군가를 사랑한다는 것, 사랑하는 이들을 위해 슬퍼한다는 것에 대해 자신이 그들과 대화를 나누고 그들에게 배울 수 있다는 사실을 좀처럼 납득하지 못했다"(xxxv).

이어서 게이타는 도덕심리학적으로 자신이 인종주의적 편견으로 대하는 대상들이 주체성을 가진 인간이라는 점을 온전하게 의식하지 못하는 모습에 비춰, M의 상태가 인종주의 이데올로기에 휩싸인 이들에게 흔히 나타나는 특징이라고 주장한다.

---

6   안타깝게도—내가 잘못 알고 있는 게 아니라면—M의 인종이나 민족성은 알려져 있지 않다. 그러나 게이타의 논조로 미뤄보건대, 저자처럼 오스트레일리아에 사는 백인이란 추정이 자연스럽다.

인종주의의 피해자들은 흔히 자신들이 '인간 이하'의 취급을 받았다고 이야기한다. 많은—어쩌면 대부분의—사례에서 이는 조금도 과장이 아니다. M의 태도가 얼마나 갑작스레 비하적으로 돌변했는지, 얼마나 단호하게 타인을 비인간화해버렸는지 생각해보라. 그녀는 인간의 조건을 정의하는 세부적 특징에 인종차별주의 피해자들이 지극히 명료하게 부합할 가능성이 있다는 점을 철저히 부정한다. '인간human'이라는 단어가 단순히 **호모사피엔스** homo sapiens라는 종을 가리킬 목적으로만 사용되는 게 아닌 이상 (⋯) 그 단어의 자연스러운 의미를 고려할 때, 누군가를 심오하고 복잡한 내적 삶이 절대 불가능한 존재로 여긴다는 것은 그를 완전한 인간이 아닌, 인간 이하의 존재로 취급한다는 뜻이나 마찬가지일 것이다.(1998, 60)

집단 가혹 행위에 가담한 행위자들에 대해 도덕심리학적으로 유사한 노선을 취한 인물로는 데이비드 리빙스톤 스미스(Smith 2011)가 있다. 다만 리빙스톤 스미스가 취한 노선은 한층 분명하게 정치적이고 역사적이다. 또한—관련 계층에 속한 사람들에게 인간이 아닌 동물이라는 '본질'을 부여한다는 의미에서—비인간화를 이를테면 정치적 공감의 문제에 대한 해결책이라고 묘사한다. 그도 그럴 것이,

누군가를 사람—동류 인간—이라고 인정하기 위해서는 인간에 대한 개념이 정립돼 있어야 한다. 또한 일단 누군가를 인간이라는 카테고리에 포함시키고 나면, 그에게 대응하는 방식도 상황에 맞게 변화한다. (⋯) 공감이라는 본성을 지닌 덕분에 우리 대부분은 타인에게 폭력을 행사하기 어려워한다. 또한 이러한 억

제력 덕분에 우리 인간은 강력한 사회적 유대를 통해 공동체를 결속시켰고, 생태계의 한 종으로서 놀라우리만치 잘 살아남을 수 있었다. 그러나 이는 하나의 궁금증을 야기한다. 태곳적부터 남성들은 서로 힘을 합쳐 이웃을 죽이고 노예로 삼았는가 하면, 여성들을 강간했고, [그 밖의 많은 일을 저질렀다.] (…) 어쩌다 우리는 이토록 잔혹한 행동을 자행하게 된 걸까? 한 가지 중요하고도 분명한 답을 우리의 개념적 상상력에서 찾을 수 있다. 상상력을 끌어 모아 여러 종족 집단을 비인간 동물로 개념화함으로써, 평상시에는 동질감으로 인해 자제해온 파괴적 힘을 타인을 향해 휘두를 수 있게 된 것이다.(2011, 127)

달리 말해, 특정 정치체제 아래서 타인을 잔인하게 박해할 임무를 일부 구성원에게 부여할 때, 타인을 동정하는 그들의 자연적 기질을 누그러뜨리지 않는 한, 그들은 맡은 임무를 수행하기 버거워할 것이다. 이럴 때 유용할 수 있는 도구가 바로 개괄적으로는 비인간화, 구체적으로는 비인간화를 선동하는 프로파간다다.

이쯤에서 휴머니즘적 입장에 대해 젠더와 관련지어 미리 알아볼 것이 있다. 과연 휴머니즘은 젠더 문제를 어느 정도까지 간과하고 있을까? 가령 M이 응시하는 대상이 그녀와 마찬가지로 **여성**이자 **어머니**인 베트남 사람, 즉 베트남 여성이자 베트남 어머니라는—설혹 분석적으로는 사소하더라도 사회적으로든 심리적으로든 의미심장할 수 있는—사실은, 게이타의 논의에서 부수적인 부분처럼 보인다. 정황상 M이 응시하던 대상이 베트남 아버지였어도 게이타의 논지는 큰 틀에서 달라지지 않았으리라는 얘기다.

또한 리빙스톤 스미스가 젠더 억압을 설명 대상에서 보란 듯이 제외하고 있는 와중에 역사적 가혹 행위의 전형으로 제시한 사례 한편에 여성에 대한 집단강간이 자리한다는 점을 그남 스스로도 인정한다는 일면 모순적인 사실은 우리에게 생각할 거리를 안겨준다. 홀로코스트가 자행되던 시기에 성노예로 전락한 유대인 여성들의 운명도 같은 맥락에서 바라볼 수 있다. 최근까지 그들의 삶은 역사적 기록에서 심각한 수준으로 누락돼왔다(Hedgepeth and Saidel 2010). 또한 도덕철학 분야에서 홀로코스트에 관한 논의는 주로 프리모 레비가『이것이 인간인가 *Se questo è un uomo*』〔미국 영역본 제목은 *Survival in Auschwitz*, 아우슈비츠에서 살아남기〕에 남긴 선명하지만 부분적일 수밖에 없는 설명에 초점이 맞춰져 있다. 우연찮게도 그 책의 또 다른 〔영역본〕 제목—영국과 오스트레일리아, 유럽판 제목인 *If This Is a Man*〔이것이 인간이라면〕—은 우리에게 초점을 넓힐 것을 요구한다.

      만약 이처럼 비인간화가 인종주의와 민족 간 증오의 도덕 심리학적 특징이라면, 이를 극복하기 위해서는 일종의 인간화 과정이 필요하리라고 예상하는 게 자연스러울 것이다. 노미 아펄리는 허클베리 핀의 사례를 다루며 문제의 그 인간화 과정에 대해 세심하게 논의했다(Arpaly 2003, 75-78). 소설 속에서 헉〔허클베리〕과 짐은 함께 집을 나와 엉성한 뗏목을 타고 강을 따라 내려간다(이는 그 둘이 "같은 배"를 탔다는, 마크 트웨인의 입장에서는 그리 교묘할 것도 없는 은유다).[7] 또한 헉은 백인 남자아이고 짐은 흑인 노예라는 사실에도 불구하고 둘은 서로에게 다정하고 편안한 친구가 되었다. 노예 사냥꾼들의 추격으로 짐이 붙잡힐 위기에 처하자 헉은 기지를 발휘해 그들의 진로를 차단하여 사람들의 귀감이 된다. 그러나 의문은 남는다. 알다시피 헉은 짐을 사냥꾼들에게 넘겨주었어야 한다는 명백히 그릇된 도덕적 신념에 배치되는 행동을 했다. 그런데도 헉의 행동이 도덕적 **칭송**을 받아야 마땅할까? 만일 그렇다면 그 이유는 무엇일까? 의문은 또 있다. 도대체 혁은 왜 그런 행동을 했을까? 아필리는 혁의 행동이 도덕적으로 칭송받을 가치가 충분하다고 주장한다. 혁이 도덕적으로 계몽되면서 짐을 점차 인도적인 **관점**에서 바라보게 되었다는 방증이기 때문이다. 아필리는 말한다.[7]

> 짐과 시간을 보내는 동안 혁은 인식의 변화를 경험한다. (⋯) 짐에게 자신의 희망과 두려움을 이야기하고 그남과 폭넓게 교감하는 동안 혁은 (그간 한 번도 심각하게 생각해본 적 없는) 정보를, 그러니까 짐이 자신과 마찬가지로 인간이라는 메시지를 지속적으로 지각한다. 트웨인은 혁이 자신과 짐 사이의 유사성을 매우 쉽게 지각하게 만든다. 둘 다 무학이고, 같은 언어를 사용하며, 같은 미신을 믿는다. 또한 무엇보다, 굳이 존 스튜어트 밀의 천재성을 빌리지 않아도, 두 사람 중 한 명이 다른 한 명보다 하등하다고 생각할 특별한 이유가 없다는 것을 알아채기란 그리 어렵지 않다. 물론 혁은 이러한 사실들을 전혀 신경 쓰지 않는다. 하지만 그 사실들은 시간이 갈수록 혁이 어느 친구를 대할 때와 같은 태도로 짐을 대하도록 유도한다. 혁이 짐을 동류 인간으로 인식하기 시작한다는 사실은, 별생각 없이 짐에게 **사과하다가** <u>스스로</u> 놀라는 장면에서 분명해진다. 그도 그럴 것이, 흑인 남성을 인간 이하의 존재로 취급하는 사회에서 이는 상상도 할 수 없는 행동이기 때문이다. (⋯) 짐을 고발할 기회가 찾아왔을 때 혁은 그런 일을 하는 것에 강한 저항감을 느낀다. 그리고 이 저항감의 주된 원인은 혁이 짐을 언제부턴가 인간<u>으로</u> 보게 됐다는 사실에서 찾을 수 있다. (2003, 76-77)

---

7   이 사례는 Manne 2013, sect. 2에서도 설명했다.

이 책에서 내가 염두에 두고 있는 유형의 휴머니즘적 사고에 대한 맛보기는 이 정도로 충분할 듯하다.[8] 여기서 우리는 어떤 결론을 이끌어낼 수 있을까? 일단은 다른 인간에게서 인간성을 (적어도 한결같이, 혹은 합당한 이유라고는 없이) 보지 못하는 현상이 심각한 문제일 가능성을 인정할 수 있을 것이다.[9] 그러나 사람을 사람으로 보는 것, 혹은 다른 인간을 인간으로 인지하는 것이 우리가 생각해낼 수 있는 해결책의 전부일까? 그렇다면 우리는 이러한 타인들을 어느 정도까지 인간답게 대해야 할까? 또한 비인간화는 인간이 인간에게 가하는 가장 야만적인 형태의 처우에 어느 선까지 책임이 있을까? 특히 여성혐오와 관련해서 우리는 비인간화를 어느 정도까지 심리학적인 현상으로 받아들여야 할까? 이 장에서 나는 주로 이런 질문들에 답하고자 할 것이다. 그러나 우선 휴머니즘의 핵심 주장이 무엇인지부터 분명히 해두어야겠다.

휴머니즘의 의미를 분명히 하다

역사적으로 '휴머니즘'이란 용어는 다양한 사람에게 많은

---

8   휴머니즘적 관점의 면면을 나와 같은 방식으로 이해하는 대표적 인물로는 크리스틴 코스가드와 마사 누스바움, 스티븐 다월, 줄리아 마코비츠 등이 있다.

9   여기서 굳이 "한결같이"라고 적은 이유는, 피터 스트로슨에 따르면 (그리고 「서문」에서 한 논의를 상기하자면), 다른 인간과의 "관계라는 중압"을 이따금 "완화"하거나 거기서 "피신"할 여지를 반드시 남겨야 한다고 생각되기 때문이다(Strawson [1962] 2008, 10, 13, 18). 논란의 여지는 있지만 이는 타인들의 바로 그 인간성과 일정 부분 거리를 두는 결과로 이어질지 모른다. 또한 나는 "합당한 이유라고는 없이"라고도 적었는데, 이는 그러한 거리 두기가 특정한 직무를 완수하기 위해 꼭 필요한 상황이 있을지 모르기 때문이다. 가령 외과의사는 수술대에 누운 환자를 그저 몸으로, 혹은 복잡한 신체 계통으로 보아야 할 것이다.

것을 의미했고, 오늘날에도 이는 변함없는 사실이다. 일찍이 나는 앞의 예시들을 제시하는 과정에서, 또한 여기서 내가 내릴 최종적 결론의 특정 부분들에 (내가 생각할 때) 작정하고 부정적 관점을 드러낼 법한 일부 이론가들을 확인하는 과정에서, 일부러 내 본뜻과는 다른 견해들을 소개한 바 있다. 그러나 개별 이론가의 다양한 입장을 구체적으로 짚으려 애쓰기보다 특정 이론가의 관점은 짐짓 외면한 채 휴머니즘적 입장의 정수를 뽑아내는 데 노력을 기울이는 편이, 명료함과 간결함을 추구하는 데는 더 유리할 것이다. 이 과정에서 이런저런 기술적(개념적인 동시에 지각적이고 도덕심리학적이면서 역사적인) 주장과 규범적(도덕적인 동시에 정치적인) 주장이 제시될 것이다. 또한 앞서 조금씩 등장한 (내가 보기에는) 다양하고 상호 보완적인 휴머니즘적 사고를 그러모아 하나의 자연스럽고 근사한 체계로 정리하는 작업이 시도될 것이다. 각각의 주장은 후속 주장으로 제법 자연스러우면서도 비연역적으로 이어질 것이다.[10] 그럼 이제 시작해보자.

① **개념적인 동시에 지각적인 주장**: 인간은 다른 인간을 같은 종에 속한 다른 구성원으로 인정하는 수준을 넘어, **보편적 의미의 인간적 존재**로 보거나 인지할 능력이 있다.[11] 이는 곧 사람들을 생

---

10 다만 확실히 해두자면, 앞서 언급한 개별 이론가들이 위의 주장 하나하나—정확히 같은 판본은 아닐지라도 내용은 상통하는—에 전적으로 매달린다는 뜻은 아니다.

11 여기서 "보거나"는 다소 은유적인 표현이다. 그러한 인식적 경험 중 일부에서만 두드러지는 시각적 측면이, 무엇보다 장애인차별을 기반으로 지나치게 일반화되지 않아야 한다. 반면에 *전체*론적으로는 *지각적*이거나 유사지각적인 측면에서 종종 논란이 이는 듯하다. 다행히 내게 휴머니스트들을 대신하여 이 장의 목적에 맞게 (이른바) 사회적 지각을 적절한 이야기로 풀어나가는 데 있어 중립적 입장을 고수할 역량은 있다.

각함에 있어 거시적이고 더 다채로운 차원의 인식이 가능하다는 것을 의미한다. 그들을 "동류 인간"으로, 자신과 같은 종에 속한 구성원으로, 혹은 (비슷하게) "우리와 **공통된 인간성**"을 가진 구성원으로 바라보는 것이다. 비슷하게는, 그들을 단순히 호모사피엔스라는 종에 속한 존재라기보다(이게 사실이라고는 해도), 하나의 **인격체**로 인지한다는 의미일 것이다.[12]

이런 경향은 어떤 상황으로 이어질까? 타인을 동류 인간으로 인지한다는 것은 일반적으로 타인이 다음과 같은 잠재적 가능성을 갖추고 있거나 적어도 갖추고 있었다고 생각한다는 것을 (특히) 의미한다고 여겨진다.[13]

- 자신과 (인지적으로, 능동적으로, 정서적으로, 현상학적으로) 유사한 **사고방식을 갖추었을** 가능성.
- 다양하고 특징적인 **인간적 능력**을 개발하고 단련할 가능성. 여기서 인간적 능력에는 **가치를 평가**하는 능력과 사유를 거쳐 가치관의 일부만이라도 형성하고 수정하는 능력뿐 아니라, 정교한 형태의 **합리성**과 **행위주체성**, **자기결정성** 등도 포함된다.
- 다양하고 특징적인 인간적 사회관계에 참여하고 그 관

---

12 누군가를 같은 종에 속한 구성원으로 규정한다는 것은 당연하게도, 종의 개념이 현저히 두드러지기 전이라든가 그 개념이 아직 존재하지 않는 환경에서는 필요하지 않았을 것이다.

13 "잠재적 가능성"이라는 표현은 다음 기준이, 특정한 질병이나 부상, 장애 등으로 인해 전형적이지 않은 성장 과정을 거쳤거나 거치게 될 인간들을 아우르도록 허용할 목적으로 포함되었다. 많은 휴머니스트가, 다음 기준에 현재 들어맞지 않고 어쩌면 앞으로도 절대 들어맞지 않을 사람들을 배제하지 않기 위해 각고의 노력을 기울인다. 내 생각에 이는 휴머니즘적 사고의 가장 매력적인 (그리고 인도적인) 측면 중 하나다.

계들을 지속시킬 가능성. 여기서 다양한 관계에는 **부부, 부모자식, 형제자매, 교우, 동료 관계** 등이 포함된다.

- 타인들에게—그리고 어쩌면 잠재적으로라도 자기 자신에게—**깊은 정서적 애착**의 지성적이고도 의도적인 대상이 될 가능성.

자, 이제 휴머니스트들은 이 '개념적이고도 지각적인 주장'을 한 손에 쥔 채, 그러니까 이 첫 번째 주장(혹은 그와 매우 유사한 내용)을 전제로 두 번째 핵심 주장을 펼칠 수 있다.

② **도덕심리학적인 주장**: ①의 주장을 염두에 둔 채 다른 인간을 인지할 **때에야** 비로소 우리는 대인관계 속에서 여성을 인도적으로 대할 수 있을 뿐 아니라, 그렇게 대하려는 강한 **동기와 기질**을 갖게 된다.[14]

그런데 왜 그래야 하는 걸까? 왜 누군가의 인간성을 **인지해**야만, (가령) 그녀에게 친절하게 대하려는 **동기**를 갖게 되고 잔인하게 대하기는 꺼리게 되는 걸까? 이 연결성에는 과연 어떤 메커니즘이 숨어 있을까? 이는 철학자들 중에서도 이른바 흄 학파의 동기

---

14 ②의 주장을 위해서는 ①의 주장을 염두에 두어야 한다는 논지를 나는 어디까지나 논의를 위해서 받아들일 것이다. 대인관계에서 인정받고 싶은 인간의 깊은 욕구를 고려할 때 이 주장은 얼핏 그럴듯하게 여겨질 뿐 아니라, 내 목적을 위해서도 거부할 이유가 전혀 없다. 그러나 내 의도는 이 주장을 '인간으로서 존재한다는 것'이 따지고 보면 조금도 특별할 게 없다는 주장으로 호환하는 것이다. 이런 주장의 바탕에는 비인간 동물들도 인간과 꼭 같은 가치를 지닌다는 의식이 자리한다. (물론 개중에는 종이 다른 동물 사이—이를테면 인간 종과 인간이 비인간 종들 사이, 혹은 서로 다른 비인간 종들 사이—에는 심대한 차이가 존재한다는 입장을 여전히 견지하는 이들도 있겠지만 말이다.)

부여 이론에 동의하는 도덕철학 연구자들에게 특히 절박한 질문이다. 데이비드 흄의 이론에 따르면, 이런저런 **신념**을 비롯해 "세계가 유도하는" 정신 상태가 그 자체만으로 행위자에게 동기를 부여하는 건 아니다. 또한 한편으로 우리는, **행동**을 취하고 싶어하는 누군가의 기질을 설명하기에 적합한 **욕구**를 비롯해 "세계를 유도하는" 정신 상태가 실재한다고 가정해야 한다.

조지 오웰의 글은 이러한 연결성에 대해 그럴듯한 설명을 제시한다. 적어도 한 명 이상의 휴머니스트가 이 연결성과 관련해 그 대목을 인용했을 정도다(Cora Diamond 1978, 477; Gaita 1998, 48을 보라). 오웰은 스페인 내전 기간에 참호에서 파시스트를 향해 총부리를 겨누던 어느 아침 풍경을 머릿속에 떠올린다. 그때,

> 한 남자가 장교에게 전달할 내용이 있었던지 모두가 지켜보는 가운데 참호에서 튀어나와 흉벽 위를 따라 달려갔다. 그남은 옷도 제대로 갖춰 입지 못하고 두 손으로 바지를 붙든 채 뛰고 있었다. 나는 그남을 쏘고 싶었지만 일단 참기로 했다. 내 형편없는 사격 솜씨로 90여 미터 떨어진 곳에서 달리는 남자를 맞히기란 사실상 불가능에 가까운 데다, 파시스트들의 시선이 온통 전투기에 쏠려 있는 틈을 타 우리 쪽 참호로 복귀해야겠다는 생각에 이미 머릿속이 분주했다. 더욱이 바지를 붙들고 있는 누군가를 향해 총을 쏠 수는 없는 노릇이었다. 내가 이곳에 온 이유는 '파시스트'를 쏘기 위해서였다. 한데 바지를 붙들고 있는 남자는 '파시스트'가 아니었다. 누가 봐도 우리 자신을 닮은 동류 생명체였다. 그런 남자를 향해 총을 쏘고 싶지는 않았다. 모르긴 해도 당신이었어도 그랬을 것이다.(Orwell 1981, 194)

오웰은 시야에 들어온 그 군인을 "동류 인간"이 아닌 "동류 생명체"라고 일컬었고, 코라 다이아몬드도 이를 알아차렸다. 하지만 그럼에도 그녀는 그 장면이 잠재적 표적에 인간성을 부여했다고, 그래서 다른 무엇보다 **연민**이라는 감정을 불러일으켜 오웰과 같은 입장의 행위자로 하여금 방아쇠 당기기를 주저하도록 유도했다고 주장했다.[15]

이제 위 내용을 토대로 일반적인 이론을 도출해보자. ①의 주장에서 ②의 주장으로 넘어가는 가장 바람직하고도 그럴듯한 경로는, **공감**이나 **동정심**, **측은지심**, **동료 의식** 같은 개념을 언급하는 것일 테다. 또한 이는 우리가 타인과의 유사성을 인지함으로써 스스로를 그녀와 **동일시**하거나 (좀더 조심스럽게는) 그녀의 **관점**을 취할 능력과 의향을 갖게 되리라는 생각으로 이어질 것이다. 이후에 우리는 우리 상상 속에서 그녀가 느낀다고 여겨지는 감정을 느끼거나, 적어도 적당히 친사회적인 '조력자' 특유의 감정(이를테면 연민)을 경험하게 되기 쉬울 것이다.[16] 이렇게 되면 우리는 그녀를 대할 때 잔인해지기보다 친절해지기를, 심지어 그녀를 돕기를, 그녀에게 상처 주지 않기를 원하게 될 공산이 크다. 그리고 이로써 우리가 대인관계에서 그녀를 인도적 방식으로 대하고픈 마음을 갖게 되리라는 결론도 덩달아 힘을 받게 될 것이다. 이제 그녀는 우리와 공통된 인간성을 지닌 구성원으로, 도덕적 우려와 호혜 따위의 대

---

[15] 오웰의 입장은 이보다 더 신중했다. 이야기를 시작하기 전에 그남은 독자에게 사건이 "딱히 뭔가를 증명하진 않는다"고 경고한다. 또한 직후에는 이렇게 반복한다. "이 사건이 무엇을 시사하느냐고 묻는다면, 특별히 많은 것을 시사하지는 않는다고 답하겠다. 이런 종류의 사건은 모든 전쟁에서 비일비재하기 때문이다."(Orwell 1981, 194)

[16] 여러 가능한 형태의 공감에 관점 취하기가 어떤 역할을 하는지, 그리고 상동적 형태의 고충 및 우려와 비상동적 형태의 고충 및 우려의 차이가 무엇인지에 대해서는 니컬스(Nichols 2004, chap. 2)를 참조하라.

상으로 단순히 인지되는 차원을 넘어 **열렬히 받아들여질** 것이다.
그러므로 누군가를 동류 인간으로 인지한다는 것은 이제, 적어도
전형적인 사례에서는(가령 특정한 심리적 태도가 부각되지 않는 상황
에서는), 모종의 **동기를 유발하는** 결과로 이어진다고 말할 수 있을
것이다.[17]

그러므로 ①의 주장은, 필연적으로는 아니더라도 자연스
럽게 ②의 주장으로, 그리고 이후에는 공감 능력이나 그와 유사한
능력, 또한 그런 능력에 특징적으로 뒤따르는 이타적 기질에 관한
추가적 주장들로 이어진다.[18]

이제 ②를 기반으로 몇 가지 주장이 그럴듯하게, 역시나 논
리적 필연성이라곤 없이 펼쳐진다.

③ 유사조건명제식quasi-contrapositive **도덕심리학적 주장**: 사람들
로 하여금 도덕적으로 가장 지독한 방식으로 타인을 학대하게 하
는(이를테면 응분의 처벌도 받지 않고 그들을 살인하거나 강간하거나 고
문하게 하는) 가장 강력하고도 어쩌면 필수적이기까지 한 심리적

---

17   이 특정한 심리적 태도란 무엇일까? 정신병질이나 반사회적 인격장애, 자폐증, 우
울증 등일까? 이는 조심스러운 이슈로, 여기서 자세히 다루고 싶지는 않다. 제대로 다
루기에는 시간이 너무 부족할뿐더러, 자칫 영구적 오명을 얻게 될 위험이 너무도 크
다. 특정한 사람들을 엉뚱하게 병자화하는 개념을 구체화할 위험성은 차치하고서라
도 말이다.

18   ①에서 ②로 넘어가는 대안적 경로는, 동류 인간이라는 개념을, 본질적으로 *도덕적
의의가 더해진* 개념—가령 아주 대략적으로는, 한 사람이 자기 자신이나 자신과 친밀
한 사람들을 위해 주장해야 합리적일 법한 유형의 존경과 친절, 배려의 마음을 담아
대해야 하는 누군가—으로 이해한 뒤 일종의 동기 *내재주의motivational internalism*
를 지지하는 과정을 수반할 것이다. 하지만 이러한 맥락에서 이 대안은, 인간이라는
개념이 왜 이러한 도덕적 내용을 품고 있는가에 대한 독립적 설명이 빠진, 논리적으
로 불충분한 주장, 즉 위와 같은 일련의 사고과정을 통해 (논파 가능한) 정당성이 입
증된 이타적 기질을 기반으로 단순하게 구축된 주장일 것이다.

윤활제는, 그들을 동류 인간으로 보지 않는 것이다.[19]

④ **역사학적 주장**: 역사적으로 억압받던 계층에 속한 사람들이 지배적인 사회집단에 속한 구성원 대부분의 눈에 동류 인간으로 보이고, 그리고 사회 전체에서 그렇게 여겨지게 될 때, 도덕적·사회적 진보의 가능성은 놀라우리만큼, 어쩌면 사실상 필연적이라고 해도 무방할 정도로까지 증가할 것이다.[20] 비슷한 맥락에서(혹은 역사나 유사조건명제식으로), 특정한 사회집단에 속한 사람들이 (이를테면 제노사이드나 집단학살, 집단강간, 조직적 고문처럼) 도덕적으로 가장 지독한 형태를 띤 채 만연해 있거나 끊임없이 계속되는 학대의 대상일 때, 이러한 현상의 주된 원인은 처음부터 그들이 완전한 인간으로 보이지 않았거나, 대부분 비인간화를 유도하는 프로파간다의 영향으로 즉시 비인간화되었다는 데서 찾을 수 있을 것이다.

⑤ **도덕적인 동시에 정치적인 주장**: 특정 사회집단에 속한 구성원들이 위와 같은 가학 행위의 피해자일 때, 정치적으로 가장 중대하고 시급한 목표는 그들의 인간성을 다른 사람들이 알아볼 수 있도록(이 말의 정확한 의미가 무엇이건 간에) 만드는 것일 테다. 또한 이러한 조치는 그 과정을 통해 인생관이 변화한 사람들에게 개인적으로 중대한 도덕적 진보로 여겨질 것이다.

---

[19] "유사조건명제식"이라고 말한 이유는 관련된 어떤 주장도 실제로는 조건명제가 아니기 때문이다. 오히려 그것들은 '만약 p라면 아마도 q일 것이다'라는 식의 개괄에 가깝다.

[20] 이와 관련하여 역사학적으로, 그리고 목적론적으로 특히 강렬한 견해를 알고 싶다면, 핑커의 논의(Pinker 2012, chap. 7)를 참조하라.

휴머니즘의 문제

위 다섯 가지 주장을 종합적으로 고려할 때 우리는 휴머니즘을 어떻게 이해해야 할까? 인종주의나 여성혐오를 비롯해 다양한 억압 이데올로기에 사로잡힌 이들의 도덕관 및 사회관을 휴머니즘적 분석은 또 얼마나 제대로 포착하고 있을까?

보기에 따라 휴머니즘은 여성혐오와 관련하여 굉장히 치명적인 문제를 안고 있다고 생각될 여지를 이미 품고 있다. 남성뿐 아니라 여성도 여성혐오의 가해자가 될 수 있다는 가설에 근거해(8장에서 우리는 이 가설이 사실임을 확인하게 될 것이다), 만약 이 가설이 옳다면, 휴머니즘적 시각에서 여성혐오는 한 여성이 스스로를 인간 이하의 존재로 여김으로써 자신을 동류 인간 계층의 구성원들과 '동일시'할 근거마저 약화시킬 정도로, 아니면 필시 스스로를 다른 여성들과 근본적으로 다른 종류의 생명체라고 여길 정도로 심각하게 내재화될 수 있다는 얘기일 텐데, 이는 둘 다 논리적 가능성이 희박해 보이기 때문이다. 적어도 표면상으로는.

그러나 여성혐오에 대한 휴머니즘적 설명을 겨냥해 제기한, 첫눈에는 치명적으로 보이던 이 반박 이론이 실제로도 그만큼 치명적인지는 불분명하다. 지배적 남성들이 위와 같은 방식으로 여성들을 비인간화하는 태도를 드러내면, 그들의 관점은 특정 여성들에 대한 일종의 **이데올로기**를 양산할 테고, 그러면 나머지 여성들이 그 이데올로기를 의식하게 될 가능성이 있기 때문이다. 사실 나는 위 문장의 첫 번째 명제에 (즉, 지배적 남성들의 여성혐오가 갖는 주된 특징이 여성들의 비인간화에 있다는 주장에) 동의하지 않는다. 하지만 (8장에서) 결국 이 '이데올로기 전염' 메커니즘과 비슷한 견해를 내 스스로 제시할 것이다. 제공자라는 여성의 역할과 취득자라는 남성 특권층의 역할은 남성뿐 아니라 여성에 의해서도 내재화되었다. 따라서 말하자면 여성다운 여성 집단의 구성원으로서 회비를 완납한 여성들은, 적어도 특정한 상황에서 그러한 규범을 남성 못지않게 강요하는 경향이 있다는 것이다. 실제로 삼인칭 대상을 향한 도덕주의에 관한 한, 이인칭 대상을 향한 반응적 태도와 대조적으로 그런 경향이 **더욱** 심화될 수 있다. 그도 그럴 것이 의무를 등한시하는 듯 보이는 여성들은 부주의하고 이기적이고 태만하여, '선량하고' 양심적인 다른 여성들의 업무 부담을 가중시키기 때문이다. 더욱이 그러한 여성들은 자칫 체제를 약화시킬 수 있다. 많은 여성이 자기 미래와 정체성, 자존감 등을 걸고 있는 그 체제를 말이다. 예고하자면, 이런 관점에 대해서는 8장과 결론에서 다시 한번 논의할 것이다. 그때까지는 휴머니즘적 입장을 하필 여성혐오에 적용함으로써 보게 될 낭패에 대해서는 생각하지 말고, 우선 휴머니즘적 입장이 부딪힐 수도 있는 좀더 일반적인 문제들부터 들여다보기로 하자.

먼저 ①의 주장부터 살펴보자. 여기에 따르면 타인을 보는 방식에는, 그들이 같은 종에 속한 다른 구성원임을 확인하는 차원을 넘어서는 방식이 존재한다. 대신에 그러한 방식은 일종의 공감을 불러일으키기에 충분한 **공통성**을 타인에게서 인식하는 것과 관련이 있다. 그리고 앞서 말했듯 공감은 ①에서 ②로 넘어갈 때 자연스럽게 언급될 법한 개념들 중 하나다. 나는 ①이 일견 상당히 그럴듯한 주장이라고 생각한다. 또한 이어질 내용에서는 논의를 위해 그 주장을 수용할 것이다. 문제는 그 주장이 근본적으로 불완전하다는 점이다. 왜냐하면 당신이나 당신의 가족에게 동류 인간이란, 비단 지성이 있는 **배우자나 부모, 자식, 형제자매, 친구, 동료**만을 의미하지는 않기 때문이다. 지성이 있는 **경쟁자나 적, 강탈자,**

불순분자, 배신자 역시 동류 인간이다. 더욱이 합리성과 행위주체성, 자기결정성, 판단력을 발휘할 수 있다는 점에서, 당신을 강압하거나 조종하거나 굴욕감 및 수치심을 안기는 사람도 동류 인간이다. 추상적·합리적 사고가 가능하고 도덕적으로 유사한 정서를 느낄 수 있다는 점에서 그들은 당신을 나쁘게 생각하고 업신여길 수 있다. 복잡한 욕구와 의도를 가질 수 있다는 점에서 그들은 당신에게 악의를 품고 맞서기 위해 음모를 꾸밀 수도 있다. 가치를 평가할 수 있다는 점에서 그들은 당신이 끔찍이 여기는 무언가를 소중히 여기는 동시에, 당신이 소중히 여기는 무언가를 끔찍이 여길 수도 있다. 이런 이유로 그들은 당신이 아끼는 모든 것을 위협하는 존재일 수 있다. 또한 당신은 당신대로 **그들**이 아끼는 모든 것을 위협하는 존재일 수 있다. 그리고 이런 이유로 우리는 타인이 품을 수 있는 잔인성과 경멸감, 악의 등을 더욱더 우려하게 된다.

기본적인 결론은 이것이다. 심지어 그리 이상적이지 않은 조건에서도, 가령 물질적 자원이 고갈될 수 있거나, 많은 사람이 원하는 사회적 위치가 한정돼 있거나, 도덕적이고 사회적인 이상들이 상충하는 상황에서도, 어떤 사람들의 인간성은 타인들에게 양날의 검으로 작용할 가능성이 있다. 그러니까, 누군가를 동류 인간으로 인지할 경우, 당신은 그녀와 인간 특유의 능력들을 공유하게 된다. 이는 단순히 그녀가 **어울려도** 좋은 사람이라는 의미가 아니다. 그녀가 자칫 오로지 인간만이 할 수 있는—적어도 우리 인간만의 특징적인 감수성과 관련된—방식으로 **위험**하고 **위협적**인 존재가 될 수 있다는 의미이기도 하다. 이를테면 그녀는 자칫 당신의 기반을 약화시킬 수 있다.[21]

---

21   린 터렐은 후투족이 투치족을 (특히) *위협적인* 존재로 묘사하여 르완다 대학살의 명

이는 어떤 생각으로 이어질까? ①이 근본적으로 불완전하다면, 그러니까 그 주장이 대체로 절반의 진실밖에 대변하지 못한다면, 이제 ②도 의심스럽게 보일 수 있다. 물론 공감 능력이나 이타적 기질의 형성과 관련된 성향은 여전히 유효할 수 있다. 하지만 이러한 기질들은 다양한 적대적 태도에 관련된 기질들과 **경합해야만** 할 것이고, 논란의 여지는 있지만 그로 인해 **상쇄될** 수도 있을 것이다.22 예를 들어 이런 식이다. 어떤 이들을 적이라고 지목하는 사람의 입장에는, 그들을 **파멸시키려는** 기질이 딸려 있다. 어떤 이들을 경쟁자로 지목하는 사람의 입장에는 그들을 **패배시키려는** 기질이 딸려 있다. 근래에 어떤 이들이 자신의 지위를 강탈해갔다고 여기는 사람의 입장에는 **형세를 역전시키려는**, 그러니까 그들의 힘을 약화시켜 다시 그들을 앞지르려는 기질이 딸려 있다. 어떤 이들을 순종적이지 않다고 여기는 사람의 입장에는 **그들을 원래 자리로 되**

분으로 삼은 방식을 상세하게 설명한다(Tirrell 2012). 부분적으로 이러한 정당화는 비인간화를 유도하는 여러 참신한 증오 연설 덕분에 가능했다. 후투족은 투치족을 이녠지inyenzi와 인조카inzoka라고 불렀는데, 각각 바퀴벌레와 뱀이라는 뜻이다. 터렐의 그럴듯한 주장에 따르면, 이러한 용어에는 **행동을 추동하는** 기능이 있다. 그러한 생명체들에게 사람들이 특징적으로 가하는 행동들이 있고, 그러한 행동들은 파괴적이게 마련이기 때문이다. 또한 예리하게도 터렐은 (그녀의 표현을 빌리자면) 이 지극히 경멸적인 용어들이 억압적인 사회 환경 깊숙이 침투해 가령 '소시지 얼굴sausage face'(어떤 아이들이 놀이 중에 즉흥적으로 만들어낸 용어를 터렐이 예로 제시한 것이다) 같은 즉흥적 용어들보다 훨씬 더 치명적인 결과를 유발한다고 강조한다.

22 타인에게 우호적인 기질이 적대적 기질에 상쇄될—존 맥다월이 제시한(McDowell 1995), 동기를 부여하는 이유들이 '침묵당한다'는 아이디어와 어딘지 닮아 있는—가능성을 고려하면, ①은 분명 거짓일 것이다. 일련의 유의미한 반증이 가능하기 때문이다. 그러나 설령 우리가 인간성의 한쪽 측면, 즉 타인에게 우호적인 기질이 여전히 유효할 가능성에만 고집스레 초점을 맞추더라도, ①은 이야기의 절반을, 그러니까 ①에서 ②로 넘어가는 결정적인 과정이 타당하게 이루어지려면 휴머니스트가 반드시 확보해야 할 절반의 이야기를 외면하는 셈이 되어버린다.

돌려놓으려는 기질이 딸려 있다. 어떤 이들을 배신자로 인식하는 사람의 입장에는 그들의 **이탈을 벌하려는** 기질이 딸려 있다. 그리고 보다시피 이러한 기질의 대부분은 여성혐오의 가장 특징적인 동태와 판에 박은 듯 닮아 있다.

②에 대한 논의는 이쯤 해두기로 하자. 모든 것을 고려할 때, 행위자의 동기를 유발하는 심리적 태도에 대한 하나의 의견쯤으로 이해하면 충분할 듯하다. ③은 ②의 조건명제에 가깝다는 점에서, ②의 근거가 약화되면 덩달아 무너질 공산이 크다. 또한 나머지 ④와 ⑤의 주장은 지금까지의 내용으로 볼 때 이제는 정당성이 부족하다. (엄밀히 말하면, 이 주장들이 독립적 근거를 갖췄을지 여부는 아직 지켜봐야 한다. 하지만 어디까지나 내 입장에서는, 그 주장들의 정당성을 입증할 획기적 근거가 나타날 가능성은 그리 높지 않아 보인다.)

여기까지 휴머니즘의 핵심 주장에 대한 내 비평은 대체로 개념적인 성격이 짙었다. 그러나 내 비평의 적합성을 강조하는 의미에서 구체적인 예를 가볍게 살펴보는 것도 좋을 듯하다. 사람들이 서로에게 저지르는 가장 끔찍한 짓의 대부분은 자기들끼리 공유하는 공통적 인간성이 자기들과는 다르다고 생각한 이들에게서 나타날 때, 이를 충분히 인지한 상황에서 벌어지는 듯하며, 사실상 이를 계기로 **촉발될** 가능성도 높아 보인다.[23]

엘리엇 로저를 보자. (1장에서 보았다시피) 그남은 캘리포니아대학 샌타바버라캠퍼스 알파파이 여학생회의 "잘나가는 금발머리 잡년들"이 자기가 그토록 애타게 갈망한 사랑과 섹스와 애정

---

23 계기가 이상한 것도 이상한 것이지만, 타인을 동류 인간으로 인식하지 못했다고 추정될 때의 증상 역시 엉뚱해 보일 때가 많다. 그 증상들의 특징은 대개 대인관계에서 스트로슨이 말한 "반응적 태도"로 나타나기 때문이다. 이 점에 대해서는 「서문」에서 소개한 바 있고, 이 장 후반부에서도 다시 다룰 예정이다.

과 관심을 주지 않았으므로 그들에게 복수하는 게 자신의 뜻이라고 선언했다. 아닌 게 아니라 그들은 그남을 조금도 알아채지 못했다. 로저의 불평에 따르면, 자신 같은 "최고의 신사"보다 "역겨운 짐승들"을 좋아해 그쪽에 "육탄공세를 펼"치는 데 온통 정신이 팔려 있었기 때문이다. "그 여자들 눈엔 내가 도대체 뭐가 부족한 걸까요?" 로저는 직접 녹화한 동영상에서 자기연민에 빠진 채 이렇게 물었다. 그러고는, 기억할지 모르겠지만, 정서적으로도 문법적으로도 분위기를 돌연 바꾸었다. "이제 너희 모두를 응징하려" 한다라고 그 여성들에게 선포한 것이다. 이때 그남은 그들에 관해서가 아니라, 그들을 향해서, 이인칭 시점에서 말하고 있었다.

이러한 감정 흐름이 충격적인 이유는, 앞선 논의대로('휴머니즘의 의미를 분명히 하다' 절의 주장 ①을 보라) 여성들의 인간성을 추정하고 예단하는 데 그치지 않고 그 추정에 **의존하여 움직인다**는 데 있다. 로저는 이러한 여성들에게 주체성과 우선권, 깊은 정서적 애착(사랑과 애정)을 형성할 능력이 있다고 생각한다. 또한 그남은 그들에게 행위주체성과 자기결정성, 그남의 **구애를 받을** 능력이 있다고 생각한다. 하지만 그러한 인식은 그남의 여성혐오를 고칠 만병통치약이기는커녕 여성혐오의 실질적 전제 조건처럼 보인다.[24] 로저는 이 여성들이 자신에게 주지 않는 것을 원했고, 결과적

다른 곳: 여성혐오의 논리

24　애덤 고프닉(Gopnik 2006)과 콰메 앤서니 아피아(Appiah 2006; 2008)도 제노사이드와 관련하여 유사한 의견을 개진한 바 있다. 아피아는 다음과 같이 적는다(2008). 최악의 사태가 벌어지면 집단 간의 충돌은 제노사이드적 학살로 이어질 수 있다. 어떻게? 익히 들어온 답은 이것이다. 다른 집단의 구성원들은 절대 진정한 인간이 아니라고 우리를 설득함으로써. 하지만 이는 완벽한 답이 아니다. 그러한 학살의 전형적 특징인 가공할 잔인성—추악한 잔인성이라고 말하고 싶어진다—에 대한 설명이 빠져 있기 때문이다. 그 박해자들은 자신들이 적대하는 객체들을 바퀴벌레나 미생물에 비유할지 모르지만, 실제로는 희생자들의 인간성

으로 그들은 그남에 대한 **지배력**을 갖게 되었다. 그남은 여성의 권력이나 독립성, 그들의 실재적 지성을 부정하지 않았다. 오히려 그남은 그들이 특권을 지녔다고 인식했고, 자신을 좌절시킴으로써 이러한 능력을 증명했기에 그들에 대한 응징을 시도한 것이다.

사회적 대안

그러나 만약 휴머니즘적 설명이, 그것을 흔히 적용하던 일부 사례에는 그다지 잘 들어맞지 않는다면, 우리는 어떤 대안을 생각할 수 있을까? 사람과 사람 사이의 비인도적 학대 행위를 휴머니즘의 도움 없이 설명하는 한편으로 앞서 소개한 내 여성혐오 분석을 일반화하거나 확장할 방법은 무엇일까?

우선 휴머니즘적 분석이 봉착한 난제를 휴머니스트의 시각이 아닌 우리의 시각에서 면밀히 살펴보자. 만약 인간인 행위자 A가 인간인 대상자 S를 자신과 매우 유사한 존재로 이해한다면, 어떻게 A가 S를 학대하는 일이 가능할까? 달리 말해, 어떻게 A는 S

을 잘 알고 있는 상태에서 그들에게 굴욕을 주고 오명을 씌우고, 욕설을 퍼붓고, 고문을 가한다. 이러한 처우는, 그리고 이러한 처우에 대해 박해자들이 하나같이 내놓는 말만 번지르르한 변명들은, 우리가 의도와 욕구, 계획을 가졌다고 인지하는 생명체들을 대상으로 마련된 것이다.(144)
또한 이어지는 각주에서 아피아는 제노사이드 가해자들이 종종 "유대인이나 투치족과 같은 제노사이드의 희생자들을 대상으로 그런 일들이 자행되어야 *마땅한* 이유를 사람들에게 들려주려 할" 것이란 점에 주목한다(2008, 247n25). 그 밖의 저서에서도 아피아는 이 사안에 대해 조금은 다른 견해를 제시한다(2006, 151-153). 문제는 소외적 집단의 구성원들이 전혀 중요하게 여겨지지 않는다는 데 있지 않고. 그들의 존재가 임시변통에 불과한 합리화에 근거해 지배 집단의 구성원들보다 덜 중요하게 여겨진다는 데 있다고.

의 고통을 모르는 체하거나 외면할 수 있을까?

한 가지 가능한 설명은 S의 공통적 인간성을 A가 인지하지 **못했다**는 것일 테다. 위 조건문의 가정을 무효로 만들어버리기는 해도, 한 인간이 자기에게 인간을 표상하는 대상을 잔혹하게 학대할 수도 있다는, 설득력 없어 보이는 가능성을 차단하니 말이다. 그러나 또 하나, 구조적인 차원에서 못지않게 합리적인 설명이 있다. 다소 **부가적인** 표상들을, 그러니까 막 움트기 시작한 이타적인 동기와 **경합**하거나 그러한 동기를 **없애**버리려는 동기를 유발하는 방향으로 사람들의 이미지를 그려나가는 방식을 들여다보는 것이다. 그러한 표상들은 정치적 이데올로기와 위계 구조, 이와 관련된 특권의식을 매개로 형성될 것이며, 또한 그렇기 때문에 본래의 요구가 좌절되면 새로운 요구와 공격이 잇따를 것이다. 이는 타인들을 동류 인간으로 보면서도 그들을 끔찍한 방식으로 대한다는 시나리오가 사실은 설득력이 **있을** 가능성을 열어젖힌다. 필요한 건 단지 그럴듯한 뒷이야기뿐이다. 그것이 있어야만 이 명제에 담긴 주장의 실제적 모순성을 상쇄할 수 있다.

그렇다면 사람을 보는 이 부가적 방식에는 어떤 것들이 있을까? 그중 몇 가지를 우리는 이미 조우한 적이 있다. 이를테면 누군가를 **적**으로 보는 것은 그 사람을 파멸시키려는 동기를 유발하고, 누군가를 **경쟁자**로 보는 것은 그 사람을 패배시키려는 동기를 유발한다.[25] 이어지는 내용에서는 이러한 개념들과 더불어, **강탈자**

---

[25]   여기서 관련된 표상과 동기부여 사이에는 어떤 연결성이 있을까? 내게 이는 특별히 중요한 질문이다. 앞서 밝혔다시피 나는 흄 학파의 동기부여 이론 중 적어도 일부 판본을 지지하는 사람이다. 내가 생각할 때 이 이론의 가장 결정적인 견해는 이것이다. 세계에 유도되었거나 "세계에 생각을 맞추는mind-to-world" 표상들은, 그 *자체*로 세계를 유도하거나 "생각에 세계를 맞추는world-to-mind" 상태에 부합되는 것을 목

와 **불순분자**, 배신자라는 개념에 계속해서 집중함으로써 논의의
초점을 유지할 것이다. 그러나 이렇듯 (다소 은밀하게) 적대적인 **사
회적 위치에 따른 입장들**, 즉, 사회라는 세계에서 특수하게 처한 위
치로부터 타인을 향해 취하게 되는 입장들의 목록을 무한정 늘리
는 작업은 그리 어렵지 않을 것이다. 이를테면 최근 미국의 정치
담론에 등장한 '폭력배^{thug}'라든가 '도시 청년^{urban youth}' '약탈자^{looter}'
등과 같은 용어를 생각해보자. 모두 주로 미국에서 백인이 흑인을
모욕적으로 지칭할 때 사용하는 용어. 바로 그렇기 때문에 이 용
어들이 인종주의자를 효과적이고도 은밀하게 자극하는 이른바 '개
호루라기^{dog-whistle}'로 활용될 수 있다는 게 제이슨 스탠리의 주장
이다(Stanley 2015, 158-160). 하지만 겉보기에는 이 용어들이 표현하
는 그 어떤 개념도 비인간화와는 다소 무관해 보인다. 물론 개중에
는 '우리'와 '그들'을 다르게 보는 사고방식을 반영하고 그러한 사
고방식이 형성되는 데 일조하는 용어들도 있다. 그러나 여기서 '우

표로 한다. 당신의 적은 (무엇보다) 당신의 *파멸*을 원하는, 생각에 세계를 맞추려는
생각으로 세계에 존재하는 생각하는 생명체. 비슷하게 당신의 경쟁자는, 당신의
*패배*를 원하는, (다른) 생각에 세계를 맞추려는 생각으로 세계에 존재하는 생각하
는 생명체. 그러므로 누군가를 당신의 적이나 경쟁자라고 표현한다는 것은, 당신
이 눈여겨보는 타인들의 욕구에 *관해* 당신 스스로 정확히 이해한다는 뜻이다. 또한
자연스럽게 이러한 이해는 당신에게 특정한 반응을 유발할 것이다. 그러니까 타인의
이러한 (추정적) 욕구에 동일한 욕구로 *반응하는 것*은—적어도 당신이 문제의 행위
자로부터 파멸당하거나 패배당하기를 원치 않는다는 (대체로 안전한) 가정하에서
는—굉장히 자연스럽다. 그 외의 대칭적 반응은 필요하지 않다. 그러나 누군가를 (가
령) 불순분자라고 표현하는 단계에서 그 사람에 대한 우위를 재탈환해보려는 동기
를 갖게 되는 단계로 자연스럽게 이어지는 상황은 여전히 벌어진다. 역시나 이런 상
황은 불순분자가 "분수에 맞지 않는 생각"을 지닌 지적 생명체, 혹은 당신의 권위를
약화시키려 드는 사람으로 표상되는 현실과 관련이 깊다. 모종의 지적 생명체가 분
수도 모르고 당신의 권위를 약화시키려 드는데 당신은 그런 상황을 원치 않는다면,
당신으로서는 행동을 취할 수밖에 없을 테니까.

리'가 반드시 **광범위한** 인간을 뜻할 필요는 없다. 특수한 사회적 위치에 놓여 있거나 (이른바 도덕적 가치관 측면에서 자기 기반을 확보한 이들을 포함하여) 인간 사회에 존재할 수 있는 갖가지 위계 구조 중 하나에서 특정한 계급을 차지한 인간을 뜻할 수도 있다는 얘기다.**26**

적대적 입장들과 관련된 동기들은 일부 볼썽사나운 행동을 유발할 수 있다(그리고 당연하게도, 그러한 행동의 종류는 매우 다양할 것이다). 종종 사람들을 몰아세우거나 깔아뭉개고 싶다는 유혹, 그들에 대한 지배력을 (재)확립하고자 하는 유혹을 동반할 수 있다는 얘기다. 하지만 이런 식으로 사람들을 상상하기 위해 그들과 인간성을 공유한다는 사실을 절대 의식하지 말아야 하는 것은 아니다. 서로 간의 공통된 인간성을 의식할수록 적대적 인식은 오히려 더 굳건해질 가능성이 높다. 분별력을 갖춘 인간에게 적이나 경쟁자, 강탈자, 불순분자, 배신자 등으로 인식될 수 있는 존재는 **사실상** 오로지 인간뿐이기 때문이다. 적어도 용어들의 온전한 의미상으로는 말이다.**27** 인간의 학대 대상 중 비인간 동물들은 오히

---

26 스트로슨 추종자들의 입장과 마찬가지로 이러한 입장들 역시 한 사람이 다른 한 사람에 대해 가질 수 있는 전체론적이고 종합적인 '견해'로 여겨져야 한다고 나는 생각한다. 그리고 이러한 태도들은 앞서 말했듯이 동기를 부여하는 결과를 야기할 뿐 아니라, 정서적 차원을 아우르는 영향을 미치는 한편, 그 사람과 함께, 혹은 그 사람에게, 혹은 그 사람을 위해 행할 수도 있는 것을 누군가에게 강요하고 그러한 행위를 가능케 한다. 비록 이 가운데 동기를 부여한다는 대목이 내가 이 책을 쓰는 목적에 가장 부합한다고는 하지만, 여기서 인지적 차원을 넘어서는 관점이 오로지 이것뿐이라고 제안할 생각은 없다.

27 여기서 "분별력을 갖춘"이란 소설 『모비 딕Moby Dick』의 에이해브 선장과 흰고래의 대결을 어떤 식으로 이해했느냐에 따라 '지성적이다' 또는 '합리적이다'로 이해될 수 있을 것이다. 하지만 이 책에서는 문맥상 굳이 한쪽을 택하지 않아도 대세에 지장이 없다.

려 **먹이**나 **사냥감**, 포식자로, **우리**에게 거칠고 위험한 존재로 그려진다. **고분고분하지 않은** 존재로 간주되기도 하는데, 복잡한 명령에 응하도록 길들여질 수 있는 가축들이 이에 해당된다. 하지만 고집 센 개와 말이라면 **반항적** 존재로 간주된다. 인간과 대적하는 동물이 어떤 동물이냐에 따라 우리가 사용하는 용어가 달라진다는 사실은 시사하는 바가 크다. 오직 인간이라고 인식되는 존재들을 향해서만 우리가 전형적으로 취하는, 유달리 대인적이면서 명백히 적대적인 태도가 실재할 가능성을 암시하기 때문이다. (그런 태도가 온당한지 그렇지 않은지는 중요하지 않다. 이는 규범적 도덕심리학이 아닌 기술적 도덕심리학의 논의이기 때문이다.)

잠시 숨을 돌리고 **적**이라는 개념에 대해 생각해보자. 적이라는 개념이 공통된 인간성의 인지를 통해 유지된다는 주장을 일부 휴머니스트들은 거부하는 듯 보이니까 말이다.[28] 가령 코라 다이아몬드는 앞서 인용한 오웰의 글과 관련해 적이라는 개념과 '동류 인간'이라는 개념이 "그 글에서 일종의 긴장 구조를 형성한다"고 적었다(Diamond 1978, 477).[29] 하지만 도대체 어떤 긴장 구조를 말하는 걸까? 그리고 이 사례에서든 다른 사례에서든, 그런 긴장 구조가 작용한다고 생각하는 근거는 무엇일까? 물론 '동류

---

28 관점을 이런 식으로 풀어놓는 요령은 데이비드 리빙스톤 스미스에게 배웠다(Smith 2016).

29 과거에 나는 이 장의 기초가 된 논문 초고에 "다이아몬드의 견해에 따르면 이 두 개념은 필연적으로 긴장 구조를 형성한다"고 써 넣은 바 있다. 하지만 이는 틀린 해석이었고, 지금 내 생각을 말하자면, 해당 논문에서 다이아몬드가 전달하려던 정확한 견해는 단지, 그 두 개념이 "*그 글에서* 일종의 긴장 구조를 형성한다"는 내용이었다. 두 개념이 왜 그 안에서만 긴장 구조를 형성하는지에 대해서는, 나도 명확히 이해하지 못했다. 하지만 이에 대한 자세한 논의는 다음 기회로 미루려 한다. 이 문장의 참뜻을 묻는 편지에 충실히 답변해준 다이아몬드 교수에게 지면을 빌려 고마움을 전한다.

인간'이란 **표현**에는, 분명 '적'이라는 표현에선 찾아볼 수 없는 친근감이 깃들어 있다. 그러나 이는 단지 용법상 그렇다는 얘기다. 휴머니스트의 임무는 '우리와 타인 간의 유사성에는, 우리가 감지한다면 타인을 싸워야 할 적으로 대하기 어렵게 만들 수 있는 무언가가 있다'는 생각에 확신을 더하는 일종의 알맹이를 제시하는 것이다. 하지만 과연 그럴까? 권리와 이익을 놓고 경쟁하는 상황이라면 타인이 우리와 더 유사할수록 오히려 경계 태세를 강화하게 되지 않을까?**30**

물론 이 정도에서 논의를 끝낼 생각은 없다. 어쩌면 '동류'라는 개념에는, 선결문제요구의허위*를 범하거나 '동류' 여성을 누락시키지 않고도 이 논의에서 제 역할을 할 수 있는, 내가 미처 찾지 못한 모종의 의미가 숨겨져 있는지도 모른다. 그러나 이를 논

---

30 누군가를 사람으로 본다는 것과 소유물의 일부로 본다는 것 사이에는 근본적인 긴장 구조가 존재한다는 발상에도 유사한 생각을 적용할 수 있다. 도입부에 인용한 아서 추의 발언과는 배치되지만, 그러한 발상은 단순히 추정으로 그칠 것이 아니라, 논쟁으로 사실 여부를 가려야 한다. 물론 (가령 칸트주의의 일정 부분을 비롯한) 특정 개념에 따르면, 타인을 사람으로 본다는 것은 그들을 도덕적으로 자율적인 존재, 즉 사거나 팔거나 소유할 수 없고 여느 사람처럼 도덕적 가치를 지닌, 우리와 동등한 권리를 갖는 존재로 본다는 의미를 함축한다. 하지만 여기서 내가 이해한 대로의 휴머니즘이 상황을 설명하는 이론으로 유효하기 위해서는 어느 정도 위험을 감수할 필요가 있다. 만약 타인을 동류 인간으로 인식한다는 관념이 이 모든 도덕적 내용까지 망라한다면, 그것을 어찌 도덕심리학적으로 유망한 설명이라 할 수 있겠는가? (이러한 인식의 원인을 행위자 책임으로 돌리는 것은, '그것'이 지시하는 대상에 실질적 특징을 이미 부여해버린 상황에서 "그녀가 그것을 알아냈다!"고 득의만만하게 말하는 것이나 마찬가지다.) 반면 누군가를 동류 인간으로 인식한다는 관념이 아우르는 범위가 현상을 설명하기 적합한 수준으로 좁혀진다면, 설명 대상을 가장 그럴 듯하게 설명하는 빈도가 줄어들 수 있다. 이런 생각을 할 수 있게 영향을 주고, 이 책곳곳에 인용된 귀중한 의견과 발언을 제공해준 노미 아펄리에게 고마움을 전한다.

* 논증하고자 하는 결론이 이미 전제에 가정되어 있거나, 아직 '참'임이 밝혀지지 않은 명제를 논거로 결론을 이끌어내는 오류.

리적으로 납득시키기 위해서는 (적어도 내가 아는 한) 지금까지 문헌을 통해 **이미** 논의됐다고 생각되는 내용보다 더 많은 내용이 논의돼야 할 것이다. 그리고 그때까지 휴머니스트는 논쟁의 부담을 감당해야 할 것이다.

자, 이쯤에서 휴머니스트의 상황을 더 악화시켜보자. 결정적 순간에 오웰의 머릿속에서 문제의 군인이 적이라는 인식을 흐려놓은 요인이 무엇인지 설명하는 경합적 논리를 살펴보는 것이다. 역시나 이 논리는 **위계적 관계**와 관련이 있다. 바지를 붙든 채 전장을 가로질러 달리는 적군을 보았을 때 오웰은 그 군인이 유사한 인간성을 지녔다거나, 그저 취약한 몸을 지닌 생명체일 수 있다는 점을 부각시키는 데 그치지 않았다. 작가는 오히려, 혹은 한술 더 떠 그 남자의 가장 **우스꽝스러운** 모습을 포착해냈고, 짐작건대 이를 계기로 두 사람이 처한 사회적 위치를 일순 다르게 지각하게 되었다. 군인을 연민의 눈길로 바라보게 된 것이다. 오웰의 이런 관점 변화는 자연스러운 현상이다. 물론 연민은 친절한 태도다. 하지만 그 태도에는 상대를 굽어보고, 때로 겸양을 가장해 거들먹거리는 마음이 섞여 있다. 그렇듯 비천한 위치에 놓인 '동류 생명체'를 **정당한 사냥감**으로 보기란 쉽지 않다. 또한 그런 까닭에 **적**으로 보기도 난감하다. 상대가 정당한 사냥감이냐 아니냐는 그남이 적이냐 아니냐를 결정하는 데 있어 중요한 문제이기 때문이다. 아무리 전투를 벌이는 군인으로서 승리가 확실시되더라도, 그토록 무력하고 무방비한 상태에 있는 이를 **매복 공격**의 대상으로 삼아도 무방한 적으로 간주하기란 쉽지 않을 것이다.

이렇듯 사회적 위치에 따라 사람들을 상상하는 방식이, 가령 적이나 경쟁자, 강탈자, 불순분자, 배신자 등으로 달라진다는 논리는 비인도적 행동을 설명하기에 지극히 적합한 도구로 보인다. 그런데 왜 철학 분야에서는 이 주제가 이런 맥락에서 논의된 빈도가 그리 높지 않은 걸까? 내가 추정하는 이유 중 하나는, 관련 논의의 시작 단계부터 행위자의 사회적 **위치**가 정확히 서술되지 않는 사례가 많기 때문이라는 점이다. 그도 그럴 것이, 인간세계에서 확고한 **위치에 놓여 있다**고 서술되기에는 문제의 행위자가 복잡한 사회적 관습과 역할, 제도, 그리고 (이러한 맥락에서 결정적으로는) 억압적이면서 위계적인 관계에 얽혀 있을 때가 허다하다. 〔따라서〕 그 대신 행위자는 타인들의 상태를 **감정**하고 장점을 평가하려 드는, 다소 신적인 존재로만 묘사된다. 또한 위에서 언급한 다섯 가지 입장은 모두 본질적으로 **위치와 관련**돼 있고, 대부분 **위계적** 성질을 지닌다. 타인들과의 관계에서 자신의 사회적 지위를 지켜내거나 개선하거나 재확보하려는 기질, (실용적 표현을 쓰자면) '자리다툼'과 관련이 있다는 얘기다.

　　이런 다툼의 대부분은 적개심뿐 아니라 일종의 **경쟁심**과 관련이 있다. 또한 누군가를 경쟁자로, 심지어 강적으로 간주하는 마음은 무릇 그 사람이 **형편없다는** 생각에서 비롯되는 게 아니다. 오히려 정반대다. 해당 분야에서 그남의 장점을 얼마간 인정하지 않는다면, 그남과의 경쟁에 대한 (외적으로는 아니더라도) 내적 흥미를 상당 부분 잃게 될 공산이 크다. 그리고 경쟁이란 모름지기 건강할 수도 있지만, 비열할 수도 있다. 또한 경쟁심은 우호적인 동시에 가혹할 수도 있다. 경쟁심으로 인해 우리는 경쟁자들에게 분개하며 적개심을 품을 수도 있고, 그들을 생각할 때 (무엇보다 비논리적인 추론의 영향으로) 매정해질 수도 있으며, 그러다가 그들을 괄시하게 될 수도 있다. 그러므로 행위자 A가 대상자 S의 능력을—적어도 마음속으로는—높이 평가하다가 S를 친절하게 대우할 마음을 갖게 된다는 추론은 정말이지 근거가 빈약하다(중요하게는, 역으로도 그리 합리적 추론이 아니다. 주13을 참조하라).

그렇다면 이 빈약한 추론이 처음에는 왜 그럴듯하게 받아들여졌을까? 구체적으로 말하자면, 역사적으로 **종속된 사회계층에** 속해온 구성원들의 인간성을 인지하는 것, 그러니까 그들이 인간으로서 똑같이 탁월한 능력을 지녔음을 인지하는 것이, 지금까지 지배적 집단에 속해온 구성원들에게 하나같이 좋은 소식으로 받아들여졌으리라고 생각하게 된 이유는 무엇일까? 곱씹어볼수록 이는 지나치게 낙천적인 생각처럼 보인다. (가령) 유색인종과 백인 여성이 현대 서구사회에서 가장 명망 있는 위치에 진입하는 최근의 상황은, 현재 백인 남성들이 심각한 **경쟁 상태에** 놓여 있다는 의미로 해석될 수 있다. 더욱이 그러한 경쟁은 지금까지 지배층에 속해온 이들이 자신들보다 사회적 위치가 더 낮을 거라고 암묵적으로 예상해온 타인들에 의해 추월당하는 결과를 자주 유발할 것이고, 이는 분노와 더불어—사회학자 마이클 키멀의 개념을 빌리자면—"권리를 침해당했다"는 인식을 양산하고도 남을 조건이다 (Kimmel 2013, 18-25, chap. 1).[31]

이는 우리가 단지 다른 사람들의 공과에 관해 이른바 "입장이 없는 관점view from nowhere"*을 취하려고 들 때보다, 행위자를 사회라는 세계에 **소속된** 존재로 그리기 위해 신중을 기할 때 분명해진다. 이때도 우리는 사회라는 풍경을 적절하게 그리기 위해 신중을 기해야 할 것이다. (내가 볼 때) 논리를 허술하게 만드는 또 한 가지 흔한 방법은 피터 싱어(Singer 2011)가 언급한 "배려의 동그라미

인간화와 증오

---

31   이 단락과 (「서문」에서 밝혔다시피) 이 장 전체는 먼저 출판된 작업을 기초로 했다 (Manne 2014b).

*   철학자 토머스 네이글이 제시한 개념으로, 주관이 일절 개입되지 않은 절대적으로 객관적인 관점.

the circle of concern" 중심에 비교적 특권층인 행위자들을 위치시키는 것이다. 마치 억압을 종식시키기 위한 싸움에서 그들의 주된 도덕적 임무가 그저 남은 우리의 인간성을, 아니면 지각력만이라도 두 팔 벌려 끌어안는 일에 그친다는 듯이. 이런 그림은 (추정상의 관련) 행위자를 세계 **내에** 위치시키면서도, 막상 그 세계에 포함된 온갖 **수직적 구조**, 즉 사회적 정의를 구현하려면 무너뜨려야 마땅한 특권의 성채에 대해서는 애써 외면한다. 이러한 성채는 대개 방어가 확실하고 섣불리 공격하기도 어렵다. 그도 그럴 것이 대부분의 사람은 겹겹이 지어진 성채들 속에 꼭꼭 숨어 있기 때문이다. 하지만 정작 이런 성채들이 떠받치고 지탱하는 사회 특권층의 위치에서는 그런 구조들이 눈에 들어오지 않는다. 그리고 이런 상황은 문제를 더욱 악화시킨다. 성채를 무너뜨리는 과정이 특권층에게는 단순한 **지위 하락**이 아니라 **부당함**으로 비칠 수도 있다는 얘기다. 그 과정에서 그들은 **평등해졌다**기보다 **때려눕혀졌다**고 느낄 공산이 크다.

그러므로 이를 토대로 제안하건대, 역사적으로 종속된 위치에 속한 사람 중 현행 질서를 무너뜨릴 위험이 있다고 인식되는 이들을 박해하는 현상에 대해 설명하는 작업에 있어 비인간화처럼 특수한 심리학적 서사가 필요한 상황은 그리 흔하지 않다. 오히려 그 현상은 현재와 과거의 사회구조와 위계적 관계 및 규범과 기대, 그리고 그런 것들이 다방면에 걸쳐 내재화되어 있어 근절되기 어렵다는 사실과 관련지어 설명할 수 있다. 그렇다면 여성혐오에 관한 내 분석에도 비인간화라는 틀은 굳이 필요하지 않을 것이다. 오히려 비인간화와 같은 심리학적 서사는 (부당하지만 너무도 현실적인) 도덕적·사회적 환경의 특징과 이데올로기가 내면화된 결과로 해석될 수 있다.

여기에 특별한 심리학적 서사라는 절차가 **반드시** 필요하다는 휴머니스트의 인식은, 앞서 확인한 것처럼, 보통의 행위자가 취약하고 무고한 이들을 대상으로 폭력적 행동을 감행하거나 공세를 취하기란 통상적으로 어려우리라는 발상을 전제로 한다. 그러므로 그 행위자가, 조만간 피해자가 될 누군가를 다르게 인식하도록 모종의 조치를 취해야 한다. 그러나 이 발상은 한 가지 사실을 놓치고 있다. 사회적 우위를 점한 행위자들은 애초에 그처럼 중립적이거나 건실한 사고방식을 갖고 있지 않을 때가 태반이라는 사실 말이다. 그들은 타인과의 관계에서 자신들이 처한 사회적 위치에 대해, 그리고 각자가 해야 하는 일과 해도 되는 일, 할 수 있는 일에 대해 품은 일종의 **망상**에 빠져 끊임없이 허우적거리는 중이다. 그러므로 지배적 위치를 차지한 사람들의 관점에서는 자기들이 박해하는 사람 대부분이 무고함과는 거리가 멀다. 오히려 보통은 잘못된 판단에 근거해 암묵적으로 심각한 죄인이라고 여긴다.[32] 특히 여성혐오와 관련해서 우리는 이런 현상을 자주 목격해왔다. 그러나 나는 이 추론이 보편적으로 적용된다고 본다. 그리고 어떤 면에서는, 가령 여혐누아르처럼 인종주의와 여성혐오가 교차하는 지점들을 제대로 평가하기 위해서는 반드시 그래야 한다고 생각한다.

마이클 키멀이 백인 남성들을 광범위하게 인터뷰한 뒤 이를 근거로 발표한 글에 따르면, 흑인 여성이 유사한 자질을 지닌

인간화와 증오

---

[32] 특히 유색인종과 백인 여성들은 가부장제와 백인우월주의를 바탕으로 엄청나게 불경스러운 짓과 위협, 반항, 태만 등을 저질렀다고 여겨질 때가 많다. 또한 이들과 같이 역사적으로 종속된 위치에 속한 사람들은 단지 사회적으로 명망 있는 역할을 맡고 있다는 사실만으로도, 이처럼 심히 부당하고도 뼛속까지 내재화된 사회질서를 명분 삼아 무슨 노상강도처럼 여겨질 가능성이 있다.

백인 남성을 제치고 고용되면, 후자는 전자가 그남의 일자리를 앗아갔다고 불평하는 경향을 보였다. 키멀은 묻는다. 왜 **그냥** 일자리가 아니라 **그남의** 일자리냐고(Kimmel 2003 chap. 1). 내가 생각하는 답은 비교적 간단하다. 문제의 여성은 그남의 일자리를 **실제로** 앗아갔다. 그러니까 부당한 가부장제와 백인우월주의에 근거한 위계 구조, 시정을 긴급히 요하는 특권의식에 의거하면 말이다. 이같은 착각은 그저 도덕적 실수를 유발하는 아집에 눈먼 사람들이 자기 앞에 누가 있는지를 더 명확히 인식하기만 하면 단박에 종식될 법한 심리적인 문제가 아니다. 생각건대 그보다는 백인 이성애 중심의 가부장제 질서라는 현재 진행형의 유해한 유산에서 비롯되어 도처에 스며 있는 본질상 **도덕적인** 망상에 가까울 것이다.

지배하는 사람들

이 모든 논의의 다음 기착지는 어디일까? 앞서 나는, 행위자가 인간인 특정 대상을 엄연한 인간으로 인식하면, 그로 인해 여러 상황을 고려하여 문제의 대상자를 인도적으로 (즉, 대인관계에 있어 충분히 배려하고 존경하고 마음을 쓰고 도덕적 관심을 기울여) 대우하지 않는 쪽으로 마음을 굳히게 될 가능성이 다분하거나, 거의 확실하다고 주장했다. 이는 내가 휴머니즘적 관점이 틀렸다고, 다른 모든 조건이 동일한 누군가의 인간성을 인식하는 것은 인도적인 행동의 동기가 되게 마련이라는 생각이 잘못됐다고 생각하기 때문이 아니다. 그보다는 다른 모든 조건이라는 게 동일하지 **않을** 때가 많다고, 사실상 극과 극으로 다를 수도 있다고 이야기하고 싶은 것이다. 더불어 나는 그러한 부분이 가려졌을지도 모른다는 사실, 그리고 이타적인 기질이 그에 **상충하는** 표상들과 그것들이 유발하는 기질들에 의해 짓눌렸거나 심지어 말살되었을지 모른다는 사실이 휴머니즘적 설명에서 충분히 다뤄지지 않았다고 생각한다. 그도 그럴 것이 우리는 타인들의 완전한 인간성을 전혀 망각하지 않은 상태에서도 그들을 **경쟁자 불순분자 강탈자 배신자**로, 그리고 (무엇보다) **적**으로 인식할 수 있다. 또한 그 결과 우리는 그들이 우리와 같은 사람임을 스스로 정확히 인지한 상태에서 그들을 패배시키고 꾸짖고 완파하고 벌하고 파멸시키고 영원히 눈 감게 하겠다는 마음을 품게 될 수도 있다.

이를 염두에 둔 채 이제 도입부의 예시들로 돌아가자. 그리고 사회적 위치에 따른 관점이 휴머니즘적 입장과 나란히 논의선상에 오른 지금, 그것들로 과연 어떤 결론을 도출해낼 수 있을지 살펴보자. 더불어 이에 대한 설명 모델이 존재한다면 그중 어떤 모델이 휴머니스트들이 이론의 뼈대로 삼은 주요 사례 중 일부를 설명하기에 더 적합한지 알아보자.

아펄리는 허클베리의 도덕적 선행을 (그리고 그녀의 관점에서 볼 때 도덕적으로 칭찬받아 마땅한 헉의 행동을) 그남이 짐을 동류 인간으로 인지하게 되면서 생겨난 결과로 해석한다. 그런가 하면 나는 헉의 도덕적 전환을 가져온 결정적 요인이 아펄리가 스치듯 언급하고 지나간 사실, 바로 헉이 짐과 진정한 **우정**을 쌓았다는 사실이라고, 다른 글에서 주장한 바 있다(Manne 2013). 이런 주장이 나오려면 우선, 소설의 해당 대목에서 헉이 사실은 **분수에 맞지 않는 생각을 한다**는 이유로 짐에게 골이 나 있다는 것부터 이해해야 한다. 짐은 노예 신분이었다. 다시 말해 주인에게 예속된 소유물이었다는 뜻이다. 오랫동안 지속돼온 인종주의적 관념에 사로잡혀 분개한 헉은 이렇게 씩씩댄다.

내가 혼잣말하는 동안 짐은 노상 큰 소리로 떠들어댔다. 자유주에 도착하면 먼저 돈부터 모을 테고, 한 푼도 쓰지 않겠다나. 돈이 충분히 모이면 왓슨 아줌마 댁 근처 농장이 소유한 자기 처부터 다시 사 올 거라 했다. 그러고 나면 둘이 벌어서 두 아이도 찾을 것이고, 만약 그 아이들을 주인이 팔지 않으면 노예해방론자를 데려가 훔쳐 오겠단다. 그런 이야기를 듣고 있자니 몸이 얼어붙는 것만 같았다. 예전 같으면 짐은 감히 그런 말을 입에 담지 못했으리라. 머지않아 자유의 몸이 되리라는 판단이 짐을 이렇게나 바꿔놓은 것이다. 옛말에 "검××에게 한 치를 주면 한 자를 달라고 한다"더니 딱 그 짝이었다. 생각해보면 이건 결국 내 생각 없는 행동의 결과였다. 내 도움으로 도망친 것이나 다름없는 그 검××는 이제, 내가 알지도 못하고 나한테 그 어떤 해악도 끼치지 않은 주인이 소유한 자기 아이들까지 훔치겠노라고 당당하게 선포하고 있었다. 짐이 그런 말을 하는 것을 듣고 있자니 어쩐지 딱하다는 생각이 들었다. 그야말로 천박한 모습이었다.(Twain 2010, 99-100)

그 뒤에 헉은 이 어딘지 잘못된 상황을 바로잡고 분풀이도 할 겸 밀고를 결심한다.

양심은 나를 그 어느 때보다 매섭게 다그쳤고, 결국 나는 양심을 향해 이렇게 선언하기에 이르렀다. '그쯤 해둬. 아직 늦지 않았잖아. 첫 불빛을 보면 노를 저어 뭍으로 갈 거야. 가서 말하겠어.' 그러자 이내 긴장이 풀리면서 행복감이 밀려왔다. 마음이 깃털처럼 가벼웠다. 모든 걱정이 사라진 것이다.(2010, 100)

고로 짐을 밀고하려던 헉의 계획은, 단순히 진정한 의무감에 동정심 혹은 양심이 가세해 결국 그남의 마음을 움직임으로써 세워진 게 아니다. 적어도 그것은 짐에게 교훈을 주고 그남을 원래의 자리로 되돌려 놓으려던 분개에 찬 독선적 욕구의 표현이었다. 짐은 "건방져"지고 있었으니까.[33]

그렇다면 이야기 속에서 헉의 마음을 바꾼 사건은 무엇일까? 헉이 (우연히) 나타난 노예사냥꾼을 향해 급히 발길을 옮기려는 찰나 짐은 이런 말을 쏟아낸다.

좀 있음 나 기뻐서 소리 질르구 있을 거예요. 글구 말할 거예요. 이거 다 헉 덕분이라구. 나 자유예요. 그리구 헉 없으면 절대 자유의 몸 될 수 없었을 거예요. 헉이 했어요. 짐은 헉, 절대 잊지 않아요. 헉은 짐 평생 젤 좋은 친구예요. 그리구 지금 짐한테 하나뿐인 친구예요.(2010, 100)

33 같은 사례를 처음 논의했던 조너선 베넷에게는 유감스럽게 됐다(Bennett 1974). 또한 내 이런 해석은 같은 사례에 대한 아펄리의 주장과 상반된다. 아펄리의 주장에 따르면 헉은 처음에 "짐을 밀고하지 않을 구실을 찾아낼 수 있으리라는 희망을 버리지 않았다. (…) [그러나] 빠져나갈 구멍을 찾는 데 실패했다."(Arpaly 2003, 75) 하지만 몇몇 인종주의와 성차별주의 관련 예시에서 *의도적 추론*의 역할에 대해 아펄리가 제시한 유익한 설명은 (다른 여러 이론가와 달리) 그녀가 내 위 견해를 수용하리라는 짐작을 가능케 한다(98-114). 또한 그녀가 지적한 바와 같이 허클베리 핀의 이 에피소드를 올바르게 해석하는 문제가 철학적 목적을 달성하는 데 있어 엄청나게 중요한 요소는 아니다(76). 남은 질문은, 이후 헉이 자신의 인종주의적 양심에 일말의 의혹도 품지 않았다는 점과 사실상 짐을 도운 일에 대해 깊은 죄책감을 느꼈다는 점을 감안할 때, 이처럼 동정심에 근거해 생각을 완전히 바꾸게 되는 상황을, 베넷과 아펄리의 해석에 입각해 어떻게 이해할 수 있겠는가 하는 것이다(Manne 2013). 이것은 그남의 도덕적 나침반이 망가지기 일보직전이었다는 증거일까? 아니면 이 에피소드에서는 도덕적 판단이 여러 각도에서 이뤄졌다는 암시일까? 흥미롭지만 내 목적과는 무관한 질문들이다.

혁은 서술자로서 다시 이야기를 이어나간다.

나는 땀에 흠뻑 젖은 채 노를 저어 갔다. 짐을 밀고하기 위해서였
다. 하지만 이 말을 듣는 순간 내 열의는 거짓말처럼 사라졌다.
(2010, 100)

그러므로 이 에피소드의 핵심은, 짐 같은 도망노예를 포함
해 훔친 재산은 돌려주어야 마땅하다고 믿어 온 혁이—평소 **사람
이라면 모름지기 친구를 밀고하진 않는 법**이라고 알고 있던 사람으로
서—짐과의 **우정**을 인지한 순간 마음이 흔들렸다는 데 있다는 게
내 의견이다. 혁이 짐의 인간성을 인지했다는 사실이 여기서 중요
한 역할을 했다는 아펄리의 주장에 나는 기꺼이 동의한다. 애초에
짐을 인간으로 인지했기에 우정을 시작할 수 있었을 테니까. 하
지만 이런 맥락에서 그 사실은 (아펄리의 의도와 달리) 오히려 내 견
해와 방향성이 일치한다. 혁이 짐의 인간성을 인지했다는 사실은
그남을 잔인하게 배신하려던 생각을 접는 데 그다지 기여한 바가
없었다. 그보다 혁은 짐의 인간성을 인식함으로써 짐과의 **우정**을
의식하게 되었고, 개념적으로나 심리학적으로나 골치 아픈 이 숙
제를 해결할 열쇠는 바로 그 우정에 있었다고 보아야 자연스럽다.
짐을 "불순"하고 "건방지다"고 표현하다가 결정적 순간에 "친구"
라고 표현함으로써 혁은 일종의 게슈탈트 전환Gestalt shift*을 경험하
고 있었다. 그리고 짐작건대 이 경험이야말로, 혁이 짐을 불순하고
건방진 존재로 인식할 당시 품었던 "열의를 거짓말처럼" 사라지

---

* 이미지나 형태가 그 자체로는 전혀 변하지 않는 상태임에도 보는 이의 시각에 따라
이렇게도 저렇게도 보이는 것.

게 만든 요인이었다. 짐의 인간성을 인지했다는 사실은 일종의 상수였다. 헉은 짐이 인간임을 에피소드의 처음부터 끝까지 일관되게 감지하고 있었다.

그렇다면 게이타의 이야기 속 M은 어떨까? 우선 게이타의 관점에서 바라보기로 하자. M은 다큐멘터리에 등장하는 베트남 여성에게 한낱 불완전한 내적 삶을 산다는 특징을 부여했다. 이런 형태의 인종주의는 있음직하고 실제로도 흔해 보인다. 다만 게이타는 M이 거의 모든 베트남 사람을 이런 관점에서 바라본다고 생각하는 듯하다. 게이타가 보기에 M은 베트남인들에게 일률적으로 특정한 **본성** 혹은 본질을 부여했다. 그럴듯한 생각이다. 하지만 확신컨대 다른 관점에서 생각할 수도 있다. 우선 많은 오스트레일리아인의 생생한 기억 속에 베트남인들은 오랫동안 **적**으로 간주돼 왔다. 더불어 그 다큐멘터리가 베트남전을 다룬 작품이라는 사실 또한 그러한 연상 작용을 부추겼을 것이다. 그러므로 언급된 모든 내용을 고려할 때 다른 사회적 환경에 놓인 베트남인들, 그러니까 국적과 민족성은 알려졌지만 적이라는 지금까지의 지위는 뚜렷하게 묘사되지 않은 이들에 대해서도 M이 동일한 반응을 보였을지 여부는 쉽사리 단정할 수 없다.

그렇다면 이제 구체적으로 젠더화가 개입됐을 가능성을 고려해보자. 유색인종 여성들의 돌봄노동이나 가사노동에서 '굴종 강요'를 허용하거나 독려하는 사회적 규범들은 안타깝게도 인종주의적인 오스트레일리아 백인 문화의 유산으로, 미국 사회의 특정 분야에도 여전히 만연해 있다. 또한 요즘 들어 (주로 난민으로 구성된) 베트남 이민자의 비율이 상대적으로 높아진 현실은 그들을 착취에 취약한 존재로 만들었다. 그래서 역시나, 이 여성이 그런 대우에 분개할 능력을 갖추었다는 사실을 모르는 척하는 쪽이 관념적으로나 심리적으로나 편리했을 가능성이 있다. 타인들에게 공감하는 능력은 감당하기조차 힘든 괴로움을 유발하는가 하면, 그들을 외면하고 싶게 만들 수도 있으니까.

　이러한 사실은 게이타가 인종주의를 개괄적으로 설명하는 과정에서 가볍게 훑고 넘어간 하나의 가능성을 수면 위로 끌어올린다(Gaita 1998, 62-66). 다시 말해 (적어도 특정한 사례들에서) 외집단 구성원들의 주체성을 축소하려 드는 M과 같은 사람의 성향은 희망적 관측이나 의도적 부정과 다소 유사할 수 있다. 이런 성향이 반드시 관련 인물들의 본성에 대한 직접적 신념일 필요는 없다. 또한 심지어 암시적인 표상일 필요도 없다. 적어도 처음에는 말이다. 어떤 표상이 적용되건 그 표상들은 오히려 이런 인물들의 주체성을 축소하려는 어렴풋한 **욕구**에서 유래되고 그에 동기를 부여받은 추론 따위의 결과물일 수 있다. 그리고 그러한 욕구는 죄책감이나 수치심을 느낄 위험, 마음 약해지게 하는 측은지심에 압도될 가능성에서 비롯된 결과일지 모른다. 더 직설적으로 말하자면, 외집단 구성원들의 취향과 계획을 내집단 구성원들의 그것보다 덜 진지하게 받아들여야만 유지되는 유형의 특권을 놓치지 않으려는 (이번에도 역시나 대체로 어렴풋한) 열망에서 비롯된 결과일 수도 있다.

　이렇게 생각하면 M의 이야기는 '베트남 사람들이 주체성을 지닌 완전한 인간임을 부정하는 M의 태도가 상당히 피상적이며, 궁극적으로는 그들 또한 당연히 그녀와 마찬가지로 상처받고 깊은 슬픔에 아파할 역량을 갖춘 존재라는 불편한 자각에서 비롯되었다'는 쪽으로도 정리가 가능할 것이다. 이때 M을 인종주의적 세계관 쪽으로 이끄는 것은, 인간화라는 경험과는 무관한, 더 격렬한 감정과 명료한 도덕성일 수 있다.

　이제 포르노그래피의 본질에 대한 랭턴의 견해를 살펴보

자. 어떤 면에서 랭턴은 확실히 옳다. 그녀의 말마따나 이성애 포르노그래피라는 장르에서 여성은 맹하고, 야하고, 생각이 짧은 생명체로 묘사된다. (여주인공은 항상, 그남이 그녀에게 주어야 하는 뭔가를 원하는데, 새근거리는 동의의 표현들은 그녀의 어휘를 얼마간 고갈시킨다.) 그러나 이런 종류의 포르노그래피가 여성에 대해 그 같은 무미건조한 **관점**을 양산하거나 반영한다는 가정은 잘못되었다고 본다. 더 고통스럽고 괴로운 현실로부터의 탈출구를 제공하겠다는 취지를 표방한다는 점에서 일종의 팔릴 만한 환상이라고 생각하는 편이 한층 그럴듯하다. 과도하게 망상적이지 않으면서 인터넷에 접속할 수 있는 사람이라면 누구라도 여성의 주체성과 자율적 성생활을 (아이러니하게도) 갈수록 부정하기 어렵다는 사실을 누구나 수긍할 것이다. 왜냐하면 사이버 공간에선 여성들의 목소리가 너무도 크고 분명하게 울려 퍼지기 때문이다.[34] 그러므로 가부장적 가치관에서 볼 때 여성은 인간적일 수도, 때로는 너무나 인간적일 수도 있다. 포르노그래피는 감당하기 힘든 현실의 무게를 덜어줄 즐거움을 제공하는지도 모른다. 포르노그래피는 여성의 인간성이, 여자가 남자에게 성적 수치심이나 굴욕을 안길 능력을 갖추었다는 그 사실이 가할 수 있는 정신적 위협을 창의적으로 완화시킴으로써 마음을 달래주는 것인지도 모른다. 이는 이성애 포르노그래피가 여성에 대한 남성의 무미건조한 관점을 드러내고 형성하기까지 한다는 가정과 정면으로 배치된다. (더 상세한 논의는 Bauer 2015를 참조하라.)

어쨌건 지금까지 상황을 놓고 보면, 사회적 위치 모델은

인간화와 증오

---

34 여기서 명백한 아이러니는 인터넷 포르노그래피의 번성이—전반적으로 인터넷에서 제공한—여성의 주체성을 표현할 플랫폼의 출현과 무관하지 않아 보인다는 것이다. 백래시와 침묵시키기silencing라는 개념도 그러한 플랫폼을 통해 알려졌다.

제법 견실한 이론으로 보인다. 하지만 이제 시야를 넓혀보자. 사회적 위치 모델이 과연 어느 선까지 폭넓게 적용되는지 살펴보는 것이다. 명백히 비인간화 이데올로기에 사로잡힌 행위자들, 그중에서도 특히 비인간화를 선동하는 프로파간다의 영향으로 그렇게 된 행위자들의 정신 상태는 도덕심리학적으로 과연 어떻게 설명될 수 있을까? 사회적 위치 모델로 명확한 대답이 가능할까? 만약 불가능하다면? 그래서 휴머니즘적 모델이 전세를 뒤집고 이 중요한 논리 싸움에서 우위를 확보하게 된다면?

하지만 그렇게 된대도 나는 사회적 위치에 근거한 접근법을, 심지어 여기서조차 단번에 폐기해야 한다고는 생각지 않는다. 이는 확실히 중대한 이슈로 점점 더 많은 문헌에서 직접적으로, 또 풍성하게 다뤄지고 있다(Tirrel 2012, Stanley 2015, Smith 2016를 참조하라). 그러므로 여기서는 그 문제를 논의하되, 범위를 주로 객체에 관한 내용으로 한정하려 한다. 더 알찬 논의는 나중에 시도할 기회가 있을 것이다.

우선 간단하게 비인간화하는 언사dehumanizing speech에 대해 알아보자. 비인간화하는 언사는 누군가를 **협박하고, 모욕하고, 비하하고, 폄하하는** 쪽으로 기능한다(Manne 2014b). 강력하게 암호화된 **사회적 의미들**을 입맛대로 활용하기 때문이다. 또한 통념상 인간은 (물론 잘못된 생각이지만) 비인간 동물보다 **우월하다**고 여겨진다는 점을 고려할 때 누군가의 인간성을 부정하는 행위는 그 누군가를 특히 굴욕적으로 깔아뭉개는 방편이 될 수 있다. 퍼거슨시의 한 백인 경찰관이 일군의 흑인으로 꾸려진 정치 시위대를 "짐승 새끼들 fucking animals"이라고 불렀을 때(마이클 브라운이 경찰의 총에 맞아 사망한 사건 이후의 일로, 7장에서 더 자세히 논의할 것이다), 이런 식의 비유를 통해 그 경찰관은 시위대를 폄하하고 깎아내리는 한편, 자신의 지배력을 재천명하고 있었다. 백인우월주의 이데올로기는 그런 식의 욕언을 비축해두었다가 필요할 때 입맛대로 가져다 쓴다. 하지만 인간이 아닌 **실제** 동물들에게 그런 식의 모욕이 통할 리 만무하다. 문제의 욕언을 이해하지도 못할뿐더러, 인간 아닌 존재 취급을 당한다고 해서 **정말** 모욕감을 느낄 가능성도 없기 때문이다. 여기에는 인간적인 이해력이 요구된다. 그리고 당연하게도, 인간이라는 지위가 있어야 **거기서** 인간 아닌 존재로 강등될 수 있다. 가령 진짜 쥐를 쥐라고 부른다 한들 그 쥐가 거부감을 느낄 이유는 없다는 얘기다.[35]

　　누군가는 비인간화 이데올로기가 집단 가혹 행위에 가담한 행위자들의 도덕적 세계관을 설명하기에 가장 적합한 근거라는 관점으로 회귀할지도 모른다. 데이비드 리빙스톤 스미스처럼 말

35　　내집단 구성원들 또한 집단 내에서 외집단 구성원들에 대해 이런 식으로 이야기하므로, 비인간화하는 언사가 *단지* 지배하고 협박하고 모욕하는 쪽으로만 기능한다고는 할 수 없다는 게 스미스의 지적이다(Smith 2016). 확실히 옳은 지적이다. 그러나 한편으로는, 그 용어들의 핵심 목적이 여전히 외집단 구성원들에게 다른 맥락에서 굴욕을 주는 것일 수도 있는 상황에서 이를 거듭 입에 올림으로써 내집단 구성원들은 외집단 구성원을 향해 사전에 금지된 특정 행위들을 하는 것을 용인하고 서로 부추길 수 있다는 견해도 존재한다.

　　(주21에 서술한 것처럼) 그 경멸적 용어들이 마찬가지로 처음에는 주로 내집단 구성원들끼리 모종의 *행동을 유발하는 방편*으로 사용되다가 나중에야 외집단 구성원들을 *향한* 조롱으로 변질돼간 사례에 대해서는 터렐의 논의를 참고하라(Tirrell 2012, 175). 또한 티렐은 경멸적 용어들이 외집단 구성원들을 *단속하는* 기능을 할 수 있다고도 이야기한다. (모욕을 당하는 "나쁜 이들"과 달리) 그 모욕적 언사에 은밀히 관여하는 "좋은 이들" 또한 나쁜 이들과 마찬가지로 순순히 말을 듣지 않으면 멸시를 당하게 될 거라고 위협함으로써 외집단 구성원들을 두루 단속한다는 것이다(192). 내가 생각할 때, 비인간화하는 언사와 관련된 이런 가설들은 사회적 위치 모델과 전적으로 양립이 가능하며, 무엇보다 여성혐오의 특정 표상들을 이해하는 데 있어 기억해두면 유용할 것이다.

이다. 그러나 여기서조차 비인간화 프로파간다의 문자적 내용을 (혹은 이후에 그 프로파간다를 앵무새처럼 따라하는 사람들의 행동을) 도덕심리학적으로 해석하는 문제와 관련하여 우려할 이유는 존재한다.[36] 비인간화 프로파간다에 대한 이해가 허위의식false consciousness* 에 해당될 가능성이 여전한 데다, 이와 관련된 예시 또한 적지 않다. 그리고 짐작건대, 미처 인식되지 못한 사례도 제법 존재할 것이다.

왜 이렇게 생각하느냐고? 전쟁과 제노사이드, 그리고 이른바 인종 청소가 대개 여성에 대한 집단강간을 동반한다는 사실에 주목하자. 나는 이 현상이 휴머니스트에게 중요한 고민거리를 안긴다고 본다. 즉, 만약 집단 가혹 행위 가해자의 대부분이 피해자들을 비인간화한다면, 그들의 강간 대상이 대부분 여성인 이유는 어떻게 설명해야 할까? 인간이 비인간 동물과 맺는 성관계가 일반적으로 금기시되고, 부분적으로는 그런 이유로 비교적 드물게 발생하기 때문일까? 아니, 그럴듯하지만 이 정도 설명으로는 불충분하다.[37] 그렇다면 이런 설명은 어떨까? 집단강간을 저지르기 쉬운 **인성**이라는 것이 존재하며, 그러한 인성을 지닌 사람일수록 타

다른 갈: 여성혐오의 논리

---

36   제이슨 스탠리가 알기 쉽게 설명한 "성실 조건sincerity condition"과도 비교해보라 (Stanley 2015, chap. 2). 그님의 견해에 따르면, 성실 조건을 지키는 데는 비인간화 레토릭이 대체로 명백하게 은유적이라는 사실이 별다른 장애가 되지 않는다.

＊   자신의 존재 기반인 현실로부터 떨어져 있어 현실을 올바르게 반영하고 있지 않은 사상 및 이념.

37   참고로 버나드 윌리엄스의 다음 발언을 살펴보자. "권리장전의 초안을 작성한 노예 소유자들의 사례를 살펴보죠. 거기에는 어마어마한 허위의식이 자리합니다. 왜냐, 이 노예 소유자들은 여성 노예들을 농락하면서도 정작 자신들이 수간獸姦을 저지르고 있다는 생각은 하지 않았으니까요. 그들은 자신들이 몹쓸 짓을 하는 대상이 인간이라는 사실을 잘 알고 있었습니다!" 윌리엄스 사후에 유통된 알렉스 부어호브와의 2002년 12월 인터뷰, 수정 전 교정쇄.

인에 대한 보복이나 징벌, 승리, 군림에 집착하게 마련이라면? 또한 그래서 이런 행동들이 **사람이 사람에게 가하는** 폭력의 온갖 특징을 내포한 채 분노나 의분, 질투 따위처럼 사람이 사람에게 보이는 전형적인 반응적 태도를 표출하고 발산하는 통로로 작용한다면?**38**

이러한 반박에 휴머니스트는 어떻게 대처할 수 있을까? 먼저 리빙스톤 스미스의 흥미롭고 그럴듯한 대처법을 소개하자면, 그남은 위와 같은 비인간화의 희생자들이 인간인 **동시에** 인간 이하의 존재로 그려진다고 주장했다. 피해자들이 외모는 인간이지만 공통적 본질은 인간이 아닌 것처럼, 주로 인류에 대한 위협이나 해악을 상징하는 (뱀이나 쥐, 바퀴벌레 같은) 동물인 것처럼 여겨진다는 것이다. 그런 이유로 집단 가혹 행위 피해자들은 "기묘하고^{uncanny}" 괴물 같은 존재로 인식된다는 게 그남의 주장이다.

내 생각에 이 주장은 리빙스톤 스미스가 [가해] 대상에 대한 인식과 뒤이은 양가감정, 즉 행위자가 주어진 임무에 따라 박해하거나 파멸시켜야 할 사람들에 대해 느끼는 혼란스런 감정에서 앞서 언급한 게슈탈트 전환의 유력한 근거를 발견했을 가능성을 시사한다. 그러나 문제는, 그남의 구체적인 서사가 오히려 집단강간에 대한 설명을 더 **꼬이게** 한다는 점이다. 기묘하게 인식되어 공포와 섬뜩함을 유발하는 존재들과 맺는 성관계는, 그들과 맺는 다른 상호작용이 유발하는 혐오감과—더 심하게는 아니더라도—최소한 같은 정도의 혐오감을 유발해야 마땅할 테니까.

제2차 세계대전 기간에 악명을 떨친 소비에트연방의 선전

---

38 리빙스톤 스미스가 스스로 지적한 바와 같이, 르완다 대학살 기간에 발생한 여성 대상 강간은 타인을 모욕하려는 본성이 표출된 사례라고 볼 수 있다(Smith 2016).

부 장관 일리야 에렌부르크도 정확히 이런 믿음을 갖고 있었다. 역사학자 앤터니 비버의 저서에 따르면(Beevor 2003), 붉은 군대의 베를린 점령 당시 독일 선전부는 에렌부르크가 부대원들에게 독일 여성을 강간하라고 선동한다며 그남을 비난했다. 사악하고 무자비하다는 비난이 에렌부르크에게 쏟아졌다. 하지만 그남은 눈하나 깜짝 하지 않았다. 오히려 그남은 소련군의 "관심 대상은 그레트헨Grethen이 아니라 우리 소련 여성들을 욕보인 프리츠Fritz"*라고 주장했다. 소련 정치부도 에렌부르크의 주장에 힘을 보탰다. "우리가 군인 한 사람 한 사람에게 진정한 증오심을 심어주면, 군인들은 혐오감에 휩싸인 나머지 독일 여성과의 성관계를 꺼리게 될 것"이라는 말로 에렌부르크와 비슷한 정서를 드러낸 것이다.

에렌부르크의 프로파간다에는 비인간화하는 비유와 실체화하는 적의가 고전적으로 뒤섞여 있다. 전자인 비인간화하는 관점은 이 장의 흐름상 특히 인상적이다. 소책자 『죽여라!Kill!』(1942)에는 그러한 관점이 노골적으로 드러나 있는데, 가령 붉은 군대 백만 부대원에게 배포된 이 글의 포문을 여는 문장은 이렇다. "독일인들은 인간이 아니다." 같은 주제를 중점적으로, 더 면밀하게 다룬 글로는 「증오의 정당화The Justification of Hatred」(1942)가 있다. 여기서 에렌부르크는 소련 사람들의 동정적 본성을 애써 강조하며, 제1차 세계대전 기간 그들이 한 행동을 이에 대한 추정적 근거로 제시한다. 하지만 추정의 정당성을 증명해야 하는 대목에서 그남은 이내 혼란을 느낀다.

그런데 어쩌다 그런 일이 생겼을까? 어쩌다가 소련 인민은 나치

* 그레트헨, 프리츠는 각각 독일의 흔한 여성, 남성 이름이다.

를 혐오하게 되었을까? 그토록 완강한 증오심은 어디에서 나왔을까?

증오는 결코 러시아 사람들의 형질이 아니었다. 그것은 어느 날 갑자기 생겨난 게 아니다. 그것은, 현재 우리 인민이 표출하는 이 증오심은 고통으로부터 생겨났다. 처음에 우리 대다수는 이 전쟁이 다른 전쟁과 마찬가지라고, 다른 제복을 입은 인간들과 벌이는 또 하나의 싸움일 뿐이라고 생각했다. 우리는 형제애와 연대라는 인간적이고 숭고한 관념에 길들여진 상태였다. 우리 대부분은 언어의 힘을 믿었고, 상대가 인간이 아닌 끔찍하고 역겨운 괴물이며, 인류애라는 원칙에 따라 파시스트를 무자비하고 단호하게 다뤄야 한다는 사실을 이해하지 못했다. (…)

러시아 노래 중에 "늑대 사냥은 정당하나, 인간 사냥은 부당하다"라는 가사의 노래가 있다. 정당한 전쟁과 부당한 전쟁을 대하는 인민의 태도를 표현한 가사다. 미친 늑대를 멸하는 행위와 인간을 손찌검하려는 행위는 본질적으로 다르다. 그리고 이제 소련의 모든 남자와 여자는 우리가 한 무리의 늑대에게 공격받았다는 사실을 안다.[39]

이 글의 서사는 리빙스톤 스미스의 주장과 놀랍도록 닮아 있다. 여기서 비인간화의 대상들은 양의 가죽 혹은 인간의 가죽을 쓴 늑대로 묘사된다. 또한 "끔찍하고 역겨운 괴물" 운운하는 부분 역시 리빙스톤 스미스의 주장에 힘을 보탠다. 아니면 적어도 이 프로파간다가 제19부대 군인들이 독일인을 위 글에 묘사된 방식

39 "The Justification of Hatred(증오의 정당화)," Stormfront Russia: White Na-
tionalists in Russia, https://www.stormfront.org/forum/t107725-2/.

으로 보게 하는 데 **결과적으로** 도움이 되었다고 간주할 때에 한해서는, 정말로 그러할 것이다.

그러나 소련군이 독일 여성들을 대상으로 자행한 집단강간은, 그들이 단지 명령을 따르기만 한 게 아니라는 사실과 더불어, 이런 가설에 의심을 드리운다. 실제로는 정반대였다. 심지어 스탈린 같은 최고위층 지도부도 소련군의 그런 야만적 행동이 (그리고 베를린에서 그들이 저지른 약탈과 광범위한 파괴 행위가) 행여 아군이 공들여 쌓아온 기반을 무너뜨릴까 우려했을 정도로, 군인들은 거침이 없었다. 공장들처럼 값어치 있는 자원마저 파괴해버렸을 정도니까. 말하자면 소련의 군인들은 사실상 **통제 불능** 상태였다. 윗선의 우려에도 불구하고, 독일 여성들에 대한 소련군의 집단강간은 다년간 지속되었다. 최소 200만 명의 여성이 그 기간에 강간을 당했고, 반복적으로 당한 여성도—대다수는 아니었지만—여러 명이었다. 윤간은 흔하디흔한 현상이었다. 기록에 의하면 당시 강간당한 여성 중 최연소자는 12세, 최고령자는 80세였다. 누구도 예외가 아니었다. 수녀는 물론이고, 임신해서 병원에 입원한 여성에, 심지어 그곳에서 출산 중이던 여성까지 피해자 명단에 포함되었다. 더욱이 이들 다수는 상상할 수 있는 가장 야만적인 방식으로 강간을 당했다. 몸을 가누지 못할 정도로 만취했던 군인들은 술병으로, 때로는 깨진 술병으로 여성을 능욕하기도 했다. 말할 것도 없이 그런 행위는 끔찍한 상처를 남겼다. 그로 인해 목숨을 잃었거나 자살을 감행한 여성도 부지기수였다(Beevor 2003, 24-38).

이러한 참상과 씨름하는 과정은 내게 여러 질문을 남겼다. 만약 비인간화 프로파간다가 소련군의 도덕적 세계관에 그토록 깊숙이 침투했다면, 이후 그 군인들이 피해 여성들(그러니까 "암컷 늑대들")에게 저지른 행동은 어떻게 설명해야 할까? 그리고 만약 그토록 강한 압박에도 비인간화 프로파간다가 군인들의 세계관에 별다른 영향을 미치지 못했다면, 일반적으로는 어떨까? 과연 영향을 미친 적이 있기는 할까?

그럴듯한 대답이 떠오르기는 한다. 중요한 동시에 마주하기 괴로운 대답이다. 그러니까 사람들은, 허위의식이라는 다소 얄팍한 장막을 들춰내면, 자신들이 야만적으로 비하하고 비인도적으로 대우한 존재들이 동류 인간이라는 사실을 더할 나위 없이 잘 알고 있는지도 모른다. 그렇게 잘 알고 있으면서도 막상—이 장에서 수박 겉핥기 식으로 언급한 것과 같은—특수한 환경에 처하면, **수많은** 사람을 별다른 고민 없이 학살하고 고문하고 강간하게 되는 것인지도 모른다.[40]

여성, 너무도 인간적인

그렇다면—보아하니 적잖은 선전원까지 포함해—왜 그토

---

[40] 흥미롭게도 비버는 예의 그 문헌에서 소련군이 베를린 시민들을 부러워했다는 점을 강조했다. 베를린 사람들은 소련군들이 생전 꿈도 못 꿔본 안락한 삶을 누리고 있었다. 비버가 제시한 인상적인 사례를 소개하자면, 소련군들은 베개와 매트리스를 비롯해 안락함을 제공하는 대표적인 물건들을 마구잡이로 망가뜨렸는데, 그 소란이 얼마나 요란했던지 베를린 거리거리가 흡사 눈보라에 휩싸인 듯했다고 전해진다. 깃털이 그만큼 풀풀 날렸다는 얘기다(Beevor 2003, 35). 같은 맥락에서 최근 몇몇 역사학자는 1933년 이전의 독일에서 반유대주의가 확대된 현상의 원인을 유대인에 대한 시기심에서 찾기도 한다. 아모스 일론의 저서 『유감천만, 1743에서 1933년까지, 독일계 유대인 시대의 초상The Pity of It All: A Portrait of the German-Jewish Epoch 1743-1933』(2013)과 괴츠 알리의 저서 『왜 독일인인가? 왜 유대인인가? 시기심, 인종 증오, 홀로코스트의 전말Why the Germans? Why the Jews? Envy, Race Hatred, and the Prehistory of the Holocaust』(2014) 참조.

록 많은 사람이 휴머니즘을 옳다고 믿는 것일까? 이 장을 마무리하는 시점이니만큼 나는 특히 여성들을 관찰하고 대하는 방식에서 비인간화를 유발할 가능성이 엿보이는, 위에서 언급된 것들보다 다소 불명확하지만 제법 그럴듯한 두 가지 가설을 이에 대한 답으로 제안할 것이다. 그러나 두 가지 답 모두 내 의심을 거두기에는 역부족일 것이다. 그러니까 인간이 다른 인간을 인간으로 인식하지 못하는 상황은 드물다는 내 생각을 무너뜨리기에는 근거가 빈약하다는 뜻이다. 특히 4장에서 논의한 제공자 대 취득자 역학을 여성들에게 적용할 시에는 더더욱. 오히려 이번에도 역시나 우리는, 각 서사의 근저에 여성의 인간성이 전제로 깔려 있다는 사실을 확인하게 될 것이다.

첫 번째 가설의 핵심은, 타인들의 변칙적 행동이 절대적으로 변칙적이라고 여겨지는 까닭에 유발될 수 있는 모종의 지각들과 관련이 있는데, 문제의 변칙적 행동은 사람들이 흔히 생각하는 인간적인, 너무도 인간적인 사회적 역할이나 관계, 의무의 역전을 수반한다. 두 번째 가설의 핵심은 주로 부당한 오판을 근거로 자기가 특정 부류의 여성에게 기피 인물 혹은 인간 이하의 존재로 취급받는다고 느끼는 이들 쪽에서 보복을 목적으로 여성에게 '앙갚음'하는 행위와 관련이 있다. 왜냐하면 그남의 상처는 자신이 그녀의 시선이나 집중적 관심, 혹은 세심한 도움을 받아 마땅하다는 일종의 부당한 특권의식에서 비롯됐을 수도 있기 때문이다. 그남은 자신이 스스로 당연하다고 믿고 기대하던 수준보다 덜 인간적이라는, 어쩌면 더 적절하게는, 덜 **인간화되었다는** 느낌을 받는다. 그리고 이런 이유로, 자신이 받은 그 (비)호의를 (받은 것 이상으로) 되갚아준다.

이제부터 이 두 가지 가설의 핵심을 순서대로 들여다보자.

우선 첫 번째 이야기부터 살펴보자. 인간으로 인지된다는 것은, (다른 무엇보다) 특정 집단의 구성원이라는 자격이나 정체성 덕분에 사회적 대본, 즉 인간사라는 연극의 대본에서 특정한 역할에 캐스팅되어 특정한 관계를 맺게 될 잠재적 가능성과 어느 정도 관련이 있다.[41] 이런 가능성이 야만적 대우(혹은 학대)로 이어지는 경로에 대해서는 앞에서 살펴보았다. 그러나 누군가가 맡겨진 배역을 대본대로 소화하지 **않거나** 모종의 역할 **전환**을 시도한다면 이는 사회적으로 **경악하는** 반응, 그러니까 '기가 차다'는 인상을 불러일으키기 쉽다. 사람들은 그 누군가를 '맛이 갔다'고, 불쾌하고 기이하며 으스스한 인물이라고 인식할 수 있다. 심지어는 기묘하거나 변칙적인 사람이라고 인식할 수도 있다. 마치 그들이 역할을 수행하는 '시늉만 하는' 사기꾼에 지나지 않는다는 듯이. 그렇지만 이게 그들이 불완전한 인간으로 인식된다는 뜻은 아니다. 누군가의 행동이 사회에서 변칙적이라고 여겨질 때 불거지기 쉬운 **의혹**의 시선, 심지어 역겨움이나 공포의 시선이 그들에게 드리워진다는 뜻이다. 그녀는 주어진 배역을 대본대로 소화하지 않는다. 그래서 우리는 그녀의 인격이나 페르소나에 강한 의심을 품는다. 심지어 그녀에게 인격이 **있는지조차** 의심할 때도 있다.

이를테면 알베르 카뮈의 『이방인 *L'Étranger*』(1946)에서 뫼르소가 두 가지 다른 상황에서 맞닥뜨린 "로봇 같은 여자"를 살펴보자. 뫼르소가 처음 봤을 때 그녀는 식당에서 식사를 주문하는 중이었다. 그녀는 매우 계획적으로 행동했다. 그녀의 행위주체성은 그남의 눈길을 사로잡았고, 모르긴 해도 독자의 눈길까지 사로잡

---

41 이 문제와 관련하여 캘리포니아대학 버클리캠퍼스에서 나와 대화하며 귀중한 통찰력을 보여준 조엘 사티에게 감사를 전한다.

앉을 것이다. 그녀는 매우 인간적인 동시에 매우 사회적인 행동에
열중하고 있었다. 그녀는 뫼르소와 같은 일을, 그러니까 자신의 음
식을 내오도록 주문하는 일을 하고 있었다. 뫼르소는 그녀의 모
습을 이렇게 묘사한다.

> 전채 요리가 나오자 그녀는 게걸스럽게 먹어치웠다. 다음 코스를
> 기다리는 동안 그녀는 가방에서 또 다른 연필을 꺼냈다. 이번에는
> 파란색이었다. 그러더니 그 주의 라디오 프로그램 편성표가 실린
> 잡지를 꺼내, 거의 모든 프로그램에 하나하나 정성껏 표시를 했
> 다. 열두어 쪽짜리 잡지였기에 그녀는 식사 내내 꼼꼼하게 그 일
> 을 해나갔다. 내가 식사를 마쳤을 때까지도 그녀는 여전히 표시
> 를 하느라 여념이 없었다. 그러다 일어나서는 변함없이 로봇처럼
> 정확한 몸짓으로 재킷을 입더니 식당을 빠져나갔다. 달리 할 일
> 이 없던 터라 나도 나가서 그녀를 잠시 따라다녔다. 그녀는 인도
> 가장자리를 따라 믿을 수 없을 만큼 빠르고 확신에 찬 걸음으로,
> 방향을 트는 법도 돌아보는 법도 없이 자기 갈 길을 갔다. 마침내
> 그녀가 시야에서 사라졌고 나는 왔던 길을 되돌아갔다. 나는 그
> 녀가 이상하다고 생각했지만 이내 그녀를 잊어버렸다.(Camus,
> 1946, 30)

이 여성의 인간적 교류는 식당에서 음식을 주문하고 제공
받는 정도에서 그치지 않았다. 그 외에도 그녀는 수많은 정신적 힘
과 자율적 행위주체성을 드러내고 있었다. 그녀는 취향이 확고했
고, 취향에 맞게 음식을 주문했으며, 가져온 잡지를 읽었고, 계획
을 짰고, 글을 썼고, 계산을 했고, 뫼르소를 따돌릴 정도로 "믿을 수
없을 만큼 빠르게" 길을 걸었다. 본질적으로 두 사람은 같은 사회

적 대본 속 같은 배역을 나란히 소화하고 있었다. 그러나 행위자가
여성일 땐 그런 행동이 이상하고 심지어 우스꽝스럽게 여겨진다.
그러니까 이 역할에서 그녀는 자리—그녀의 자리—를 벗어난 듯
보였다. 어쩐지 비현실적인 가짜처럼, 심지어 진짜 로봇처럼 보였
다. 2016년 미 대선 선거운동 기간에도 ("로봇 같다"는 비난을 포함하
여) 사뭇 비슷한 말들이 힐러리 클린턴을 향해 쏟아졌다(8장을 보
라). 그리고 클린턴 역시, 역사적으로 오직 남성만이 맡아온 역할
을 수행하며, 여성이 남성에게 **줄** 것으로 기대되는 무언가를 요구
하고 있었다. 그러니까 그녀는 자신에게 주어지지 않았으나 만약
자신이 남성이었다면 많은 사람에게 (무엇보다 트럼프에 강력하게 맞
서는 차원에서) 받았을 것으로 예상되는 두 가지, 즉 지지와 관심을
요구하고 있었다.

한편 뫼르소는 "로봇 같은 여자"를 다시 맞닥뜨린다. 장소
는 법정이다. 뫼르소는 살인 혐의로 재판을 받는 처지다. 자신을 단
검으로 위협한 "아랍인"을 향해 총을 쏘았기 때문이다. 그 아랍인
과 있을 때 뫼르소는 **자신**이 한낱 사물이나 장애물 같다고, 구체적
으로는 돌이나 나무처럼 스스로의 의지와 상관없이 이동될 수 있
는 물체 같다고 느꼈다. 뫼르소는 친구 레몽과 돌아다니던 중에 "아
랍인 무리"를 처음 마주쳤다. 그들의 눈빛은 뫼르소를 움츠러들게
하고, 겁에 질리게 하고, 심지어 비인간화하는 효과를 지닌 것처럼
소설의 화자인 뫼르소 자신에 의해 묘사되었다. 단지 속내를 읽을
수 없는 눈빛으로 뫼르소 쪽을 바라보았을 뿐인데 말이다. 소설
의 내용을 옮기자면 이렇다.

그들은 말없이, 그쪽 사람들 특유의 눈빛으로 우리를 응시했다.
돌이나 죽은 나무라도 보듯. 레몽은 왼쪽에서 두 번째 아랍인이

"그 자식"이라고 말하며 심란한 기색을 내비쳤다. 하지만 그 와 중에도 다 지나간 이야기라며 나를 안심시켰다. (…) [레몽은] 서 둘러야 한다고 [말했다].

버스 정류장으로 걸어가는데 레몽이 흘깃 뒤를 살피더니 아랍인 들이 따라오지 않는다고 말했다. 나도 돌아보았다. 그들은 여전 히 같은 자리에서 예의 그 무심한 눈빛으로 우리가 떠나 온 자리 를 바라보고 있었다.(32)

여기서 다시금 비인간화를 도덕철학의 관습적 방향과는 다른 방향에서 들여다보자. 그러니까 자신이 관찰자 내지 재판관 이라거나, 의심과 경멸, 적개심, 무관심이 아닌 돌봄과 경애의 대 상이어야 한다는 부당한 **권리 의식**의 징후로서 고려해보자는 얘 기다. 그러한 의식은, 일종의 피해망상에 사로잡혀 사람들을 잘못 된 시선으로 바라본다고 간주되는 이들에게 굉장히 위험할 수 있 다. 가령 레몽의 "그 자식"이 해변에 다시 나타나자, 그것도 이번 에는 뫼르소의 취약성을 강조하려는 듯 혼자서 나타나자, 이 같은 의식은 위기에 직면한다. 뫼르소는 사건이 일단락됐다고 생각하 다가 그남의 등장에 당황한다. 남자의 얼굴은 바위 그늘에 가려져 있다. 열기를 머금은 아지랑이가 그남의 형체를 흐릿하게 만든다. 뫼르소는 주머니에서 레몽의 권총을 꺼내 그 위협적인 형상을 향 해 쏜다. 그리고 아랍인이 죽은 뒤에도 시체를 향해 네 발을 더 발 사한다. 총알들은 주검 위에 "보이지 않게" 박힌다(39). 뫼르소는 총알이 박히는 소리를 마치 눈으로 보듯이 듣는다. 그렇게 알제리 에서 한 이방인이 스스로를 파멸로 몰아넣는다. 그 순간이 지나자 뫼르소는 스스로의 인간성에 대한 의식을, 무뎌졌으나 분명 실재 하는 그 의식을 감옥 안에서 비로소 되찾는다.

이제 그 "로봇 같은 여자"가 뫼르소의 살인죄 재판을 참관한다. 그녀는 '남자처럼' 재킷을 입은 채 시선을 그남에게 고정한 모습으로 묘사된다(54). 뫼르소는 그녀의 존재를 예민하게 감지한다. 엄밀히 말해 그녀는 재판의 수많은 방청객 중 한 사람에 불과하다. 하지만 (그남의 공상 속에서) 그녀는 그남을 재판한다. 뫼르소가 재판을 받는다고 느낄 때 그 효과는 언제나 방향감각 상실로 나타난다. 소설의 시작부터 그랬다. 그남은 행위주체의식을 상실한다. 마치 '담쌓기stonewalling'*라고 알려진 행동을 마주한 사람처럼 (혹은 「결론」에서 살짝 언급할 '무표정' 패러다임을 마주한 것처럼). 이 모든 일이 벌어지기 직전 뫼르소가 모친을 잃었다는 사실은 우연이 아닐지도 모른다. 두 사람이 함께 살던 시절 "비록 대화는 거의 없었지만" 모친의 시선은 아들을 따라 방 안 이곳저곳을 움직였다. 그남은 그녀가 "항상 지켜보고" 있다고 느꼈고, 그런 시선을 개의치 않는 듯했다(5). 그때는 다들 그렇게 살았다고 생각하는 사람도 있을 것이다. 어쩌면 그녀는 어머니로서의 의무를 다하고 있었는지도 모른다. 그남을 그렇게 보살피고 있었는지도 모른다.

이제 이처럼 동정 어린 감시의 결여에서 유래된 금단증상에 더해, 이와 비슷하게 불명확한 비인간화하는 행동의 두 번째 원인을 들여다보자. 사회적 대본에서 맡은 배역을 수행하지 않는 여성에게는 **보복**이 가해질 수 있다. 행위자는 자신이 채택한 그 대본을 희망 내지 환상쯤으로 여기는 게 아니라, 아예 현실 자체를 뒤틀어 인식한다. 엘리엇 로저는 적당히 '잘나가는' 여성으로부터, 적당히 알맞은 시기에, 자신이 바라던 관심과 애정, 경애, 성적 호감을 받아내지 못했다. 그남이 채택한 사회적 대본은 과히 엄격

---

*　말하는 상대에게 무반응으로 일관하거나 대화를 회피하는 태도.

했고, 그 대본에 지나치게 몰두한 나머지 스토킹한 여성들한테 자신을 소개한 적도 없으면서 그들에게 무시당했다고 느꼈다. 한편 여자들의 이야기 속에서 그남은 등장인물도 아니었다. 적어도 그남이 억지로 문제를 키우기 전까지는 말이다.

그러나 앞서 설명한 바와 같이 로저는 여성들을 생각 없는 사물이나 물체로 여기지도, 인간이 아니거나 인간보다 못한 생명체로도 여기지도 않았다. 그렇다고 가부장제 질서 아래서 여성이 전반적으로 그렇게 여겨진다고 보기도 어렵다. 오히려 여성은 인간적 능력을 특정한 사람들에게 **빚진 상태**라고 여겨진다. 그 특정한 사람들은 대개 이성애적 관계 안에서 백인우월주의를 지지하는 남성들과 그 자식들로, 그녀의 서비스를 돌아가며 누릴 권리를 지녔다고 간주된다. 보기에 따라 이는 사실상 유부녀법coverture law의 유산처럼 비칠 수 있다. 여성의 입장을 부친이나 남편, 사위 등이 순차적으로 '대리한다'는 점에서 말이다. 또한 부분적으로는 여성들을 대체로 누군가의 **어머니**이자 **누이**이자 **딸**이자 **할머니**로 뭉뚱그리는 관습의 산물일 수 있다. 여성은 언제나 누군가의 누군가다. 한 사람의 인격체일 때는 드물다. 그러나 그 원인은 그녀가 사람으로 여겨지는 법이 없다는 데 있지 않다. 오히려 그녀의 인간성이 서비스 노동과 사랑, 충실함이라는 형태로 타인들에게 제공돼야 한다고 여겨진다는 데 있다.

더욱이 그녀의 개인적 서비스는 그녀의 손길이 닿는 이들에게, 그녀의 관심이 제공돼야 하는 대상이라고 여겨지는 이들에 대해 심리적 인간화를 유도하는 효과가 있다. 그러므로, 다양한 유형의 양육과 경애, 동정, 관심을 통해 그남이 받을 권리가 있다고 여겨지는 것을 그녀가 제공하지 못하면 **그남은** 자신이 인간보다 못하다는, 언젠가 엘리엇 로저가 스스로를 묘사하며 쓴 표현을 빌리자면 "하찮은 생쥐" 같다는 기분에 휩싸일 수 있다. 그남은 이에 대한 복수로 **그녀를** 비인간화할 수도 있다. 그녀에 대한 앙갚음의 일환으로 그녀가 스스로를 인간이 아닌 존재처럼 느끼게 만드는 것이다. 이쯤에서 로저가 작성한 이른바 선언문의 도입부를 들여다보자(실상은 선언문이라기보다 스스로를 예지적이고 측은하며 중심적인 인물로 그린 한 편의 회고록에 가깝지만 말이다).

> 인류 (…) 이 세상에서 나의 모든 고통은 인류, 그중에서도 특히 여자들의 손에 좌우돼왔다. 그로써 나는 깨달았다. 인간이라는 종이 얼마나 잔혹하고 뒤틀려 있는지를. 내가 원한 것이라고는 오로지 인간들과 어울려 사는 행복한 삶이었다. 그러나 나는 방출되었고, 거부당했으며, 외롭고 무의미한 삶을 억지로 견뎌야 했다. 오로지 인간이라는 종, 그중에서도 내 가치를 알아보지 못한 암컷들 때문에 말이다.

「나의 뒤틀린 세계」를 읽어보면, 소위 이 성별 간 전쟁이란 것이 로저에게 은유 이상을 의미했음이 명확해진다. 이때 그 적개심은 욕구불만과 그로 인해 생겨난 자기가 취약하다는 의식에 기인하며 인간에 대한 공격의 근거, 때로는 기폭제로 작용한다. 로저가 그 여성들을 증오하는 방식은, (적어도 대중적인 애착이론상으로) 애착관계가 불안정한 아이들이 어머니를 증오하고 그들에게 격분할 때의 (전형적이고 강렬한) 방식과 굉장히 유사하다. 그남은 자신을 무력감과 고독감 속에 방치했다는 이유로 그녀를 증오한다. 그남은 자기한테 그녀의 시간과 집중적 시선, 관심, 돌봄을 누릴 권리가 있다고 느낀다. 또 어쩌면 그남은 그녀를 열렬히 사랑하는지도 모른다. 하지만 그 사랑은 어디까지나 개인적 소유물에 대한

사랑이다. 그녀는 빈틈없이 감시돼야 하는 존재, 그남을 배신해서
도, 스스로 한 약속을 어겨서도, 그남을 실망시켜서도 안 되는 존
재다. 로저가 자기를 성적으로 거부한 여성들에 대해 품은 증오심
에도 유사한 논리가 적용된다. 이번에도 역시 그들은 사회적으로
고립되고 버림받은 그남의 처지를 인지시킴으로써 그남이 스스로
를 인간 같지 않은 존재처럼 느끼게 만들었다. 그남은 다음과 같
은 결론을 내린다.

> 나는 인류의 일원이 아니다. 인간들은 나를 거부했다. 인간이라
> 는 종의 암컷들은 단 한 번도 나와의 짝짓기를 원하지 않았다. 그
> 런데 내가 어떻게 스스로를 인류의 일부라고 생각할 수 있겠는
> 가? 인간들은 단 한 번도 나를 그들 무리에 받아들여주지 않았
> 고, 이제 나는 그 이유를 안다. 나는 인간 이상의 존재다. 나는 그
> 들 모두보다 우월하다. 나는 엘리엇 로저다. (…) 나는 장엄하고
> 찬란하고 지고하고 탁월하고 (…) 신성하다! 나는 현존하는 모든
> 것을 통틀어 살아 계신 신에 가장 가까운 존재다. 인간이라는 종
> 은 역겹고 타락했고 사악하다. 내 목적은 그 모두를 응징하는 것
> 이다. 내가 세상의 잘못된 것들을 전부 정화하리라. 심판의 날,
> 나는 진정 강력한 신으로서, 내가 불순하고 타락했다고 생각하
> 는 모든 이를 벌하리라. 암컷들이 나에게 성적으로 끌리기만 했
> 어도 내가 영위할 수 있었을 경이롭고 축복받은 삶에 대해 생각
> 하면, 내 전존재가 증오심으로 불타오른다. 그들은 내 행복한 삶
> 을 부정했다. 나는 보답으로 그들의 목숨을 거둘 것이다. 그것만
> 이 공정하다.

로저는 여기서 그치지 않았다. 그남의 이야기는 에필로그

로 이어진다.

> 여자들은 세상 모든 불공정한 것을 대표한다. 그러므로 세상을 공
> 정한 곳으로 만들기 위해서는 그들을 모조리 적출해야 한다. 그
> 러나 소수의 여자는 목숨을 부지할지니, 이는 재생산을 위함이
> 다. 이 여자들은 비밀 실험실에서 길러지고 교배될 것이다. 그곳
> 에서 그들은 정자 샘플을 이용한 인공수정으로 후손을 생산하게
> 될 것이다. 그들의 타락한 본성은 품종개량을 통해 마침내 서서
> 히 그들에게서 빠져나갈 것이다.

마치 영화 「닥터 스트레인지러브Dr. Strangelove」(1964)의 암울한 대안적 결말처럼 들린다.[42] 이런 글을 읽고 웃어넘기지 않기란 어려울 것이다. 하지만 로저는 총기를 입수했고, 자신의 말을 실행에 옮겼다.

공정함에 대한 로저의 인식(혹은 인식부족)은 자아도취적 망상에 근거한다. 그러한 망상에는 가부장제의 광기와 규칙이 얼마간 내포되어 있다. 가부장제 이데올로기는 보통 도덕적이고 사회적인 삶에서 여성들에게 인간적 **제공자**라는 지위를 부여한다. 그

---

42 영화 속에서 스트레인지러브 박사는 광산의 수직갱도에 지하 교배 실험실을 세우기로 계획한다.

> **터지슨:** 박사님께서는 남자 한 명당 여자 열 명이라고 하셨습니다. 한데 그러려면 일부일처 성관계라는 것은 이제 포기해야 하지 않을까요? 그러니까, 남자들에 한해서 말입니다.
>
> **스트레인지러브:** 유감스럽게도 그렇다네. 자네도 알다시피 인류의 미래를 위해서는 희생이 필요한 법이거든. 급히 첨언하자면, 이런 맥락에서 남성은 저마다 굉장한 (…) *서비스*를 제공해야 할걸세. 여성들은 그들의 성적 특성에 맞게 선택돼야 할 것이고, 고도로 자극적인 본성이어야겠지.

것은 여성의 인간성을 베어버리지 않거니와, 기실 그것을 전제로 한다. 그러나 동시에 그 인간성은 그녀의 관심을 요구하고 그녀의 신체에 집착하며 그녀가 그남에게 이의를 제기하거나 복종하기를 거부하기라도 하면 그녀를 모욕하는(혹은 그보다 더 나쁜) 결과를 낳는다. 이러한 행동들에는 사회적 의미라든가 싫어도 받아들일 수밖에 없는 여성들이 이를 '이해하는' 방식과 관련하여, 비인간화의 특성이 있을 수도 없을 수도 있다. 어느 쪽이든 나는 그 행동들이 가장 근원적으로는, 여성이 여성으로서 존재하는 이유에 대한 의식에서, 그러니까 도덕적 재화와 자원을 (다른 누구보다 남성에게) 제공하는 자라는 위치를 사회가 여성에게 부여한 데서 기인한다고 믿는다. 이와 관련해 후기 가부장제라고 하는 환경에서 페미니즘의 사회적 진보에 따른 심적 박탈감의 징후가 곳곳에서 나타나리라는 예측은 이치에 부합한다. 여성의 관심에 대한 수요가 공급을 어마어마한 격차로 초과하면 자연스럽게 남성은 이전까지 존재조차 몰랐던 여성의 시선을 받기 위해 갖가지 시도를 하게 될 것이고, 그 방편으로 캣콜링이나 손가락 휘파람, 온라인 트롤링 등이 동원될 것이다. (온라인 트롤링의 형태는 명백히 가학적인 것부터 표면상으로는 이성적으로 합리적 논쟁을 요구하는 것까지 다양하며, 불행히도 그 결과는 때로 여성 비하나 모욕, 맨스플레이닝으로 나타나고는 한다.) 공적인 환경에서 여성은 웃으라는 말을 듣거나 수많은 낯선 (남자) 사람으로부터 무슨 생각을 하느냐는 질문을 받는다. 특히 그녀가 '혼자만의 생각에 깊이 잠겨' 있거나 '자기만의 작은 세계로 떠나' 있는 듯 보일 때, 다시 말해 그녀가 자기만의 사유를 하며, 자신의 외부가 아닌 내부에 관심을 집중하는 듯 보일 때 더욱 그러하다. 이러한 행위들은 담쌓기를 **고려하거나** 담쌓기를 할 수밖에 없는 상황으로, 반응을 아예 거부한다기보다 반응을 되도록 자제하는 상황으로 그녀를 몰아넣곤 한다. 그렇게 그녀의 침묵은 냉담함이 되고, 그녀의 중립 표정은 토라짐이 된다. 그녀의 외면은 멸시가 되고, 그녀의 수동성은 공격성이 된다.

그러나 얼음 여왕, 나쁜 년, 요부—혹은 유혹의 천사—따위의 표현에는 공통점이 있다. 하나같이 인간적인, 너무도 인간적인 여성의 특성을 가리킨다는 사실이다.

6장

남성을 면벌하다

Exonerating Man

고귀한 브루투스는

여러분에게 카이사르가 야심가라고 말하였습니다.

만약 그러했다면, 그것은 통탄할 결함이었고,

통탄스럽게도 카이사르께서는 그 대가를 치르었지요.

여기, 브루투스를 비롯한 여러분의 허락으로—

브루투스는 고결한 분이므로,

그분들도 모두, 모두가 고결한 분이지요—

제가 카이사르의 장례식에서 말하게 되었습니다.

카이사르는 제 벗으로, 제게 충실하고 공정하였습니다.

그러나 브루투스는 그남이 야심가였다고 말합니다.

그리고 브루투스는 고결한 사람이지요.

카이사르는 많은 포로를 고국 로마로 잡아 왔고

그들의 몸값은 나라의 금고를 채웠지요.

이것이 카이사르의 야심으로 보이십니까?

그 비천한 자들이 울부짖을 때, 카이사르는 흐느꼈습니다.

야심가라면 더 엄격해야 할 터인데 말입니다.

그런데도 브루투스는 그남이 야심가였다고 말합니다.

그리고 브루투스는 고결한 사람이지요.

여러분 모두가 루페르쿠스 축제 때 보셨듯

저는 그남에게 왕관을 세 번 건네었고,

그남은 세 번 다 거절했습니다. 이것이 야심이었을까요?

하지만 브루투스는 그남이 야심가였다고 말합니다.

그리고, 물론, 브루투스는 고결한 사람이지요.

브루투스의 말이 틀렸음을 입증하려고 하는 말은 아닙니다.

그러나 이 자리에 선 이상, 제가 정말 아는 것을 말하려 합니다.

여러분 모두는 한때 카이사르를 사랑했고,

그 사랑에는 이유가 없지 않았습니다.

그렇다면 무슨 이유로 애도하기를 주저하십니까?

오, 판단이여! 너는 잔인한 야수들에게로 도망쳤고,

사람들은 이성을 잃었도다.

(…)

그러나 어제까지만 해도 카이사르의 말이라면

세상에 맞설 수 있었지요. 이제 그남은 저기 누워 있습니다.

그리고 비천한 자들 중 누구도 경의를 표하지 않습니다.

오, 주인들이여, 만일 제가 반란과 분노를 일으키려

여러분의 마음과 정신을 뒤흔들어놓을 생각이었다면,

브루투스에게 몹쓸 짓을, 카시우스에게 몹쓸 짓을 했어야 합니다.

다들 아시는 것처럼 고결한 분들이지요.

저는 그분들에게 몹쓸 짓을 하지 않을 것입니다.

차라리 망자에게 몹쓸 짓을, 저 자신과 여러분에게 몹쓸 짓을 할지언정

그토록 고결한 분들에게 몹쓸 짓을 하진 않으려 합니다.

셰익스피어, 『율리우스 카이사르Julius Caesar』

3막 2장 중 마르쿠스 안토니우스의 대사

살인을 저지르고도 처벌을 모면하는 법

이 장에서는 먼저 두 가지 살인 사건 이야기를 들려주려 한다. 피해자는 둘 다 여성이다. 유력한 용의자는 둘 다 남성이며 피해자와는 친밀한 관계였다. 또한 두 사건 모두 남성의 이야기는 수정되었고, 살인으로 보이던 한 사건은 남성에게 죄를 뒤집어씌우려는 여성의 정교한 술책으로 바뀌었다. 첫 번째 사건에선 그남이 무죄로 밝혀졌다. 두 번째 사건의 줄거리는 다음 질문에서 출발한다. 과연 그남은 처벌을 모면할 수 있을 것인가? (행운을 빈다.)

두 이야기 모두 허구다. 그렇지만 둘 다 문화적 서사의 일반적 예로서 우리가 면밀히 관심을 기울여야 할 이야기다. 거기에 담긴 서사는 세상이 아직 실체를 온전히 인정하지 않는 모종의 집요하고도 집단적인 노력—그러니까 특정한 남성들의 결백을 두둔하고, 그들의 명예를 지키고, 그들을 너무 성급하게, 혹은 적법한 권한도 없으면서 용서하려 드는 세태—을 반영하고 영속화한다. 대개 이런 서사는 가해 용의자인 남성이 그남을 고발한 피해자 여성의 말을 처음부터 의심스럽게 만듦으로써, 그 의심의 근거가 얼

마나 희박한가에 상관없이, 그녀에 비해 유리한 고지를 점령해가
는 과정을 수반한다. 이런 이유로 지금부터는 내가 '면벌성 서사
exonerating narrtives'라고 이름 붙인 각자의 이야기들을 이른바 '증언적
부정의testimonial injustice'라는 개념과 연결시킬 것이다—증언적 부정
의에 대해서는 일찍이 미란다 프리커(Fricker 2007)와 호세 메디나
(Medina 2011), 게일 폴러스 주니어(Pohlhaus 2012)가 이론을 제시한
바 있다. 그리고 이후에는, 특정 주제들이 공적 담론에서 "기이하게
사라져" 보이지 않게 되는 현상에 관한 크리스티 도트슨과 마리타
길버트의 연구(Dotson and Gilbert 2014)를 바탕으로 상황의 본질을
더 날카롭게 파헤칠 것이다.

논의 과정에서 나는 주요한 특권의 전부는 아니더라도 대
부분을 누리는 남성들에게 초점을 고정할 것이다.[1] 이때 관전 포인

---

[1] 하지만 이것의 목적은 결국, 도덕적으로나 정치적으로 중요한 우려들이 문제의 남
성 구하기 작전의 일환으로 동원될 수 있는 방식을 보여줌으로써 표준적인 문제를
들여다보는 데 있다. 가령 인기 팟캐스트 「시리얼」(사회자는 세라 쾨니그이고, 시카
고 WBEZ 방송사와 합동 제작했으며, 해당 내용은 2014년 시즌 1에서 방송되었다.
https://serialpodcast.org/season-one)을 통해 널리 알려진 면벌적 서사(였다는
의심이 들지만 충분히 논의할 여유는 없다)에 암묵적 편견을 우려하는 시선들이 어
떤 역할을 했는지 살펴보라.
삼가 견해를 밝히자면, 그러한 편견에 관한 표면적 우려는, 15년 전 고교 시절 전 여
자친구 해민 리를 살해한 혐의로 유죄가 확정된 아드난 셋을 향해 사람들이 드러낸
명백한 동정심과 때로 노골적이었던 면벌의 욕구를 거의 정당화하지 못했다. 물론
인종적 편견이 이슬람교도인 아드난에게 불리하게 작용하기는 했다. 하지만 그 편견
들은 그남에게 불리한 증언을 한 주요 목격자—아드난의 동갑내기 친구 제이는 아
프리카계 미국인 남성이었다—에게도 똑같이 불리하게 작용했다. 이어서 해민 리에
대한 서사의 삭제가 진행되었다. 이러한 삭제는 3장에서 언급했다시피 아시아계 미
국인 여성이 편향적으로 취약한 여성혐오의 한 유형이다. 이 장에서는 예의 그 팟캐
스트가 그럴듯하게 조명한 또 하나의 일반적 문제를 수면 위로 끌어올릴 예정이다.
즉, 나는 면벌과 용서를 유도하는 이른바 '유망한 청년golden boy'과 '좋은 녀석good
guy' 프레임에 대해 살펴볼 것이다. 둘 다 문제의 「시리얼」 방영분에서 언급된 용어

트는, 그렇게 시야에서 소외된 여성들이 얼마나 감쪽같이 이야기에서 삭제되는가 하는 부분이다. 마치 흑마술이라도 부린 것처럼 말이다.

하지만 이 주제와 관련하여 못지않게 중요한 부분은, 상대적으로 특권에서 소외된 남성들 또한 여기서 문제시되는 심리적 역학에 대체로 취약하다는 사실을 인정하는 것이다. 실제로 이것은 이 장의 핵심 논지 중 하나다. '좋은 녀석'에 비해 '나쁜 녀석'들은 과도한 이원론(즉, 흑백논리)의 관점에서 차별당하기 쉽다. 사회적 대본에서 그들은 괴물이나 사이코패스, 성범죄자, 소아성애자 역할로 캐스팅된다. 그러한 부정의의 형태는, 설령 섬세함은 부족할지나 기본적으로 정곡을 찌르는 종류부터 심각하고 조직적인 종류에 이르기까지 다양하다. 그리고 역시나 여기에도 예의 그 역동적으로 맞물린 사회적 메커니즘이 관계돼 있다. 왜냐하면 이런 괴물들의 출현은 우리의 특권적 영웅 지망자들과 대비를 이룸으로써 상대를 한껏 치켜세우는 작용을 하기 때문이다.

이 장과 다음 장에서 나는 바우어새가 둥지를 꾸미듯 동시대의 갖가지 사례를 인용해 철학적 설명을 펼쳐나갈 것이다. 바우어새는 반짝이는 온갖 잡동사니를 그러모아 둥지를 장식한다. 이제부터 나는 대체로 같은 시간과 장소에서 발생하여 내가 살아온 문화적 국면의 일부를 이루는 사례들을 텔레비전과 정치, 뉴스 기사, 소설, 사회과학, 민족지 등에서 그러모을 것이다. 하지만 이 장에서 소개할 심리적 역학은 가부장제만큼이나 오래되었다. 좋은 녀석은 그 어떤 잘못도 저지를 수 없고, 그래서 사람들은 그남을 헐

로, 살인이 벌어진 시기에 아드난을 알고지내던 사람들이 그남을 묘사하며 쓴 말이다. 해민 리가 목조르기로 살해되었다는 점 또한 주목해야 한다. 「서론」에서 논의한 바와 같이 목조르기는 문제의 살인을 친밀한 남성 파트너가 저질렀을 가능성을 높인다.

뜯는 나쁜 말을 들으려 하지 않는다. 이러한 심리적 역학을 나는 "고결한 브루투스" 문제라고 일컫는다. 관련 구절들을 축약하여 각색하자면,

그녀는 제 벗으로, 제게 충실하고 공정하였습니다―적어도 제가 아는 범위 내에서는 말이죠. 그러나 브루투스는 그녀가 거짓말을 하고 있다고 말합니다. 그리고 브루투스는 좋은 녀석이지요.

여기서 무조건적 긍정 논법이 부정되는 일은 극히 드물다. 다시 말해 "그남이 한 말"/"그녀가 한 말"이 있거나 "그녀의 말이 그남의 말에 불리하게" 작용할 때 우리는, 진실을 말하는 사람이 바로 **그녀**라는 더 강력한 증거에 적절하게 반응하기보다, 그남이 "고결한 사람" 혹은 "좋은 녀석"이라는 전제에서 출발해 그녀가 틀림없이 거짓말을 하거나 히스테리를 부리고 있다는 결론으로 옮겨가는 경향을 보인다. 그리고 그남이 믿을 만한 사람이라는 집단적 가정에는 끝내 의문을 품지 않는다. 마르쿠스 안토니우스가 브루투스의 잔인한 배신에 대해 피력한 씁쓸한 분노는 차치하고서라도 말이다.

마르쿠스 안토니우스는 이 유명한 연설의 말미에 끝내 감정을 주체하지 못하고 "고결한 브루투스"가 배신자에 사기꾼이라고 폭로한다. 그러고는 "제 말을 끝까지 인내심 있게 들어주십시오. 제 심장은 카이사르와 함께 관 속에 있고, 저는 그 심장이 돌아올 때까지 기다려야 하니까요"라고 호소한다. 다른 날도 아니고 2016년 대통령 선거가 끝난 직후에 이 글을 쓰고 있자니, 나 역시 그 기분을 알 것 같은 기분이 든다.

소년이 소녀를 죽이다

길리언 플린의 베스트셀러 소설 『나를 찾아줘』*Gone Girl* (2012)는 좋은 녀석의 입장에서 시작해 좋은 녀석의 입장에서 끝이 난다. 닉과 에이미는 5년 전 결혼했고, 감히 톨스토이의 문장을 비틀어보자면, 그들의 가정은 고만고만하게 불행하다*. (혹시 이 불행한 커플에 관한 비유들도 그 풍자소설에서 착안한 것일까?) 맨해튼에서 일하던 두 사람은 불경기에 각자의 일자리에서 해고당한다. 그 후 두 사람은 닉이 자란 중서부의 평범한 소도시로 이사해 그남의 아픈 아버지를 돌보며 지낸다. 에이미는 여전히 실직 상태다. 그녀는 지루하고 서글프고 외롭다. 닉은 술집을 열었고, 글쓰기 학생 중 한 명과 바람을 피우기 시작한다. 그리고 나머지 시간은 비디오게임을 하거나 생각에 잠긴 채로 흘려보낸다.

이제 본론으로 들어가자. 이야기의 구조는 다음과 같다. 소년은 소녀를 만난다. 소년과 소녀는 결혼한다. 소년은 소녀의 기대를 저버린다. 소녀는 그남에게 실망감을 느낀다. 소년은 소녀를 죽인다—아니면 어쨌든 그렇게 보인다. 그러나 이는 속임수로 밝혀진다. 실은 소녀가 **미쳐** 있었다.

그녀는 그남을 함정에 빠뜨린다. 가짜 일기를 만들어 자신들의 5년 관계를 허위로 기록하는가 하면, 혈액을 구해다 임신 테스트 결과를 양성으로 조작하기까지 한다. 하지만 부유한 과거 연인의 품으로 도망친 뒤에는 마음을 고쳐먹는다(간교한 데다 변덕스럽게도). 생각해보니 소년은 그리 나쁜 사람이 아니었다. 그녀는 통

*　레프 톨스토이의 소설 『안나 카레니나』*Anna Karenina*의 첫 문장 "행복한 가정은 모두 고만고만하지만 무릇 불행한 가정은 나름나름으로 불행하다"(『안나 카레니나 1』, 박형규 옮김, 문학동네, 2010)에서 차용한 표현이다.

제적인 과거 연인을 살해한다. 성관계 도중에, 사마귀가 그러듯. 소녀는 소년과 재회한다.

2012년에 출간된 이 소설은 『뉴욕 타임스』 베스트셀러였고, 2014년 소설을 원작으로 제작된 영화 또한 박스오피스 상위권을 차지했다. (영화 시나리오도 직접 쓴) 플린은 엄청난 비판에 직면했다. 여주인공 에이미를 묘사한 방식에서 여성혐오가 읽힌다는 이유였다. 다음은 영화가 세상에 나온 뒤 플린이 쓴 글이다.

> 나는 거의 24시간을 이불 속에서 뒤척거리며 생각했다. "내가 페미니즘을 죽였어. 도대체 왜 그랬을까? 제길. 그럴 의도는 아니었는데." 하지만 거기까지 생각이 미치자 이내 내 글이 편안하게 느껴지기 시작했다.[2]

제길이라니. 짧지만 강렬한 표현이다. 하지만 문제의 작품과 여성혐오의 연관성을 인정하지 않는 사람이 비단 플린 한 사람뿐일까? 남성 지배적인 구조를 떠받치기 위해 우리가 집단적으로 쏟아붓는 노력을 감안할 때, 그러기 위해 얼마나 극단으로 치달을 용의가 우리에게 있는지에 대한 자각은 다소 무딘 경향이 있다. 중심을 지키면서도 정작 그것의 받침점이 무엇이고 부정적인 여파가 무엇인지에 대해서는 알아차리지 못하는 격이랄까.

내가 이 책을 쓰게 된 초기 동력은 어느 정도 이 장에서 논

---

2 Cara Buckley, "Gone Girls, Found(사라진 소녀들, 발견되다)," *New York Times*, Novemver 19, 2014, https://www.nytimes.com/2014/11/23/arts/talking-with-the-authors-of-gone-girl-and-wild.html.

312

의하고자 하는 두 번째 살인 사건에 관해 스스로 할 말이 너무 없다는 사실에 스스로에게 느낀 실망감에서 비롯되었다. 문제의 사건은 코엔 형제의 1996년 영화 「파고Fargo」를 각색해 2014년에 처음 방송한 TV 드라마에 등장한다. 코엔 형제는 그 TV 시리즈를 공동 제작하기도 했다. 그러나 영화 주인공과 달리 각색된 드라마의 주인공—이름도 레스터 나이가드로 바뀌었다—은 자신의 아내 펄(영화 속 이름은 '진')을 납치할 계획을 세우지 않았다. 그남의 행동은 모두 우연의 산물이었다. 그남은 더디게, 하지만 자발적으로 행동했다. 그남은 무기력했고, 수치심을 느꼈고, 그로 인해 걷잡을 수 없는 폭력성을 분출시켰다.

이야기는 레스터가 숙적을 마주치는 장면에서 시작된다. 문제의 숙적은 고등학교 시절 레스터를 괴롭히던 동급생 샘 헤스다. 레스터를 본 헤스는 자신의 껄렁한 아들이 보는 앞에서 예전처럼 그남에게 굴욕을 안긴다. 고교시절 펄이 자신에게 손장난을 해줬다는 말로 레스터를 자극한 것이다. 헤스의 공격에 레스터는 은유적으로도 실제적으로도 균형을 잃는다. 레스터는 비틀거리다 유리창 쪽으로 넘어지고, 얼굴부터 세게 부딪힌 탓에 코뼈가 부러지고 만다.

응급병동 대기실에서 레스터 앞에 수상하고 낯선 사람이, 어쩌면 더 정확하게는, 인간의 형상을 한 그남의 이드가 나타난다. 빌리 밥 손턴이 연기한 그 이드의 이름은 론 말보다. 레스터는 그남에게 조금 전 상황을 들려준다. 그러자 말보는 자신이 헤스를 죽여 복수해주겠다고 제안한다. 처음에는 레스터도 당황한 나머지 제안을 거절하려 한다. 하지만 상대가 물러설 정도로 단박에 거절하지는 않는다. 그래서 말보는 계획대로 밀어붙이기로 결심한다. 그남은 헤스의 스트립 클럽을 찾아가, 무대 뒤에서 한 댄서와 개처럼 성교하며 툴툴거리는 헤스의 뒷머리를 드라이버로 찔러 그남을 밖으로 끌고 나온다. 헤스의 피가 사방에 튀어 그 이름 모를 여성의 어깨와 목을 색칠한다. 일종의 조기 사정이다. 이어서 헤스의 몸이 무너지는가 싶더니 그녀 위로 묵직하게 고꾸라진다. 카메라가 회전하며 멀어지는 동안 그녀는 짐승처럼 악을 쓰며 울부짖는다.

자신의 골리앗이 헤스를 처치했다는 사실을 알게 됐을 때, 레스터는 불안해하면서도 대담해진다. 그남은 집에서 세탁기를 고치기로 결심한다. 세탁기의 망가진 회전판은 오랫동안 부부싸움의 원인이었다. 다른 원인도 있었다. 수완 있는 남동생에 비해 레스터의 경력은 초라했고 급여도 한심한 수준이었다. 설상가상으로 레스터는 잠자리에서도 그녀를 실망시켰다. 그남은 아버지가 되는 데도, 펄을 성적으로 만족시키는 데도 실패했다. 급기야 그녀는 성관계를 끝낸 뒤, 도중에 자기 눈을 바라보지 못했다며 레스터를 조롱하기 시작한다.

문제의 장면은 레스터가 고친 세탁기를 보여주기 위해 펄을 데리고 의기양양하게 지하실로 내려가는 상황에서 시작된다. 하지만 레스터의 뿌듯함은 오래가지 않는다. 오히려 상황은 그남의 기대와 정반대로 흘러간다. 세탁기 회전판이 그 어느 때보다 거칠게 튀어 나가버린 것이다. 그남의 실패에 펄은 헛웃음을 친다. 게다가 놀라지도 않는다.

이 이야기의 구조는 다음과 같다. 소년은 소녀를 실망시킨다. 소녀는 소년을 비웃는다. 소년은 마음의 상처를 받는다. 소년은 화가 난다. 소년은 소녀의 얼굴을 때린다. 망치로. 반복해서.[3]

---

3 영화에는 비슷한 사건이 등장하지도 않거니와, 이야기도 완전히 다르다. 영화에서 레스터에 해당되는 인물은 제리 룬더가드로, 돈이 절박한 나머지 아내 진을 청부업자에게 납치시켜 몸값 대부분을 챙기기로 결심한다. 그러나 고용한 청부살인자 중 한

(보는 각도에 따라 "가엾은"이라는 수식어가 어울릴지도 모를) 남편을 괴롭히고 무기력하게 만든 여자는 그렇게 영원토록 입을 다물었다. 화면 속 그녀의 얼굴은 점점 더 피투성이가 되어간다. 화면에서 용케도 시선을 떼지 않은 사람들 눈에 더 이상 얼굴로 보이지 않게 될 때까지. 그녀의 얼굴은 형체 없이 너덜너덜해진 날고기처럼 변해간다. 펄의 두 눈은 어디론가, 적어도 시야에서 사라졌다. 4장에서 인용한 에릭 에릭슨의 말을 다시 빌리자면, 수치심은 "세상의 눈을 파괴하고 싶어한다"(Erikson 1963). 그러나 곧이어 내가 주장했듯, 이는 오로지 수치심을 느끼는 이들 중에서도 자신이 더 많은 것 혹은 더 좋은 것을 누려야 한다는 일종의 특권의식에 사로잡힌 이들에게만 진실인 듯하다. 그런 이들은 자신들에게 곱지 않은 시선을 보내거나 눈길조차 주지 않는 이들을 파멸시키고 싶어하면서 그들의 경애와 인정이 자신들에게 주어지는 것을 당연시한다. 반면 그 외의 사람들은 수치심을 느끼면 얼굴을 감추거나 도망치거나 냉담한 태도를 보이는 데 그칠 것이다.

얼마 후 레스터는 자신이 저지른 짓을 깨닫고는 경악한다. 고개를 드는 그남의 시선이 벽에 테이프로 붙여놓은 (그사이 흩뿌린 핏자국이 선명해진) 동기적 포스터에 가닿는다. 그림 속에서 노란 물고기 한 무리와 붉은 물고기 한 마리가 조류를 거슬러 헤엄친다. 이어서 표어가 눈에 들어온다. "만약 당신이 옳고 그들이 틀렸다면?" 이는 결코 은근한 암시가 아니었다. 그 포스터는 아마존에서 한 기업가가 복제품을 제작해 판매할 정도로 시청자들의 뇌리에 강렬한 인상을 남겼다. 아마존에 올라온 상품 설명은 다음과 같다.

명이 제 버릇을 못 버리고 엉뚱하게도 진을 살해한다. 그녀가 너무 시끄러워 죽이지 않을 수 없었다나.

「파고」첫 시즌 내내 반복적으로 등장하는 물고기 테마의 시작은 나이가드의 지하실에 붙어 있던 포스터 한 장이었다. 이 사랑스럽고 만화적인 포스터는 본래 자극을 줄 목적으로 제작됐지만, 레스터 나이가드가 아내를 살해한 직후론 그남의 새로운 만트라가 되었다. 레스터처럼 우리도 이 피투성이 포스터에서 자극을 받았지만, 그남과 달리 우리는 어두운 충동을 용케도 이겨냈다. (…) 희망하건대 여러분도 그럴 수 있기를!

여기서 사랑스러움과 희망을 논하다니, 아닌 게 아니라 자극적이긴 하다.

이 대목에서 무엇을 읽어낼 수 있을까? 2014년 시청자들이 이런 장면을 어떤 심정에서든 보고 싶어했다는 사실이 우리, 그리고 우리의 시대정신에 대해 시사하는 바는 무엇일까? 위 장면을 시청할 당시 나는 친구의 집에 손님으로 머물고 있었다. 하지만 나도, 친구네 부부도 최소한 겉으로는 그 장면에 주목하거나 동요하지 않았다. (그러기는커녕 팝콘을 더 먹겠냐는 등 다른 에피소드도 보겠냐는 등 일상적인 대화를 주고받았다.) 이 사실을 우리가 어떻게 받아들여야 할까? 그 시리즈물 전반에는 시청자들이 적어도 처음에는 레스터를 안타깝게 여겨 그남이 궁지에서 벗어나길 원하리라는 가정이 전제돼 있다. 만약 그 작품이 역사적으로 지금껏 지배적 위치를 차지하다 이제야 불운한 처지로 내려앉은 이들에게 특히 너그러운 작금의 세태를 반영한다는 생각이 들지 않는다면, 젠더를 뒤바꿔 생각해보라. 이런 식의 젠더 역할 전환이 전무하다고는 할 수 없겠으나, 흔해 보이지도 않으니 말이다. 또한 젠더가 뒤바뀌면 같

은 정도의 폭력이라도 한층 더 충격적으로 다가올 것이다. 가령
「델마와 루이스Thelma and Louise」를 떠올려보라. 하지만 이 영화가 나
온 지도 벌써 25년이 넘었다.[4]

하나의 시나리오에 "그남이 한 말"/"그녀가 한 말"과 "그남
에게 불리한 그녀의 말"이 공존할 때, 가부장제 질서의 관점에서는
그남에게 증언 우선권을 부여할 명백한 이유들이 존재한다. 한데
만약 그녀가 옳다면? 이때 그남은 자신의 잘못이 입증될 때까지 버
틸 것이다. 그녀의 공신력이 커질수록, 그녀는 말로써 그남을 쓰러
뜨릴 정도의 권력을 갖게 될 것이다. 또한 그 권력은 역사적으로
종속된 이들에게는 지배자들과 맞서 싸우지 않는 한 쉽사리 주어
지지 않을 것이다. 그리고 여성혐오는 젠더화된 위계가 이런 식으
로 전복되는 상황을 어떻게든 막으려 할 것이다.

그러니 이쯤에서 여성혐오와 증언적 부정의 사이의 연관
성을 살펴보아도 좋을 듯하다.

위계 구조를 존속시키는 증언적 부정의

증언적 부정의는 최근 분석철학 분야에서 생산적이고도 두
드러지는 논제였다. 미란다 프리커가 묘사한 그 현상에 이런저런
분석철학자들이 관심을 기울였고, 퍼트리샤 힐 콜린스와 찰스 W.
밀스, 캐런 존스, 호세 메디나, 게일 폴러스 주니어, 크리스티 도트
슨, 레이철 V. 매키넌을 위시한 여러 학자가 (다양한 설명을 통해) 이

---

4 이 책의 편집자 피터 올린이 소개해준 두 가지 예를 더 들자면, 영화 「이너프Enough」
에서 제니퍼 로페즈가 맡은 캐릭터와 「브레이브 원The Brave One」에서 조디 포스
터가 맡은 캐릭터가 이 같은 역할 뒤바꿈에 해당된다.

를 이론화하는 데 힘을 보탰다.

　증언적 부정의는 프리커가 적절하게 이름 붙인 용어를 빌리자면, "신뢰성의 경제economy of credibility"에 내재하는 조직적 편견으로 인해 발생한다(Fricker 2007). 그 가장 심각한 피해 대상은 역사적으로—그리고 어느 정도는 현재까지도—꾸준히 사회에서 부당하게 종속돼온 집단의 구성원들이다.5 이때 증언적 부정의는 특정 문제에 관해서나 특정 인물에 맞서서 주장을 펼칠 때 신뢰성이 떨어진다고 간주되기 쉬운 종속적 집단에 속해 있고, 그 종속적 집단에 속해 있다는 사실을 근거로 **인식주체**로서의 지위를 부정당할 가능성이 있는 종속적 집단의 구성원들에게 전형적으로 나타난다.

　프리커(Fricker 2007)가 가장 먼저 제시하는 증언적 부정의의 사례는 영화 「리플리The Talented Mr. Ripley」의 여주인공 마지 셔우드가 약혼자 디키 그린리프의 부친에 의해 묵살당하는 대목이다. 마지는 디키의 절친한 벗, 그러니까 영화 제목과 이름이 같은 반영웅적 주인공 톰 리플리가 디키를 해쳤을 것 같다는 우려를 그린리프 씨에게 전하지만 그남은 그녀의 충고를 귓등으로도 듣지 않는다. "마지, 여자의 육감이라는 게 있으면, 사실이라는 것도 있어." 이 사무적인 대답으로 그남은 마지가 느낀 두려움의 타당성과 그녀가 한 발언의 권위를 일거에 부정해버린다(2007, 9-17). 그 시대(1950년대)의 객관적이고 적정한 기준(그러니까 성차별주의)에 따르

5　프리커는 "사회적 정체성 권력social identity power"을 논하는 가운데, 세상에는 다양한 형태의 증언적 부정의가 존재하며, 가령 특정한 방법론이나 규율의 지지자들이 부정적 고정관념에 사로잡혀 있는 곳에서는 비교적 지역성이 강하고 역사성이 미미한 증언적 부정의가 확인된다고 이야기한다.(Fricker 2007, 28-29). 그러나 프리커처럼 나도 이 책에서는 인종과 젠더, 계층, 장애 여부, 나이, (성노동자가 되는 것을 포함해) 성적 내력 등의 요소가 부수적으로 교차하는 지점들에 근거해 비교적 조직적인 형태의 증언적 부정의에 관심을 집중하려 한다.

면, 그녀는 한낱 불합리하고 히스테리적인 여성에 불과했으니까.

한 여성이 증언적 부정의를 겪게 되는 방식으로 프리커는 두 가지 틀을 제시한다. 첫째, 그녀는 증인으로서 필요한 **역량**을 갖추지 못했다고, 그러니까 자기가 무슨 말을 하는지 제대로 이해했을 가능성이 낮다고 여겨질 수 있다. 둘째, 그녀는 필요한 **공신력**을 갖추지 못했다고, 그러니까 듣는 이의 관점에서 그녀의 주장이 (역시나) 적정 수준의 진실성 혹은 정직성을 갖추었을 가능성이 낮다고 여겨질 수 있다. 그린리프 씨가 리플리에 대한 마지의 의혹을 일축한 표면적 이유는 그남이 그녀의 **능력**을 저평가했다는 것이었다. 그러나 상상력을 조금만 보태보면 우리는 이것이 실상 사회 밑바탕에서 벌어지는 현상에 대한 눈속임(혹은 무의식적 합리화)에 불과할지 모른다는 사실을 이해할 수 있다. 어쩌면 디키 그린리프의 부친은 통제적이고 교활한 여성, 걱정스런 얼굴로 남자가 남자다워지는 길을 가로막는 여성, 남성이 누려야 마땅한 재미를 누리는 여성을 습관적으로 의심하는지도 모른다. 가령 그남은 아들 디키가 "백년가약을 맺기" 전 마지막으로 절친한 벗 톰과 독신 기간을 떠들썩하게 즐기는 중이라고 상상하는지도 모른다. 그남이 생각할 때 마지는 그저 두 친구의 재미를 망칠 심산으로 걱정을 주절거리는 여자에 불과하다. 사람은 누구나 거짓말을 한다. 하지만 여자들은 **거짓말쟁이**다.

마지 셔우드의 사례는 증언적 부정의를 선명하고도 알기 쉽게 설명해준다. 하지만 이 현상은 종종 더 미묘하게, 그래서 더 은밀하게 나타나기도 한다. 내 목적에 비춰볼 때 이러한 사실은 의미심장하다. 사람들은 관련된 사회적 카테고리가—언급은 고사하고—뚜렷하게 고려되지도 않은 상태에서, 실제보다 신뢰성이 떨어진다고 인식되어 부당하게 의견을 일축당할 수 있다. 듣는 이가 그들의 사회적 정체성을 뚜렷하게 의식하고 있지 않다 하더라도, 그들이 여성이나 비백인 남성으로 **해석된다**는 사실만으로 사회가 그들을 바라보고 다루는 방식이 **예측**되고 **설명**된다는 얘기다. 이때 듣는 이는 부지불식간에 전후관계를 인과관계로 혼동한 추론을 제시할 수도 있고, 그들의 증언을 의심하고 그들의 주장을 부실하게 여기는 이유를 스스로 의식조차 못할 수도 있다.

이런 현상이 바로 증언적 부정이다. 하지만 왜 그런 현상이 지속되는 것일까? 그것의 사회적 근거와 심리적 근거는 무엇일까? 증언적 부정의는 언제, 어디서, 그리고 왜 가장 빈번하게 발생할까?

정확성을 높이는 차원에서 질문을 다음 네 가지로 간추려보자.

1. 역사적 종속 집단의 구성원들이 신뢰성 부족으로 고통받는 경향은 **언제** 나타나는가?
2. 역사적 종속 집단의 구성원들이 신뢰성 부족으로 고통받는 경향은 **왜** 나타나는가?
3. 역사적 종속 집단의 구성원들이 신뢰성 부족으로 고통받는 경향은 **실제로** 사회 전반에 걸쳐 나타나는가? 아니면 그런 경향이 두드러지는 영역이나 환경이 따로 있고, 때로는 부수적인 신뢰성 **과잉**이 초래될 때도 존재하는가?
4. 그러한 신뢰성 부족—그리고 과잉—의 이상적 기능이라는 것이 정말 존재한다면, 그것은 과연 무엇인가?

그럼 이제 각 질문에 대한 답변을 차례대로 생각해보자.

1. 역사적 종속 집단의 구성원들이 신뢰성 부족으로 고통받는 경

향은 언제 나타나는가?

이처럼 통계적 출현율을 꼼꼼하게 묻는 질문에 세세하게 답하기란, 철학자로서 내 역량 밖의 일이다. 프리커도 이러한 종류의 질문과는 씨름하지 않는다. 다만 **확실한** 것은, 증언적 부정의가 이 장에서 내가 소개했거나 프리커의 글에서 빌려 온 여러 허구적 사례 및 이후 내가 소개할 실제 사례들에서 분명하게, 혹은 매우 그럴듯하게 문제시되고 있다는 사실이다. 물론 누군가는 일부 사례에 대한 내 분석에 동의하지 않을 수도 있다. 하지만 그 역시 내 일차적 목표에 비춰볼 때 완전한 실패는 아닐 것이다. 몇몇 후보 사례가 실제로 증언적 부정의에 해당되는지에 관해 바로 이런 종류의 생산적 논쟁이 벌어질 수 있도록 현상의 윤곽을 그려 나가는 게 핵심이니까. 비슷하게는, 발생한 사례들의 유형과 출현율을 확인하되, 그 출현율을 연역적으로 판단하지 않을 역량을 갖춰야 할 것이다.

2. 역사적 종속 집단의 구성원들이 신뢰성 부족으로 고통받는 경향은 왜 나타나는가?

프리커는 이렇게 대답한다. 세상에는 "부정적 정체성 편견에 따른 고정관념negative identity-prejudicial stereotypes"이라는 것이 존재하는데, 그것은 "하나의 사회적 집단과 하나 이상의 속성에 대한 폄훼성 연상 작용"을 의미하며, "이때 그 연상 작용은 비윤리적인 정동적 투자에 따른 반증에 대한 모종의 (대개는 인식론적으로 문제가 있는) 저항감을 드러내는 일반화의 형태로 나타난다"(2007, 35).

뭔가 있어 보이는 설명이다. 그러나 여기서 프리커는 정동적 투자의 본질에 대해서는 그다지 자세히 설명하지 않는다. (비슷한 빈틈이 암묵적 편견에 관한 글에서도 이따금 확인된다.) 추가적 질문들이 문제의 고정관념을 둘러싸고 이어진다. 이를테면, 그러한 고정관념은 왜 이에 대한 반증에 저항하는 경향을 보일까? 그리고 종속 집단의 구성원들은 왜 대체로 무능력한 **동시에** 신뢰할 수 없는 존재로 여겨질까? 이 두 고정관념은 때로 목적이 엇갈린다. 하지만 이런 식의 지각을 동시에 경험하는 상황이 낯설지만은 않은 것도 사실이다. 아닌 게 아니라 이는 흔한 상황인 듯하다. 8장에서 다룰 경험적 증거가 이를 확인해줄 것이다. 이런 의문을 과연 무엇으로 해소할 수 있을까?

3. 역사적 종속 집단의 구성원들이 신뢰성 부족으로 고통받는 경향은 실제로 사회 전반에 걸쳐 나타나는가?

그렇지 않다. 이는 하퍼 리의 소설 『앵무새 죽이기 *To Kill a Mockingbird*』(1960)에서 백인 여성 메이엘라 유얼을 강간했다는 거짓 혐의로 기소된 흑인 남성 톰 로빈슨의 사례를 분석하며 프리커도 간략하게, 그리고 확실하게 인정한 부분이다. 프리커의 글을 옮기자면 이렇다.

우리는 이미 증언적 부정의를 유도하는 편견이 사건의 정황에 의존하는 경향이 있음에 주목한 바 있다. 메이콤 카운티의 배심원들은 톰 로빈슨이 작물을 수확할 때 벌어진 일들에 관한 여러 쟁점에서 그남의 증언을 신뢰할 수도 있었다. 그리고 허버트 그린리프는 연인이 사라진 것에 대한 마지의 문제 제기를 여자의 육감에 의한 왜곡이라며 물리치기보다 여러모로 그녀를 기꺼이

신뢰할 수도 있었다.(2007, 135)

프리커가 그 이유를 명시적으로 설명해주진 않는다. 하지만 그 바로 앞에서 다음과 같은 의견을 제시한다.

어쩌면 톰 로빈슨의 말은 특정 사안들과 관련해 메이콤 카운티의 백인들처럼 비교적 철저한 인종주의자들에게조차 의지하고 신뢰할 만하다고 인식되었을지 모른다. 그남의 증언이 백인의 증언과 충돌하지 않고, 그남의 지적 능력이 열등하지 않다는 지각적 암시도 깔려 있지 않으며, 이 검둥이가 분수를 모르고 거만을 떠는 듯 보일 여지가 없는 한, 일상적 작업과 관련된 사안들은 물론 실제로 중요한 의미를 띠는 매일의 이런저런 사안들에 대해서도 그남의 증언을 의지하고 신뢰했을지 모른다. 인간의 편견에 내재하는 모순적 경향은 심리적 구획화psychological compartmentalization라는 메커니즘을 통해 유지되는데, 이를테면 인식론적 신뢰의 상당 부분은, 그 밖의 무수한 상황에서 바로 그 신뢰를 훼손시키는 강력한 인종주의적 이데올로기의 작용에도 비교적 온전하게 보존될 수 있다.(2007, 131)

보다시피 여기서 프리커는 위계 구조와 이데올로기의 역할에 동시에 주목한다. 물론 그녀가 이 두 가지를 꼭 집어 설명하지는 않았다. 또한 나로서도 그녀가 하지 않은 말을 했다고 말하고 싶지는 않다. 하지만 그럼에도 그 둘은 매우 중요하며, 긴요하게 연결돼 있다는 게 내 생각이다. 위계 구조와 이데올로기를 살펴봄으로써 우리는 문제의 정동적 투자를 그럴듯하게 뒷받침하는 **정치적** 근거를, 가령 증언적 부정의에 의해 부분적으로 유지되는 동시에 그것을 존속시키는 유의미한 사회적 고정관념들을 떠받치는 여러 요인의 정체를 파악할 수 있을 것이다.

호세 메디나는 이 문제와 관련하여 위계의 역할을 더 분명히 드러낸다(Medina 2011). 인식론적 평가는 본디 상대적이고 대조적이며 시류에 영합해 확대되기 쉽다는 점을 감안할 때, 지배 집단의 구성원들이 누리는 신뢰성 과잉은 종속 집단의 구성원들이 당하는 증언적 부정의로 이어진다. 메디나는 적는다.

『앵무새 죽이기』의 공판 절차에서는 공신력을 추정하는 과정에 철저한 위계가 작동한다. 백인 여성은 검둥이에 비해, 그리고 백인 남성은 백인 여성에 비해 더 신뢰할 만하다고 여겨진다. 소설 속에서 [애티커스] 핀치와 검사가 메이엘라를 대신해 펼친 진술은 메이엘라 자신이 최선을 다해 펼친 진술보다 더 신뢰할 만한 목소리처럼 묘사된다. 한편 공신력 평가의 상대적이고 대조적인 성격은 피고인과 심문자의 상호작용에 대한 청중의 지각을 통해서도 이해될 수 있다. 논쟁이 오가는 동안 그들의 권위와 공신력이 동시에, 그리고 나란히 축소되기도 하고 강화되기도 하기 때문이다. (…) 톰의 증언 공신력이 떨어지는 상황은 그남이 고립된 상태에서 발생하지 않는다. 그남의 공신력은 주변 인물들의 신뢰성과 동떨어져 약화되는 게 아니다. 사실 그남이 하는 증언의 권위가 떨어지는 이유는 그남의 심문자에게 암묵적으로 주어지는 인식론적 권위에서 찾을 수 있다. 검사는 사건에 관련된 의견과 그것의 타당성을 목격자보다 더 합당하게 평가할 인물로 여겨지니까.(2011, 23-24)

사회적 위계와 증언적 부정의의 관계—특히 그 둘이 이데올로기와 찰스 W. 밀스(Mills 1997)가 "무지의 인식론epistemology of ignorance"이라고 일컬은 것에 의해 연결된 방식—에 대해서는 게일 폴러스 주니어가 바로 이 사례를 논의하며 더 알기 쉽게 설명한 바 있다(Pohlhaus 2012). 폴러스의 지적에 따르면, 톰 로빈슨의 사례에는 관련 인물 중 누가 더 신뢰할 만한지, 톰과 메이엘라 사이에 실제로 무슨 일이 벌어졌는지를 (즉, 성적인 접근을 시도한 쪽은 로빈슨이 아닌 메이엘라였고, 로빈슨은 이를 거절했으며, 그녀를 때린 사람은 그녀의 부친이라는 사실을) 알아내는 데 실패했다는 말로는 설명되지 않는 무엇이 있다. 오히려 증거가 드러내는 사실을 인정하기를 **거부**하는 정서가 감지된다. 이는 "세상에 대한 조직적이고 공조적인 오해"이자 일종의 **의도적** 무지다(731).**⁶**

이러한 거부의 이유는 무엇일까? 우선 위 글에서 메디나가 주장한 것처럼, 톰 로빈슨에게 무죄를 선고하려면 백인 여성의 증언을 물리치고 흑인 남성의 증언을 받아들여야 했는데, 이는 엄연히 존재하는 사회적 위계를 거스르는 행위였다. (유얼이 다른 백인들에 비해 사회적 지위가 낮은 극빈층이라는 점을 감안해도 말이다.) 둘째로, 폴러스가 더 구체적으로 논의한 것처럼, 톰 로빈슨의 이야기를 사실로 인정하려면 백인 여성이 흑인 남성을 성적으로 **욕망할** 수 있음을 인정해야 했고, 이는 백인 이성애자 중심적 가부장제 질서에 대한 모독이었다. 백인 여성의 시선은 백인 남성이 받아야 마땅했

---

6 폴러스는 그러한 무지가 보기보다 심각하게 위험한 이유를 두 가지로 제시한다. "첫째, 그러한 무지는 도덕적·정치적 담론에서 규범적 주장을 펼치기 위해 필요한 지식을 전달 대상자에게 전달하지 못하도록 가로막고, 오히려 잘못된 인식적 자원을 바탕으로 왜곡된 그림을 제시한다. 둘째, 그러한 무지는 인식주체들이 모르는 사이 자신들에 의해 결정된 세상을 공동으로 경험하는 현상을 가능케 한다. 왜냐하면 인식적 자원은 일단 습득하고 나면 제2의 천성이 될 수 있을 뿐 아니라, 세상사나 인간사에 있어 인식주체들을 결속시키는 작용을 하기 때문이다."(Pohlhaus 2012, 731)

다. 따라서 그들의 관심을 끄는 흑인 남성은 백인우월주의 사회에서 위협적인—그래서 위협을 자초한—존재로 간주될 수밖에 없었다.

톰 로빈슨의 장애는 그남이 메이엘라를 공격할 수 없었다는 사실을 증명하지만, 동시에 그남의 신체를, 현재의 인종적 질서를 지탱할 목적으로 더 쉽게 쓰고 버려도 좋은 것으로 만들어버린다. 그렇다고 사람들이 메이엘라와 그녀의 부친을 신뢰했다거나, 그들의 이야기를 믿었다고 보기는 어렵다. 실제로 그 소도시 사람들은 두 사람을 철저하게 불신했고, 그녀의 부친은 (소설을 읽지 않은 독자들을 배려해 자세히 밝히지는 않겠지만, 마지막에) 엄청난 굴욕을 당했다. 그러나 유얼의 거짓말은 많은 이가 인정하지 않기로 한 진실, 그러니까 백인 여성이 자신을 안쓰럽게 여겼을 뿐인 흑인 남성에게 매력을 느낄 수도 있다는 사실을 감춰준다. 이러한 무지상태를 유지하기 위해 사람들은 톰 로빈슨에게 유죄를 선고한다. 아무런 해악도 끼치지 않고 그저 노래로 기쁨을 주는 앵무새처럼 명백하게 무고한 그남을 희생시킨 것이다. 톰 로빈슨은 오해받지 않았다. 그남은 사냥감이었고, 총에 맞아 쓰러졌고, 제물로 바쳐졌다.

지금까지 우리는 개념의 틀을 짠 프리커부터 그 속을 채운 메디나와 폴러스까지, 일찍이 증언적 부정의를 분석한 여러 학자의 견해를 살펴보았다. 그들이 생각하는 증언적 부정의의 특징은 내가 설명하는 여성혐오의 본질에 자연스럽게 들어맞는다. 이제 잠시 숨을 돌리고 그 이유를 설명하려 한다. 숨 돌리는 김에 집안일도 좀 하고.

여기까지 오는 동안 나는 주로 여성이 맞닥뜨리는 적대적 반응들에 초점을 맞춰왔다. (이는 합당한, 정말이지 온당한 방향처럼 보일 것이다. 여성혐오를 다루는 책이 관심을 가질 주제가 그것 말고 또 무엇이 있겠는가.) 그러나 2장에서도 말했다시피 모든 동전에는 반드시 뒷면이 존재한다. 특히 내가 설명하는 여성혐오의 본질을 고려할 때 두 가지 동전, 즉 부정성否定性이라는 동전과 젠더라는 동전은 반드시 그 뒷면까지 확인해야 한다.

내 분석에 따르면 여성혐오의 일차적 기능과 구성적 징후는 '나쁜' 여자들을 처벌하고 여자들의 품행을 단속하는 것이다. 그러나 처벌과 보상—그리고 유죄 선고와 면벌—의 체계는 전체적으로 함께 작용하는 경향이 있다. 그러므로 내 설명의 전반적이고 구조적인 특징들에 비춰볼 때, 여성혐오는 젠더 순응을 강요하는 다른 여러 체계나 메커니즘과 함께 작동할 가능성이 높다고 분석된다.7 또한 지금의 사회적 현실을 조금만 깊이 생각해보면, 생각의 방향을 그쪽으로 잡는 것이 바람직하게 느껴진다. 다시 말해, 여성들이 맞닥뜨리는 적개심을 가부장제라는 더 큰 빙산의 드러난 일각이라고 생각하는 것이다. 또한 우리는 젠더화된 규범과 기대에 순응하고, 다른 여성들에게 '착한' 품행을 강요하며, 가부장제의 미덕을 과시하는 특정한 형태의 공통적 행위—가령 슬럿셰

---

7 말해두건대, 나는 젠더 순응의 적대적이지 않은 징후들, 가령 가부장제 이데올로기의 관점에서 '착한' 여성들에게 보상이나 인센티브를 제공하는 행위를 여성혐오의 카테고리에 포함시키지 않는 쪽을 선호한다. 자칫 그 용어가 지닌 정동적 함의를 상실할 수 있다는 우려 때문이다. 꼭 포함시키고 싶다면 '가벼운 여성혐오'라고 부르는 편이 더 적당할 것이다. 하지만 더 간결하고 확실한 용어는 없을까? '떠받들기 pedestalling'는 어떨까? 무엇보다 그 용어를 사용하면 성모 마리아 내지 천사라고 여겨지는 여성들이 위태로운—아주 사소한 실수만 범해도 바닥으로 추락하기 쉬운—위치에 놓여 있다는 사실이 주목받을 수도 있으니 말이다. 하지만 그런 명명에는 부정적인 측면도 존재한다. 가령 착한 행동에 인센티브를 제공하거나, 가부장제의 이익에 부합하는 방식으로 여성의 능력을 활용하는 전향적 메커니즘은 이러한 명명으로 포괄할 수 없다.

이밍slut-shaming*이나 피해자비난victim-blaming, 인터넷판 마녀사냥—
에 동참하는 여성들을 보상하고 치켜세우는 풍조에 관심을 가져
야 한다. 중점적으로 관심을 가져야 할 또 한 가지는 남성성의 규
범을 어기는 남성들에 대한 처벌과 단속이며, 이는 인식도 꽤 잘되
고 근거도 제법 확실한 편이다. 지금까지 논의가 가장 덜 이뤄진 분
야는 여성을 지배하는 남성이 주로 혜택을 받는 **긍정적**이고 **면벌
적인** 태도와 관행이다. 이는 여성혐오와 맞물려 작동하는 체계로,
이 장에서 내가 특히 강조하는 부분이기도 하다.

논의를 이어가기 전에 한 가지 더, 잠시 아일라비스타 살인
사건으로 돌아가자. 이 책 초반에서 논한바, 엘리엇 로저가 저지른
그 사건을 페미니스트들은 여성혐오로 진단했다. 그 진단은 강한
저항에 직면했다. 물론 반대의견이야 있을 수 있지만, 페미니스트
들의 진단이 맞닥뜨린 **적대적 반응**은 그 정도가 지나쳤다는 얘기
다. 이제 나는 그 이유에 관한 몇 가지 예측이 옳았음을 입증할 수
있다. 여기에는 두 가지 요인이 작용한다고 생각한다. 그 두 가지
란 바로, 엘리엇 로저의 '유약함'과 취약함, 그리고 특권층 남성이
영웅이나 구원자로 캐스팅될 수 없을 시 여성의 고통을 외면한 채
그렇게 될 때까지 남성이 받은 고통을 동정하려 드는 우리의 기
질이다. 다음 장에서 명백해질 내용을 미리 밝히자면, 이 두 지점
은 서로 밀접하게 연결돼 있다. 특권층 남성들의 죄를—우리에
대한 그남의 취약성 혹은 그남에 대한 우리의 취약성이라는 표면
적 근거를 바탕으로 그남에게 절대적으로 유리한 위치를 부여해
가며—용서하려는 경향은 여성 피해자들을 향한 우리의 적개심
과 관련이 있다. 우리는 가해 남성의 입장에서 그남을 방어하고,

---

* 여성의 외모나 옷차림, 행동 등이 사회 통념과 어긋날 때 이를 비난하는 행위.

그 과정에서 피해 여성을 의심하며, 그녀의 돌봄 영향권에 속한 이들—일부 지배적인 남성들이 주를 이룬다—의 입장에서 그녀를 질투한다. (한데 무엇에 대한 질투일까? 앞으로 내가 전개할 주장을 바탕으로 간결하게 답하자면, 실제로든 명목상으로든 청중 앞에서 동정 어린 도덕적 관심의 주인공이 된다는 사실에 대한 질투다.)

자, 이제 증언적 부정의에 관한 마지막 질문을 살펴보자.

4. 그러한 신뢰성 부족—그리고 과잉—의 이상적 기능이라는 것이 정말 존재한다면, 그것은 과연 무엇인가?

주목할 점은, 위 증언적 부정의 사례의 대부분이 흥미로운 특징을 공유한다는 사실이다. 그러니까 이는 누군가의 말이 **다른 이의 말과 충돌하는** 상황과 관련이 있다. 특히 이 사례들은 하나같이 관련된 사회 환경에서 역사적 **종속 집단에 속한** 구성원으로서 **지배 집단에 속한** 행위자에게 불리한 증언을 하려 하는 인물과 연관된다. 아니면 더 미묘하게는, 예로부터 지배 집단 구성원들이 정통하다고 간주되어 거의 그들 위주로 논의가 이뤄져온 특정 영역에서, 종속 집단의 구성원으로서 동료 구성원들을 공격하려 드는 인물과 관련이 있다.

따라서 신뢰성 부족—그리고 과잉—은 대개 **지배 집단 구성원들이 현재의 사회적 위치를 유지하게끔 뒷받침**하고, 그들이 현재의 사회적 위계 구조 내에서—역사적으로 자기들이 지배해온 이들에 의해 비난받거나 의심받거나 죄인 취급을 받거나 교정되거나 폄하됨으로써, 아니면 단순하게는 실적을 추월당함으로써—몰락하지 않게끔 보호하는 방향으로 기능한다는 게 내 의견이다. 만약 이 가설이 옳다면, 역사적 종속 집단에 속해온 사람들은 지배 집단에 속해온 사람들에 비해 갈등 상황—가령 시나리오에 "그남이 하는 말"/"그녀가 하는 말"이 공존하고, 사람들의 동의나 관심을 구하는 사람은 많지만 공급은 한정적인 상황—에서 (그것이 제로섬 게임이건 아니건) 신뢰성 부족으로 고통받기 쉬울 거라고 예측할 수 있다.[8]

이 장을 위시해 이 책에서 지금껏 살펴본 다양한 사례가 이러한 예측의 근거다. 구체적으로 설명하자면 다음과 같다.

- 『나를 찾아줘』에서 그남이 자신을 변호하며 발설한 이야기는 그녀의 놀라운 계략이 밝혀지기 전까지만 해도 믿기 어려운 내용이었다.

- 「리플리」에서 마지 셔우드는 촉망받는 리플리 씨의 혐의

---

8   여기서 나는 호세 메디나의 견해를 따르는데(Medina 2011), 프리커의 아래 글에 대해 메디나는 미묘하게 비판적인 시각을 드러낸 바 있다.

겉보기에 공신력 부족과 공신력 과잉은 둘 다 증언적 부정의 사례로 간주될 여지가 있다. 확실히 '부정의'라는 표현은 공신력 과잉 사례들에 자연스럽고 제법 적절하게 어울릴 것 같은 느낌이다. 가령 특정한 남성의 발언이 단지 특정한 억양을 곁들였다는 이유만으로 신뢰성을 과도하게 인정받는 상황에 대해 누군가는 부정의를 호소할 수도 있다. 단숨에 이 상황은—특정 인물이 적정량을 초과하는 재화를 보유한—불공정한 분배에 따른 부정의 사례로 분류될 가능성이 농후해진다. 하지만 이는 그 관용구의 본뜻을 왜곡한 사례에 해당될 것이다. 왜냐하면 공신력이란 공정한 분배와는 무관한 재화이기 때문이다. (…) 분배의 공정함을 논하기에 적합한 재화들은 대체로 유한하며 적어도 잠정적으로는 공급이 부족하다. (…) 그러한 재화들을 확보하기 위해서는 현재 혹은 미래에 특정한 경쟁을 거쳐야 한다. (…) 반면 공신력은 일반적으로 유한하지 않고, 바로 이런 이유로 분배 문제의 개선을 요구하는 유사 사례가 존재하지 않는다.(Fricker 2007, 19-20)

메디나의 중요한 연구에 관심을 갖게끔 나를 인도해준 레이철 V. 매키넌에게 고마움을 전한다.

를 고변하려 하고 있었다.

• 톰 로빈슨이라는 흑인 남성의 증언은 앞서 언급한 여러 요인 중에서도 특히 백인 여성의 상충적 증언에 막혀 효력을 상실했다.

• 게이머게이트라는 희대의 소동은 독립 게임디자이너 조이 퀸의 전 남자친구가 그녀의 바람기를 비난하는 글을 블로그에 올리면서 그녀가 가혹한 언어 공격의 재물이 된 사건을 계기로 촉발되었다. 거기에 퀸이 자신이 개발한 게임 '디프레션 퀘스트'에 대해 긍정적 리뷰를 작성해주는 조건으로 한 기자와 성관계를 맺었다는 (결국 허위로 밝혀진) 혐의가 추가로 제기되면서 소동은 일파만파로 번져 나갔다. 퀸은 게임이라는 남성 지배적 세계에 느닷없이 등장한 침입자였다. 동시에 그녀는 그 세계에 속한 특정 남성들을 모욕하고 배반한 인물로 인식되었다. 이는 그녀를 향한 여성혐오적 언어폭력의 광포한 물결로 이어졌고, 퀸은 숱한 살해 위협과 강간 위협, 자살을 종용하는 메시지에 시달려야 했다(4장 주12 참조).**9**

---

9 한 가지 말해두자면, 이런 유의 언어폭력은 안타깝게도 여성들에게, 그중에서도 온라인에 어떤 식으로든 노출된 여성들에게, 특히 그들이 (오늘날에는 대개 '남권운동'이라든가 도덕재무장moral re-armament, MRA운동, '대안우파'운동이라는 미명 아래 그럴싸하게 재포장된) 가부장적 가치관을 거스를 때 특히 더 흔하게 발생한다. 심지어 퀸은 "개인정보까지 유출"당했다. 자택 주소가 온라인에 공개된 것이다. 그러므로 그녀의 무릎을 쏘겠다는 협박은 단지 협박에만 그치지 않을 가능성이 있었다. 한 인터넷 논객이 지적한 것처럼, 그녀로 하여금 그들을 두려워하게 만들 목적으로 입힌 상처가 뇌 손상을 유발해 의식불명에 빠질지도 모를 일이었다. 결국 퀸은 살던 집을 떠날 수밖에 없었다. 그리고 이는 자기들만의 신성하고 (이번에도 굳이 말하자면) 안전한 공간을 앗아간 한 여성에 대한 특정 남성 게이머들의 노골적이기 짝이 없는 복수였다. Simon Parkin, "Zoë Quinn's Depression Quest(조이 퀸의 디프레션 퀘스

- 줄리아 길러드는 전임 오스트레일리아 총리 케빈 러드를 실각시킨 직후, 러드를 유임시키겠다던 합의를 어기고 선거 공약을 지키지 않은 부정직한 배신자라는 비난에 직면했다. 사람들은 그녀에게 '줄라이어Ju-liar', 즉 거짓말쟁이 줄리아라는 별명을 붙였고, 그녀는 이 별명을 끝내 떨쳐내지 못했다. 신용에 있어서도 역사적으로 인색한 평가를 받았는데, 이는 그녀의 경력에 비춰볼 때 납득하기 어려운 결과였다. (길러드의 사례는 8장에서, 힐러리 클린턴에게 부과된 유사한—그리고 유사하게 부풀려진—혐의에 대해 논의하는 과정에서 함께 다룰 예정이다.)
- 성폭행 사건에서 남성의 증언과 여성의 증언이 충돌할 때 우리는 (내심) 어느 쪽을 믿고 **싶어**하는가?

안타깝게도 마지막 질문은 수사적 질문이 아니다. 이제 나는 무거운 마음으로 그 답을 찾아보려 한다. 그리고 그 과정에서, 최근 미디어가 집중적으로 조명해 사람들이 여느 때보다 심각하게 받아들인 듯 보이는 어떤 사건을 살펴보려 한다. 누군가는 이 사건이 강간문화에 맞서 싸우는 분수령이 되리라고 기대했을지 모른다. 하지만 그런 행운은 찾아오지 않았고, 이는 상당수의 사람이 사건에 대해 올바른 반응을 보였음에도, 정작 이 반응이 잘못된 추론에서 비롯되었을 가능성을 높인다. 그 근거를 설명하기에 앞서 사건의 내용부터 들여다보자.

트)," *The New Yorker*, September 9, 2014, http://www.newyorker.com/tech/elements/zoe-quinns-depression-quest.

힘퍼시

2016년 스탠퍼드대학 학생이던 스무 살 브록 터너는 스물두 살의 젊은 여성을 시쳇말로 고깃덩이처럼 취급해 재판에 넘겨졌다. 학내 파티가 끝난 후 대형 쓰레기통 뒤에서 그녀를 성폭행한 것이다. 그 여성은 여동생을 만나러 갔다가 봉변을 당했고, 발견 당시에는 의식을 잃은 상태였다. 브록이 체포되고 재판이 이어지는 동안 그남의 부친이 가장 걱정스러워했던 건 아들이 식욕을 잃어 그릴에서 갓 구워낸 소갈비 스테이크를 더 이상 즐길 수 없다는 사실이었다. 판사에게 쓴 편지에서 댄 터너는 아들이 한때 그랬던 것처럼 "해맑은 자아"를 지닌 "태평한" 대학 운동선수로는 더 이상 살아갈 수 없음에 슬퍼했다. 이 편지를 읽은 이들 역시 식욕을 잃었다. 그런데 그남은 정말 그런 존재였을까?[10]

사건 담당 판사 애런 퍼스키도 유죄판결이 터너의 장래에 미칠 "심각한 영향"에 대해 비슷한 걱정에 휩싸인 나머지 터너에게 유사 사건의 통상적 양형에 비해 매우 가벼운 형량을 선고했다 (부연하자면 카운티 교도소에서 징역 6개월 형—그마저도 3개월밖에 채우지 않았다—에 3년의 보호관찰 처분이 내려졌다). 재판과 선고 과정 내내 브록 터너의 뛰어난 수영 실력이 중요하게 거론되었다. 하지만 댄 터너는 여전히 이에 만족하지 못했고, 아들이 단 한 순간도 교

---

10 WITW Staff(Woman in the World 관계자), "Victim's and Father's Statements in Campus Sexual Assault Case Draw Strong Reactions Online(캠퍼스 성폭행 사건 피해자와 그 부친의 진술, 온라인에서 커다란 반향을 일으키다)," *New York Times*, June 6, 2016, http://nytlive.nytimes.com/womenintheworld/2016/06/06/victims-and-fathers-statements-in-campus-sexual-assault-case-draw-strong-reactions-online/.

도소에 수감돼서는 안 된다고 생각했다. 그남의 서술에 의하면, 아들의 죄는 20년 동안 모범적으로 처신하다 겨우 "20분 동안 벌인 행위"에 불과했다(WTIW Staff 2016; 이 장 주7 참조).

그러나 살인자가 자신이 죽이지 않은 모든 사람에게 신용을 바랄 수 없듯이, 터너 또한 자신이 성폭행하지 않은 모든 여성에게 강간범 이상도 이하도 아니었다. 더욱이 한 명의 피해자가 존재한다는 사실은 그 밖의 피해자들이 존재할 가능성도 적지 않음을 시사한다. 그러므로 브록 터너가 실제로 악행을 저지른 비율은 그의 아버지가 추정한 비율을 초과할 가능성이 있다.[11]

이 사건은 간과되기 쉬운 여성혐오의 거울상을 선명하게 보여주는데, 나는 그것을 **힘퍼시**himpathy라고 명명했다. 사실 힘퍼시는, 베티 프리던의 『여성의 신비The Feminine Mystique』(1963)에 나오는 유명한 문구를 빌리자면, "이름 없는 문제"라고 불릴 정도로 지나치게 간과돼왔다. 하지만 이는 힘퍼시가 드문 현상이라서가 아니다. 오히려 그 반대다. 너무도 흔한 나머지 일상처럼 간주돼버리는 것이다. (내가 제시한 또 다른 용어 '앤드로필리아androphilia'*에 대해서는 Manne 2016f를 보라.)

이 책에서 보여줄 힘퍼시의 구체적인 형태는 성폭력 가해 남성에게 사람들이 흔히 드러내는 과도한 동정심이다. 현대 미국에서 그런 동정심의 주 수혜자는 백인 비장애 남성, 그리고 스탠

남성을 옹호하다

---

11 여성에 대한 브록 터너의 과거 처신이 적어도 모범적이진 않았다는 구체적 증거가 이후에 제시되었다. "Members of Stanford Swim Team Not Surprised by Brock Turner Arrest〔스탠퍼드대학 수영 선수 팀에게 브록 터너의 체포는 놀라운 소식이 아니었다〕," *Inside Edition*, June 16, 2016, http://www.insideedition.com/headlines/17021-members-of-stanford-womens-swim-team-not-surprised-by-brock-turner-arrest.

＊ 남성 및 남성성에 대한 편애.

퍼드 수영 장학생 터너처럼 남다른 특혜를 누리는 이른바 '유망한 청년'들이다. 이런 이유로 사람들은 남성에게 불리한 증언을 하는 여성을 신뢰하기를 주저하는가 하면, 유망한 청년 남성은 유죄가 확실히 입증되었을 때에도 처벌하길 꺼리게 된다. 다시 말하건대, 터너의 사례처럼.

　　이러한 현실 부정의 이유 중 하나는 우리가 상상하는 강간범의 전형적 이미지에 오해가 존재한다는 데 있다. 강간범 하면 우리는 섬뜩하고 기괴하며 인간성이 눈에 띄게 결여된 사람을 떠올린다. 브록 터너는 **괴물**이 아니라고, 그남에 대한 유죄 선고는 정치적 올바름을 앞세운 잘못된 판결이라고, 그남의 한 여성 친구는 편지에 썼다. 그남은 "야영장 같은 대학 환경"이 낳은 희생자였다. 그런 곳에서는 알코올과 "흐려진 판단력" 때문에 상황이 "걷잡을 수 없이" 돌아간다는 것이다. 그녀의 편지에 의하면 터너가 저지른 범죄는 "주차장에서 자신의 차를 향해 걷는 여성을 납치해 강간하는 행위와는 완전히 달랐"고, "그런 사람이야말로 강간범"이었다. 그녀가 "아는 한, 브록은 절대 그런 부류의 인간이 아니"었다.[12]

12　참고로 브루클린 경찰서장 피트 로즈가 2017년 1월 밝힌 견해에 따르면, 브루클린에서 벌어지는 대부분의 강간 사건은 "전적으로 혐오스러운 강간, 그러니까 길거리에서 낯선 사람에게 끌려가 당하는 식의 강간이 아니"었다. "낯선 사람에 의한 진짜 강간은 정말이지 골칫거리죠. 아무 남자가 모르는 사람을 길거리에서 골라 강간한다면 말입니다. 그런 사람에게는 뭐랄까, 일말의 도덕적 기준이라는 걸 기대할 수 없으니까요." 이 발언은 수많은 대중의 격렬한 항의를 불러왔고, 결국 로즈는 사과했다. Graham Rayman, "Certain Sexual Assaults Are 'Not Total Abomination Rapes,' Brooklyn NYPD Commander Reportedly Claims(뉴욕시 브루클린 지구 경찰서장, 성폭행 중에는 '전적으로 혐오스러운 강간이 아닌' 성폭행도 존재한다고 주장)," *New York Daily News*, January 6, 2017, http://www.nydailynews.com/new-york/nypd-commander-sex-assaults-not-total-abomination-rapes-article-1.2938227.

그 친구는 브록과 오래 알고 지낸 사이라고 덧붙이며, 그 남이 언제나 상냥하고 정중하고 다정했다고, 그러므로 강간범이 아니라고 재차 주장했다. 판사 퍼스키는 그녀의 주장에 동의했다. "제게는 편지가 진실로 들리는군요. 사건이 발생한 그날 밤까지 브록의 인품이 긍정적이었다는 점을 어느 정도 확증한다고 봅니다."

이 사건에서 브록의 친구와 판사는 모두 다음과 같은 추론 패턴을 보였다. 유망한 청년 남성은 강간범이 아니다. 아무개는 유망하다. 그러므로 아무개는 강간범이 아니다. 즉, 고결한 브루투스 문제와 같은 패턴인 셈이다.

이제 유망한 청년 남성이라는 신화를 내려놓을 때다. 대전제를 거부하고, 필요하다면 삼단논법의 결론을 부정할 줄도 알아야 한다. 발각 당시 터너는 대형 쓰레기통 뒤편 골목에서 피해자를 적극적으로 성폭행 중이었고, 피해 여성은 취한 채 의식을 잃은 상태였다. 그것은 강간이다. 강간을 범하는 사람은 강간범이다. 그러므로 터너는—유망한 청년인 동시에—강간범이다. 그러므로⋯⋯

너무도 자주 우리는 미국 전역에서, 특히 대학 캠퍼스 내에서 발생하는 성폭행의 발생률과 성격을 똑바로 바라보기를 거부한다. 진짜 강간범들은 뿔을 달고 쇠스랑을 든 악마 혹은 괴물, 그러니까 섬뜩하고 엽기적인 생명체로서 우리 앞에 나타나야 마땅하다고 생각하는 것이다. 괴물들은 불가해하고 기괴하며 무시무시한 모습을 하고 있다. 강간범들이 무시무시한 이유는, 그 대부분이 남성이라는 사실을 제외하면 얼마간 정체를 드러낼 만한 표시나 특징이 존재하지 않는다는 데 있다. 강간범들은 인간적, 너무도 인간적이다. 그리고 우리 사이에 매우 자연스럽게 섞여 있다. 괴물 같은 강간범이란 이미지는 다만 면벌성 캐리커처에 불과하다.[13]

강간과 관련된 또 다른 신화는 강간범들이 사이코패스라는 것이다. 그들의 이미지는 무정하고 무감각한 사디스트처럼 그려진다. 하지만 이는 강간범에게도 사이코패스에게도 들어맞지 않는다. (둘 사이에 겹치는 부분이 실제로 없다는 점은 차치하고라도 말이다.) 많은 상황에서 성폭행이 저질러지는 이유는 가해자가 타인에 대해 아무런 관심이나 지식이 없어서가 아니다. 공격성과 좌절감, 통제하려는 욕구, 그리고 역시나 특권의식—특권을 침해당했다고 느끼거나 여전히 기대하는 상태—이 원인일 때가 대부분이다. 또한 이는, 알코올을 비롯한 향정신성 물질이나 남학생 사교 클럽 문화와 같은 요소들이 성폭행을 부추길 수 있다는 점과는 별개로, 그것들이 동기보다는 권한을 부여하는 것과 관련이 있음을 의미한다.

심지어 성폭행이 생각보다 만연해 있고 위에 언급한 신화들이 존재한다는 점을 기꺼이 인정하는 사람들 사이에서도 이와 비슷하면서 더 미묘한 형태의 희망적 관측이 여전히 존재한다. 다시 말해 대학 캠퍼스 내 성폭력이 주로 젊은 사람들 특유의 무경험과 무지로 인해 발생하며, 소위 말하는 강간문화, 즉 여성혐오적 공격성이나 연쇄적 성범죄, 가해자를 방조하고 보호하는 규범들과는 무관하다고 생각하는 경향이 존재한다는 뜻이다. 댄 터너는 자기 아들이 "알코올의존증과 난잡한 성생활의 위험성"을 타인들

---

13 수전 J. 브라이슨의 저서 『후유증: 폭력과 자아의 재생Aftermath: Violence and the Re-making of a Self』(2002) 1장에는 "덤불 속 괴물"의 온갖 특징을 실제로 갖춘 성폭행이라는 비교적 드문 예시 중 하나가 일인칭 시점에서 강렬하게 설명돼 있다. 이후 브라이슨은 주변인에 의한 성폭행에 대해 목소리를 높이는 과정에서 직면한 다른—그리고 어떤 면에서 더 큰—저항에 대해 설명한다. Susan Brison, "Why I Spoke Out about One Rape but Stayed Silent about Another(왜 나는 어떤 강간에는 목소리를 높이면서 다른 강간에는 침묵하는가)," Time, December 1, 2014, http://time.com/3612283/why-i-spoke-out-about-one-rape-but-stayed-silent-about-another/.

에게 교육하겠다는 의지가 확고하다고 말했고, 판사 퍼스키는 이 계획에 만족감을 드러냈다. 그러나 문제는 이른바 난잡한 성생활이 아니다. 문제는 폭력이다. 또한 그남의 의견에는 브록 터너가 성폭력 반대자의 입장을 적절히 대변할 수도 있다는 암시가 깔려 있는데, 아무리 좋게 봐준대도 심기를 거스르는 얘기다. 브록 터너는 누구를 가르치기 전에 자기부터 도덕교육을 받아야 할 인간이다. 또한 성폭력을 저지르며 우월한 지위를 거머쥐었던 그남이 도덕적 우위를 점하기 위해 그토록 열을 올린다는 사실은, 아직 그남이 이 사건에서 결정적인 교훈, 즉 어떤 위계 구조 내에서건 우월한 지위가 그남의 도덕적 생득권은 아니라는 사실을 깨닫지 못했음을 강하게 암시한다.

터너의 부친과 판사와 친구가 보인 태도에 화를 내기는 쉽다. 또한 이는 얼마간 당연한 반응이다. 하지만 그들이 도덕적으로 여느 사람과 차원이 다르게 둔감하다고 생각해서는 안 된다. 단지 그들은 힘퍼시라는, 우리 대부분에게 내재하는 정서가 극단적으로 강한 이들일 뿐이다. 브록 터너의 옹호자들은 그남을 용서하려는 경향을 보였고, 그와 같은 위치의 다른 남성들에게까지 공통으로 적용되는 면벌적 서사를 만들어냈다. 또한 그런 경향은 대개 동정과 공감, 친구에 대한 믿음, 자녀에 대한 헌신, (그리고 증거가 허락하는 한) 타인의 선한 성품을 신뢰하는 마음처럼, 우리가 좀체 비판하지 않는 능력과 자질에서 유래된다.[14]

---

14 참고로 폴 블룸은 공감을 도덕적 만병통치약이라며 비판하는데(Bloom 2016), 나도 그 의견에—무엇보다 위 내용을 근거로—동감한다. 다시 말해 공감은 결과적으로 우리를 역사적으로 혜택에서 제외돼온 이들에 맞서 지배적인 이들의 편에 서도록 만들 수 있다. 또한 블룸의 적절한 지적에 따르면, 누군가를 떠받드는 식의 공감은 여성들에게 너무 많은 것을 요구하거나 그들을 착취할 가능성이 있다. 이는 이른바

이는 하나같이 중요한 능력이고 자질이다. 다른 모든 조건이 동일하다면 말이다. 하지만 다른 모든 조건이 동일하지 **않을** 때, 이를테면 사회적 불평등이 여전히 만연해 있을 때, 그 능력과 자질은 자칫 어두운 이면을 드러낼 수 있다. 무분별하게 사용되면, 이미 불공정하게 특혜를 누리는 이들에게 더 많은 특혜가 돌아가도록 만들기 십상이라는 얘기다. 또한 여기에는 피해자 중에서도 상대적으로 혜택에서 제외된 이들을 부당하게 의심하고 비난하고 망신 주고 더 큰 위험에 빠트리고 삭제하는 과정이 수반된다. 가해자 중에는 이 사실을 미리 감안하여 희생자를 고르는 자들도 있다. 이에 대해서는 이 장 말미에서 대니얼 홀츠클로 사건을 살펴보며 여혐누아르와 연계해 다시 논의할 것이다.

브록 터너와 같은 가해자에 대한 지나친 동정은 그들이 피해자들에게 유발할 수 있는 위해와 굴욕, (다소 지속적인) 트라우마에 충분히 관심을 기울이지 않는 경향에서 기인하는 동시에, 그런 경향을 심화시킨다. 또한 그것은 역사적으로 지배적 위치를 점해온 행위자들이 종속적 행위자들과 달리 살인을 저지르고도 처벌을 면제받아온 경향에서 기인하는 동시에, 그런 경향을 심화시킨다. 남성 지배적 사회에서 우리의 동정은 우선 남성을 향한다. 사실상 가해 남성을 범죄의 희생자로 둔갑시키는 것이다. 가령 누군가 강간범을 동정하기 시작하면, 그남은 식욕을 상실하거나 수영 장학금을 놓치기만 해도 이야기 속에서 피해자로 그려질 공산이

후기가부장제 환경에 존재하는 여성혐오의 실체에 관해 4장에서 내가 제시한 진단과 상당 부분 공명한다. 이 같은 주제에 대해서는 「결론: 아낌없이 주는 그녀」에서 다시금 다룰 예정이다.

크다. 또한 다음 장의 주장을 앞당겨 말하자면, 피해자의 서사에는 악당 혹은 피해 유발자가 (적어도 자연재해가 아니라면) 필요하다. 그렇다면 생각해보자. 문제의 강간범을 이런 상황에 몰아넣은 '결정적' 원인 제공자는 누구일까? 그남에게 불리한 증언을 하는 사람이다. 그리고 이런 이유로 피해자는 도리어 악당 역할을 맡게 될 수도 있다.

나는 이것이 피해자비난을 유발하는 메커니즘 중 하나라고 의심한다. 그리고 이 메커니즘이 유해한 부분적 이유는 서사를 뒤집고 도덕적 역할을 왜곡시켜 전환하는 방식에서 찾을 수 있다.[15]

하지만 여기서는 판사도 부친도 피해자를 탓하지 않았다 (피해자를 탓한 사람은 브록의 친구였다—그녀 자신은 부인했지만). 대신에 두 사람은, 더 분주하게까진 아니라도 은밀하게 움직였다. 그들은 피해자를 전체 서사에서 삭제시켰다. 그들의 이야기 속에서 피해자는 존재하지 않는 인물이나 다름없었다.

그러나 이 사건에서 피해자는 잠자코 있기를 거부했다. 그

---

15 그런데 이러한 서사가 정말 골칫거리일까? 나는 그렇다고 생각한다. 하지만 우리가 이를 깨끗이 포기할 수 있으리라고는 생각지 않는다. 사람은 위협당하는 동시에 위협적일 수 있고, 상처받는 동시에 상처를 줄 수 있으며, 취약한 동시에 적대적일 수 있다. 나는 우리가 그 사실을 더 잘 인지하기를 바란다. 또한 우리는 우리가 맡은 도덕적 역할의 이중성과 모호성에 공정성을 더할 방법을 심각하게 고민해야 하며, 어쩌면 여기에는 잘못된 행동을 해석할 때 현재 우리가 주로 의지하는 문화적 자원인 투박하고 이원론적인 도덕적 서사에 대한 더 섬세한 대안의 도움을 받을 필요가 있다고 나는 믿는다. 그러나 적어도 내가 그에 못지않게 중요하다고 생각하는 것은, 세상에 여러 겹으로 겹쳤을 때 서로 충돌하는 서사들이 존재한다는 사실을 더 잘 인지해야 한다는 점이다. G. E. M. 앤스콤의 유명한 발언대로, 모든 행동에는 그 각각에 부합하는 설명이 있다(Anscombe 1957). 여기에 우리는 이렇게 덧붙일 수 있을 것이다. 만약 어떤 행동을 적절히 설명하는 복수의 이야기가 존재한다면, 그것은 다양한 관계로 얽힌 다양한 인물이 서로에게, 우리에게 들려주는 여러 실화의 일부분일 수도 있다고. 이런 주제들에 대해서는 다음에 기회가 되면 다뤄볼 생각이다.

녀가 법정에서 양해를 구하고 큰 소리로 읽어 내려간 진술서는 강력한 파급력을 발휘했다. 그것은 브록 터너의 범죄가 **그녀에게** 미친 영향을 철저하고도 명료하게 드러내는 내용이었다. 그남은 그녀의 의지를 짓밟았을 뿐 아니라 사후에 그녀의 생각을 멋대로 수정했다. 그남은 자신의 행동이 그녀의 기억에 남긴 빈 공간에 수많은 생략과 위조를 거친 자기 이야기를 겹쳐놓았다. ("그남이 그러더군요. 제가 좋아서, 제가 좋아서 한 일이라고." 그녀는 겁에 질린 채, 도무지 믿기지 않는다는 듯 이 문장들을 읽어 내려갔고, 자신이 반나체에 의식이 없는 상태로 발견된 경위도 터너의 해당 발언이 실린 기사를 통해 알게 됐다고 밝혔다.) 그렇게 피해 여성은 자기 몸에 대해서도, 몸에 관한 **이야기**에 대해서도 문제의 습격과 관련해 스스로의 정당한 권위를 강탈당했다. 그녀는 설명을 이어갔다.

> 저는 신경이 곤두섰습니다. 제가 기억하지 못한다는 사실을 알게 된 이상, 그남이 곧바로 대본 작업에 돌입할 테니까요. 자기가 원하는 건 무엇이든 말할 수 있고 아무도 그 말에 반박할 수 없을 테니까요. 저는 아무런 힘이 없었습니다. 목소리를 낼 수도 없었습니다. 저는 무방비 상태였습니다. 제 기억상실은 저에게 불리한 쪽으로 이용되겠지요. 제 증언은 부실했습니다. 불완전했습니다. 어쩌면 이 재판에서 이기지 못할 수도 있겠다는 생각이 들었습니다. 상황이 저를 그렇게 만들었습니다. 그남의 변호인은 배심원단에게 끊임없이 상기시켰습니다. 저는 아무것도 기억하지 못하니 그들이 믿을 수 있는 사람은 브록뿐이라고. 저는 무력했고, 그로 인해 정신적 충격을 받았습니다.
> 회복할 시간을 갖는 대신, 저는 그 밤을 극도로 세세하게 떠올리며 고통스러운 시간을 보냈습니다. 변호인의 질문에 대비해야 했

으니까요. 변호인의 질문은 그들이 원하는 답변을 유도할 목적으로, 제가 경로를 벗어나 저와 여동생의 진술을 스스로 부인하게 만들 목적으로 고안된 침해적이고 공격적인 내용일 테니까요. 그남의 변호인은 "몸에 긁힌 상처가 있었습니까?"라고 묻는 대신, "긁힌 상처 같은 건 없었지요?"라고 물었습니다. 일종의 전략 싸움이었지요. 정신을 바짝 차리지 않으면 저라는 인간의 가치를 상실할 것만 같았습니다. 그토록 명백한 성폭행을 당했음에도 저는 이 법정에서 다음과 같은 질문들에 답변해야만 합니다.

나이가 어떻게 되십니까? 몸무게는 얼마죠? 그날 무슨 음식을 먹었습니까? 저녁으로 먹은 음식은요? 저녁은 누가 만들었습니까? 저녁 식사 때 술을 마셨나요? 아니, 물도 안 마셨어요? 언제 술을 마셨습니까? 얼마나 마셨지요? 술은 어떤 용기에 담겨 있었나요? 누가 술을 주었지요? 평소에 술을 얼마나 마십니까? 파티에 데려다준 사람은 누구죠? 몇 시였나요? 그런데 정확히 어디였다고요? 옷차림은 어땠습니까? 파티에는 왜 갔죠? 거기 도착해서 한 일은요? 그랬다는 게 확실합니까? 그런데 그게 몇 시였죠? 이 문자는 무슨 뜻이죠? 누구에게 보내는 중이었습니까? 소변은 언제 보셨나요? 어디서요? 밖에서요? 그때 누가 같이 있었죠? 여동생이 전화했을 당시 전화기는 무음 상태였나요? 무음으로 해둔 기억이 있습니까? 사실 그게, 여기 53쪽을 보면, 이전 진술에는 전화기가 벨 소리 상태였다고 돼 있거든요. 학교에서 술을 마셨습니까? 파티광이시라고요? 필름이 끊긴 적은 몇 번입니까? 남학생 사교 클럽 파티에 갔었나요? 남자친구와는 진지한 관계입니까? 서로 성관계에는 적극적인가요? 언제부터 만나기 시작했죠? 바람을 피운 적은요? 한 번이라도 바람을 피운 적이 있습니까? 그남에게 되갚아주고 싶다고 하셨던데, 무슨 뜻이죠? 본인이 몇 시에 깨어났는지 기억하십니까? 카디건을 입고 있었나요? 카디건 색깔은요? 그날 밤에 대해 더 기억나는 부분이 있습니까? 없다고요? 그렇군요, 그럼,

나머지 얘기는 브록에게 듣도록 하죠.

편협하고 날카로운 질문들은 계속해서 저를 때리고 제 사생활을, 성생활을, 과거사를, 가족의 삶을 샅샅이 들춰냈습니다. 공허한 질문들로 사소한 내용들을 채워나갔죠. 저를 반나체로 만들기 전에 제 이름을 묻는 간단한 절차조차 생략한 이 남자를 위해서 말입니다. 저는 신체적 폭력을 당했고, 저를 공격하기 위해 고안된 질문들에 다시금 폭력을 당했습니다. 그 질문들이 말하려는 내용은 분명했습니다. 봐라, 그녀의 진술은 앞뒤가 맞지 않는다. 그녀는 제정신이 아니다. 그녀는 사실 알코올의존자다. 아마 그녀 쪽에서 낚이길 원했을 것이다. 그남은 건장한 운동선수다. 둘 다 취해 있었다. 그녀가 병원에서 겪었다는 일들은 사건이 벌어진 뒤의 이야기다. 그걸 왜 참작해야 하는가. 브록은 잃을 것이 많다. 그래서 지금 굉장히 힘든 시간을 보내고 있다.[16]

마지막 두 문장은 힘퍼시라는 문제를 명명백백하게 드러낸다. 설명하자면 첫째, 강간범에게 충실한 태도를 견지함으로써 우리는 피해자에게 강간범이 가한 상처로도 모자라 거기에 심각한 도덕적 모욕까지 지우게 된다. 둘째, 법률적 관점에서 우리는 **사람들**—즉 우리 모두—이 그남이 저지른 범죄의 잠재적 피해자라는 사실을 망각하게 될 수도 있다. 셋째, 앞에 나서서 그남의 범죄를 증언하는 강간 피해자를 두고 우리는 '그렇게 해서 뭘 얻어내

16 Katie J. M. Baker, "Here Is the Powerful Letter the Stanford Victim Read Aloud to Her Attacker(스탠퍼드 사건 피해자가 가해자를 향해 큰 소리로 읽어 내려간 호소력 짙은 진술서)," *Buzzfeed*, June 3, 2016, https://www.buzzfeed.com/katiejm-baker/heres-the-powerful-letter-the-stanford-victim-read-to-her-ra?utm_term=.uveV3VxYaM#.wrWLMLemVy.

려는 것인가'라는 의문을 당연하다는 듯이 품게 될 수 있다. 그녀
는 형사소송 절차에서 어려운 과정을 감내하는 사람이 아니라, 개
인적 복수와 도덕적 응징을 도모하는 사람으로 그려진다. 한술 더
떠, 법과 질서를 유지하는 데 기여하는 사람이 아니라, 용서할 줄
모르고 강간범한테 무언가를 **뜯어내려** 드는 사람으로 비칠 수도
있다.[17]

    "그 범행으로 이익을 보는 사람은 누구인가?" 그리고 "그녀
가 일을 이렇게까지 밀고 나가는 취지는 무엇인가?"라는 질문은
강간 피해자가 증언하는 관점의 기반을 약화시킨다. 마치 그 사람
의 몸에 반사회적 범죄라는 문구가 적혀 있기라도 하다는 듯이. 또

---

17   참고로 존 롤스는 유명한 논문 「규칙의 두 개념Two Concepts of Rules」(1955)에서
판사의 관점과 입법자의 관점을 구별한 바 있다. 롤스는 지나친 단순화의 위험을 무
릅쓰고 놀랍도록 절묘한 논의를 전개하는데, 소개하자면 다음과 같다. 판사는 분명
법을 유지하는 데 관심이 있을 것이다. 그런고로 판사는 피고가 실제로 그 범죄를 저
질렀는지, 그들의 동기와 범행 의도는 무엇인지, 또한 그들이 이런 이유로 처벌을 받
아야 마땅한지, 마땅하다면 어떤 처벌을 받아야 하는지 등을 물을 것이다. 그런가 하
면 입법자는 아마도—그리고 논쟁의 여지는 있을지언정 당위적으로—결과주의적인
고려 사항에 전적으로 관심이 있을 것이다. 가령 몇 가지 형법 안건과 관련하여 입법
자는 법안의 내용과 이를 위반할 시의 구체적 형벌을 고려하는 가운데, 그것이 법률
로 확정되어 판사나 배심원의 평결 및 선고의 (다른 무엇보다) 근거로 사용될 때 예
상되는 비용과 이익에 대해, 그러니까 처벌 대상이 치르게 될 비용을 감안할 때 그러
한 제지의 수단들이 과연 효과적이고 타당한가에 대해 관심을 기울일 거란 얘기다.
그리고 본문에서 내가 제시하는 내용을 요약하자면, 한 범죄를 목격한 증인들의 관
점은 판사의 그것과 유사하게 비결과주의적인 방식으로 이해되어야 한다. 설령 법의
근거와 목적을 응징이 아닌 억제라고 간주한다 해도 말이다. 또한 비록 그러한 취지
에 알맞은 주장을 굳이 내가 제시해야 한다고 생각하지는 않지만, 이러한 견해가 판사
와 배심원에 관한 롤스의 예시를 일반화한 자연스럽고 기본적인 입장이라고 여긴
다. 한편 다른 관점을 취하는 이들에게도 일반적으로 이런 질문은 남는다. 왜 성범죄
는 이 점과 관련하여 재산 범죄와 유사하면서도 어딘가 다르게 다뤄져야 하는가?
가령 누군가가 자기 상황을 세상에 알릴 권리를 강탈당할 때 대부분의 사람은 이를
의아하게 생각하지 않으니까 말이다.

한 이런 질문들은 그녀의 몸이 비록 그녀의 것이고 그녀 혼자만의 것일지라도, 그와 동시에 우리 모두가 도와 이익을 보호해주어야 마땅한 다른 누군가의 몸이기도 하다는 인식이 사회에 존재한다는 사실을 수면 위로 드러낸다.

라커룸 토크

브록 터너에게는 가벼운 형량이 선고되었고 (가장 중요하게는) 판결의 근거로 위와 같은 추론이 제시되었다. 대중의 분노는 극에 달했다. 하지만 어찌 보면 이는 고무적인 반응이었다. 이를 계기로 성폭행 피해자에 대한 인식이 전환될지도 모른다고 기대했던 사람이 한둘이 아니었으니까. 고백하건대 나 역시 잠시나마 나답지 않은 낙천주의에 빠져 있었다. 하지만 이런 기대는 순식간에 사그라들었다. 몇 달 뒤 일어났고 이후로는 일어나지 않은 어떤 일로 인해서다. 이제부터 그 이야기를 해보려고 한다. 얼마 전 공개된 악명 높은 녹취 파일에서 도널드 트럼프는 빌리 부시에게 대강 이런 말들을 늘어놓았다.

예쁜 여자들만 보면 자동적으로 끌려버려. 일단 키스가 시작이야. 자석처럼 그런다니까. 그냥 키스를 하는 거야. 기다리지도 않아. 스타한테는 하게 해주거든. 아무거나 다 해도 돼. 보지를 움켜잡아도 상관없어. 다 해도 된다니까.

파일이 공개된 직후 그남의 이런 허세성 발언은 미디어에서 며칠에서 몇 주간 반복적으로 재생되었다. 하지만 트럼프를 대선에서 몰락시키기에는 역부족이었다. 그로부터 한 달 남짓 지나 대통령으로 당선되었으니까.

　어째서 (당시 기준으로 11년 묵은) 그 오디오테이프는 트럼프에게 더 큰 타격을 입히지 못했을까? 질문을 더 그럴듯하게 바꿔보자면, 그 테이프의 공개로 그남이 치른 대가는 어떻게 그 정도에 그쳤을까? 사실 트럼프의 발언이 새로운 정보를 전달했다고 보기는 어렵다. 트럼프의 성희롱 및 성폭행 전력은 오래전부터 널리 알려져 있던 내용이니까. 가령 (「서론」에서 논의한 바와 같이) 트럼프의 강간 혐의를 증언한 전처 이바나의 사례처럼 트럼프를 겨냥하여 쏟아진 수많은 비난은 신빙성도 있었거니와 알 만한 사람은 이미 다 아는 이야기였다. 또한 여성혐오적 공격의 부당성을 인정하는 범위를 다른 사람의 가정에 속한 여성이 표적일 때—그리고 이슬람교나 멕시코인 여성은 영구히 배제할지언정 트럼프 지지자의 절대다수를 차지하는 백인이 주로 자기 모친에게 갖는 애틋한 감정을 고려해 백인 여성일 때—로 한정하더라도 이 사안을 거론하는 뉴스는 거의 없다시피 했다. 12월에 있었던 대선 토론 중간 광고 시간에 화장실을 다녀오는 힐러리 클린턴에 대해서는 "말하기도 역겹다"고 (정작 그 얘기를 꺼낸 사람은 트럼프 자신이면서) 발언했고, 앞서 3장에서 언급했듯 메긴 켈리와 로지 오도널, 칼리 피오리나에 대해서도 황당한 발언들을 내뱉었지만, 트럼프의 그런 말실수는 빠르게 용서되거나 편리하게 잊히기 일쑤였다. 오히려 트럼프 추종자들은 그남의 압도적 파렴치함을 부각시키는 그런 유의 여성혐오를 장점으로 받아들였을 공산이 크다. 왜냐하면 이른바 정치적 올바름에 염증을 느끼는 미국인 중에서도 특히, 젠더화된 편견을 근거로 여성을 폄훼하거나 여성의 몸을 대놓고 품평하는 사회적 분위기를 멋쩍게 관망하는 대부분의 남성은, 뒤이어 닥칠 곤혹에 아랑곳하지 않고 비열한 악의를 거침없이 표출하는 트럼프를 보며 틀림없이 카타르시스를 느꼈을 것이고 때로는 용기를 얻기까지 했을 것이다.

그런데 트럼프의 이른바 (그남의 표현을 빌리자면) "라커룸 토크"는 왜 그토록 쟁점이 되었을까? 그남이 말한 내용의 어떤 부분이 일부 공화당원들로 하여금 그남과의 절연을, 결국 실천에 옮기지는 않았지만 한때나마 고려하도록 만들었을까?

내가 의심하는 주요인은 『뉴요커』지의 애덤 고프닉이 녹음 파일 공개 직후 최초로 지적한 바와 같이, 트럼프가 내뱉은 발언의 괴상망측함이다. 즉, 그남의 발언에는 듣는 이의 심기와 비위를 거스르는 지점이 있었다.[18] "동물적visceral"이라고 묘사한 평론가도 제법 있었고, 폴 라이언은 "매스껍다sickening"라는 단어를 사용했다. 그리고 이는 녹취에서 트럼프가 떠벌린—그간 여성들의 목소리에 귀 기울여온 사람이라면 익히 알 법한—문제적 행동들 때문이 아니었다. 그보다는 트럼프가—나중에 사과하긴 했지만—당시 입에 올린 특정한 언어적 표현들 때문이었다. 고프닉은 "그 여자한테 암캐bitch처럼 들이댔다"는 표현을 문제 삼았다. 대관절 그런 관용구가 어디 있느냐는 것이다. 트럼프의 악명 높은 발언 중 내 궁금증을 비슷하게 자극한 부분은 "보지pussy를 움켜잡는다"는 표현이었다. 고프닉의 생각대로라면 전자는 트럼프가 영어 원어민임을 의심케 한다. 그런가 하면 후자는 나로 하여금 터무니없는 이미지를, 가령 영화 속 외계에서 온 성적(때에 따라서는 무성적) 존재가 혈기 왕성한 미국 남자를 가장해 그 문구를 읊는 장면을 떠올리

---

18 Adam Gopnik, "Donald Trump: Narcissist, Creep, Loser(도널드 트럼프, 나르시시스트, 징그러운 인간, 패배자)," *The New Yorker*, October 9, 2016, http://www.newyorker.com/news/news-desk/donald-trump-narcissist-creep-loser.

게 한다. 일반적으로 남자들이 움켜잡는다고 이야기하는 부위는 가슴이나 젖꼭지, 자지(아니면 불알)다. 하지만 여성의 보지를? 나는 의구심이 들었고, 내게 정보를 제공한 사람들도 마찬가지였다.

확실한 점은, 실제로 남성들이 여성들을 이런 식으로 성폭행한다는 사실이다. 하지만 과연 그들이 자기들의 그 행동을 성폭행이라고 생각할까? 그곳을 움켜잡기란 쉽지 않다. 손잡이랄 게 없기 때문이다. 또 고려할 점은, 성폭행이 보통 피해자의 의사를 무시하는 정도에 그치지 않고 그녀의 의사를 머릿속에서 고쳐 쓰는 과정을 수반한다는 점이다. ("너도 좋아하잖아, 그렇지"라는 질문 아닌 질문을 던지는 것이다.) 이러한 고쳐 쓰기를 통해 성폭행 가해자는 성적 기량이 미흡하기는커녕 출중한 인물로 둔갑한다. 마지막으로 고려할 점은, 설령 가해자들이 여성의 회음을 그런 식으로 움켜잡으려 들었다는 사실을 속으로 인정한다고 해도, 다른 사람들에게까지 그처럼 뻔뻔하게 떠벌릴 것인가 하는 점이다. 녹취 파일 속 트럼프처럼 그들도 합의하지 않은 키스에 돌입하기 전에는 잠시 숨을 돌리고 틱택 민트 사탕을 입에 물 정도의 꼼꼼함을 보일까? 강간을 일삼는 자의 행동치고 지나치게 사려 깊지 않은가.

그런가 하면 문제의 녹취 파일 속 다른 문구들도 적지 않은 반향을 일으켰다. ("놈의 얼굴에 바로 주먹을 날려버렸지I punched him right in the face"라든가 "그 여자 보지에 바로 씹해버렸지I fucked her right in the pussy"와 같은 문구는 여성 저널리스트나 스포츠 캐스터를 대상으로 야유를 일삼는 이들 사이에서 훗날 인기를 끌었다.) 하지만 이렇듯 인류 역사상 가장 천박할 수도 있는 발언들이 적나라하게 공개됐음에도 불구하고 그 여파는 찻잔 속 태풍 수준에 그쳤다. 정말이지 이해하기 어려운 결과였다. 트럼프는 징그럽고 음험한—게다가 날조된—이야기를 마구 내뱉었다. 그것도 심지어 거짓말을.

이유에 대한 추측은 잠시 미뤄두고, 이런 결과가 시사하는 바가 무엇인지를, 대중의 격렬한 반응과 연관 지어 생각해본다면?

아쉽게도 좋을 건 없다. 내가 볼 때 이러한 결과는, 문제의 녹취 파일을 이유로 마침내 트럼프를 거부하는 움직임을 보인 공화당원들이 그남의 여성혐오에 대해서는—물론 자기들끼리 그것을 문제시하며 **이야기를 주고받았을** 수는 있지만—그다지 불편한 감정을 느끼지 않았음을 시사한다. 오히려 사람들의 심기를 유독 거스른 부분은 짐작건대, 그남의 이상한 어법과 반감을 유발하는 자기과시, 전반적인 사회성 부족이었다. 트럼프가 여성에게 일상적으로 무슨 짓을 저질러왔는지 설명하는 증거가 이미 넘쳐나는 상황이었는데도 말이다.

또한 실제로 녹취 파일 공개 며칠 후 분위기가 이런 식으로 흘러가자(Manne 2016g), 처음에는 그 테이프를 문제 삼아 트럼프에게 등을 돌렸던 공화당원 대부분이 약삭빠르게 정치적 입장을 선회해 다시 트럼프 편에 섰다. 물론 이는 예측 가능한 결과였다. 하지만 그 사실이 우울함을 달래주지는 않는다. 인정하건대, 진정으로 참회하는 사람에게는 때가 되면 용서를 베풀어야 옳다. 그렇지만 개념적으로든 도덕적으로든 트럼프가 늘어놓은 궤변들은 단언컨대 진정한 참회가 아니었다.[19] 그럼에도 그런 식으로 행동하는 대통령 후보를 불과 한 달 만에 용서한다는 것은, 미안하지만 내게는 용서가 불가능할 정도로 부도덕하게 느껴진다.

이제 다시 브록 터너가 성폭행한 피해자의 진술이 이례적

---

19 "Trump Has a 'Great Relationship' with God(트럼프는 신과 '대단히 좋은 관계'를 맺고 있다)" *CNN*, January 17, 2016, http://www.cnn.com/videos/politics/2016/01/17/sotu-tapper-trump-has-great-relationship-with-god.cnn.

으로 진지하게 받아들여진 이유에 대해 생각해보자. 내가 제시하는 요인은 두 가지로, 둘 다 우리의 집단적 도덕 감수성을 그다지 예쁘게 포장하는 쪽은 아니며, 그러지 않기를 바라는 사람도 있을 것이다. 그도 그럴 것이, 다음 선거 결과의 중요성을 감안할 때 여기서는 우울한 현실주의를 고수하는 편이 도덕적으로 합당하다.

1. 브록 터너 사건 피해자의 목소리는 강렬했고, 그녀의 충격적 진술은 사람들의 입에서 입으로 퍼져 나갔다. 그러나 그것은 **형체를 갖춘** 목소리가 아니었다. 그녀는 여전히 이름도 얼굴도 알려지지 않은 상태였고, 덕분에 "피해자연"한다는 의혹에 시달릴 필요가 없었다. 비록 그녀와 관련하여 이런저런 소문들이 떠돌긴 했지만, 그녀는 거의 모든 사람—그중에서도 특히 남성—의 가까운 이일 가능성이 있었다. 이를테면 그들의 자매나 누이, 친구, 여자친구, 아내일 수도 있었고, 그들 (현실 혹은 관념 속) 자녀의 (현재 혹은 미래의) 어머니일 수도 있었다. 더욱이,

2. 그녀는 두 명의 스탠퍼드대학 대학원생에 의해 구조되었다. 스웨덴에서 방문한 두 학생은 모범적이고 활동적인 구경꾼이자 도덕적으로 호감을 주는 인물이었다. 두 젊은 이는 용감하고도 적절하게 행동했다. 이를 과소평가할 마음은 추호도 없다. 한데 이후 그들은 이 이야기에서 영웅 역할로 캐스팅되었고, (이 때문에 처음에는 언론 인터뷰를 거절할 정도로) 그들 스스로는 이를 불편하게 의식하고 있었다. 또한 그들을 향한 칭찬은 그들이 대단한 특권층이라거나, 어떤 사람들이 시사한 바에 따르면, 부잣집에서 끔찍이도 "귀하게 자란" 명문 대학생이라는 사실과 관련이 있었다.

고로 브록 터너를 향한 격분이 강렬했고 장기적이었다는 사실과는 별개로, 이후 누군가는 응당 이런 의문을 품었어야 한다. 그 격분은 그남이 저지른 행동에서 비롯되었는가, 아니면 그남이 특정 집단에 속해 있고 그 집단을 대표한다는 사실에서 비롯되었는가?

다음 장에서는 이러한 질문 몇 가지를 이른바 피해자 문화라는 개념—그리고 그것에 적용되는 해로운 도덕주의—에 연관시켜 살펴볼 것이다. 거기서 나는, 동정 어린 관심과 도덕적 우위를 차지하기 위한 암묵적인—그리고 대개는 잘못된—경쟁에 있어, 여성이 자신과 대등하거나 자신보다 더한 특권을 누리는 남성에 비해 더 주목받으려 할 때 이것이 그남에게 불리한 증언을 하는 것만큼이나 험난한 과정을 수반한다고 주장할 것이다. 이러한 사회적 분위기는 증언적 부정의에 비해 상대적으로 덜 인식되지만 그에 못지않게 심각한 부정의를 유발하는 요인이라는 게 내 생각이다. 피해자를 비난하는 관행까지 포함해서 말이다.

하지만 그 전에 다른 사례를 하나 더 살펴보자. 여성혐오적 착취, 힘퍼시가 내가 '허레이저herasure〔여성 지우기〕'라고 명명한 현상과 더불어, 미국이라는 환경에서 흑인 여성에게 위해를 가하는 데 독특한 방식으로 공조할 수 있음을 보여주는 사건이다. 그러므로 이 마지막 사례를 소개하는 목적은 여험누아르의 작동 방식에 대한 관심을 유도하는 것이다. 앞서 밝혔다시피 여험누아르는 흑인이자 동성애자인 페미니스트 모야 베일리가 소개한 용어이자 개념이다.[20]

---

20 베일리는 "미국의 시각문화와 대중문화에서 나타나는 흑인 여성을 향한 특정 유형의 증오를 묘사할 의도"로 "여혐누아르"라는 용어를 고안했다고 밝히고 있다. 베일리는 다음과 같이 적는다. "나는 〔총살당한 18세 아프리카계 미국인 여성〕 레니샤 맥

여혐누아르의 작동법: 대니얼 홀츠클로 사건

「대니얼 홀츠클로는 누구인가?」 질문을 던진 기사는 그남이 이스턴미시건대학 미식축구 팀의 라인배커였다고 답했다.[21] 또한 그남은 오클라호마시티 경찰관이었고, 성추행, 강간, 강제 구강성교를 포함한 열여덟 가지 혐의로 유죄를 선고받았다. 피해자는 모두 아프리카계 미국인 여성이었으며, 홀츠클로는 백인(부계)과 일본인(모계)의 혼혈이었다. 배심원단이 위 혐의들에 대해서는 유죄로, 그 밖의 열여덟 가지 혐의에 대해서는 무죄로 평결하면서, 홀츠클로는 징역 236년 형을 선고받았다. 덧붙이자면 그남을 고소한 열세 명 중 여덟 명이 제기한 혐의만 유죄로 인정되었다.

제프 아널드의 이 기사는 2016년 2월 17일 스포츠 기자 웹

브라이드가 얼굴에 총을 맞아야 했던 이유라든가, 『어니언*The Onion*』 지가 쿠벤자네 왈리스에 대해 그런 식으로 발언해도 괜찮다고 생각한 이유(이 매체는 당시 아역 배우였던 9세 쿠벤자네를 씹××c××t라고 불러 물의를 빚었다), TV 리얼리티 프로그램에서 흑인 여성들이 유달리 튀는 이유, (구직을 위해 어린 자녀들을 차에 남겨두었던) 셔너샤 테일러가 체포된 이유, 시시 맥도널드가 구금된 이유(흑인혐오로 인한 시비 끝에 자신을 공격한 백인 남성을 죽인 흑인 여성으로, 정당방위를 인정받지 못하고 일급살인으로 수감되었다), (흑인 MTF 트랜스젠더 배우이자 LGBTQ 활동가) 러번 콕스와 (노예 12년에 출연해 아카데미 여우조연상을 받은 케냐, 멕시코 배우) 루피타 뇽오가 『타임』 지 선정 영향력 있는 인물 명단에서 탈락한 이유, 매리서 알렉산더를 상대로 끊임없이 소송이 제기되는 이유(알렉산더는 흑인 여성으로 남편에게 경고 사격을 했다가 20년 형을 받았다), 트위터의 증오성 해시태그나 인스타그램에서 재미있다는 이미지와 함께 흑인 여성이 거론되는 이유, 음악에서 흑인 여성이 비슷한 방식으로 그려지는 이유를 정확하게 묘사할 표현을 찾고 있었다. 이 모두는 여혐누아르를 연상시킨다. 더 광범위한 유색인종 여성들을 겨냥한 일반적 여성혐오가 아니라."(Bailey 2014)

21 Jeff Arnold, "Who Is Daniel Holtzclaw?(대니얼 홀츠클로는 누구인가?)," February 17, 2016, http://archive.is/O3Gub에 아카이브.

사이트 'SB뉴스^{SB news}'에 게재되었다. 기사의 초점은 거의 전적으로 홀츠클로의 친구들과 가족 구성원들에게 맞춰졌다. 기사에 기명으로 인용된 모든 사람이 홀츠클로가 그런 범죄를 저질렀다는 사실을 믿을 수 없다고 말했다. 비록 예전 미식축구 팀 동료 한 명이 인터뷰 도중 다음 에피소드를 떠올리긴 했지만.

> 홀츠클로는 스쾃 자세에서 드는 역기 무게의 종전 기록을 깨려고 시도 중이었다. 대략 600파운드(272킬로그램)짜리 역기를 멋지게 들어올린 뒤 홀츠클로는 왠지 답답하고 막막한 기분에 휩싸인 채 금속 재질의 역기 봉을 머리로 세차게, 그리고 줄기차게 들이받고 또 들이받기 시작했다.
> "다들 생각했죠. '뭐야, (……) 이 자식 완전히 맛이 갔잖아.'"

한편 또 다른 옛 팀 동료의 진술은 더 구체적이다. 그남이 딱 한 차례 경고를 받은 적이 있는데, 스테로이드를 복용했다는 입증되지 않은 루머 때문이었다는 것이다. 이 이야기를 들려준 동료는 아널드의 인터뷰에 응한 사람 중 유일하게 익명을 요구했다.

홀츠클로를 최초로 신고한 여성은 당시 57세였던 제이니 리곤스로, 오클라호마시티 어린이집 원장이었다. 리곤스의 증언에 따르면, 2014년 그 경찰관은 급회전을 이유로 그녀의 차를 불러 세웠고, 무기 소지 여부를 조사한다는 핑계로 그녀의 몸을 더듬더니 옷을 벗으라고 요구했으며, 그런 다음에는 구강성교를 강요했다. 리곤스는 저항했다. "이러시면 안 됩니다…… 이러지 마세요."

배심원단은 리곤스의 손을 들어주었다. 홀츠클로의 범행을 사실로 인정했고, 다른 수많은 유사 혐의에 대해서도 유죄 평결을 내렸다. 평결의 부분적 근거였던 DNA 증거는 다른 고소인의 것이었는데, 사건 당시 피해자의 나이는 겨우 17세였다. 그녀의 증언에 따르면, 홀츠클로는 그녀를 체포하고 수색한 다음 집에 데려다 주겠다고 하더니, 막상 집에 도착하자 현관에서 그녀를 강간하고는 다시 차를 타고 떠났다.

홀츠클로를 옹호하는 이들은 그남의 바지 안쪽 액체 자국에서 발견된 피해자의 피부 세포가 "DNA 전이"로 그곳에 묻었을 가능성이 있다고 지적한다. 이를테면 그남이 그녀를 수색한 다음 옷을 벗거나 화장실에 갔을 때 손에서 바지로 옮겨 묻었다는 것이다. 한술 더 떠 대니얼의 누이는 문제의 액체가 명확히 질액인지 여부도 불분명하다고 덧붙였다.

그남의 부모도 다르지 않았다. 아들의 무죄를 여전히 확신하는 가운데 유죄판결에 대한 상소를 계획 중이다. 아버지인 에릭의 이야기는 이랬다.

> 납득하기가 굉장히 어렵습니다. 대니얼은 그런 아이가 아니거든요. 그냥 보통 남자예요. 저들이 얘기하는 그런 불한당이 아니란 말입니다. 정말이지 너무나 힘들었습니다. 사람들이 우리 애를 그런 식으로 이야기하는 모습을 본다는 게. 아는 사람은 다 알아요. 그 아이는 절대 그런 사람이 아니라는 걸.

하지만 문제는 사실상 그 누구도 지인들에게는 "그런 사람"으로 보이지 않을 것이란 점이다. 특히 그 지인이 가족이나 친구라면 더더욱. (일례로 앞서 언급한 브록 터너의 친구는 그남이 강간범이 아님을 확신한다며 "제가 아는 브록은 절대 그런 사람들과 같은 부류가 아닙니다"라고 증언했었다.) "그런 사람들"은 꺼림칙하고 질긴 존재로, 과거 행적이라고는 범죄 이력뿐이고, 지금까지 자기만의 삶을 살아본 적도 없으며, 간절히 기다리는 소중한 미래조차 없는 존재로 그려진다. "그런 사람"은 사회적 위치가 불안정하고, 도덕적으로 다면적이며, 어쩌다 무언가에 재능을 보이기도 하는 인간이다. 차라리 그들은 캐리커처에 가깝다. 아니면 역시나 괴물이거나.

하지만 여성혐오자들의 폭력과 성폭행은 일반적으로 눈에 띄지도, 괴물의 것처럼 보이지도 않는다. 우리는 무엇보다 이 점을 인정해야 한다. 그래야 이와 관련된 문제들을 개선할 수 있다. 종종 비판의 대상이 되기도 했던 한나 아렌트의 유명한 발상을 빌리자면, 우리는 여성혐오의 **평범성(천박함)**을 인정해야 한다. 단연코 나는 악의 평범성에 대한 아렌트의 기본적 도덕관이—그것의 교훈이 무엇이건 간에—단지 올바른 정도를 넘어 우리가 지금 그 어느 때보다 필수적으로 인식해야 할 관점이라고 본다. 그녀는 아돌프 아이히만 역시 괴물과 닮지 않았다는 사실을 근거로 악의 평범성을 추론해냈다. 그남은 평범해 보였다. 오히려 바보처럼—아렌트의 글에 따르면, 구체적으로는 광대처럼—보일 정도였다. ("검찰 측의 온갖 노력에도 불구하고 이 남자는 그 누구에게도 '괴물'로 보이지 않았다. 도리어 광대처럼 보일 가능성이 다분했다[Arendt 1963, 54].") 그 시절 많은 사람에게(특히 일부 유대계 미국인에게) 아렌트의 이 글은 기대를 저버리는, 너무 현실적이어서 직시하기 괴로운 초상이었다. 우리도 그런 짓을 저질렀을 수 있다는 이야기처럼 들렸을 테니까.[22]

---

[22]   아이히만의 이 '광대스러움'은 그남의 상투적이고 반복적인 표현 방식, 지속적이고 뻔뻔한 거짓말, 무의미한 선언들과 뒤이은 180도 입장 변화, 전반적인 후안무치함과 나르시시즘에 기인한 것이었다. 아이히만은 커리어를 쌓고 일정한 기관에 소속되기 위해 각고의 노력을 기울였다. (아렌트의 관찰에 의하면, 그남은 못 말리는 "가입광"이었다.) 또한 나치당에 가입한 뒤에는 계급 상승의 의지를 확고히 했다. 사실 그

홀츠클로 사건의 담당 형사 킴 데이비스에 따르면, 그남은 딱 한 가지 전략적 실수를 저질렀다. 그 실수란 바로 리곤스를 표적으로 삼은 것이다. 그녀는 범죄를 저지른 적도, 영장을 발부받은 적도 없었다. 달리 말해 그녀로 하여금 그남의 협박이 두려워 앞으로 나서기를 주저하게 만들 거리 자체가 없었다. 데이비스와 다른 수사관들의 말에 의하면, 평소 홀츠클로는 신중하게 표적을 골랐다. 타인의 신뢰를 얻을 가능성이 희박한 사람들, 그러니까 전과자라든가 약물중독자, 성노동자처럼 사회 주변부로 밀려난 사람들이 주된 표적이었다. 데이비스의 견해에 따르면, 홀츠클로의 그 신중함은 "완벽한 피해자"를 고르기 위함이었다. "누구도 그들의 말을 믿지 않을 것"이고, "설령 믿는다 해도 걱정할 일은 아니"었다. "창녀는 강간을 당할 수 없으니까." 마치 용의자의 머릿속에 들어갔다 나온 것처럼 데이비스는 그렇게 결론짓더니 이내 목소리를 가다듬고는 설명을 이어갔다. "아니요, 그들도 강간당할 수 있습니다. 강간당할 수 있고말고요. 그래서, 그들이 완벽한 피해자였기 때문에, 그런 여성들만 골라서 강간해온 겁니다."

아닌 게 아니라 홀츠클로의 변호인단은 열세 명의 고소인 다수가 다양한 법적 문제에 얽혀 있다는 사실에 초점을 맞췄다. 말하자면 가해자를 면벌하려는 이들의 입장에서도 그들은 최상급 피해자였던 셈이다. 심지어 리곤스도 **전적으로** 무결하지는 않았다

전까지만 해도 그남은 이렇다 할 경력이 없었다. 하지만 아이히만은 예의 그 특징적인 과시욕과 자기연민에 빠져 있었고, 가령 나치당의 계급 체계 내에서 원하는 자리까지 올라가지 못했다며 신세를 한탄하는 자기 모습이 그 이야기를 듣는 유대인 경찰에게 어떤 인상을 줄지에 대해 터럭만큼도 의식하지 못했다. 점점 더 의아해하는 그 경찰관에게 아이히만은 자신의 무고함을 호소했다. 예루살렘에서 전범 재판을 기다리는 죄수였으면서 말이다.

고, 홀츠클로는 2016년 4월 유죄 선고 이후 뉴스쇼 「20/20」과 가진 인터뷰에서 다음과 같이 지적했다.

> 사실을 사실대로 놓고 봅시다. 그 여자는 사람들 생각처럼 깨끗하지 않아요. 1980년대에 단속에 걸린 적이 있으니까. (…) 하지만 우린 배심원단에게 그걸 알리지 못했어요. 이 여자는 그, 뭐랄까, 전형적인 중산층 백인 어머니들처럼 사회에서 신뢰할 만한 사람도 아닌데 말이죠.[23]

홀츠클로가 언급한 사건은 불기소로 마무리되었고, 리곤스는 1980년대 이후로 체포된 적이 단 한 번도 없었다. 리곤스의 말은 이랬다.

> 문제의 핵심은 그놈이 수많은 창녀와 마약중독자를 멈춰 세운 다음, 면전에 체포 영장 따위를 들이댔다는 거예요. 아마 저도 그런 사람일 거라고 생각했겠죠. 오판 중의 오판이었지만. 그날 밤 그놈은 그야말로 엉뚱한 여성을 멈춰 세운 겁니다.(Diaz et al. 2016)

리곤스는 행복하다고 말했다. 정의가 그녀를 비롯한 피해자들 편에 섰기 때문이다. 하지만 이런 종류의 사건은 대체로 그렇

---

23   Joseph Diaz, Eric M. Strauss, Susan Welsh, Lauren Effron, and Alex Valiente, "Ex-Oklahoma City Cop Spending 263 Years in Prison For Rape and His Accusers Share Their Stories(강간죄로 징역 263년 형을 선고받은 전 오클라호마시티 경찰관과 그놈의 고소인들이 들려주는 이야기)," *ABC News*, April 21, 2016, http://abcnews.go.com/US/oklahomacity-cop-spending-263-years-prison-rape/story?id=38517467.

게 흘러가지 않는다. 더욱이 배심원단이 모두 백인이라는 사실은 사건의 향방에 어두운 그림자를 드리웠다.

대니얼 홀츠클로가 유죄판결을 받은 지 1년이 지났을 무렵 그남과 변호인단은 자신들의 논리를 뒷받침할 고무적이고 의미심장한 자료를 손에 넣었다. 보수 성향의 저널리스트 미셸 맬킨이 홀츠클로는 결백하며 당시 미주리주 퍼거슨시에서 진행 중이던 시위의 희생양이라고 주장하는 2부작 다큐멘터리를 공개한 것이다.[24] 대니얼 홀츠클로는 이러한 판단에 동조했다. "만약 내가 유죄를 선고받지 않았더라면, 오클라호마시티에서는 제2의 퍼거슨 사태가 벌어졌을 겁니다."

하지만 이 말이 사실인지는 그나마도 불분명하다. 홀츠클로 사건은, 이를테면 엘리엇 로저의 아일라비스타 총격 사건에 비해 거의 주목받지 못했다. 백인 페미니스트 대부분은 이처럼 아프리카계 미국인 여성을 대상으로 한 범죄에는 마치 약속이라도 한 듯 침묵을 고수하기 때문이다—이 씁쓸한 침묵에 대해서는, (다른 누구보다) 미셸 데니즈 잭슨이 설득력 있게 증명한 바 있다(Jackson 2014). 누군가에게 기회일 수도 있는 이러한 침묵이 피해자에게는 무심함과 적개심일 수 있다.

크리스티 도트슨과 마리타 길버트는 여성들이 곤경에 처했을 때 백인 자유주의자들이 동정심을 보내는 범위가 정해져 있다

---

24 처음 이 시위는 흑인 청소년 마이클 브라운이 백인 경찰관 대런 윌슨의 손에 사망한 사건을 계기로 촉발되었다. 목격자들의 증언에 따르면, 윌슨은 브라운이 손을 들어 항복 의사를 표시한 뒤에도 연속해서 총알을 발사했다. 대배심 배심원단은 윌슨을 기소하지 않았다. 다음 장에서 나는 이 사건을 피해자 서사와 연결시켜 논의할 것이다. '흑인의 목숨도 소중하다Black Lives Matter' 운동의 역사를 알고 싶다면, 크리스토퍼 레브론(Lebron 2017)의 글을 참고하라.

는 사실을 들어 우리의 도덕적 관심에 암암리에 인종주의적 습성이 배어 있다고 주장하며, 흑인 여성 나피사투 디알로가 국제금융기구IMF의 (현재 기준으로는 전임) 총재 도미니크 스트로스칸을 상대로 성폭행 혐의를 제기했을 때 처했던 상황을 예로 들었다(Dotson and Gilbert 2014). 도트슨과 길버트가 지적한바, 대부분의 사람이 백인 남성 스트로스칸의 이름은 기억하지만 흑인 여성 디알로의 이름은 잊었거나 처음부터 알지 못했을 것이다. 도트슨과 길버트는 이런 경향을 이론화하며 "감수성 불균형affectability imbalances"이라 명명했는데, 이는 흑인 여성들이 "서사에서 사라지는 수상한 현상"의 원인으로 작용한다. 사실상 홀츠클로도 이 현상을 이용해 자신에게 유리한 상황을 도모했었다. 그남이 이런 시도를 쉽게 성공시켰을 가능성이 있다는 사실은, 나를 비롯한 백인 여성들에게 부끄러운 자기반성의 근거가 되어야 마땅하다. 우리는 여혐누아르와 공모했고, 흑인 여성들을 삭제하는 허레이저—그리고 "굴종을 강요하는" 착취적 관행을 비롯한 일종의 인종주의적 (화이트) 페미니즘—에 힘을 보탰다.

제프 아널드의 기사 「대니얼 홀츠클로는 누구인가?」는, 그남의 고소인들이 그남의 행동에 대해 거짓말을 하지 **않았더라도** 홀츠클로를 방면시킬 수 있는 다양한 시나리오를 제시한다. 이를테면 홀츠클로는 미식축구 선수 시절 입은 뇌손상의 후유증을 앓고 있었을 가능성이 있었다. (충분히 흔한 일이다. 하지만 이 재판에서 그에 대한 증거는 하나도 제시되지 않았다. 게다가 뇌손상이 연쇄 성폭행은 고사하고 자제력을 떨어뜨린다는 실증적 증거도 상당히, 턱없이 부족한 실정이다.) 아니면 역시나 우울증에 걸렸을 가능성도 생각해볼 수 있었다. 대학 졸업 후 그남은 북아메리카 미식축구 리그 NFL의 신인 선수 선발에서 탈락했고, 그때 맛본 쓰디쓴 좌절이 우울증으로 이어졌다는 시나리오다. 그것도 아니면 한 전문가의 의견처럼 그남은 평범한 도덕적 기질과 별개로 성장애sexual disorder가 있을 수도 있었다. 어쩌면 제정신이 아닌 상태에서 그런 짓을 저질렀는지도 모를 일이었다.

이러한 시나리오들은 우리가 홀츠클로 같은 사람을 우리와 같이 분별력 있는 성인으로, 인간 대 인간으로서 평범한 도덕적 관계를 맺고 직접 저지른 행동에 대해 책임을 물을 수 있는 대상으로 대하는 것이 아니라, 그남에 대해 P. F. 스트로슨이 "객관적 입장"이라고 부른 것을 취할 수도 있는 이유들을 꽤 충실하게 설명해준다[18쪽 참조]. 단, 이렇듯 객관적 입장으로 선회할 때는 행위자의 행동을 그남의 탓은 물론이고 **공**으로 돌리는 것조차 자제해야 한다. "평소의 그남이 아니었다"라는 말은—스트로슨의 용어를 빌리자면—특히 흥미로운 "항변"이다. "논리적으로 우스꽝스러운," 그러나 동시에 "감탄스러울 만큼 암시적인" 그 항변은 딱 알맞은 정도로 (그러니까 매우) 심각하게 받아들여진다고 스트로슨은 이야기한다(Strawson [1962] 2008, 8-9). 또한 홀츠클로에 대한 평판, 즉 그남이 누구인가에 대한 사람들의 인식은 이 사건에서 의미심장한 효과를 발휘했다. 우리의 정체성은 타인들이 우리를 생각하는 방식에 따라 부분적으로 달라진다. 앞서 확인한 것처럼, 한 남성이 예의 그 '좋은 녀석'의 페르소나와 물질적·사회적 자원—아니면 가슴 미어지게 '불운한' 사연—을 충분히 갖추었을 때, 우리는 대체로 그남의 결백을 주장하고 그남의 명예를 지켜주기 위해 온 힘을 다해 싸우기를 마다하지 않는다.

홀츠클로 옹호자들은 과연 어떤 증거를 원했던 것일까? 도

대체 어떤 증거를 제시해야 그남의 유죄를 사실로 받아들였을까? 물론 그남의 가족이 그렇듯 굳건한 믿음을 보이는 것은 당연할 수 있다. 또한 (나는 아니지만) 그런 믿음이 정당하다고 여기는 이들도 존재할 수는 있다. 하지만 아널드는 왜 난데없이 홀츠클로에게 그토록 동정적이었을까? 무엇이 그남으로 하여금 공개한 지 약 다섯 시간 만에 웹사이트에서 내려야 했을 만큼 편향적이기 짝이 없는 기사를 쓰게 만들었을까? 이에 대해 편집자는 "참사utter failure"라는 표현까지 써가며 자신의 책임을 인정했다. 편집 과정에 착오가 있었다는 것이다. 하지만 그런 착오는 도대체 어떤 경위로 발생했을까? 맷 본스틸이 『워싱턴 포스트Washington Post』에서 지적한 것처럼 문제의 기사는 1만 2000단어 분량의 에세이였고, 이는 그것이 완성되는 데 몇 달까지는 아니더라도 몇 주는 족히 걸렸으리라는 뜻이었다. 뿐만 아니라 적어도 편집자 한 사람이 장시간 공들여 작업한 결과물일 가능성이 높았다. 급하게 대충 적은 블로그용 포스트가 아니었다는 얘기다. 하지만 사회적·법적 기반이 매우 부실한 아프리카계 미국인 여성들을 희생양 삼아 연쇄 강간을 저지른 남성에게 내린 유죄 판결을 부정하는 근거라기엔 상당히 타당성이 부족해 보이는 이야기에 오롯이 집중하는 그 기사를 두고 누가 됐든 반발을 예상했다는 기미는 보이지 않았다. 또한 피해자의 서사가 사실상 삭제된 점에 대해서도 알아챈 사람은 없는 듯했다. 피해자에 관한 이야기라고는 기사 말미에 딱 두 번 짧막하게, 그것도 법정 기록을 인용해 언급된 내용이 전부였다. 제프 아널드가 이들 여성 중 누군가와 대화를 시도했다는 증거는 어디에도 없었다.

아널드는 이 일로 뭔가 교훈을 얻었을까? 애석하게도 그럴 가능성은 낮아 보인다. 이후(2016년 12월 17일)에 그남이 트위터에 올린 이른바 "반드시 읽어야 할 이야기"는 우연찮게도 NFL이 지나치게 오랜 시간에 걸쳐 조사를 하는 바람에 부당한 대우를 받았다고 추정되는 미식축구 선수에 관한 내용이었다. 문제의 선수는 이지키얼 엘리엇으로, 가정폭력 혐의로 기소당한 상태였다. 그 글의 작성자 팀 로핸은 엘리엇의 고소인이 증언한 내용이 상당 부분 거짓일 가능성이 높다고 주장했다.[25]

대니얼 홀츠클로가 유죄 선고를 받은 범죄들은 사건의 다른 양상들과 더불어, 여성혐오가 사회 체제와 맞물려 작동하는 방식을 매우 효과적으로 설명해준다. 그것이 사회적 구조나 관행뿐 아니라 이른바 암적인 존재와 관련되어 있을 때도 말이다(2장의 논의를 상기하라). 연쇄 성범죄자는 남성의 극소수에 불과하다. 하지만 사회체제는 그들을 방어해주고 법으로부터 보호해주는 쪽으로 작동한다. 뿐만 아니라 세상에는 여성의 관습적 재화—가령 여러 형태의 사회적이고 성적인 노동 중에서도 특히 관심과 주의력—를 여성에게서 얻어내는 쪽으로 작동하는 사회적 대본과 도덕적 승인, 물질적 박탈이 임신중단 반대운동부터 캣콜링과 강간문화에 이르기까지 매우 다양하게 존재한다. 또한 세상에는 남성의 관습적 지위와 권력, 권위를 여성이 탐하지 못하도록 차단하고 경고하

---

25 제프 아널드는 2016년 12월 17일 자신의 트위터(@JeffArnold_)에서 팀 로핸을 인용 리트윗하며 "반드시 읽어야 할 이야기 @TimRohan"라는 멘션을 남겼다. https://twitter.com/JeffArnold_/status/810195406894362624. 문제의 트윗에는 로핸의 기사 "The Anatomy of an NFL Domestic Violence Investigation(NFL의 가정폭력 조사를 해부하다)," http://mmqb.si.com/mmqb/2016/12/14/ezekiel-elliott-domestic-violence-nfl-investigation-process가 링크돼 있었다.

려는 기질과 메커니즘도 존재하는데, 여기에는 증언적 부정의와 맨스플레이닝, 피해자비난, 그리고 다음 장에서 살펴볼, 피해자에게 의문을 제기하는 다른 방법들이 해당된다.

주목할 부분은, 홀츠클로와 같은 남성에게 동기를 부여한 요인이 무엇인지 굳이 알지 못해도, 그 남이 한 행동의 사회적 의미가 근본적으로 피해자에게 적대적이었고 그 피해자들이 하나같이— 특히 이 사건에서는—지금껏 남성이 지배해온 세계에서 특정한 인종과 계층에 속한 여성이라는 사실을 이해하는 데는 아무런 문제가 없다는 점이다. 또한 그 남의 행위가 전형적인 지배 대상을 향한 '펀칭다운'인지, 아니면 구체적으로 그 남에게 자리를 내주지 않고 그것을 취해간 여성들에 대한 원망인지, 그도 아니면 비슷한 계열의 젠더화된 불만을 표출한 것인지에 대해서도 반드시 알 필요는 없다. 특혜를 누리고 있거나 오래전부터 누려온 남성들은 비단 법적인 면벌 의식뿐 아니라 도덕적 **특권**의식에 젖어 있을 가능성이 있다. 달리 말해 그들은 자기들 손에 있는 것이 마음만 먹으면 취할 수 있는 자기네들의 것이라는 생각이 확고하고, 그래서 때에 따라서는 역사적으로 부당하게 젠더화된 합의의 결과를 인정하지 않는 여성들에게 복수를 시도할 가능성이 있다.

그러한 범죄의 피해 여성들이 가해자들을 법정에 세우려고 시도했다간 그들은 의혹과 비난, 원망 등의 대상이 될 뿐 아니라 구조적 장벽과 장애물에 부딪칠 것이다. 특히 다른 형태의 불이익에 시달리는 여성일수록 더 높은 장벽에 부딪칠 공산이 크다. 가령 유색인종이거나 가난하거나 범죄 기록이 있거나 성노동자일 때, 여기에 더해 이러한 조건들이 복잡하게 교차하며 빚어낸 비가산적인 결과로 인해 더 높은 장벽에 직면할 가능성이 있다. 또한 가해자는 이런 사실을 알고 상대적으로 무력한 그들의 처지를 이용할 심산으로 피해자를 고를 때 냉정을 기할 가능성이 있다.

여성혐오적 폭력을 당한 피해자의 호소를 일축하는 행위는 인식론적 형태를 띨 수 있다. 이때 그들은 대개 거짓말을 한다고 간주된다. 아니면 어리석거나 미쳤거나 히스테리적이라는 이유로 일축당하기도 한다. 그런가 하면 일축하기는 **도덕적** 형태를 띨 수도 있는데, 이때는 피해 사실을 주장하는 여성의 권리에 의문이 제기된다. 또한 그녀는 더 강인하지 못하다는 이유로, 때에 따라서는 너그럽지 않다는 이유로 경멸당한다. 심지어 그녀는 인식론적이고**도** 도덕적인 근거에 의해, 가령 망상에 빠진 거짓말쟁이라는 이유로 진의를 의심받을 수도 있다. 홀츠클로가 피해자들의 신뢰성을 떨어뜨리기 위해 사용한 수법은 또 있었다. 피해자들이 자기를 희생시켜 돈을 벌려 한다고, 실제로는 "억만장자"가 될 기대에 부풀어 있다고 주장한 것이다. 점잖게 말해 위험성은 높고 보상은 적은 전략이었다고 할까.

나는 우리가, 여성과 비백인 남성에 대한 증언적 부정의의 토대라고 흔히 여겨지는 고정관념들을 살펴보는 방법으로는 이렇듯 서로 연결돼 있는 문제들을 풀 수 있다고 생각하지 않는다. 여성혐오 피해자를 의심하고 폄하하는 행위는 즉흥적 성격이 짙다. 홀츠클로의 고소인들을 신뢰하지 않은 대부분의 사람이 가령 리곤스의 어린이집에 자녀를 맡길 때에는 그녀 같은 사람을 전폭적으로 신뢰했으리란 걸 우리는 어렵지 않게 짐작할 수 있다. (이 장 초반에서 논의한 톰 로빈슨의 사례를 놓고 프리커가 증언적 부정의와 관련하여 비슷한 견해를 보여주었음을 상기하라.) 이러한 고정관념들이 본질적으로나 전개에 있어서나 즉흥적인 이유는 증언적 부정의가 대개 강한 **동기에서 비롯된다**는 사실에서 찾을 수 있다. 이 장 앞부분에서 살펴본 것처럼 사람들에게는 지배적인 남성의 이익을 보호해주고 그들의 평판을 유지시켜주려는 기질이 강하게, 그러면서도 어쩌면 부지불식간에 존재한다. 그런 이유로 많은 사람이 본능적으로, 또 도덕적으로 불가피하다는 인식하에, 그남이 결백한 이유와 그남에게 불리한 증언을 한 여성들이 믿을 만하지 않은 이유에 관해 어떤 구실이라도 찾으려 기록을 뒤적거릴 것이다. 아니면 대안적으로는, 피해자들이 앞에 나서는 이유가 권익을 지키는 데 있지 않음을 어떻게든 증명해내려 노력할 것이다. 마치 그들이 현저하게 다른 특정 사례나 정황에서도 같은 결정을 내리리라고는 믿을 수 없다는 듯이 말이다.

그러므로 증언적 부정의는 사회적 착각에서 비롯된 잘못된 정보와 잘못된 연상 작용으로 인한 실수 차원을 넘어서는 문제라고 프리커는 진단한다. 그리고 부분적으로나마 이 문제의 해결에 도움이 될 만한 방법으로 그녀는, 애초에 그런 동기에 휘둘리지 않도록 더 도덕적이고 공정한 경청의 기술을 연마할 것을 제안한다. 직접적인 구조 개선을 시도할 수도 있겠지만 이 역시 명백히 구조적인 문제를 충분히 해결하기에는 역부족일 수 있다. 내 의견을 보태자면, 행위자들의 태도와 충실도, 관심의 타성에도 변화가 필요하다. 하지만 (어떻게) 그들을 설득할 수 있을까? 그리고 과연 (어떻게) 충분히 많은 사람을 납득시켜 동참을 이끌어낼 수 있을까?

결국 그토록 지독한 부정의에 대응하기 위해서는, 지배적인 남성들을 두둔하며 그들의 여성혐오적 폭력 행위를 고발한 여성들에 대적하는 관행을 끊어내도록 힘껏 사람들을 움직여야 한다. 문제의 본질로 미루어보건대 이는 매우 까다로운 과정일 것이다. 추악하고 부당하고 도덕적으로 치명적이어서 특정한 사회적 환경에서(만) 모습을 드러내는 유형의 편견에 사로잡힌 사람들을 설득하는 작업이 순탄할 리 만무하다는 얘기다. 그러한 편견이 우리의 도덕적 관심의 타성에도 영향을 미친다는 사실은 상황을 더 복잡하게 만든다. 그러니까 사람들은 내심 이 같은 타성의 작동이 그저 고발당한 남성들에게 공정한 처사라고 느낄 뿐, 고발한 여성에게 **불공정한** 처사라고는 느끼지 않을지도 모른다. 그런 여성은 정직하지 않은 사람으로, 불쾌하거나 매정한 성격으로 여겨지기 쉽다. 혹여 그녀가 주목이라도 받는다면 사람들은 증언을 막기 위해 그녀를 위협하고 침묵시키려 들지도 모른다.

　반면에 남성은 자신이 받아낼 빚이 있다고 믿는다. 물론 이는 잘못된 믿음이다. 하지만 우리는 보통 그남에게 신임을 보낸다. 자격은 가장 부족하면서 바라는 건 가장 많은 그 남성에게 말이다. 대니얼 홀츠클로는 말한다.

　절대적으로 100퍼센트 확신합니다. 우리 가족은 모두 제 편이라는 걸 마음으로 [알고] 확신해요. 다들 "네가 유죄일 리 없다"라고 말했거든요. [배심원단을] 봤어요. 한 사람 한 사람의 눈을 모두 들여다봤죠. 그리고 말했습니다. "저는 그런 짓을 하지 않았습니다"라고. 그러곤 남자들을 봤어요. 다음엔 여자들을 봤죠, 울고 있더군요.

　배심원석의 그 백인 여성들은 홀츠클로가 유죄라고─훌륭하게도 물증을 감안하여─판단했다. 하지만 그런 그들조차 그 남성을 위해, 전도유망한 경찰관의 미래를 위해 눈물을 흘렸다. 피해자들이 바라보는 앞에서.

7장

피해자를 의심하다

Suspecting
Victims

재판은 연극과 유사하다. 둘 다 피해자가 아닌 행위자에 초점을 맞춘다는

측면에서. 여론 조작용 공개재판은 효과를 높이기 위해,

행위자가 무엇을 어떻게 했는가에 대한 간결하고 명료한 줄거리를

일반 재판에 비해 더 절박하게 필요로 한다. 재판의 중심에는

오로지 한 사람, 행위자만이 자리한다. 마치 연극 속 남자 주인공처럼.

그리고 만약 그남이 고통을 받는다면, 이는 그남이 저지른 행동

때문이어야 한다. 그남이 타인들에게 유발한 고통 때문이 아니라.

한나 아렌트, 『예루살렘의 아이히만』

이른바 피해자 문화에 대하여

우리가 피해자들이나 피해자의식victimhood과 난감한 관계에 놓여 있다는 사실은 그리 새로운 소식이 아니다. 앨리슨 M. 콜은 저서 『진정한 피해자의식에 대한 신봉The Cult of True Victimhood』(2006)에서 1980년대 말부터 9·11 사태 몇 년 후까지 미국에서 반反피해자 정서가 증가한 현상에 대해 파헤쳤는데(Cole 2006년 문헌 참조), 그 시기에 피해자상—더 정확하게는 자신을 피해자라고 인식하거나 피해자를 자처하는, 자신의 상처를 보살피고 때론 조작하며 학습이나 가장에 의한 무력감을 표현하는 여성의 모습—은 보수주의 이데올로기에서 점점 더 중요한 역할을 담당하고 있었다. 그들의 초상은 원통한 기분과 감상에 취해 부당한 비방을 일삼고 제삼자에게 동정과 관심을 요구하는 멜로 드라마적 인물로 그려졌으며, 그러한 초상의 모델은 학생이나 밀레니얼 세대, 여성, 페미니스트, 진보주의자, 성폭행 피해자—혹은 뒤에서 논의할 에마 술코비치 사례처럼 이 모든 특성에 해당되는 인물—일 가능성이 편향적으로 높았다. 그리고 어쩌면 말할 필요도 없겠지만, 이러한 초상에 등장하는 인물은 미화의 대상이 아니었다.

비록 어느 모로 보나 새로운 현상은 아니지만, 피해자를 향한 적개심의 표출은 지난 몇 년 동안 눈에 띄게 증가한 듯하다.[1] 「일상에 만연한 폭력과 도덕 문화Micro-Aggression and Moral Culture」라는 논문에서 사회학자 브래들리 캠벨과 제이슨 매닝은 최근의 "피해자의식 문화culture of victimhood"를 과거의 "자존감 문화culture of dignity" 그리고 더 오래된 과거의 "명예 문화culture of honor"에 대비시킨다(Campbell and Manning 2014). 이 세 가지 문화는 당대 서구 사회에서 각각 서로를 대체했다고 간주된다. 이른바 피해자 문화의 본보기로 두 연구자가 제시하는 사례의 대부분은, 고대 로마 수도자들의 극단적 고행이나 일명 '다르나dharna'로 알려진 인도의 문전 연좌단식농성처럼 순교의 색채를 띠고 있다(708). 이러한 사례들은 '일상에 만연한 폭력'을 지적하거나 알리는 실천적 행위에 비유된다. 일상에 만연한 폭력은, 비교적 눈에 띄지 않으면서 대개는 의도와 동떨어진 경멸이나 적개심을 일컫는 용어로, 이렇듯 미묘한 차별이 쌓이고 쌓이면 역사적으로 종속되거나 소외돼온 사회집단에 속한 구성원들을 조직적으로 해치는 결과로 이어질 수 있다.[2]

---

1 검색창에 "Victimhood"를 입력해 구글트렌드 그래프를 확인해보라. 내가 마지막으로 확인한 2015년 10월 그래프는 다음 주소에서 확인이 가능하다. https://www.google.com/trends/explore#q=victimhood.

2 캠벨과 매닝의 해당 논문은—제노사이드, 린치, 테러리즘, 개인 간 폭력을 포함한—사회적 통제의 다양한 방법의 목록을 작성하고 일상에 만연한 폭력에 대해 알리는 내용으로 시작된다. "일상에 만연한 폭력 알리기는 일탈적 행동—다수의 타인을 책망하는 행동—의 한 유형인 동시에, 사회적 통제—타인들의 일탈적 행동에 대한 반응—의 한 유형이다(693n1)." 보아하니 목록의 마지막 항목은 그러한 죄에서 자유롭지 못한 이들의 비난에 직면한 듯하다. 그리고 "공격적 자살aggressive suicide"에 대해, 가족 구성원들이 남편의 "가벼운" 매질을 아내의 기준에서 충분히 심각하게 받아들이지 않을 때 그녀가 실행하는 "사회적 통제의 한 방법"이라고 묘사한 대목도 눈여겨

캠벨과 매닝은 그 논문이 순수하게 기술사회학descriptive sociology 연구라고 주장하지만, "그럼에도 왜 사람들은 자신의 피해자화victimization*를 역설하는가?(708)"처럼 불신의 기운이 감지되는 물음을 습관적으로 던지는 것도 모자라, 누가 봐도 도덕적으로 의미심장한 용어를 선택했다는 사실에 비춰볼 때, 그들의 주장은 다소 신빙성이 떨어진다.3 어떤 사건에서건 보수파들은 도덕적이고 정치적인 결론을 뒷받침하는 소위 규범적으로 중립적인 연구 결과를 자신들에게 유리한 쪽으로 이용하기 위해 발 빠르게 움직였다. 보수 진영은 물론이고 때로는 페미니스트와 진보 진영에서조차(가령 웬디 브라운의 『상처의 상태States of Injury』(1995)를 참고하라) 피해자 서사에 대해 유사하면서도 더 완곡한 방법으로 의문을 제기해온 역사가 그리 짧지 않음에도 불구하고, 조녀선 하이트는 최근 한 블로그에 올린 포스트에서 캠벨과 매닝의 연구 결과를 꼼꼼하게 분석하며 그들의 논문을 두 차례나 "비범하다"고 표현했다.4 하이트는 피해자의식 문화를 이해하려면 갈 길이 멀다고, 대학에서 일상에 만연한 폭력에 대한 이론적 틀을 정립하는 수준에서 더 나아가, (그남의 관점에서는 재앙인) 트리거 경고trigger warning**와 안전한

볼 만하다(705).

* 개인이나 단체가 범죄, 불법행위, 사회생활을 하면서 발생한 부당한 사건 등에 의해 피해를 입는 과정.

3 Conor Friedersdorf, "Is 'Victimhood Culture' a Fair Description?('피해자의식 문화'란 타당한 표현인가?)," *The Atlantic*, September 15, 2015, http://theatlantic.com/politics/archive/2015/09/the-problems-with-the-term-victimhood-culture/406057/.

4 Jonathan Haidt, "Where Microaggressions Really Come From: A Sociological Account(일상에 만연한 폭력은 실제로 어디서 왔는가: 사회학적 설명)," *Righteous Mind*, September 7, 2015, http://righteousmind.com/where-microaggressions-really- come-from/.

공간^{safe space}*** 확충에 대해서까지 설명해야 한다고 이야기한다. 어찌 됐든 확실한 것은, 소위 피해자를 자칭하는 이들을 향한 반감이 현재 만연해 있다는 사실이다.[5]

하지만 캠벨과 매닝의 질문은 분명 현재 진보주의자들의 관심사를 드러낸 것이기도 하다. 역사적으로 종속되고 소외된 사람들 중에서도 특히 여성들이 그간의 전례에 비추어 다칠 것을 뻔히 알면서도 앞에 나서서 관심을 끌려고 하게 만드는 그 동기는 무엇일까? 뒤에서 확인하겠지만, 이 질문에 대한 답은 명백하지 않다. 밝혀졌다시피 사회적으로 종속된 위치에서는, 자칫 신뢰받지 못하고 일축당하고, (무엇보다) 맞고소 당할 위험이 높음을 감안할 때, 앞에 나서지 **않는** 편이 누가 봐도 현명해 보이니까. 그렇다면 의문이 생긴다. 사회적으로 종속 계층에 속한 구성원으로서 앞에 나서

** 온라인 기사, 전자 메일 혹은 게시물 등에 충격적인 내용이나 트라우마를 자극하는 내용이 포함되어 있을 수 있다는 것을 미리 알림.

*** 사회적 소수자나 약자들을 환대하며 위험으로부터 보호하고 지원하는 공간.

5 조지 윌의 발언도 참고할 만하다. 이 선동적 발언을 위해 그남은 『워싱턴 포스트』 지 칼럼난을 할애했다. 그남은 적었다.

> 지금 미국 정부는 대학들을 교육하고 대학들은 그런 교육을 매우 고통스런 경험으로 받아들인다. 캠퍼스 내에 피해자화가 만연해 있다고 ("일상에 만연한 폭력"이, 종종 정식 교육을 받지 않은 눈으로는 알아볼 수 없는 그것이 도처에 깔려 있다고) 말할 때, 그리고 피해자의식을 특권이 부여된 욕심나는 지위로 만들 때, 피해자들이 급증한다는 사실을 대학들은 지금 알아가는 중이다.

George Will, "Colleges Become the Victims of Progressivism(대학, 진보주의의 피해자가 되다)," *Washington Post*, June 6, 2014, (https://www.washingtonpost.com/opinions/george-will-college-become-the-victims-of-progressivism/2014/06/06/e90e73b4-eb50-11e3-9f5c-9075d5508f0a_story.html.

대학 캠퍼스 내 성폭행 사건의 "피해자 중심적" 처리에 관한 표면상으로나마 더 세심한 발언을 접하고 싶다면, (하버드 법학전문대학원 교수) 지니 석 거슨(Suk Gersen 2014)과 재닛 핼리의 글을 참고하라(Halley 2015).

는 일이—개개인이 반드시, 마땅히 누려야 할 것으로 상정되는 물질적 자원과 사회적 정의를 추구하는 지극히 불확실한 길, 기껏해야 동정과 관심밖에 끌어 모을 수 없을 가시밭길에 불과하다는 점에서—무익하거니와 툭하면 반발을 산다면, 실상 왜 군이 그 험난한 길에 발을 들이는 것일까? (특히) 여성들은 그럼에도 물러서기는커녕 여성혐오자들의 적개심을 규명하는 데 점점 더 앞장서고 있다. 어째서일까? 이러한 현상을 무엇으로 설명할 수 있을까? 이것은 단지 희망이 경험을 제압하고 거둔 성취에 불과할까? 혹시 이러한 움직임이 실질적 효력과는 별개로 다른 목적을 위해 사용되는 것은 아닐까? 이후에 내가 전개할 주장을 앞당겨 소개하자면, 대답은 '그렇다'이다. 그리고 이러한 움직임은 특정한 환경에서 효력을 발휘한다는 게 내 생각이다. 왜냐하면 앞에 나선다는 것은 그간의 지배적이고 기본적인 도덕적 서사를 밀쳐내는 한편, 그러지 않았더라면 모르고 지나쳤을 누군가의 상황을 그런 현실에 무심했던 사람들의 눈에 띄게 만든다는 점에서, 행위주체성의 표현이자 전복 행위일 수 있기 때문이다. 제삼자들은 그들을 동정할 수도 있고 동정하지 않을 수도 있다. 실제로 그들의 적개심과 분노가 누그러지기는커녕 더 거세질 가능성도 있다. 하지만 적어도 이런 과정을 통해 그들은 침해의 실태라든가 영속적 지배의 실상에 비로소 눈뜨게 될 것이다. 그리고 지극히 당연하게도 이것은 피해자들에게 중요한 문제일 수 있다.

피해자란 무엇인가?: 도덕적 서사의 역할

피해자가 된다는 것은 무엇을 의미할까? 그리고 피해자의

374

식을 주장한다는 것은 무슨 의미일까? 곧 확인하겠지만, 이 두 가지 질문은 그리 간단하지가 않다. 그렇다고 서로 간단하게 연결되지도 않는다. 피해자라는 개념은 사실상 문맥이나 관점에 따라 달라지게 마련이기 때문이다. 이런 내용들을 근거로 판단할 때—주로 미묘하게 에둘러서—자신을 피해자라고 주장하는 행위는 단순히 A가 피해자라거나 피해자가 우연찮게 A였다고 주장하는 것이상의 의미를 지닌다. 뿐만 아니라 그 행위는 피해자라는 역할을 **수행**하거나 **떠맡는** 일과도 얼마간 관련이 있다.

하지만 무엇보다, 일반적으로 피해자 되기는 단지 불운의 대상이 되는 것만을 의미하지 않는다. 생각건대 피해자 되기는 본질상 도덕적인 개념이다. 피해자 되기의 전형적 사례는 또 다른 행위자에 의해 도덕적으로 부당한 취급을 받는 과정—그리고 그로인해 정신과 신체, 존엄성 등에 상처를 입는 과정—을 수반한다. 누군가를 깎아내리는 행위는 주로 그 누군가의 도덕적이고 사회적인 위치가 과거에 어떠했는가와 관련이 있다. 그리고 누군가를 깔아뭉개는 행위는 주로 도덕적 잘못을 범하는 행위자가 그 과정에서 누군가를 희생양으로 **삼는** 것과 관련이 있다.[6]

나는 그것이 피해자의식의 핵심 사례라고 생각한다. 그런데 과연 누군가를 해하고 괴롭히고 억압하는 자가 없으면 피해자도 없을까? 모르긴 해도 이는 너무 나간 주장일 것이다. 실제로 우리는 자연재해의 피해자 되기라든가 질병과 질환의 피해자 되기

[6] 피해자화라는 용어를 과연 성공에 결부시킬 수 있는가에 대해, 그러니까 B 쪽에서 A를 피해자화하려는 시도가 완성되거나 결실을 맺어야만 A가 B의 피해자(이자 한 사람의 피해자)로 간주될 수 있는가에 대해서는 의문이 남는다. 나는 우리가 이 부분을 고려해야 한다고 생각한다. 설령 그 전형적 사례가 실제로 모종의 완성된 행동과 관련 있어 보인다 해도 말이다.

에 관해 (비록 내 귀에는 살짝 부자연스럽게 들리지만) 이해 가능하게 설명할 수 있으니 말이다. 그러나 짐작건대 이 같은 사례들은 핵심 사례의 **곁가지**에 불과하다. 또한 그 사례들이 명료하게 이해되는 이유는 그처럼 파괴적이고 자연적인 원인들을 인격화하거나 적어도 행위자로 상상하는 경향이 우리에게 있기 때문이다. (이를테면 관습적으로 우리는 허리케인에 이름을 붙이거나, 암을 '몹쓸 년bitch'이라고 부르기도 한다.) 만약 그렇다면, 우리에게 피해자라는 개념은 특정한 **도덕적 서사**가 사건의 배경으로서 얼마나 유효한지에 따라 결정된다고 할 수 있다. 그 서사 속에서 한 주체는 다른 행위자로부터 굴욕적이고 폄하적인 방식으로 부당한 대우를 받는다. 그녀는 피해자다. 그리고 그남은 괴롭히거나 억압하는 자다.

나는 피해자의식의 핵심 사례가 이러한 대본에 충실하다고 본다. 또한 이런 이유로, 전형적인 피해자 되기는 이러한 서사의 한 판본에 자의로든 타의로든 캐스팅되는 것과 관련이 있다. 관객으로서 우리 반응 역시 대본에 충실한 편이다. 피해자는 우리가 동정하게 돼 있는 사람이다. 그들은 집중적 관심의 대상이다. 그들은 주인공이다. 남자 주인공일 수도 있고 여자 주인공일 수도 있다. 한편 괴롭히거나 억압하는 자는 짐작건대 우리를 피해자 입장에서 **분개**하게 만드는 사람일 것이다. 아니면 더 정확하게는, 피터 스트로슨이 말한 "대리" 반응적 태도의 중심, 즉 타인이 다른 타인에게 느끼는 감정을 대신 받아내는 역할일 것이다. 서사의 흐름상 이 반응적 태도에는 울분이나 반감, 징벌적 경향 등이 포함될 가능성이 있다(Strawson [1962] 2008).[7]

---

[7] 참고로 폴 블룸은 공감의 이면에는 공격성이 자리한다고, 우리에게는 자신이 쉽사리 공감하는 대상과 대비된다고 인식되는 이들을 향해 공격성을 느끼는 심리적 경향이 존재한다고 주장했다(Bloom 2016).

만약 이것이 옳다면, 적어도 전반적인 줄거리상으론 그렇다면, 이는 **자신**을 피해자로 묘사하는 것—혹은 이번에도 역시 피해자연한다고 인식되는 것—이 왜 가시밭길을 자초하는 행위인지를 설명할 실마리가 된다. 피해자의식을 주장하는 행위는 사실상 **이야기의 중심**에 자기를 위치시키는 과정을 수반하기 때문이다. 이렇게 행동하는 여성은 일반적인 자기 캐스팅 사례에서보다 더한 역경을 각오해야 한다. 다시 말해 자기연출적이고, 자기중심적이며, 나약하거나 감상적인 인물로 인식되기 쉽다는 얘기다. 세상은 그녀가 어서 자리를 털고 일어날 생각은 않고 공상적 이야기에 빠져 꾸물댄다고—아예 그 안에서 살고 있다고—생각한다. 피해자를 자처하고 나설 만큼 배짱 있는 여성이 그토록 비참하고 충격적인 일을 당했을 가능성은 없다고 여기는 것이다. (생각은 꼬리를 물고 이어진다.) 이런 생각들은 피해자의 위선과 허위성, 조작성, 자기중심성을 의심하고 비난하는 분위기에 기름을 끼얹는다.[8]

피해자의식을 내가 제안한 방식대로, 그러니까 근본적으로

---

[8] 사정이 이렇다 보니 요즘 진짜 피해자들은 '피해자'라는 명칭을 포기할 정도로 심각한 불안감에 시달린다. 대신에 '생존자survivor'라는 명칭이 그들의 정체성을 규정하는 데 점점 더 많이 사용되는 추세다. 거부감을 줄 정도로 과거에 빠져 꾸물거린다는 의혹은, 생존자들이 자신을 생존자로 **만든** 짓을 저지른 행위자들에 대한 비판적 시선을 거두고 현재와 미래에 낙관적으로 집중하는 모습을 보일 때 누그러질 수도 있다. 내 걱정은, 이것이 때로는 도덕적 방향 착오 및 상대적으로 더 많은 특권을 누리는 남성 가해자들의 그릇된 행동을 대수롭지 않게 여기는—면책성 서사를 허용함으로써 그들을 사실상 면벌하는—힘퍼시적 문화의 압박에 따른 결과일 수도 있다는 점이다. 하지만 그렇다고 '생존자'라는 지칭까지 배격하거나 무시할 생각은 전혀 없다. 그것이 특정한 사람들을 지칭할 최적의 용어라면, 지지하지 않을 이유가 없지 않은가. 다만 내가 말하고 싶은 것은, 피해자가 피해자를 자처하는 행위에는 아무런 잘못도 없다는 점이다. 그러므로 내 주장은 금지나 (정반대의) 의무가 아니라 허가나 권리를 확고히 하는 데 그 목적이 있다. 그리고 나는 대체로 이런 각도에서 도덕철학을 연구한다.

피해자와 피해 유발자의 도덕적 서사와 관련돼 있다고 생각한다면, 우리가 말하고 생각할 때 이런 개념들을 종종 어떻게 사용하는지에 대해서도 설명하기가 제법 용이해진다. 우리는 종종 자신과 타인들을 피해자 역할에 **캐스팅하는** 이들에 대해, 또 물론 피해자를 **연기하는** 이들에 대해서도 이야기한다. 그리고 더 중요하게는, 피해자란 **무결하고** 나무랄 데 없는 존재라고, (더 심각하게는) 반드시 그런 존재여야 한다고 생각하는 경향이 있다. 그 결과 우리는 사소한 배신행위라도 저질렀거나 저질렀다고 의심되는 사람에 대해 피해자라고 인정하기를 주저하거나 거부하곤 한다. 같은 이유로, 심각한 범죄의 진정한 희생자라고 간주되는 이의 사소한 배신행위에 대해서는 부정하고 싶어할 때가 많다. 물론 충분히 그럴 수 있다. 만약 우리가 들고 있는 대본이 변주나 미묘한 차이를 거의 허용하지 않는, 본질적으로 단순하고 환원주의적이고 교훈적인 이야기라면 말이다. 그런 대본에서는 강도 짓을 한 사람이 경찰관에게 공격당한 피해자 역할을 맡는 상황을 용납하지 않을 테니까.[9]

피해자를 의심하다

9　로버트 해리스가 저지른 잔인한 살인에 대해 다룬 게리 왓슨의 유명한 논의(Watson 1987)을 참조하라. 주목할 부분은 해리스 자신이 어린 시절 끔찍한 학대의 피해자였다는 점이다. 왓슨의 의견에 따르면, 그러한 서사 *내에서는* 동적인 관점 이동이 실현되기 어렵다. 또한 그렇기 때문에 상황이 달라지면, 아마 바로 이 상황에서도 가해자가 스스로 피해자이기도 하다는 사실을 인정받기 어렵다. 이것이 개념적으로 이해하기 어려운 발상은 아니다. 상처를 받은 사람이 상처를 준다는 발상이나 학대가 학대를 낳는다는 발상 또한 직관적으로 이해하기 쉽다. 그러나 이런 발상들은 그릇된 행동에 대한 우리의 *반응*을 다각도로 다루는 대본과 서사적으로 잘 어우러지지 않는다. 우리에겐 눈이 오직 한 쌍뿐이므로 우리가 한 번에 가질 수 있는 관점도 오로지 하나여야 마땅할 것이다. 마찬가지로 우리의 관점 또한 보통은 부분적이기보다 전체적이다. 따라서 만약 공감이 어지간히 문자적인(물론 시각적일 필요까지는 없다) 의미에서 조망수용perspective-taking(자기 자신의 관점과 타인의 관점을 별개의 것

마이클 브라운의 사례는 이와 관련하여 시사하는 바가 크다. 2014년 8월 미주리주 퍼거슨에서 브라운이 경찰관의 손에 사망한 후 퍼거슨 경찰서장은 사건 발생 몇 분 전 브라운의 모습이 담긴 감시 카메라 영상을 이례적으로 공개했다. 영상 속 브라운은 편의점에서 소형 엽궐련 한 상자를 훔치고 있었다. 그 영상에는 브라운이 편의점을 빠져나가기 전에 점원을 (마치 "물러서"라고 말하듯) 살짝 밀치는 장면도 담겨 있었다. 몇 분 후 문제의 경찰관 대런 윌슨은 브라운에게 최소 여섯 발의 총알을 발사했고, 그중 두 발은 정수리 쪽 두개골에 박혔다. 브라운은 무기를 소지하지 않은 상태였고 손을 들어 항복 의사를 표시했지만 윌슨이 "아랑곳하지 않고 총을 쏘아댔다"는 게 목격자 몇 명의 증언이었다. 그리고 브라운은 바닥에 쓰러졌다. 과학수사 보고서는 이때 브라운의 얼굴이 윌슨을 향해 있었다고 밝히고 있는데, 이 사실은 두개골에 박힌 총알 두 발이 아래쪽을 향해 있던 이유를 설명해준다(Manne 2014b). 퍼거슨시 경찰서장은 6일 후 편의점 감시 카메라 영상을 공개했다. 미디어의 분노가 들끓기 시작한 시점이었다. 고의성이 다분해 보이는 그 전략은 매스컴에 그남의 의도대로 먹혀들었다.[10]

으로 구분해 타인의 생각, 감정, 지식 등을 그 사람의 관점에서 이해하는 능력)을 필요로 한다면, 이는 자칫 이야기에서 동시에 시선을 집중할 수 있는 등장인물의 수가—특히 그들의 목적이 어떤 식으로든 엇갈릴 때—제한되는 결과로 이어질 수도 있다.

10 달리 말해 퍼거슨시 경찰서장은 이 감시 카메라 영상을 공개할 정도로 극심한 불안감에 시달리고 있었다. 서장은 수많은 저널리스트가 '정보의 자유법FOIA, freedom of information act'에 의거해 영상 공개를 요구했다고 주장함으로써 자기 행동을 정당화했다. 공개된 기록들을 검색했을 때 그남의 주장을 뒷받침할 만한 자료는 단 한 건도 발견되지 않았다. 따라서 그남의 주장은 거짓이었을 가능성이 다분하다(비록 확실하지는 않더라도 말이다). 만약 그렇다면, 도대체 무슨 이유로? 여러 이유가 있겠지만 무엇보다 감시카메라 영상의 공개는 보수적인 전문가들과 정치인들의 시선을 브라운이 피해자라는 사실에서 그남의 범죄 혐의 쪽으로 돌리는 효과를 불러일으

 그런 전략이 먹혀들었던 이유는 무엇일까? 그리고 그것의 궁극적인 **목적**은 무엇이었을까? 사실 합리적으로 생각하면, 브라운이 이 경범죄를 저질렀는지 여부는 정부의 대리자에 의해 자행된 살인이라는 부조리한 인권 침해의 진정한 피해자인지 여부와 전적으로 무관했다. 그럼에도 이런 전략이 먹혀든 데는 부분적으로 인종주의적 경향이 작용했다. 범죄와 공격성이 흑인 남성들의 고질적 문제라는 인상을 심어줌으로써 윌슨과 브라운 사이에 발생한 일이 왜곡되고 곡해되는 결과를 유도한 것이다. 브라운은 보이는 그대로, 상황이 상황이니만큼 최대한 냉정하고 기본적인 가정에 근거해 전형적인 10대 소년으로 묘사돼야 했지만, 결국 '불량배' 이미지로 변형되었다. 참고로 현대 미국에서 불량배는 본질적으로 인종주의적인 개념이다. 반면에 윌슨은 비교적 무력한 이미지로 그려졌다.[11] 뿐만 아니라 이와 같은 생각의 변화는 상황을 있는 그대로 지각하는 능력을, 적어도 표면상으로는 차단하는 듯 보였다. 편의점 감시 카메라에 의해 브라운이 (미미하게나마) 범죄자 내지 공격자로 그려진 뒤로 백인 대부분은 그남을 더 이상 경찰의

켰다. 심지어 『뉴욕 타임스』마저도 한 기사에서 "마이클 브라운, 월요일에 땅에 묻힐 그 18세 소년은 천사가 아니었고, 문제아인 동시에 유망한 청년이었다는 사실이 공공 기록 및 친구와 가족 인터뷰를 통해 드러났다"고 지적했다. John Eligon, "Michael Brown Spent Last Weeks Grappling with Life's Mysteries[마이클 브라운의 마지막 몇 주는 인생이라는 미스터리와의 싸움이었다]" *New York Times*, August 25, 2014, http://www.nytimes.com/2014/08/25/us/michael- brown-spent-last-weeks-grappling-with-lifes-mysteries.html.

11 이와 관련해 대런 윌슨이 한 발언을 참고할 만하다. 대배심[무죄 평결] 이후 공개된 법정 증언에서 대런 윌슨은 헐크 호건 같은 브라운과 맞닥뜨렸을 때 자신이 어린아이처럼 느껴졌다고 말했다. 그러나 두 사람은 사실상 키와 몸무게가 엇비슷했다. 브라운은 무기를 소지하지 않았고 윌슨은 숙련된 경찰관이었다는 사실은 차치하고서라도 말이다.

잔혹행위나 직권남용에 의한 피해자로 볼 수 없었거나 보려 하지 않았다. 브라운은 경범죄자인 동시에, 무려 살인이라는 중대한 인권침해의 피해자일 수 있었고, 이 두 서사는 당연히 양립이 가능했다. 하지만 사람들은 두 서사가 경합하는 관계인 것처럼 지각했다.

그러므로 피해자의식이라는 개념에 대한 서사적 해석은, **피해자비난**이 그토록 심각한 도덕적 문제로 간주되고 감지되는 이유를 설명하는 단서를 제공한다. 관찰자의 초점이 가해 행위 자체에서 피해 여성의 (본모습일 수도 있는) 경솔함으로, 혹은 심지어 그녀의 부도덕한 행실이 그 같은 피해를 자초하게 된 경위로 이동하는 순간, 서사 속 피해자라는 그녀의 역할은 걸핏하면 위태로워질 수 있다. 그녀가 여간해서는 피해자로 보이지 않는 상황이 발생할 수도 있다는 뜻이다. (6장, 특히 '힘퍼시' 절을 참조하라.)

또한 피해자의식이라는 개념에 대한 서사적 해석은, 세상에 두 부류의 피해자가 존재한다는 사실을 설명하는 데도 도움이 된다. 다이애나 티에첸스 마이어스가 국제사면위원회Amnesty International 프로토콜에 묘사한 구분법에 따르면 세상에는 "애처로운" 피해자와 "영웅적인" 피해자가 존재한다(Meyers 2011). 두 유형 모두 알아보기 쉬운 **인물상**이다. 한쪽은 곤경에 처해 구조를 요하는 불운한 아가씨라면, 다른 한쪽은 현대 만화영화 속 용감한 여주인공이니까. 두 유형 모두 마이어가 설명한 바와 같이 무결하다고 간주되지만 그 근거는 판이하다. 애처로운 피해자는 수동적이고 철저히 무력하기 때문에 도덕적 비행에 대한 의심조차 면제받지만, 영웅적 피해자는 행위주체성 때문에 도덕적으로 훌륭한 목표를 지향해야만 진정한 피해자로 인정받는다. 사람들은 그녀가 숭고한 목적을 위해 싸우는 중이라고 가정한다. 달리 말해 그녀는 서사적 정체성 덕분에 나무랄 데 없는 사람으로 인식된다.[12]

피해자 연기(혹은 경시)

이제 우리는 역사적으로든 현재적으로든 소외되거나 종속돼온 이들이 "피해자인 척 연기"한다고 인식될 위험을 감수하면서까지 자신이 입은 도덕적 상처에 사람들의 이목을 집중시키려 하는 이유는 무엇인가 하는 질문과 관련해 논의를 좀더 진전시킬 수 있게 되었다. 궁극적으로 나는 이 질문을 특별히 집요하게 파고들 것이다. 왜냐하면 이 질문은 비교적 특권에서 소외된 남성이 가한 여성혐오적 공격으로 상처 입은 여성들과 관련이 있기 때문이다.

그러기 위해서는 우선, 역사적으로든 현재적으로든 사회에서 종속적 위치에 속한 사람들이 이런 식으로 앞에 나설 때 그다지 이목을 끌지 못하거나 오히려 전적으로 불리한 상황에 놓이게 되는 이유부터 살펴보는 편이 좋을 듯하다.[13] 이런 과정은 이제부터 내가 최선을 다해 풀어나갈 수수께끼의 윤곽을 더 뚜렷하게 드러낼 것이다.

캠벨과 매닝의 견해에 따르면, 자신에 대한 피해자화—혹

---

12   혹자는 궁금할 것이다. 이 두 개념의 간극이 이토록 크다면, 도대체 얼마나 많은 이가 억압적 범죄를 당하고도 피해자로 인식되지 못하는 것일까? 마이어스도 이 부분을 우려해 성매매와 사형을 예로 들어 알기 쉽게 설명해놓았다(Meyers 2011; Meyers 2016도 참조).

13   여기서 나는 동기적 이유와 규범적 이유의 잠재적이고 중요한 차이에 관해서는 직접적인 논의를 피했다. 내 논증 방식을 적용하면 그 둘은 밀접하게 연결돼 있기 때문이다—이 견해에 대해서는 다른 글에서 장문으로 밝힌 바 있다(이를테면 Manne 2013; 2014a). 더욱이, 괜찮은 (규범적) 이유가 없다면 특별한 심리학적 사연도 없을 것이므로 같은 내용의 동기적 이유랄 것도 없을 공산이 크다. 내 추정을 바탕으로 달리 말하자면, 이런 문제와 관련해 기본적으로 여성들은 자기들이 특정한 방향으로 행동하는 데 유리하거나 불리한 사유가 있을 때 이에 대해 합리적으로 처신하거나 즉각적으로 반응한다.

은 두 사람이 논문에서 네 가지 조건으로 나눠 넌지시 언급한 거짓 증오 범죄 사례처럼 전적으로 날조된 피해자화—를 강조하는 것은 "제삼자의 관심과 동정, 개입"을 유도하기 위한 작전일 때가 많다. 두 사람은 부제에서 피해자들은 스스로에 대한 "피해자화를 마치 미덕처럼" 표현한다고 단언했다. 더욱이 그들의 설명에 따르면 "사람들이 타인에게 도움을 요구하고, 자기가 받는 억압이 존중과 조력을 받아야 마땅한 근거라는 듯이 선전하는 경향이 점차 짙어지고" 있었다. "명예 문화에서 최하층이던 피해자의 도덕적 지위가 전에 없이 높은 위치까지 상승했다는 점에 근거해, 우리는 이와 같은 도덕 문화를 '피해자의식 문화'라고 일컬어도 좋을 것"이었다. 하지만 이와 대조적으로 "명예를 중시하는 사람에게는 자신에 대한 피해자화와 동정의 필요성을 선전하거나 과장하는 형태의 공개적인 불만 제기가 스스로 명예심이라고는 손톱만큼도 없는 사람임을 입증하는 행위만큼이나 지독히 끔찍한 것으로 여겨질"(2014, 714) 터였다.

다른 설명도 가능하다. 지금까지 이 책—특히 4장과 6장—에서 내가 전개한 주장을 감안할 때 대안적 설명이 가능하다는 이야기다. 그 내용인즉, 도덕적인 피해자들 중에서도 특히 여성들이 앞에 나서거나 "공개적인 목소리"를 내면서까지 자신이 속한 환경을 공평한 경쟁의 장으로 만들고자 노력한다면, 지금까지의 기본 가정, 즉 '도덕적 주목을 받을 자격이 있는 사람은 누구인가'라는 질문의 답이 기존과 달라질 수 있다. 여성이라면 동정적 관심과 도덕적 집중을 자기 입장을 대변할 목적으로 요구하기보다 지배 남성들에게 베풀어야 한다는 인식이 팽배한 사회에서, 스스로 피해자임을 호소하는 여성들의 주장은 유난히 튀어 보일뿐더러 자칫 질투나 시샘을 살 수도 있다. 이러한 여성들을 바라보는 사람들의 관점은, 부모의 관심을 받기 위해 애쓰는 갓난아이를 질투 어린 시선으로 바라보는 손위 형제의 그것과 흡사할 것이다. ('신유치증新幼稚症, new infantilism*'이라는 개념을 생각해보라.) 그러나 이런 여성의 사례에서는 갓난아이와 부모가 동일 인물이다. 따라서 여기에는 부모 역할을 맡은 인물이 본연의 역할을 저버리고 판을 뒤집는 데 대한 분개도 모자라 격노의 감정까지 섞여 있을 수 있다.

이 모든 인식은 가부장적 규범과 가치의 유산인 부당한 특권 의식에서 유래된다. 하지만 여성과 남성 모두에게 워낙 견고하게, 정말이지 깊숙이 내재화된 탓에 별다른 주목을 받지 않고 지나칠 때가 부지기수다. 캠벨과 매닝이 언급한 이른바 명예 문화는 그저 상처에 대한 대비가 하도 철저해서 자신이 상처받았다는 주장을 굳이 내세우지 않아도 되는—실재했는지 여부도 불분명한 과거를 그리워하는 현대인의 상상 속에나마 존재하는—세상의 문화인지도 모른다. 가부장제 질서 아래서 대부분의 남성은 굳이 애정 어린 봉사를 요구하지 않아도 지배적 위치를 점유하고 아내와 모친, 정부情婦 등의 여성으로부터 위로를 받으며 안정을 취했을 테니까. 여자의 그러한 봉사는 그남에게 자동적으로 주어지는 권리였을 테니까.

반면 우리 중 누군가가 피해자의식을 제법 명확하게 주장할 때, 첫째로 그 사람은 도덕적 상처에 대한 동정이나 보상과 관련해 필요한 것을 자동적으로 제공받지 못하는 상태다. 둘째, 그 사람은 역사적으로 그런 권리와는 인연이 없고 오히려 **타인들의 권리** 충족을 보장할 의무가 있다고 간주돼온 이들의 눈에 더욱 튀어

---

* 유치증이란 성인이 인지적으로나 정서적으로 어린아이의 상태에 머물러 있는 증상을 일컫는 심리학 용어다.

보일 만한 방식으로, 동등한 **권리**를 주장하고 있을 가능성이 높다.**14**

위 내용이 사실이라면, 어떤 여성이 "피해자인 척 연기한다"거나 "젠더 카드를 꺼내 든다"거나 지나치게 연극적이라고 인식될 때, 우리는 우리의 본성을 비판하고 의심해야 한다(Schraub 2016). 그 여성의 행동이 튀어 보일 수 있는 이유는, 그녀가 자신의 당연한 권리를 넘어서는 것을 주장하고 있다는 사실이 아니라, 우리가 이러한 상황에서 자기 권리를 주장하는 여성들에게 익숙하지 않다는 사실에 있다. 여성들은 그보다 지배적 남성들이 호소하는 피해자 서사의 **청중**이 되어주기를, 도덕적 돌봄과 경청, 동정과 위로를 제공하기를 요구받는다.

달리 말해 여성들은 지배적 남성들에게 여러 재화 중에서도 특히 도덕적 집중과 감정적 에너지를 빚졌다고 여겨진다. 그런가 하면 지배적 남성들은 대개 이러한 재화에 대해 도를 넘은 특권 의식을 느끼거나 이에 굶주려 있을 수 있다.

또한 우리는 미국에서 흑인 여성 학대가 대량 투옥에 비해 관심과 도덕적 우려라는 측면에서 소외되는 현상과 그 정도 역시

---

14 내가 느끼기에 사회적으로 종속된 위치에 놓인 이들이 도덕적 상처로 사람들의 관심을 끌 때 이러한 행위는 더 충격적이거나 거슬리게 보이기 쉽다. 반면 권력자들이 유사한 불만을 토로할 때 우리는 짐짓 이를 묵과하고 그저 그들을 동정할 따름이다. 이 논쟁에서 주목할 만한 아이러니는, 하이트뿐 아니라—2015년 6월 3일 자 『복스 *Vox*』에 「나는 자유주의자 교수이고, 내 자유주의자 학생들은 나를 두렵게 한다I'm a Liberal Professor, and My Liberal Students Terrify Me」(https://www.vox.com/2015/ 6/3/8706323/college-professor-afraid)를 익명으로 기고한—에드워드 슐로서도 (내가 보기엔 설득력이 전혀 없는 근거를 들어) 사실상 학생들의 불만 제기로 인해 자신이 점차 피해자가 되어간다고 주장한다는 점이다. 이러한 인식에는 동정을 상품과 비슷하게 여기는 경향이 숨어 있다(곧 확인하겠지만, 나는 대체로 이를 음흉하고 비뚤어진 발상이라고 생각한다). 그리고 이러한 인식의 수혜자는 상대적으로 풍요로운 특권을 누리는 사람들일 공산이 크다(주18 참조).

고려해야 한다. 백인 자유주의자들은 이런 현상이 거의 배타적으로 흑인 남성들만의 문제인 것처럼 노골적으로 개념화한다. 노파심에 말해두자면, 이는 흑인 남성에 대한 부정의가 생각만큼 심각하거나 중요하지 않다는 의미가 아니다. 다만, 사회학자 매슈 데스먼드가 입증한 바와 같이, 가령 퇴거 명령 사안에서처럼 흑인 여성에게 가해지는 유사한 형태의 구조적 부정의가 (역시나 백인 자유주의자들의) 공적 담론에서 상대적으로 대수롭지 않게 여겨져왔다는 의미로 짚어두는 것이다(Desmond 2016). 더욱이 흑인 여남에 대한 경찰의 잔혹 행위와 관련해서도 유사한 경향이 감지된다. 흑인 여성의 수감률이 백인 여성의 그것에 비해 더 높은 현상과 관련해서도 마찬가지다(Crenshaw 2012). 뿐만 아니라 '흑인의 목숨도 소중하다Black Lives Matter' 운동을 일으킨 주인공이 흑인 여성 세 명이라는 사실은, 정작 그 운동을 (표면적으로) 지지하는 백인 자유주의자들의 논의 석상에서 거의 번번이 간과된다. (나를 포함해) 내가 속한 부류의 사람들이 이 문제에서 직면하는 또 하나의 부끄러운 아이러니랄까.[15]

더욱이 캠벨과 매닝은, 자신에 대한 피해자화를 강조하는 (혹은 단순히 진술하는) 행위가 제삼자의 동정적 관심을 모으는 불확실한 수단에 불과할 때가 많다는 사실을 간과한 듯 보인다. 하지만 공교롭게도 그들의 해당 논문에는 도덕적 상처로 관심을 끌려는 이들이 적개심과 분노를 맞닥뜨리기 쉽다는 증거가 버젓이 제시돼 있다(주2 참조). 무엇보다 이런 경향은 종속적 집단에 속한 사람들에게, 그중에서도—전부는 아닐지언정—특히 여성에게 더 심하게 나타난다.

---

15 이 주제를 심도 있게 다룬 글로는, Dotson 2016과 Lebron 2016; 2017을 참조하라.

디아시 닐의 경험담을 들어보자. 흑인 동성애자이자 뇌성 마비 장애인인 이 남성은 샌프란시스코에서 자신이 사는 워싱턴 D.C.까지 다섯 시간을 타고 간 비행기에서 내리며 휠체어 도움 서비스를 신청했지만 거절당했다. 그남은 승무원에게 거듭 도움을 요청했다. 하지만 돌아온 대답은 "규정대로 할 뿐"이니 인내심을 갖고 기다리라는 말뿐이었다. 닐은 화장실이 급했다. 타고 온 비행기의 기내 화장실은 휠체어 사용이 불가능했던 터라 내내 화장실을 사용하지 못했다. (일반 휠체어로는 비행기 복도를 지날 수 없었기에) 폭이 좁은 기내용 휠체어를 제공받기 위해 45분을 더 기다린 그남의 인내심은 마침내 한계에 다다랐다. 닐은 팔꿈치로 기어서 비행기를 빠져나갔고, 모여 있던 승무원들은 경악했다. 그남은 비행기 옆에 얌전히 놓여 있던 자신의 휠체어를 되찾은 다음, 공항 화장실을 사용한 뒤 집으로 향했고, 그날 일에 대해 누구에게도 이야기하지 않았다. 하지만 사건은 그대로 묻히지 않았다. 닐이 당한 처우가 마음에 걸렸던 한 승무원이 언론에 그 일을 제보한 것이다. 뉴스 헤드라인을 장식한 그 기사의 도입부는 다음과 같았다.

닐은 거의 모든 면에서 완벽한 피해자였지만 불평하지 않았는데, "그 일로 소란을 피우고 싶지 않았기" 때문이다. 문제의 사건으로 "짜증 나고, 갑갑하고, 화가 났지만, 익숙한 일이었다"고 그남은 말했다. 이전에도 서너 번 그런 일을 겪었다는 것이다. 게다가 항공사는 CNN에 보낸 보도자료를 통해 사건이 사실임을 공개적으로 인정했고, 닐은 항공사 측의 사과를 정중히 받아들였다.

캠벨과 매닝의 해석대로라면 닐의 일화처럼 명명백백한―더불어 유나이티드항공처럼 매정하고 못된 녀석이 연루된―사례는 온라인에서 그남이 처했던 곤경을 적극적으로 퍼 나른 사람들로부터 거의 보편적인 동정을 받아야 마땅해 보인다. 하지만 닐의 형편은 그렇게 흘러가지 않았다. 오히려 그런 반응과는 거리가 멀었다. 많은 사람이 동정심을 표한 것은 사실이지만, 피해자를 비난하는 부정적 반응도 상당해서, 심지어는 이메일과 온라인 댓글을 통해 닐에게 이차적으로 가해진 굴욕을 다룬 기사까지 나왔을 정도다. (문제의 기사는 2015년 10월 28일 자 『워싱턴 포스트』 기사 중 가장 많은 조회수를 기록했다.) 닐은 장애를 가장했다는 비난에 직면했다(걷지도 못하는데 어떻게 기어다니지?). '흑인의 목숨도 소중하다' 운동에 관심을 집중시키려는 수작이라고도 했다(닐은 그 운동을 지지했지만, 그것에 개인적으로 관여하지는 않았다). 나르시시스트라거나, 타인의 도움을 받아야겠다는 부당한 특권의식에 사로잡혀 있다는 비난도 받았다. 각종 뉴스 사이트 댓글난에 올라온 글 중 눈에 띄는 몇 가지를 소개하자면 다음과 같다.

"얼마를 받고 싶어 이러시나? 착륙하고 다들 비행기에서 뛰쳐나가고 싶어할 시간에 화장실에 가야 한다니, 참 재밌는 사람이네."

"그 남자가 얼마나 오래 기다렸다고? 5분? 10분? 30분? 우리도 다들 기다리는데. 그래야 평등하지. 그 사람은 그냥 장애인 이동수단 관련 회의에 다녀오는 길이었을 뿐이라고. 참 기가 막혀서. 보나 마나 자기밖에 모르는 사람일 듯! 내가 당신보다 중요해! 안 보여? 나 특별한 사람이야!"

"그 사람이 비행기나 화장실을 드나들 수 있게 도와줄 책임이 왜 항공사에 있죠? 그 사람은 자기한테 장애가 있다는 사실을 비행기에 오르기 '전부터' 알고 있었는데요. 그런 사람이 왜 문제가 생겼을 때 자기를 도와줄 활동지원사나 가족을 데려가지 않았을까요? 요즘 같은 세상에 본인한테 필요한 건 본인이 알아서 준비해 야죠. 자기가 필요로 하는 걸 남들한테 기대해선 안 되잖아요."

"비행기가 불시착하지 않은 게 천만다행이네요! 그 사람, 승무원 이 자길 들어다 비행기에서 내려주길 바랐을 게 뻔하죠. 아니 왜 자기 일을 자기가 하지 않는 거죠? 다음에는 고기 써는 칼을 잃 어버린 노인이 승무원한테 음식을 대신 썰어달라고 할 차롄가 요? 아니면 맹인the blind이 책 읽어주길 기대하려나? 비행기로 여 행을 하겠다는 사람이면 상식적으로 기내 반입이 가능한 짐의 크기가 정해져 있다는 사실쯤은 알고 있어야죠. 기내 복도가 좁 다는 걸 알았다면, 그때 좁은 복도로 다닐 수 있게 제작된 여행용 휠체어를 샀어야죠. 자립하려면 그 정도는 투자해야 되지 않나 요? 남을 챙기는 건 호의일 뿐 책임은 '아니다' 이겁니다!"**16**

---

16 Michael E. Miller, "D'Arcee Neal: Disabled Activist Who Had to Crawl Off Unit-ed Airlines Flight Reveals the Humiliation That Followed(디아시 닐: 유나이티드항공 비행기를 기어서 빠져나온 장애인 활동가, 자신이 당한 굴욕을 폭로하다)," *The Independent*, October 28, 2015, http://www.independent.co.uk/news/world/americas/the-disabled-gay-activist-who-had-to-crawl-off-his-united-airlines-flight-and-into-even-more-a6711626.html에 소개된 댓글 일부를 재인용. 기사를 일부 발췌하자면 이렇다.

    하지만 아마 독자는 들어보지 못했을 일들이 사건 이후에 발생했다. 사람들은 무지했고, 인터넷 댓글을 달았고, 남들이 보는 앞에서 바닥을 기었다는 이유로 거친 비난과 굴욕적 발언을 일삼았으며, 이런 행태는 온라인에서 끊임없이 되풀이됐다.

    "인터넷에는 제가 이야기를 꾸며낸다거나 돈만 밝히는 기회주의자라고 생각하는 사람이 꽤 많습니다." 닐은 말한다. "심지어 제가 '흑인의 목숨도 소중하다' 운동에 관심을 촉구할 목적으로 그런 행동을 했다고 말하는 사람도 있으니까요. 정말 불쾌하더군요."

    닐에 대해 첫 번째로 알아야 할 사실은 그남의 인생이 정말 지독히도 고단했다는 점이다. 워싱턴 DC에서 태어난 그남은 아프리카계 미국인이자 커밍아웃한 정말이지 우습고 비열하기 그지없는 이 발언들은 '누가 최우선이고, 누가 누구를 책임지는가'라는 문제를 눈에 띄게 강조하는 한편, 흥미로운 사실 하나를 우리 앞에 드러낸다. 그것은 바로, 무언가를 얻기 위해서는 '줄을 서'거나 대기해야 한다는 인식이 우리 사회에 만연해 있다는 사실이다. 또한 누군가 부당하게 끼어들고 있다는 발상에서는 뚜렷한 공포심마저 감지된다. 특히 미국과 오스트레일리아에서 이민자에 대한 공포는 망명 신청자나 이른바 새치기꾼에 대한 비이성적인 도덕적 공황에서 비롯된 비교적 매우 오래된 편견이다.[17]

동성애자이자 장애인이다. 달리 말해 삼중 소수자라는 뜻이다.

"저는 태어날 때부터 뇌성마비였습니다……."

닐에 대해 그럼에도 불구하고 두 번째로 알아야 할 사실은, 그남이 절대로 사람들의 연민을 원하지 않는다는 점이다. (…)

17 참고로 알리 러셀 혹실드도 "깊은 이야기deep story"라는 개념을 소개하면서 "줄"에 대해 언급한 적이 있다. 이 개념에는 혹실드가 최근 실시한 문화기술적 연구를 바탕으로 출간된 『자기 땅의 이방인들Strangers in Their Own Land』(2016) (한국어판은 2017)에 등장하는 연구 대상들의 정치적 세계관을 명확히 밝히려는 의도가 깔려 있다. 저자는 낙후되고 지방색이 강한 루이지애나에서 티파티Tea Party의 초기 회원인 백인 보수주의자들과 5년을 함께 보냈다. 그들 대부분은 공화당 예비선거 이후 트럼프 지지자가 되었다. 혹실드의 글에 따르면 이러한 공동체에서,

트럼프가 득세할 분위기는 이미 조성돼 있었다. 마치 성냥불을 붙이기 전 불쏘시개처럼. 거기에는 세 가지 요소가 함께 작용했다. 1980년 이래로 사실상 내가 대화를 나눈 모든 사람이 자신의 경제적 기반이 불안하다고 느꼈고 이러한 사실은 그들이 '재분배'라는 관념에 신경을 곤두세우는 결과로 이어졌다. 또한 그들은 문화적으로도 소외됐다고 느꼈다. 임신중단과 동성 결혼, 젠더 역할, 인종, 총기, 남부연합군 깃발을 바라보는 그들의 관점은 미국의 각종 언론에서 구닥다리처럼 희화화되었다. 또한 그들은 민주주의가 일정 부분 퇴보했다고 느꼈다. "우리 같은 백인 기독교도가 점점 줄고 있어요." 마돈나가 내게 말했다. 그들은 스스로가 마치 포위당한 소수자 같다고 느끼기 시작했다. 그리고 이러한 느낌에—비록 남부 바깥에서는 좀더 누그러진 형태로 공유되긴 했지만, 윌버 조지프 캐시가 『남부의 정신The Mind of the South』에 묘사한—문화적 경향을 곁들

그런데 그 줄은 무엇을 **위하여** 존재하는가? 추측건대 그 답은 다른 무엇보다 여성들이 제공하던 정서적이고 사회적인 노동의 공급이 나날이 부족해져가는 현실에서 찾을 수 있다. 이를 통해 우리는 이러한 도덕적 자원을 지켜내려는 경계 심리, 그리고 여성으로서 지배 남성들에게 응당 제공해야 할 것을 안 주거나—더 나쁘게는—자기 이익을 위해 그걸 요구하는 여성들에 대한 깊은 분노, 그리고 이를테면 흑인이자 장애인이자 동성애자인 닐처럼 완벽한 피해자인 동시에 다중으로 소외된 사회적 위치에 놓인 이들을 향한 격노에 대해 설명할 수 있을 것이다. 그렇게 '줄 서기' 정서는 분명 지극히 잘못된 생각임에도 불구하고 많은 사람의 구미를 자극했다. 그런가 하면 좌익 여성에게 완벽한 피해자—더 정확하게는, 특히 취약하다는 점에서 도덕적으로 우월한 피해자—는 일부 우익 남성에게 최악의 악몽일 것이다. 이때 후자는 가부장제가 그들에게 부여한, 피해자로서 보살핌을 받을 때 기본적으로 누려오던 우선권을 상실하게 될 수도 있다. 그리고 그들은 그 권리를 악착같이 지키려 한다. 그러기 위해 그들은—반드시 이름을 걸고는 아니라도—타인의 피해자 지위를 부인하는가 하면, 때에

였다. 계층 사다리에서 스스로를 대농장주나 석유 재벌처럼 '높은' 위치에 올려 놓고, 자기들보다 더 낮은 칸에 있는 사람들과 거리감을 느끼기 위해서.

이 모든 게 '깊은 이야기'의 일부였다. 그 이야기 속에서 이방인들은 당신보다 앞에 줄을 서 있고, 그로 인해 당신은 불안과 분노, 두려움을 느낀다. 어떤 대통령은 그 새치기꾼들과 동맹을 맺고, 당신으로 하여금 불신과 배신의 감정을 느끼게 한다. 어떤 사람은 당신보다 앞줄에 서서 당신을 무식한 시골뜨기라고 모욕하며 굴욕감을 안기고 화를 부추긴다. 경제적으로, 문화적으로, 인구통계학적으로, 정치적으로 당신은 별안간 자기 땅에서 이방인이 된다. 루이지애나의 전반적 상황, 말하자면 그곳의 회사들이나 정부, 교회, 미디어는 그 깊은 이야기에 힘을 실어준다. 그렇게 이것—깊은 이야기—은 성냥불을 붙이기도 전에 타오를 준비가 되어 있었다.(Hochschild 2016, 221-222)

따라서는 와중에 피해자인 척 **연기하기도** 한다.

닐의 이중적 굴욕을 논한 그 기자는 불안했는지 우리가 닐에게 냉혹한 잣대를 들이대기 전에 "알아두어야 할 두 가지"를 기사에 써 넣었는데, 정리하자면 그남은 힘겨운 삶을 살았고, 연민을 바라지 않는다는 내용이었다. **애초에** 이런 욕구가 있었더라면, 많은 사람의 반응에 그남은 굉장히 낙심했을 것이다.**18** 닐은 자신을 겨냥한 비난에 의아하고 속상한 심정을 드러냈다. "어쩌면 그렇게 이야기를 나쁜 쪽으로 몰아갈 수 있죠?" 그남은 물음을 던졌다. "저는 아무 잘못도 하지 않았어요. 무엇보다 유나이티드항공 측에서 공개적으로 인정했잖아요. 다 자기네 잘못이라고. 거기서 이미 사과했고 성명서도 발표하고 [다] 했습니다. 도대체 뭐가 더 필요할까요?"(Miller 2015)

닐의 타당한 질문에 대한 답을 찾는 여정이 여기서 조금은 진전을 이뤘기를 바란다.

---

18 진부한 이야기를 하자면, 동정과 공감은 매우 중요하고 어떤 면에서 핵심적이기까지 한(비록 나는 개인적으로 그렇게까지 생각하고 싶지 않지만) 도덕적 능력이다. 하지만 그럼에도, 사람들이 동정과 공감을 구하고자 할 때 이는 종종 적개심과 분노를 산다. 이러한 특징들은 밀접하게 연돼 있을 가능성이 있다. 어쩌면 동정받고 싶은 욕구는 정서적 갈취 혹은 도덕주의의 정동적 유사체로 읽히는지도 모른다. 그리고 일반화하자면, 내 생각에 우리는 암암리에 동정을 줄 서야만 얻을 수 있는 상품, 상처의 크기가 클수록 더 많이 받을 수 있고, 타인—그러니까 더 절박한 사람들—에 대한 우선적 순위 배정을 방해하거나 동정을 베푸는 사람에게 짐을 지울 때는 받을 가능성이 줄어드는 상품처럼 바라보는 경향이 있다. 그러나 이는 그저 실수 이상도 이하도 아니다. 세상에는 동정의 중앙 저장소도, 동정을 필요로 하는 사람 모두에게 그것을 공정하게 분배할 방법도 존재하지 않는다. 더욱이 동정은 한계가 엄격하게 정해진 자원이 아니다. 물론 무한한 자원도 아니다. 그러나 이론상 우리 모두는 적어도 통시적으로는 상보적 방식으로 서로에게 더 동정적일 수 있다(더 자세한 내용은 Manne 2016c 참조).

고로 공론장에서 누군가 도덕적 상처에 대해 관심을 유도하는 행위는 동정적 관심을 끌기에 딱히 좋은 방법으로 보이지 **않는다**. 그러니까 피해자가 종속적 집단의 구성원일 때라면 말이다. 그럴 땐 닐의 사례처럼 명백하기 그지없는 피해자조차 다수의 적개심을 유발하기 쉽다. 하물며 완벽하지 않은 피해자라면 그런 경향이 더하면 더했지 덜하지는 않을 것이다.

그렇다면 고충을 공론화하는 다른 이유들은 어떨까? 역시나 빤한 대답으로는 앞에 나서려는 여성이 점점 더 많아지는 현상을 충분히 설명할 수 없을 것이다. 종속 집단의 구성원들은 공정한 대우와 인정을 받을 수 있으리란 희망으로 그러한 발화를 감행했다가 별의별 구조적 장벽을 마주하곤 한다. 가령 한 여성이 지배 남성에게 부도덕한 혐오 공격을 가했다고 (법적으로든 도의적으로든) 책임을 지우려 한다면, 다음과 같은 위험에 노출될 가능성이 높아진다.

- 첫째, 믿음을 얻지 못하고 사기꾼이나 '미친 사람', 히스테리가 심한 사람이라는 식의 의심을 받게 될 수 있다. (증언적 부정의 사례나, 여성을 복수에 집착하는 존재로 그린 「나를 찾아줘」와 비슷한 사례를 떠올려보라.)
- 사건에 원인을 제공했다는 비난에 직면할 수 있다. (일반적으로는 피해자비난이라는 개념을, 구체적으로는 피해 여성의 옷차림에 대한 질문이나, 가정폭력과 성폭력 사건 모두에서 당연하다는 듯이 거론되는 도발이라는 개념을 떠올려보라.)
- 범죄를 제대로 수사하지 않게 될 수 있다. (유명한 운동선수가 연루된 수많은 사건, 가정폭력이나 성폭력을 진지하게 다루지 않는 일부 경찰관들의 행태 등을 떠올려보라.)

- 범죄의 증거가 인멸될 수 있다. (강간 증거물 파기를 비롯해 경찰의 조직적인 부주의와 은폐를 예증하는 다양한 기록을 떠올려보라.)

- 혐의가 축소되거나 기각될 수 있다. (배우자나 헤어진 배우자를 가정폭력죄로 고발하지 말라고 여자들을 설득하는 관행이나, 남대생들을 기소할 때―대개는 피해자에게 동의를 구하거나 사전에 고지하지 않은 상태에서―당초 제기된 혐의보다 더 가벼운 죄목을 적용하는 관행을 떠올려보라.)

- 범죄가 더 광범위한 패턴의 여성혐오적 공격으로 인정되지 않고 임의적이며 설명이 불가능한 유형으로 간주될 수도 있고, 범죄의 인과관계를 따지는 과정에서 정신질환처럼 개별적이고 특유하다고 간주되는 요소들을 사실로 단정함으로써 고소가 완전히 취하될 수도 있다. (가령 최근 백인 남성들이 저지른 여러 총기 난사 사건에서 "정신이상을 참작해달라는 탄원"이 공식적으로든 비공식적으로든 이뤄졌다는 점을 떠올려보라.)

- 이기주의와 공격성, 허위성, 조작성을 구실로 맞고소를 당할 수 있다. (이러한 구실들은 때로 강간주장이 허위일 가능성을 각별히 우려하는 근거로 제시되곤 한다. 가정과 달리 실제로 특별한 문제가 있다는 증거는 희박한데도 말이다. 더불어 '사회정의의 전사 social justice warrior, SJW'*라는 개념도 참고하라.)

- 멸시당할 수 있다. (가령 '유치하다'거나, 지나치게 예민하다거나, 자기 문제를 성숙하고 어른스러운 방식으로 처리할 능력이 없다

---

*   세상에 존재하는 모든 단어, 물건, 사건 등에 '정치적 올바름'에 기준한 잣대를 들이밀고 편견이나 차별과 관련한 이슈에 지나치게 민감하게 반응하는 이들을 부르는 말.

고 여겨질 수 있다.)

- 피의자의 추종자나 옹호자들로부터 희롱과 위협을 당할 수도, 어쩌면 (거듭) 상처를 받게 될 수도 있다. ('강간 피해자 보호rape shield' 법안이 제정되기 전 여성들을 상대로 이뤄진 반대 심문을 떠올려보라.)

괄호 안에 제시한 사례들을 생각할 때, 그리고 여기서 젠더를 뒤바꾸면 비슷한 사례가 급감하는 현실을 감안할 때, 위와 같은—여성들이 지배 남성들을 법정에 세우려 할 때 그러한 장벽을 맞닥뜨릴 위험이 더 높아지리라는—예측은 일단 상당히 그럴듯해 보인다. 여성들을 지배하는 남성들은 단지 특혜만 누리는 게 아니다. 많은 사례를 고려할 때 그들은 사회에서 특권적 위치를 **상실하지** 않게끔 철두철미한 보호를 받는다. 이와 관련해서는 앞서 6장에서도 추가적 증거를 제시한 바 있다.

고로 보다시피 여성에 대한 사회적 지배를 향유하는 남성들에게 여성혐오적 행위를 이유로 법적 책임을 지우려고 들거나 앞으로 나서는 여성들은 수많은 잠재적 장애물을 맞닥뜨린다. 또한 위에서 분명히 드러난 것처럼 그런 행동이 단연 불리하게 간주되는 이런저런 이유가 존재한다. 그런가 하면 일상에 만연한 폭력의 사례처럼 법적 구제나 민사적 구제 방안에 대한 공식적 논의가 전무한 사안들도 존재한다. 어쩐지 갈수록 미궁에 빠지는 느낌이다. 사정이 이런데도 여자들이 굳이 가시밭길을 자처하는 까닭은 도대체 무엇일까?

여자들이 앞으로 나서는 목적이—동정과 관심 유도는 차치하고라도—가해자를 법정에 세우고 물질적 자원과 혜택을 얻는 데 있다고 생각하는 사람은 캠벨과 매닝의 질문—그럼에도 사람들은 왜 자신의 피해자화를 역설하는가—을 여전히 머릿속에 떠올릴 것이다. 여성들이 그런 희망을 동기로 움직인다고 가정하면, 그들이 앞에 나서는 이유는 합리적으로 보이기는커녕 이해조차 받기 어려워 보인다.

그러나 꼭 그렇지만은 않을지 모른다. 리자이나 리니의 주장에 따르면, 종속 집단의 구성원으로서 누가 어떤 식으로 부당한 처우를 받는가 하는 문제에 관심을 모으려 하는 것은 때에 따라, 사회적 위치가 비슷한 타인들과 **연대**를 이루는 최선의, 어쩌면 심지어 유일하게 성공 가능한 방법일 수 있다.[19] 그러니까 사람은 자신의 상처를 자신과 비슷하게 취약한 처지에 있는 타인이 심각하게 여기도록 만들거나 적어도 인지하게 하는 과정에서 위안을 얻게 될지도 모른다.[20] 물론 사회적 제재 체계가 공식적으로든 비공식적으로든 가부장제의 가치와 이익을 지탱하는 방향에 맞춰질 때는 수적으로 우세하더라도 힘을 제대로 발휘하지 못하기도 한다. 그러나 때로는 이런 식의 (이를테면) '크라우드 소싱 파워crowd-sourcing power'가 실제로 효과를 발휘하는 듯 보인다. 그리고 그 가능성은 소셜미디어가 발달한 사회일수록 더욱더 높아진다.

인정하건대, 이처럼 대중에 의한 권력이 강해질수록, 그 권력을 행사하는 사람들을 경시하고 그들의 신뢰성을 떨어뜨리려는 상쇄적 공격과 시도 또한 증가할 것이다. 그러나 사회적 지지에

---

19 Regina Rini, "Microaggression, Macro Harm(일상에 만연한 폭력, 거대 해악)," *LA Times*, October 12, 2015, http://www.latimes.com/opinion/op-ed/la-oe-1012-rini-microaggression-solidarity-20151012-story.html.

20 일례로, 특정한 카테고리로 분류하기는 어려울 수 있지만, 모종의 학대나 착취임이 확실시되거나 권력 차이가 지나치게 큰 친밀한 관계에서 겪을 수 있는 경험을 자신 외에 타인도 겪었다는 데서 오는 심적 안도감이 있을 수 있는데, 이에 대한 논의는 Manne 2017을 보라.

는, 여성혐오의 패턴을 전보다 더 잘 인식하게 되리라는 기대와 더불어, 그 자체로도 중요한 가치가 있다. 여성들이 여성혐오의 작동을 경계하는 것은 가스라이팅에 대비하는 일과 특히 흡사하다(「서론」을 상기하라).

그러므로 나는 일상에 만연한 폭력에 대해 알리는 일의 가치를 연대에서 찾을 수 있다는 리니의 설명에 전적으로 동의한다. 그러나 생각건대, 그 설명을 완성하기 위해서는 성격이 완전히 다른 또 하나의 퍼즐 조각이 필요하다. 그리고 이어지는 내용은, 우파뿐 아니라 좌파에 의해서도 이따금씩 제기되곤 하는 어떤 혐의―그러니까 피해자의식을 주장하는 행동이 종종 행위주체성과 용기를 요하고 피력하는 방식으로 과거나 현재의 권력 강탈과 굴욕을 인지하는 과정이 아니라 **현재**와 **미래**의 수동성을 인정하는 과정과 관련돼 있다는 비난―가 거짓임을 아울러 보여줄 것이다.[21] 혹은 이어지는 사례 연구를 통해 내가 그렇게 주장할 것이다. 이 사례 연구를 통해 우리는 위 내용과 관련된 경향과 동기가 미국이라는 환경 바깥에서 뚜렷이 나타나는 한편, 이것이 인터넷이나 소셜미디어가 등장하기 한참 전에 등장했다는 사실을 알게 될 것이다. 마지막으로 이를 통해 우리는, 자족과 독립을 가치 있게 여기는 사람이라도 상황이 급박해지면 형편에 따라 반쯤 의도적으로 피해자를 연기할 수도 있다는 사실을 알게 될 것이다. 피해자를 연기하는 행위는 오히려 자족과 독립을 소중히 한다는 증거로 읽힐 가능성이 있다.

---

21 이와 관련해서는 퀴터리 구노와의 토론에서, 그리고 성폭행 사례와 "도구화된 행위주체성instrumentalized agency"을 연결 지어 논의한 그녀의 글에서 많은 도움을 얻었다.

『독립적인 사람들』: 사례 연구

노벨상 수상에 빛나는 하들도르 락스네스(Laxness [1934] 1997)의 소설 『독립적인 사람들*Sjálfstætt fólk*』에서 주인공은 최근에 자유의 몸이 된 소작농 뱌르투르다. 그남은 아이슬란드의 어느 좁고 황량한 땅에서 양을 치며 독립적 인간으로서 생계를 꾸리기 위해 노력한다. (뱌르투르는 그 소유지의 이름을 종전의 "겨울집"에서 낙천적 느낌의 "여름집"으로 바꾸었다.) 소설 초반에 인상적인 장면이 나온다. 뱌르투르가 밖에서 양을 몰아들이는 동안 집에는 뱌르투르의 새 아내 로사가 홀로 남아 있다. 그녀는 다른 남자의 아이를 임신한 상태다. 암양 한 마리가 곁을 지키고 있다. 굶주림과 외로움으로 반쯤 넋이 나간 로사는 암양이 악마에 홀렸다고 확신한다. 그녀는 무자비하게 암양의 목을 따더니, 그 고기로 패티 소시지를 만들어 불에 굽고는 무감각하게 입속으로 밀어 넣는다.

뱌르투르가 귀가했을 때 아니나 다를까 로사는 암양의 행방을 제대로 설명하지 못한다. 뱌르투르는 잃어버린 양을 찾아 산으로 나선다. 그사이 산기를 느낀 로사는 아이를 낳다가 사망한다. 집으로 돌아온 뱌르투르는 빳빳한 시체로 변해버린 신부를 발견한다. 로사의 개 티틀라는 갓 태어난 여자아이에게 배의 온기를 나눠주기 위해 "이가 득시글거리는 몸"으로 웅크린 채 정성껏 아기를 품고 있다. 남겨진 뱌르투르는 아기의 목숨을 지키려고 애를 쓴다. 그남은 그 일이 "가장 위대하고 중요한" 사명이라고 여기며 숭고한 기분에 휩싸인다. (그남은 아이를 자신의 딸로 기르겠다고 결심한다. 비록 생물학적인 아버지는 아니지만 여기까지 온 이상 그 부분은 감내하기로 마음먹은 것이다.) 하지만 이내 그남은 독립성의 유지를 최고의 가치로 여기는 사람으로서 자신이 끔찍한 곤경에 처했다는 사실을 깨닫는다. "남한테 도움을 청해야 할까?" 그남은 자문한다. "그남이 아내에게 마지막으로 한 당부는 남한테 도움을 청하지 말라는 것이었다. 독립적 인간으로서 타인의 도움에 기대는 것은 악마의 권력에 자기를 맡기는 꼴이라고 생각했으니까. 그런데 이제 그런 굴욕이 그남에게, 다른 누구도 아닌 여름집의 뱌르투르에게 닥치려 하고 있었다. 그러나 그남은 마음을 다잡았다. 필요한 대가는 무엇이든 치르기로 마음을 굳힌 것이다."(1997, 100-101)

　　이제 뱌르투르는 용기를 내어—비참하고도 불편한 마음으로—바일리프와 여시인인 그남의 아내가 사는 집으로 찾아간다. 아이에게 먹일 우유를 청하기 위해서다. 그곳에 도착한 그남은 자신의 자유로운 지위를 과시해보기로 한다. 그남에게 오트밀 죽을 차려주며 로사의 건강 상태를 묻는 가정부에게 엉뚱하게도 이렇게 대답한 것이다. "나는요, 군사 양, 나 좋을 대로 살고 있어요. 이젠 내가 내 주인이고, 누구에게도 아쉴 필요가 없으니까요. 특히 당신한테는." 그남은 귀한 말고기를 개들에게 던져준다, 거만하게. 배가 고팠음에도 불구하고.

　　바일리프의 아내, 그러니까 여시인이 "머리를 곧추세우고 가슴을 한껏 내민 채 당당하게" 들어선다. 뱌르투르는 그녀에게 부탁하기 부끄럽지만 도움이 조금 필요하다고, "물론 대단치 않은" "사소한" 일이라서 바일리프의 노여움을 살 일은 장담컨대 없을 거라고 이야기한다. 이때 세 사람이 대화하는 현관으로 소설의 화자가 들어서더니 뱌르투르의 외양적 특징을 설명하기 시작한다. "옷차림과 전체적 외모로만 따지면 여름집의 뱌르투르가 부랑자 행색의 바일리프보다 훨씬 더 우월해 보였다." 하지만 "누가 봐도, 심지어 낯선 이의 눈에도 타인들을 지배하고 그들의 운명을 좌지우지하는 인간은 단연코, 의심할 여지없이 후자 쪽이었다. 담배를 씹는 그남의 입술은 그것의 가치 있는 성분을 모조리 빨아들이기 전에는 아무것도 내보내지 않겠다는 그남의 의지를 무의식적으로 상징하듯 힘껏 오므린 채 주름져 있었다".(1997, 104)

바르투르는 자신이 바일리프, 여시인 부부와 독립적 관계에 있음을 주장하기 위해 갖은 수단을 동원한다. 그남은 자리에 앉기를 거절한다. 장황하고 오만하게 한담을 나눈다. 바일리프에게 겨울에 쓸 건초를 주겠다고 제안하면서까지 여유를 과시하려고 노력한다. 자기 혼자 쓰기에도 빠듯한데 말이다. (하지만 안타깝게도 소용없는 일이었다. "본인이나 잘 챙기시게." 바일리프는 "침착하고 동정적인 말투"로, "비록 절대로 모욕적이지는 않지만, 타인을 측은한 쓰레기로 격하시킬 수밖에 없는 말투로" 그렇게 대답했으니까.[22]) 바르투르는 그저 "소소한 소식"을 전하기 위해 그 집을 찾은 것임을 분명히 한다. 그러고는 죽음에 대해 자못 철학적인 이야기를 늘어놓는다. 로사의 때 이른 사망 소식은 가장 완곡한 방식으로—아리송한 시구를 활용해—전달한다. 마치 자신이 재치뿐 아니라, 여시인의 전문 분야에서—그녀를 이길 정도까지는 아니더라도—그녀와 경쟁할 만큼의 역량까지 갖추었음을 증명하려는 것처럼. 그남은 바일리프 부부가 자신을 도와야 하며, 이는 자선이나 자비를 베풀기 위해서가 아니라, 아이가 그들의 손녀이기 때문임을 에둘러 이야기한다. (사실이 그러했다. 로사는 그 집 아들의 아이를 임신했고, 부부는 이 사실을 알고 있었으며, 심지어 그녀를 좋아하기까지 했다. 하지만 로사는 그들보다 사회적 계급이 낮았고, 이런 이유로 그들은 부랴부랴 그녀를 바르투르와 결혼시켰다.)

---

22 "바일리프는 바르투르에게 언제나 이런 식으로, 마치 그남에게 어떤 범죄적 성향이 잠재돼 있는 것처럼 반응했다. 그렇게 오랜 세월을 지나는 동안 바르투르의 본능적 공격성은 자유와 독립에 대한 열망과 함께 나날이 커져만 갔다."(104)

뱌르투르의 가치 기준에서 그남은 부부에게 열등감을 느끼지 않는다. 오히려 바일리프 부부를 대하는 뱌르투르의 태도는 지극히 경멸적이다. 또한 그남은 그들의 사회적 지위를 부러워하지도 않는다. 그남은 독립을 원한다. 그들의 자리가 아니라.[23] 그러면서도 그남은 자신에 대한 그들의 지배력과 그들이 그것을 휘두르는 방식에 깊이 분개한다. 그들은 고압적이고 위선적인 자세로 옹졸하고도 통제적인 권력을 행사한다.[24]

그러나 상황이 상황이니만큼 뱌르투르는 결국 마지못해 머리를 조아린다. 여시인은 그남의 말을 자르더니, 로사가 아이를 낳다 죽었는지 여부를 (영역본의 아쉬운 번역에 의하면) "평범한 영어"로 알려달라고 요구한다. 그남이 그렇다고 확답하자 그녀는 이렇게 이야기한다.

"아마도 우리는 자네를 도우려 하겠지. 전에도 숱하게 사람들을 도와봤으니까. 보답은 생각지도 않고 말이야. 그런데 한 가지 조

---

23 락스네스의 소설은 전체적으로, 또 여러 방식으로 독립을 향한 바르투르의 욕구가 굳세고 진실하다는 사실을 증언한다. 다른 이들은 그남처럼 독립성을 내세움으로써 오직 자만심을 드러내고 있을지 몰라도 뱌르투르는 다르다는 것이다. 듣기로 한 논평에서는 뱌르투르가 21세기 문학사상 가장 완고하고 심술궂으며 분노를 유발하는 인물 중 한 명이라고 언급했다고 한다.

24 이는 드물게 니체의 르상티망과 유사한 감정을 탁월하게 묘사하는 사례다. 그러나 더 가까이서 들여다보면, 바일리프와 여시인을 대하는 뱌르투르의 태도가, 니체의 르상티망과는 여러 면에서 다르다는 것을 알 수 있다. 정통적으로 니체의 르상티망은 약자가 강자를 바라보며 느끼는 감정을 뜻하니까. 그렇지만 여지는 있다. 이 대목에 흐르는 정서를, 때로는 강자가 약자에게 느낄 수도 있다고 니체가 인정한 바로 그 르상티망대로 해석하는 것이다. 왜냐하면 그들의 사회적 관계에도 불구하고 바일리프 부부가 경애심을 불러일으킨다거나 고귀하다는 생각은 좀처럼 들지 않기 때문이다. 그들의 "편협한" 영혼은 뱌르투르의 숭고한 치열함과 명확하게 대비된다.

건이 있어. 자네든, 자네가 아니라 누가 됐든 나나 내 남편을 은 근히 비꼴 생각으로 이 집에 발을 들여서는 안 된다는 거야."(1997, 108)

그녀는 "뱌르투르가 여름집 아이의 부계를 조사할 의도로 그곳을 찾았다는 의혹이 모조리, 말끔하고도 명백하게 해소될 때 까지 감정을 가라앉히지" 않는다.

그 부분이 명확해지자 뱌르투르는 돌연 철저하게 저자세를 취한다. "아시겠지만 제 혀는 인간보다는 양에 관한 이야기에 익숙 해져 있습니다." 그남은 변명조로 말한다. "저는 다만, 아침까지 살 아남을 수 없을지도 모르는 그 어린것의 목구멍에 따뜻한 우유를 몇 방울 부어주면 참으로 보람되겠구나 하고 두 분께서 생각하시 진 않는지 여쭙고자 찾아온 것입니다. 대가는 치르겠습니다. 요구 하시는 건 무엇이든지요, 암요."

이윽고 뱌르투르는 자신의 과거 여주인이 흡족해할 만큼 몸 을 낮추는 데 성공한다. 그러자 여시인은 기다렸다는 듯 "심지어 이토록 어려운 시기에도 약자에게 도움을 주는 것, 힘없는 이들에 게 힘을 보태고 삶을 깨우치도록 돌보는 것이야말로 (…) 최고의 기 쁨"이라고, "그녀의 마음은 기쁠 때나 슬플 때나 전부 그남의 것"이 라고 천명한다.(1997, 108)

그리고 그녀의 이 말은 진심이었다고, 소설은 덧붙인다.

하지만 바일리프와 여시인이 거둔 승리는 과연 그 의미의 중요성을 생각할 때(혹은 뱌르투르만의 가치관에 비춰볼 때) 진정한 승 리일까? 아니, 그렇지 않다. 사실상 이 장면은 바일리프 부부를 가 소로워 보이게 만든다. 궁극적으로 뱌르투르는 자신의 종속적 역할을 연기하고 필요 이상으로 강조함으로써 바일리프 부부의 거만하고 옹졸하고 비열한 행동의 심각성을 폭로한다.[25] 바일리프 부부는 (이른바) 더 큰 사람들이라면 흔쾌히 인정해주었을 뱌르투르의 자존심과 독립성을 그남이 조금이라도 유지할 수 있게 해주느니 기꺼이 손녀에게서 생명의 불꽃이 사그라지도록 내버려두는 쪽을 택했을 것이다.

한편 우위를 지키려는 의지가 확고한 이들은 대개 청중의 마음을 얻는 데 실패할 가능성이 높다. 타인에게 굴욕을 가한다는 점에서 그들은 약자를 괴롭히는 자라는 매력적이지 않은 배역을

---

25 뱌르투르의 귀가를 묘사하는 아래 문장들에 이르면 그남은 더욱더 과장된 톤으로 비천함—정말이지 비참한 상황까지 내려갔다!—을 연기한다. 구드니(군사), 그러니까 바일리프의 가정부가 아이를 소생시키려고 애쓰며 자기가 빨리 손쓸 수 있게 집에서 나가달라고 말하는 동안, 뱌르투르는 골똘히 생각에 잠긴다.

> 그때 처음으로 뱌르투르는 자기 집에서 내쫓겼다. 그리고 상황이 달랐더라면 장담하건대 그남은 그러한 무도함에 어떤 말로든 맞서지 않았을 리 없을뿐더러, 자신이 군사에게는 한 푼도 빚지지 않았다는 사실을 그녀의 머릿속에 입력시키려 애썼을 것이다. 그러나 사정이 사정인지라 (…) 그남은 다리 사이로 꼬리를 축 늘어뜨린 개처럼 지극히 불명예스런 모양새로 계단을 기어 내려갔다. (…) 그남은 건초 더미를 끌어내 바닥에 깐 다음 개처럼 드러누웠다.(1997, 109-110)

뱌르투르는 ""완전히 기진맥진한" 상태로 "잉여 인간"이 된 듯한, "살면서 그날 밤보다 자신의 독립성을 의심해본 적은 없는" 듯한 기분에 휩싸인다. 그러나 이튿날 아침 그남이 깨어났을 때 아이는 살아 있었다. 그남은 아이를 아스타라고 이름 짓고는 이렇게 중얼거린다. "할 일이 많군." 그남은 양을 돌봐야 했고, 로사의 장례식을 치러야 했고, 모든 조문객에게 팬케이크와 크리스마스 케이크가 들어간 "만찬"과 좋은 커피를 대접해야 했다. "내 아내의 장례식에 온 사람들이 멀겋고 오래된 커피를 마시게 할 순 없지." 그남은 더 이상 자존심을, 혹은 그남이 가장 중요하게 생각하는 독립성을 잃어버린 인간이 아니었다. 그렇다고 거꾸로 자신의 예속 상태에 몰두한다거나, 생기 있고 활동적인 삶과 담을 쌓은 인간도 아니었다. 이는 강자들의 르상티망이라는 내 가정에 힘을 실어준다. 강자들의 르상티망은 행동을 유발한다. 그들이 입증하도록 강요당한 종류의 존중심을 전복적인 연기라는 형태만으로라도 내보이게 만드는 것이다. 이와 관련한 르상티망에 대한 더 깊은 논의는 Darwall 2013을 참고하라.

맡게 될 공산이 크다. 어느 틈엔가 그들은 측은하게 비칠지도 모른다. 어느 틈엔가 우리는 약자를 응원할는지도 모른다.

이 슬프고도 우스운 에피소드에서 배울 점은 무엇일까? 내가 볼 때 이 에피소드는 피해자를 연기하는 행위—자신의 그런 상태를 수용하거나 심지어는 포용한다는 의미에서—가 때에 따라서는 자신의 피해자화에 대한 수동적 체념이 아닌 항의 내지 저항의 행동일 가능성을 분명히 드러낸다. 피해자로서 자신의 역할을 적극적으로 연기한다는 점에서, 혹은 그 역할로 관심을 끌려 한다는 점에서 사실상 그 사람은 수동적 인간이 **아니다.**[26] 웬디 브라운의 저서(Brown 1995)는 피해자의식을 이렇듯 순순히 인정하는 이들이 일종의 니체식 르상티망에 사로잡혀 있다고 본다. 브라운이 탐탁찮은 어조로 쓴 글에 따르면, 그것은 "행동과 권력, 자기 가치 확인 대신, 불능을 반복적으로 언급함으로써 무능함과 무력함과 거부당함을 거듭 각인시키는 지배의 결과로 (…) [그] 근본적 원인은, 행위의 이유와 규범, 윤리를 대체하는 반작용에 있다."(69) 그러나 확실히 뱌르투르라는 인물에겐 이런 설명이 들어맞지 않는다. 그남은 압제자에게 종속된 자신의 역할을 분한 마음으로 수락하지 않았다. 그남은 그 역할을 전복적으로 연기하고 있었다.

내가 제시하는 바는, 그런 상황에서 그런 수행이 규범적으로 정당하고 유의미할 수 있다는 것이다. 설령 뱌르투르가 다소 의도적으로 그 역할을 수행했을지라도, 그남의 수행은 그남과 바일리프 부부가 사회에서 실제로 어떤 관계에 놓여 있는지를 극적으로 보여준다. (그남은 바일리프 부부가 한껏 위세를 부리다 제풀에 지

---

26   신체적 취약성 드러내기와 (대개는 이와 맞물려 있는) 정치적 저항 행위에 대한 섬세한 탐구는 Butler 2016를 참고하라.

치기를 기다린다.) 더욱이 앞서 논의한 것처럼, 이는 자신의 뜻을 관철시킬 수단이 바닥난 상황에서 그남이 시도할 수 있는 최후의 저항 행위다. 그남의 접근법은 비슷한 곤경에 처한 힘없는 행위자들이 생산적 형태의 수동적 공격을 효과적으로 실행할 만한 방법들을 넌지시 제안한다. 만약 문제의 장면을 이런 관점에서 읽으면, 그남의 수행은 수동적 저항을 통한 시민―사회(?)―불복종의 기미를 띠게 된다. 그러니까 뱌르투르는 속으로 이렇게 되뇌었을지 모른다. 좋아. 마음껏 굴욕을 가해보시지. 이건 저항이니까. 이런 일이 벌어지게 만든 사회적 규범과 권력관계에 대한 저항이라고. 계속 나를 괴롭혀. 본모습을 드러내. 사람들이 지켜보고 오래도록 기억할 테니까.

만약 이 해석이 어느 정도 진실이라면, 종속 계층의 그러한 움직임이 (특히) 보수주의자들의 마음을 어지럽히기 쉬운 이유도 같은 맥락에서 설명될 수 있다. 그러니까 당대의 권력자들을 가소롭고 위태롭고 옹졸해 보이도록 만듦으로써 권력관계의 부당함을 만천하에 드러낼 가능성이 거기에 잠재한다는 뜻이다.

2015년 벵가지 청문회에서 힐러리 클린턴이 증언했을 때 사람들이 드러낸 분노도 이런 맥락에서 이해할 수 있다. 일례로 『뉴욕 타임스』 칼럼니스트 모린 다우드―여러 기록으로 볼 때 클린턴 부부와는 오랜 기간 앙숙 관계인 인물이지만 그게 여기서 그리 중요하게 다룰 부분은 아니다―는 다음과 같이 적었다.

피해자 연기에 관한 한 힐러리를 능가할 이가 없다.
그녀는 피해자라는 꼬리표를 마치 철추처럼 휘두른다.

남편이 애인을 대통령 집무실에 불러들여 자신에게 굴욕을 안기면, 힐러리는 돌아서서 그로 인한 동정심을 이용해 정치 경력의 발판을 마련한다. 공화당 소속의 토론 상대가 고압적으로 자신을 몰아세우면, 그녀는 돌아서서 그로 인한 동정심을 이용해 상원 의석을 차지한다. 보수주의자들이 의회 특별 청문회를 가장해 마녀재판을 벌이면, 그녀는 돌아서서 그로 인한 동정심을 이용해 대권으로 향하는 고속도로에 진입한다.[27]

이 글에서 다우드는 가히 충격적인 적개심을 드러냈다. 대관절 힐러리는 무슨 잘못을 저질렀기에 이런 취급을 당했던 것일까? 아무것도, 그런 취급을 당할 만한 잘못이라곤 아무것도 저지르지 않았다. 다만 힘겨운 상황이 벌어졌을 때 인상적인 대처를 했을 뿐이다. 다우드의 넋두리를 마저 읽어보자. "힐러리 클린턴은, 얼굴 멀끔하고 입은 거친 백인 남성들이 똘똘 뭉쳐 그녀를 괴롭힐 때 가장 매혹적이다. 지난 목요일 공화당 소인배들과 마라톤 회의를 하는 동안 그녀는 대단히 매혹적이었다. 고리타분한 인간들이 기를 꺾으려 하면 할수록 힐러리는 더더욱 강력해진다는 사실을, 그들은 완전히 잊은 듯했다." 어쩌면 이게 정확한 묘사일지 모른다. 그 점을 확신한 듯 다우드의 어조엔 반감이 넘쳐난다. 하지만 역시나 이 글에서도 논리의 비약이 감지된다. 즉, 힐러리는 도덕적으로 더 반듯하게 행동함으로써, 혹은 "그 자리에서 어른답게" 처신함으로써 저들의 비열하고 위압적인 행동을 노출시켰다. 이런 행동은 '피해자인 척 연기하기'가 아니라 '가해자 노출시키

---

27   Maureen Dowd, "The Empire Strikes Back(제국의 역습)," *New York Times Sunday Review*, October 24, 2005, https://www.nytimes.com/2015/10/25/opinion/sunday/the-empire-strikes-back.html.

기'라고 보아야 더 적합할 것이다. 물론 그런 행동이 동정심의 방향을 바꿨을 가능성은 있다. 하지만 묻고 싶다. 왜 그러면 안 되느냐고.

물론 자신을 이런 식으로 지각되게 하는 정도가 지나칠 수도 있다. 지나치게 오래갈 수도 있고, 지나치게 패배주의적이거나 자기학대적일 수도 있으며, 지나치게 교묘할 수도 있다. 불공정하거나 이유가 잘못됐을 수도 있다. 이런 가능성을 굳이 부인할 생각은 없다. 하지만 그런 행동이 때로는 강력하고도 합당한 묘책일 수 있다고 나는 생각한다. 그럴 수 없다고 생각한다면, 그 이유를 제시해야 한다. 자기를 괴롭히고 억압하는 자들을 법정에 세울 만한 수단을 모조리 써버린 이들에게 마땅한 대안이 도대체 무엇이란 말인가?

최근에 그런 곤경에 빠진 사람 중에는 에마 술코비치가 있다. 사건 당시 그녀는 컬럼비아대학에 재학 중이었다. 술코비치는 가해자로 의심되는 남성을 성폭행 혐의로 법정에 세우려 했지만 성공하지 못했다. 그녀는 교내 경찰과 뉴욕시 경찰청의 수사가 부실했다고 생각했고, 자기 경험을 주제로 「그 무게를 견뎌라Carry That Weight」라는 제목의 행위예술 작품을 창작했다. 그녀는 23킬로그램에 육박하는 기본형 트윈 매트리스를 교내 어디를 가든 끌고 다녔다. 성폭행을 당하는 동안에도 당한 이후에도 행위주체성을 부당하게 빼앗겨야 했던 자신의 처지를 시각적으로 상기시키는 그 거추장스런 물건을 씩씩하게 끌고 다닌 것이다. 확실히 힘이 드는 일이었다. 감정적으로도, 물리적으로도.

술코비치의 후속 작품은 적어도 내 목적엔 부합하는 흥미를 자극한다. 처음에는 합의로 시작했으나 이후에 폭력적으로 변질된 성관계를 다룬 그 영상물 속에서 그녀는 몸소—글자 그대로—피해자를 연기했다. 가해자를 연기한 남자 배우의 얼굴은 흐 릿하게 처리했다. 동영상의 제목은 '이것은 강간이 아니다'라는 뜻 의 프랑스어 「Ceci n'est pas un viol」이다. 이러한 예술작품을 공연 하고 발표함으로써 그녀는 수동적이고 굴욕적이었던 경험을 주체 적인 행동으로 변모시켰다. 이 창작물은 마치 **이런 일이 누구에게나 일어날 수 있다**고 말하는 듯하다. 그런 일이 어쩌다 그 예술가에게 일어나는 바람에 그런 작품이 만들어졌다고 말이다.

술코비치의 프로젝트용 웹사이트(http://www.cecinestpasunvi-ol.com/)에 들어가보면, 작가는 잠재적 관찰자에게 화면을 내려 영 상물을 감상하기 전 몇 가지 질문에 대한 답을 진지하게 고민해 볼 것을 요청한다. 그것은 "탐색"과 "욕구", 그리고 술코비치 자신 ("나")에 관한 질문들이다.

- 당신은 나에 대해 얼마나 잘 안다고 생각합니까? 나와 만난 적이 있나요?
- 당신은 내가 완벽한 피해자라고 생각합니까, 아니면 지상 최 악의 피해자라고 생각합니까?
- 당신은 나를 인간이나 피해자로 보기를 거부합니까? 만약 그 렇다면 왜일까요? 내 행위주체성을 인정하지 않음으로써 나에 게 2차 가해를 하기 위해서일까요? 만약 그렇다면 당신이 그럴 수 있는 것이 나 때문이라는 사실에 대해서는 어떻게 생각하십니까? 애초에 위험을 무릅쓰고 나를 공격에 취약하게 만든 사람은 바 로 나 자신이니까요.
- 당신은 나를 증오합니까? 만약 그렇다면, 나를 증오하며 어떤 기분을 느끼나요?

만족감, 아마도 만족감이 가장 클 것이라고 나는 생각한다. 그리고 이런 생각은 특정한 피해자들을 분개와 비난의 대상으로 삼는 이른바 피해자 문화를 고려할 때 우리의 우려를 자아낼 소지가 다분하다.

자, 마지막으로 다시 캠벨과 매닝의 질문으로 돌아가자. 왜 사람은 자신의 피해자화를 역설하는가? 때로는 리자이나 리니의 주장처럼, 연대 도모가 목적일 수 있다. 그리고 때로는 내 주장처럼, 자기를 서사의 중심인물로 만드는 것이 목적일 수 있다. 서사를 (재)구성하는 데 있어 적극적인 역할을 자처함으로써 지배적이고 기본적인 역할을 맡은 이들과 경쟁할 가능성을 스스로 모색하는 것이다. 그렇게 함으로써 그 사람은 종속적 집단의 구성원으로는 어쩌면 유일무이하게도, 지배적인 당사자들을 두고 자신의 이야기를, 문제를 바라보는 자신의 자연스러운 관점을 드러낼 기회를 갖게 된다. 어쩌면 그 사람은, 자신을 피해자로 **만든** 이들이 가해자이자 공격자임을 폭로할 수 있게 되는지도 모른다. 설령 이 행동이, 마치 따뜻한 공기처럼 사회적 위계의 사다리를 따라 위로 향하곤 하는 동정심의 기류를 바꾸리라는 보장은 없다 해도 말이다.

이런 종류의 전복적 전략은 사람들의 적개심과 분노를 유발하기 쉽고, 이런 경향은 사건의 각 당사자가 한쪽은 여성, 한쪽은 그 여성에 비해 사회적으로 우위에 있는 남성일 때 특히 두드러진다. 지금껏 내가 이 책에서 누누이 주장했듯이 여성으로서 동정과 관심을 끄는 과정에는 시련이 뒤따르게 돼 있다. 그런가 하면 다양한 도덕적 문제나 사회적 반발을 수반하기 일쑤다. 그러나 나는 이것이야말로 도덕적 삶이라고 말하고 싶다. 기존의 권력관계를 파괴하고자 한다면 도덕적으로 상당한 위험을 각오해야 한다는 뜻이다. 이런 행동의 정당성을 고집스레 부정하는 이들에게 나는 묻고 싶다. 도대체 왜 그러면 안 되느냐고. "피해자 연기"에 유감을 금할 수 없다는 이들에게도 묻고 싶다. 그것으로 이익을 보는 사람은 누구이며, 손해를 보는 사람은 누구냐고. 여성혐오의 표적이 된 여성들은 이러한 현실을 초래한 남성들보다 더 빈번하게 상처로 관심을 끌 **수밖에** 없다. 그리고 전혀 놀랍지 않은 이야기를 들려주자면, 그녀의 폭로는 환영받지 못할지도 모른다. 그녀의 시도는 위협적으로 여겨질지도 모른다.

8장

여성혐오자들(에게) 패배하다

Losing (to) Misogynists

너무도 매혹적인 여성은 모사꾼이라고 생각하라.

너무도 올곧은 여성은 비뚤어졌다고 생각하라.

건장한 여성은 암소라고 불러라.

날씬한 여성은 개암나무 가지라고 불러라.

혈색 좋은 여성은 색칠한 벽이라고 불러라.

슬퍼하거나 부끄러워하는 여성은 광대라고 생각하라.

쾌활하고 사근사근한 여성은 성향이 음탕하다고 생각하라.

조지프 스웨트넘,
『음탕하고, 게으르고, 까탈스럽고, 변덕스러운 여자들을 규탄하며』

　　그녀는 마녀, 불여우, 거짓말쟁이, 두 악마 중 그나마 나은 쪽이었다. "그녀는 여러 가면을 가졌는데, 그녀의 얼굴을 본 사람은 누구인가?" 어느 권위자가 수사적으로 물었다. 이 질문으로 그 남은 여자의 진실성을 두고 널리 퍼져 있는 견고한 의심을 표현하고 있었다. 그녀의 공신력에 대한 평가는 여타 정치인보다 객관적으로 출중한 경력에도 불구하고 유독 인색했다. 그녀는 줄리아 길러드였다. 내 모국 오스트레일리아의 첫 여성 총리였던, 그 길러드 말이다.

　　길러드는 잔혹하고 집단적인 여성혐오의 대상이 됐고, 무엇보다 그로 인해 (당 내부의 저항에 직면했으며) 결국 지도자 자리에서 물러나야 했다. 이제 이 의견은 논쟁의 여지가 없을 만큼 보편적으로 받아들여진다.[1] 이 책의 목적상 나는 이러한 상황이 왜, 어

----

[1]　길러드의 사례를 더 자세히 알아보고 싶다면 내 기고문(Manne 2016a)이나 역사학자 매릴린 레이크가 정리한 다음 인용구를 참고하라. "이제 두말할 것도 없이 역사는 길러드의 총리직 상실에 대해 (…) 당대의 평론가들보다 더 동정적인 시선을 드러낼 것이다. 그러나 역사학자들이 가장 관심을 기울일 부분은 아무래도 그녀가 취급된 방식, 과격한 여성혐오, 여성이 권력을 차지하는 상황을 참지 못한 나머지 그

떻게 벌어졌으며, 어째서 우리는 이 상황을 목격하고도 이렇다 할 교훈을 얻는 데 실패했는가 하는 부분을 주의 깊게 살펴볼 것이다.

왜냐하면 같은 역사가 미국에서 되풀이되었기 때문이다. 2016년 대통령 선거운동 기간에 미국인은, 공격의 대상과 사회적 환경의 유의미한 차이에도 불구하고 수사적으로나 메커니즘상으로나 놀랍도록 유사한 상황을 경험했다. 이러한 여성혐오자의 메커니즘과 범위를 넓혀 젠더화된 역학관계가 힐러리 클린턴을 누르고 트럼프가 뜻밖의 승리를 거두는 데 중요한 역할을 했다는 게 내 생각이다.[2] (지극히 미미하게나마 희망적인 측면을 찾아보자면) 적어도 이 결과는 여성혐오 세력이 얼마나 지독하게 우리 생각을 왜곡하고 추론을 편협하게 만들 수 있는지 숙고할 기회를 제공한다.

남성이 여성과 경쟁할 때: 젠더에 관한 상대적 편견들

우리는 흔히 젠더 편견을 여성 개개인에게 적용되는 벌점

녀에게 불여우라든가 마녀, 거짓말쟁이, 강탈자, 남성 경쟁자들 앞에서 고개 숙이기를 거부한 부당 청구자라는 딱지를 붙인 남성들의 히스테리일 것이다."

2 분명히 말해두자면, 그 결과를 유발한 가장 중요한 '필수적' 원인을 찾아 꼼꼼하게 분석해 중요도에 따라 순위를 매기자고 이 얘기를 하는 게 아니다. 오히려 그렇게 말함으로써 지난 대선 이후뿐 아니라 이전에도 제기되었던 더 개략적인 사회학적 쟁점을 조명하려는 것이다. 왜 그들의 경쟁은 그토록 극심한 지경으로까지 치닫게 되었을까? 물론 합리적인 사람도 클린턴이 대통령 후보로서 훌륭하지 않다고 생각할 수는 있다. 하지만 첫째, 당시 대중에게 공개되었고 이후에도 (오히려) 거짓으로 밝혀지지 않은 증거들을 감안할 때 트럼프보다 클린턴이 더 나은 대통령 후보였다는 점, 그리고 둘째, 여성혐오라는 (그러한) 요인만 없었더라면 이 사실을 (훨씬) 더 많은 사람이 (더) 분명히 인식했으리라는 점엔 거의 의심의 여지가 없어 보인다.

의 개념으로 이해한다. 젠더 편견이 만연한 영역에서는 여성을 남성보다 더 부정적으로 평가하게 된다는 것이다.[3] 우리는 여성을 저평가하고 남성을 후하게 평가하는 경향이 있다. 그런 경향은 여성이 남성 상대자와 성공적으로 경쟁하는 일을 더 어렵게 만든다. 극단적인 상황이라면 여성은 남성보다 두 배는 뛰어나야 그남을 이길 수 있을지도 모른다.

그러나 젠더 편견을 전혀 다른 개념으로 이해할 수도 있다. 그러니까 남성과 여성의 서열을 정할 때 적용하는 기준이자, 모든 조건이 동일할 때—즉 젠더의 차이를 제외하고는 편견을 유발할 만한 요인들이 작용하지 않을 때—여성 상대자보다는 남성을 선호하고 싶게 만드는 원인으로 해석하는 것이다. 이런 성향이 표출되는 방식은 다양하다. 여남이 대결하는 상황에서 남성을 지지하거나 홍보할 수도 있고 남성에게 호감을 갖거나 신뢰를 드러낼 수도 있다. 아니면 선거에서 남성에게 표를 던질 수도 있을 것이다. 이는 그남을 **과대평가**하고 그녀의 장점들을 과소평가하는 한편 그녀에게 적개심을 갖고 등을 돌리는 결과로 이어질지도 모른다. 그녀가 얼마나 훌륭한지는 생각해보지도 않고—역시나 극단적이거나 최악인 시나리오에서—뭐가 됐든 그녀를 의심하거나 미워할 구실을 찾아내는 분위기가 조성될 수도 있다.

선거운동 기간에 우리는 연거푸 두 번 그런 현실을 목도했다. 한 남자와 한 여자가 역사적으로 남성이 차지해온 권력과 권위의 자리를 두고 정면승부를 벌이고 있었다. 관련 주제를 다룬 세 편의 논문에서 가장 인상적인 대목을 뽑아 여기 소개한다. 각각 이런 조건 아래서 사회의 젠더화된 위계를 떠받치려는 경향이 얼

---

3   이 절의 내용 대부분은 Manne 2016i에서 다룬 것이다.

마나 만연해 있고 강력한지를 보여주는 내용들이다.

1. 연구자인 데이비드 폴과 제시 스미스는 2008년 선거가 있기 약 2년 전 오하이오에서 대략 500명의 유권자를 대상으로 설문을 실시했다(Paul and Smith 2008). 응답자들은 5인의 유력 대통령 후보에 대한 평가를 요청받았다. 공화당 후보는 세 명, 민주당 후보는 두 명이었고, 그중 남성은 세 명, 여성은 두 명이었다. 유권자들은 다섯 명 중 여성 후보 두 명에게 가장 낮은 점수를 매겼다. 두 사람 다 (연구자들의 말을 빌리자면) 객관적 기준에서 뛰어난 자질을 갖추었음에도 말이다. 또한 공화당과 민주당 후보를 각각 일대일로 맞붙인 여섯 차례의 가상 대결에서도 남성 후보가 전승을 거두었다.

뿐만 아니라 각 남성 후보는 대결 상대가 반대 진영의 남성 후보일 때보다 여성 후보일 때 더 선전하는 경향을 보였다. 아마도 가장 눈여겨볼 대목은, 일부 유권자들이 지지 정당의 여성 후보와 상대 정당의 남성 후보가 맞붙는 상황에서 지지 정당 후보를 **저버리는** 경향이, 여남이 뒤바뀐 상황에서보다 더 높게 나타났다는 점이다. 연구자들의 결론에 따르면, "여성이 상대 진영 후보로 나설 때 [남성은] 대결에서 유리한 고지"를 점하게 될 수도 있었다".(2008, 466)

설문에 등장한 남성 정치인 세 명은 존 매케인, 존 에드워즈, 루디 줄리아니였다. 여성 정치인 중 한 명은 엘리자베스 돌이었다. 그렇다면 다른 한 명은? 바로 힐러리 클린턴이다.

하지만 혹자는 말할 것이다. 2016년의 힐러리는 10년 전에 비해 훨씬 더 많은 경륜을 쌓지 않았느냐고. 만약 사람들이 그녀와 같은 위치에 있는 여성들에게 더 엄격한 기준과 이중 잣대를 적용해왔음을 인정하고 더는 그녀의 자질을 의심하지 않으면, 젠더 편견이라는 문제도 사라지는 것일까?

아니, 꼭 그렇지만은 않다. 사실 다음에 소개할 (여러 면에서 이 논문과 결과가 일치하는) 두 연구에 근거할 때, 대중적 차원에서 그럴 가능성은 지극히 낮아 보인다. 즉, 남성이 주로 차지해온 역할에 도전해 살아남을 수 있는 경쟁자임을 의심받지 않을 때 여성은 오히려 많은 사람의 **미움**을 사고 사회적 징벌과 거부의 대상이 된다.

2. 심리학자 메이들린 하일먼은 특히 다음 질문에 초점을 맞춰 일련의 연구를 진행했다. 남성이 우세한 영역에서 여성이 경쟁력을 갖추었다는 증거가 확실할 때도 여전히 그녀들은 젠더 차별의 대상일까?[4] 일단 그렇게 보이기는 한다. 상당히 성공한 여성 관리자도 남성 상대자에 비하면 여전히 승진 속도가 매우 더디니 말이다. 왜 그럴까?

유난히 인상적이었던 한 연구에서 하일먼과 그녀의 공동 연구자들은 남성 지배적인 산업에서 고위직에 종사하는 피고용인 두 명의 프로필이 담긴 자료집을 참가자들에게 제공했다. 두 사람의 직책은 항공기 부품 제조사의 영업 담당 부사장보[AVP]였다. 한 사람은 남성, 한 사람은 여성이었으며, 성별 정보는 "제임스"와 "앤

---

4   여기서는 주로 Heilman, Wallen, Fuchs, and Tamkins 2004(이하 Heilman et al. 2004.) 그리고 Heilman and Okimoto 2007 및 Parks-Stamm, Heilman, and Hearns 2008을 주로 참조했다.

드리아"라는 이름을 통해 간접적으로 주어졌다. 사전 조사에서 대체로 선호도가 비슷한 이름들이었다. 두 프로필이 두 피고용인에 대해 번갈아 배정되었다. 그러니까 서로 다른 조건에 놓인 두 참가자 집단 중 한쪽에는 제임스와 관계된 피고용인의 프로필이, 나머지 한쪽에게는 앤드리아와 관계된 피고용인의 프로필이 제공되었다.

"불확실한 성공" 조건의 참가자들에게는 제임스와 앤드리아가 모두 출중한 부사장보라는 증거가 명확하게 주어지지 않았다. 이 그룹에선 참가자 대부분(86퍼센트)이 제임스를 앤드리아보다 더 **유능한** 인물이라고 판단했다. 그러나 두 사람에 대한 호감도는 비등했다.

나머지 절반, 즉 "확실한 성공" 조건의 참가자들에게는 각 피고용인의 업무 능력을 분명하게 드러내는 정보가 추가로 주어졌다. 그 정보에 따르면 두 사람 모두, 같은 업계에 종사하는 부사장보 전체를 대상으로 한 연간 실적 평가에서 상위 5퍼센트 안에 드는 "탁월한 실력자"였다. 이 조건에서 참가자들은 두 사람의 업무 능력이 동일하다고 판단했지만, **호감도** 면에서는 역시나 참가자 대부분(83퍼센트)이 제임스를 앤드리아보다 더 높게 평가했다. 그리고 앤드리아는 다른 어떤 조건에서보다 더 대인관계에 **적대적**인 인물, 즉 눈에 띄게 거슬리고 교활하고 음흉하고 신뢰할 수 없는 인물로 여겨졌다. 연구진의 표현을 빌리자면, 이는 "극적인" 효과였다(Heilman et al. 2004).

기억할 부분은, 이 결과가 (자료 묶음을 번갈아 제공했다는 점에서 대체로) 동일한 정보를 기반으로 도출되었다는 점이다. 그러므로 완전히 상이한 두 집단의 판단에는 그 어떤 합리적 근거도 존재하지 않는다. 참가자들이 자신의 판단을 합리적이라고 **느꼈다면** 여기에는 틀림없이 즉흥적 기준과 사후합리화가 작용했을 것이다.

하지만 왜? 어째서 그들은 확실히 출중한 능력에도 불구하고 앤드리아를 그토록 싫어했던 것일까?

3. 심리학자 로리 A. 러드먼은 다음과 같은 답을 제안했다. 사람들은 관습적으로 남성이 차지해온 고위직에 오르기 위해 경쟁하거나 그 방면에 진출할 위험이 다분한 여성들에게 사회적 벌점을 적용함으로써 **젠더 위계를 유지하려는** 동기를 (대개는 부지불식간에) 품고 있다는 것이다. 이른바 이 "지위 부조화 가설status incongruity hypothesis"은 앞서 소개한 연구 결과들과 맥을 같이하는 한편 그것들을 설명하는 단서가 된다. 하일먼의 연구와 더불어 지위 부조화를 언급한 최근의 한 연구(Rudman, Moss-Racusin, Phelan, and Nauts 2012)에서 러드먼과 그녀의 공동 연구자들은 지위 부조화가 소위 "사회적 지배성 벌점social dominance penalty"에 의한 효과임을 입증했다. 사회적 지배성 벌점이 적용되는 사회에서는 관습적으로 남성이 점유해온 고위직에 오른 **주체적**(유능하고 자신만만하며 적극적인) 여성들을 남성적 기질이 극에 달한, 오만하고 공격적인 인물로 인식한다. 때때로 그들은 남성을 기죽이는 여성이란 뜻에서 "불알파괴범ballbreaker"으로 묘사되거나 남성을 무력화하는 악녀란 뜻에서 "거세하는 요부castrating bitch"로 그려지곤 한다. (익히 들어본 표현들인가?)[5]

---

[5] 가령 터커 칼슨은 텔레비전에서 힐러리 클린턴을 보면 자기도 모르게 다리를 꼬게 된다고, 진행을 맡은 MSNBC 「터커Tucker」 쇼에서 거듭 이야기했다. "그 여자가 무서워서" 자기도 "어쩔 수가 없다"나. (아무리 그렇다고 해도 그런 반응을 굳이 방송에서 떠벌릴 필요가 있었을까?) Ryan Chiachiere, "Tucker Carlson on Clinton: 'When

게다가 이런 기질들은 여성에겐 금기시되는 기질들이다(이 주제에 대해서는 Rudman et al. 2012에서 실험을 통해 확인한 바 있다). 그러므로 이러한 메커니즘에 비춰볼 때, 그간 남성이 주도해온 역할을 차지하기 위해 남성들과 경쟁하는 주체적인 여성들은 벌을 받거나 거부당할 가능성이 두 배로 높아진다. 그런 여성들은 그들과 동일하게(이번에도 이름 빼고는 한 글자도 다르지 않게) 묘사된 남성 상대자들에 비해 **덜** 허락된 자질들을 더 갖추었다고 **여겨진다**.

사회적 지배성 벌점에 대한 러드먼의 설명은 다음 흥미로운 결과 덕분에 더욱 힘을 얻었다. 즉, 사회적 지배성 벌점은 "높은 위협" 조건에서, 그러니까 실험 초반 피험자들이 "쇠락하는 미국"이란 제목의 기사를 읽었을 때 증가할 수 있는데, 해당 기사에는 다음과 같은 대목이 있었다.

> 요즘 많은 미국인이 나라의 상황에 실망감을 느낀다. 그 감정이 경제 붕괴와 높고 고질적인 실업률 때문이건, 미국인의 엄청난 피와 재산을 대가로 치르고도 끝날 기미가 보이지 않는 중동의 전쟁으로 인한 피로 때문이건, 아니면 세계적이고 기술적인 변화와 이를 국익의 기회로 삼을 능력이 없어 보이는 미국 정부로 인한 총체적 불안감 때문이건, 미국인들의 불만은 깊어질 대로 깊어졌다. 시민 다수는 미국이 사회적으로도 경제적으로도 정치적으로도 저점을 찍었다고 느낀다.(Rudman et al. 2012, 172)

She Comes on Television I Involuntarily Cross My Legs'(터커 칼슨, 클린턴 두고 "그녀가 텔레비전에 나오면 절로 다리를 꼬게 된다" 발언)," *Media Matters*, July 18, 2007, http:// mediamatters.org/research/2007/07/18/tucker-carlson-onclinton-when-she-comes-on-tel/139362.

이런 조건에 놓인 피험자들은 "낮은 위협" 조건의 대조군에 비해, 강력한 지위를 갈망하는 주체적 여성들에 대한 호감도가 현저히 낮았고 그들의 승진에 뚜렷한 거부감을 드러냈다. 하지만 그런 여성의 상대자인 주체적 남성에 대해서는 문제의 위협적 자극이 아무런 영향도 미치지 않았다. 연구자들은 이렇게 설명했다.

> 체제가 위협당하는 상황에서 사람들은—젠더에 따른 사회적 지위 차이를 포함한—세계관을 방어하려는 경향이 있다는 점, (…) 그리고 체제가 위협당하는 상황에서 특히 여성의 행위주체성에 거부감을 드러냈다는 점을 감안할 때, [이러한 결과들은] 사회적 반발이 젠더 위계를 보존하는 쪽으로 작용한다는 직접적 증거를 제공한다.(2012, 174)

이는 도널드 트럼프가—그리고 논란의 여지는 있지만 버니 샌더스도—힐러리 클린턴과의 맞대결에서, 젠더 차이를 고려하지 않았을 땐 뜻밖의 접전을 벌인 이유—더불어, 폴과 스미스가(Paul and Smith 2008) 예견한 바와 같이 남성 대통령 후보가 여성 후보와 경쟁할 때 지지율이 상승하는 이유—를 설명하는 근거가 된다. 트럼프도 샌더스도 둘 다 "쇠락하는 미국"에 관한 이야기를 (방향은 각기 다르지만) 사람들이 혹할 만한 내용으로 각색해 들려주었다. 어쩌면 이런 이야기들이 클린턴을 더욱 불리한 위치로 몰아세웠는지도 모른다.

또 한 가지 주목할 부분은, 흔히 진보적이라고 여겨지는 밀레니얼 세대(1980년 이후에 태어난 사람들)조차 통념과 달리 젠더 편견의 영향에서 그다지 자유로워 보이지 않는다는 점이다. 앞서 인용한 연구 2, 연구 3에 참가한 이들은 전부는 아니지만 대체로 그 연령대였으니까(연구 당시 이들은 대학생이었다).**6** 연구 1에도 밀레니얼 세대는 포함돼 있었고, 기록상 참가자들의 연령은 결과에 통계적으로 유의미한 영향을 미치지 않았다.**7** 실험 참가자들의 젠더 또한, 위의 그 어떤 연구에서도 유의미한 영향을 미치지 않았다. (백인) 여성의 상당수가 힐러리 클린턴 대신 도널드 트럼프에게 표를 던졌다는 사실에 많은 사람이 충격을 표했다. 그러나 따지고 보면 이는 그리 놀랄 만한 사실이 아니었다. 남성 못지않게 많은 여성이 젠더 편견의 경향을 갖고 있다는 사실이 위 연구를 통해 드러났으니까. 이제부터 이 장에서는 더 복잡한 쟁점으로 돌아가서 이런 보편적 편견에 대해, 그리고 지난 미 대선에서 백인 여성들이 이 같은 젠더 편견에 특히 쉽게 흔들렸던 이유에 대해 되도록 다양한 각도에서 **설명**할 것이다. 하지만 그러는 가운데 우리는 다

---

6 하일먼 등의 연구(Heilman et al. 2004)를 보면, 당시 참가자들의 평균 연령은 20.5세였다(아쉽게도, 범위와 표준편차는 기록돼 있지 않다). 이는 그 참가자들의 연령대가 나와 엇비슷한, 밀레니얼 세대의 윗줄에 속한다는 뜻으로 해석할 수 있다. 러드먼 등의 연구(Rudman et al. 2012)에서 모집한 참가자들은 심리학 입문 강좌를 듣는 대학생들이었다. 따라서 구체적인 연령 정보는 기록돼 있지 않지만, 이들 역시 대부분 밀레니얼 세대일 가능성이 매우 높다. 마지막으로 폴과 스미스의 연구(Paul and Smith 2008)는 18-24세 시민을 포함해 오하이오주에서 선거인단에 뽑힐 가능성이 있는 사람을 온전히 대표하는 500여 명을 표본으로 조사를 실시했다고 적고 있다.

7 더욱이, 스미스와 폴이 레이철 폴과 실시한 또 다른 연구(Smith, Paul and Paul 2007)는 명백히 (당시 대학생이던) 젊은 유권자들을 대상으로 이루어졌고, 피험자들은 가상의 남성 대통령 후보와 여성 대통령 후보의 이력서를 다르게 평가했다. 이력서 맨 위에 남성의 전형적인 이름이 적혀 있으면 여성스러운 이름이 적혀 있을 때에 비해 해당 이력서의 주인이 성공한 정치인이자 유망한 대통령 후보라고 생각하는 경향이 더욱 두드러졌다. 흥미로운 점은, 이러한 효과가 상원 후보자들에게는 나타나지 않았다는 사실이다. 이는 그 효과가, 관습적으로 남성이 차지해온 자리 중에서도 견주거나 비할 데 없이 막강한 권력과 권위가 보장된 자리를 두고 경쟁하는 여성들에게만 제한적으로 나타날 가능성을 암시한다.

음과 같은 부분에 주목해야 할 것이다. 만약 여성혐오가 젠더화된 규범의 강요와 관련된 문제라면, 다시 말해 여성을 인간 이하의 존재나 지각 없는 생명체, 혹은 역겹고 두려운 존재로 보는 시선과는 별개인 문제라면, 이와 관련해 사람들을 납득시킬 만한 즉각적이고 결정적인 요인이 존재할 것이다. 여성들이 다른 여성들을 단속하고, 젠더화된 규범을 강요하는 행위에 가담한다는 것은 (의심의 여지가 거의 없는) 공공연한 사실이니까. 여성혐오를 이 책에서 내가 전개한 관점으로 이해한다면, 여성혐오자의 위력을 다른 여성들에게 불리한 방향으로 실어 나르는 여성들에 대해, 젠더화된 규범과 기대에 부응하지 않는 이들을 향해 과도하게 도덕주의적인 성향—이를테면 그들을 쉽게 비난하고 벌하려 드는 성향—을 가졌으리라고 추측할 수 있을 것이다. 비슷하게, 여성혐오를 **내재화한** 여성들에 대해서는, 그들이 반드시 전반적으로 자기혐오적인 태도를 품고 있다기보다 여성의 관습적 의무를 위반하는 행위에 자책감과 수치심을 느끼는 경향이 과도할 거라고 추측할 수 있을 것이다. 이 주제에 대해서는 곧 다시 살펴볼 예정이다.

사회적 거부는 혐오에서 시작된다

그러므로 미움과 적개심은 최고위직을 차지하려는 여성 정치인에게 있어 비교적 예측 가능한 반응이다. 그녀에 대한 은근한 불신 역시 어느 정도는 예측이 가능하다. 한데 이러한 관점은 어디에서 출발했을까?

혐오에 대한 최근의 연구는 이와 관련된 답변을 정립할 실마리를 제공한다. 그러니까 혐오는 사회적 분노가 아닌 사회적 거부의 감정이다. 철학자 대니얼 켈리는—오염된 식품이나 병원체의 위협에 의하여 유발되는—선천적 혐오 반응이 사람들을 사회적 규범이나 관습, 위계질서 등을 유지하도록 규제하는 역할을 수행하기에 특히 적합하거니와 그런 역할에 활용되기도 한다고 주장했다(Kelly 2011). 일례로, 혐오의 징후는 혐오스럽다고 간주되는 행동들을 피하고자 하는 동기를 강하게 부여한다. 또한 혐오는 끈적하고 더럽고 질척하고 빠지기 쉬운 감정이다. 혐오는 사람이나 물건에 대한 타인의 혐오 반응을 보는 것만으로도 쉽게 학습된다. 더욱이 일단 학습하면 그에 근거한 연상 작용을 되돌리기 어렵다.

또한 심리학자 요엘 인바와 데이비드 피자로가 지적한 바와 같이 혐오는 연상 작용에 의해 비교적 쉽게 **확산된다**(Inbar and Pizarro 2014). 우리를 혐오스럽게 하는 것들과 연관된 이들 또한 우리에게 혐오감을 일으킬 수 있다. 그러므로 자기가 속한 공동체에서 기피나 수치, 축출의 대상이 되기를 끔찍이도 꺼리는 인간의 보편적이다시피 한 성향을 감안할 때 사회적으로 금기시되는 행동에 가담함으로써 타인들의 혐오 대상이 될 위험성은 혐오 유발 행위를 기피하는 추가적 동기 요인으로 작용한다. 역사적으로 혐오는 종종 죽음의 전조였을 것이다. 또한 배척과 고립은 물질적 결핍과 상관없이 사람들과의 유대가 끊기는 데서 오는 취약성 내지 위태로움이거나, 극단적인 상황에선 고문과도 같이 느껴지는 감정적 비통함일 수 있다.

혐오는 일종의 **교화적** 영향력으로, 새로운 도덕적 판단을 심도 있게, 때로는 매우 강력하게 몰아붙인다.[8] 심지어 혐오로 인한

---

[8] 혐오와 도덕적 판단의 이런 특유한 연관성은 탈리 멘델버그(Mendelberg 2016)의 발상에서 따온 것이다. 내 에세이 「여성혐오의 논리The Logic of Misogyny」(Manne 2016d)를 분석한 탁월한 논평에서 그녀는 도덕과는 무관한 트럼프의 혐오 표현이 그

가벼운 '심적 고통'조차도 일부 사람에게는 누군가를 **미심쩍고 행실이 고약하다**고 판단할 사유가 될 수 있음이 밝혀졌다. 심지어 그렇게 판단할 합리적 근거가 전혀 없다는 사실이 분명할 때, 그 누군가의 행실이 전적으로 무고하며 오히려 칭찬받아 마땅할 때조차 말이다.

탈리아 휘틀리와 조너선 하이트의 획기적인 연구(Wheatley and Haidt 2005)에서, 두 사람은 최면후암시posthypnotic suggestion*에 감수성이 높은 참가자들을 대상으로, "자주often" 또는 "취하다take"라는 단어를 읽을 때마다 혐오로 인한 심적 고통을 느끼게끔 최면을 걸었다. 그런 다음 참가자들에게 도덕적 관습을 어기는 사람들이 등장하는 토막글을 읽게 했다. 가령 "뇌물 수수"에 관한 시나리오는 이랬다.

> 국회의원 아널드 팩스턴은 부패를 비난하고 정치자금법 개정을 주장하는 연설을 빈번히 한다. 그러나 이는 다만 담배 회사를 비롯한 특별 이익단체들이 그들에게 유리한 법안을 통과시키기 위해 로비 차원에서 제공하는 뇌물을 팩스턴 스스로 '취할' 마음이 있고 '자주' 받아왔다는 사실을 숨기기 위한 전략에 불과하다.(781)

참가자 중 최면후암시에 쓰인 단어가 들어간 글을 읽고 내적 혐오감의 인위적 고조를 경험한 이들은 팩스턴의 행동을 훨씬 더 냉혹하게, **더 부도덕하다**고 판단하는 경향을 보였다. 반면 내용은 같지만 혐오 유발성 단어가 들어가지 않은 글을 읽은 참가자들

요성혐오지들(에게) 퍼붓하다

남의 추종자들 사이에서는 도덕적 판단을 독려할 공산이 크다고 지적한 바 있다.

* 최면 후에 특정한 반응이 나타나기를 기대하면서 최면 중에 피검자에게 해주는 말.

은 그런 경향이 상대적으로 거의 나타나지 않았다.

후속 연구에서 연구진은 대조군으로 또 다른 토막글을 포함시켰다. 글에서 댄이라는 학생회 대표는 회의를 할 때 광범위하고 공통된 관심사를 논의 주제로 '취하려' 하거나 '자주' 택하는 인물로 묘사돼 있다. 정말이지 전적으로 무해한 행동이다. 심지어 바람직한 행동이기도 하다. 그러나 혐오 유발성 단어가 들어간 토막글을 읽은 일부 참가자들은 생각이 달랐고, 처음에 연구자들은 이를 의아하게 받아들였다. "그냥 뭔가 꿍꿍이가 있는 것 같아요." 한 참가자가 어물어물 이야기했다. 다른 참가자는 댄이 "인기에 영합하는 속물"처럼 보인다고 했다. 또 다른 참가자는 그남의 행동이 "너무 이상하고 역겨워 보인다"고 체념하듯 말했다. "저도 모르겠어요(왜 그게 잘못인지는). 그냥, 그래 보여요." 그들은 이렇게 결론지었다(2005, 783).

이는 우리에게 두 가지 가능성을 시사한다. 첫째, 혐오 반응은 우리를 더 냉혹한 도덕 비평가로 만들 수 있고, 심지어 어떤 사람들로 하여금 성범죄가 전적으로 무고한 행동임에 틀림없다고 해석하게끔 유도할 수도 있다. 둘째, 도덕 비평가로서 우리가 내리는 평결이 항상 도덕적 이유와 주장에 근거하지는 않는다. 때로 우리는 이미 내린 평결을 합리화할 목적으로 도덕적 이유와 주장을 찾아 **손을 뻗는다**. 그러다 부지불식간에 사후합리화라는 우를 범하게 되는 것이다.[9]

---

9 말해두건대, 모든 사람이 동일하게 혐오 반응을 보이는 건 아니다. 그러나 인바와 피자로, 그리고 (다른 누구보다) 폴 블룸은 혐오감을 *쉽게 느끼는* 사람일수록 사회에서 보수주의자일 가능성이 훨씬 더 높다는 사실을 입증했다—다른 맥락에서 이는 꼭 기억해야 할 중요한 발견이다. 그러나 혐오의 확산 경로가 대체로 공적 담론인 듯 보인다는 점을 감안할 때(이에 대해서는 곧 다룰 것이다) 앞으로 논할 클린턴의 사례

힐러리를 겨냥한 혐오표현들

이제 힐러리 클린턴 문제로 들어가자. 2016년 대선에서 많은 사람이 그녀에 대해 미움과 불신뿐 아니라 본능적 혐오의 감정을 표현했다. 도널드 트럼프도 그중 한 명이다. 그남은 2015년 12월 텔레비전 토론에서 광고 시간 중 화장실에 다녀오는 클린턴의 모습을 두고 "말하기도 역겹다"라고 했다(정작 그 주제를 입에 올린 사람은 트럼프 본인이면서 말이다).

이 같은 혐오는 클린턴의 건강에 대한 그남의 집착과 일부 관련이 있었다. 그도 그럴 것이 트럼프는 그녀가 허약하고 노쇠하며, 설령 죽어가는 정도까진 아니더라도 늙어가고 있으니, 대통령직을 수행하는 데 필요한 (남성적) 체력이 부족하다는─그러므로 추정컨대 이제 그녀가 제대로 해낼 수 있는 일이라곤 돌봄노동밖에 없으리란 식의─허위 프레임을 씌우는 데 혈안이 돼 있었다. 또한 힐러리의 신체 분비물이라든지 그녀가 타인들을 오염시킬 가능성에 대해서도 이상하리만치 강한 집착을 보였다. 이를테면 2016년 9월 클린턴이 한차례 가벼운 폐렴을 앓았을 때 트럼프 진영에서는 그녀가 마치 악수로 사람들을 감염시켰을 위험이 있다는 듯이 여론을 호도했다. 가래가 있었든 없었든, 그녀의 기침은 건조한 목과 계절성 알레르기가 원인이었지만 논란은 걷잡을 수 없이 증폭되었다. 심지어 클린턴 특유의 웃음조차 혐오 반응을 유발했다. 고개를 뒤로 젖히고 입을 벌린 채 환하게 웃는 모습은 그녀가 위선적이라는 세간의 인식을 반박하는 증거로 여겨졌어야 마땅했음에도 말이다. 힐러리의 신체적 "외피envelope"는 너무 느슨하

에서 나타난 혐오 현상을 꼭 그렇게 좁은 관점에서만 해석하기는 어려울 듯도 하다.

게 봉해져 있어 사람들의 불안을 조장하는 듯 보였다.

1차 대선 토론 전 서맨사 비가 인터뷰한 트럼프의 어느 남성 지지자는 클린턴이 건강 문제로 토론회에서 소변줄을 사용하게 될 거라고 예견했다. 나는 관련 자료를 검색해봤다. 알고 보니 예전부터 인터넷상에 널리 퍼져 있던 음모론이었다. 그 지지자는 그녀의 심정을 이해해보려 애쓰는 중이라고도 했다. 이에 인터뷰를 진행한 서맨사는 지금보다 더 많이 애써야 할지도 모르겠다는 말로 적절히 대응했다. 그런데 아이러니하게도, 2월에 열린 한 토론에서 바지를 적셨다는 루머의 주인공이 된 쪽은 오히려 트럼프였다. 마코 루비오의 그 암시적 발언은 꾸며낸 이야기라기엔 어딘가 야릇하고 비사교적이었다. 그러나 편리하게도 그 루머는 이내 사람들의 기억에서 사라졌다. 구조적 기억상실, 그러니까 사회적 특권과 지배성이 촉발한 집단적 망각 증세와 관련하여 이보다 더 좋은 예를 찾아보기가 어려울 정도였다. 그녀의 평판이 진흙탕에 더럽혀지는 동안, 그남의 존엄성은 거의 결벽주의적으로 떠받들어진다.

반면 1차 토론에서 클린턴의 재킷에 묻어 있던 작은 얼룩을 두고 사람들은 침을 흘린 자국이라고들 했다. 트럼프가 그녀를 감옥에 보내버리겠다고 으름장을 놓는 빌미가 되었던 이메일 건과 더불어, 그녀가 입을 다물지 못한다는 사실을 알리는 또 하나의 증상이라나. 온갖 정황을 감안할 때 그럴 가능성은 희박했지만 말이다. (사실 그 자국은 클린턴의 옷깃에 채운 마이크 그림자였다.)

트럼프 지지 집회에 모인 이들이 클린턴을 향해 "그녀를 감옥으로"라는 구호를 외칠 때, 그 외침은 그녀가 처벌받는 장면을 보고 싶다는 욕구의 표현임이 분명했다. 그러나 이는 동시에 그 너머의 것, 즉 그녀의 명예를 더럽히려는 욕구의 표현으로 보이기도 했다. 2016년 7월 공화당 뉴햄프셔주 하원의원이자 트럼프 대리인인 한 남성은 클린턴의 이메일 스캔들과 벵가지 미 영사관 피습 사건을 연계해 그녀를 반역죄로 총살해야 한다고 목소리를 높였는데, 당시 그남은 다음과 같은 화법을 구사했다. "뭔가 잘못됐어요. (…) 이 모든 것이 혐오스럽습니다. 힐러리 클린턴을 사격선에 세워야 해요. 반역죄로 총살해야 합니다." 이후 그남은 그녀를 "한낱 쓰레기"라고 부르기도 했다.

그러므로 나는 선거운동이 진행되는 동안 클린턴을 향한 혐오반응이 횟수나 강도 면에서 심각했다는 견해가 사안에 대한 확대 해석이라고는 생각지 않는다. 위에서 논의한 실증적 증거가 이를 뒷받침한다. 또한 앞서 살펴본 바와 같이, 이런 혐오로 인해 그녀를 불신하는 분위기가 사람들 사이에 조성되었는가 하면, 그녀의 행동에 대한 그들의 도덕적 반감이 갈수록 격화되었을 공산이 크다. 또한 그 혐오는 클린턴이, 비록 구체적 혐의가 부재하거나 이전에 부과된 혐의에 대한 강력한 반증이 존재함에도 불구하고 **무언가** 죄를 지었으리라는 확신으로 이어졌을지도 모른다. 그녀에 대한 잘못된 혐의를 벗겨내고 증거가 불충분한 속설이나 루머를 불식시키려는 온갖 시도는 그래서인지 때로 두더지 게임을 보는 듯했다. 한편 클린턴을 향한 이러한 혐오는, 혐오의 일반적 특징과 연관지어 설명할 수도 있다. 이어지는 두 절은 혐오가 고착화되는 방식, 그리고 혐오 대상과 거리를 두고 싶게끔 우리를 몰아가는 방식을 다룬다.[10]

10　근래에 클린턴의 인기가 치솟았을 때가 언제였는지를 떠올려봐도 좋을 것이다. 가령 국무장관에서 물러날 무렵 그녀의 인기는 폭등했다. 하지만 그녀가 "승진"을 요구하자 많은 사람이 그녀를 탐욕스럽다고 인지했다. 힐러리 클린턴이 지나온 정치행보에선 이를 증명하는 사례가 군데군데서 등장한다. 가령 Sady Doyle, "America Loves

혐오는 어떻게 고착화되는가

선거전이 절정으로 치닫는 동안 나는 힐러리 클린턴과 줄리아 길러드의 도덕성을 의심하는 사람들의 시선이 서로 놀랍도록 닮아 있다는 사실에 주목했다. 두 사람 다 거짓말쟁이로 낙인 찍혔는데, 앞선 여러 장에서 언급한 바와 같이 미디어에서든 오스트레일리아의 일반 가정에서든 반대파 진영에서 줄리아의 대표 별명은 '줄라이어Ju-Liar'였다[329쪽 참조]. 또한 두 사람 다 부패 혐의로 기소됐지만 근거는 희박하기 짝이 없었다. 결국 둘 다 무혐의로 밝혀졌지만 의심의 분위기는 조금도 사그라들지 않았다. 의심을 뒷받침할 증거 따위는 나타나지 않았고, 증거의 부재는 사건의 부재를 의미하는 핵심적 증거로 간주될 여지가 충분했음에도, 일각에서는 공공연한 의심을 거두지 않았고 당황하는 기색도 드러내지 않았다.[11]

이러한 일화는 비단 정계에만 국한된 게 아니었다. 한때 미

Women Like Hillary Clinton-As Long as They're Not Asking for a Promotion [미국은 힐러리 클린턴 같은 여성을 사랑한다, 그들이 승진을 요구하지만 않으면]," *Quartz*, February 25, 2016, https://qz.com/624346/america-loves-women-like-hillary-clinton-as-long-as-theyre-not-asking-for-a-promotion 및 Michael Arnovitz, "Thinking about Hillary: A Plea for Reason[힐러리를 생각하며: 근거를 찾아서]," *Medium*, June 12, 2016, https://thepolicy.us/thinking-about-hillary-a-plea-for-reason-308fce6d187c를 보라.

11 이를테면 Callum Borcher, "A Former Top New York Times Editor Says Clinton Is 'Fundamentally Honest' So⋯⋯[전임 『뉴욕 타임스』 편집국장, 클린턴 "근본적으로 솔직하다" 발언, 그래서⋯⋯]," *Washington Post*, March 30, 2016, https://www.washingtonpost.com/news/the-fix/wp/2016/03/30/a-former-top-new-york-times-editor-says-hillary-clinton-is-fundamentally-honest-and-trustworthy-so-what/를 보라.

디어를 달궜던 '앨리스 고프먼 재판'은 추후 그나마 양심적인 평론가에 의해 마녀사냥으로 간주되긴 했지만(Singal 2016), 당시 인터넷상에는 그녀의 유죄를 확신하는 논평이 난무했고, 그런 열기가 무색하게도 제기된 모든 혐의는 사실로 인정되지 않았다. 고프먼은 젊고 수상 경력도 있는 사회학자이자 작가였다. 그녀는 온갖 비난의 중심에 섰는데, 혐의는 참으로 다양했다. 학문적 과실(그녀의 설명에 일관성이 없음을 폭로할 목적으로 쓰인 60쪽 짜리 문서가 익명으로 작성되어 널리 확산되었고, 후에 고프먼은 이에 대해 해명했다. Singal 2015 참조)을 비난하는 사람도 있었고, "도주 차량을 몰고 살인을 기도했다"는 황당하기 그지없는 루머를 퍼뜨리는 사람도 있었다. 물론 고프먼을 겨냥한 비판 중에는 타당한 것들도 있었다. 하지만 문제는 하필 그녀만을 표적으로 삼았다는 점이다. 대체로 그런 타당한 비판은 민족지학자의 대다수까지는 아니더라도 다수를 겨냥해 제기될 법한 내용이었지만, 그녀 외에 나머지 대부분의 인사는 공개 망신의 대상에서 제외되었다. 이렇듯 고프먼에게 제기된 의혹은 과도했거나 하필이면 그녀만을 대상으로 제기되었기에, 나는 그 이유에 대한 설명이 반드시 필요하다고 본다. 그리고 문제의 젠더화된 패턴에 그 이유를 가장 훌륭하게, 혹은 적어도 그럴듯하게 설명하는 단서가 숨어 있다고 생각한다.

　　물론 모든 여성 정치인이나 특출한 여성이 그런 의혹과 비난의 대상이 되고 사람들에게 처벌 욕구를 불러일으키지는 않는다. 하지만 일단 중상모략이 시작되면 대개는 그 내용이 (인터넷에서 흔히 보듯) 불어나고 '부풀려지게' 마련이다. 이때 여성에게는 그녀의 능력과 성격, 성취를 의심할 만한 온갖 근거를 둘러싼 의혹과 비난이 제기된다. 클린턴과 길러드, 고프먼에게도 하나같이 별의별 혐의가 제기되었다. 그리고 그 근저에는 그들이 **무언가 죄를**

지었다는 확신이 깔려 있었다.

이런 확신은 심지어 그것을 공유하지 않는 사람들의 사고 방식에도 간접적 영향을 미칠 수 있다. 일반적으로 자유주의나 진보주의 진영에 속한 사람들은 클린턴에게 던지는 한 표를 오바마 전 대통령에게 던진 한 표만큼 자랑스럽게 여기진 않는 분위기였다. 두 사람의 정책과 정치 역정이 매우 유사하고, 이른바 정체성 정치학의 관점에서 볼 때 클린턴과 오바마 모두 (각자의 영역에서) 새로운 역사를 쓰는 대통령이 되었거나 되었으리라는 사실에도 불구하고 말이다. 뿐만 아니라 좌파 진영에는 클린턴에게 표를 던지는 행위를 도덕적으로 방어하려는 분위기도 존재했다는 게 내 생각이다. 마치 그녀에게 던지는 한 표가 그녀의 일부 (동의하건대) 잘못된 외교정책이 야기한 명백히 끔찍한 결과에 동조했거나 만족했다는 의미라도 된다는 듯이. 그러나 클린턴의 이 정책들은 대부분 오바마의 정책이기도 했다. 하지만 어째서인지 오바마의 평판은 종종 그러한 정책들의 영향에서 상대적으로 자유로운 듯 보였다. 나는 이렇듯 비슷한 정책에도 불구하고 오바마에게 던지는 한 표는 좌파 진영에 도덕적 부담으로 작용하지 않는 것 같다는 인상을 받았다.

여기서 문제를 더욱 악화시킨 요인은, 도덕적 비판들이 인신공격으로 변질되고 유독 여성의 **성격**을 빠르게 파고들어 그들에게 특히 깊은 상처를 내는 일련의 과정에서 찾을 수 있다. 또한 이 과정을 살펴보면, 여성혐오가 여성의 연대, 특히 백인 여성들 사이의 연대를 방해하는 쪽으로 작동하는 방식을 어느 정도 파악할 수 있다. 다음 절에서는 이러한 내용을 역순으로 다뤄보려 한다.

거리 두기

다시 3장의 내용을 떠올려보자. 그러니까 여성혐오는 가부
장적 규범과 가치에 순응하는 여성과 그렇지 않은 여성을 각각
'착한' 여성과 '나쁜' 여성으로 구별하는 과정과 관련이 있었다. 그
러므로 지극히 일반론적인 관점에서 보면, '착한' 여성이 되기를
갈망하는 여성들이, 이를테면 클린턴처럼 '나쁜' 여성으로 간주되
는 여성들과 거리를 두면서 그들이 도덕적 범죄와 비행으로 추정
되는 일들로 인해 외면당하거나 벌을 받을 때 이러한 여론에 편
승하려는 사회적 동기를 갖는 것은 그리 놀라운 현상이 아니다.

메이들린 하일먼이 공저한 또 다른 논문(Parks-Stamm,
Heilman, and Hearns [2008])은 2016년 대선에서 백인 여성의 절반
이상이 클린턴을 외면하고 도널드 트럼프에게 표를 던진 이유를
밝힐 실마리를 제공한다. 결론부터 말하자면, 이 장 앞머리에서 짚
었던바 여성들이 남성 못지않게 대성한 여성들을 벌하려는 경향
을 보이긴 했지만, 그 표면적 이유는 제각각이었다. 피험자들은 인
사 기록 내용을 토대로 여성인 신임 부통령을 적개심, 반사회적 성
향, 전체적 호감도 등에 따라 평가하도록 요구받았다. 그녀의 여
성적 미덕이나 선한 행실에 관한 구체적 정보가 주어지지 않았을
때 참가자들은 여남을 불문하고 그녀가 규범을 어겼다는―가령
교활하고 냉정하고 공격적이라는―암묵적 판단을 내리고는 그녀
를 사회적으로 처벌하려는 경향을 드러냈다. 이때 연구자들은 그
런 피험자들이 "사회적 처벌"을 단행하지 못하도록 했다. 그러자
피험자들 간에 결정적 차이가 나타났다. 오직 여성 피험자만이 더
부정적인 **자기평가**self-evaluations를 내린 것이다. 이는 연구자들의 가
설, 즉 성공한 여성에 대한 처벌이 다른 여성들(에 한하여 그들)의

자아를 보호하는 쪽으로 기능할 것이라는 예상을 뒷받침하는 결과였다. 그 같은 처벌 행위는 그들과 닮은 누군가—그들과 비슷하게 선하고 괜찮은 '실제' 여성 혹은 가상의 여성—가 경쟁력과 기량 면에서 그들보다 뛰어나다는 데서 오는 위기의식을 완화시킨다. 그리고 이런 경향은 긍정적 피드백으로 충족될 수 있는 자신감의 부족과 관련이 있어 보인다.

여성이 다른 여성을 처벌하지 못하도록 하기 위해 연구자들이 사용한 방법은 두 가지였다. 첫 번째 실험에서는 처벌 대상인 신임 부통령을 여성적 관습에 충실한 사회 친화적 성향의 인물로 묘사했고, 두 번째 실험에서는 (전부 여성으로 구성된) 피험자들을 그들 자신의 뛰어난 사업 감각에 대한 긍정적 피드백이 존재하는 실험 조건에서 단련시켰다. 그러자 두 여성 집단에 동일한 효과가 유사한 수준으로 나타났다. 크게 성공한 여성을 벌하고 싶다는 기분을 더 이상 느끼지 않게 된 것이다.

대선이 끝난 뒤 며칠 동안 우리는 결과에 탄식하는 이들이 도널드 트럼프에게 투표한 백인 남성들보다 그남에게 투표한 백인 여성들을 훨씬 더 혹독하게 비난하는 광경을 흔히 접할 수 있었다. 고백하건대 나도 예외가 아니었다. 그러나 이후에 나는 위 결과들을 토대로 분노의 화살을 가부장제 체제 쪽으로 돌리게 되었다. 가부장제는 심지어 젊은 여성들—참고로 이번 실험의 참가자들 역시 대학생이었다—마저도 여성은 높은 권력이 따르는 남성 지배적 중책을 성공적으로 수행할 수 없다고 믿게끔 만들어버린다. 또한 2016년 대선의 결과와 위 메커니즘의 강고함을 토대로 판단하건대, 어쩌면 그들의 믿음이 옳았는지도 모른다. 이를테면 나 같은 사람은 아무리 노력해도 (가령) 대통령이 될 수 없으리란 인식이 현존하는 한, 그 인식에 맞서는 위협적 타인들로부터 스스로를 지키려는 행동은 틀렸을지언정 자연스러운 반응이다. 그 과정에서 이른바 남성적 성공을 지향하는 여성들은 **별종**으로, 어떤 면에서 열등하거나 거북하거나 미심쩍은 존재로 그려진다. 그런 여성들은 가혹하고 냉담하고 무정하다. 그들은 마녀이고, 그들의 능력은 흑마술이다.

이 연구에서 불거질 수 있는 또 다른 질문은 인종의 영향에 관한 것이다. 알다시피 거의 모든 흑인 여성과 비교적 많은 라틴계 여성이 트럼프보다는 클린턴에게 투표했으니 말이다. 과연 인종적 차이는 클린턴을 자신과 구별하려는 심리를 어느 정도 부추기는 쪽으로 작용했을까? 아니면 백인우월주의를 표방하는 대통령이 뽑혔을 때 흑인 혹은 라틴계 여성으로서 잃을 게 더 많다는 명백한 사실이 오히려 다른 상황에서는 발현됐을지 모를 그들의 잠재적 기질을 억제하는 데 **압도적으로** 강력한 고려 사항으로 작용했을까? 애석하게도 위 연구는 아무런 대답도 제시해주지 않는다. 피험자들의 인종이 명시돼 있지 않을뿐더러, 그들 머릿속에서 평가 대상이 백인으로 그려졌는지 여부도 확실치 않다.

어느 쪽이든 백인 여성들은 트럼프를 지지하고 (특히) 그남의 여성혐오를 용서할 때 심리적으로나 사회적으로나 **추가적** 보상을 받을 가능성이 높아 보인다. 그러한 보상은 다음 두 가지 사실에 기인한다. 첫째, 평균적으로 백인 여성들은 유색인종 여성들에 비해 트럼프 지지자를 배우자로 두었을 가능성이 상당히 높다. 둘째, 역시나 평균적으로 이와 관련하여 종종 백인 여성들은 트럼프처럼 막강한 백인 남성들의 비위를 맞추며 좋은 관계를 유지하기 위해 노력할 때 일반적으로 더 많은 보상이 예상되므로 그에 걸맞은 기질을 갖추게 될 공산이 크다. 다시 말해 백인 여성은 전술을 제대로 구사하면 트럼프 같은 남자들한테서 '착한 여자'라는 평가를 받아낼 가능성이 있다. 하지만 사실상 이는 백인 여성에게만 해당되는 이야기다. 흑인이거나 라틴계인 여성이 트럼프 같은 부류의 남자들에게 기대할 수 있는 처우란 대체로 삭제나 경멸이었으니까.

킴벌레 W. 크렌쇼가 대선 이후 열여섯 명의 사회정의 지도자와 나눈 대담에서 참가자들은 이럴 때일수록 사회적 정체성뿐 아니라 사회적 관계에 대한 교차적 사고가 필요하다고 역설했다(Crenshaw 2016). 그중 비판적 인종이론가이자 페미니스트인 수미 조는 이렇게 지적했다. "[백인] 여성 개개인은 사실 자기들의 이익을 기준으로 투표하지 않습니다. (…) 대신 이렇게들 이야기하죠. '오로지 내 한 표가 내 아들에게, 형제에게, 남편에게 어떤 영향을 미칠 것인가를 고민한다'고. 우리 사회에서 가족이란 개념은 상당히 인종화되어 있습니다. 그렇게 굳어진 인식이 일반적이고 합리적인 유권자의 태도를 압도하고 대체해버렸다는 거죠." 여기서 조는 이른바 '보통 남자'를 향한 힘퍼시 또한 그런 서사의 일부일 가능성을 제안한다. 미국은 명목적으로나 통계적으로나 일부일처제 사회다. 또한 보수적 공동체를 비롯한 여러 커뮤니티에서는 일부일처제가 **도덕적** 규범으로서도 여전히 제법 강력한 영향력을 발휘한다. 고로 미국 여성들의 충성심은 일차적으로 다른 여성들보다는 자신의 남성 배우자 쪽을 향하게 마련이다. 남성 배우자가 지배적 성향을 비롯해 미묘하게 패턴화된 여성혐오적 행태를 보인다면, 여성 배우자는 그런 행태의 만연성과 중요성을 축소하고 간과함으로써 제법 강력한 심리적 보상을 얻게 된다. 그런가 하면 트럼프에게 투표한 남성 유권자는 사실상 자신과 닮은 인물의 성적 비행과 여성혐오에 개의치 않는다는 몸짓을 취하고 있었을 가능성이 있다.

논점을 확대해보자. 우리 백인 여성들은 습관적으로 주변의 강력한 백인 남성들(가령 직장이나 공동체, 학회를 비롯한 각종 사회단체 안에서 우리를 능가하는 남성들)에게 충실해왔다. 기본적으로 우리는 지배적인 남성들의 이런저런 비밀을 지켜주는데, 그러한 비밀에는 그들의 성적 약탈 행위도 포함돼 있다. 여기서 나는 의도적으로 '우리'라는 포괄적 복수 대명사를 선택했다. 자유주의자나 진보주의자 백인 여성이라고 해서 이 같은 평생의 타성을 버리려는 의지가 확고하다고 단언하기는 어렵기 때문이다. 철학이라는, 교육법의 다양성과는 여전히 동떨어진 학문 분야를 포함하여 학계의 성희롱이나 성폭행에 관한 다수의 신뢰성 있는 보고서가 저명한 특정 가해자들에 맞서 작은 행동이라도 이끌어낼 수 있게 되기까지 얼마나 오랜 시간이 걸렸는지 생각해보라. 이는 '착한 여성'이 되기 위해 침묵하는 우리의 집단적 경향을 암시한다. 이런 경향은 지배적인 남성들에게 충실하려는, 부가적으로는 주변 사람들을 누구라도 빠짐없이 보살피려는 마음가짐을 필요로 한다.

4장에서 나는 여성들이 주변 사람 모두에게 개인적으로 베푸는 돌봄과 관심을 당연시하는 풍토가 이 사회에 존재한다고, 그러지 않으면 여성들은 역겹고 비열하고 간사하고 무정하게 비칠 위험을 감수해야 한다고 주장했다. 하지만 당연하게도 이는 대통령 후보인 여성이 따를 수 없는 지침이다. 또한 일반적으로 그 여성을 추종하거나 지지하는 사람이 더 많고 더 다양해질수록 그녀는 여성으로서 갖추어야 마땅한 경청의 자세가 부족하다는 이유로 차갑고 냉담하고 '비사교적'이고 태만하고 부주의하고 이기적인 사람으로 인식될 공산이 커진다. 하지만 그녀의 남성 상대자들은 이러한 경청의 기술을 굳이 입증할 필요가 없다. 실제로 트럼프는 경청의 기술을 그보다 덜 보여주기도 어려웠을 것이다.

이는 우리가 단순히 여남에게 적용되는 도덕적 기준의 높고 낮음에 대해서만 생각하는 수준을 넘어서야 한다는 점을 시사한다. 오히려 우리는 여남에게 주어진 책임이 근본적으로 다르고, 그것들이 명목상 상보적이라고 여길 때가 많다. 이제부터는 이를 증명하는 데 유용한 두 가지 메커니즘에 관해 살펴볼 것이다. 이것들을 나는 각각 '돌봄팔이care-mongering'와 '분리 지각split perception'이라고 명명했다.

돌봄팔이

심지어 청년층조차 여성들에게 불균형적으로 돌봄을 기대한다는 증거는 학생들의 교수 평가에 젠더 편견이 작용한다는 사실에서 확인할 수 있다. 이 증거는 지금까지의 논의와 관련하여 고려할 가치가 충분한데, 생각해보면 정치인과 교수 사이에는 상당한 유사점이 존재하기 때문이다. 일단 두 직업 모두 자신이 권위적 인물임을 스스로 내세워야 한다. 하지만 단지 이 점 때문만은 아니다(스스로 권위자임을 주장해야 하는 직업은 교수와 정치인 말고도 많다). 구체적 수행 면에서도 두 직업은 유사점이 적지 않다. 교수는 군중 앞에 서서 자신의 이야기를 신뢰와 존경의 마음으로 주의 깊게 들어줄 것을 그들에게 요청한다. 그리고 사실상 젠더는 향후 그 교수가 받을 평가의 내용과 점수에 중요한 영향을 미치며, 정치인에 대해서도 그럴 소지가 다분하다.

그렇다고 이를 단순히 많은 학생이─이번 역시 여남이 같은 정도로─시스젠더 남성을 지적·도덕적 권위자로서 선호한다는 뜻으로만 해석해서는 곤란하다. (비록 이런저런 연구에서 그런 결과가 지속적으로 나타나고는 있지만, 인종과 관련해 최근 시행된 몇몇 연구의 결과는 제법 고무적이다.[12] 여성과 남성은 매우 다르게 인식되는 경향이 있고, 그렇다 보니 서로 다른 단점들을 이유로 불이익을 당하는 경향이 있다는 뜻으로도 해석할 수 있다. 조이 스프레이그와 켈리 머소니의 연구에 따르면, 남교수들은 지루하다는 이유로, 여교수들은 차갑거나 무심하거나 학생 한 사람 한 사람과 개인적 관계를 발전시키지 않는다는 이유로 불이익을 당했다(Sprague and Massoni 2005). 또한 두 사람은 최고의 선생과 최악의 선생에 대한 학생들의 묘사를 토대로 다음과 같은 사실을 발견했다.

> 가장 적대적인 단어들은 여교수들의 몫이었다. 최악의 여선생들은 이따금 나쁜 여성이라는 이유로 노골적인 비난을 받았는데, 그럴 때면 학생들은 "불여우bitch"나 "마녀witch" 같은 단어들을 사용했다. 오만하고 지루하고 태평한 남선생들은 비호감의 대상이라면, 비열하고 교활하고 엄격하고 차갑고 "정신병적인" 여선생들은 증오의 대상이었다. 주어진 젠더 역할을 부적절하게 수행한다고 지각되거나 젠더 불평등에 맞서는 자료를 제시하는 여성 강사에게 적개심을 느끼는 학생들에 관한 기록들은 (…) 이런 결론이 사실임을 입증한다.(2005, 791)

연구자들의 결론에 따르면, 남교수와 여교수 모두 젠더로

---

12 가령 최근 한 연구에서는, 모든 인종의 학생이 유색인종 교사들을 더 선호한다는 결과가 나왔다. Anya Kamenetz, "Study Finds Students of All Races Prefer Teachers of Color(모든 인종 학생들 유색인종 교사 선호 연구로 밝혀져)," *NPR*, October 7, 2016, http://www.npr.org/sections/ed/2016/10/07/496717541/study-finds-students-of-all-races-prefer-teachers-of-color.

인해 특별한 노력을 기울여야 했고, 여자 교수의 노력은 특히 각별했다. 남자 교수가 재미있는 강의로 비교적 쉽게 더 많은 학생의 마음을 사로잡는 동안, 여자 교수는 학생 개개인과의 친분형성에 힘써야 했을 테니 말이다. 게다가 이런 식의 노력은 언젠가 한계에 봉착하게 마련이다.

'돌봄팔이'는 (젠더화된) 취약성의 횡포라고도 불리며, 오스트레일리아에서 줄리아 길러드를 공격하는 데 중요한 역할을 담당했다. 오스트레일리아 전임 총리 케빈 러드는 내부 지도자 경쟁에서 길러드에게 밀려 자리를 내주었고, 권좌를 되찾으려면 무엇을 해야 하는지 정확히 꿰뚫고 있었다. 먼저, 기자 로리 오크스와의 인터뷰에서 그남은 총리로서 자신이 실적을 개선할 시간을 준 뒤에 총리직에 도전하겠다던 약속을 길러드가 저버렸다고 주장했다. 그런 다음에는, 길러드가 예산 부족을 이유로 노인연금과 육아휴직수당 지급액 증가안에 반대한 각료 회의 기록을 오크스에게 유출했다. 이에 대해 길러드는 예산이 안정적일 때는 자기도 그 법안에 찬성했다고 해명했지만, 그녀의 인기는 곤두박질쳤고, 이어진 선거에서는 아슬아슬하게 패배를 면했다. 그녀는 믿음직하지 않았다. 그녀는 피도 눈물도 없었다.

오스트레일리아의 어느 기자는 러드와 오크스의 행동이 다음과 같은 질문을 떠올리게 한다는 점에서 잘못됐다고 평가했다.

만약 이 경쟁이 두 남성 사이에서 벌어졌다면, 그때도 같은 상황이 벌어졌을까? 알 수 없는 일이다. 생각건대 우리는 포장을 벗기고 사태의 본질을, 소위 남자다운 남자들이 작당해서 한 여자를 괴물로 포장하려 안간힘을 쓰는 작금의 실태를 우리 두 눈으로 직접 들여다봐야 한다.

조지 메걸로제니스의 이런 호소를 귀담아들은 오스트레일리아인은 안타깝게도 거의 없었다.[13]

추측건대 클린턴에게도 비슷한 전략이 적용되었고, 그로 인해 그녀 역시 상당한 타격을 입었다. 사람들은 트럼프라는 남자에 비해 클린턴이라는 여자에게 더 엄격한 잣대, 완전히 다른 잣대를 들이댔다. 문제는 이것이었다. 클린턴이 지금껏 자신의 돌봄 궤도 내에 존재하는 취약 계층을 단 한 사람도 빠짐없이 돌보았는가? 그들 중 충분한 베풂이나 돌봄, 관심에서 소외됐거나 소외되고 있는 이들은 없는가? 대답은 거의 필연적으로 '있다'였다. 노련한 정치인이자 전임 국무장관인 클린턴의 돌봄 궤도는 무한대로, 거의 모든 사람을 아우르는 데까지 확장될 수 있었으니까. 반면에 도널드 트럼프는 설령 자신이 5번가 한복판에서 총을 난사한다 해도 유권자들은 변함없이 자신을 지지할 거라고 장담했다.[14] 많은 사람이 그남의 발언에 격분했지만, 그남은 보란 듯이 선거에서 승리했다.

---

13 참고로 길러드는 자서전에서 당시 상황을 이렇게 해석했다. "오크스의 기사는 선거에 미치는 영향 면에서 대단히 치명적이었다. 일찍이 유권자들이 나에 대해 품어온 질문, 미혼에 자식도 없는 내가 과연 각 가정에서 느끼는 압박감과 근심을 온전히 이해할 것인가 하는 의문을 반영하고 있었으니까."(Gillard 2014, 40)

14 Jeremy Diamond, "Trump: I Could 'Shoot Somebody and I Wouldn't Lose Voters'(트럼프, "사람을 쏴도 표심 잃지 않을 것")," *CNN*, January 24, 2016, http://www.cnn.com/2016/01/23/politics/donald-trump-shoot-somebody-support/index.html.

젠더화된 분리 지각

　　젠더화된 이중 잣대를 바라보는 사회의 일반적 시각은 다른 측면에서도 지나치게 편협할 가능성이 있다. 이 개념은 흔히 동일하다고 받아들이는 행동을 근거로 여성을 남성 상대자에 비해 더 가혹하게 비판하는 사례들을 아우르는데, 여기에는 이런 식의 지각이 도덕적으로 중립에 가까운 공통 의견이라는 가정이 깔려 있다. 그러나 증거는 다른 방향을 가리킨다. 즉, 같은 행동이라도 주체의 젠더에 따라 **애당초** 다르게 비칠 수 있음을, 기존의 차별적 시선과 젠더화된 노동 분배로 인해 같은 행동이라도 주체의 젠더에 따라 달리 보일 수 있음을 시사한다. **남성**이 주체일 때는 정상적이고 평범하고 일상적이라 여겨 가볍게 보아 넘겼을 행동들이, 여성이 주체일 땐 미심적은 행동으로 둔갑하는 것이다. 그 여자 뭘 감추려는 거지?

　　그렇다면 이는 젠더화된 이중 잣대만의 문제가 아닐지도 모른다. 정치에서 젠더 편견이 사회적 지각의 '분리' 현상까지 아우르는지도.

　　최근 실시된 한 사회심리학 연구가 이를 뒷받침한다. 아직 정설로 인정하기에는 이른 감이 있지만, 작금의 당황스러운 국면을 설명하는 데 유용하므로, 한계는 인정하되 일단은 검토해보는 편이 좋을 듯하다. 해당 연구는 피험자들로 하여금 어린아이들을 그들끼리만 집에 남겨둔 부모들의 다양한 사연을 읽게 했다. 그런 다음에는 아이들이 노출된 **위험**의 정도를 평가하도록 했다. 포켓몬고 게임을 하느라 아이들을 집에 남겨둔 부모들은 출근하느라 그랬던 부모들보다 자녀를 더 큰 위험에 노출시켰다고 여겨졌다. 또한 내가 말하려는 바에 있어 결정적으로는, 다른 모든 조건이 동일할 때(즉, 아이들만 집에 남겨진 이유나 시간, 아이들의 나이 등이 동일할 때) 어머니의 행동이 아버지의 행동보다 더 위험했던 것으로 간주되었다(Thomas, Stanford, and Sarnecka 2016).

　　나는 이것이 잠정적 결론에 불과하다는 걸 인정한다(실제로 이 부분을 집필하던 2016년 8월 기준으로 이는 단지 참신한 견해 이상도 이하도 아니었다). 또한 무엇보다 젠더의 영향과 관련해서는 (연구자들도 인정했다시피) 추가적 연구가 필요하다. 그럼에도 이 연구 결과로 그간의 궁금증이 상당 부분 해소될 것이다. 특정한 메커니즘을 파악하기 위해서는 대략적 가설 세우기가 필수다. 특정한 메커니즘을 파악하기 위해서는 대략적 가설 세우기가 필수다. 자, 여기서 작동하는 메커니즘에 관한 대략적 가설은 다음과 같다. 특정한 행동을 하는 사람들을 보면 우리는 그들이 도덕적으로 우월하거나 열등하다고, 이를테면 격분이나 도덕적 혐오, 분노를 유발할 요건을 많게든 적게든 갖추었다고 인식한다. 이때 우리는 그들의 행동이 얼마나 위험했는지를 비롯해 **그들이 무엇을 했는지**를 묘사함에 있어, 과거 우리가 자연스럽게 드러낸 도덕적 반응 및 정서가情緒價, valence에 상응하는 평가를 내리게 된다. 그러므로 타인에 대한 도덕적 반응이나 판단은, 우리가 그들의 행동을 도덕과는 무관한 관점에서 전적으로 사실에 근거해 평가하고 묘사할 방법을 결정하는 데 중요한 요소일 수 있다. 물론 누군가는 정반대의 상황을 기대할 것이다. 도덕과는 무관한 사실 평가가 먼저고, 행동에 대한 도덕적 판단이 나중이기를 바랄 수도 있다는 뜻이다.

　　이제부터는 특정한 사회적 위치에 놓인 여성들, 정치인처럼 남성의 관습적 권좌를 열망하는 여성들이 맞닥뜨리는 편견에 대해 살펴보자. 부분적으로 이는 대체로 부정되지만 여전히 존재하는 젠더화된 사회적 관습에 따른 도덕적 **편견**을 의미할 가능성이 있다. 힐러리 클린턴과 같은 인물에게는 주로 도덕적 강탈자 역할이 부여된다. 그리고 이는 놀라운 현상이 아니다. (물론 정당하다고도 말할 수 없다.) 그녀는 역사적으로 남성의 차지였던 자리를 취하거나 그들의 성취를 가로채겠노라고 위협한다. 만약 그녀가 이기면, 그 게임은 조작된 것이다. 공정했다면 그녀가 승리했을 리 없다. 그녀의 행동이, 그녀 자체가 무심하고 음침하고 비뚤어져 보인다(그렇게 생각은 이어진다).

그뿐이 아니다. 미증유의 정치적 권력을 확보했거나 권력의 첨단에 위치한 여성들은 대개 **규칙 파괴자**로 인식되기 쉽다. 순서를 지키거나 법질서를 존중한다는 신뢰를 확보하지 못하는 것이다. 물론 이런 인식이 완전히 사실무근인 건 아니다. 이런 여성들은 여전히 붕괴가 진행 중인 가부장제라는 부당한 체제의 규칙을 **실제로** 파괴한다. 클린턴과 같은 여성은 **실제로** 계급을 파괴하는 중이었다. 명목상으로는 구식이지만 실제로는 견고하게 뿌리내린 사회적 위계질서를, 오로지 남성만이 정치인으로서 최고위직을 열망할 수 있다는 암묵적 규칙을 그녀는 제멋대로 위반하고 있었다. 통념적으로 여성에게 남성은 추종과 지지의 대상이지 경쟁 상대가 아니었다. 그러므로 여성이 이런 역할을 저버린다면, 그런 행동은 자칫 반역이나 배신, 그리고 (「서문」에서 언급했듯) 본인에게도 타인에게도 황당하고 위협적인 반발로 비칠 소지가 다분하다.

이런 관점에서 여성은 (공정하고 평등한 기준에 비춰볼 때) 도덕적 현실에서든 사회적 현실에서든 별다른 잘못을 저지르지 않아도 가부장제의 지침을 어겼다는 이유로 도덕적 의혹과 실망의 대상이 될 가능성이 있다. 또한 이때 그녀의 **행동**은 이미 내려진 도덕적 판단에 근거해 위험하거나 미심쩍거나 아슬아슬하거나 기만적인 행동으로 묘사될 수 있다. 이때 눈여겨볼 부분은 행동을 보고 도덕적 판단을 내리는 게 아니라 도덕적 판단을 내리고 행동을 몰아간다는 점이다. 그녀는 어쩐지 꿍꿍이가 있어 보인다. 그리고 그 꿍꿍이의 **정체**는 이제부터 발견—혹은 발명—하면 될 일이다.

이는 굉장히 그럴듯한 이론이다. 그러니까 사변적인 가설로서 말이다. 하지만 실제로는 어떨까? 실제로도 같은 상황이 벌어질까? 그렇다면 증거는 무엇일까? 증거라는 게 존재하기는 할까?

나는 실제로도 그렇다고 생각한다. 일례로 힐러리의 보좌진이 그녀가 쓰던 전자 기기들을 파괴한 일과 이에 대한 분석을 담은 수많은 뉴스 기사를 떠올려보라. 그리고 정계 밖의 사례로는, 앨리스 고프먼이 『도주 중*On the Run*』(2014)을 출간한 후 현장 조사 기록들을 불태웠을 때 받은 의혹들을 떠올려보라. 수많은 전문가와 학자가 그녀를 비난했다. 조사 내용 대부분을 날조했다는 것이다. 하지만 근거는 빈약하기 짝이 없었다. 자기 친구가 관련 도시(필라델피아)에서 변호사로 일하는데, 고프먼이 기록한 경찰의 위법행위를 들어본 적이 없다고 했다는 이야기를 근거랍시고 내세운 기자도 있을 정도였다. 이 외에도 수많은 혐의가 고프먼의 성취에 짙은 그림자를 드리웠다. 사람들은 그녀의 학자적 오행을 의심하는 것도 모자라, 가까운 친구가 살해된 뒤 그녀가 잠시 다른 친구와 복수극을 모의한 일을 최대한 실감 나게 설명함으로써 그녀를 살인 공모 혐의로까지 기소하려고 갖은 애를 썼다.[15]

하지만 누구라도 클린턴과 고프먼처럼 증거를 인멸하면 의심을 사는 것이 당연한 수순 아닌가? 아니, 그렇지 않다. 기실 두 사람의 행동은 해당 영역의 표준적 관행을 철저히 따른 것에 불

15　Lubet 2015a.

과했다. 위의 분석 기사들은 블랙베리 휴대전화를 영화 속 범인이 시체를 유기하듯 은밀히 폐기하는 이미지까지 곁들여가며 진실을 편향적으로 호도한다. 알고 보면 클린턴의 보좌진은 증거를 인멸하지 않았다. 단지 기밀 정보 보호를 위한 프로토콜에 충실했을 뿐이다. 고프먼도 마찬가지였다. 단지 민족지학계의 관행을 모범적으로 따랐을 뿐이다.

남자가 이런 행동을 하면 눈에 띄지도 않고 보통은 모르는 척 넘어간다. 그러나 여자가 남성의 잔디밭에 들어가 똑같이 행동하면 그녀의 행동—그리고 그녀라는 사람—은 자칫 기만적으로 혹은 부주의하게 보일 수 있다.

당시 미 연방수사국FBI 국장이던 제임스 코미의 발언을 눈여겨보자. 그남은 클린턴이 이메일을 "지극히 부주의"하게 관리했다고, 그래서 외국을 드나드는 미국인들을 "적대적 행위자들"이 가할 수 있는 심각한 위험에 노출시켰다고 증언했다. 확실히 이 발언은 서술 자체로 보나 이후의 해석으로 보나 과장된 측면이 있었다. 클린턴이 다른 정치인들에 비해 한참 부주의했다는 그남의 견해는 증거 중심의 불편부당한 판단이 아니라, 그녀가 유죄라는 예단적 확신, 암묵적인 도덕 판단의 결과로 보인다.

그보다 20년 전 오스트레일리아에서도 비슷한 일이 있었다. 줄리아 길러드가 총리직에서 쫓겨난 뒤의 일이다. 당시 그녀는 부정부패를 저질렀다는 날조된 혐의로 재판에 회부됐는데, 결론은 무혐의였고, 사람들은 대체로 이를 마녀사냥으로 간주했으며, 주범은 그녀의 숙적이자 당시 총리였던 토니 애벗이었다. (그리고 이 일은 3장에서 소개한 그녀의 "여성혐오 연설"에 영감을 주었다.) 그럼에도 사람들은 길러드가 자신에 대한 "착오적 판단"을 반증해냈다고 여기는 정도에서 그치지 않았다. 그들은 그녀가 증언대에서

"답변을 회피"했고 "극단적으로 억지를" 부렸으며, "연극적으로 화를" 냈다고 여겼다. 명백하게 "모범적인 증인"이었지만, "그녀의 태도에는 연기적인 요소가 있었고, (…) 전달력도 형편없었다"는 것이 영연방 왕립위원회의 의견이었다.[16]

클린턴의 자질 부족에 대한 버니 샌더스의 논쟁적 발언도 살펴보자. 샌더스는 클린턴이 이라크 전쟁에 찬성 입장을 표명했던 원인이 그녀의 "안 좋은 판단력"에 있다고 주장했다. 이후에 트럼프도 클린턴과의 토론 중에 같은 문구를 반복했다. 정작 자기가 앉힌 부통령 마이크 펜스 또한 이라크 전쟁에 찬성한 판국에 말이다. 그러나 트럼프에 따르면 펜스는 "어쩌다 한 번씩" 그런 실수를 저지를 권리가 있었다. "클린턴은 권리가 없나요?" CBS의 레슬리 스탈 기자가 물었다. "없죠, 클린턴은 그럴 권리가 없습니다." 트럼프의 대답이었다. "그렇군요." 스탈은 눈을 끔뻑이고는 인터뷰를 이어갔다.[17]

여성혐오자들(예거) 패배하다

---

16   Matthew Knott, "Unions Royal Commission Clears Julia Gillard but Questions Her Credibility As a Witness(영연방 왕립위원회, 줄리어 길러드의 결백성은 인정하지만 증인으로서 신뢰성은 의심스럽다)," *Sydney Morning Herald*, December 19, 2014, http://www.smh.com.au/federal-politics/political-news/unions-royal-commission-clears-julia-gillard-but-questions-her-credibility-as-a-witness-20141219-12alcd.html.

17   Tessa Berenson, "Donald Trump Says Hillary Clinton Can't Make Mistakes, but Mike Pence Can(도널드 트럼프, 클린턴은 실수하면 안 되지만 마이크 펜스는 괜찮아)," *Time*, July 17, 2016, http://time.com/4409827/donald-trump-mike-pence-hillary-clinton-iraq/.

가짜

2016년 대선에서 작용했을지 모를 젠더 편견의 증거로 제시할 가치가 있는 마지막 자료는 웹사이트 ratemyprofessors.com에 방대하게 축적된 (약 1400만 건에 달하는) 학생들의 강의 평가 관련 대화형 데이터베이스다. 벤저민 슈미트가 고안한 이 사이트는 강의 평가에서 자주 사용되는 단어들이 교수의 담당 과목 및 젠더에 따라 달라진다는 사실을 보여준다. 여기서 염두에 둘 것은 젠더화된 표현이 전부 '마녀'나 '불여우'처럼 노골적이지만은 않다는 점이다. 직감적으로 나는 "가짜fake"라는 단어를 입력했고, 결과는 충격적이었다(도표 8.1 참조).

학생들은 두 과목을 제외하고는, 여교수를 묘사할 때 "가짜"라는 표현을 더 빈번하게, 때로는 심각할 정도로 더 많이 사용했다. 그런가 하면 남교수를 묘사할 때는 "진짜genuine"라는 단어를, 격차는 다소 덜했지만 더 빈번하게 사용하는 경향을 보였다. ("진짜"와 관련해서는 딱 한 과목이 예외였는데, 앞서 제외한 두 과목과는 다른 것이어서 명확한 패턴이 읽히지는 않았다.) "차갑다cold" "비열하다mean" "역겹다nasty"의 사용 빈도 역시 젠더에 따른 격차가 극심했으며, 역시나 인상적인 부분은 "불공정하다unfair"에 대해서도 같은 경향을 보였다는 점이다. 말하자면 여성들은 남성 동료들에 비해 현저히 더 빈번하게 비열하고 역겹고 차갑고 불공정하다고, 그리고 무엇보다 진짜가 아닌 **가짜**라고 인식되는 듯 보였다.

그렇다면 궁금해진다. 과연 남교수와 여교수는 단지 가르치는 스타일이 서로 달라서 다른 종류의 평가와 비판을 받는 것일까? 다행히도 앞서 언급한 스프레이그와 머소니의 논문에서 이 문제를 다루었고(Sprague and Massoni 2005), 그들은 그럴 가능성이

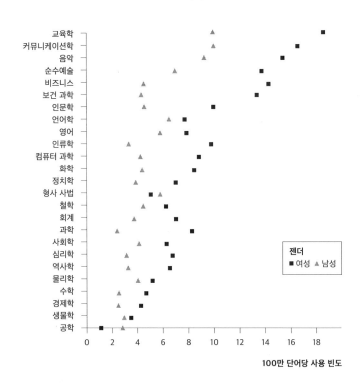

도표 8.1 가짜

100만 단어당 사용 빈도

희박하다고 주장했다. 남교수들도 종종 같은 요소에 대해 평가받지만, 내용이 극과 극이라는 것이다. 이는 남교수와 여교수의 명시적 자질이 비교가 불가능할 만큼 다르지는 않음을 암시한다. 비교의 기준을 다소 엄격하게 적용하더라도 말이다.

(안전하게—역시나 논파될 가능성은 있지만) 가정하자면, 이 결과는 여교수들이 이렇듯 비호의적으로—어쩐지 정말 "가짜"(그것이 어떤 모습을 뜻하건 간에) 같다고—인식될 **만하게** 처신했다는 것을 의미하지 않는다. 그보다는, 동일한 권위를 누리는 여남이 있다고 할 때 사람들은 여성을 남성 상대자에 비해 가식적인 사기

꾼이라고 여기는 경향이 강하다는 것을 암시한다.

　이것이 사실이라고 하자. 그러니까 도덕적으로나 지적으로나 권위적 위치에 있는 여교수들이 같은 위치의 남교수들에 비해 이른바 가면증후군imposter syndrome*이 있는지 여부가 때로는 관찰자의 시각에 따라 달라진다고 가정하자. 이 가설은 힐러리 클린턴에 비해 버니 샌더스가 밀레니얼 세대의 지지를 더 많이, 굉장히 큰 격차로 얻어낸 이유를 설명해주는 단서가 될 수 있다. 즉, 적지 않은 원인이 그들의 청렴성과 성실성, 진정성에 대한 차별적 인식에 있으며, 이러한 차별적 인식은 두 사람의 정치적·도덕적 차이를 감안하더라도 지나친 감이 있었다. 특히 클린턴의 부정직함과 미덥지 않음을 암시하는 갖가지 발언이 사실무근으로 밝혀진 뒤에는 더더욱(Abramson 2016).

　또한 그 가설은 힐러리의 건강 문제가 보도된 내용보다 훨씬 더 심각했다는 취지의 일부 기이한 음모론을 설명하는 단서일 수도 있다. 정말이지 기이한 음모론이었다. 대선을 두 달 남겨둔 시점에는 힐러리 클린턴이 "대역 배우"를 고용했다거나, 이미 사망해 도플갱어 겸 꼭두각시로 대체됐다는 허무맹랑한 루머까지 등장했으니까(영화 「버니 집에서의 주말Weekend at Bernie's」이 힐러리의 9월 사망설을 만난 사례랄까.)**

　하지만 클린턴은 대중의 이런 지각으로 고통받은 최초의

**　** 유능하고 사회적으로 인정받는 사람이 자신의 능력에 대해 의심하며 언젠가 무능함이 밝혀지지 않을까 걱정하는 심리 상태.

**　**　영화 「버니 집에서의 주말」에서는 주인공들이 사장 버니의 별장에 갔다가 그남의 시체를 발견하고는 살인범으로 몰리지 않기 위해 마치 그남이 살아 있는 것처럼 위장한다. 한편 2016년 미국에서는 힐러리 클린턴이 9월 11일께 숨졌고 대역 배우 여러 명이 그녀를 대신해 선거운동을 한다는 주장이 유튜브 동영상 등을 통해 제기되었다.

여성 정치인이 아니다. 줄리아 길러드 또한 진정성이 없다는 혹평에 시달렸다. 첫 선거운동에서 그녀는 오스트레일리아인들에게 "줄리아의 진면목"을 보여줌으로써 손상을 만회하려 무진 애를 썼다. 하지만 노력은 보기 좋게 실패했다. 길러드는 잔인하게 조롱당했고, 마치 러시아 전통 인형 마트료시카처럼 실질적인 핵심 가치라고는 없이 겉모습 속에 또 다른 모습을 감춘 인물로 그려졌다.

이 장 첫머리에 인용한 전문가의 질문을 떠올려보자. "그녀는 여러 가면을 쓰지만, 그녀의 얼굴을 본 사람은 누구인가?" 그남이 익명으로 인용한 한 친구의 발언에 따르면, "그녀는 매우 보수적인 사람이거나 아무것도 믿지 않는 사람"이었고, 사람들로서는 "그녀가 보수적인 사람이길 바랄 수밖에" 없었다. 적어도 그녀의 상대는 본모습을 투명하게 드러냈지만 "그녀는 본모습을 감추었을 가능성이 농후"했다. 그녀의 태도에서는 "허위에 가까운 마키아벨리즘"이 감지되었다. 진정한 정치적 비전이 결여돼 있다는 점에서 근본적으로 그녀의 정책은 "유권자가 무엇을 좋아할지에 대한 우려" 이상도 이하도 아니었다. 만일 그녀가 "믿는 것이 오로지 권력뿐"이고 인정사정없이 권력의 획득만을 갈망한다면, "대중은 우익 후보자에게 표를 던져야 하리라는, 자유주의 진영에서는 거의 상상조차 할 수 없는 불길한 예감에 휩싸이게 될지도" 몰랐다. 다시 말해 "아무리 자신과 뜻이 다르다 해도 최소한 그남은 신념이 확고하다는 점에서 그녀보다 더 나은 지도자가 될 수 있으리라는 생각"을 품게 될지도 모를 일이었다.(Craven 2010)

별다른 사전 지식 없이 위 단락만 읽은 사람은 제법 뚜렷하고 선명한 이 이미지들이 줄리아 길러드가 아닌 힐러리 클린턴의 것이라고 추측했을 공산이 크다. 두 사람은 (명목상 중도 좌파 노선을 추구한다는 점을 제외하면) 외모도 나이도 걸어온 길도 다르지만 예전부터 꾸준히, 놀라우리만큼 비슷한 방식으로 묘사돼왔다.

정치계의 여성 지도자들에 대한 신뢰는 시각적 차원에서조차 바닥인 듯하다. 그들은 진정성 없는 가짜에, 실속 없고 뻣뻣하고 딱딱한 로봇처럼 보인다. 그들의 에너지는 그들의 내면에서 나온다고 여겨지지 않는다. 그들의 가치관도 마찬가지다. 그저 변덕스러운 외면상 위력의 결과물로 여겨진다.

3차 토론에서 클린턴이 트럼프를 푸틴의 꼭두각시라고 부르자 트럼프는 즉각 흥미로운 반응을 드러냈다. 그남은 식식거리며 말했다. "이봐요…… 꼭두각시라니…… 꼭두각시는 당신이지!" 보아하니 그남은 평소답지 않게 자신이 하는 말을 진심으로 믿고 있는 듯했다. 그녀는 마리오네트였고, 그남은 명인이었다.

트럼프 지지자들은 그남이 사실을 있는 그대로 이야기한다고 만족스레 말하곤 했다. 반면 자유주의자의 다수는 트럼프의 이야기가 대부분 틀렸다는 이유로, 그것도 터무니없는 거짓이거나, 앞뒤가 맞지 않거나, 자기모순이거나, 자신의 과거 발언을 뒤집는 내용이라는 이유로, 그 남자의 능력을, 실질적 알맹이가 없어도 자신을 진정성 있게 보이도록 만드는 그남의 힘을 저평가했다. 적어도 나는 그렇게 생각한다. 하지만 우리는 자문해봐야 한다. 정치를 비롯한 각 분야의 차기 지도자감으로 거론되는 이들에게 진정성 혹은 진짜라는 특징을 부여하는 행위가, 그들이 거짓이 아닌 진실을 말한다는 믿음과 관련이 깊은지, 아니면 그들이 클린턴과 달리 말도 잘하고 외모도 자연스러워 어쩐지 그 역할의 적임자처럼 보인다는, 알고 보면 특히 클린턴과는 거의 무관했을지 모를 이유들과 관련이 깊은지. (일반적 정보보다 특정한 정보를 인용해 설명하기를 선호하는 근본적 귀인 오류fundamental attribution error*를 참고하라.)

　부분적으로 이런 관점에서 나는 우리가 지난 대선 당시 젠더의 영향으로 상당수의 유권자가 선거에 대한 관심을 거둬버리는, 작지만 유의미한 결과가 나타날 수 있음을 간과하지 말았어야 한다고 확신한다. 우리는 트럼프의 승리를 우려했어야 한다. 클린턴 지지층의 낮은 투표율이 그녀에게 뼈아픈 대가를 치르게 할 가능성을 우리는 특히 두려워했어야 한다. 일찍이 나는 그런 불안감을, 그것이 옳건 그르건(즉, 타당하건 부당하건) 공개적으로 표명한 바 있다.[18] 그리고 사실이 무엇이건, 진정성의 정치와 정직한 성

---

* 　관찰자가 타인의 행동을 설명할 때 상황 요인의 영향을 과소평가하고 행위자의 내적, 기질적인 요인의 영향을 과대평가하는 경향.

18 　지나고 나서야 깨달았으면서 미리 알았던 척한다고 비난하는 사람이 있을까 싶어—또한 트럼프가 맞아들인 이 (놀랍기 그지없는) 대안적 사실들과 가짜 뉴스의 시대에 자기 주장을 현실에 맞춰보는 행동이 철 지난 허세처럼 비칠 수 있다는 점을 유념한 상태로—말해두자면, 나는 이 같은 우려를 담은 글을 3월과 5월에 작성했고, 그 조심스런 예측을 각각 7월 11일(Manne 2016d), 10월 19일(Manne 2016i)에 발표된 기고문을 통해 공개했다. 힐러리가 너끈하게 앞서 있던 그 시점에 말이다. 그 뒤로 트위터에서 나는 해명과 방어를 계속했다.

　가령 10월 19일에 나는 트위터(@kate_manne)에 "한 남성이 한 여성과 경쟁할 때—사회심리학 연구를 살펴보면, 트럼프를 지지하는 유권자가 여전히 38퍼센트에 달하는 이유를 어느 정도 설명할 수 있다"라는 트윗을 올렸고(https://twitter.com/kate_manne/status/788798586268057600), 내 『허핑턴 포스트』 기고를 링크시켰으며, 이 장의 첫 절도 그 내용에 기반해 쓰였다(Manne 2016i).

　다음과 같은 트윗도 작성했다. "여론조사에도 불구하고 이런 연구들은 나로 하여금 힐러리 클린턴의 승리를 낙관할 수 없게 한다. 미국 대통령으로 남성 대신 여성을 지지하는 행위는 순리에 어긋나니까(https://twitter.com/kate_manne/status/78887465
7319546888)." 선거를 앞두고 그 시점에 시행되는 여론조사가 틀리는 일은 거의 없다는 사실을 근거로 든 이의제기에 대응하는 차원에서 트위터 사용자 @bweatherson과 @FiveThirstyEight에게는 "이번 선거에는 젠더 역학이 작용한다는 점에서, 과거의 선거를 근거로 한 귀납 추론에 회의적"이라는 의견을 제시했다(https://twitter.com/kate_manne/status/788875451779407872).

품의 미학은 여성들에게, 특히 정계에서 매우 불리하게 작용할 가능성이 있고 실제로 불리하게 작용한다. 후보로 나선 여성이 연단 위나 백악관 대통령 집무실 책상에 걸맞은 인물이라는 인상을 주지 못하면, 그녀는 미덥지 않고 부정직한 사기꾼으로, 그리고 심지어는 직관적으로도 도덕적으로도 혐오스러운 사람으로 여겨질 수 있다. 우리는 우리가 느끼는 불안이 누군가의 나쁜 성품을 증명하는 증거라고 너무도 섣불리, 그리고 쉽사리 믿어버리곤 한다. 한편 트럼프는, 반드시 정치인으로서는 아니더라도 리더로서 권력자라는 위치에 적합한 유형의 남성으로 여겨졌다. 그러니까 많은 사람이 비단 트위터뿐 아니라 그 밖의 영역에서도 그남을 팔로할 태세를 갖추고 있었다. 이제 우리는 어디로 가서 무슨 대가를 치르게 될까. 하늘이여 우리를 도우소서.

또한 마지막으로 (이번에도 @bweatherson과 @FiveThirtyEight에게) 이렇게 덧붙였다. "두 사람의 맞대결에서 강한 젠더 편견은 힐러리 클린턴을 지지하는 일부 유권자로 하여금 여론조사를 기피하게 만들었을 가능성이 있죠(https://twitter.com/kate_manne/status/788883913557078016)." 물론 이는 마이클 무어의 대단히 인상적이었던 선견지명과는 완전히 딴판이다. 그남은 어떤 주들이 트럼프의 승리에 책임이 있는지를 예견한 바 있었다. Michael Moore, "5 Reasons Why Trump Will Win(트럼프가 승리할 수밖에 없는 다섯 가지 이유)," MichaelMoore.com, July 21, 2016, http://michaelmoore.com/trumpwill-win/; Matthew Sheffield "Michael Moore: People Will Vote for Trump as a Giant 'F××k You'—and He'll Win(마이클 무어, "사람들은 '×같이' 트럼프에게 투표할 것이다. 그리고 그남은 승리할 것이다")," *Salon*, October 26, 2016, http://www.salon.com/2016/10/26/michael-moore-people-will-vote-for-donald-trump-as-a-giant-fk-you-and-hell-win/.

아낌없이 주는 그녀

The Giving She

나무가 있었다. (…) 그녀^{she}는 한 작은 소년을 사랑했다.

날마다 소년은 그 나무를 찾아와 잎을 따서

왕관을 만들어 쓴 채 숲의 왕 놀이를 하고는 했다.

소년은 나무줄기에 오르는가 하면 가지에 그네를 매달았고 사과를 따 먹었다.

둘은 숨바꼭질도 했다. 그러다 지치면 소년은 나무 그늘 아래서 잠을 청했다.

소년은 나무를 사랑했다. (…) 아주 많이.

나무는 행복했다. 그러나 시간이 흐르며 소년은 나이 들어갔고,

나무는 혼자 지내는 시간이 많아졌다.

　　　셸 실버스타인,『아낌없이 주는 나무*The Giving Tree*』

셸 실버스타인의 유명한 동화 『아낌없이 주는 나무』의 첫 대목이다. 1964년 초판이 출간된 이 책은 아직 절판되지 않았고, 여전히 잘 팔리는 중이다.[1] 아마존 별점은 4.5다. 어떤 부모들은 아이가 이 책을 너무 좋아한다고 말한다. 그리고 이 책이 조건 없는 사랑을 한없이 감동적으로 그려냈다고 생각한다. 나무는 누구나 쉽게 짐작하듯 어머니의 초상이다. 사랑하는 외아들에게 가진 모든 것을 주는 어머니. 반면 다른 부모들은 소년이 불합리한 요구를 하기 시작했을 때조차 나무가 명확히 선을 긋지 않는다는 점을 두고 우려를 표한다. 더구나 소년은 사뭇 배은망덕한 모습을 보인다. 가령 이런 식이다.

"나무를 타고 놀기엔 제가 너무 커버렸어요." 소년이 말했다. "이 것저것 사서 즐기고 싶어요. 돈이 좀 있었으면!" "미안하구나." 나 무는 말했다. "나는 돈이 없단다. 내가 가진 거라곤 나뭇잎과 사

---

1 책 표지에 실린 험상궂게 생긴 실버스타인의 사진은 『윔피키드The Wimpy Kid』에 아이들을 겁주는 수단으로 깜짝 등장하기도 했다.

과뿐이야. 내 사과를 따다 도시에 나가서 팔아보렴. 그러면 돈이 생길 테고 넌 행복해질 거야."

소년은 다시 돌아와 이번에는 더한 것을 요구한다. 살 집이 필요하다고 태연하게 이야기하는 그남에게 나무는 자신의 가지를 내어준다. 소년은 그 가지를 가져다 집을 짓는다. 이제 소년은 배를 갖고 싶어한다. 그러자 나무는 줄기를 준다. 그남은 줄기를 가져다 배를 만든 다음 모험을 하러 멀리 떠난다. 그사이 나무는 행복하다. "(…) 하지만 실은 그리 행복하지 않다." 끝에서 두 번째 연의 이 마지막 행은 읽는 이의 가슴을 철렁하게 한다. 그리고 섬뜩하게도, 또한 기이하게도 그 까닭에 대한 자세한 설명은 생략돼 있다.

그런고로 자연스레 누군가는 의문을 갖게 된다. 이를테면 나무는 그 모든 세월을 지나는 동안 정말로 행복했을까? 만약 아니라면, 그것은 중요한 문제일까? 소년은 그녀에게 보답으로 뭐라도, 도대체 뭐 하나라도 준 적이 있을까?

어찌 됐건 나무가 잃어버린 것들을 되찾기엔 이제 너무 늦었다. 그녀는 아무것도 아닌 존재가 되어버렸다. 소년은 그녀의 모든 것을 취해갔다. 그남이 위대한 여정을 마치고 돌아와 피로를 느낄 때 내어줄 것도 그녀에겐 더 이상 남아 있지 않다. 그남이 줄기를 잘라 가버린 그루터기를 빼고는. 소년은 그루터기에 걸터앉아 휴식을 취한다. 그리고 이야기는 거기서 끝이 난다.

이 책을 쓰기 위한 연구를 하는 동안, 나는 사람들에게 여성혐오의 심각성을 알리고 그것이 도덕적으로 다른 무엇보다 중요한 문제라는 사실을 일깨울 수 있으리라는 기대를 차츰 접게 되었다. 그러한 기대는 이미 여성혐오를 심각한 문제로 받아들이던 사람들한테나 품을 수 있는 것이었다. 더욱이 그 범주에 포함시킬 수 있는 사람의 수도 내 기대에는 못 미쳤다. 가령 사람들은 트리거 경고처럼 여성혐오에 비하면 상대적으로 가벼운 주제에 오히려 훨씬 더 쉽게 관심을 드러냈다. 여성혐오가 여성들을 실제로도 은유적으로도 죽이고 있다는 사실만으로는 그 많은 사람의 시선을 사로잡기에 확실히 역부족이었다.[2] 하지만 놀랄 일은 아니었다.

---

2   2016년 10월에서 12월까지 나는 미국에서 여성이 남성 가족 구성원이나 친밀한 파트너에게 살해당한 사건 중 사회면에 보도된 사례들만을 모아 기록해보기로 했다(정말이지 최선을 다했다). 그런데도 여전히 사례가 너무 많아서 구글 검색으로 정리하기가 버거울 정도였다. 범위를 좁히기 위해 나는 칼에 찔려 살해된 사건에 집중하기로 했다. 이 같은 살인 사건에 대한 보도는 대개 흥미로운 사실을 드러냈다. 피해자가 거의 항상 누군가의 가까운 이—이를테면 파트너, 어머니, 딸, 할머니—로 묘사된다는 점, 가해자 남성을 비난하기를 대개는 주저한다는 점에서 말이다. 샤나이 마셜, 어맨다 윌리엄스, 리베카 호지스, 도러시 브래드쇼 살인 사건을 다룬 뉴스 기사들이 바로 그런 사례다. 아래 발췌한 내용들이 이를 보여준다. 특히 주목할 부분은 방금 언급한 피해자들이 모두 유색인종 여성이라는 사실이다.
  다음은 샤나이 마셜이 칼에 찔려 살해된 사건을 다룬 뉴스 기사 일부다. 용의자는 그녀의 전 남자친구였다.
    37세 샤나이 마셜은 세 명의 자녀를 둔 어머니로, 친구들의 말에 따르면, 살갑고 악착스러울 정도로 성실하며 자기 생각을 당당하게 말할 줄 아는 여성이었다. 최근 마셜은 그녀를 학대했다고 추정되는 남자친구와 또다시 헤어졌고, 이번에야말로 완전히 헤어진 것처럼 보였다고 친구들은 이야기했다. "그 남자랑은 완전히 끝이랬어요…… 상기된 얼굴이었죠." 럼버턴시에 사는 42세 니콜 비에이라가 말했다. "걘 진지했어요. 남자도 알았을걸요."
  Rebecca Everett, "Slain Mount Holly Mom Recalled as Loving Woman Who Spoke Her Mind(마운트홀리에서 살해된 엄마, 다정하고 진솔한 여성으로 기억되다)," *NJ.com*, November 19, 2016, http://www.nj.com/burlington/index.ssf/2016/11/slain_mount_holly_mom_recalled_as_loving_woman_who.html.
  다음은 어맨다 윌리엄스 관련 기사를 발췌한 것이다. 그녀는 남자친구의 칼에 찔려 살해되었다.
    수요일 밤 페이엣빌에서 남자친구가 찌른 칼에 사망한 여성의 유가족은 가해자

를 책망하지 않으며, 문제의 남자친구가 경찰관들의 총에 맞아 숨지는 과정을 포함해 범죄 장면이 담긴 경찰 동영상이 절대 공개되지 않기를 바란다고 금요일 밝혔다.

어맨다 윌리엄스는 베드록드라이브가에 위치한 자택에서 마크 힉스에 의해 살해당했고, 두 아들이 911에 건 신고 전화를 받은 경찰이 출동했을 때 힉스는 칼을 든 채 그녀를 지켜보고 있었다. 힉스가 칼을 내려놓기를 거부하고 자신을 구금하려는 경찰관들에게 칼을 든 채 달려들자 경찰관들이 그남을 총으로 쏘았다는 게 경찰의 발표였다.

"다들 그 일을 받아들이려 애쓰고 있어요." 윌리엄스의 아주머니 라완다 반웰이 말했다. (…) 반웰은 윌리엄스가 다년간 정신 건강 문제에 시달렸다고 했다. 그러면서 누구도 윌리엄스와 힉스가 죽음에 이른 과정을 두고 손가락질해서는 안 된다고 덧붙였다. "저는 마크가 맨디(어맨다)를 아꼈다고 생각해요. 상황이 걷잡을 수 없어지는 바람에 떠날 시기를 놓쳤겠죠. 마크를 두둔할 생각은 없어요. 그렇다고 맨디만 싸고돌 생각도 없고요." 반웰은 말했다. "누가 옳고 누가 그른가는 더 이상 중요하지 않아요. 우린 두 젊은 영혼을 잃었습니다."

마크 힉스는 911과의 통화에서 윌리엄스를 살해한 일에 대해 사죄했다. 그리고 반웰은 가족들이 그남의 말을 있는 그대로 받아들인다고 말했다. "방금 사람을 죽였어요." 그남이 상황실에 한 말이었다.

"죽었어요. 죄송합니다. 제가 그 여잘 죽였어요."

반웰은 다음과 같이 말했다. "그 애가 사람을 죽였다고, 죄송하다고 하는 걸 들었어요. 진심으로 한 말이었죠. 들어보면 느낄 수 있어요. 그러니까, 우린 그 애가 떠났다는 게 안타까울 뿐입니다."

Adam Owens, "Family of Fayetteville Domestic Violence Victim: Who Was Right, Wrong Doesn't Matter(페이엣빌 가정폭력 피해자 유가족, "누가 옳고 누가 그른가는 중요하지 않아")," *WRAL.com*, December 9, 2016, http://www.wral.com/family-of-fayetteville-domestic-violence-victim-who-was-right-wrong-doesn-t-matter-/16325581/.

다음은 리베카 호지스와 도러시 브래드쇼 사건 기사의 일부다. 그들은 (각각) 아들과 *손자의 칼에 찔려 사망했다.*

친구들과 유가족뿐 아니라 모르는 사람들도 하나같이 월요일 밤 랜돌프애비뉴의 한 아파트에서 벌어진 일, 그러니까 두 여성이 잔인하게 칼에 찔려 사망한 사건을 이해해보려고 여전히 노력 중이다. 관계당국의 발표에 따르면, 36세 케빈 호지스는 검과 고기용 칼로 56세 모친 리베카 호지스와 76세 조모 도러시 브래드쇼를 살해했다. (…) 월요일에 발생한 그 잔혹한 살인 사건은 주민들과 유가족을 경악게 했다. 그들은 케빈 호지스가 모친과 조모를 사랑했다고 말했다. 유가족 라마 스콧은 "케빈과 그남의 어머니, 할머니가 활달한 삼총사"였다고 『저지 저널 여성혐오는 언제나 실제로든 은유적으로든 여성을, 그중에서도 특히 선을 넘는 여성들을 죽여왔으니까. 언제나 그런 식이니까. 이 것이 씁쓸하고도 슬픈 이 사안의 현실이지만, 이를 타개할 방법이란 요원하다. 여성혐오는 가면으로 본질을 엄폐한다. 이 문제에 이목을 집중시키려는 노력은 현상 자체만으로도 부도덕하게 비친다. 여성은 자신에 대한 도덕적 관심과 존중을 청원하기보다 다른 이들을 섬겨야 한다고 여겨지기 때문이다.

하지만 그러다 2016년 그 일이 벌어진 것이다. 도널드 트럼프가 대통령에 당선되었다. 이 뜻밖의 참담한 결과를 설명하려면 여러 요인 중에서 특히 여성혐오를 눈여겨봐야 한다는 사실에는 의심의 여지가 없다. 그리고 이 문제가 여성혐오나 인종주의와 무관하다고 생각하는 이에게는 제발 생각을 달리하라고 말하고 싶다. 그 이유는 다양한 취약성이 복합적으로 작용하게끔 하는 교차적 억압 체제가 존재할뿐더러, 지금껏 사회에서 지배적 위치를 차지해온 행위자들이 예를 들어 실망한 백인 남성들처럼 여성의 사회적·감정적 노동에 대한 금단증상 혹은 박탈감을 느끼면, 그들의 울분은 비단 백인 여성만이 아니라 비백인과 이민자를 포함한

The Jersey Journal」과의 인터뷰에서 진술했다. "세 사람은 서로를 사랑했고, 남들이 부러워할 정도로 정이 돈독했어요. 케빈과 가족들은 애도하고 비통해할 시간을 가질 자격이 충분합니다."
이 인상적인 인용문에 대해서는 구태여 말을 보태지 않으려 한다. 다만 곱씹어보자면, 케빈 호지스는 그남이 사랑했고 함께 살았고 잔혹하게 살해한 여성 가족 구성원들의 죽음을 애도할 시간을 가질 자격이 충분했다.
Caitlin Mota, "Mother, Grandmother, the Latest to Die in Alleged Domestic Violence Incidents in Hudson(최근 허드슨시에서 가정폭력 사건으로 사망한 어머니와 할머니)," *The Jersey Journal*, December 7, 2016, http://www.nj.com/hudson/index.ssf/2016/12/on_heels_of_gruesome_double_murder_hudson_sees_spi.html.

사회적 약자를 향해 무분별하게 분출될 것이기 때문이다.

누군가는 생각할 것이다. 여성혐오가 선거 결과에 미쳤을 법한 영향력을 감안할 때, 이번 선거 결과를 한목소리로 개탄한 정계 전반의 인사가 여성혐오의 위력을, 그것이 우리의 도덕적·합리적 판단을 얼마나 왜곡할 수 있는지를 실감했으리라고. 또 누군가는 생각할 것이다. 힐러리 클린턴을 겨냥한 가차 없고, 잔인하고, 과도하고, 그릇되고, 설교적이고, 내가 볼 땐 작위적인 공격에 가담한 수많은 사람이 이제 스스로의 잘못을 기꺼이 인정할 거라고. 그러나 그 생각은 틀렸다. 그런 일은 거의 일어나지 않았으니까. 또한 흥미롭게도, 클린턴을 공격한 사람들은 그런 유해한 정서가 축적되면 자칫 그녀가 당선되지 못할 수 있다고—상황을 판단하기 유리한 위치에서—경고하는 여성들의 목소리를 귀담아듣지 않았다. 게다가 선거운동 기간 클린턴의 평판을 끈질기게 더럽히던 여성혐오자들의 공격에 맞서 그녀를 방어했거나, 그녀에게만 유독 엄격하고 이중적인 잣대를 들이대는 세태를 지적했던 사람들의 발언을 되짚어보는 이들도—클린턴에 대한 정치적 지지 여부를 막론하고—아직까지 없는 듯하다. 당시 문제를 제기했던 사람들—브리트니 쿠퍼, 조앤 월시, 어맨다 마코트, 미셸 골드버그, 린디 웨스트, 리베카 솔닛 등—사이에는 눈에 띄는 공통점이 있다.[3] 다들 온라인에서 두각을 나타내는 페미니스트 작가에 성별은 우연

다른 길: 여성혐오의 논리

---

3 다니엘 앨런이 지난 대선운동 기간을 거치며—특히 클린턴의 이메일들을 읽고 난 뒤—그녀를 존경하게 된 이유를 설명한 Danielle Allen, "I've Come to Admire Hillary Clinton: What on Earth Happened?(나는 힐러리 클린턴을 존경하게 되었다: 대체 무슨 일이 일어난 것인가?)," *Washington Post*, September 30, 2016, https://www.washingtonpost.com/opinions/ive-come-to-admire-hillary-clinton-what-on-earth-happened/2016/09/30/4a3a92a8-85c3-11e6-92c2-14b64f3d453f_story 참조.

찮게도 여성이라는 것. 따라서 이들 모두가 여성혐오자들의 백래시 기미를 일찌감치 알아차렸다고 보아도 무방하다. 특히 최근의 연구 결과들에 비춰볼 때, 이들은 비상식적으로 많은 증오성 메일에 시달리고 있을 공산이 크다.[4]

그러므로 누군가는 생각할 것이다. 클린턴을 다루는 방식에서 마녀사냥 분위기가 감지된다고 증언했을 때, 사람들이 그들을 식견 있는 권위자로 쳐주었을 거라고. 하지만 이 역시 틀린 생각이다. 일반적으로 사람들은 그런 말을 하는 여성들이 자칫하면 사회적 들불을 일으킬 수 있는 위험 인자를(자연에서라면 열기나 바람, 건조한 날씨 같은 것들을) 알아차렸다고 인식하지 않았다. 이들이 과잉 반응을 보인다고 인식했다. 들불에 취약한 지역에 사는 사람일수록, 불이 나기 쉬운 날을 더 노련하게—물론 절대적으로 옳을 수는 없을지라도—예감하기 마련이다. 이때 관건은 그 불이 대형 화재로 번져 끔찍한 피해를 입히기 전에 진압할 수 있느냐 없느냐다.

만약 이런 인식이 미심쩍고 기분 나쁘게 여겨진다면, 다음 일화를 살펴보자. 수많은 평론가가 클린턴의 목소리를 "앙칼지다shrill"라고 표현한 지난 3월(그러니까 그녀가 민주당의 잠정적 대선 후보로 사실상 결정된 그 밤 승리 연설을 하고 난 후), 사람들은 그 표현이 과연 목소리의 특성과 음색에 관한 것인지를 두고 장장 일주일 동안 격론을 벌였다. 혹시 거기 성차별주의가 개입됐을 가능성은 없

결론: 아낌없이 주는 그녀

---

4   가령 한 연구에 따르면 『가디언』 기고가 중 증오성 메일을 가장 많이 받는 10인 가운데 8인이 여성이고 나머지 2인은 비백인 남성이었다. Becky Gardiner, Mahana Mansfield, Ian Anderson, Josh Holder, Daan Louter, and Monica Ulmanu, "The Dark Side of the Guardian Comments(가디언 논평의 어두운 면)" *The Gardian*, April 12, 2016, https://www.theguardian.com/technology/2016/apr/12/the-dark-side-of-guardian-comments.

을까? 내 뜻은 '있다' 쪽으로 기울었는데, 그 부분적 근거는 길러드
역시 오스트레일리아 총리가 됐을 때 똑같은 비판에 시달렸다는
사실에 있었다. 한 보컬 코치의 견해에 따르면, 길러드의 목소리에
는 약간의 질적 변화가 있었고(느려졌고 굵어졌으며 더 "앵앵거리고"
걸걸해진 데다 귀에 거슬렸다), 그녀는 전략을 바꿔 목소리를 유권자
의 기호에 맞게 수정할 필요가 있었다.[5] 심지어 내 목소리에 대해서
도 사람들은 앙칼지다고—직접 들어보지도 않았으면서—이야기
한다. 내 받은 편지함에 수두룩하게 쌓인 증오성 메일이 이를 증명
한다.[6] 확신컨대 이런 사례들은 특정 여성의 목소리와 관련해 청각

---

5 "길러드의 개선책은?" 딘 프렝클은 청하지도 않은 질문을 스스로 던지더니 그에 대한
대답도 스스로 내놓았다. 그남은 길러드에게 다음과 같이 조언했다.

"모음 'e' 'i' 'o'를 발음할 때는 더 많이 절제해야 한다. 모음을 과장되게 발음해서
는 안 된다. 또한 '길러드식 앵앵거림'을 의식적으로 자제해야 한다. 이런 변화로
최대 효과를 기대할 수 있을 것이다.

더 가벼워져야 한다. 목소리에 무게가 너무 실려 있다. 가벼움을 조금씩 더하고 더
넓은 음역과 더 높은 음을 활용해야 한다. 이 조치로 에너지를 끌어올리고 더 자
연스럽게 들리도록 (…) 〔해야 한다〕.

에너지와 음색 면에서는, 이제 목소리의 색깔에 대해 고민해야 한다. 길러드의 음
색은 무겁고 저속하다. 좀더 가볍고 밝은 음색을 쓰면, 더 듣기 좋은 목소리가 나
올 것이다.

발성 면에서는 노래해본 경험이 거의 없고, 연설에 적합한 발성법을 세심하게 갈
고닦은 적도 없는 듯하다. 노래하기는 굉장히 크게 도움이 될 수 있다. 송가처럼 투
박한 노래를 열창하지만 않는다면."

흥미로운 제안이다. 모름지기 총리라면 더 기분 좋은 발성을 내기 위해 틈틈이 노래
수업을 들어둬야 한다니.

Dean Frenkel, "Drop the Gillard Twang: It's Beginning to Annoy〔길러드의 콧
소리를 멈춰라, 거슬리기 시작했으니까〕," *Sydney Morning Herald*, April 21, 2011,
http://www.smh.com.au/federal-politics/political-opinion/drop-the-gillard-
twang-its-beginning-to-annoy-20110420-1dosf.html.

6 여기 이런 메일 전문 하나를 발신인 서명 삭제 후 소개한다. 메일의 발신 시점은 2014년
10월로, 내가 라디오에 출연하기 이전이다. 따라서 확신컨대, 그남이 "앙칼지다"라는

단어를 사용하게 된 근거는 내 목소리의 실제 음향적 특성과는 무관하다.

맨 님께,

최근 『뉴욕 타임스』에 실린 귀하의 글에 놀라고 화가 났습니다. 미국 백인 남성들을 싸잡아서 비웃는 내용이었죠……. 그런 글을 쓰다니, 정말이지 놀랍더군요. 분명 당신 마음속에는 증오가 켜켜이 쌓여 있을 겁니다. 그렇게 각계각층의 사람들을 깎아내리려고 말이죠. 공정한 사람은 절대 당신처럼 포괄적인 주장을…… 그렇게 전적으로 성차별적이고 인종주의적인 주장을…… 내세우지 않을 테니까요. 백인 미국 남성으로서 저는 당신의 주장이 심히 불쾌했습니다. 당신의 논리는 이 나라의 이른바 최고 명문 학교에 재직 중인 철학 교수가 펼치기에는 부적절했으니까요. 오히려 울분과 자기애에 사로잡힌 열다섯 살 소녀가 펼칠 법한 교만한 논리였죠. 혹시 부친께서 어머니를 때리는 심각한 알코올의존자였나요? 그랬다면 양해를 구합니다. 하지만 그건 모든 남성을 증오하고 그 증오를 정당화하기 위해 과학적이지 않은 증거를 그럴듯하게 제시할 사유가 될 수 없어요.

살면서 저는 수많은 여성 상사와 일했습니다. 그들과 두루두루 잘 지냈고, 일적으로건 사적으로건 관계를 맺은 그 누구에게도 쇼비니스트라거나 성차별주의자라는 비난을 받아본 적이 없습니다. 하지만 요즘은 제가 그런 사람처럼 느껴지기 시작했습니다……. 개를 계속 고양이라고 부르면 그 개는 자기가 고양이라고 생각할지도 모르는 거죠……. 아니면 굉장히 혼란스러워하거나요. 그러니까 증오 대상에 대한 집착은 사실상 증오를 조장하는 행위이자 스스로를 증오의 대상으로 만드는 일입니다…… 논리적이거나 도덕적이지도 않겠지요?

요즘 세상에 '백인 남성에 대한 증오'의 감정이 팽배합니다. 화나 있고 불행해 보이는 여자도 많습니다……. 주변에 있기가 아주 언짢을 정도죠. 게다가 제가 마주치는 수많은 남자보다 더 남에게 비판적인 쇼비니스트 여성도 많습니다. 증오 분위기를 조장하는 행위가 관심을 독차지하거나 전투적인 페미니스트 부대의 사랑을 받는 재미난 방법일진 모릅니다. 하지만 사실상 당신은 그로 인해 세상을 더 슬프고 아픈 곳, 더 비참한 장소로 만들고 있을 뿐입니다. 참 잘하셨네요. 미국의 백인 남성들이 당신 뜻대로 움직여주지 않습니까? 그렇다면 파키스탄이나 예멘의 부족을 찾아가 만나보세요……. 듣자 하니 거기 남자들은 여자들한테 아주 끝내준다던데. 물론 그들이라고 모든 사람의 기준을 충족시키지는 못하겠지요. 다만 시야를 좀 넓혀보란 얘깁니다……. 양심이나 이기주의 대신 품위도 좀 갖추시고.

지금껏 온갖 훌륭한 교육을 받아온 수혜자로서 그 능력을 십분 활용해 사람들이 서로 더 가까워질 수 있도록 하는 데 일조할 생각은 없나요? 앙칼진 목소리로 악감정을 부채질할 게 아니라…… 그런 거라면 이제 신물이 나거든요.

_서명

물론 이 특별한 메일 발신자가 여성뿐 아니라 남성에게도 "앙칼지다"라는 용어를 사적 공포심을 조장하는 인간을 의심해야 하는 이유를 보여주기 딱 좋은 증거다. 하지만 오히려 우리는 여기에 반박하긴커녕 그들이 자기 느낌을 멋대로 떠벌리도록 내버려두기 일쑤다. 그것이 젠더 편견에 의한 것이라고 의심할 여지가 있음에도, 그렇게 행동하고 자 하는 그들의 욕구가 공론장에서 그런 행동을 저지함으로써 기 대할 수 있는 공공의 이익을 능가하기라도 한다는 듯이. "저 말고도 많은 사람이 힐러리 클린턴의 목소리를 앙칼지다고 여깁니다. 실 제로 고양이가 칠판을 긁어대는 소리와 흡사하니까요." 폭스 사에 서 3월에 실시한 토론 방송 도중 어느 논객이 한 말이다. 클린턴의 "앙칼진 목소리"를 비난의 구실로 삼는 행태가 성차별적인가를 논 의하는 자리였다. (그런데 많은 사람이 듣기 괴롭다고 느끼는 소음과 관련 된 은유는 왜 손톱으로 칠판 긁는 소리나 고양이 울음소리처럼 천편일률적 인 한 줌 표현밖에 없는 걸까?) 문제의 논객 크리스 플랜티가 문제의 발언을 하기 직전 송출된 영상에는 한껏 고함을 지르고도 자신의 음성적 특징에 대해 이와 유사한 (혹은 비슷한 정도로 대대적인) 반응 을 맞딱드리지 않은 수많은 남성 정치인의 모습이 담겨 있었다.**7**

용할 가능성은 있다. 하지만 그렇다 해도 이 용어가 젠더화된 역사는 유구하다. William Cheng, "The Long, Sexist History of 'Shrill' Women('앙칼진' 여성에 대한 기 나긴 성차별의 역사)," *Time*, March 23, 2016, http://time.com/4268325/history-calling-women-shril.

7 그렇다고 남성 정치인들의 목소리를 두고 "앙칼지다" 혹은 그와 유사한 표현을 사용 한 사례가 전혀 없다는 얘기는 아니다. 가령 악명 높은 하워드 딘의 비명처럼 명백한 사례도 존재한다. 그러나 앞 주석에서 참고한 쳉의 글(Cheng 2016)이 보여주듯, 이 것을 남성들이 평소 말하는 목소리에 대해, 여성들의 목소리를 두고 그럴 때만큼 공 통적이거나 "적극적인" 반응을 보이는 사례라고 보긴 어렵다. 이렇듯 젠더화된 차이 들을 단순하게 설명할 방법이 있기는 하다. 여성혐오에 대한 내 해석을 근거로 8장 에서 논의한 내용을 참고하는 것이다. (정치학과 사회심리학에서 끌어 온) 몇몇 실증 적 증거를 근거로 나는 여성이 그간 남성이 점유해온 초고위 지도자나 권위자의 자

하지만 그 남성 정치인들과 클린턴은 다르다는 게 플랜티의 설명이었다. 자기가 받은 인상이 다르다는 것이다. 그남은 다만 사실을 느낌대로 전달하고 있었다. 그것은 때로는 말소리였고, 때로는 고양이의 새된 울음소리였다.[8]

리를 두고, 특히 남성을 상대로 경쟁할 때 사람들이 그 남성을 위해 그남에게 유리한 쪽으로 편견을 갖는 경향이 있다고 주장했다. 다시 말해, 다른 모든 조건이 동일할 때, 남성의 편에서 그남에게 힘을 실어주고 싶어하는 경향이 일반적으로 존재한다는 얘기다. 또한 (내가 뒤이어 주장한 바에 따르면) 결과적으로 이는 여성에게 불리한 편견으로 이어진다. 그러므로 여성이 남성에게 맞서거나 남성보다 더 지배적인 위치에서 발언할 때, 그 과정에서 남성의 의견에 반대하고, 남성의 말을 가로막는가 하면, 남성을 희생양 삼아 비웃거나, 남성을 상대로 승리를 선언할 때, 자연스레 그 여성의 목소리는 귀에 거슬리거나 거칠거나 앙칼지거나 듣기 거북하게 느껴질 것이다. 남성에게 맞서는 여성의 말을 듣고 싶어하지 않는 우리 마음이 그녀의 목소리를 듣기 거북한 소리로 만들기 때문이다. 자연스레 그녀의 평소 처신 또한 신경에 거슬리거나 고약하거나 불쾌하거나 기분 나쁜 것으로 인식되는 경향이 생겨날 수 있다. 그러한 인상을 우리는, "희망적 관측"이나 "의도적 부인" 같은 관용구를 본보기 삼아 '기피하는 청취aversive audition'라든가 '거슬려하는 주시painful beholding'로 (아니면 이와 유사한 표현으로) 일컬어도 무방할 것이다. 또한 그러한 인상은, 18세기 스코틀랜드 출신의 위대한 철학자 데이비드 흄의 표현을 빌리자면, 우리의 주관적 인상을 가지고 세계를 "꾸미고 물들이는gilding and staining" 행위, 그러니까 객체에 위와 같은 인상을 유발하는 특성을 투사하고 그렇게 갖게 된 인상을 객체의 내재적 특성으로 간주하는 행위의 결과일 것이다. 이후 잇따라 제시한 실증적 증거들은 우리가 이런 유의 투사적 오류를 저지르기 쉽다는 흄의 가설이 사실임을 확인시켜준다. 따라서 타당하고도 명확한 추측을 내놓자면, 힐러리 클린턴이 버니 샌더스를 꺾은 뒤 했던 승리 연설을 들으며 크리스 플랜티가 느낀 유의 거북함은 십중팔구 듣는 이의 편향적 듣기에서 유래한 것이다. 이렇게 느낄 가능성은 특히, 다른 인식 주체 대부분이 관련된 자극을 별다를 것 없다거나 받아들일 만하다고—이를테면 단지 한 여성이 말하는 목소리일 뿐이라거나 선거 유세차에서 연설을 자주 하는 바람에 목 상태가 온전하지 않을 수밖에 없는 사람의 목소리일 뿐이라고—여길 때 더욱 높아진다.

8 따라서 젠더 편견이 우리의 심미적 인상에 영향을 미칠 수 있다는 이 명백한 가능성을 플랜티는 그다지 중요하게 인식하지 않았음이 분명해 보인다. 뿐만 아니라 그러한 인상이 여성, 그중에서도 성깔 있는 여자, 잔인한 여자, 언행이 거친 여자로 그려지는 여성에게만 차별적으로 유해할 가능성 역시 간과되거나 대수롭지 않게 여겨지기 일

「서론」에도 적었고 책 전반에 걸쳐 틈날 때마다 누누이 밝혔듯이, 이 책에서 내 주된 관심사는 도덕적 진단이지 책망이 아니다. 개인 행위자들이 유죄인지 무죄인지는 주요 쟁점이 아니란 뜻이다. 위 발언은 우리가 이 시점을 딛고 앞으로 나아가는 과정에서 사회적으로 더는 용납되지 않는 것으로 만들고 싶은 수많은 행위 중 하나의 예에 불과하다. 클린턴 패배의 주요인이 되었을지 모를 온갖 일을 들먹이며 그녀를 비난하는 행위, 그리고 우리 스스로 책임을 인정해야 마땅한 사례가 적지 않음에도 스스로의 책임을 회피하는 행위 역시 마찬가지다. (1차 토론에서 트럼프가 던진 질문을 복기하자면, 모든 것을 그녀 탓으로 돌리면 안 될 이유라도 있는가? 돌이켜 생각하니 이 문장은 수사적 질문이 아니었고, 익살스런 질문은 더더욱 아니었다. 이 질문에 대한 답은 '이유 없음'이었다. 우리가, 대중이 그남에게 아무런 이유도 제시하지 않았으니까.)

여성의 동기를 중상적으로 어림짐작하는 행위 역시 흔히들 간과하지만, 알고 보면 비슷하게 치명적인 경향이다. (또한 이런 행위는 여성혐오적 인물 묘사의 일반적 양상이기도 하다). 가령 사람들은 별생각 없이 클린턴을 이기적이라고, 배은망덕하다고, 자아도취적이라고, 악의적이라고, '받기만' 한다고, 특권적이라고, 거짓말쟁이라고, 부패했다고, 위선적이라고, 과도한 혜택을 누린다고, 기득권층이라고 묘사하곤 했다.

이런 비판들은 백이면 백 진지하게, 또한 거의 액면 그대

쑨다. Alex Griswold, "Male Fox Guest: Hillary Sounds 'Shrill' 'Like a Cat Being Dragged Across a Blackboard'(폭스 방송의 남성 게스트, 힐러리 목소리 "칠판 위로 끌려다니는 고양이처럼" "앙칼지다" 발언)," *Mediaite*, March 16, 2016, http://www.mediaite.com/tv/male-fox-guest-hillary-sounds-shrill-like-a-cat-being-dragged-across-a-blackboard/.

로 받아들여졌다. 게다가 이번 역시 내게도 동일한 비판들이 (내가 불특정한 '기득권층'의 구성원이라는 내용까지 포함해) 집필 시점을 기준으로 지난주 내 트위터 댓글에도 제기됐다.[9] 그리고 이런 일이 벌어진 연유는 내가 이해할 수 있을 정도로 타당하지도, 쉽게 납득되지도 않았다. 물론 딱 한 번 내가 만용을 부린 적이 있기는 하다. (나와 생각이 비슷하지만 친분은 없는 사람의 트윗에 단 멘션에서) 트럼프

---

9 특히 눈살을 찌푸리게 했던 트윗을 일부 소개하자면 다음과 같다.

@kate_manne 어이 못생기신 분, 절대 에이즈에 걸리지도 강간을 당하지도 마쇼. 생각만 해도 끔찍하니까.

@kate_manne 숙청감이네.

@kate_manne 빌어먹을 주둥이나 닥치시지.

@kate_manne 마음을 고쳐먹든 말든 이 여잔 내 적이다. 그래도 언젠간 거짓말을 때려치우길, 그게 신상에 좋을 테니까.

다른 트윗들은 위의 마지막 트윗처럼 나를 "따분"하고 진부하며 돈에 굶주린 기득권층 "유대인 여자"이자, 위선자에 거짓말쟁이라고—이번에도 역시나, 이해할 수 없는 근거를 들어—비난하는 내용이었다. 이를테면 이런 식이었다.

@kate_manne [당신의] 그런 이중 잣대는 시대착오적인 데다 의도가 너무 투명하군요.

@kate_manne 좌파의 위선과 어리석음은 끝이 없구나. 지루하고 당황스럽기가 이집트 나일강급인 듯.

@kate_manne 놀랍지 않다. 이 여자 같은 "부류"가 충심을 바칠 수 있는 범위는 원래 금전등록기, 딱 거기까지니까.

@kate_manne 한 가지 슬픈 진실을 알려줄까? 진부하고 빤하고 비굴한 일개 기득권층 유대인 여자, 그게 네 실체지!

@kate_manne 당신은 가식이나 떠는 멍청이 이상도 이하도 아냐. 아니라고 생각한다면, 그건 대단한 착각이고.

나는 그들 중 한 사람이 언급한 "위선"의 의미를 물었다. 그들은 대답하지 않고 나를 차단해버렸다.

해당 트윗들은 위에 언급한 대화가 있고 며칠 뒤 느닷없이 나타난 아래 트윗을 필두로 우수수 쏟아졌다.

RorschachRockwell@False_Nobody 이 여자(@kate_manne)는 코넬대학 교수인 동시에, 백인의 충심과 가족의 가치를 언짢아하는 매부리코 유대인이다.

의 성적 비행에도 불구하고 백인 여성 대부분은 (연인관계를 통제하는 이성애 중심적이고 인종주의적인 통계에 근거한 사회규범 때문에) 배우자인 백인 남성에게 충실해야 한다는 강력한 규율에 따르느라 트럼프에게 투표했을 가능성이 있다고 발언한 것이다. 어쨌든 그 발언 이후로 내 트위터의 타임라인은 구태의연한 성희롱과 잘못된 철자, 그리고 최근에는 반유대주의적 허튼소리로 얼룩졌다. 뿐만 아니라 논의의 흐름상 더 흥미로운 지점은, 내가 클린턴이 받은 것과 별반 다르지 않은 모욕들을 감내해야 했다는 사실이다.

이런 경험은 전혀 특이하지 않다. 그럼에도 흥미로운 이유는 내가 그리 특출하지 않다는 데 있다. 나는 유명하지 않다. 빌 클린턴과 결혼하지도 않았다. 정치인도 아니고, 부유하지도 않다. 이런 식의 도덕적 반응을 끌어모으기 위해 내가 한 일이라곤, 가부장적 이해관계와 허영심에 영합하지 않았고 사람들한테 남성이 지배해온 공간을 차지한 여성으로 인식되었다는 것 정도일 테다. 이것이 내가 말할 수 있는 최선이다. 그 정도면 타인의 영역에 무단침입한 사람이 끌어모을 법한 유의 도덕적 반응을 얻기에 충분하다. 왜냐하면 보기에 따라서는, 실제로 그랬으니까.

그런데 왜 이처럼 용납하기 어려운 행동에 대해 경종을 울리지 않는 걸까? 실수로부터 교훈을 얻기를 거부하는 사람들, 심지어 지금까지도 여전히 클린턴을 비난함으로써 그녀를 향한 집단적 여성혐오에 직접 가담 중인 사람들을 왜 큰 소리로 나무라지 않는 걸까?[10]

---

10 예를 들어 Shaun King, "Will Hillary Clinton Join the Long Line of Democrats Who Bail on Their Promises after a Presidential Election?(힐러리 클린턴은 과연 대선 후 약속을 저버린 숱한 민주당원의 대열에 합류할까?)," *New York Daily News*, December 27, 2016, http://www.nydailynews.com/news/politics/king-

내가 여성혐오는 끈질기게 지속되리라고 의심하는 또 하나의 이유가 이런 현상에 있다. 이 책에서 다양한 사례를 논의하며 드러난 바와 같이, 개인 행위자들의 도덕적 심리를 기준으로 살펴볼 때 여성혐오는 **수치심**에 근거한 현상처럼 보일 때가 많다. 여성혐오자의 세계관 안에서 다른 무엇보다 여성의 경애와 인정은 남성 사이의 위계 구조 내에서 그들 각각에게 상대적 지위를 부여한다. 또한 지금까지 일류였거나 장차 일류가 될 사람들은 그러한 관심이 주어지거나 표출되지 않을 때 병적인 수치심을 느끼게 된다. 따라서 이렇듯 수치심에 기반한 여성혐오를 꾸짖으려는 시도에는, 설령 그 수치심이 '생각 좀 하고 말해' 같은 지극히 사소한 충고에서 비롯된 것일 때라도 위험이 따를 수밖에 없다. 특히 논란의 여지가 티끌만큼이라도 존재하는 여성혐오 사례들을 두고 여성이 감히 이를 언급하거나 못마땅해하면 그러한 위험성은 더 커진다. 우리에게 주어진 역할은 비평가나 검열관이 아니라 도덕적 청자가 되는 것이다. 그러다 보면 우리는 스스로 말을 삼가게 될지도 모른다. 여성혐오자의 독설—도덕적 혐오표현, 보복성 망신 주기, 배척하기—에 맞서 불완전한 피해자들을 방어하고 나섰다가는 십중팔구 사회적 처벌을 감수해야 할 테니 말이다.

한편 수치심—무엇보다 특권층이 느끼는 수치심—이 야기하는 고통은 우리에게 이롭지도, 생산적이지도 않다. 좌파 진영의

hillary-join-crowd-democrats-bail-promises-article-1.2925441 기사를 보라. 그리고 이에 대한 훌륭한 답변으로는 Oliver Chinyere, "Dear Shaun: Hillary Clinton Lost but So Did Bernie Sanders(친애하는 숀 씨, 힐러리 클린턴은 패배했습니다. 하지만, 버니 샌더스도 패배했습니다)," *ExtraNewsfeed*, December 28, 2016, https://extranewsfeed.com/dear-shaun-hillary-clinton-lost-and-so-did-bernie-sanders-trumps-your-president-7bf923406c37#.79e96gh44.

일부 인사도, 이를테면 알리 러셀 혹실드처럼 가장 지적이고 감수성이 남다른 일부 평론가들도 바로 그 부분을 오해하고 있다는 게 내 생각이다. (가령 혹실드의 2016년 저서 『자기 땅의 이방인들』 말미에 저자가 자유주의자로서 자유주의자들에게 쓴 「공개 편지」를 보라.) 수치심 때문에 폭주하는 인종주의자 및 여성혐오자의 말을 귀담아들어주고 그들에게 동정을 베푸는 행위는 무엇보다, 권력욕과 특권의식이 충족되지 않을 시 툭하면 폭주하는 그들에게 바로 그 권력욕과 특권의식을 떠먹여주는 짓이다. 달리 말해 이는 장기적으로 불난 집에 기름을 붓는 격이다. 물론 그들도 진정 고통 속에서 타인을 몰아세우고 있을 수 있다. 하지만 그들이 이처럼 도덕적 관심에 목을 매며 마치 그것이 자신들의 특권이라도 된다는 듯 착각한다는 이유만 가지고는, 그런 인간들을 **돕거나** 그들에게 **베풀기** 위해 할 수 있는 일이 그리 많지 않다. 그러므로 도무지 만족을 모르는 이 욕구의 괴물을 먹여 살리느라 영원히 옴짝달싹 못하는 처지에 놓이고 싶지 않다면, 우발적 선심은 금물이다. 하지만 실상 다수의 백인 여성은 꾸준히 섬겨온 백인 남성들에게 (무엇보다) 그들이 저지르는 성적 비행까지 눈감아줘가며 헌신하는 듯 보인다.

거듭 언급했지만 결국 내가 하고 싶은 이야기는, 여성혐오가 사람들을 지독히 비합리적이게 만든다는 것이다. 사후합리화에 가담하고 싶게 만드는가 하면, 너 나 할 것 없이 중요하게 여기기를 성가실 정도로 권유하는 그것, 즉 개인적 책임감personal responsibility(까다로운 철학적 개념이지만 여기서 핵심은 일관성이다)을 심각하게 결여시킨다. 이러한 현실 때문에 나는 논리로 사람들을 납득시켜 여성혐오의 심각성을 받아들이게 할 가망을 상당히 비관하게 됐다. 여기까지 읽은 독자들도 대체로 나와 비슷한 심정일 거란 생각이 든다. 대부분의 사람이 무감각과 무관심, 치명적인 무지를 드러내는 현실에 독자들 또한 나와 비슷한 좌절감을 느끼고 있을지 모른다. 그러므로 이제는—다소 조심스럽긴 하지만—부드럽고 달콤한 말로 중도파를 붙들겠단 생각 따위 접으라고, 시도조차 사치라고 말해야 하는지도 모른다. 어쩌면 지금 우리는 더 극단적인—다소 신랄할 수 있겠지만 현재 내 생각으로는 더 정확한—기본 가정에서 시작해야 하는지도 모른다. 그게 뭐냐고?

세상은 우리에게 양육 능력을 비롯해 인간의 우수성을 대표하는 여남의 다양한 역량에 대해 정확히 중립을 유지하는 이론적 틀에서 벗어나라고 요구하곤 한다. 하지만 인간사의 현시점에서 우리가 무릇 도덕적으로 대등한 존재이자, 사회적으로도 정치적으로도 완전한 인간으로 여겨진다는 데 우리는 동의할 수밖에 없다. 성차별주의와 여성혐오는 드물게 발생하는 현상이며, 진보는 거의 필연적으로 계속될 것이다. 계몽운동은 이런저런 부침을 겪으면서도 사람들을 꾸준히 깨우쳐왔다.

이는 이론적 가치의 존재 여부와 관계없이 선호되는 가설들의 조합이다. 귀무가설歸無假說, 즉 처음부터 버릴 것을 내다보고 펼치는 주장이 섞여 있다는 뜻이다. 하지만 이를 논증할 방법은 있다. 바로 대립가설을 수립하는 것이다. 생소한 개념이긴 하지만, 정반대의 상황을 고려해보자는 얘기다. 사람들의 젠더가 무엇이건 그들의 인간적 우수성을 대표하는 능력과 역량은 중립적 관점에서 평가된다는 귀무가설에 대해 납득할 만한 반증이 존재하지 않으면, 그 가설을 기각하지 않고 사실로 인정하는 것이다. 하지만 이를 입증할 길은 요원하다. 역사의 현시점에서는 통제집단이 부재하기 때문이다. 즉, 인간은 유사 이래 진정한 평등 사회를 이룬 적이 단 한 순간도 없었다. 물론 이 문제와 관련해 적당한 증거가 나타날 **가능성**은 있다. 이를테면 수학이나 STEM (과학, 기술, 공학, 수학의 융합 학문) 분야, 철학처럼 역사적으로 남성이 주도해왔고 여전히 주도 중인 여러 영역에서 급속도로 감소해 이제는 좁아진 여성과 남성 간 성취의 간극이 마저 메워졌다고 볼 증거가 나타날 수도 있다. 요컨대 아직은 모른다는 얘기다. (래리 서머스의 표현을 빌리자면)* 어느 정도 감을 잡을 수는 있겠지만.

　하지만 나는 성차별주의적 가설을 더 물고 늘어지기보다는, 사회 지배층 상당수는 남성의 우위가 유지되기를 기득권 확보 차원에서 내심 기대한다는 제법 확실해 보이는 가설에 주목하려 한다. 사람들은 물을 것이다. 정말 그뿐인가? 반증이 아직 불가능한 명제로서 꽤 높은 주목을 받았던 이 가설의 진위 여부가 그저 궁금한 것뿐인가? 혹시 이 가설이 사실은 거짓이고, 여성이 모든 면에서 남성과 대등한 존재일지 모른다는 생각에 갑자기 불안해진 것은 아닌가? 정당한 신념이 형성되길 기대하는가? 아니면 혹시 여성의 진입에 훼방을 놓고 싶다거나, 여성이 더 이상 배제되지 않도록 노력할 필요가 없어졌으면 좋겠다는 여성혐오자의 욕구가 동한 것은 아닌가?

　이 암묵적 여성혐오 가설은 어떤 사람들의 심기를 건드렸을 가능성이 있다. 실제로 다른 진영 사람들은 문제의 가설을 불편하게 받아들였다. 여성이 남성에게 필적할 만한 성공을 거두기란 좀처럼 쉽지 않다는 가설은 우리가 몸담은 학계에서 우리와 다른 진영에 있는 사람들을 불편하게 만들어왔다. 우리 중 일부는 그 과정을 통과했고, 다수는 통과하지 못했다. 하지만 어느 쪽이건 우리에게는 판을 뒤집고 판세를 역전시킬 권리가 있다. 그들과 같

---

　*　미국 경제학자 서머스는 한 인터뷰에서 트럼프를 비판하며 정책은 사실에 근거해야지 감으로 결정해서는 안 된다는 취지의 발언을 한 바 있다.

은 공간에 몸담고 있으면서도 우리는 스스로 거기에 속해 있다고 여기지 않았다. 그곳에 몸담아온 구성원으로서 우리는 사람들이 당황스럽게 받아들일 수도 있는 이론을 제시할 권리가 있다.

젠더에 적용되는 대립가설은 다양한 형태로 수립될 수 있다. 하지만 내가 이 책 후반부에서 집중적으로 논의한 역학에 비춰볼 때 가장 그럴듯한 가설은, 사람은 젠더에 따라 자기 의지와 상관없이 제공자와 취득자라는 두 가지 도덕적·사회적 분류 중 어느 한쪽에 속한 상태로 살아간다는 내용일 것이다. 한쪽이 여성으로서 관습적 재화와 서비스를 제공하는 동안, 다른 한쪽은 남성으로서 관습적 특전과 특혜를 만끽하는 것이다. 더욱이 이런 과정은 생각보다 이른 시기부터 시작된다. 유아기 여자 남자 아이들에 관한 일부 믿을 만한 자료에 따르면, 소년들은 소녀들에 비해 더 많은 위로를 받는 반면, 소녀들은 소년들에 비해 더 많은 꾸지람을 듣는다고 (혹은 대꾸조차 할 수 없는 시기부터 **일방적으로** 꾸지람을 듣는다고) 전해진다. 물론 이런 꾸지람이 소녀들에게 반드시 나쁘다고만은 할 수 없다. 이를테면 언어 발달에 도움이 될 수도 있다.[11] 하지만 핵심은 이것이다. 우리는 시작부터 타고난 성별 혹은 젠더를 근거로 개인의 사회적 역할을 구별해왔는지도 모른다는 것.

그렇다면 성장 과정에서 아이들이 이렇듯 제공자와 취득자로 나뉘어 차별받는다는 증거로는 무엇이 있을까? 우선 간단한 예를 하나 들자면, 학교에서 질문에 답하기 위해 여남 학생이 동시에 손을 들 때 교사는 남학생을 여학생에 비해 여덟 배가량 더 자

---

11 가령 브론가트리커 등(Braungart-Reiker et al. 1999)은 "무표정"을 대면한 유아들의 성별에 따른 반응 차이를 설명한다. 이 고전적 연구 패러다임에 관한 문헌의 개괄은 https://sites.duke.edu/flaubertsbrain/files/2012/08/Mesman-The-Many-Faces-of-the-Still-Face-Paradigm.pdf를 보라.

주 지명하는 것으로 나타났다. 여학생은 같은 조건의 남학생에 비해 지명되는 빈도는 더 낮은 반면, 지적당하는 빈도는 더 높았다. 상대적인 비율만이 아니라 절대적인 수치상으로도 그랬다.[12] 이런 결과는 제공자/취득자 모델에 부합한다. 왜냐하면 지식에 대한 우위는 남성의 영역이기 때문이다. 방송 시간이나 우선권도 마찬가지다. 권력으로 향하는 지름길은 오직 남성을 향해서만 열려 있다.

5세 어린이는 소녀든 소년이든 자신과 젠더가 같은 사람들이 "진짜, 진짜 똑똑할" 거라고 같은 정도로 확신한다. 그로부터 몇 년이 흐르는 동안 소녀와 소년은 생각이 갈린다. 소년들은 자기 젠더에 대한 신념을 유지하는 듯 보이지만 소녀들은 6세 7세가 되면서 여성의 총명함에 대한 믿음을 급속도로 잃어간다. 소녀들은 6세 무렵이면 "이미 여성의 총명함에 대한 믿음을 상실한다". 또한 이 믿음을 상실한 소녀들은 "진짜, 진짜 똑똑한" 아이들을 위해 마

12　이러한 차이를 다룬 대표적 논문에 따르면 "같은 교실에 앉아 같은 교과서를 읽으며 같은 교사에게 수업을 듣는 중에도 남학생과 여학생은 서로 굉장히 다른 교육을 받는다"고 한다(Sadker and Sadker 1995). 또한 같은 주제를 단행본 분량으로 다룬 최신 논문에서 연구자들은, 그간 이런 상황에 변화가 나타나긴 했지만 그들이 본래 기대했던 수준에는 한참 못 미친다고 설명했다(Sadker and Zittleman 2009). (두 논문의 공동 저자) 데이비드 새드커는 앞의 전공 논문에서 보강된 결과를 열 가지로 정리한 논문에서 다음과 같이 적었다.

교실에서 교사와 학생의 상호작용은 남성을 주목받게 하는 한편 여성을 한쪽으로 밀쳐놓는다. 교사의 수업에 관한 연구들을 살펴보면 교실 안에서 남성의 지배성은 두드러진다. 교사들은 무의식적으로 남학생들을 중점적으로 지도했고, 그들에게 더 빈번하고 더 세심한 관심을 보였다. (…) 그런 결과는 크나큰 희생으로 이어질 수 있다. 교사의 관심이 커지면 학생의 학업 성취도는 향상하게 마련이다. 이런 환경에서 손해는 여학생들의 몫이다. 가령 아프리카계 미국인 여학생이라고 하면, 입학 당시에는 적극적이고 외향적이다가 학년이 올라갈수록 수동적이고 조용해진다. 그동안 남학생들은 교사의 시간과 관심이라는 권력을 확보한 채 더 열성적인 교육 분위기라는 혜택을 만끽한다(Sadker 1999, 24).

런된 시합들을 기피하는 경향을 보인다(Bian, Leslie, and Cimpian 2017).

그렇다고 소년들이 모든 면에서 유리하다는 이야기는 이번에도 아니다. 이제 소년도 타인들(대개는 다른 소년들) 때문에 자기 차례를 기다려야 한다. 인내할 필요성을 거의 느끼지 못하며 자라온 터라, 기다림이 길어질수록 좌절감도 커져갈지 모른다.[13] 그남은 뒤처질 수도 있다. 때로는 잘못된 판단이나 지나친 보살핌의 희생양이 될 수도 있다. 다시 말해 과도하게 주어지는 이익은 **불이익**이 되어 결국 그남에게 불공정한 방향으로 작용할 수도 있다. 어쨌든 다시 소녀에게로 돌아가자. 그녀는 조금씩 나이 들어간다.

그녀는 모르는 남자들에게 캣콜링을 당한다. 그들은 혼자만의 사색에 젖은 그녀의 주의력을 흩트려 관심을 얻어낸 다음(혹은 잡아챈 다음), 자기들과 데이트하는 행위에 부여된 사회적 가치(그녀의 순위)를 따져가며 그녀에게 바라는 것들을 이야기한다.

한편 남자들이 여자에게 캣콜링당하는 일은 상대적으로 매우 드물다.

여성은 일부(어쩌면 극소수에 불과한) 남성들에 의해, 일정 빈도로, 강제적이고 은밀하게 성착취를 당한다. 남성도 강간을 당할 수 있고, 당연히 이 역시 끔찍하고 나쁜 상황이다. 하지만 이런 일도 상대적으로 훨씬 더 드물다. 여성이 남성을 성적으로 착취하는 사례가 전무하다고는 할 수 없지만, 빈도 면에서 훨씬 더 드물다는

---

13 한편 이 예시는 논바이너리 아동들이 (또한 아직 '트랜지션'되지 않은 일부 트랜스젠더 아동들이) 장차 받게 될 처우에 심각한 우려를 품게 한다. 사회적 대본을 구체화하고 그것에 의존하는 정도가 심해질수록 젠더 이분법은 스스로 인식하는 성별이나 젠더와 사회가 인식하는 그것이 불일치하는 사람들이 (특히) 일부 교육자들과의 관계에 있어 사회적으로 이도 저도 아닌 상태에 놓이게 될 우려를 더욱 심화시킨다. 하지만 이 중요한 주제에 대한 연구는 관련 분야에서 나보다 더 자질이 뛰어난 다른 이론가들의 몫으로 남겨두려 한다.

뜻이다. 남성은 여성을 강간하면서 그것이 강간임을 부인할 수도 있다. "강간은 아니야. 그거랑은 좀 달라. 그렇지만 원했던 일도, 마음 깊이 원했던 일도 아니지." J. M. 쿳시의 『추락』에서 등장인물 데이비드는 혼잣말로 무심결에 잘못을 시인한다. 여성이 원치 않는 성관계에 참여하는 것은 참여하지 않을 수 없기 때문인지도 모른다. 아니면 그 남이 그녀가 그걸 좋아했다고 말하기 때문이거나. 그 말은 추측이 아니다. 선언이다.

만약 남성이 남자들만의 모임이나 남학교에 접근할 독점적 권리를 상실한다면, 그리고 무엇보다 여자들 앞에서 수치심을 느끼지 않을 자유를 여성에게 빼앗긴다면, 그 남은 온갖 수단을 동원해 결연히 그녀를 몰아낼지도 모른다. 이 두 가지 사례를 우리는 게이머게이트와 수전 펄루디의 성채 관련 사례를 통해 확인한 바 있다.[14]

그들이 관습적으로 남성의 역할이었던 것을 차지하기 위해 경쟁할 때 (여남을 불문한) 대다수의 사람은 다른 모든 조건이 동일하다면 남성을 적임자로 선택할 것이다. 또한 사안에 따라 이런 선택에는 그 어떤 합리적 근거도 존재하지 않을 것이다. (예컨대 8장에서 첫 번째로 살펴본 Heilman et al. 2004에서 젠더를 제외하고 모든 조건이 동일한 지원자 서류를 교대로 제시했을 때 실험 참가자들이 어떤 선택을 했는지 떠올려보라.)

가사노동을 기준으로 여남 중 더 많이 베푸는 쪽을 비교 분석한 통계자료들도 상황을 이해하는 데 도움이 된다. (답은 여성이

---

14 펄루디의 해석은 일면 내 개인적 경험을 상기시킨다. 내가 다니던 고등학교는 원래 남학교였고, 학교가 통합된 해에 전교에서 여학생은 나를 포함해 세 명뿐이었다. 내가 이런 주제에 흥미를 갖게 된 연유는 일정 부분 이곳에서 경험한 일들, 그리고 이런 환경에서 살아남은 사람들이 흔히 가질 수 있는 죄책감에 있을 것이란 생각이 든다.

다. Hochschild and Machung [1989], 2012에서 "2교대 업무"를 다룬 부분을 참고하라.) 이성애자 가정의 구성원(남편과 아내) 중 위협적이고 해로운 폭력을 가할 법한 쪽은 누구이고 당할 법한 쪽은 누구인가.[15] 또한 (마찬가지로 남편과 아내 중) 강간을 범할 법한 쪽은 누구이고 당할 법한 쪽은 누구인가.

맨스플레이닝을 범하는 쪽은 누구이고 당하는 쪽은 누구인가? 내 느낌대로라면, 남성이 여성에게 범하는 빈도가 그 반대의 빈도보다 더 높다. 확실한 데이터를 원한다고? 내 직관이 바로 그 데이터다. (리베카 솔닛[Solnit 2014a]이 이 개념의 창시자다. 비록 용어를 창시한 건 아닐 수도 있지만.)

여성의 음성적 특징(이를테면 '긁는' 소리)은 귀에 거슬린다. 반면 남성의 동일한 음성적 특징은 주의를 끌지 않는다.[16]

가령 편지 하나를 놓고도 낭독의 주체가 남성이냐 여성이냐에 따라 사람들의 반응은 엇갈렸다. 제프 세션스의 인종주의를 증언하는 코레타 스콧 킹의 편지였다. 여성 의원 엘리자베스 워런이 편지를 낭독하기 시작했다. 남성 의원 버니 샌더스와 셰러드 브라

---

15 영국을 근거지로 활동하는 연구원이자 교수인 매리앤 헤스터가 요약한 연구 결과에 따르면, "경찰이 기록한 가정폭력 가해자는 주로 남성이고(92퍼센트), 피해자는 주로 여성이었다(91퍼센트). 또한 재범 사건들도 남성이 가해자로 기록된 사례가 훨씬 더 많았다(Hester et al. 2006). 이러한 패턴은 영국 대다수 지역의 경찰 기록에서 전형적으로 나타나며, 그러한 학대가 여성에게 더 큰 충격을 가한다는 사실을 반영한다." (2013) 또한 헤스터는 경찰 기록 분석을 토대로, 가정폭력의 남성 가해자가 통제적 성격에, 더 심각하고 유해한 폭력을 행사하며, 여성 피해자에게 공포심을 주입했을 가능성이 여남이 뒤바뀌었을 때보다 더 높다는 사실을 밝혀냈다.

16 예를 들어 "From Upspeak To Vocal Fry: Are We 'Policing' Young Women's Voices?(큰소리부터 긁는 소리까지, 우리는 젊은 여성들의 목소리를 '단속'하는가?)," *NPR*, July 23, 2015, http://www.npr.org/2015/07/23/425608745/from-upspeak-to-vocal-fry-are-we-policing-young-womens-voices 기사를 보라.

운도 같은 편지를 낭독했다. 샌더스와 브라운이 읽을 때는 아무도 방해하지 않았다. 하지만 워런이 읽으려 하자 상원 다수당 대표 미치 매코널은 듣도 보도 못한 상원 회의 규정을 들먹이며 그녀에게 정숙할 것을 당부했다. 통상 상원의원끼리는 그런 식의 제지를 삼가는 것이 관례였고, 곧 법무장관이 될 매코널도 예외는 아니었다. 그남의 해명에 따르면, 그땐 "그녀가 규정을 위반하는 것처럼 보였다". "경고를 받고 설명을 들은 뒤에도 고집을" 부려, 결국 자기가 그녀를 제지했다는 것이다. (회의 기록에 따르면, "그녀는 웬만해선 듣기 어려운 질책을 들으며, 의장의 지시로 자리에 앉아야 했다".)[17]

직장에서 남성은 임금 인상을 요구할 수 있고, 그 요구를 관철시킬 수도 있다. 여성은 요구를 예사로 거부당하고, 불손하다는 이유로 심지어 징계를 당할 수도 있다. 그래서 여성은 대체로 협상을 기피한다. 여성은 남성처럼 좀 해보라는, 그것도 활달하게 해보라는 충고를 듣는다. 하지만 이런저런 연구 결과에 따르면 그녀는, 더 많은 위험과 더 적은 보상이라는 이 열악한 조건 아래서도, 맡은 일을 빈틈없이 처리해낸다(Exley, Niederle, and Vesterlund 2016).

한데 만약 여성이 남성의 관습적 특전과 특혜를, 청중이나 유권자의 도덕적 자원과 동정, 관심, 승인 같은 것들을 취해갈 조짐을 보인다면? 그녀가 피해자의식을 내보이거나, 글을 쓰거나, 학생들을 가르치거나, 희극배우 정치인 운동선수 등이 되려 한다면? 공교롭게도 그런 여성들은 이른바 여성혐오적 독설의 집중적 표적이 되기 십상이다.

다른 곁: 여성혐오의 논리

---

17 Eugene Scott, "Warren's Male Senate Colleagues Read King Letter Uninterrupted(워런의 남성 동료 상원의원들은 킹의 편지를 낭독하면서도 방해받지 않았다)," *CNN*, February 8, 2017, http://www.cnn.com/2017/02/08/politics/jeff-merkley-mark-udall-elizabeth-warren/.

여성이 여성의 관습적 재화와 서비스를 제때, 제대로 제공하지 못할 때는 또 어떤가? 동정심을 아끼는 여성은 고약한 여자라고 인식된다. 자신의 내면을 살피는 여성은 냉정하거나 이기적이라고 인식된다. 야망 있는 여성은 적대적이고 비사교적이며 신뢰할 만하지 않다고 인식된다(Heilman et al. 2004). 엉뚱한 사람에게 성적 관심을 드러내는 여성은 난잡한 여자―또는 다이크, 성적 매력이 없는 레즈비언―라고 인식된다. 옷차림이 정숙하지 않거나 술에 취한 여성은 곤경을 자초하거나 남성을 유혹하는 중이라고 인식된다. 그녀는 성적으로 그남을 유혹해 그남에게 보장된 것을 가로채려 한다. 그남의 소유였던 것을 손에 넣으려 한다.

임신중단을 원하는 여성은 갈수록 더 높은 벽에 부딪힌다. 세상은 그녀에게 아이를 낳으라고 강요한다. 설령 그 임신이 강간이나 근친상간처럼 성적 자기결정권을 박탈당한 상태에서 부당하게 치른 성관계의 결과일지라도. 더 개괄적으로 말하자면, 그녀가 예로부터 여성이 군말 없이 제공해오던 돌봄의 총량을 줄이려 할 때 남성 정치인을 위시한 권력자들은 그녀의 이런 (발칙한) 거부를 더 큰 거부로 되갚아준다. 그런가 하면 여성을 태아의 숙주로 간주한 입법자도 있다.[18] 강간범의 친권을 더 적극적으로 인정하자는 취지의 사회운동을 벌이는 이들도 있다. 한술 더 떠 태아 조직을, 임신중절이 됐든 유산이 됐든 사유를 막론하고 반드시 화장하거나 매장하도록 법제화하려는 움직임도 존재한다(3장 주16 참조). 미국의 부통령 마이크 펜스는 그 선봉에서 "태아의 존엄성"을 주장

---

18 Prachi Gupta, "Oklahoma Lawmaker: Pregnant Women Are 'Hosts' Whose Bodies Don't Belong to Them(오클라호마의 입법자, "임신한 여성들은 '숙주', 그들의 몸은 그들의 것 아냐")," *Jezebel*, February 13, 2017, http://theslot.jezebel.com/oklahoma-lawmaker-pregnant-women-are-hosts-whose-bodie-1792303950.

한 인물이다(Grant 2016). 여기에 다른 주들도 가세했다. 이런 법안들을 최초로 고안한 자는 누구일까? 바로 미주리주의 앤드류 퍼즈더, 「서론」에도 등장한 바로 그 인물이다. 내 분석에 따르면, 얼핏 이질적으로 보이는 이 기질들은 여성혐오라는 하나의 이름 아래 개인적으로나 정치적으로나 간단히 뭉쳐진다.

그녀는 정치인 중 거짓말을 가장 삼가는 축에 속하며, 지금껏 그 누구도 폭행하지 않았다. 부패나 부정을 저질렀다는 증거 또한 전무하다(Abramson 2016). 그러나 그녀는 부패하고 부정한 정치인으로 평가받는다. 짐작건대 연설의 보수로 상당한 금액을 지급받았다는 이유로.

그남은 '보지들을 움켜잡는다'. 그리고 수많은 여성을 성적으로 착취한다. 그러나 이런 사실은 그남이 대통령직을 거머쥐는 데 걸림돌로 작용하지 않는다. 반면 그녀는 그남에게 양보를 강요당한다. 그남의 추종자들은 당장 양보하라며 그녀를 채근한다(Baragona 2016). 이 같은 극한의 남성 지배—그리고 더 광범위하게는, 이성애 중심적 가부장제—를 떠받치는 힘은 여성혐오적 위협과 폭력이다. 그리고 다시금 상기하자면, 여기서 말하는 그녀는 상대적으로 특권을 누리는 여성이다. 그녀의 사례를 다룸으로써 다른 여성들이 더 낮고 열악한 위치에서 특수한 문제들에 직면한다는 사실을 가릴 생각은 추호도 없다. 이는 오히려 소위 가장 평등한 대접을 받는다는 여성들조차 얼마나 불평등한 현실에 처해 있는지를 더 강력히 부각시킨다.

흔히 우리는 그런 여성들이 한없이 베풀기를 기대한다. 이런 기대는 그들이 타인에게 사심 없이 봉사하지 않는다고 인식될 때 우리가 대단한 도덕주의자연하는 현상과 분명 관련이 있다. 확신컨대 이는 최근 클린턴이 백악관 입성에 도전하는 동안 그녀를 향한 적개심을 증폭시킨 부분적 요인이었다. 사실상 그녀는 자기중심적이거나 '자기 잇속만 챙기는' 인물로 인식되었고, 그녀를 비판하는 진영에서는 툭하면 이런 주제를 입에 올렸다.

또한 그녀는 부패한 인물, "뇌물을 밝히고" 월가와 "유착관계"에 있는 인물로 그려졌다.

또 부당한 **권리**를 누리는 인물로 그려졌다. 그녀가 결국 민주당 후보로 지명되리라는 전망을 두고 사람들은 그녀의 '대관식'에 대한 경멸과 반감을 굳이 숨기려 들지 않았다.

그러나 권리에도 유효한 권리 내지 진정한 권리, 혹은 실재적 권리가 존재한다. 이에 덧붙여, 모름지기 권리란 대조적이거나 상대적이다. 사람은 누구도 **절대적** 권리를 부여받지 않지만, X는 Y에 비해 **더 많은** 권리를 부여받는다. 그것도 제법 확실하게.

사례를 떠올리는 일은 연습을 독려하는 차원에서 독자의 몫으로 남겨두겠다.

대통령 선거운동 기간에 힐러리 클린턴이 지나치게 자기중심적이란 이유로 빈번하고도 잔인한 공격의 표적이 됐다는 점에는 의문의 여지가 없다. 또한 이런 공격은 보통 이중적이고 차별적인 잣대를 적용해 불공정하게 가해졌고, 사실무근에 가까운 데다, 반증이 제시돼도 끄떡없이 계속되었다. 과연 무엇으로 이런 의혹들을 잠재울 수 있을지도 불분명했다. 클린턴이 공직에서 탁월한 경력을 쌓았다는 지적에 데이비드 프렌치는『내셔널 리뷰』지에서 다음과 같이 대응했다.

확실히 짚고 넘어가자. 힐러리 클린턴은 희생하지 않았다. 그녀는 살면서 차근차근 꿈을 이루어왔다. 또한 엄밀히 말하자면 그녀는 '공직자'가 아니었다. 그녀는 냉소적이고 탐욕스럽고 야심

찬 정치인이었다. 그녀의 공적은 미미하다. 또한 그녀의 길잡이 별은 오로지 더 높은 지위에 오르려는 욕구, 그것뿐이다.

힐러리 클린턴은 미국인의 삶에 있어 주로 파괴적인 힘이었다. 임신중단권을 지켜내기 위한 그녀의 열정은 수백만의 어린 목숨을 희생시킨 죽음의 문화^{culture of death}*를 존속시키는 데 힘을 보탰다. 그녀의 잘못된 외교정책은 리비아가 이라크·시리아 이슬람국가^{ISIS}의 놀이터로 화하도록 거들었을 뿐 아니라, 이라크와 아프가니스탄에서 미국이 패배를 거듭하는 데 일조했다. 그녀의 러시아 '리셋^{reset}' 정책**은 러시아의 유명 해킹단 '러시아 곰'을 무해하다고 믿게끔 미국인을 안심시키려는 수작에 불과했다. 그녀가 일삼은 사적 부패는 미국 정치의 품격을 떨어뜨리는 데 일조했다. 그녀는 주로 그녀 자신을 위해 복무한다.

위대한 남성들이 건립했고 여러 위대한 대통령을 배출한 국가의 국민으로서 미국인은 여전히 우러러볼 수 있는 지도자를 열망한다. 그래서 대통령을 선전하기 시작한다. 부동산 개발업자가 힘의 지도자를 표방하며 맹목적 추종자를 양산하는 동안, 자기과시적이고 정략적인 아내는 영웅적 선구자로의 변신을 꾀한다. 그러나 결국 우리에게 남은 것은 탐욕스런 냉소주의와 비열한 사적 부패뿐이다. 둘 중 어느 후보자도 이 국가를 위해 희생하지 않는다.[19]

---

*   교황 요한 바오로 2세가 사용한 용어로, 피임과 안락사를 용인하고 사형제도를 존속시키는 현대 문화를 일컫는다.

**   오바마 행정부의 대對 러시아 정책으로, 러시아 및 블라디미르 푸틴 대통령과의 관계를 재정립하자는 뜻에서 핵무기를 감축하고 미사일 정보를 공유하자는 등의 내용을 골자로 한다.

19   David French, "Dear Hillary Clinton Fans, Ambition Isn't 'Sacrifice'—It's Not Even 'Service'(친애하는 힐러리 클린턴 지지자들에게, 야망은 '희생'이 아닙니다—심지어 '복무'도 아닙니다)," *National Review*, August 1, 2016, http://www.nationalre-

강렬한 글이다. 하지만 이처럼 트럼프나 힐러리나 과오가 있는 것은 매한가지이고 그 무게도 비등하다는 투의 그릇된 양비론이 당시에는 부끄럽게도 흔하디흔한 현상이었다. 클린턴이 공직자로서 자기 잇속 챙기기에만 급급했다는 인식 또한 도처에 만연해 있었음은 말할 것도 없다.

나는 성장기에 『아낌없이 주는 나무』를 접하지 않았다. 최근에 우연히 그 책을 발견했을 뿐이다. 하지만 잠들기 전 침대에서 그 이야기를 들으며 자란 친구 몇 명은 책 내용이 끔찍하게 느껴졌다고 말했다. (나머지 친구들은 여전히 그 책을 아이들에게 읽어주며 아름다운 이야기라고 생각한다.) 나는 비유를 주목적으로 이 책을 인용했다. 하지만 읽다 보니 문득 궁금해졌다. 나는 마음이 따뜻하지 않은 사람일까? 혹시 실버스타인이 그 이야기를 지은 의도는 현대의 우화를 들려주기 위해서가 아니었을까? 지나치게 요구하지 말라

view.com/article/438568/hillary-clintons-public-service-donald-trumps-sacrifice-are-empty-words.

같은 맥락의 사례를 더 살펴보고 싶다면, Roger L. Simon, "Hillary Clinton's Real Sickness Is Not Physical(힐러리 클린턴의 진짜 병은 육체의 병이 아니다)," *PJ Media*, September 12, 2016, https://pjmedia.com/diaryofamadvoter/2016/09/12/hillary-clintons-real-sickness-is-not-physical/ 및 John Goldberg, "Selfishness, Not Incompetence, Explains Hillary's E-mail Scandal(힐러리의 이메일 스캔들, 무능력이 아닌 이기심으로 해석해야)," *National Review*, July 9, 2016, http://www.nationalreview.com/g-file/437640/hillary-clinton-email-scantal-selfishness-not-incompetence-behind-it를 참조하라.

힐러리를 향한 적개심의 역사 및 시간에 따른 그 변천사는 Michelle Goldberg, "The Hillary Haters(힐러리를 증오하는 사람들)," *Slate*, July 24, 2016, http://www.slate.com/articles/news_and_politics/cover_story/2016/07/the_people_who_hate_hillary_clinton_the_most.html을 참조하라.

고, 당신의 나무는 가진 것을 모두 써버렸을지도 모른다고 말하고
싶었던 건 아닐까?

　하지만 이런 생각은 틀린 듯하다. 이해를 돕기 위해 유독
논쟁이 되었던 실버스타인의 시 한 편을 여기 소개한다―얼마만
큼 논쟁적이었냐면, 시가 실린 그남의 저서 『다락방의 불빛 *The Light
in the Attic*』(1981)을 일부 학교에서 금서로 지정할 정도였다. (과연) 뜬
금없게도 이 시는 독자로 하여금 누군가를, 더 정확하게는 그녀가
미디어에 묘사된 방식을 떠올리게 할지도 모른다.

「레이디 퍼스트 Ladies First」
파멀라 퍼스가 소리쳤다, "레이디 퍼스트"
아이스크림 줄 앞으로 밀치고 나아가며.
파멀라 퍼스가 소리쳤다, "레이디 퍼스트"
저녁 식사 시간에 케첩을 집으며.
아침 버스에 오를 때면
그녀는 우리 모두를 비집고 나아갔고
말다툼이나 몸싸움이나 소동이 벌어질 때면
파멀라 퍼스는 소리쳤다, "레이디 퍼스트"
파멀라 퍼스가 악을 썼다, "레이디 퍼스트"
우리가 정글 여행을 떠났을 때.
파멀라 퍼스는 목 상태가 좋지 않다고 말하고는,
벌컥벌컥 우리 물을 들이켰다, 마지막 한 모금까지.
우리가 거친 야만인 무리에게 붙잡혔을 때,
그들이 우리를 꽁꽁 묶고 우리 모두를
그 땅의 왕 앞에 길게 줄 세웠을 때―
식인종 '튀겨라 댄'이,

거대한 턱받이를 두른 채 왕좌에 앉아

한 손에 포크를 들고 입맛을 다시며,

누굴 먼저 구울까 고르려 했을 때—줄 뒤쪽에서 특유의 앙칼진 목소리로,

파멜라 퍼스가 소리쳤다, **"레이디 퍼스".**[20]

실버스타인의 글을 읽노라면 깊은 패배감이 든다. 여성혐오를 조장하는 근본 역학 중 하나가, 널리 읽히는 동시와 아이들이 자기 전 침대에서 즐겨 듣던 이야기를 경로로 전파되었다니. 초등학교도 들어가기 전부터 아이들은 그 이야기가 고귀하고 아름답다는 인식을 갖게 된다. 여기서 작동하는 젠더 역학을 알아챈 사람도 그리 많지 않은 듯하다. 이러한 편견들을 주입시키지 않기 위해 진심으로 애쓰는 이들조차 이 책의 젠더 역학에는 둔감해 보인다.[21] 하지만 생각해보자. 소년이 모든 것을 취해가려 할 때 아낌

---

20 최근 한 블로그에 '금서' 주간을 기념해 이 시에 관한 글이 올라왔는데, 그 내용은 이랬다.

> 실버스타인의 작품이 금서를 지정하는 인간들의 심기를 건드리기 쉬운 이유는 책에 담긴 이른바 "위험한" 생각들(반항적인 아이들, 전반적인 넌센스 등)에 있다. 그러나 그남의 시 「레이디 퍼스트」가 분노를 자아낸 이유는 따로 있었다. "식인 풍습을 홍보"했다는 것이다(그것도 심각하게). 물론 합리적인 지각 능력의 소유자라면 누구나 그 시가 실제로는 탐욕을 경고하는 내용이라고 추론할 테지만, 닫힌 마음은 곧 무지한 정신이다. 시를 즐겨라. 그리고 부모들은 자녀와 그 시를 공유하라.

이 충고를 따르고 싶은가? 그렇다면 다양성을 도모하고, 혹시 모를 여성혐오의 위험성을 미연에 방지하는 차원에서 한 가지 소소한 제안을 해보겠다. 젠더를 바꿔보라. 이를테면 레이디를 젠틀맨으로, 식인종에게 먼저 먹히는 인물을 파멜라 퍼스에서 '캐머런 코인'으로 바꿔보는 것이다. 만약 원작이 젠더화와 무관하다면, 바꾼 시 또한 문제없이 읽혀야 할 것이다.

21 아직도 내가 실버스타인의 이야기와 시에 지나치게 의미를 부여한다고 생각하는 이

없이 주는 나무/그녀는 그 모든 것을 제공해야 한다면, 그리고 우리가 이를 사랑스러운 이야기라고 받아들인다면, 반면에 소녀는 불이익을 무릅쓰지 않고는 먹을 수도 마실 수도 맛을 즐길 수도 없다면, 그렇다면 나는 여기서 무엇을 하고 있는 것일까? 어떻게 해야 이런 현실을 조금이라도 바꿀 수 있을까? 내가 노력하면, **노력하는 그 모습**조차 십중팔구는 역겹고 거슬리고 억지스럽다고 (감히 말하건대, 앙칼지다고) 여겨질 것이다. 내 노력은 도덕적이고도 미학적인 판단에 근거한 일종의 치명적 저항을 불러일으킬 것이다. 상황을 애써 예쁘게 포장하기라도 하면, 문제를 오히려 키우는 꼴이 될 것이다.

고로 나는 포기한다. 더 희망적인 메시지를 주고 싶지만, 지금으로선 체념이 유일한 선택지다. 이제 사후 검토를 끝으로 생각을 정리하려 한다.

이 책을 집필하며 관찰한 결과 우리는 종종 **인간적 존재**로 인식되는 이들이 **대상물**—성적대상화에서처럼—이나 인간 이하의 생명체, 초자연적 존재, 비인간 동물로 개념화되는 이들과 완전히 다르다고 생각하고는 한다. 하지만 나는 **인간성**의 인식 여부에 주목하는 대신, 존재라는 부분에 돋보기를 들이댔다. 이 책 후반부에 등장한 많은 사례를 통해 (자타가) 공인하는 **인간적 존재**—가령, 모든 면에서는 아니더라도 거의 모든 면에서 다르게 특혜를 누리

들을 위해 말해두자면, 이후에 나는 그남이 성인들을 위한 이야기도 썼다는 사실을 (그리고 잘 알려져 있다시피 『플레이보이Playboy』 지에도 글을 기고했다는 사실을) 알아냈다. 「더 부르실 분 안 계십니까Going Once」도 그런 이야기 중 하나다. 일단 읽어보시라. 그런 다음 다시 이야기하자.

는 백인 남성들—와 **인간적으로 베푸는 존재**—자신이 보유한 명백히 인간적인 능력의 대부분은 아니더라도 많은 부분을 이상적으로는 남성에게, 적용 범위를 넓혀서는 그남의 아이들에게 빚졌다고 간주되는 여성—를 구별할 수 있게 되었다. (갖가지 사례를 제법 광범위하게 다루었지만, 이성애 중심 가부장제 핵가족에 대한 전반적 대안이나 비판적 입장은 상대적으로 드문드문 다루었다.) 이때 베푸는 존재에게는 사랑과 성관계, 관심, 애정, 경애심을 비롯해 다양한 형태의 감정노동·사회노동·재생산노동·돌봄노동을, 이에 얽힌 역할 및 관계를 결정하고 구조화하는 사회적 규범에 맞게 제공할 의무가 주어진다.

인간적 존재와 인간적으로 베푸는 존재를 철저하고도 완벽하게 구별하기란 당연히 쉽지 않다. 그러나 나는 이런 구별이 중요하다고 생각한다. 또한 앞선 장들에서 논의된 여러(결코 전부는 아니다) 형태의 여성혐오, 그러니까 특혜와 권력을 누리는 이들이 사회적 제도에 의해서든 제도를 직접적으로 이용해서든 자신들의 뜻을 강요하는 형태의 여성혐오가 바로 이런 구별을 바탕으로 발생했다고 본다. 이때 그런 형태의 여성혐오는 베푸는 존재로서 여성이 **잘못**을 저지를 때(이를테면 베푸는 존재이기를 거부할 때)라든가, 남성이 소비자로서 불만족할 때(무엇보다, 그남에게 개인적으로 베풀어야 마땅한 누군가가 물질적 실체로서 나타나주지 않는다는 이유로) 발생한다.

인간적으로 베푸는 존재는 분명, 엘리엇 로저가 갖고자 했고 스스로 가질 권리가 있다고 느낀 것과 어느 정도 닮아 있었다. 그런 존재를, 그것도 지위가 높은 여자친구라는 형태로 보유하면, 결과적으로 그녀는 그남이 그토록 탐내던 더 높은 사회적 지위를 그남에게 가져다줄 것이었다. 뿐만 아니라 그런 존재는 **인간성**에 대한 로저 특유의 인식과 불가분의 관계일 수도 있었다. 적어도 그 남의 '선언문', 그리고 정서적으로 유사하게는 드라마 「오렌지 이 즈 더 뉴 블랙」 속 조지 '폰스태시' 멘데스의 대사가 시사하는 대로 라면 말이다(5장 첫머리의 인용문과 같은 장 마지막 절 '여성, 너무도 인 간적인'을 참조하라).

　　로저는 자신이 더 이상 인간적 존재로 느껴지지 않는다고, 끝없는 나락으로 떨어지고 있다고 호소했다. 그남이 사로잡힌 관 념 속에서 여성의—손길은 물론—시선은 그남을 인간다운 존재 로 살아가게 하는 데 필수적인 요소였다. 4장에서 소개한 가족학 살범 크리스 포스터도 유사한 무언가에 사로잡혀 있었다. 존 론슨 의 해석에 따르면, 성공한 기업가였던 그남은 사업에 실패한 뒤 아 내와 딸의 **경애심** 어린 눈길을 잃게 될 가능성을 견딜 수 없었다. 그런 지점에 도달하면 남성은 자신이 필요로 하는—선망의 눈빛 으로 바라봐주기 등—존재론적·도덕적 지원을 제공하지 않았거 나 더 이상 제공할 수 없는 여성들을 파괴하려고 든다. 그러므로 그 남에게 자의식을 불어넣어주는 행위는 **그녀의 존재론적 의무**가 되 었다. 그녀는 까맣게 모르는 사이, 비극적으로, 그리고 대개는 예 측 불가능하게.

　　가족학살이나 목조르기처럼 남성적이고 유해한 폭력에서 피해자가 주로 여성이고 가해자는 남성이며, 그 책임이 젠더 역할 과 젠더 관계를 비호하고 반영하는 가부장제의 위력에 있음에도 불구하고, 그런 폭력의 원인을 여성혐오자에게서 찾지 않을 때가 있다는 사실은 곧 우리가 적개심을 지나치게 심리학적인 관점에 서 바라본다는 것을 방증한다. 수치심은 그 자체만으론 적대적 감 정이 아니다—적어도 필연적으로 그렇진 않다. 그러나 수치심의 징 후가 피해자의 관점에서 적대적일 수 있음은 분명하다. 가령 엘리엇 로저나 크리스 포스터의 사례에 비춰볼 때 이는 너무나도 명백한 사실이다.

그러한 폭력이 무서운 까닭 중 하나는, 평범한 사회적 관계라는 매끈한 겉모습에 속아 그 낌새를 알아채지 못하고 지나치기 쉽다는 사실에 있다. 그러나 이 낌새가 명시적 폭발로 이어지면, 우리는 중요한 통찰력을 갖게 된다. 다른 수많은 사례—사회적으로 동등한 존재 간의 다소 느슨한 사회적 규범과 기대, 상보적 의무라기보다 남성 쪽에서 일방적으로 제시하는 절대적이고 특권적이고 비대칭적인 요구들—뒤에 음침하게 도사리고 있을지 모를 무언가를 꿰뚫어보는 안목이 생겨나는 것이다.

모든 면은 아닐지언정 거의 모든 면에서 특혜를 누리는 와중에도 인간적으로 베푸는 존재의 결여 혹은 상실에 분개하는 백인 남성들은 **작금의 사태**(혹은 원하는 것을 손에 넣지 못하는 현실)에 실망한다. 그렇다면 여러 여성혐오 사례에서 이것이 **개인적** 실망으로 바뀌게 된 경위와 그 원인은 무엇일까? 1장에서 나는 이 현상이 여성혐오 사례 저변에 깔린 **특유의** 박탈감에 기인한다는 의견을 제시한 바 있다. 지금껏 살펴본 "인간적으로 베푸는 존재" 혹은 "베푸는 그녀" 역학을 적용하면, 이 문제에 관해 우리가 할 수 있는 이야기는 더 많아진다. 만약 관련된 사회 계층에 속한 여성 개개인(가령 로저의 사례에서는 그남의 바람대로 그남을 "바라봐주었어야" 하는 여성들)이 **베풀어야** 마땅한 존재라면, 왜 그들은 그남에게 베풀지 않은 걸까? 그들 눈에 그남은 정확히 무엇이 잘못됐던 것일까? 로저의 빛바랜 질문으로 다시 돌아가자. 여학생들을 한꺼번에 말살시킬 계획을 세우며 로저는 이렇게 물었다. "그 여자들 눈엔 내가 도대체 뭐가 부족한 걸까요?" 다시 봐도 이 발언에는 자기인식이 터무니없이 결여돼 있어, 예의 그 선언을 실행에 옮기지 않았더라면 거의 우스꽝스럽게까지 느껴질 정도다. 로저에게 그 여자들은 구별 불가능한 무리요, 야박하고 거만한 년들이었다. **누군가**에게 베풀어야 마땅한 존재임에도 그녀는 그남을 거부하고 있었다. 그 남에게 물질적 실체로 다가가기를 거부함으로써 개인적 상처를 가하고 있었다.

또한 나는 관련 계층에 속한 (즉, 인간적으로 베푸는 존재인) 여성이—여성은 남성에게 제공해야 마땅하고 남성은 여성에게 받아야 (혹은 취해야) 마땅하다고 여겨지는—특징적 재화와 혜택, 서비스, 지원을 받으려 할 때 벌어지는 상황을 대중의 반응을 토대로 살펴보았다. 이때 사람들은 그녀가 특권적이고 배은망덕하다고 여긴다. 마치 그녀가 분수에 넘치는 것을 요구한다는 듯이. 또한 사람들은 그녀가 외람된 생각을 한다고, 아니면 역사적으로 젠더화된 합의를 일방적으로 저버리고 있다고 여긴다. 특히 그녀가 이러한 혜택들을 원하는 이유가 (가령 아내나 어머니처럼) 인간적으로 베푸는 존재가 되는 상황을 모면하기 위해서라면 더더욱. 2장에서 살펴본 러시 림보의 사례가 이에 해당된다. 샌드라 플루크에 관해 그남이 품은 생각이 그랬다. 또한 그녀는 3장에서 설명한 것처럼, 임신을 중단할 권리를 원하는 "전형적인" 자유주의자 여성이었다. 그리고 이제 모두가 알다시피 피임을 보험으로 보장하느냐 하는 문제는 거국적 논쟁의 중심이 되었다. 그녀는 인간적인 베풂을 무를 **해독제를 제공하라고** 요구했다. 또한 여성이 인간적 능력을 활용해 자기개발이나 재정적 성공을 추구해야 한다고 거듭거듭 강조하고 있었다. 재정적 성공은 남성의 영역이었다. 따라서 이를 추구하는 행위는 그녀를 **강탈자**로 둔갑시킬 소지가 다분했다.

8장 및 「결론」 초반부에서 확인한 바와 같이, 이런 여성들은 탐욕적이고 집요하고 위압적이라고, 앙칼지고 거슬린다고, 부패했고 미덥지 않다고, 딱딱하고 뻣뻣하고 로봇 같다고 인식될 수 있다. 그녀는 자신이 내주어야 마땅한 유형의 재화를 내놓지 않는다. 그녀는 태만하고 무책임하고 부주의하고 냉담하다. 심지어 그녀는 애초에 그러한 자원을 보유하지 않았는지도 모른다. 처음부터 시들고, 메마르고, 건조하고, 척박한 존재였는지도 모른다. 또한 흔히들 생각하는 (시스젠더로서) 여성의 신체와 섹슈얼리티를 갖고 있지 않았는지도 모른다. 그녀는 남성 경쟁자에게 주어져야 마땅한 자원의 일부를 요구한다. (말하자면) 지원을 얻어내고, 기부자들의 관심을 끌고, 유권자들을 설득하려고 노력하는 것이다. 그녀가 노리는 집무실은 역사적으로 남성이 점유해온 장소다. 따라서 이 모든 행위는 그녀를 교활하고 무자비하고 비뚤어진 사람으로 만든다. 그녀는 위협적인 존재다. 교묘하게 당선을 노린다. 그녀는 권력과 돈을 빼돌린다. 여성혐오자의 관점에서 그남이 마음껏 취할 수 있는 것들을 그녀가 가로채는 것이다.

여성들은 남성들(상황에 따라서는 소년들)에게 가진 모든 것을 주어야 한다는 압박에 시달린다. 무엇보다 그녀는 그남의 이야기에 주의를 기울이고 긍정을 표하고 관심을 드러내야 한다. 이와 밀접하게 관련된 현상으로는 힘퍼시와 맨스플레이닝이 있다. '베푸는' 계층에 속한 여성들은 특권층 남성이 하는 이야기를 하나부터 열까지, 굳이 요청하지 않아도 들어주는 경향이 있을 것이다. 이는 주로 6장에서 힘퍼시를 논하며 확인된 부분이다. 같은 이유로— 4장에서 언급한 바와 같이—일부 특권층 남성은 여성이 따로 요청하지 않아도 그녀를 상대로 장황한 말을 늘어놓을 권리가 자기들한테 있다고 느낄 뿐만 아니라, 그녀가 자기 말을 주의 깊게, 열중해서 들어주리라고 기대할는지도 모른다. 이때 그녀가 속으로라도 상황을 알아채고 이의를 제기할 만큼 지식적 위계의 역전이 극명하다면, 이는 맨스플레이닝의 규칙에 어긋난다. 그래서 대화라는 용어를 놔두고 굳이 맨스플레이닝이라고 이르는 것이다.

착취를 당해도 법적 대응을 취하지 않을 것이란 가정하에 가장 취약한 여성들을 착취하는 남성들도 있다. (그들에게는) 애석하게도 이는 우연의 문제다. 일례로 대니얼 홀츠클로 사건은 이런 가정을 무너뜨렸다. 어쨌든 이런 사례에서 백인 여성들의 동정심 (혹은 힘퍼시)은 아프리카계 미국인 여성 피해자가 아닌 강간범을 향할 소지가 다분하다. 6장에서 이 사례를 논할 때 나는 그렇게 결론짓는 한편, 미국에서 나타나는 여혐누아르의 일정한 특징들을 제시한 바 있다.

스스로 나서서 동정을 구하는 여성들도 있다. 7장의 사례들처럼 말이다. 그러나 이는 서비스 제공자가 서비스를 요구하는 격이다. 주어야 할 사람이 받기를 기대하는 격이랄까. 달리 말해 이는 자원을, 그것도 그녀가 **그남에게** 주어야 마땅한 유형의 자원을 내놓지는 않을**망정** 내놓으라고 하는, 상처에 모욕까지 더하는 (아니면 더 그럴듯하게는, 구걸도 모자라 횡령까지 하는) 행위로 간주된다.

일각에서는 이른바 피해자 문화가 수동적 여성 피해자의 이미지를 악용하는 사례라고 여겨진다. 수동적 여성 피해자는 성 안의 공주다. 그녀는 왕자 같은 영웅이 자신을 구해주기를 손꼽아 기다린다. 그 공주가 형편없는 롤 모델이란 점에 있어서는 이론의 여지가 없다. 그러나 '피해자의식 문화'에 비판적인 사람들은 이를 근거로, 여성이 스스로 행위주체의식을 가지는 문제와 관련해 우려를 가장한 사실상의 트롤링에 (부지불식간에라도) 가담한다. 하지만 깊이 생각해보면, 피해자로서 목소리를 내는 이가 수동적 공주 행세를 한다고 볼 만한 근거는 매우 희박하다. 여성으로서 어쩌면 체제 전복적일 수도 있고 가해자의 행동을 폭로함으로써 그남

을 난처하게 만들 수도 있는 방식으로 자신의 이야기를 들려주거
나 현재 주어진 역할에 충실하기 위해 스스로 책임을 짊어질 때,
그녀는 행위주체성을 지녔다고 볼 수 있다. 그녀는 **타의에 의해** 수
동적으로 살았을 수도 있고, 더 흔하게는 (가령 강압에 의해) 하기 싫
은 일을 했을 수도 있다. (권력관계 및 관련된 사회적 대본에 따른 착취
가 수반되는 성착취 사례처럼[Manne 2017]) 남에게 이용당했을 수도
있다. 하지만 그런 이야기 속에서 그녀의 행위주체성은 오히려 더
욱 빛을 발한다. 그런 사실을 스스로 알림으로써 그녀는 다음과 같
이 말하는 셈이다. 그 일이 나라는 행위자에게 일어났습니다. 부
당했고, 적절한 법적 보상도 없었습니다. 나는 그 일을 재연할 작
정입니다. 그러면 여러분이, 그러니까 청중—상황에 따라서는 독
자—여러분이 그 범죄의 목격자로서 필요한 도덕적 판단을 내려
주시겠지요. 정의는 구현되지 않았습니다. 그러니 여러분이 배심
원단이 되어주시기 바랍니다.

어쩌면 당신에게 이런 역할이 주어질 수도 있다. 크고 작은
여성혐오 범죄와 관련해 더 이상 자기 이야기를 들려줄 수도, 증
언을 통해 자기를 변호할 수도 없게 된 여성들을 위해, 실제로든 명
목상으로든 가부장제의 법질서를 위반한 혐의로 기소되어 재판
을 받고 유죄판결이 내려져 감옥에 갇히게 된 여성들을 위해, 어
쩌면 당신이 배심원 역할을 맡게 될 수도 있다. 그럴 때 당신은 때
때로 여성혐오자로 의심되는 이들이나 여성혐오적 위력을 퍼뜨려
결국 그녀에게 해를 입혔다고 간주되는 행위자들의 죄를 묻는 데
집중하기보다는, 우선 사실관계를 바로잡으면서 두고두고 그녀의
처신을 탓하며 그들에게 '무죄' 평결을 내리는 데 집중하게 될 것
이다.

이해를 돕기 위해 셸 실버스타인의 또 다른 시 한 편을 소

개할까 한다. 이는 자연스레 다음과 같은 질문으로 이어진다. 그 남의 다른 작품 속에서는 과연 남성이 여성에게 뭐가 됐든 베푼 적이 있을까? 답은 '그렇다'이다. 그러나 그 베풂의 효과란—적어 도 여기서는—아무리 좋게 보아도 복합적이다. 성인을 대상으로 쓰였고 그리 유명하지 않은 이 작품은 시와 단편소설을 모은 선집 『사랑을 위한 살인*Murder for Love*』(1996, edited by Otto Penzler)에 실려 있다. 그 시의 도입부는 아래와 같다.

다른 글: 여성혐오의 논리

「그녀가 저지른 짓 때문에For What She Had Done」

그녀는 죽어야 했다.

오무는 이걸 알고 있었다.

또한 그남은 알았다, 자신이 그녀를 죽일 수 있다는 것을.

심지어 그녀를 죽이려 애쓰지 않아도.

그 눈들은. 그남을 바라볼 것이다. 심지어 애쓰지 않아도.

자, 무엇을 해야 할까?

웅이라는 사람이 있었다. 동굴에 살고 있었다.

험준한 산 너머에. 불결한 동굴에.

마을에서 먼 곳에.

웅, 그남은 돌로 사냥을 했다.

그남은 손으로 죽였다.

그남은 검치호 두 마리를 죽였다.

그러곤 큰 곰 한 마리를, 놈의 가죽은 이제 그남의 털투성이 어깨에 걸쳐져 있다.

그리고 웅은 남자들을 죽였다. 많은 남자를.

그리고, 전해지는 이야기로는, 한 여자를.

그 시는, 문제의 암살자가 암살 대상을 알아볼 방도를 궁리하는 두 남자의 이야기로 끝을 맺는다. 첫 번째 남자가 두 번째 남자에게 말한다. 그녀는 긴 머리와 "밤의 웅덩이처럼" 새까만 두 눈을 가졌으며, 폭포 아래서 몸을 씻고 머리를 감는다고. 암살자는 만족하지 않는다. 그런 여자는 얼마든지 많다는 것이다. 더욱이 그 남은 엉뚱한 여자를 죽이고 싶지는 않다. 약속된 대가를, 그녀와 같은 무게의 곰 고기나 도마뱀 가죽을 받을 수 없게 돼버리면 안 되니까. ("동일한 무게에는 동일한 무게로." 그들은 그렇게 합의했었다.)

첫 번째 남자가 잠시 생각하더니 이렇게 제안한다. 과거에 저질렀다는 모종의 행동 때문에 죽어야 하는 그 여자에게 자신이 직접 꽃을 선물해 들고 다니게 하겠다고.

> 눈부신 산꽃을 모아 그녀의 손에 쥐여주겠소, 그녀가 몸을 씻으러 폭포로 향하기 전에.
> 그러면 그대는 그녀를 알아볼 수 있을 것이오.
> 그러면 그대는 그녀를 알아볼 수 있을 것이오.[22]

그러고 나면 그 남은 어쩌면 행복해질 것이다. 아니, 사실은 그리 행복하지 않을 수도 있다. 어느 쪽이건 여전히 중요한 사실은

---

[22] 이어지는 시구는 다음와 같다.
　　동일한 무게를 위하여. 웅이 말했다.
　　그렇지, 동일한 무게를 위하여. 오무가 말했다.
　　그리고 그렇게 시작되었다,
　　꽃다발과 코르사주를 주는 관습은.
이야기는 그렇게 끝이 난다. 이 시는 실버스타인의 다른 작품들과 마찬가지로 다음 웹사이트에 재게시되었다. https://m.poemhunter.com/poem/for-what-she-had-done/.

그녀가 끝장날 것이고, 침묵당할 것이며, 영원히 침묵을 지킬 것이라는 점이다. 우리는 결코 그녀의 이야기를 듣지 않는다. 그녀는 결코, 자신이 했거나 하지 않은 모종의 행동이 그런 벌을 받아 마땅한 짓은 아니라고 말할 기회를 갖지 못한다. 어쩌면 그녀의 죄목은 단지 아낌없이 주는 나무처럼, 그 나무가 소년을 사랑할 때처럼 "아주, 아주 많이, 심지어 그녀 자신보다 더" 그 남자를 사랑하는 데 실패했다는 것, 그뿐인지도 모른다. 그녀에게 그런 사랑이 부족하거나 결여돼 있다는 사실은, 적어도 그남의 관점에서는 목숨을 내놓아야 할 정도로 큰 죄인지도 모른다. 어떤 여성에게는 여성혐오인 것이, 그래서 일부 남성에게는 시적 정의의 구현인지도 모른다.

참고문헌

Abramson, Jill. 2016. "This May Shock You: Hillary Clinton is Fundamentally Honest." *The Guardian*, March 28. https://www.theguardian.com/commentisfree/2016/mar/28/hillary-clintonhonest-transparency-jill-abramson.

Abramson, Kate. 2014. "Turning Up the Lights on Gaslighting." *Philosophical Perspectives* 28, no. 1: 1–30.

Alcoff, Linda Martin. 1991–92. "The Problem of Speaking for Others." *Cultural Critique* 20 (Winter): 5–32.

———. 2009. "Discourses of Sexual Violence in a Global Framework." *Philosophical Topics* 37, no. 2: 123–139.

Aly, Götz. 2014. *Why the Germans? Why the Jews?: Envy, Race Hatred, and the Prehistory of the Holocaust*. New York: Metropolitan Books.

Anderson, Kristin J. 2014. *Modern Misogyny*. New York: Oxford University Press.

Anscombe, G. E. M. 1957. *Intention*. Oxford: Basil Blackwell.

Appiah, Kwame Anthony. 2006. *Cosmopolitanism: Ethics in a World of Strangers*. New York: W. W. Norton.

———. 2008. *Experiments in Ethics*. Cambridge, MA: Harvard University Press.

Archer, John. 2000. "Sex Differences in Physically Aggressive Acts between Heterosexual Partners: A Meta-Analytic Review." *Psychological Bulletin* 126, no. 5: 651–680.

Arendt, Hannah. 1963. *Eichmann in Jerusalem*. London: Penguin.

Arpaly, Nomy. 2003. *Unprincipled Virtue: An Inquiry into Moral Agency*. Oxford: Oxford University Press.

———. 2011. "Open-Mindedness as a Moral Virtue." *American Philosophical Quarterly* 48, no. 1: 75–85.

Ashwell, Lauren. 2016. "Gendered Slurs." *Social Theory and Practice* 42, no. 2: 228–239.

Bailey, Moya. 2014. "More on the Origin of Misogynoir," *Tumblr*, April 27, http://moyazb.tumblr.com/post/84048113369/more-on-the-originof-misogynoir.

Bandyopadhyay, Mridula, and M. R. Khan. 2013. "Loss of Face: Violence against Women in South Asia." In *Violence against Women in Asian Societies*, edited by Lenore Manderson and Linda Rae Bennett, 61–75. London: Routledge.

Baragona, Justin. 2016. "'Corey, You're Being a Horrible Person': Van Jones and Le-wandowski Battle Over Hillary's No Show," *Mediaite*, November 9. http://www. mediaite.com/online/corey-youre-being-a-horrible-person-van-jones-and-le-wandowski-battle-over-hillarys-no-show/.

Barnes, Elizabeth. 2016. *The Minority Body*. New York: Oxford University Press.

Bauer, Nancy. 2015. *How to Do Things with Pornography*. Cambridge, MA: Harvard University Press.

Beeghly, Erin. 2015. "What Is a Stereotype? What Is Stereotyping?" *Hypatia* 30, no. 4: 675–691.

Beevor, Antony. 2003. *The Fall of Berlin 1945*. New York: Penguin Books.

Bennett, Jonathan. 1974. "The Conscience of Huckleberry Finn." *Philosophy* 49, no. 188: 123–134.

Bergoffen, Debra. 2011. *Contesting the Politics of Genocidal Rape: Affirming the Dignity of the Vulnerable Body*. London: Routledge.

Bettcher, Talia Mae. 2007. "Evil Deceivers and Make-Believers: On Transphobic Violence and the Politics of Illusion." *Hypatia* 22, no. 3: 43–65.

———. 2012. "Full-Frontal Morality: The Naked Truth about Gender." *Hypatia* 27, no. 2: 319–37.

———. 2013. "Trans Women and the Meaning of 'Woman.'" *In The Philosophy of Sex*, edited by Nicholas Power, Raja Halwani, and Alan Soble, 233–249.

Lanham, MD: Rowman & Littlefield.

———. 2014. "Trapped in the Wrong Theory: Re-thinking Trans Oppression and Resistance." *Signs* 39, no. 2: 383–406.

Bian, Lin, Sarah-Jane Leslie, and Andrei Cimpian. 2017. "Gender Stereotypes about Intellectual Ability Emerge Early and Influence Children's Interests." *Science* 355, no. 6323: 389–391.

Bloom, Paul. 2016. *Against Empathy: The Case for Rational Compassion*. New York: Ecco.

Bordo, Susan. 1993. *Unbearable Weight*. Berkeley: University of California Press.

Bornstein, Kate. 1994. *Gender Outlaw: On Men, Women, and the Rest of Us*. New York: Routledge.

Braungart-Rieker, J., S. Courtney, and M. M. Garwood. 1999. "Mother-and Father-Infant Attachment: Families in Context." *Journal of Family Psychology* 13: 535–553.

Brison, Susan, J. 2002. *Aftermath: Violence and the Remaking of a Self*. Princeton, NJ: Princeton University Press.

———. 2006. "Contentious Freedom: Sex Work and Social Construction." *Hypatia* 21, no.

4: 192–200.

———. 2008. "Everyday Atrocities and Ordinary Miracles, or Why I (still) Bear Witness to Sexual Violence (but Not Too Often)." *Women's Studies Quarterly* 36, no. 1: 188–198.

———. 2014. "Why I Spoke Out about One Rape but Stayed Silent about Another." *Time*, December 1, http://time.com/3612283/why-i-spokeout-about-one-rape-but-stayed-silent-aboutanother/.

———. 2016. "Forum Response to 'The Logic of Misogyny.'" *The Boston Review*, July 11. http://bostonreview.net/forum/logic-misogyny/susan-j-brison-susan-j-brison-responds-kate-manne.

Brooks, David. 2016. "The Sexual Politics of 2016." *New York Times*, March 29. https://www.nytimes.com/2016/03/29/opinion/the-sexual-politicsof-2016.html.

Brown, Wendy. 1995. *States of Injury: Power and Freedom in Late Modernity*. Princeton, NJ: Princeton University Press.

Burgess, Alexis, and David Plunkett. 2013. "Conceptual Ethics I and II." *Philosophy Compass* 8, no. 12: 1091–1110.

Butler, Judith. 1990. *Gender Trouble: Feminism and the Subversion of Identity*. New York: Routledge.

———. 2015. *Senses of the Subject*. New York: Fordham University Press.

———. 2016. *Vulnerability in Resistance*. Durham, NC: Duke University Press.

Cahill, Ann J. 2001. *Rethinking Rape*. Ithaca, NY: Cornell University Press.

Calhoun, Cheshire. 2004. "An Apology for Moral Shame." *Journal of Political Philosophy* 12, no. 2: 127–146.

Calvin, John. 1999. *Calvin's Commentaries*. Edinburgh; repr. Grand Rapids, MI: Baker.

Campbell, Bradley, and Jason Manning. 2014. "Micro-Aggression and Moral Cultures." *Comparative Sociology* 13, no. 6: 692–726.

Camus, Albert. 1946. *The Stranger*. Translated by Stuart Gilbert. New York: Alfred A. Knopf. Originally published (in French) in 1942.

Card, Claudia. 2002. *The Atrocity Paradigm: A Theory of Evil*. New York: Oxford University Press.

———. 2010. *Confronting Evils: Terrorism, Torture, Genocide*. Cambridge: Cambridge University Press.

Cherry, Myisha. 2014. "What Is So Bad about Being Good?" *Huffington Post*, June 9. http://www.huffingtonpost.com/myisha-cherry/what-is-sobad-about-being-good_b_5460564.html.

Chu, Arthur. 2014. "Your Princess Is in Another Castle: Misogyny, Entitlement, and Nerds." *Daily Beast*, May 27. http://www.thedailybeast.com/articles/2014/05/27/your-princess-is-in-another-castlemisogyny-entitlement-and-nerds.html.

Coetzee, J. M. 1999. *Disgrace*. New York: Penguin.

Cole, Alyson M. 2006. *The Cult of True Victimhood*. Stanford, CA: Stanford University Press.

Craven, Peter. 2010. "Failing to Communicate the Campaign." *ABC News*, August 5, updated September 28. http://www.abc.net.au/news/2010-08-06/35762.

Crenshaw, Kimberle W. 1991. "Mapping the Margins: Intersectionality, Identity Politics, and Violence Against Women of Color." *Stanford Law Review* 43: 1241–1299.

———. 1993. "Beyond Race and Misogyny: Black Feminism and 2 Live Crew." In *Words That Wound*, edited by Mari J. Matsuda, Charles Lawrence III, Richard Delgado, and Kimberle Williams Crenshaw, 111–132. Boulder: Westview Press.

———. 1997. "Intersectionality and Identity Politics: Learning from Violence against Women of Color." In *Reconstructing Political Theory: Feminist Perspectives*, edited by Mary Lyndon Shanley and Uma Narayan, 178–193. University Park: Pennsylvania State University Press.

———. 2012. "From Private Violence to Mass Incarceration: Thinking Intersectionally about Women, Race, and Social Control." *UCLA Law Review* 59: 1418–1472.

Crenshaw, Kimberle W., Julia Sharpe-Levine, and Janine Jackson. 2016. "16 Social Justice Leaders Respond to the 2016 Election." *African American Policy Forum*. November.

Cudd, Ann E. 1990. "Enforced Pregnancy, Rape, and the Image of Woman." *Philosophical Studies* 60, no. 1: 47–59.

———. 2006. *Analyzing Oppression*. New York: Oxford University Press.

Darcy, Oliver. 2015. "The 'Fxxxing Disgusting' Consequence Trump Lawyer Threatened Liberal News Site With for 'Rape' Story." *The Blaze*, July 27. http://www.theblaze.com/stories/2015/07/27/the-fing-disgustingconsequence-trump-lawyer-threatened-liberal-news-site-with-for-rapestory/.

Darwall, Stephen. 2006. *The Second-Person Standpoint: Morality, Respect, and Accountability*. Cambridge, MA: Harvard University Press.

———. 2013. *Honor, History, and Relationship: Essays in Second-Personal Ethics II*. Oxford: Oxford University Press.

Davis, Angela. 2003. *Are Prisons Obsolete?* New York: Seven Stories Press.

Daum, Meghan. 2014. "Misogyny and the Co-opting of the Isla Vista Tragedy." *Los Ange-*

les Times, June 4. http://www.latimes.com/opinion/op-ed/la-oe-daum-misogyny-isla-vista-20140605-column.html.

Dembroff, Robin A. 2016. "What Is Sexual Orientation?" *Philosophers' Imprint* 16, no. 3: 1–27. https://quod.lib.umich.edu/cgi/p/pod/dod-idx/what-is-sexual-orientation.pdf?c=phimp;idno=3521354.0016.003.

Desmond, Matthew. 2016. *Evicted: Poverty and Profit in the American City.* New York: Crown.

Diamond, Cora. 1978. "Eating Meat and Eating People." *Philosophy* 53, no. 206: 465–479.

Digby, Tom. 2003. "Male Trouble." *Social Theory and Practice* 29, no. 2: 247–273.

———. 2014. *Love and War: How Militarism Shapes Sexuality and Romance.* New York: Columbia University Press.

Dotson, Kristie. 2011. "Tracking Epistemic Violence, Tracking Practices of Silencing." *Hypatia* 26, no. 2: 236–257.

———. 2012. "A Cautionary Tale: On Limiting Epistemic Oppression." *Frontiers* 33, no. 1: 24–47.

———. 2014. "Conceptualizing Epistemic Oppression." *Social Epistemology* 28, no. 2: 115–138.

———. 2016. "Word to the Wise: Notes on a Black Feminist Metaphilosophy of Race." *Philosophy Compass* 11, no. 2: 69–74.

Dotson, Kristie, and Marita Gilbert. 2014. "Curious Disappearances: Affectability Imbalances and Process-Based Invisibility." *Hypatia* 29, no. 4: 873–888.

Du Toit, Louise. 2009. *A Philosophical Investigation of Rape: The Making and Unmaking of the Feminine Self.* New York: Routledge.

Dworkin, Andrea. 1976. *Woman Hating: A Radical Look at Sexuality.* New York: Dutton.

———. 1988. *Right-Wing Women: The Politics of Domesticated Females.* London: Women's Press.

Elon, Amos. 2013. *The Pity of It All: A Portrait of the German-Jewish Epoch, 1743–1933.* New York: Picador. Originally published in 2003.

Erikson, Erik H. 1963. *Youth: Change and Challenge.* New York: Basic Books.

Exley, Christine, Muriel Niederle, and Lise Vesterlund. 2016. "New Research: Women Who Don't Negotiate Might Have a Good Reason." *Harvard Business Review*, April 12. https://hbr.org/2016/04/womenwho-dont-negotiate-their-salaries-might-have-a-good-reason.

Faludi, Susan. 2000. *Stiffed: The Betrayal of Modern Man.* London: Vintage.

———. 2006. *Backlash: The Undeclared War against American Women*. New York: Three Rivers Press. Originally published in 1991.

Fenske, Sarah. 2016. "Andrew Puzder, Trump's Pick for Labor Department, Was Accused of Abusing Wife." *Riverfront Times*, December 8. http://www.riverfronttimes.com/newsblog/2016/ 12/08/andrew-puzdertrump-pick-for-labor-department-was-accused-of-abusing-wife.

Ferguson, Chris. 2014. "Misogyny Didn't Turn Elliot Rodger into a Killer." *Time*, May 25. http://time.com/114354/elliot-rodger-ucsbmisogyny/.

Floridi, Luciano. 2011. "A Defence of Constructionism: Philosophy as Conceptual Engineering." *Metaphilosophy* 42, no. 3: 282–304.

Flynn, Gillian. 2012. *Gone Girl*. New York: Crown.

Fricker, Miranda. 1999. "Epistemic Oppression and Epistemic Privilege." *Canadian Journal of Philosophy* 29 (Supplement): 191–210.

———. 2007. *Epistemic Injustice*. Oxford: Oxford University Press.

Friedan, Betty. 1963. *The Feminine Mystique*. New York: W. W. Norton.

Frost, Amber A'Lee. 2016. "Forum Response to 'The Logic of Misogyny.'" *The Boston Review*, July 11. http://bostonreview.net/forum/logic-misogyny/amber-alee-frost-amber-alee-frost-responds-kate-manne.

Frye, Marilyn. 1983. *The Politics of Reality: Essays in Feminist Theory*. Berkeley, CA: Crossing Press.

———. 1996. "The Necessity of Differences: Constructing a Positive Category of Women." Signs 21, vol. 3: 991–1010.

Gaita, Raimond. 1998. *A Common Humanity: Thinking about Love and Truth and Justice*. New York: Routledge.

Garcia, J. L. A. 1996. "The Heart of Racism." *Journal of Social Philosophy* 27, no. 1: 5–46.

Gillard, Julia. 2014. *My Story*. Vintage Books.

Glick, Peter, and Susan T. Fiske. 1997. "Hostile and Benevolent Sexism." *Psychology of Women Quarterly* 21: 119–135.

———. 2001. "An Ambivalent Alliance: Hostile and Benevolent Sexism as Complementary Justifications for Gender Inequality." *American Psychologist* 56, no. 2: 109–118.

Goffman, Alice. 2014. *On the Run: Fugitive Life in an American City*. New York: Picador.

Gold, Hadas, and John Bresnahan. 2016. "Trump Campaign CEO Once Charged in Domestic Violence Case." *Politico*, August 25. http://www.politico.com/story/2016/08/steve-bannon-domesticviolence-case-police-report-227432.

Gopnik, Adam. 2006. "Headless Horsemen: The Reign of Terror Revisited." *The New Yorker*, June 5. http://www.newyorker.com/magazine/2006/06/05/headless-horseman.

Gornick, Vivian. 2016. "Forum Response to 'The Logic of Misogyny.'" *The Boston Review*, July 11. https://www.bostonreview.net/forum_response/vivian-gornick-responds-kate-manne/.

Grant, Rebecca. 2016. "The Latest Anti-Abortion Trend? Mandatory Funerals for Fetuses." *The Nation*, October 11. https://www.thenation.com/article/the-latest-anti-abortion-trend-mandatory-funerals-for-fetuses/.

Greenhouse, Linda, and Reva B. Siegel. 2010. *Before Roe v. Wade : Voices That Shaped the Abortion Debate before the Supreme Court's Ruling*. New York: Kaplan Pub.

Halley, Janet. 2015. "Trading the Megaphone for the Gavel in Title IX Enforcement: Backing Off the Hype in Title IX Enforcement." *Harvard Law Review* 128, no. 4: 103–117.

Haslanger, Sally. 2000. "Gender and Race: (What) Are They? (What) Do We Want Them to Be?" *Noûs* 34, no. 1: 31–55.

———. 2012. *Resisting Reality*. New York: Oxford University Press.

———. 2016. "Epistemic Housekeeping and the Philosophical Canon: A Reflection on Jane Addams' 'Women and Public Housekeeping.'" In *Ten Neglected Classics of Philosophy*, edited by Eric Schliesser, 148–176. New York: Oxford University Press.

Hay, Carol. 2013. *Kantianism, Liberalism, and Feminism: Resisting Oppression*. New York: Palgrave-Macmillan.

Hedgepeth, Sonja M., and Rochelle G. Saidel, eds. 2010. *Sexual Violence against Jewish Women during the Holocaust*. Lebanon, NH: Brandeis University Press.

Heilman, Madeline E., Aaron S. Wallen, Daniella Fuchs, and Melinda M. Tamkins. 2004. "Penalties for Success: Reactions to Women who Succeed at Male Tasks." *Journal of Applied Psychology* 89, no. 3: 416–427.

Heilman, Madeline E., and Tyler G. Okimoto. 2007. "Why Are Women Penalized for Success at Male Tasks?: The Implied Communality Deficit." *Journal of Applied Psychology* 92, no. 1: 81–92.

Held, Virginia. 1987. "Feminism and Moral Theory." In *Women and Moral Theory*, edited by Eva Feder Kittay and Diana Tietjens Meyers, 111–128. Totowa, NJ: Rowman & Littlefield.

———. 2006. *The Ethics of Care*. Oxford: Oxford University Press.

Henwood, Doug. 2016. "Forum Response to 'The Logic of Misogyny.'" *The Boston Review*, July 11. http://bostonreview.net/forum/logic-misogyny/doug-henwood-doug-henwood-responds-kate-manne.

Hester, Mariane. 2013. "Who Does What to Whom? Gender and Domestic Violence Perpetrators in English Police Records." *European Journal of Criminology* 10, no. 5: 623–637.

Heyes, Cressida. 2007. *Self-Transformations: Foucault, Ethics, and Normalized Bodies*. Oxford: Oxford University Press.

Hill Collins, Patricia. 1998. "It's All in the Family: Intersections of Gender, Race, and Nation." *Hypatia* 13, no. 3: 62–82.

———. 2000. *Black Feminist Thought: Knowledge, Consciousness, and the Politics of Empowerment*. 2nd ed. New York: Routledge. Originally published in 1990.

Hochschild, Arlie Russell. 2016. *Strangers in Their Own Land: Anger and Mourning on the American Right*. New York: New Press.

Hochschild, Arlie Russell, and Anne Machung. 2012. *The Second Shift: Working Parents and the Revolution at Home*. New York: Penguin. Originally pubished in 1989.

Hoff Sommers, Christina. 2016. "Forum Response to 'The Logic of Misogyny.'" *The Boston Review*, July 11. http://bostonreview.net/forum/logic-misogyny/christina-hoff-sommers-christina-hoff-sommersresponds-kate-manne.

Hooks, Bell. 2000. *Feminist Theory: From Margins to Center*. 2nd ed. London: Pluto Press. Originally published in 1984.

Hurt, Harry, III. 1993. *The Lost Tycoon: The Many Lives of Donald J. Trump*. Kindle ed. Echo Point: Brattleboro, VT.

Inbar, Yoel, and David A. Pizarro. 2016. "Pathogens and Politics: Current Research and New Questions." *Social and Personality Psychology Compass* 10, no. 6: 365–374.

Irwin, Kirk. 2016. "Trump CEO Was Charged with Choking Wife." *Daily Beast*, August 25. http://www.thedailybeast.com/trumpceo-was-charged-with-choking-wife.

Jackson, Michelle Denise. 2014. "A Painful Silence: What Daniel Holtzclaw Teaches Us about Black Women in America." *For Harriet*, September. http://www.forharriet.com/2014/09/a-painful-silencewhat-daniel-holtzclaw.html.

Jaggar, Alison M. 1983. *Feminist Politics and Human Nature*. Totowa, NJ: Rowman & Littlefield.

———. 2009. "Transnational Cycles of Gendered Vulnerability." *Philosophical Topics* 37, no. 2: 33–52.

Jenkins, Carrie. 2017. *What Love Is: And What It Could Be*. New York: Basic Books.

Jenkins, Kathryn. 2016. "Amelioration and Inclusion: Gender Identity and the Concept of Woman." *Ethics* 126, no. 2: 394–421.

Jetter, Alexis, Jennifer Braunschweiger, Natasha Lunn, and Julia Fullerton-Batten. 2014. "A Hidden Cause of Chronic Illness." Dart Center for Journalism and Trauma: A Project of the Columbia Journalism School, April 10, https://dartcenter.org/content/hidden-cause-chronic-illness.

Jones, Karen. 2002. "The Politics of Credibility." In *A Mind of One's Own: Feminist Essays on Reason and Objectivity*, edited by Louise M. Antony and Charlotte E. Witt, 154–176. Boulder, CO: Westview Press.

———. 2014. "Intersectionality and Ameliorative Analyses of Race and Gender." *Philosophical Studies* 171, no. 1: 99–107.

Kelly, Daniel. 2011. *Yuck: The Nature and Moral Significance of Disgust*. Cambridge, MA: MIT Press.

Kelly, Daniel, and Erica Roedder. 2008. "Racial Cognition and the Ethics of Implicit Bias." *Philosophy Compass* 3, no. 3: 522–540.

Khader, Serene J. 2011. *Adaptive Preferences and Women's Empowerment*. New York: Oxford University Press.

———. 2012. "Must Theorising about Adaptive Preferences Deny Women's Agency?" *Journal of Applied Philosophy* 29, no. 4: 302–317.

Kimmel, Michael. 2013. *Angry White Men: American Masculinity at the End of an Era*. New York: National Books.

King, Deborah K. 1988. "Multiple Jeopardy, Multiple Consciousness: The Context of a Black Feminist Ideology." *Signs* 14, vo. 1: 42–72.

Kittay, Eva Feder. 1999. *Love's Labor*. New York: Routledge.

———. 2013. "The Body as the Place of Care." In *Exploring the Work of Edward S. Casey*, edited by Donald A. Landes and Azucena Cruz-Pierre, 205–213. New York: Bloomsbury Publishing.

Koyama, Emi. 2003. "The Transfeminist Manifesto." In *Catching a Wave: Reclaiming Feminism for the 21st Century*, edited by Rory Dicker and Alison Piepmeier, 244–259. Boston: Northeastern University Press.

———. 2006. "Whose Feminism Is It Anyway? The Unspoken Racism of the Trans Inclusion Debate." In *The Transgender Studies Reader*, edited by Susan Stryker and Stephen Whittle, 698–705. New York: Routledge.

Kukla, Rebecca. 2005. *Mass Hysteria: Medicine, Culture, and Mothers' Bodies*. Lanham, MD: Rowman & Littlefield.

———. 2008. "Measuring Mothering." *International Journal of Feminist Approaches to Bioethics* 1, no. 1: 67–90.

———. 2014. "Performative Force, Convention, and Discursive Injustice." *Hypatia* 29, no. 2: 440–457.

Langton, Rae. 2009. *Sexual Solipsism: Philosophical Essays on Pornography and Objectification*. Oxford: Oxford University Press.

Lawrence, Charles R., III. 1987. "The Id, The Ego, and Equal Protection: Reckoning with Unconscious Racism." *Stanford Law Review* 39, no. 2: 317–388.

———. 2008. "Unconscious Racism Revisited: Reflections on the Impact and Origins of the Id, the Ego, and Equal Protection." *Connecticut Law Review* 40: 931–978.

Laxness, Halldor. 1997. *Independent People*. New York: Vintage.

Lebron, Christopher J. 2016. "The Invisibility of Black Women." *Boston Review* blog, January 15. http://bostonreview.net/blog/christopher-lebron-invisibility-black-women.

———. 2017. *The Making of Black Lives Matter: A Brief History of an Idea*. New York: Oxford University Press.

Lerner, Gerda. 1986. *The Creation of Patriarchy*. Oxford: Oxford University Press.

Lindemann, Hilde. 2014. *Holding and Letting Go: The Social Practice of Personal Identities*. Oxford: Oxford University Press.

Livingstone Smith, David. 2011. *Less Than Human: Why We Demean, Enslave, and Exterminate Others*. New York: St. Martins Press.

———. 2016. "Paradoxes of Dehumanization." *Social Theory and Practice* 42, no. 2: 416–443.

Lloyd, Genevieve. 1992. "Maleness, Metaphor, and the 'Crisis' of Reason." In *A Mind of One's Own*, edited by Louise Antony and Charlotte E. Witt, 73–92. Boulder: Westview Press.

Lorde, Audre. 2007. *Sister Outsider: Essays and Speeches*. Berkeley, CA: Crossing Press.

Lubet, Steven. 2015a. "Did This Acclaimed Sociologist Drive the Getaway Car in a Murder Plot? The Questionable Ethics of Alice Goffman's On the Run." *The New Republic*, May 27. https://newrepublic.com/article/121909/did-sociologist-alice-goffman-drive-getaway-car-murder-plot.

———. 2015b. "Ethnography on Trial." *The New Republic*, July 15. https://newrepublic.com/article/122303/ethnography-trial.

Lugones, Maria. 1987. "Playfulness, 'World'-Travelling, and Loving Perception." *Hypatia: A Journal of Feminist Philosophy* 2, no. 2: 3–19.

———. 1990. "Structure/Antistructure and Agency under Oppression." *Journal of Philoso-*

phy 87, no. 10: 500–507.

Mac Donald, Heather. 2014. "The UCSB Solipsists." *National Review*, June 1. http://www2.nationalreview.com/article/379271/ucsb-solipsistsheather-macdonald/page/0/1 (2015년 마지막 접속).

MacKinnon, Catharine, A. 1987. *Feminism Unmodified: Discourses on Life and Law.* Cambridge, MA: Harvard University Press.

———. 2006. *Are Women Human? And Other International Dialogues.* Cambridge, MA: Harvard University Press.

MacLachlan, Alice. 2010. "Unreasonable Resentments." *Journal of Social Philosophy* 41, no. 4: 422–441.

Maitra, Ishani. 2009. "Silencing Speech." *Canadian Journal of Philosophy* 39, no. 2: 309–338.

Maitra, Ishani, and Mary Kate McGowan. 2010. "On Silencing, Rape, and Responsibility." *Australasian Journal of Philosophy* 88, no. 1: 167–172.

Manne, Kate. 2013. "On Being Social in Metaethics." In *Oxford Studies in Metaethics*, vol. 8, edited by Russ Shafer-Landau, 50–73. Oxford: Oxford University Press.

———. 2014a. "Internalism about Reasons: Sad but True?" *Philosophical Studies* 167, no. 1: 89–117.

———. 2014b. "Punishing Humanity." Op-Ed. *New York Times*. The Stone, October 12. http://opinionator.blogs.nytimes.com/2014/10/12/inferguson-and-beyond-punishing-humanity/.

———. 2016a. "Before Hillary, There Was Another 'Witch' in Politics." *Huffington Post*. http://www.huffingtonpost.com/kate-manne/beforehillary-there-was-another-b_9722158.html.

———. 2016b. "Humanism: A Critique." *Social Theory and Practice* 42, no. 2: 389–415.

———. 2016c. "Life Is Triggering: What Follows?" *The New Philosopher*, Education, August 30. http://www.newphilosopher.com/articles/3418/.

———. 2016d. "The Logic of Misogyny." *The Boston Review*, July 11. http://bostonreview.net/forum/kate-manne-logic-misogyny.

———. 2016e. "Response to Forum Responses to 'The Logic of Misogyny.'" *The Boston Review*, July 11. http://bostonreview.net/forum/logicmisogyny/kate-manne-kate-manne-responds.

———. 2016f. "Sympathy for the Rapist: What the Stanford Case Teaches." *Huffington Post*, June 9. http://www.huffingtonpost.com/entry/sympathy-for-the-rapist-what-the-stanford-case-teaches_us_5758c0aae4b053e219787681.

———. 2016g. "Trumped-up Moral Outrage about Misogyny." *Huffington Post*, October 9. http://www.huffingtonpost.com/entry/trumped-upmoral-outrage-about-misogyny_us_57faa8e 2e4b0d786aa52b693.

———. 2016h. "What Do We Do with Pornography?" Review of Nancy Bauer's *How to Do Things with Pornography*. *The Times Literary Supplement*, April 6. http://www.the-tls.co.uk/articles/public/where-anything-goes/.

———. 2016i. "When a Man Competes with a Woman." *Huffington Post*, October 19. http://www.huffingtonpost.com/entry/when-a-man-competes-with-a-woman_us_5807abc9e4b08ddf 9ece1397.

———. 2017. "Good Girls: How Powerful Men Get Away with Sexual Predation." *Huffington Post*, March 24 (updated March 28). http://www.huffingtonpost.com/entry/good-girls-or-why-powerful-men-get-tokeep-on-behaving_us_58d5b420e4b0f-633072b37c3.

———. Forthcoming. "Shame Faced in Shadows: On Melancholy Whiteness." Symposium piece on Judith Butler's *Senses of the Subject*. *Philosophy and Phenomenological Research*.

Marcus, Ruth Barcan. 1966. "Iterated Deontic Modalities." *Mind* 75, no. 300: 580–582.

McDowell, John. 1995. "Might There Be External Reasons?" In *World, Mind and Ethics: Essays on the Ethical Philosophy of Bernard Williams*, edited by J. E. J. Altham and Ross Harrison, 68–85. Cambridge: Cambridge University Press.

McIntosh, Peggy. 1988. "White Privilege and Male Privilege: A Personal Account of Coming to See Correspondences through Work in Women's Studies." Wellesley, MA: Wellesley College, Center for Research on Women.

McKinnon, Rachel V. 2014. "Stereotype Threat and Attributional Ambiguity for Trans Women." *Hypatia* 29, no. 4: 857–872.

———. 2015. "Trans*formative Experiences." *Res Philosophica* 92, no. 2: 419–440.

———. 2016. "Epistemic Injustice." *Philosophy Compass* 11, no. 8: 437–446.

———. 2017. "Allies Behaving Badly: Gaslighting as Epistemic Injustice." In *The Routledge Handbook of Epistemic Injustice*, edited by Gaile Polhaus Jr., Ian James Kidd, and Jose Medina, 167–175. New York: Routledge.

Medina, Jose. 2011. "The Relevance of Credibility Excess in a Proportional View of Epistemic Injustice: Differential Epistemic Authority and the Social Imaginary." *Social Epistemology* 25, no. 1: 15–35.

———. 2012. *The Epistemology of Resistance: Gender and Racial Oppression, Epistemic Injustice, and Resistant Imaginations*. Oxford: Oxford University Press.

Mendelberg, Tali. 2016. "Forum Response to 'The Logic of Misogyny.'" *The Boston Review*, July 11. http://bostonreview.net/forum/logic-misogyny/tali-mendelberg-tali-mendelberg-responds-kate-manne.

Meyers, Diana Tietjens. 2011. "Two Victim Paradigms and the Problem of 'Impure' Victims." *Humanity* 2, no. 2: 255–275.

———. 2016. *Victims' Stories and the Advancement of Human Rights*. New York: Oxford University Press.

Milgram, Stanley. 1974. *Obedience to Authority: An Experimental View*. New York: Harper & Row.

Mills, Charles W. 1997. *The Racial Contract*. Ithaca, NY: Cornell University Press.

Moi, Toril. 1999. *What Is a Woman? And Other Essays*. Oxford: Oxford University Press.

Moody-Adams, Michele. 2015. "The Enigma of Forgiveness." *Journal of Value Inquiry* 49, nos. 1–2: 161–180.

Moraga, Cherrie, and Gloria Anzaldua. 2015. *This Bridge Called My Back: Writings by Radical Women of Color*, 4th ed. Albany: State University of New York Press. Originally published in 1981.

Nichols, Shaun. 2004. *Sentimental Rules: On the Natural Foundations of Moral Judgment*. Oxford: Oxford University Press.

Norlock, Kathryn J. 2008. *Forgiveness from a Feminist Perspective*. Lanham, MD: Lexington Books.

———. 2016. "Doctor's Orders: Menopause, Weight Change, and Feminism." *Ijfab: International Journal of Feminist Approaches to Bioethics* 9, no. 2: 190–197.

Nussbaum, Martha C. 1995. "Objectification." *Philosophy and Public Affairs* 24, no. 4: 249–291.

———. 2001. *Women and Human Development: The Capabilities Approach*. Vol. 3. Cambridge: Cambridge University Press.

———. 2004. *Hiding from Humanity: Shame, Disgust, and the Law*. Princeton, NJ: Princeton University Press.

———. 2011. "Objectification and Internet Misogyny." In *The Offensive Internet: Speech, Privacy, and Reputation*, edited by Saul Levmore and Martha Nussbaum, 68–90. Cambridge, MA: Harvard University Press.

Orwell, George. 1981. *A Collection of Essays*. New York: Harcourt.

Parks-Stamm, Elizabeth J., Madeline E. Heilman, and Krystle A. Hearns. 2008. "Motivated to Penalize: Women's Strategic Rejection of Successful Women." *Personality and Social Psychology Bulletin* 34, no. 2: 237–247. Sage Journals, http://journals.sagepub.com/doi/pdf/10.1177/0146167207310027을 통해 열람.

Pateman, Carole. 1988. *The Sexual Contract*. Stanford, CA: Stanford University Press.

Paul, David, and Jessi L. Smith. 2008. "Subtle Sexism? Examining Vote Preferences When Women Run against Men for the Presidency." *Journal of Women, Politics and Policy* 29, no. 4: 451–476.

Paul, L. A. 2015. *Transformative Experience*. Oxford: Oxford University Press.

Pawan, Mittal, and S. K. Dhattarwal. 2014. "Vitriolage: The Curse of Human Origin." *Medical Science* 6, no. 21: 61–64.

Penny, Laurie. 2014. "Let's Call the Isla Vista Killings What They Were: Misogynist Extremism." *New Statesman*, May 25. http://www.newstatesman.com/lifestyle/2014/05/lets-call-isla-vista-killingswhat-they-were-misogynist-extremism.

Perry, Imani. 2016. "Forum Response to 'The Logic of Misogyny,'" *The Boston Review*, July 11. http://bostonreview.net/forum/logic-misogyny/imani-perry-imani-perry-responds-kate-manne.

Pinker, Steven. 2012. *The Better Angels of Our Nature: Why Violence Has Declined*. New York: Penguin.

Plattner, T., S. Bolliger, and U. Zollinger. 2005. "Forensic Assessment of Survived Strangulation." *Forensic Science International* 153: 202–207.

Pohlhaus, Gaile, Jr. 2012. "Relational Knowing and Epistemic Injustice: Toward a Theory of Willful Hermeneutical Ignorance." *Hypatia* 27, no. 4: 715–735.

Porpentine (pseud.). 2015. "Hot Allostatic Load." *The New Inquiry*, May 11. https://thenewinquiry.com/hot-allostatic-load/.

Preston-Roedder, Ryan. 2013. "Faith in Humanity." *Philosophy and Phenomenological Research* 87, no. 3: 664–687.

Rawls, John. 1955. "Two Concepts of Rules." *Philosophical Review* 64, no. 1: 3–32.

Raz, Joseph. 1989. "Liberating Duties." *Law and Philosophy* 8, no. 1: 3–21.

Resnick, Sofia. 2015. "In Sexual Assault Cases, New Laws on Strangulation Aid Prosecution." *Rewire*, April 23. https://rewire.news/article/2015/04/23/sexual-assault-cases-prosecutors-look-method-control/.

Rosenfeld, Diane L. 1994. "Why Men Beat Women: Law Enforcement Sends Mixed Signals." *Chicago Tribune*, July 29.

———. 2004. "Why Doesn't He Leave?: Restoring Liberty and Equality to Battered Women." In *Directions in Sexual Harassment Law*, vol. 535, edited by Catharine A. MacKinnon and Reva B. Siegel, 535–537. New Haven, CT: Yale University Press.

———. 2015. "Uncomfortable Conversations: Confronting the Reality of Target Rape on

Campus." *Harvard Law Review* 128, no. 8: 359–380. https://harvardlawreview. org/2015/06/uncomfortable-conversationsconfronting-the-reality-of-target-rape-on-campus/.

Rudman, Laurie A., Corinne A. Moss-Racusin, Julie E. Phelan, and Sanne Nauts. 2012. "Status Incongruity and Backlash Effects: Defending the Gender Hierarchy Motivates Prejudice against Female Leaders." *Journal of Experimental Social Psychology* 48: 165–179.

Sadker, David. 1999. "Gender Equity: Still Knocking at the Classroom Door." *Educational Leadership* 56, no. 7: 22–26.

Sadker, David, and Karen R. Zittleman. 2009. *Still Failing at Fairness: How Gender Bias Cheats Girls and Boys in School and What We Can Do about It*. New York: Simon and Schuster.

Sadker, Myra, and David Sadker. 1995. *Failing at Fairness: How America's Schools Cheat Girls*. New York: Touchstone Press.

Santucci, John. 2015. "Donald Trump's Ex-Wife Ivana Disavows Old 'Rape' Allegation." *ABC News*, July 28. http://abcnews.go.com/Politics/donaldtrumps-wife-ivana-disavows-rape-allegation/story?id=32732204.

Saul, Jennifer. 2006. "Gender and Race." *Proceedings of the Aristotelian Society*, Supplementary Volume 80: 119–143.

Schraub, David H. 2016. "Playing with Cards: Discrimination Claims and the Charge of Bad Faith." *Social Theory and Practice* 42, no. 2: 285–303.

Serano, Julia. 2016. *Whipping Girl : A Transsexual Woman on Sexism and The Scapegoating of Femininity*. 2nd ed. Berkeley, CA: Seal Press. Originally published in 2007.

Shrage, Laurie, ed. 2009. *You've Changed: Sex Reassignment and Personal Identity*. Oxford: Oxford University Press.

Siegel, Reva B. 2014. "Abortion and the 'Woman Question': Forty Years of Debate." *Indiana Law Journal* 89, no. 4: 1365–1380.

Silvermint. Daniel. 2013. "Resistance and Well-Being." *Journal of Political Philosophy* 21, no. 4: 405–425.

Silverstein, Shel. 1964. *The Giving Tree*. New York: Harper & Row.

Singal, Jesse. 2015. "The Internet Accused Alice Goffman of Faking Details in Her Study of a Black Neighborhood. I Went to Philadelphia to Check." *New York Magazine*, June 18. http://nymag.com/scienceofus/2015/06/ifact-checked-alice-goffman-with-her-subjects.html.

Singer, Peter. 2011. *The Expanding Circle: Ethics, Evolution, and Moral Progress*. Princeton, NJ: Princeton University Press.

Solnit, Rebecca. 2014a. *Men Explain Things to Me*. Chicago, IL: Haymarket Books.

———. 2014b. "Our Words Are Our Weapons." *Guernica*, June 2. https://www.guernica-mag.com/daily/rebecca-solnit-our-words-are-our-weapons-2/.

Smith, Jessi L., David Paul, and Rachel Paul. 2007. "No Place for a Woman: Evidence for Gender Bias in Evaluations of Presidential Candidates." *Basic and Applied Social Psychology* 29, no. 3: 225–233.

Snyder, Rachel Louise. 2015. "No Visible Bruises: Domestic Violence and Traumatic Brain Injury." *The New Yorker*, December 30, http://www.newyorker.com/news/news-desk/the-unseen-victims-of-traumaticbrain-injury-from-domestic-violence.

Song, Sarah. 2007. *Justice, Gender, and the Politics of Multiculturalism*. Cambridge: Cambridge University Press.

Sorenson, Susan B., Manisha Joshi, and Elizabeth Sivitz. 2014. "A Systematic Review of the Epidemiology of Nonfatal Strangulation, a Human Rights and Health Concern." *American Journal of Public Health* 104, no. 11: 54–61.

Sprague, Joey, and Kelley Massoni. 2005. "Student Evaluations and Gendered Expectations: What We Can't Count Can Hurt Us." *Sex Roles* 53, nos. 11–12 : 779–793.

Stanley, Jason. 2015. *How Propaganda Works*. Princeton, NJ: Princeton University Press.

Strack, Gael B., George E. McClane, and Dean Hawley. 2001. "A Review of 300 Attempted Strangulation Cases Part I: Criminal Legal Issues." *Journal of Emergency Medicine* 21, no. 3: 303–309.

Strawson, P. F. (1962) 2008. "Freedom and Resentment." *Proceedings of the British Academy* 48: 1–25. Reprinted in *Freedom and Resentment and Other Essays*, 2nd ed., 1–28. London: Routledge. 쪽 번호는 루틀리지판을 기준으로 적었다.

Suk Gersen, Jeannie. 2014. "The Trouble with Teaching Rape Law." *The New Yorker*, December 15, http://www.newyorker.com/news/newsdesk/trouble-teaching-rape-law.

Sveinsdottir, Asta Kristjana. 2011. "The Metaphysics of Sex and Gender." In *Feminist Metaphysics*, edited by Charlotte E. Witt, 47–66. Dordrecht: Springer.

Swanson, Jordan. 2002. "Acid Attacks: Bangladesh's Efforts to Stop the Violence." *Harvard Health Policy Review* 3, no. 1. http://www.hcs.harvard.edu/~epihc/currentissue/spring2002/swanson.php.

Tessman, Lisa. 2005. *Burdened Virtues: Virtue Ethics for Liberatory Struggles*. New York: Oxford University Press.

———. 2016. *Moral Failure: On the Impossible Demands of Morality*. New York: Oxford University Press.

Thomas, Ashley J., P. Kyle Stanford, and Barbara W. Sarnecka. 2016. "No Child Left Alone: Moral Judgments about Parents Affect Estimates of Risk to Children." *Collabra* 2, no. 1: 10. http://doi.org/10.1525/collabra.33.

Thomas, Dexter, Jr. 2014. "Elliot Rodger Wasn't Interested in Women." *Al Jazeera*, June 7. http://www.aljazeera.com/indepth/opinion/2014/06/elliot-rodger-killing-sexism-20146219411713900.html.

Tirrell, Lynne. 2012. "Genocidal Language Games." In *Speech and Harm: Controversies over Free Speech*, edited by Ishani Maitra and Mary Kate McGowan, 174–221. Oxford: Oxford University Press.

Turkel, Allison. 2008. "'And Then He Choked Me': Understanding, Investigating, and Prosecuting Strangulation Cases." *American Prosecutors Research Institute* 2, no. 1. http://www.ndaa.org/pdf/the_voice_vol_2_no_1_08.pdf.

Twain, Mark. 2010. *The Adventures of Huckleberry Finn*. New York: Vintage Classics.

Valenti, Jessica. 2014. "Elliot Rodger's California Shooting Spree: Further Proof That Misogyny Kills." *The Guardian*, May 24. http://www.theguardian.com/commentisfree/2014/may/24/elliot-rodgers-californiashooting-mental-health-misogyny.

Valizadeh, Roosh. 2014. "Elliot Rodger Is the First Feminist Mass Murderer." *Return of Kings blog*, May 28. http://www.returnofkings.com/36397/elliot-rodger-is-thefirst-male-feminist-mass-murderer.

Walker, Margaret Urban. 1998. *Moral Understandings*. New York: Routledge.

Watson, Gary. 1987. "Responsibility and the Limits of Evil: Variations on a Strawsonian Theme." In *Responsibility, Character, and the Emotions: Essays in Moral Psychology*, edited by F. Schoeman, 256–286. Cambridge: Cambridge University Press.

Websdale, Neil. 2010. Familicidal Hearts. Oxford: Oxford University Press.

West, Lindy. 2015. "What Happened When I Confronted My Cruellest Troll." *The Guardian*, February 2. http://www.theguardian.com/society/2015/feb/02/what-happened-confronted-cruellest-troll-lindy-west.

Wheatley, Thalia, and Jonathan Haidt. 2005. "Hypnotic Disgust Makes Moral Judgments More Severe." *Psychological Science* 16: 780–784.

Williams, Bernard. 1981. *Moral Luck*. Cambridge: Cambridge University Press.

Witt, Charlotte E. 2011. *The Metaphysics of Gender*. Oxford: Oxford University Press.

Woolf, Virginia. 2008. *A Room of One's Own: And, Three Guineas*. New York: Oxford University Press. Originally published in 1929.

Young, Cathy. 2014. "Elliot Rodger's 'War on Women' and Toxic Gender Warfare." *Reason*, May 29. http://reason.com/archives/2014/05/29/elliot-rodgers-war-on-women-and-toxic-ge.

Young, Iris Marion. 2004. "Five Faces of Oppression." In *Oppression, Privilege, and Resistance*, edited by Lisa Heldke and Peg O'Connor, 37–63. Boston: McGraw Hill.

Zheng, Robin. 2016. "Attributability, Accountability, and Implicit Bias." In *Implicit Bias and Philosophy*, vol. 2, *Moral Responsibility, Structural Injustice, and Ethics*, edited by Jennifer Saul and Michael Brownstein, 62–89. New York: Oxford University Press.

Zadrozny, Brandy and Tim Mak. 2015. "Ex-Wife: Donald Trump Made Me Feel 'Violated' During Sex." *Daily Beast*, July 7. http://www.thedailybeast.com/articles/2015/07/27/ex-wife-donald-trump-made-feelviolated-during-sex.

찾아보기

찾아보기

찾아보기

526

다운 걸: 여성혐오의 논리

기타

다운 걸: 여성혐오의 논리

초판인쇄 2023년 7월 14일
초판발행 2023년 7월 21일

지은이 케이트 맨
옮긴이 서정아
펴낸이 강성민
편집장 이은혜
책임편집 박은아
디자인 박현민
마케팅 정민호 박치우 한민아 이민경 박진희 정경주 정유선 김수인
브랜딩 함유지 함근아 박민재 김희숙 고보미 정승민
제작 강신은 김동욱 이순호

펴낸곳 (주)글항아리 출판등록 2009년 1월19일 제406-2009-000002호

주소 10881 경기도 파주시 심학산로 10 3층
전자우편 bookpot@hanmail.net
전화번호 031-955-8869(마케팅) 031-941-5161(편집부)
팩스 031-955-2557

ISBN 979-11-6909-111-4 93100

www.geulhangari.com